Gary Kates · Monsieur d'Eon ist eine Frau

Gary Kates

Monsieur d'Eon ist eine Frau

Die Geschichte einer Intrige

Aus dem Amerikanischen von
Anni Pott

Klein

Titel der amerikanischen Originalausgabe:
Monsieur d'Eon is a Woman
A Tale of Political Intrigue and Sexual Masquerade
BasicBooks

Deutschsprachige Ausgabe:
© 1996 by Ingrid Klein Verlag GmbH, Hamburg
Umschlag: Fearn Cutler und Roberto de Vicq de Cumptich
Satz und Lithos: KCS GmbH, Buchholz/Hamburg
Druck und Bindung: Clausen & Bosse, Leck
ISBN: 3-89521-035-8
1 3 5 7 9 10 8 6 4 2

In liebevoller Erinnerung an
Rachel Kates
(1900–1989)

»Fast hätte ich vergessen, Ihnen zu sagen, daß Monsieur d'Eon
eine Frau ist.«

Marquise du Deffand an Horace Walpole

»Wissen Sie, welcher Unsinn mir gerade erzählt wurde? In einer ganzen
Reihe von Briefen aus England heißt es, daß d'Eon, der seit Ewigkeiten dort
ist, eine Frau, wirklich eine Frau ist.«

Louise d'Epinay an Abbé Galiani

»Der sogenannte Sire d'Eon ist ein Mädchen und nichts anderes
als ein Mädchen.«

Graf von Broglie an Ludwig XV.

»Wissen Sie …, daß d'Eon ein Mädchen ist?«

Ludwig XV. an General Monet

Inhaltsverzeichnis

Zeittafel

D'Eons Leben		Geschichtlicher Rahmen in Europa	
		1643–1715	Herrschaft Ludwig XIV.
1723	Louis d'Eon heiratet Françoise	1715–1734	Regentschaft für Ludwig XV.
	de Charenton	1734–1774	Herrschaft Ludwig XV.
1728	Geboren am 5. Oktober in	1733–1735	Polnischer Thronfolgekrieg
	Tonnerre	1740–1748	Österreichischer Erbfolge-
			krieg
1749	Juradiplom am Collège Maza-		
	rin, Paris; Tod des Vaters		
1753	Veröffentlicht seinen ersten	1755	Diplomatische Revolution
	Zeitschriftenartikel und sein		
	erstes Buch		
1756	Aufnahme in den Königlichen	1756–1763	Siebenjähriger Krieg
	Geheimdienst; erste Reise		
	nach Rußland		
1757–1760	Sekretär des französi-		
	schen Botschafters in Rußland		
1761	Ernennung zum Dragoner-		
	hauptmann; kämpft im Sieben-		
	jährigen Krieg		
1762	Zum Sekretär Nivernais' ernannt,	1762	Rousseaus *Emile* und
	dem Leiter der Verhandlungsde-		*Gesellschaftsvertrag*
	legation beim Frieden von Paris;		
	Umzug nach London		
1763	Ernennung zum Bevollmächtigten		
	Minister, dann zum Sekretär von		
	Botschafter Guerchy, Fehden mit		
	Guerchy, Abberufung		
1764	Veröffentlicht *Lettres, mémoires,*	1764	Tod von Pompadour
	et négociations		
1770–1774	Veröffentlicht *Les Loisirs*		
1770	Erste Gerüchte über seine Ge-		
	schlechtszugehörigkeit		
1772	Drouet besucht d'Eon in Lon-		
	don, kehrt mit der Überzeu-		
	gung zurück, daß d'Eon eine		
	Frau ist	1774–1792	Herrschaft Ludwig XVI.
1775	Unterzeichnung der »Trans-	1775	Beaumarchais' *Der Barbier*
	aktion« mit Beaumarchais, die		*von Sevilla*
	von Vergennes und Ludwig XVI.		
	gegengezeichnet wird und d'Eon		
	offiziell als Frau anerkennt		
1777	Britisches Gericht erkennt d'Eon		
	als Frau an		
–	Kehrt im August nach Frankreich		
	zurück		

–	Im Oktober erstmals als Frau gekleidet		
–	Begegnung mit Ludwig XVI. und Marie-Antoinette im November		
1778	Beantragt, als Frau, als Soldatin, in die Armee aufgenommen zu werden	1778	Frankreichs Eintritt in den Amerikanischen Unabhängigkeitskrieg
		–	Tod von Rousseau und Voltaire
1779	Verhaftung; Einlieferung in ein Gefängnis in Dijon		
1779–1785	Lebt bei seiner Mutter in Tonnerre		
1785–1810	Rückkehr nach London; setzt sich zur Ruhe und schreibt seine Memoiren	1789	Beginn der Französischen Revolution
1792	Petition an die Französische Nationalversammlung, eine Division Soldatinnen gegen Österreich in den Krieg zu schicken; Tod der Mutter	1792	Frankreich erklärt Österreich den Krieg
		1793	Hinrichtung von Ludwig XVI.
		1804	Kaiserkrönung Napoleons
1810	Stirbt am 21. Mai		

Vorwort: Die Entdeckung

Mrs. Cole war die erste, die die Wahrheit entdecken sollte. Seit etwa vierzehn Jahren teilte sie sich nunmehr, 1810, eine Wohnung mit der Chevalière d'Eon in London. Sie waren beide gleich alt, einundachtzig, und beide recht gebrechlich. Und wie so viele alte Jungfern und Witwen in der damaligen Zeit – und leider auch heute noch – hatten beide wenig Geld und lebten gerade oberhalb der Armutsgrenze. Sie ernährten sich sehr bescheiden und mußten auf jeden Penny in ihrem Geldbeutel achten. Oft reichte es nicht einmal, um die Wohnung zu heizen, so daß beide an manchen kalten Wintertagen jede für sich in ihrem Zimmer im Bett blieb, um sich unter der Steppdecke warmzuhalten.[1]

In diesen schweren Jahren waren die Chevalière d'Eon und Mrs. Cole enge Freundinnen geworden und hatten sich angesichts der zunehmenden gesundheitlichen Beschwerden gegenseitig versorgt. Und dennoch waren sie sehr verschieden. D'Eon war, wie Mrs. Cole wußte, eine Intellektuelle, Autorin von über fünfzehn veröffentlichten Werken und zahlloser unveröffentlichter Artikel, sie hatte einst eine umfangreiche private Bibliothek besessen und verbrachte ihre Tage noch immer gerne mit Lesen und Schreiben. Demgegenüber war Mrs. Cole eine Analphabetin und hatte ihre Weisheit nicht durch formale Bildung, sondern aus einem instinktiven tiefen religiösen Glauben heraus erworben. Es war diese christliche Religion, die ihre Freundschaft zementierte und um die sich ihre ernsthafteren Unterhaltungen drehten.

Weder Mrs. Cole noch die Chevalière d'Eon hatten vorher, in früheren Jahren, in derart bescheidenen Verhältnissen gelebt. Im Unterschied zu d'Eon, die nie geheiratet und, soweit bekannt, auch nie mit jemandem ein Liebesverhältnis gehabt hatte, war Mrs. Cole praktisch ihr ganzes Erwachsenenleben die Frau eines bedeutenden britischen Marineoffiziers gewesen, der ihr ein bequemes Leben hatte bieten können. Genau wie die Chevalière d'Eon hatte Mrs. Cole einen Haushalt mit vielen Bediensteten regiert und selbst kaum einmal schwerere Hausarbeiten verrichtet. Vielleicht hatte sie einfach zu lange gelebt, denn jene Jahre in der kleinen Wohnung waren besonders hart gewesen. Der lange Kampf der Briten gegen Napoleon hatte zu einem drastischen Anstieg der Nahrungsmittelpreise geführt, der den Älteren noch mehr als der übrigen Bevölkerung zu schaffen machte. Aber einen gewissen Trost konnte Mrs. Cole zumindest in der Freundschaft mit ihrer Mitbewohnerin finden.

Aber jetzt war ihr auch der genommen. Seit Wochen war die Chevalière sehr krank gewesen, so daß ständig mit ihrem Tod zu rechnen war. Am 4. März 1810 war d'Eon mitten in der Nacht aufgestanden und hingefallen und hatte »wie

11

tot« am Boden gelegen, als Mrs. Cole sie am nächsten Morgen fand.[2] Vater Elizie, ein in London lebender französischer katholischer Priester, wurde herbeigerufen, um ihr die Sterbesakramente zu erteilen. D'Eon schaffte es jedoch noch, sich bis zum 21. Mai 1810 ans Leben zu klammern, der Tag, an dem Mrs. Cole ihre Mitbewohnerin schließlich tot auffand.

Allein in ihrer Wohnung begann Mrs. Cole, den Leichnam für Besucher herzurichten. Sie wollte, daß ihre verstorbene Freundin ansehnlich aussah. Schließlich war die Chevalière einmal eine berühmte Persönlichkeit gewesen, nicht nur in England und Frankreich, sondern in ganz Europa. Mrs. Cole waren die aller Welt bekannten Einzelheiten aus d'Eons Leben natürlich mehr als geläufig: Daß die Chevalière als Mädchen auf die Welt gekommen, aber von ihrem Vater, der sich sehnlichst einen Sohn gewünscht hatte, als Junge erzogen worden war; daß d'Eon sich der neuen Geschlechtsrolle bestens angepaßt hatte, Armeeoffizier geworden war und mit Auszeichnung für Frankreich am Siebenjährigen Krieg (1756–1763) teilgenommen hatte; daß d'Eon Diplomat und Spion für König Ludwig XV. geworden war; daß in den 1770er Jahren, mit der Amtsübernahme von Ludwig XVI., das wahre Geschlecht der Chevalière dann leider entdeckt worden war und die inzwischen berühmt gewordene d'Eon fortan gezwungen war, auch äußerlich als Frau in Erscheinung zu treten und sich als Frau zu kleiden. Und schließlich, daß die Chevalière seither, seit dreißig Jahren, relativ zurückgezogen, zunächst in Frankreich und schließlich ab 1785 in England, gelebt hatte.

Als Mrs. Cole sich nun daranmachte, ihre Freundin auszuziehen, um die Kleider zu wechseln und den Leichnam zu waschen, traute sie ihren Augen nicht. Was sie hier mit eigenen Augen sah, hätte die Arme beinahe um ihren Verstand gebracht: Die Chevalière d'Eon, ihre teure Freundin und Mitbewohnerin seit mehr als zehn Jahren, hatte Genitalien, die eindeutig männliche waren.

Mrs. Cole war fassungslos und unfähig, sich zu bewegen. Mehrere Minuten stand sie einfach nur da, sprachlos und außerstande, einen klaren Gedanken zu fassen. Erst nach einer Weile faßte sie sich soweit wieder, daß sie das Zimmer verlassen und mit der Neuigkeit zu einigen engen gemeinsamen Freunden und Freundinnen eilen konnte. Sie waren nicht weniger schockiert und rieten ihr, in jedem Fall Experten hinzuzuziehen, die gleich in ihrer Wohnung ein »so einmaliges Ereignis« untersuchen und bestätigen sollten.

Genau das machte Mrs. Cole. Sie brachte eine bunte Gruppe von Gentlemen zusammen, insgesamt vielleicht zehn oder zwölf, darunter ein Professor der Anatomie, zwei Chirurgen, ein Rechtsanwalt und ein Journalist, die zusammen »eine vollständige Inspektion und Sektion der Geschlechtsteile« d'Eons vornahmen. Jeder der Ärzte unterschrieb eine medizinisch detailliert spezifizierte eidesstattliche Erklärung, aus der hervorging, daß d'Eon aus wissenschaftlicher Sicht einen in jeder Hinsicht ganz gewöhnlichen männlichen Körper hatte. In aller Ausführlichkeit wurden jene Mythen ausgeräumt, wonach d'Eon ein Hermaphrodit gewesen sein sollte. Es stimmte zwar, daß er nur einen recht spärlichen Bartwuchs hatte und sein Adamsapfel kaum hervorstach. Er hatte aber schmale Hüften und breite Schultern. Und er hatte keineswegs eine weibliche Brust, was er vorzuweisen hatte, war lediglich ein starkes Brustbein. D'Eon hatte, wie die Experten bestätigten, in jeder Hinsicht den Körper eines Mannes.

Wenige Tage später erschien folgender Nachruf in einer Zeitung:

Am Dienstag verstarb in seinem 69. Lebensjahr [tatsächlich in seinem 82.] der Chevalier d'Eon; in Erinnerung als politische Figur und Chargé d'affaires vom Hofe Frankreichs in diesem Land, aber mehr noch wegen der Fragwürdigkeit des Geschlechtes, welchem diese außergewöhnliche Figur von Natur aus angehörte. Es wird noch vielen in Erinnerung sein, daß vor 36 Jahren zur Feststellung des Geschlechtes dieser nicht einzuordnenden Person Gerichtsverfahren über einen Streitwert von 200.000 Pfund eröffnet [Wetten abgeschlossen wurden], schließlich entschieden und nach Vorlage eines chirurgischen Zertifikats gezahlt wurden, worin nach einer persönlichen Untersuchung festgestellt worden war, daß der angesehene Chevalier eine Frau war. Der französische Arzt Perigles, welcher beim Ableben des Chevalier zugegen war, erklärt nunmehr jedoch verbindlich, es habe sich jetzt definitiv erwiesen, daß er den Körper eines Mannes hatte.[3]

Einleitung

Warum lebte der Chevalier d'Eon die zweite Hälfte seines Lebens als Frau? Und warum sollte uns eine solche Frage heute, zweihundert Jahre später, interessieren? Dieses Buch soll auf beide Fragen eine Antwort geben, wobei die zweite gleichwohl leichter als die erste zu beantworten ist.

Das Besondere an Chevalier d'Eon ist, daß er etwas tat, was offenbar noch keine andere öffentliche Figur in der Geschichte vor oder nach ihm getan hatte: Mehr als zweiunddreißig Jahre, von neunundvierzig bis zu seinem Tod mit einundachtzig, gelang es d'Eon, als Frau zu leben, und zwar unter den Augen derselben Öffentlichkeit, die ihn zuvor als Mann, als Diplomat und Kriegsheld, gekannt hatte. Es ist zwar auch von anderen prominenten Personen, wie etwa dem Abbé Choissy, bekannt, daß sie sich ebenfalls zeitweise als Frauen ausgegeben hatten, aber es ist von niemandem bekannt, daß er konsequent und auf Dauer für den Rest seines Lebens eine weibliche Geschlechtsidentität annahm.[1]

Vielleicht gab es andere, die es insgeheim gemacht haben und nie entdeckt wurden. Es ist gut vorstellbar, daß ein fünfzigjähriger Mann irgendwohin zieht, wo ihn niemand kennt, und sich dort fortan als Frau mittleren Alters ausgibt. Aber: Sofern es das gab oder heute gibt, so existieren jedenfalls keine Unterlagen darüber, anhand derer man die Geschichte rekonstruieren und nachzeichnen könnte. Im Unterschied dazu schaffte d'Eon es jedoch, sein Geschlecht zu wechseln, als er eine öffentliche Persönlichkeit und damit zugleich mit den vielen Geschichten konfrontiert war, die über ihn von der hämischen Presse des achtzehnten Jahrhunderts in Umlauf gebracht wurden.

In der europäischen Geschichte gibt es zahllose Beispiele von Frauen, die sich als Männer verkleideten.[2] Seit Jahrhunderten nehmen Frauen männliche Identitäten an, um als Soldaten, Geschäftsmänner, Experten auf irgendeinem Gebiet, religiöse Führer oder auch als Politiker in Erscheinung zu treten und als solche Macht, Einfluß und Ansehen zu gewinnen. Aber die Idee, als Mann eine Frau zu werden und damit den in einer patriarchalen Kultur verbundenen Statusverlust in Kauf zu nehmen, verlangt eine Erklärung. Schließlich genoß d'Eon als Mann weitaus mehr Macht und materiellen Wohlstand: Als Sproß einer Adelsfamilie aus Burgund stieg er in der Blütezeit der Aristokratie vor der Französischen Revolution bis an die Spitze der französischen Gesellschaft auf. Warum sollte dieser Mann also den Wunsch haben, seine gesellschaftliche Stellung aufzugeben, um eine Frau zu werden?

Als ich mich an dieser Geschichte zum erstenmal festgebissen hatte, stellte

15

ich diese Frage allen meinen Studenten und Freunden. Oft antworteten sie mir mit einer Gegenfrage: Wie sah es mit seinem Sexualleben aus? Wenn ich entgegnete, ich wüßte es nicht, meinten viele, wenn ich bei dieser Frage anfinge, würde ich dem Geheimnis seines Geschlechtswandels mit Sicherheit auf die Spur kommen. Das erschien mir zunächst soweit logisch, daß ich mich auf die Suche nach Einzelheiten über d'Eons Sexualleben machte.

Aber über dieses Thema gab es nicht viel zu berichten. In der enorm umfangreichen Korrespondenz von und über d'Eon, die in verschiedenen Archiven aufbewahrt wird, findet sich nicht ein Hinweis, daß d'Eon jemals eine sexuelle Beziehung, sei es mit einem Mann oder einer Frau, hatte. In einer Ära vorviktorianischer Prüderie, in der solche Dinge offen diskutiert wurden, ist es schon erstaunlich, daß keine zeitgenössische Person jemals behauptete, d'Eon habe mit dieser oder jener Person ein Verhältnis gehabt. Auch wenn es für einen Historiker unbeweisbar bleibt, liegt nach allen verfügbaren Unterlagen die Schlußfolgerung nahe, daß d'Eon zeit seines Lebens jungfräulich geblieben ist.

Noch erstaunlicher ist allerdings die Tatsache, daß sich offenbar zu Lebzeiten d'Eons niemand mit solchen Fragen beschäftigte. In den Hunderten von Zeitungsartikeln, massiven Attacken, Bildunterschriften, Liedern und Gedichten, die über d'Eon verfaßt und verbreitet wurden, stellt keiner die Frage nach seinen Sexualpraktiken. Selbst Casanova ignorierte jede Frage nach d'Eons Sexualleben, als er über diesen berühmten Fall in seinen Memoiren schrieb.[3] Somit erwies sich die scheinbar zentrale Frage zum Verständnis von d'Eons Motivation – wie war es um seine sexuelle Orientierung bestellt? – letztlich als irrelevant: Es ist eine Frage des zwanzigsten Jahrhunderts, die hier zu einem Leben aus dem achtzehnten Jahrhundert gestellt wird. Aber genau darin, daß diese Frage nicht gestellt wurde, liegt ironischerweise der Schlüssel, um verstehen zu können, welchen Platz d'Eons Geschichte in der historischen Entwicklung der Ideen über die Grenzen der Geschlechterrollen einnimmt.

Unsere heutige Kultur geht – zum Besseren oder Schlechteren – von einer erstaunlich engen Verbindung zwischen Geschlecht und Geschlechtlichkeit aus. Viele von uns würden in der Tat behaupten, daß Geschlechterrollen weitestgehend durch die geschlechtliche Identität bestimmt werden. Wir sind, nicht zuletzt aufgrund des gewaltigen Einflusses moderner Psychologie, der Überzeugung, daß unsere Sexualität von so fundamentaler Bedeutung ist, daß sie weitestgehend auch die anderen Facetten unserer Persönlichkeit bestimmt. Diesem Denken sind wir im Prinzip so verhaftet, daß wir bei einer Frau, die sich sehr »männlich« verhält, im Zweifel unterstellen, sie sei lesbisch, und entsprechend bei einem weichlichen, »unmännlichen« Mann davon ausgehen, er sei schwul.[4]

Es ist in mindestens zweierlei Hinsicht problematisch, diese Art des Denkens auf die Vergangenheit zu übertragen. Erstens haben sich die Vorstellungen, was unter männlich oder weiblich zu verstehen sei, drastisch geändert. Ein anschauliches Beispiel hierfür ist Hyacinthe Rigauds berühmtes Porträt von

König Ludwig XIV. (siehe S. 18). Der größte der französischen Könige wird hier seinen Zeitgenossen als der Inbegriff von Männlichkeit schlechthin präsentiert: Sein langes wellig herunterfallendes Haar, seine extravaganten Schnallenschuhe und insbesondere seine schlanken anmutigen Beine galten als Symbol für Virilität. Auf uns macht es heute eher den Eindruck, als posiere er in Frauenkleidern. Angesichts eines Zeitalters, in dem bei Männern die Schönheit ihrer Beine herausgestellt wurde und ein Experte behaupten konnte, das »schönste Merkmal« einer Frau sei ihr Nacken, müssen wir vorsichtig sein, unsere Vorstellungen von Männlichkeit und Weiblichkeit einfach auf die Vergangenheit übertragen zu wollen.[5]

Das zweite Problem hängt mit der Vermischung von Geschlecht und Geschlechtlichkeit zusammen. Vor dem neunzehnten Jahrhundert hatten die Gelehrten sich noch nicht darauf verständigt, die sexuelle Identität als unverbrüchliche Schlüsselkomponente der menschlichen Persönlichkeit zu sehen. Es mag durchaus homosexuelle Subkulturen gegeben haben, entscheidend ist jedoch, daß es nur wenige gab, die in Begrifflichkeiten wie »hetero« oder »homosexuell« dachten. Natürlich war den Aristokraten des achtzehnten Jahrhunderts ebensogut wie uns bekannt, daß es sexuelle Präferenzen gab und manche Personen zu bestimmten sexuellen Verhaltensweisen neigten; schließlich war das achtzehnte Jahrhundert die Ära des Marquis de Sade. Aber solche Neigungen wurden als eine Frage des Geschmacks und individuellen Interesses, als Vergnügungen von Freigeistern und nicht als grundlegendes Merkmal der menschlichen Persönlichkeit gesehen.[6]

Die Oberschicht des achtzehnten Jahrhunderts sah durchaus die physischen Unterschiede zwischen Männern und Frauen. Aber im Unterschied zu heute konzentrierte man sich mehr auf die moralischen und kulturellen Unterschiede zwischen den Geschlechtern. Bei der »Querelle des Femmes« (der Auseinandersetzung der Frauen), jener großen jahrhundertealten literarischen Debatte über die Unterschiede zwischen den Geschlechtern, die vom vierzehnten bis zum achtzehnten Jahrhundert in Frankreich geführt wurde, ging es im wesentlichen um den Vergleich zwischen dem Charakter von Männern und Frauen, wobei biologischen Unterschieden nur selten ein höherer Stellenwert beigemessen wurde. Erst im neunzehnten Jahrhundert begegnen wir in Europa Denkern wie dem französischen Arzt Cabanis, der neuerlich die Aristotelesschen Vorstellungen aufgreift, wonach die Eierstöcke und die Gebärmutter maßgebend für den schwachen Charakter der Frau, die »Nymphomanie« und »Geschlechtswuth der Weiber« sind.[7]

In den Oberschichtkreisen des achtzehnten Jahrhunderts wurden die Unterschiede zwischen den Geschlechterrollen also noch nicht so krass, wie es dann im neunzehnten und Anfang des zwanzigsten Jahrhunderts der Fall war, hervorgehoben. Erst als die sexuellen und Geschlechterunterschiede dann unter viktorianischer Ägide zu einem neuen kulturellen Paradigma erhoben wurden, manifestierte sich die Polarisierung der Geschlechter mit rigide gezo-

König Ludwig XIV. (1643–1715). Majestätisch steht der große Sonnenkönig in einer Pose auf seinem Thron, die aus zeitgenössischer Sicht Virilität verkörperte, für uns heute aber eher effeminiert wirkt. (Aus: G. F. Bradby, *The Great Days of Versailles: Studies from Court Life in the Later Years of Louis XIV,* London 1906.)

genen Grenzen zwischen den Geschlechtern, die sowohl die Geschlechterrollen der Männer wie die der Frauen erheblich eingeengten.[8] Keine Frage ist, daß die europäische Kultur seit jeher eine patriarchale war, und daß Frauen seit jeher Ausbeutung und Unterdrückung ausgesetzt waren und immer noch sind. Gleichwohl gelang es in der langen europäischen Geschichte und insbesondere zu Beginn der jüngeren Neuzeit vor allem Frauen der Oberschicht immer wieder, Schlupflöcher in den patriarchalen Institutionen zu finden und sich ein erquickliches Leben einzurichten. Wobei viele dieser Schlupflöcher dann nach der Französischen Revolution allerdings wieder gestopft wurden.[9]

Die Geschichte der Frauen in Europa zeigt ironischerweise, daß die Frauen der Oberschicht sich in einer hierarchisch strukturierten Gesellschaft wie dem Ancien Régime in Frankreich wesentlich besser standen als in den demokratischeren Systemen, die sich sodann im neunzehnten Jahrhundert durchsetzten. Bezeichnend für die Gesellschaften des achtzehnten Jahrhunderts ist, daß das Leben mehr oder weniger durch Privilegien statt durch öffentliche Gesetze geregelt wurde. Bis zur Französischen Revolution und dem Napoleonischen Kaiserreich gab es kaum ein Gesetz, das für alle Mitglieder der Gesellschaft gleichermaßen galt. Gesetze wie Privilegien regelten die Beziehung zwischen Souverän und Untertan, zwischen König und Adeligem, und diese Privilegien wurden fortlaufend neu verhandelt. Das Ziel jedes Aristokraten war also, möglichst viele Ausnahmen vom Gesetz für sich auszuhandeln. Jeder, der genügend Macht, Status oder Reichtum hatte, war im achtzehnten Jahrhundert darauf bedacht, sich über das Gesetz zu erheben. Von diesen Rahmenbedingungen mit den außergewöhnlich flexiblen rechtlichen und gesellschaftlichen Institutionen konnten die aristokratischen Frauen oft profitieren.[10]

Und gerade zu d'Eons Zeit genossen Frauen eine besondere Machtstellung und einen besonderen Status. Schließlich wurden zwei der fünf größten Staaten Europas, namentlich Österreich und Rußland, von starken Herrscherinnen regiert (während Frankreich, Preußen und England nach 1714 von Männern regiert wurden). Des weiteren hatten die Frauen in den Salons das Sagen, die als kulturelle Einrichtungen in jener Zeit eine so maßgebende Rolle spielten, und damit fiel den Aristokratinnen eine entscheidende Mittlerrolle in der kosmopolitischen Bewegung der Aufklärung zu. Und nicht zuletzt wurde die Außenpolitik des mächtigsten Staates Europas, Frankreichs, gerade in den Jahren, in denen d'Eon im politischen Leben stand, im Prinzip von einer Frau, der Mätresse König Ludwigs XV., Madame de Pompadour, bestimmt.

Die Macht und der Status von Frauen war im Ancien Régime schließlich so evident, daß Gesellschaftskritiker des achtzehnten Jahrhunderts sie ins Visier nahmen. Mehr als jeder andere war Jean-Jacques Rousseau als Philosoph der Aufklärung dafür verantwortlich, daß ein Zusammenhang zwischen Frauen bzw. der Rolle der Frau und der absoluten Monarchie hergestellt wurde. Geschickt vermischte Rousseau seine frauenfeindliche Gesellschaftskritik mit einem demokratischen Angriff auf die Monarchie. Verweiblicht durch Frauen waren die Männer, wie er fand, nicht mehr imstande, jene virilen Aufgaben zu erfüllen, die Voraussetzung für eine gute Politik waren: Weil aus Männern Frauen geworden waren und Frauen zu Herrscherinnen, war das politische Leben der Dekadenz verfallen. Mit seiner radikalen Einstellung verlangte Rousseau den Anbruch einer neuen Ära weiblicher Häuslichkeit, wonach die Frauen zu Hause bleiben, ihre Ehemänner und Kinder versorgen und die öffentliche Sphäre ausschließlich den Männern überlassen sollten.[11]

Rousseau war ein komplizierter Denker, und seine Ideen wurden von einer breiten Leserschaft aufgegriffen, die seine Schriften allerdings sehr unterschiedlich interpretierte. Verblüffend ist, daß viele Leserinnen der Oberschicht, also genau jene Frauen, die Rousseau angriff, sein Werk billigten. Aber sie begriffen seine Theorien als Grundlage für eine neue Form von Solidarität unter Frauen und konnten nicht sehen, wie sein neues Häuslichkeitsideal gegen sie verwendet werden könnte.[12] Ähnlich fand auch d'Eon Gefallen an Rousseaus Theorien. Er war zwar völlig anderer Meinung, was die Frage von Frauen und Politik anging, aber sein Denken wurde ungeachtet dessen maßgebend von Rousseau beeinflußt.

Rousseaus Ideen wurden während der Französischen Revolution vor allem von den Jakobinern aufgegriffen und umgesetzt, die systematisch versuchten, Frauen von der Teilhabe am neuen Regime auszuschließen. Mit der Erklärung der Menschen- und Bürgerrechte wurden universelle Rechte und Freiheiten geregelt, in die Frauen in Wirklichkeit nie einbezogen waren. Die französischen Revolutionäre befreiten zwar die schwarzen Sklaven und sicherten Juden ihre vollen Bürgerrechte zu, aber die Hälfte der Bevölkerung wurde bei der neuen liberalen Verfassung außen vor gelassen. Zunehmend wurde den Frauen während der Revolution der Zugang zu politischen Zirkeln und Gremien, die Antragsberechtigung in der Nationalversammlung und die Teilhabe am militärischen Leben verwehrt. Nach den Worten des Revolutionsführers Abbé Sieyès gehörte zwar »jeder« zur französischen Nation, aber mit »jeder« waren die Frauen offenbar nicht gemeint.[13]

Mit ihrer neuen Frauenfeindlichkeit tranken die Jakobiner tief aus Rousseaus Glas. Die französischen Revolutionäre prägten ein ausgesprochen viriles Bürgerbild und protegierten eine explizit obszöne Form der Literatur, die gegen Aktivistinnen wie Marie-Antoinette, Olympe de Gouge und Madame Roland gerichtet war, die während der Revolution eine maßgebende Rolle gespielt hatten.[14]

Häuslichkeit wurde zum Inbegriff der neuen modernen Ideologie für das Verhalten von Frauen. »Frauen dürfen keine Gesetzgeber werden, wie es bei manchen Völkern der Fall ist, und ebensowenig sollten sie Sklaven werden, wie es bei den orientalischen Völkern der Fall ist«, schrieb eine Autorin gegen Ende der Revolution. »Ihr Ziel muß das häusliche Glück der Männer sein«, und in dem Sinne war es »die erste Aufgabe der Frau, aus der sich alles weitere ergibt, ihren Mann glücklich zu machen.«[15]

Die Kontinuität, die es zwischen Jakobinern und viktorianischen Apologe-
ten hinsichtlich der Einschränkung der jeweils akzeptierten Geschlechterrollen gab, ist ein Thema, das gerade in jüngerer Zeit verstärkt in der feministischen Historiographie aufgegriffen wurde. Im Vergleich dazu wissen wir aus
der Zeit unmittelbar vor der Revolution, in der Frauen im öffentlichen Leben
weitaus sichtbarer waren, nicht annähernd soviel über die Beziehungen zwischen den Geschlechtern. Fest steht in jedem Fall, daß Frauen der höheren
gesellschaftlichen Kreise vor der Französischen Revolution nie und nimmer so
viel Ansehen hätten erreichen können, hätte es nicht Männer gegeben, die sie
bewunderten und für ihre Sache eintraten.

Vor der Französischen Revolution begegnen wir unter den Aristokraten fast
überall Beispielen ausgesprochen frauenfreundlicher Einstellungen. Allgemeiner Konsens war, wie der französische Philosoph Montesquieu und der schot-
tische Historiker John Millar es treffend formulierten, daß der wahre Prüfstein
der Zivilisation die Behandlung der Frauen war. In primitiven Gesellschaften
wurden körperliche Tüchtigkeit geschätzt, Frauen wie Vieh behandelt und im
Grunde als Sex- und Arbeitsmaschinen benutzt, erklärten die Wortführer der
Aufklärung; bezeichnend für zivilisierte Gesellschaften war demgegenüber,
daß sie Frauen mit Respekt und Ehrerbietung behandelten und sicherstellten,
daß sie in alle wichtigen gesellschaftlichen Angelegenheiten einbezogen wurden. Analog hatte sich denn auch der Begriff der Männlichkeit vom Altertum
bis zur Neuzeit drastisch gewandelt. Aus der Sicht von Adam Smith war die
neue Männlichkeit verweichlicht, bis in seiner eigenen Epoche Virilität dann
nicht mehr durch körperliche Kraft und Stärke, sondern durch intellektuell
anspruchsvolle Konversationen und Umgangsformen definiert wurde.[16]

Natürlich soll mit all dem nicht gesagt sein, daß Frauen – oder auch nur die
Frauen der Oberschicht – unter dem Ancien Régime die Gleichberechtigung
oder einen ebenbürtigen Stand neben den Männern erreicht hätten, sondern
nur, daß weite Teile der europäischen Intellektuellen der Meinung waren, daß
die Geschichte sich in diese Richtung bewegte. Es war in jedem Fall ein Zeitalter, in dem viele Männer der Oberschicht starke, einflußreiche Frauen eher
faszinierend als bedrohlich fanden. Sie bewunderten weibliche Qualitäten
sogar derart, daß sie oft versuchten, sie zu imitieren. »Gegenwärtig scheint in
der moralischen Ordnung eine Art Country Dance zwischen den männlichen
und weiblichen Verrückten und Untugenden stattzufinden«, beobachtete der
britische Autor George Colman, »wobei sie die Rollen getauscht und jeweils
den Platz des anderen eingenommen haben. Die Männer werden zartfühlend
und überaus fein, und die Frauen frei und ungezwungen.« Ähnlich stellte
Montesquieu fest: »Beide Geschlechter verziehen sich einander, beide verlieren ihre wesentliche und unterscheidende Eigenschaft.« Ob es Ihnen gefällt
oder nicht (und Montesquieu wußte offenbar noch nicht so recht, was er davon
halten sollte), aber Europa war auf dem besten Weg zu einer androgynen herrschenden Oberschicht, oder zumindest sahen viele Aristokraten es so.[17]

21

Wer nicht weiß, wie verbreitet diese Auffassung war, daß die traditionellen Geschlechterrollen inzwischen völlig auf den Kopf gestellt waren, wird weder d'Eon selbst, noch verstehen können, wie die gebildete Öffentlichkeit seine Geschichte interpretierte. D'Eons Fall war keineswegs (wie Biographen behaupteten) in dem Sinne »seltsam« und »befremdlich«, daß er etwa völlig aus dem historischen Rahmen herausgefallen wäre. Er war keineswegs ein »Mann, der seiner Zeit voraus« war; alles, was er tat und dachte, läßt sich vielmehr zu den Themen und Ideen zurückverfolgen, die in den letzten Jahrzehnten des Ancien Régime eine Rolle spielten. D'Eon hatte die zeitgenössischen Vorstellungen zur Geschlechterfrage sehr wohl verstanden und machte nichts anderes, als sein Leben darauf auszurichten.[18]

D'Eons Biographen haben die historischen Faktoren im allgemeinen heruntergespielt und sein Verhalten meist auf eine psychosexuelle Krankheit zurückgeführt. Wobei sie prominente Schützenhilfe bekamen, als der durch seine Pionierleistungen bekannt gewordene britische Psychologe Havelock Ellis in den Jahren um den Ersten Weltkrieg eine originale These zu d'Eons Verhalten entwickelte, die letztlich zu einer konzeptuell völlig neuen Denkweise zur Frage der Geschlechtsidentität führte. Für Ellis spiegelte d'Eons Transformation vom Mann zur Frau einen »pathologischen« Zustand wider, wonach er einen zwanghaften Impuls, »als Frau zu leben«, ausagierte. Darüber hinaus erschloß Ellis mit seiner Diagnose jedoch insofern Neuland, als daß er die These aufstellte, d'Eons verweiblichtes Gebaren habe nichts mit sexuellem Verhalten zu tun, und Transvestismus sei bei dem Zustand insgesamt nur von untergeordneter Bedeutung. Die Inversion, meinte Ellis, läge hier im affektiven und emotionalen Bereich, und innerhalb dieses großen Bereiches sei das kleine Symptom, daß er sich als Frau gekleidet hatte, unbedeutend. D'Eons Zustand hatte aus Ellis' Sicht ursächlich nichts mit den früheren Ereignissen in seinem Leben zu tun, die Ursachen lagen für ihn vielmehr im organischen Bereich und waren in einer Gleichgewichtsstörung im Spiel der Hormone zu suchen.[19]

Die Geschichte des Chevalier d'Eon wurde somit zum paradigmatischen Fall in dem sich neu entfaltenden Feld geschlechtsspezifischer Identitätsstörungen, das in seinen Ursprüngen auf Ellis und dessen Schüler zurückgeht. Nach dem Zweiten Weltkrieg, als die Psychologen das Gebiet der psychosexuellen Störungen weiter erforscht hatten, galt d'Eon schließlich nicht mehr als Transvestit, sondern ging als der bekannteste »Transsexuelle« in die Geschichte ein. Im Unterschied zu einem Transvestiten, der sich aus einem inneren Zwang heraus als Frau kleidet, handelt es sich bei einem Transsexuellen um jemanden, der sich seinem Geschlecht nicht zugehörig und in einem falschen Körper gefangen fühlt. Das heißt, daß eine transsexuelle Geschlechtsidentität fortwährende Fremdheit gegenüber den eigenen Geschlechtsteilen bzw. dem eigenen Körper empfindet.[20]

In den fünfziger und sechziger Jahren dieses Jahrhunderts wurden verschiedene Transsexuelle, die operativ eine Geschlechtsumwandlung vornehmen lie-ßen, zu Berühmtheiten. Einer von ihnen, der britische Journalist und Auslandskorrespondent Jan Morris, hatte keinen Zweifel, daß der Chevalier d'Eon unter dem gleichen Problem litt: »Ich war vier Jahre jünger und verkehrte nicht bei Hofe, als ich die gleiche Erfahrung durchmachte, aber was ihm geschehen war, geschah nun auch mir.«[21]

Unterstellt man jedoch bei d'Eon eine psychosexuelle Störung, schaltet man damit seinen eigenen Willen und die bewußte Wahrnehmung des Prozesses seiner Geschlechtsumwandlung praktisch aus. Ihn als Transsexuellen zu sehen, bedeutete, ihm im Grunde nur eine passive Rolle zuzugestehen. Das hieße, daß seine Geschlechtsumwandlung etwas war, das ihm aufgrund eines genetischen Defekts oder infolge von Kindheitserfahrungen widerfuhr und nicht etwa das Ergebnis eines Prozesses war, den er als reifer Erwachsener selbstbewußt und aus freien Stücken in Gang setzte. Demnach würde d'Eon nicht als kluger Kopf, der sich seiner Entscheidungen bewußt war und sogar versuchte, seine Gesellschaft zu verändern, sondern als Opfer einer Krankheit dargestellt, dessen einziges Schicksal es war, zu leiden.[22]

Allein aufgrund der reinen Fakten der Geschichte ist in jedem Fall klar, daß d'Eon weder ein Transvestit noch ein Transsexueller war. Ein Transvestit ist per Definition jemand, der sich zwanghaft als Frau kleidet.[23] Es gibt keine wie auch immer gearteten Beweise dafür, daß dies für d'Eon zutraf. Im Gegenteil: Ehe England und Frankreich ihn höchstinstanzlich zur Frau erklärten, kleidete d'Eon sich zu keinem Zeitpunkt als Frau und versuchte, wie wir noch sehen werden, sogar hernach noch in einem zweijährigen Kampf mit Ludwig XVI. für sich das Recht zu erstreiten, weiterhin seine (männliche) Militäruniform tragen zu dürfen. D'Eon kleidete sich also erst als Frau, nachdem der König ihn dazu gezwungen hatte.

Ebensowenig haltbar ist die Diagnose, die auf Transsexualität tippt, was gleichbedeutend mit der Verschmähung der eigenen Genitalien und dem verzweifelten Wunsch nach einem andersgeschlechtlichen Körper ist.[24] Auch hier wiederum fehlt jeder Hinweis, daß d'Eon seinen eigenen Körper haßte oder sich einen Frauenkörper wünschte oder sich auch nur vorstellte, mit dem Körper einer Frau glücklicher zu sein. Was er wollte, wie ich im fünften Teil dieses Buches zu zeigen hoffe, war eine Transzendenz der Geschlechter insgesamt, die Überwindung aller Geschlechterbarrieren, so daß Männlichkeit und Weiblichkeit nur abstrakte Merkmale waren, die lediglich etwas über den jeweiligen Charakter, nicht aber über den Körper aussagten.[25]

Meine Interpretation von d'Eons Geschlechtsumwandlung läßt sich wie folgt zusammenfassen:

Erstens: D'Eons Transformation war nicht das Ergebnis einer Zwangshandlung, sondern einer willentlichen Entscheidung, die er nach sorgfältiger Abwägung und intensiver Lektüre zwischen 1766 und 1776 traf. Natürlich war sie auch emotional bedingt, aber weder unausweichlich noch aufgrund einer besonderen Kindheits- oder Familiengeschichte vorherbestimmt. Hinter seinem Wandel zur Frau stand auch nicht der Wunsch, andere hereinzulegen; er wählte vielmehr diesen Weg, weil er den moralischen Charakter von Frauen zutiefst bewunderte und wie eine von ihnen leben wollte.

Zweitens: Die »Ursache« von d'Eons Transformation war seine Entfremdung vom politischen Leben Frankreichs. Seine Karriere als Diplomat und Spion war in eine Sackgasse geraten, und er suchte einen Weg, wie er seine Ehre wiedergewinnen und seine Seele erneuern konnte.

Drittens: D'Eon war in starkem Maße von den feministischen Schriften der jüngeren Neuzeit beeinflußt, die die patriarchalen Geschlechterrollen in Frage stellten, und ebenso war er mit der politischen Kritik vertraut, die von den Philosophen der Aufklärung und deren Anhängerschaft gegen das Ancien Régime erhoben wurde. Eines der Ziele dieses Buches ist, die Bedeutung jener Texte und der Debatte über die Geschlechtergrenzen zu zeigen, die sie hervorbrachte.

Viertens: Kurz nach seiner Transformation zur Frau entwickelte d'Eon sich auch zu einem fundamentalistischen Christen. Diese zwei neuen Aspekte seiner Persönlichkeit färbten aufeinander ab, so daß er in den zweiunddreißig Jahren, die er als Frau lebte, eine faszinierende und bahnbrechende Ideologie zur Geschlechtsidentität entwickelte, die ich als »christlichen Feminismus« bezeichnen möchte. Sein christlicher Feminismus war zwar nicht die *Ursache* seiner Geschlechtsumwandlung, aber seine neuen christlichen Ideen zur Geschlechterfrage, was das Sosein von Männern und Frauen anging, lieferten ihm die Rechtfertigung, auch weiterhin, lange nachdem die Französische Revolution das Ancien Régime zerschlagen hatte, eine Frau zu bleiben.

Und schließlich bleibt, daß d'Eon diese Ideen nicht in einem kulturellen Vakuum erfand. Seine Geschichte muß im Kontext einer Aristokratie gelesen werden, die intensiv über die Frage angemessener Grenzen zwischen den Geschlechtern debattierte. D'Eons Leben spielte sich vor dem Hintergrund von Experimenten ab, mit denen die Beziehungen zwischen den Geschlechtern und das Wesen dessen, was unter Mannsein und Frausein zu verstehen war, getestet und herausgefordert wurden. Vor diesem Hintergrund konnte d'Eon aus den Besonderheiten der europäischen Kultur gegen Ende des Ancien Régime schöpfen, die ihm diese schwierige Reise über die Geschlechterbarrieren hinweg ermöglichten.

Monsieur d'Eon
ist eine Frau

Teil I

Eine französische Chevalière

»Orlando war eine Frau geworden – das ist nicht zu leugnen. Aber in jeder anderen Hinsicht blieb Orlando genauso, wie er gewesen war. Der Wechsel des Geschlechts, wenn er auch die Zukunft der beiden änderte, tat nicht das geringste, ihre Identität zu ändern. Ihre Gesichter blieben, wie ihre Porträts beweisen, praktisch dieselben. Seine Erinnerung – aber in Zukunft müssen wir der Konvention zuliebe ›ihre‹ statt ›seine‹ und ›sie‹ statt ›er‹ sagen –, ihre Erinnerung also reichte durch alle Ereignisse ihres bisherigen Lebens zurück, ohne auf ein Hindernis zu stoßen.«

Virginia Woolf, *Orlando*

1

Jungfernfahrt

Es war ein perfekter Tag, um den englischen Kanal zu überqueren. Die warmen Hochsommerwinde hatten das schlechte Wetter vertrieben, und die Chevalière d'Eon brauchte an diesem 14. August 1777 nur wenige Stunden, um per Segelschiff von England nach Frankreich überzusetzen.[1]

D'Eon kehrte schließlich nach Hause zurück. Fünfzehn Jahre lang hatte er, zumindest aus seiner Sicht, seinem Souverän treu in England gedient, und nun hatte der König ihm eine Pension zugesichert, die es ihm ermöglichen würde, den Rest seines Lebens im luxuriösen Stil eines wohlhabenden französischen Aristokraten zu genießen.

Mit einem nicht unwichtigen Haken allerdings. Als d'Eon 1762 von Frankreich nach England gegangen war, hatte man ihn als Mann gekannt. Und jetzt, bei seiner Rückkehr, glaubte ganz Europa, er sei in Wirklichkeit eine Frau, die sich vorher nur als Mann verkleidet hatte, um ihrem König im diplomatischen Korps zu dienen. »Von allen Frauen, die Berühmtheit erlangten, weil sie das Aussehen des anderen Geschlechts annahmen«, schrieb Simon Linguet in seinem vielgelesenen Blatt, »ist die vielleicht in jeder Hinsicht seltsamste Charles-Geneviève-Louise-Auguste-André-Thimothée d'Eon.«[2] Das war aber nicht nur die Meinung eines gallischen Klatschkolumnisten. Das gleiche Urteil ist in Edmund Burkes seriöserem *Annual Register* zu finden, wo es heißt: »Sie ist die außergewöhnlichste Person des Jahrhunderts. Wir haben verschiedentlich erlebt, wie Frauen sich in Männer verwandelten und im Krieg ihre Pflicht taten; aber wir haben noch keine erlebt, die so viele militärische, politische und literarische Talente auf sich vereinigte.«[3]

Seit etwa 1770 gab es Gerüchte, d'Eon sei in Wirklichkeit eine Frau, aber über fünf Jahre lang gab es niemanden, der bestätigen konnte oder wollte, welches Geschlecht er nun wirklich hatte – vor allem d'Eon selbst nicht. Bis schließlich 1776 Ludwig XVI. in einem recht dramatischen Akt offiziell und öffentlich d'Eons weibliche Identität feststellte. In einer sorgfältig formulierten und im Auftrag des Königs von dem bekannten Bühnenautor Pierre-Augustin Caron de Beaumarchais mit d'Eon ausgehandelten Vereinbarung bestätigte Ludwig XVI., daß d'Eon von Geburt an eine Frau war, und garantierte ihr, daß sie nunmehr in Frieden und Freiheit von England nach Frankreich zurückkehren konnte.

Aber selbst nach dieser offiziellen Erklärung trat d'Eon bei Gesellschaften in London weiterhin als Mann gekleidet auf und weigerte sich, über diesen Punkt auch nur zu diskutieren. Ein Jahr später gelangte Londons höchstes Gericht, im Juli 1777, am Vorabend von d'Eons Abreise nach Frankreich, im Rahmen eines von allen Zeitungen rege verfolgten Verfahrens zwischen zwei Parteien über eine anhängige Wette, die sie über d'Eons Geschlecht abgeschlossen hatten, dann im übrigen zum gleichen Urteil. Auch hier wurde festgestellt, daß d'Eon eine Frau war. Nun, da die zwei mächtigsten Regierungen Europas verfügt hatten, daß er eine Frau war, beugte der neunundvierzigjährige Junggeselle sich schließlich, wenn auch nicht gerne, dem Unvermeidlichen: Er gab zu, daß er in Wirklichkeit tatsächlich eine Frau war.[4]

Trotz dieses Eingeständnisses zeigte sich d'Eon auch weiterhin in der Kleidung, die er seit den fünfziger Jahren trug: In seiner Offiziersuniform eines Hauptmannes des Elitekorps der Dragoner. Aber durch seine Kleidung geriet er sehr schnell in eine Situation, die, wie er selbst erklärte, »unhaltbar« war. »Ich konnte nicht mehr ausgehen, ohne daß mich eine neugierige und lärmende Menge umringte und verfolgte und mich der Härte des Gesetzes aussetzte«, schrieb er.[5] Am Ende war ihm selbst nicht einmal klar, ob er zu guter Letzt freiwillig in sein geliebtes Heimatland zurückkehrte, oder ob er vor einer Situation floh, die für ihn außer Kontrolle geraten war.

D'Eons Reise über den Kanal war also mehr als eine Heimkehr. Sie markierte auch seine Jungfernfahrt über die Geschlechtsgrenzen hinweg, eine Grenze, die weitaus besser verteidigt wird und unüberwindlicher als jede nationale Grenze ist. Nach allem, was die Öffentlichkeit wußte, kehrte d'Eon damit sowohl in seine ursprüngliche Heimat als auch zu seinem ursprünglichen Geschlecht zurück. Aber er kannte die erschreckendere und aufregendere Wahrheit nur zu gut: Daß er in einer selbstgewählten Geschlechterrolle in sein Heimatland zurückkehrte.

Und er hatte allen Grund, seiner Ankunft in Boulogne mit einem gewissen Zittern entgegenzusehen. Mit neunundvierzig Jahren hatte er es am Ende einer vielversprechenden politischen Karriere nun offenbar geschafft, sich zu retten, nachdem er samt seiner Karriere in London in eine elende Sackgasse geraten war. Dennoch … blieben viele Unwägbarkeiten. Erst wesentlich später, als er auf die Achtzig zuging, sollte er dann feststellen können, daß er etwa die Hälfte seines Erwachsenenlebens als Mann und die andere Hälfte als Frau gelebt hatte – eine Art der Symmetrie, die im neoklassischen Zeitalter der Aufklärung noch immer sehr geschätzt wurde.[6]

Was für eine Frau war d'Eon? Im achtzehnten Jahrhundert wurde die Frage, welche Geschlechterrollen für Frauen der Oberschicht angemessen waren, intensiv diskutiert. So etwas wie eine Weiblichkeit im platonischen Sinne gab es nicht.[7] Und das war d'Eons unmittelbarstes Problem. Die Europäer wollten glauben, daß er eine Frau war, und da es denn so war, fiel es ihm im Prinzip auch nicht schwer, sie überzeugend in diesem Glauben zu bestärken. Weitaus schwieriger für ihn war jedoch ein anderes Problem: Wie konnte er erreichen, daß ihm zugestanden wurde, die Frau zu werden, die sowohl mit der Person vereinbar war, die er gewesen war, als auch mit der, die er werden wollte? Wie war das Leben als Frau mit seinem grundlegenden Charakter und seiner Persönlichkeit zu vereinbaren? D'Eon konnte sich wohl vorstellen, wie es für ihn sein würde, gegen Ende des Ancien Régime nach außen hin als Frau des französischen Adels zu leben. Aber kein Mann, nicht einmal er, der so viel über Geschlechterfragen gelesen und nachgedacht hatte, konnte sich in jenen ersten Tagen als Frau vorstellen, wie schwierig der Prozeß sowohl für ihn selbst als auch in den Verhandlungen mit anderen sein sollte, was die Frage anging, wie eine Frau zu leben hatte.

2

Außenminister Vergennes

Als d'Eons Schiff in Boulogne anlegte, war er eine Adelsfrau, der es im Prinzip freistand zu leben, wie sie wollte. Aber die persönliche Freiheit war im Ancien Régime Frankreichs ein Privileg und kein Recht. Die Regierung erlaubte d'Eon zwar, sich frei zu bewegen und zu gehen, wohin er wollte, aber sie beobachtete ihn auf Schritt und Tritt. Fast täglich lieferten Informanten ihre Berichte über d'Eons Unternehmungen bei Charles Gravier, dem Grafen von Vergennes, dem kompetenten Außenminister Ludwigs XVI. ab.[1]

D'Eon machte sich direkt auf den Weg nach Paris und legte nur für eine Übernachtung einen Zwischenaufenthalt in dem etwas abgelegenen Städtchen Saint-Denis ein, berühmt wegen seiner beeindruckenden gothischen Kathedrale und im ganzen Land als wichtiges religiöses Zentrum bekannt. Monate zuvor hatte d'Eon von den Karmeliterinnen in Saint-Denis eine Einladung erhalten, zu ihnen ins Kloster zu kommen. Die geistige Führerin der Nonnen war die gottesfürchtige Madame Louise, die älteste Tochter Ludwigs XV., die 1771 nach dem Tod ihrer Mutter und aus Abscheu vor der Liaison des Königs mit Madame Dubarry ins Kloster eingetreten war.[2]

Ehe d'Eon jedoch zu den Nonnen fuhr, stattete er zunächst noch Dom Boudier, dem Abt der Benediktiner-Abtei der Stadt, einen kurzen Besuch ab. Boudier, überrascht, d'Eon noch immer als Mann gekleidet zu sehen, wußte, daß ihm damit Probleme ins Haus standen. Natürlich konnte er nicht zulassen, daß eine in einer Männeruniform gekleidete Frau im Nonnenkloster übernachtete. Und so lief er sofort zu Madame Louise hinüber, um sich mit ihr zu beraten.[3]

»Ach!« rief Madame Louise aus, als sie sah, wie d'Eon gekleidet war. »Hat sie vergessen, daß ihr Name Charlotte-Geneviève-Louise-Auguste-Marie d'Eon ist? Wenn sie ihre Kleider wieder angezogen hat, kann sie wiederkommen. Dann wird es mir ein Vergnügen sein, sie zu begrüßen.«

»Madame«, warf d'Eon ein, »lasten Sie mir diese Sünde nicht an. Ich wurde so erzogen. Ihr erlauchter Vater wußte es, und er hat sich meine Dienste zunutze gemacht. Aber jetzt, da er tot ist, bin ich ein nutzloser Diener geworden. Aber unser toter König ist ebensoviel wert wie ein lebender König. Ich weiß, was ich tun werde. Ich werde aufbrechen und zu meiner Mutter gehen und ihr sagen: ›Meine gute Mutter, ich habe gegen den Himmel und vor Ihnen gesündigt, und ich bin nicht mehr wert, Ihr Sohn genannt zu werden; aber bald wird diese Sünde von mir genommen sein, und sie, die unter den Dragonern und den Freiwilligen der Armee versteckt war, wird bald entweder aus freien Stücken oder durch offiziellen Erlaß Ihre teure und Ihre geliebte Tochter am Hofe und in der Stadt genannt werden. Mein Heil ist jetzt näher, als zu dem Zeitpunkt, als ich London verließ. Das Dunkel meiner Nacht ist vorüber, und das Licht meines Tages kommt, sobald ich meine Dragonerhaut, meine Waffen und meine im Dunkeln errungenen Auszeichnungen abgestreift habe. Ich werde bald das Licht und die Tugenden Ihrer Kleider tragen, mich ehrbar verhalten und das Licht des Tages nicht scheuen.‹«

»Mademoiselle d'Eon«, sagte Madame Louise schließlich, »wären Sie so freundlich, ins Zimmer nebenan zu gehen. Ich möchte mit Dom Boudier unter vier Augen reden.«

Wenige Minuten später setzte Boudier d'Eon davon in Kenntnis, daß Madame Louise ihrem Großneffen, König Ludwig XVI., schreiben und darauf dringen wollte, d'Eon ab sofort zu zwingen, Frauenkleider zu tragen.

»Wenn ich die heiligen Männer und Frauen von Saint-Denis weiterhin besuche«, sagte d'Eon daraufhin zu Boudier, »werde ich ipso facto bald exkommuniziert werden. Am Eingang der Kirche werden die Leute mich dann mit den Worten grüßen, *sancta sanctis foris canes* [Hunde (sollten) aus dem Allerheiligsten herausbleiben]. Wenn ich zu Voltaire gehe … wird er mir sagen: *Der Klerus ist nicht das, wofür der gemeine Pöbel ihn hält; unsere Einfältigkeit macht sein ganzes Wissen aus.* Ich weiß nicht, was ich tun soll, und ebensowenig, welchem Heiligen oder welcher Heiligen ich mich hingeben soll.«

»Tragen Sie Sorge, Voltaire nicht zu begegnen«, warnte Boudier. »Er wird Sie korrumpieren. Sie sollten bei der Kirche Rat suchen. Außerhalb der Kirche gibt es kein Heil.«

»Das ist ein entsetzlicher Gnadenstoß für mein Herz und ein niederschmetternder Schlag gegen die Zugbrücke, die meine Hosen für mich sind.«

»Reden Sie nicht so, Mademoiselle. Was Madame Louise Ihnen gesagt hat, ist ernster, als Sie denken. Lassen Sie uns in den Chor unserer Kirche gehen, um am Grab Ludwigs XV. zu beten. Wir wollen Gottes Beistand erbitten, daß er den neuen Weg zeigt, den Sie gehen müssen.«

Als Boudier und d'Eon später am selben Tag allein beim Abendessen zusammensaßen, vertraute d'Eon ihm an, er überlege, ob er nicht noch am selben Abend nach London zurückreisen sollte. Wenn Madame Louise schon so unerquicklich auf ihn reagiert hatte, was konnte er dann erst von Vergennes und dem König erwarten?

»Gott bewahre Sie vor einem solchen Plan«, entgegnete ihm Boudier. »Ihnen ist zweifellos nicht bewußt, daß man Ihnen auf Schritt und Tritt folgt, seit Sie von Bord des Schiffes aus England gegangen sind. Wenn Sie umkehren, wird man Sie schnell verhaften. Die Männerkleidung hat Ihrem Geist geschadet und bringt Ihrer Seele den Tod. Ziehen Sie Ihr Kleid wieder an: Es wird Ihnen Ihr Leben zurückgeben, und Sie beugen sich damit zugleich Ihrer Pflicht. Es wird Sie von Ihren Versuchungen und Ihren Mühsalen befreien. Sie werden damit Gnade vor Gott, dem König und der Königin finden. Sie werden damit einen würdigen Platz im Herzen der gottesfürchtigen Madame Louise und des Erzbischofs finden [des Erzbischofs von Paris, Christophe de Beaumont]. Sie werden damit wieder ein christliches Mädchen sein. Der Herr wird mit Ihnen sein. Er wird sie überreich mit Gaben und Ehren beschenken. All das sehe ich für Sie vorher.«

»Ich nehme Ihre Worte als Worte des Lebens«, erwiderte d'Eon. »Ich werde mich nicht länger starrköpfig dem Geist widersetzen, der aus Ihnen spricht. Ich werde tun, was Sie mir gesagt haben. Ich sehe, daß ich den Rubikon überschritten habe. Ich werde es Cäsar gleichtun und nicht den Rückzug antreten. Hierbei geht es nicht einmal darum, die Republik zu retten. Es geht nur um ein bedauernswertes Mädchen, das von dem verschiedenen König beschützt wurde. Ich bin noch von keinem Schlachtfeld davongelaufen. Ich habe noch nie wie mein Freund Horaz gehandelt, *relicta non bene parmula* [der unklug seinen Schild zurückließ]. Ich werde auch auf der Straße nach Versailles nicht davonlaufen. Ich bin sicher, in Versailles einen großzügigen König und wohltätige Minister vorzufinden.«

D'Eons Kapitulation schien Boudier zu gefallen. »Da ich Ihr Herz wieder an den rechten Platz gerückt habe, möchte ich mit einem guten Wein aus Ihrer Region Tonnerre einen Trinkspruch ausbringen. Ich werde Dom Roussel, der gerade zum Kaplan der ehemaligen Benediktiner-Abtei von Saint-Michel in Tonnerre ernannt worden ist und auch ein Freund Ihrer Mutter, Ihrer Schwester und Ihrer ganzen Familie ist, einladen, mit uns zu speisen. Er ist erst vor einem Monat aus Tonnerre nach Saint-Denis zurückgekehrt.«

Und natürlich drehte sich das weitere Gespräch dann wieder um Religion. »Ich bin neugierig und möchte zu gerne wissen, welches Gebet Mademoiselle d'Eon am Fuße des Katafalks von Ludwig XV. gesprochen hat«, sagte Boudier. »Sagen Sie uns Ihr Gebet.«

»Es war: ›Herr, vergib dem guten Ludwig XV., der sowohl Gutes wie auch Böses getan hat, seine Sünden. Seine Minister und Günstlinge tragen mehr Schuld als er. Habe Mitleid mit mir, die ich weder Gutes noch Böses tun konnte.‹« »Dies ist ein gutes Gebet«, sagte Dom Bouvier zu d'Eon, »aber es ist sehr kurz. Und nicht ohne Stachel.«

»*In vino veritas!*« entgegnete d'Eon. »*Brevis oratio pentrat cielos, longua potatio ebriat potos* [Im Wein ist Wahrheit. Ein kurzes Gebet dringt in den Himmel ein; ein langes Trinkgelage macht den Trinker betrunken]. Wenn Sie möchten, daß ich ein Gebet spreche, das so lang wie das eines frommen Benediktiners oder eines ausgemergelten Kartäusers ist, dann werde ich folgende Worte, die ich nun spreche, zum Himmel schicken, *Deo optimo maximo* [Zu Gott, dem Allerhöchsten]. ›Mein Gott, unser Schöpfer und Beschützer, Höchster, gütiger Fürst und Allmächtiger, ich biete, ich gebe, ich weihe dir mein Herz. Bitte, nimm es an, so daß keine Kreatur es nehmen und sich damit davonmachen kann. Gelobt sei der Vater, der Sohn und der Heilige Geist, wie es war am Anfang, so auch heute …‹« Dom Boudier wußte nicht so recht, wo er d'Eon die Nacht unterbringen sollte, und entschied sich schließlich für die Privatgemächer des Mönchsklosters, die für gewöhnlich für die Besuche der Schwestern und Mütter der hier lebenden Mönche reserviert waren. Sobald sich nun jedoch unter den Mönchen herumgesprochen hatte, daß d'Eon dort übernachten würde, war es mit der üblichen Routine der Mönche vorbei, und jeder versuchte nur noch, eine Gelegenheit zu finden, um wenigstens einen kurzen Blick auf die berühmte Chevalière zu werfen. Der Lärm und Tumult beruhigte sich erst, nachdem Boudier persönlich eingeschritten war. »Hört auf, euch so anstößig zu erregen, meine Brüder. Der Hauptmann der Dragoner und Freiwilligen der Armee, der so kühn diese geheiligten Gemächer betritt, ist die mutige Chevalière d'Eon, die auf der Durchreise von London nach Versailles ist.«

Am nächsten Morgen, kurz ehe d'Eon nach Versailles aufbrach, vertraute Dom Boudier einem Mitreisenden d'Eons seine Enttäuschung an: »Ich habe etwas sehr Unbesonnenes getan, indem ich Mademoiselle d'Eon in ihrer Männerkleidung ins Haus von Madame Louise ohne deren Erlaubnis brachte. Mademoiselle d'Eon hat unklug ihre Freiheit genutzt, ohne mein Wissen in unserem Garten, unserem Kreuzgang, unserem Kapitel, unserem Refektorium und unserem Schlafsaal herumzustreifen. Sie hat in der Tat die Neugier ihres Geschlechtes demonstriert. Ich muß sofort eine Note an den König schreiben und mich für diese Angelegenheit entschuldigen … Unser Hauptmann ist eine Dame, die nicht ihren Ärmel oder ihren Fuß benutzt, wenn sie sich die Nase schneuzt. Sie antwortet schnell und klug auf alles, was man sie fragt. Ihr Geist ist nicht leicht zu manövrieren. Sie wird zweifellos beweglicher werden, wenn sie ihre Haube, ihr Kleid und ihren Rock wieder anzieht, wenn sie mit anderen Frauen in einem Kloster oder in einem ehrbaren Haus zusammen ist, um die für ihr Geschlecht angemessene Sittsamkeit und Schicklichkeit zu erwerben. Ich hoffe, daß sie die Attitüden eines Dragonerhauptmanns und Freiwilligen der Armee verlieren wird.«

D'Eon, es muß wohl nicht eigens gesagt werden, machte natürlich nichts dergleichen. Seit fast fünfzig Jahren hatte er immer nur auf die Stimme seines Herzens gehört, und er war nicht einmal bereit, den Rat einer Prinzessin oder Fürstin, geschweige denn den eines Mönchs anzunehmen. Aber die Frage von d'Eons Kleidung sollte nicht verschwinden. Als er einige Tage später in Paris eintraf, wurde er durch einen Feuersturm von Klatsch zur Hauptattraktion der aristokratischen Bühne der Hauptstadt. »Jeder spricht unablässig von Monsieur oder Mademoiselle d'Eon«, schrieb Madame du Deffand ihrem britischen Brieffreund Horace Walpole.[4] Im Handumdrehen schoß ein eigenes Kleingewerbe aus dem Boden, das sich über d'Eons Entschlossenheit belustigte, weiterhin seine Militäruniform zu tragen. Im Königlichen Palais, dem Zentrum des kulturellen Lebens in Paris, boten Straßenverkäufer Liedchen, Schriften und Drucke feil, die die Chevalière aufs Korn nahmen. Selbst die Intelligenz ließ sich von dem Wirbel anstecken. An der Comédie Italienne wurde im Handumdrehen ein Stück mit dem Titel *Sans dormir* (Schlaflos) auf die Bühne gebracht, das der ehrwürdige Kritiker Baron Friedrich Grimm als ein vergnügliches »Vaudeville« beschrieb, bei dem die »Kunst des Autors vor allem der Rollenwechsel der Frauen zu Männern und der der Männer zu Frauen ist.« Die Handlung sei offensichtlich, wie Grimm anmerkte, eine Parodie auf d'Eon.[5]

Die Regierung fand diese Art von Geschlechterkonfusion, die sich hier vor ihrer Nase abspielte, keineswegs amüsant. Für Ludwig XVI. war die Chevalière d'Eon nichts als die lebendige Erinnerung an die außergewöhnliche Dekadenz und mißliebige Herrschaft seines Großvaters Ludwig XV. Genau wie sein königlicher »Kollege« in England, Georg III., hatte Ludwig XVI. seine Herrschaft mit dem Eifer eines Reformers begonnen, der die gewaltigen Probleme aus der Hinterlassenschaft seines Großvaters tatkräftig in Angriff nahm. Ludwig XVI. hatte d'Eon erlaubt, als Frau nach Frankreich zurückzukehren, weil er glaubte, damit wäre der kontroversen politischen Karriere d'Eons endlich ein Ende gesetzt und er für immer zum Schweigen gebracht. Aber bisher, so wie d'Eon in seiner Offizierskleidung in der Hauptstadt herumstolzierte, war genau der gegenteilige Effekt eingetreten.

Die letzten Jahre des Ancien Régime assoziieren wir für gewöhnlich mit einer hoffnungslos rückständigen Zeit, in der die absolute Monarchie Ludwigs XVI. eng an einen Feudalismus geknüpft war, der für Frankreich schon seit langem nicht mehr von Nutzen war. Aber dieses Bild wurde weniger von den Zeitgenossen, als vielmehr von den Jakobinern gemalt, die das Régime während der Revolution zerschlugen. Heute, nach jahrzehntelangen Forschungen, kristallisiert sich ein neues Bild von einer Verwaltung, die das Land in einem für die Bevölkerung in vielfacher Hinsicht zu schnellen Tempo zu reformieren versuchte, für eine Bevölkerung, die weitestgehend natürlich aus überarbeiteten und verarmten Bauern bestand.[6] Die Minister Ludwigs XVI. standen den Idealen der Aufklärung wohlwollend gegenüber und konnten sogar viele der wortführenden Philosophen, wie etwa Voltaire, zur Mitarbeit gewinnen. Der erste Finanzminister Ludwigs XVI. war beispielsweise der Philosoph und Verwaltungsfachmann Anne-Robert-Jacques Turgot, der zur großen *Enzyklopädie* beigetragen und Adam Smith maßgeblich mit beeinflußt hatte. Aber zu der Zeit, als d'Eon nach Paris zurückkehrte, war Turgot seines Amtes schon wieder enthoben, und die Chancen auf eine grundlegende Reform schwanden erneut.

Aber wie auch immer, jedenfalls hatten diese »Modernisten«, wie der Historiker Simon Schama sie unlängst bezeichnete, für d'Eons Geschlechtsmätzchen nicht sehr viel übrig.[7] Sie waren bereit, ihm bis zu einem bestimmten

Punkt Toleranz entgegenzubringen, aber sie wollten sich mit Sicherheit nicht in die Situation bringen, sein Verhalten abzusegnen. Je mehr d'Eon nun im Blickpunkt der Öffentlichkeit erschien, desto mehr sah sich die Regierung folglich genötigt, etwas gegen ihn zu unternehmen.

Und das war es, was Außenminister Vergennes veranlaßte, d'Eon zu einem Gespräch nach Versailles zu zitieren. Nun hatte d'Eon aus seiner Sicht zunächst einmal allen Grund, der Begegnung mit freudiger Erregung und Optimismus entgegenzusehen. Unter Ludwig XV. war das Außenministerium zu d'Eons Leidwesen jahrelang in der Hand des Herzogs von Choiseul gewesen, der ihm und seinen Gönnern alles andere als wohlgesinnt gewesen war. Aber mit Vergennes waren er und seine Freunde immer gut zurechtgekommen. Als Vergennes vor vielen Jahren als Botschafter in Konstantinopel und Stockholm war, hatte er in wichtigen Fragen oft bei dem Grafen von Broglie Rat gesucht, der zugleich d'Eons wichtigster Patron war. Somit hatte d'Eon ihm seit seiner Ernennung zum Außenminister 1774 sehr viel Sympathie entgegengebracht. Und es war in Wirklichkeit nur dem Vertrauen, das d'Eon in Vergennes setzte, zu verdanken, daß das Abkommen über d'Eons Rückkehr nach Frankreich überhaupt zustande gekommen war.[8]

Das Treffen nahm einen angenehmen Anfang. Die zwei Diplomaten tauschten Bemerkungen über verschiedene Staatsmänner aus, die sie gekannt hatten. Der Auftakt gefiel d'Eon, und vielleicht war es nicht völlig unbegründet für ihn zu hoffen, Vergennes würde ihm nun eine neue diplomatische Aufgabe anbieten. Aber statt dessen ließ Vergennes seine Bombe platzen, die d'Eon, wie er später schrieb, »in einen Zustand nie dagewesener Verwirrung« stürzte.[9]

»Mademoiselle«, begann Vergennes, »Ich bitte Sie, sofort Ihre Kleider wieder anzulegen oder sich dem Gesetz zu unterwerfen. Sie werden damit die Zuneigung der Frauen und den Respekt der Männer gewinnen. Diese unverzichtbare Veränderung wird es Ihnen erlauben, im Charakter und Verhalten hinreichend zurückhaltend zu werden, um Ihren Seelenfrieden und Ihr Glück zu sichern.« Und nach diesen Worten, und sei es nur, um die Bedeutung, die die Regierung der Angelegenheit beimaß, zu unterstreichen, überreichte Vergennes dem schockierten d'Eon eine vom König persönlich unterzeichnete Order, die ihm befahl, die »Dragoneruniform abzulegen« und ihm verbot, »irgendwo im Königreich in irgendeiner anderen Kleidung als einer für Frauen päßlichen in Erscheinung zu treten.«[10]

D'Eon protestierte sofort gegen die Order und wollte sie aufgehoben wissen. Er erinnerte Vergennes an die großen Dienste, die er Frankreich und dem König geleistet hatte. Hatte er im Siebenjährigen Krieg nicht heldenhaft unter Marschall von Broglie gedient? Hatte er in seinem Amt als Diplomat am Hofe der russischen Zarin Elisabeth nicht hohe Anerkennung gefunden? Hatte der König ihn nicht von sich aus zum Hauptmann des Elitekorps der Dragoner ernannt? Hatte er nicht bei der Verhandlung des Friedens von Paris mit England 1763 eine entscheidende Rolle gespielt? Und hatte der König ihn für seine Dienste nicht mit dem Amt des Bevollmächtigten Ministers in London belohnt? Und schließlich und endlich (und am erstaunlichsten für eine Frau), war d'Eon denn nicht für seinen Dienst zum Wohle der Öffentlichkeit mit dem so selten vergebenen und so begehrten Sankt-Ludwigs-Kreuz ausgezeichnet worden? Warum, fragte d'Eon, sollte er angesichts all dieser aktenkundigen Leistungen gezwungen werden, Frauenkleidung anzuziehen? Es gab keinen Grund, beharrte er, daß sein Eingeständnis, daß er von Geburt an eine Frau war, ihn fortan für immer von diplomatischen Diensten ausschließen sollte.[11]

Womit d'Eon ihn hier herauszufordern versuchte, war jedoch allenfalls dazu angetan, Vergennes Neugier anzustacheln. Statt direkt auf d'Eons Argumente einzugehen, fragte er, wie es ihm nur gelungen sei, sein »Geschlecht so lange zu verbergen und mit so viel Mut unter Männern zu kämpfen.« »Monsieur le Comte«, antwortete die Chevalière, »ich habe mich nur vor den Augen der Mädchen und Frauen, der Jungen und Männer, der Soldaten, Offiziere, Generäle, Botschafter, Kriegs- und Außenminister versteckt. Sie sind nicht diejenigen, die die Botschaften entschlüsseln … es war vielmehr meine Aufgabe, dieses Entschlüsseln für sie zu übernehmen.«[12]

Inzwischen war man am Königlichen Hofe jedoch zu der Einsicht gelangt, daß man d'Eon nicht einfach freie Hand lassen und erwarten konnte, daß er die Order befolgte. Die königliche Order mußte, wie man die Sachlage sah, von einem ganzen Umerziehungsprogramm begleitet werden, um d'Eon beizubringen, wie er sich als Frau zu verhalten hatte. So wurde er eingeladen, sich im Hause von Edme-Jacques Genet in Versailles einzuquartieren, dem obersten Verwaltungschef im Außenministerium. Unter der Anleitung von Genets Frau und seinen drei Töchtern (von denen zwei Hofdamen von Marie-Antoinette waren) wurde d'Eon ein Intensivkurs in Etikette zugesichert. Er erklärte sich zu einem Aufenthalt im Genetschen Haushalt bereit, aber erst, wie er erklärte, nach einem Besuch bei seiner Mutter in Tonnerre.

Aber gewichtiger war noch, daß der König d'Eon eigens Mittel zur Verfügung stellte, um sich eine neue Garderobe zuzulegen, die dem Status einer Edelfrau gerecht würde. Und Königin Marie-Antoinette stellte ihre Gewandmeisterin Rose Bertin eigens dazu ab, die Anfertigung von d'Eons neuer Garderobe zu überwachen. »Die Königin hat mir befohlen, Sie mit allem auszustatten, was für eine Änderung Ihres Zustandes und Ihres Äußeren notwendig ist«, erklärte Bertin, als sie am nächsten Tag mit d'Eon zusammentraf, um seine Maße zu nehmen. »Lassen Sie uns zusammenarbeiten, um genau festzustellen, was Sie im einzelnen brauchen.«

»Um die Wahrheit zu sagen, Mademoiselle«, gestand d'Eon, »ich weiß noch nicht, was ich brauche. Ich weiß nur allgemein, daß ich alle die besonderen Beigaben brauche, die Sie haben, und besonders Ihre Freundlichkeit, Ihre Geduld, Ihre Weisheit und Ihre Besonnenheit. Ich weiß nur, daß es schwieriger ist, eine Dame als eine ganze Kompanie Dragoner von Kopf bis Fuß auszustatten.«[13]

3

Tonnerre

Wenige Tage nach dem Treffen mit Vergennes gab der Graf von Maurepas, der Innenminister, d'Eon die Erlaubnis, seine Mutter in seiner Heimatstadt Tonnerre zu besuchen, einem Städtchen mit dreitausendsiebenhundert armen Seelen, im Norden Burgunds, rund einhundertsechzig Kilometer südöstlich von Paris gelegen. D'Eon war nicht mehr in Tonnerre gewesen, seit sein Vater 1749 gestorben war. Aber dennoch gibt es keinen Hinweis darauf, daß d'Eon vor der letzten Verfügung des Königs einen besonderen Wunsch gehabt hätte, Tonnerre zu besuchen. Wahrscheinlicher ist, daß er erst einmal einen Rückzug aus der Öffentlichkeit suchte, die regelrecht süchtig nach Klatsch, insbesondere nach Klatsch von der Art war, den er, wo immer er auftauchte, unweigerlich auslöste. »In einer Sonderaudienz kam es zu einem Treffen des Chevalier d'Eon mit dem König«, schrieb ein Geheimagent aus Versailles dem russischen Hof, als d'Eon eilig nach Tonnerre aufbrach. »Seine Majestät verlangte unumwunden, daß diese amphibische Heldin wieder die Kleider ihres Geschlechtes anlegt … Ich glaube, Monsieur d'Eon ist wieder aus Frankreich geflohen und muß auf der Rückreise nach England sein.«[1]

D'Eon hatte Frankreich nicht verlassen und hatte auch nicht die Absicht, nach England zurückzukehren. Er mußte jedoch aus Paris fliehen, und sei es nur, um über seine Situation nachzudenken. Die Order des Königs, die ihm befahl, Frauenkleidung anzuziehen, wurde »in Versailles, Paris wie auch in ganz Frankreich und Europa als ein salomonisches Urteil gesehen«, schrieb er später. In einem Sinne war d'Eon natürlich klar, daß diese Order eine Art von Tod, gleichzeitig aber auch eine Wiedergeburt bedeutete. Ludwig »tötete in ihr den alten Dragonerhauptmann« erinnerte d'Eon sich später. »Diese Veränderung verwandelte vollständig ihren Geist, ihr Herz, ihr Verhalten, ihre Manieren, ihre Gewohnheiten und ihre Neigungen. Sie zwang sie, lebendig zu werden, vorwärtszugehen und als ein völlig neues Wesen zu handeln … welches den geziemenden Anstand, die Weisheit und Würde ihres Geschlechtes wiedererlangt hatte.«[2]

Als Frau wiedergeboren zu werden, war in mancher Hinsicht genau das, was d'Eon wollte. Aber nicht in der Form, sondern nach seinen eigenen Bedingungen. »Nur mein extremer Wunsch, in den Augen des Königs und meiner Protektoren wie Ihnen und dem Grafen von Maurepas untadelig dazustehen«, schrieb er an Vergennes, »kann mir die notwendige Kraft geben, mich selbst zu besiegen und diesen demütigen Charakter anzunehmen, der schicklich für das neue Leben ist, zu dem *ich gezwungen werde*. Es fiele mir leichter, die Rolle des Löwen als die des Lammes zu spielen, und die des Hauptmanns der Freiwilligen in der Armee als die einer schüchternen und gehorsamen Jungfer.«[3]

Aber sofern d'Eon gedacht hatte, er könnte seinen Aufenthalt in Tonnerre nutzen, um in Frieden und Zurückgezogenheit über seine Situation nachzudenken, so hatte er sich geirrt. Eine Berühmtheit in Paris, wurde er in Tonnerre wie eine Göttin behandelt. Jeder in Stadt wollte unbedingt die umstrittene Chevalière sehen, die berühmter als irgendwer sonst – bisher wie auch seither – in der Geschichte der Stadt geworden war.

Irgendwann in der ersten Septemberwoche 1777 rollte d'Eons Kutsche in Tonnerre ein. Als Madame d'Eon sah, daß ihr Kind noch immer die Uniform eines Dragonerhauptmannes trug, fiel sie noch vor dem Haus sofort in Ohnmacht. »Meine gute Mama, ich bin es wirklich«, stieß d'Eon bei der zärtlichen und tränenreichen Umarmung hervor. »Haben Sie keine Angst.«[4]

D'Eon war so erschöpft von der Reise, daß er sich schon bald für die Nacht zurückzog. Später, als dann auch die Bediensteten zu Bett gegangen waren, ging Madame d'Eon ins Zimmer ihres Sohnes, so daß sie allein mit ihm sprechen konnte. Sie wollte unbedingt erreichen, daß er Frauenkleidung anzog.

»Bei Ihrer Rückkehr nach Frankreich glaubte jeder, und es wurde von Mund zu Mund weitergeben, daß Sie verpflichtet seien, wieder ein Kleid zu tragen. Wenn Sie klug und intelligent sind, und ich glaube, daß Sie es sind, meine liebe Tochter, folgen Sie meinem Rat: Bleiben Sie ruhig in Ihrem Bett, und geben zwei oder drei Tage lang vor, krank zu sein. In dieser Zeit werden Mademoiselle La Tour, meine Näherin, ihre Schwester und ich in aller Stille oben ein Zimmer und alles herrichten, das für Ihre Wandlung und Verschönerung notwendig ist. Wir müssen alles tun, was wir können, um Ihrem unruhigen Leben [als Mann gekleidet] ein Ende zu machen, das für einen solchen Aufruhr in der Welt sorgt und mich mit solcher Angst um Sie und Schrecken für mich erfüllt.«

»Glauben Sie, ich wäre in meiner Situation wie eine Irregewordene hierher gekommen?« fragte d'Eon. »Ich habe eine gültige Erlaubnis vom Hofe in meiner Tasche. Hier ist sie. Lesen Sie sie.« D'Eon hoffte, daß seine einflußreichen Freunde und Gönner während seiner Abwesenheit vom Hofe »den König überzeugen werden, mir die Gefälligkeit zu erweisen und mir zu gestatten, meine Uniform zu behalten, da ich auch das Sankt-Ludwigs-Kreuz und meine ganzen Pensionsgelder behalten habe. In einem Monat muß ich nach Paris oder Versailles zurückkehren und die Garderobe in Anspruch nehmen, die die Königin für mich vorbereiten läßt. Jetzt wissen Sie, warum ich Tag und Nacht, trotz meines heutigen offensichtlichen Glücks, so verzagt bin. Was mich so verzagt sein läßt, ist, daß [Vergennes] mich dem König, der Königin und dem Hofe präsentieren möchte, um mich offiziell mit meiner neuen Würde einzuführen. Sie sagen, diese Einführung werde mir einen festen und harmonischen Rahmen und einen Respekt verschaffen, den Sie mir nicht geben können, obwohl Sie meine rechtmäßige Mutter sind.«

»Der Hof hat absolut recht«, rief seine Mutter aus. »Ich kann nicht begreifen, warum Sie weiterhin Ihre Uniform tragen möchten. Sehen Sie denn nicht, daß die Leute über Sie lachen? Da jeder weiß, daß in London und Paris erklärt wurde, Sie seien eine Frau, sorgt diese Maskerade nur dafür, daß die Gerüchte und Skandale nie aufhören. Sie müssen entweder das eine oder das andere sein. Es ist Ihnen beschieden, eine Frau zu sein; nehmen Sie es an. Da Sie die Schwäche hatten, im Krieg eine Uniform zu tragen, müssen Sie auch die Stärke haben, in Friedenszeiten ein Kleid zu tragen. Wie können Sie noch immer die Torheit haben zu denken, Sie würden von diesem für alle gültigen Gesetz ausgenommen?«

»Was?« begehrte d'Eon wutentbrannt auf. »Selbst meine Mutter ist heute gegen mich! Sie, die mich in meiner Jugend in Hosen gesteckt hat, möchte heute, daß ich möglichst schnell einen Rock anziehe … Da, wie Sie sagen, der Hof immer recht hat, müssen Sie also den bevorstehenden Tod Ihres bedauernswerten Dragoners betrauern. Seine Tage sind gezählt. Er hat nur noch einige Wochen in der Kleidung eines Mannes zu leben.«

»Gepriesen sei Gott, möge sein Wille geschehen wie auch der des Königs und des Gesetzes«, schluchzte Madame d'Eon, während ihr die Tränen flossen. »In diesem Augenblick würde ich Sie lieber tot, als in Männerkleidung sehen.«

»Ich würde viel lieber mit Ihnen leben, liebe Mutter, und eine Haube und einen Rock tragen, als mit Hut und in Hosen gekleidet Sie nie wiederzusehen.«

»Sie sind noch immer meine teure Tochter, die in der Dunkelheit und im Schatten des Todes sitzt. Aber Sie werden wiedergeboren werden, meine Tochter, um ohne Angst oder Schande zu leben und in Frieden bei Ihrer Mutter zu sterben, die Sie liebt und immer für Sie sorgen wird. Um Ihres Heiles und unseres gemeinsamen Glückes willen habe ich lange wegen des Unglücks gebetet, das Ihnen widerfährt.«[5]

Wie konnte d'Eons Mutter ihren Sohn als »Tochter« bezeichnen? Dieser Dialog ist, wie viele der in diesem Buch wiedergegebenen Gespräche, d'Eons autobiographischen Manuskripten entnommen. Wir können bei diesen Erinnerungen d'Eons davon ausgehen, daß sie zumindest teilweise fiktiv sind, da Madame d'Eon von allen am besten wußte, daß ihr Kind männlichen Geschlechts war. D'Eons Autobiographie wurde für Leser geschrieben, die glaubten, er sei eine Frau, so daß diese Fiktion notwendig war.

Am nächsten Morgen wurde d'Eon aus dem herrschaftlichen Haus seiner Mutter herausgerufen, um sich eine große Parade anzusehen, die zu seinen Ehren veranstaltet wurde. Als d'Eon in seiner Dragoneruniform und seinem

41

kostbaren Sankt-Ludwigs-Kreuz auf der Brust erschien, zeigte die große versammelte Menschenmenge lautstark ihre »allgemeine und überschwengliche Freude. Die Glocken läuteten, den ganzen Tag über wurden Salutschüsse abgegeben, und jede nur denkbare Demonstration der Freude und Verehrung, die an dem Tag erlaubt war, fand bei diesem Anlaß statt.«[6]

Der Festzug als solcher war ein Spiegel der typischen politischen Struktur einer Provinzstadt in der Zeit des Ancien Régime. Vorne weg ging der Bürgermeister mit den Mitgliedern des Stadtrates, die »alle sehr glücklich waren, mich zu sehen und mit Palmzweigen winkten.« Ihnen folgten die Offiziere verschiedener Kompanien, in der Reihenfolge von Rang und Würde, die den Adel repräsentierten. Sie trugen ihre prächtigsten Galauniformen, bedeckt mit Medaillen und Insignien ihrer im Krieg erworbenen Auszeichnungen. Und nach ihnen kamen die Mitglieder des Ersten Standes, die höchsten kirchlichen Würdenträger der Region, von den Äbten bis zu den Rektoren der Hospitäler. Die Tatsache, daß der Erste Stand das Ende des Festzuges bildete, mag bereits ein klares Zeichen für die schwindende Autorität der Kirche zur Zeit der Aufklärung gewesen sein. Theoretisch sollte die Unterteilung der Gesellschaft in drei Stände zwar unabänderlich sein und Ewigkeitscharakter haben, gleichwohl fand im späten achtzehnten Jahrhundert bereits eine merkliche Machtverschiebung von der traditionellen Oberschicht zu denjenigen statt, die die neuen ökonomischen Bedingungen zu nutzen wußten.[7]

D'Eon stand in seiner Uniform in Grundstellung vor dem Haus seiner Mutter und verfolgte den Festzug insgesamt mit gemischten Gefühlen. Einerseits genoß er die Aufmerksamkeit, die ihm zuteil wurde, insbesondere, daß die Offiziere ihm im Vorbeimarschieren salutierten; andererseits merkte er, wie mit einemmal der Stolz, eine angesehene aristokratische Persönlichkeit zu sein, einem beklemmenden Gefühl wich, wonach er sich mehr wie ein im Zoo zur Schau gestelltes Tier fühlte. Der Massenandrang durch die Bürger der Stadt war nicht damit zu erklären, daß jeder herbeiströmte, um sich die Teilnehmer an der Parade anzusehen, Personen, die sie im Prinzip jeden Tag sehen konnten, sondern um d'Eon zu sehen. Und sie waren verblüfft, wie sehr er selbst in seinem militärischen Aufzug wie eine Frau aussah. »Er ist eine eindrucksvolle Erscheinung, aber er hat weder Gesichtshaar noch einen Bart«, bemerkte eine Frau. Er scheint auch nicht viel von einem Adamsapfel zu haben, meinte eine andere. Und wenn man sich »seine Uniform« wegdenkt, bleibt eine so schöne Mädchenfigur, die »allen Müttern unserer guten Stadt Tonnerre, wo alle Mädchen einen ebenso kriegerischen Geist wie die Jungen haben, zur Ehre gereichen würde.«

In den nächsten Tagen brach unter den Einwohnern Tonnerres ein »kleiner Bürgerkrieg« im Zwist über die Frage aus, ob d'Eon seine Uniform ablegen und normale Frauenkleider tragen müßte. Auf der einen Seite stand der Klerus, der »wollte, daß ich vom Hofe gezwungen werde, meine Frauenkleider anzulegen. Auf der anderen Seite standen die Würdenträger der Stadt und die Männer vom Militär, die von ganzem Herzen hofften, der Hof würde mir weiterhin das Privileg zugestehen, meine Uniform zu tragen, um weiterhin meinen militärischen Dienst zu tun.«[8]

Wenn man nur d'Eons Schilderung liest, könnte man glauben, diese Offiziere hätten sich für die Zulassung und Aufnahme von Frauen in die französische Armee eingesetzt. In Wirklichkeit ging es ihnen jedoch darum, daß die Würde und der Status einer der ihren unangetastet blieben. Die Berufung zum Offizierskorps der Dragoner wurde als eine lebenslange Verpflichtung betrachtet. Und von jedem Offizier wurde erwartet, daß er, wenn er ausging, stets seine Dragoneruniform trug. Daß jemandem diese Auszeichnung jemals entzogen worden war, davon hatte man noch nie gehört. Diese Praxis beruhte schließlich auf einem von einem absoluten Monarchen erlassenen Gesetz. Konnte dieser König seine eigenen Gesetze verletzen? Genau das war nach Auffassung der Aristokraten des achtzehnten Jahrhunderts der Unterschied zwischen einer rechtmäßigen und einer despotischen Monarchie: Erstere wurde von Gesetzen regiert, letztere von den Grillen und Launen des Monarchen. Wenn Ludwig XVI. d'Eon seinen Rang und Posten nehmen konnte, dann konnte er sie jedem nehmen.

»Unser tapferer Landsmann und Dragonerhauptmann«, ermahnte ein Offizier d'Eon, »tragen Sie weiterhin die Uniform, der Sie in unserem Beisein im Krieg Ehre gemacht haben. Aber seien Sie versichert, daß Sie Ihren tapferen Landsmännern der Stadt und Region von Tonnerre im Herzen immer teuer sein werden, in welcher Kleidung Sie auch vor unseren Augen erscheinen mögen.« Aber auch durch solche Fan-Post wurde d'Eons Kampf nicht leichter. Der von d'Eon beschriebene »Bürgerkrieg« in der Stadt war offensichtlich ein Spiegel des Krieges, der in seinem Kopf stattfand.

Er erhielt auch Post von Damen der Aristokratie, die ihn drängten, den Wandel umgehend zu vollziehen. Warum schieben Sie einen Prozeß hinaus, der so offensichtlich zu Ihrem Vorteil und uns letztlich zur Ehre gereicht, schrieb eine Frau an »unsere liebe und tapfere Heldin. Die Damen von Burgund stehen bereit, Sie nicht nur an der Tür ihrer Häuser willkommen zu heißen, sondern auch mit der natürlichen Zuneigung ihrer Herzen.«

D'Eons Unterstützer hielten in der Kathedrale Notre Dame in Tonnerre eigens einen Gottesdienst ab, bei dem zu seinen Ehren das *Te Deum* gesungen wurde. »Eine riesige Zahl von Menschen nahm an der Feier teil. Und aus jedem Mund erscholl: ›Lang lebe die Heldin von Tonnerre.‹« Dabei hielten alle, jeder Mann und jede Frau, ein weißes Band oder Taschentuch als Zeichen ihrer Solidarität mit d'Eon in der Hand.[9]

Der Klerus der Stadt nahm Anstoß an dieser so offen bekundeten Unterstützung und warnte d'Eon, »nicht länger unsere Kirchen in der Kleidung eines Mannes oder in Uniform aufzusuchen, da die ganze Aufmerksamkeit der Gläubigen, welche nur Gott gebührt, sich auf unsere Chevalière richtet, die trotz ihrer Tugendhaftigkeit und ihres Mutes von der Römischen Kirche bisher noch nicht heiliggesprochen wurde.«

Eine Meinung, die vehement auch von dem Pfarrer Tonnerres, Vater Labernade, vertreten wurde, der d'Eon einige Tage nach der Parade in der Hoffnung aufsuchte, er könnte ihm die Beichte abnehmen. Labernade war der d'Eon-Familie gut bekannt. Einundachtzig Jahre alt und noch immer gut bei Kräften, war er nicht nur der Beichtvater von d'Eons Mutter und Schwester, sondern vierzig Jahre zuvor auch der von d'Eons Großmutter gewesen. Angesichts dieses langen Vertrauensverhältnisses war es durchaus verständlich, daß Labernade d'Eon fragte: »Warum lassen Sie mich nicht Ihre Beichte hören? Ich könnte Ihnen in Ihrer Lage meine Hilfe anbieten.«

»Mein ehrwürdiger Vater«, erwiderte d'Eon kühl, »darauf habe ich mich nicht vorbereitet. Ich lege meine Beichte vor Gott ab, ehe ich sie vor anderen Männern ablege, da es keinen Menschen gibt, dem ich Unrecht getan habe.«

»Aber Ihre ist eine gewohnheitsmäßige Sünde«, entgegnete der Priester, »bei der ich möchte, daß Sie sie loswerden.«

»Und worin besteht sie, mein ehrwürdiger Vater?« fragte d'Eon sarkastisch.

»Darin, die Kleidung eines Mannes zu tragen. Sie werden sich selbst denken können«, fügte Labernade hinzu, »daß Ihre Geburt und Erziehung für mich kein Geheimnis sind.«

»Urteilen Sie nicht nur nach dem Äußeren einer Person«, warnte d'Eon ihn, »sondern urteilen Sie auf der Grundlage guter Gründe.«

Das Gespräch schweifte sodann in einen theologischen Disput über den Ursprung der Beichte ab. D'Eon nahm dabei den alten, von protestantischen Theologen wie auch einigen Philosophen der Aufklärung vertretenen Standpunkt ein, wonach die katholische Form der Beichte eine relativ spät eingeführte Einrichtung und außerdem seit jeher »hier auf Erden eine große Quelle von Hader und Zwist unter den Christen« war. Zu Labernades Entsetzen pochte d'Eon darauf, daß »der Heilige Petrus schon mehr als vierhundert Jahre tot war, ehe die Ohrenbeichte aus der Taufe gehoben und erfunden wurde.«

Labernade war d'Eons profunden intellektuellen Fähigkeiten nicht gewachsen und versuchte, die Diskussion auf einer persönlicheren Ebene zu führen. So erinnerte er d'Eon nochmals daran, daß er seit Jahrzehnten der Beichtvater der Familie war, und meinte sogar, d'Eons Weigerung zu beichten, könnte zugleich eine Entehrung der übrigen Frauen seiner Familie darstellen, die ihn als Beichtvater gewählt hatten. Was seine Mutter und Großmutter anginge, erwiderte d'Eon, so »haben sie ihre Vorbilder, und ich habe meine.«

Aufgebracht über d'Eons Hartnäckigkeit schlug Vater Labernade die Hände über dem Kopf zusammen: »Mein guter Chevalier oder Chevalière!« rief er aus. »Sie sind wirklich gelehrter als ich, der ich zehn Jahre lang Theologie studiert habe!«

Labernade war zwar bei d'Eon nicht weitergekommen, aber er hatte eine enge Verbündete in d'Eons Mutter. »Sie peinigte mich Tag und Nacht«, ereiferte sich die gequälte Chevalière, »und um mich zu ermuntern, gab sie mir alle ihre schönen Kleider und Spitzen.«[10] Diese Haltung der Mutter ist nicht schwer zu verstehen und entsprach sicher den Tatsachen, selbst wenn man berücksichtigt, daß von der späteren Prosa ihres Sohnes angesichts der eingebauten fiktiven Elemente einige Abstriche zu machen sind. Sie wollte, wie jede andere Mutter, nur das Beste für ihren Sohn. Und das hieß unter diesen Umständen aus ihrer Sicht, ein möglichst angenehmes und somit unbehelligtes Leben zu führen. Und das war halt nur zu erreichen, wie sie meinte, wenn er die Kleidung und Umgangsformen einer aristokratischen Dame annahm. Sich anatomisch als Mann zu offenbaren, hätte die Regierung an diesem Punkt derart in Verlegenheit gebracht, daß eine derartige Erklärung völlig außer Frage stand. Aber Madame d'Eon konnte auch nicht sehen, was es bringen sollte, wenn ihr Kind sich wie jemand zwischen zwei Geschlechtern – wie eine männliche Frau – gab.

»Mir wäre hundertmal lieber, Sie würden ein Kleid anziehen«, sagte sie ihm eines Tages, »als Sie leiden und als stummes Objekt des öffentlichen Skandals zu sehen. Ein kleiner Gefallen ist doch schnell getan. Ziehen Sie Ihr Kleid an … und Sie werden glücklich und in Frieden bei mir leben.«

Leidenschaftlich, wenn auch nicht unberührt, versuchte d'Eon seiner Mutter klarzumachen, daß er für ein ruhiges, beschauliches Leben nicht geschaffen war. Gott hatte ihm besondere Talente gegeben, und er fühlte sich ungeachtet seines Geschlechts zum politischen Leben berufen, erklärte er. »Ich habe den seltenen Vorteil«, sagte er ihr, »daß ich in der Hauptstadt viele Männer kennengelernt und im Krieg wie in Friedenszeiten viele gewöhnliche wie auch außergewöhnliche Vorgänge erlebt habe, und ich bin Ministern begegnet, die nicht lesen konnten, und Botschaftern, die nicht schreiben konnten.« Welchen Sinn sollte es also haben, wenn er seine gottgegebenen Talente verschwendete?

Am Ende schienen die Bitten und Gebete seiner Mutter seinen Widerstand gebrochen zu haben. Sie überzeugte ihn schließlich davon, daß der Hof seine Meinung mit Sicherheit nicht ändern würde. »Ich sehe, was meine Kleidung angeht, daß ich keine Nachsicht vom König erwarten kann«, erklärte er seiner Mutter. »Ich weiß, was ich tun werde. Ich werde meine Entscheidung als tapferer Hauptmann treffen. Ich werde mich im Gebet in ein Kloster zurückziehen und dort den Ratschluß Gottes, des Königs und des Gesetzes abwarten. Dort geht die Erinnerung an gute Werke nie verloren. Das ist die rechtschaffenste, ehrbarste und sicherste Entscheidung für mich. Ich möchte jedoch, daß nur meine Mutter davon weiß, ich werde Tonnerre verlassen, ohne jemandem irgend etwas zu sagen. Vor vielen Jahren war Regulus, ein Kriegsgefangener, auf sein Ehrenwort hin in der Gewißheit nach Karthago zurückgekehrt, daß ihn dort ein mit langen Pfeilspitzen gespicktes Faß erwartete, in das man ihn stecken und vom höchsten Punkt der Stadt hinunterrollen würde. Ich kam nach Tonnerre, um meine Mutter zu besuchen, und habe mein Ehrenwort gegeben, nach Paris zurückzukehren. Glauben Sie, eine christliche Jungfer wird furchtsamer als der heidnische Regulus sein, in ein von Pfeilspitzen durchbohrtes Faß zu steigen?! Ich werde gehen, wohin mich die Ehre ruft und drängt, selbst wenn mein Herz dabei von tausend Pfeilen durchbohrt wird.«

D'Eons Mutter sprang vor Freude auf, um ihn zu umarmen. »Heute erkenne ich, daß Sie die würdige Tochter Ihres Vaters und Ihrer Mutter sind, die Sie nicht zur Furchtsamkeit erzogen haben. Folgen Sie dem Weg der Ehre, und nichts möge Sie dabei aufhalten. Wenn Ihre anfängliche Verwirrung vorüber ist, werden Sie den Tag preisen, an dem Sie Ihr Kleid wieder angezogen haben. Was Sie heute betrübt, wird morgen Ihr Trost sein.«

»Mutter, Sie haben mich alles gelehrt. Ich werde mich Ihrer Weisungen erinnern und mich, ohne weiter zu zaudern, daran halten. Ihre Charlotte-Geneviève-Louise-Auguste-Andrée-Thimothée d'Eon de Beaumont wird durch die Kraft ihrer Emanzipation und ihres Mündigwerdens und durch die Autorität des Gesetzes und des Königs, des Königs von England ebensosehr wie des Königs von Frankreich, somit schließlich eine Jungfer werden, die ihre Rechte in Anspruch nimmt und genießt. *Ad majorem Dei gloriam!* [Zum größeren Ruhme Gottes!]«

D'Eon war nach Tonnerre gekommen, um dem Rampenlicht zu entfliehen und sich bei seiner Familie zu erholen. Aber nach einem Monat hatte er genug. In seiner verworrenen Situation hielt er es nicht länger aus, in dieser Kleinstadt seiner Jugend zu bleiben, wo er ständig von engstirnigen Geistlichen und Freunden der Familie belagert und bestürmt wurde. Er beschloß abzureisen, in Wirklichkeit sogar zu fliehen – und schrieb heimlich, ohne jemanden davon in Kenntnis zu setzen, an Louis-Jean Bertier de Sauvigny, den Intendanten von Paris (den königlichen Verwalter), der auf seinem Schloß in Fontainebleau zur Erholung weilte, und deutete an, wie gerne er ihn besuchen würde. Als Bertier ihm eine Einladung schickte, bereitete d'Eon eilig seine Abreise vor.[11] Eines Nachts stand er um drei Uhr auf, befahl seinen Bediensteten, seine Sachen zu packen und die Kutsche bereitzustellen, gab seiner im Bett liegenden Mutter einen Abschiedskuß und machte sich eilends auf den Weg nach Fontainebleau.

4

D'Eons Gönner

D'Eon kämpfte mit der Regierung um sein Recht, sich als Mann kleiden zu dürfen. Er wußte, daß er keinen natürlichen Anspruch auf dieses Recht hatte, fand aber, daß er es verdiente, wegen der militärischen Dienste, die er für Frankreich geleistet hatte. Seine heroischen militärischen Leistungen bestritten auch Vergennes und der König nicht. Jeder war, im Gegenteil, tief beeindruckt von der Tatsache, daß d'Eon, eine Frau, im Siebenjährigen Krieg als Offizier so tapfer gekämpft hatte. Das Problem war vielmehr auf den Punkt reduziert, ob d'Eon auch weiterhin seine Dragoneruniform tragen durfte, nachdem er eingestanden hatte, eine Frau zu sein. Der König war entschieden dagegen. Und d'Eon war entschlossen, einen Weg zu finden, wie er den König und seine Minister unter Druck setzen und zu einem Gesinnungswandel bewegen konnte.

Im Ancien Régime war es in Aristokratenkreisen traditionell üblich, sich der Patronage zu bedienen, um die eigenen Interessen bei der Regierung durchzusetzen. Ein Patron war jemand, der in der Gesellschaft eine gehobene Stellung hatte und dank dieser die Karriere eines Günstlings befördern, ihm einen Posten, einen Rang oder Pensionen sichern konnte. Als Gegenleistung für solche Begünstigungen schuldete der Günstling seinem Patron Loyalität und seine Dienste. D'Eon hatte bereits zu Beginn seiner Laufbahn gelernt, wie wichtig es war, sich möglichst die einflußreichsten Patrone zu sichern. In einer Welt, in der das öffentliche Recht und Gesetz kaum eine Rolle spielte und weitestgehend unwirksam war, und in der Rang sowie Stellung, Status und Macht fast immer hierarchisch strukturiert waren, fand ein Adeliger nur durch seine Patrone Zugang zur Macht.[1]

Wie d'Eon die Patronage nutzte, war zugleich entsetzlich altmodisch wie auch bemerkenswert innovativ. Zum einen wurde gerade diese Art von Günstlingswirtschaft in den 1770er Jahren in den Ländern diesseits und jenseits des Atlantiks massiv in Frage gestellt und attackiert. In England, wo d'Eon praktisch die letzten zwei Jahrzehnte gelebt hatte, wurde die Günstlingswirtschaft als Inbegriff der Korruption seit langem von radikalen Kräften bekämpft. Und es war sogar einer der engsten britischen Freunde d'Eons, der als radikal bekannte John Wilkes aus Middlesex, Mitglied des britischen Parlamentes, der in den 1760er Jahren die virulenteste Kampagne gegen die herrschenden Whig-Magnaten anführte. Ebenso ging es auch bei den umwälzenden politischen Ereignissen, die in jener Zeit in Amerika stattfanden, keineswegs nur am Rande um ein Aufbegehren gegen die Günstlingswirtschaft. Höflinge wie d'Eon wurden von John Adams scharf angegriffen, der ihnen vorwarf, sie machten sich die verderbteste Seite der menschlichen Natur zunutze und stützten sich »auf die Leidenschaften und Vorurteile, die Verrücktheiten und Laster Großer Männer, um deren Lächeln, Wertschätzung und Patronage und folglich ihre Gunst und Förderungen zu erhalten.«[2]

D'Eons Nutzung der Patronage war dennoch insofern einmalig, als daß er sich in seiner neuen Rolle als »Frau« an männliche Patrone wandte. Solche Arrangements waren in bestimmten gesellschaftlichen Bereichen zwar nicht unbekannt, etwa in der literarischen Welt, wo ein berühmter Mann und Literaturliebhaber dann beispielsweise einer Autorin bei der Veröffentlichung ihres Manuskriptes half, aber in den exklusiveren Bereichen der Staatskunst und Diplomatie war diese Praxis höchst ungewöhnlich. Das heißt, daß d'Eon einerseits eine alte gesellschaftliche Einrichtung nutzte und sie gleichzeitig unbeschwert neu definierte.

D'Eons wichtigster und etabliertester Patron war Charles François, der Graf von Broglie. Broglie entstammte einer ursprünglich aus Piemont kommenden italienischen Familie (Broglio), die seit dem frühen siebzehnten Jahrhundert in den Diensten französischer Könige stand. Im Siebenjährigen Krieg hatte d'Eon unter seinem älteren Bruder, dem Marschall von Broglie, gedient, einem der talentiertesten Militärstrategen Frankreichs. Dank der Protektion des Grafen war d'Eon in den fünfziger Jahren im diplomatischen Korps aufgenommen worden, so daß d'Eon seine Karriere praktisch von Anfang an mit den Broglies identifizierte: Ihr Schicksal war miteinander verknüpft – wer immer den Broglie-Brüdern half, war d'Eons Freund; und wer immer ihr Feind war, konnte sich d'Eons Rache sicher sein.

D'Eon versuchte nun, Broglie auf seine Seite zu ziehen und drängte ihn, das Problem von seinem Standpunkt aus zu sehen. Hatte die Regierung nicht selbst »öffentlich eine Unanständigkeit« begangen, »daß sie einen früheren Chevalier, Träger des Sankt-Ludwig-Kreuzes, und Bevollmächtigten Minister Frankreichs in Röcke zwingen wollte!?« Was hier auf dem Spiel stand, war nicht eine Frage des Geschlechts, sondern der Ehre, erklärte ihm d'Eon.[3]

Aber nicht nur eine Frage der Ehre. Sondern auch eine Frage der Freiheit. Denn d'Eon fürchtete auch etwaige Konsequenzen, die Frauenkleider für seine gesellschaftliche Stellung und seine Bewegungsfreiheit haben könnten. Er fürchtete, kurz gesagt, »die völlige Vernichtung meiner Freiheit.« Und erklärte: »Ein Mädchen gewöhnt sich leicht daran zu gehorchen, und mein Gehorsam gegenüber dem Hofe ist für mich an jedem Tag eine Selbstverständlichkeit.« Aber, fuhr er fort: »blinder Gehorsam ist die Mutter des Despotismus und Aberglaubens, des Fanatismus und der Ignoranz.«[4] Worauf d'Eon sich hier mit seiner Aversion gegen Frauenkleider stützte, war ein Thema, für das die Aristokraten des achtzehnten Jahrhunderts wie die Broglies (durch die Lektüre von Montesquieus *Der Geist der Gesetze*, um nur das bedeutendste Werk zu nennen) mehr als sensibilisiert waren: Jeder Verlust der Ehre und Freiheit eines Adeligen war für sie ein Zeichen, daß Frankreich auf dem Weg zu einem despotischen Regime war.

Broglie versuchte, sich für d'Eon einzusetzen, erhielt aber schnell eine Abfuhr. Der König, so wurde ihm erklärt, habe eine sehr dezidierte Meinung in dieser Frage. Frankreich hatte alle Anstrengungen unternommen, das seit dem Siebenjährigen Krieg lädierte Ansehen der Armee wiederaufzubauen, und d'Eon war bei diesen Bemühungen ein ausgesprochen peinlicher Fall – in den Augen Europas war sein Geschlecht glatt eine Entehrung des französischen Militärs. Ludwig XVI. konnte es sich nicht leisten, das Militär zur Zielscheibe von Witzen und Skandalen werden zu lassen.

Fest steht, daß die Engländer mit Erstaunen verfolgten, wie die französische Regierung d'Eon so leichthin erlaubte, sich frei im Land zu bewegen. Für einige Engländer war d'Eon offenbar schon zum Symbol des weibischen Charakters der französischen Armee geworden. In Umlauf gebrachte Kopien eines Briefes, den angeblich der damals in Paris weilende Oberste Richter Großbritanniens, Lord Mansfield, an seinen Neffen, Lord Storsmund, geschrieben hatte, bestärkten die französische Regierung nur noch in ihrer Entschlossenheit. »Die Öffentlichkeit empfindet d'Eons Ankunft und Empfang in Versailles nach dem derzeitigen Stand der Dinge als Skandal«, berichtete Mansfield in seinem Brief. »Der Lebenswandel von Mademoiselle d'Eon in Männerkleidung« muß »scharf verurteilt werden, da er jedem religiösen Prinzip und unter diesen Umständen jedem moralischen Gebot zuwiderläuft.«[5]

D'Eon setzte nun, als er am 19. Oktober 1777 auf Bertiers Schloß in der Nähe von Fontainebleau eintraf, seine größte Hoffnung darauf, Bertier de Sauvigny für sich zu gewinnen.[6] Als Intendant von Paris war Bertier einer der mächtigsten Männer Frankreichs. Und, wie d'Eon von Glück sagen konnte, auch einer seiner ältesten Gönner, der erste Nichtverwandte, der die Karriere des jungen d'Eon maßgeblich mit angeschoben hatte. Bertier war lange mit d'Eons Vater befreundet gewesen und in d'Eons Kindheit sogar schon zu einem sechswöchigen Besuch in ihrem Haus in Tonnerre gewesen. Als d'Eon dann in seiner Jugend nach Paris kam, stellte er fest, daß sein Onkel André ein enger Günstling Bertiers war, so daß André dank dieser Verbindung auch seinen Neffen auf einem ehrenvollen Posten in Bertiers Amt unterbringen konnte, wo d'Eon hart und endlose Stunden arbeitete, ohne dafür unmittelbar eine Entschädigung zu erhalten. Aber viel wichtiger als eine geldwerte Entlohnung war für ihn auch, mit Bertiers langfristiger Patronage entlohnt zu werden.[7]

Mißmutig stellte Bertier bei d'Eons Ankunft fest, daß er immer noch seine

Militärkleidung trug. »Trotz Ihrer Uniform«, erklärte Bertier ihm, »bin ich gezwungen, Sie Mademoiselle zu nennen; Sie müssen unbedingt Frauenkleidung tragen, das ist inzwischen die oberste Priorität im Kabinett des Premierministers.« Aber dennoch hieß Bertier ihn als alten Schützling willkommen und behandelte ihn gut. Er bemühte sich, d'Eon positiver zu stimmen. Wenn er dabei blieb, als Frau in Männerkleidung aufzutreten, war klar, was ihm bevorstand, erklärte er ihm: daß er ein nicht ernst zu nehmender Narr blieb, der im übrigen von denjenigen, denen der Vollzug des königlichen Willens oblag, nicht unbedingt gerne toleriert würde; wenn er demgegenüber jedoch bereit war, eine orthodoxere weibliche Identität anzunehmen, würde sein »Ruhm als Jungfer bald offensichtlich sein. Andernfalls«, warnte Bertier, »gehen Sie das hohe Risiko ein, für lange Zeit in ein trübseliges Kloster geschickt zu werden.«[8]

Da d'Eon mit seinen wichtigsten Gönnern nicht weitergekommen war, versuchte er es nun mit einer direkteren Methode, mit wortstarken Appellen an die Minister der Regierung. Er pochte darauf, daß sein Fall ein Sonderfall war. Wer hatte schon jemals von einer Frau gehört, die ihrem Land mit einem solchen Mut und solchem Erfolg gedient hatte? Einem Minister erklärte d'Eon sogar, »in tausend Jahren« werde es vielleicht nur »vier Fälle« wie seinen geben. Angesichts der außergewöhnlichen Umstände fand d'Eon es keineswegs abwegig, für sich eine Ausnahmeregelung zu reklamieren. Aber auch diese Appelle waren kaum mehr als ein Akt der Verzweiflung und aussichtslos. Ohne einen offensiven Patron hatte d'Eon nichts, womit er drohen, losschlagen oder einen Anreiz schaffen konnte, die Minister zu einem Gesinnungswandel zu bewegen. Und so schwanden allmählich seine Hoffnungen, daß er seine Dragoneruniform letzten Endes doch behalten konnte.[9]

5

Rose Bertin

In der dritten Oktoberwoche 1777 hatte die Gewandmeisterin Marie-Antoinettes, Rose Bertin, d'Eons neue Garderobe fertig. Die einzelnen Rechnungen über die hierbei angefallenen Kosten sind zwar verlorengegangen, aber nach anderen Quittungen, die zusammen mit d'Eons Unterlagen und den Geschäftsunterlagen Bertins archiviert sind, dürften die Kosten horrend gewesen sein und sich auf mehrere hundert Livres belaufen haben.[1]

Nicht nur, daß die Kleider der Adeligen per se für gewöhnlich sehr teuer waren, Rose Bertin war auch keine gewöhnliche Schneiderin. Ihr Aufstieg aus einfachen Verhältnissen, als Tochter eines Polizisten, in die Höhen gesellschaftlicher Macht und gesellschaftlichen Einflusses ist als solcher ein Beispiel, wie einige ehrgeizige, talentierte Frauen – mit etwas Glück, Geduld und Entschlossenheit – ins aristokratische Leben am Hofe einbrechen konnten.

1747 geboren, arbeitete Bertin in jungen Jahren zunächst als Näherin in Abbeville, einer Stadt in der Normandie, wo sie sich mit ihrer Arbeit als Schneiderin alsbald einen glänzenden Ruf verschaffte. 1773 zog sie nach Paris, wo sie so erfolgreich war, daß sie bereits nach wenigen Jahren über dreißig Näherinnen beschäftigte. Fünf Jahre lang, von 1774 bis 1779, arbeitete sie mit der Königin so eng zusammen und war mit ihr so vertraut, daß bereits darüber geklatscht wurde, Bertin würde am Hofe nicht anders als die Prinzessin behandelt. Keine Frage ist, daß sie in den ersten Jahren der Herrschaft von Ludwig XVI. mehr als irgendwer sonst die französische (und folglich die europäische) Mode bestimmte. D'Eon hatte es also nicht einfach nur mit einer Schneiderin, sondern mit einer der ehrgeizigsten und erfolgreichsten Frauen Frankreichs auf dem Höhepunkt ihrer Karriere zu tun.[2]

Der Punkt für d'Eon, als Rose Bertin nun seine Garderobe fertiggestellt hatte, war, daß die Regierung ihn sogleich massiv unter Druck setzte. Durch Bertier de Sauvigny ließen die Minister Maurepas und Vergennes ihm mitteilen, wenn er sich weiterhin weigerte, Frauenkleider zu tragen, ließen sie einen Haftbefehl, *lettre de cachet*, ausstellen. Da selbst seine Familie und seine Gönner gegen ihn waren, fand d'Eon sich in einer Situation, die ihm keinen Spielraum ließ. Er hatte keine Alternative, als seine Uniform wegzupacken und die

Kleidung anzuziehen, die nach einhelliger Meinung angesichts seines biologischen Geschlechts einzig angemessen war.

Das geschah dann schließlich am Morgen des 21. Oktober 1777, in Versailles, im Hause von Edme-Jacques Genet, des obersten Verwaltungschefs im Außenministerium. Aber was hier vollzogen wurde, war mehr als nur ein einfacher Kleiderwechsel. Es war eine regelrechte Transformation, eine Initiation im Beisein der Genet-Familie und einigen ebenfalls anwesenden engen Freunden. Bis zu diesem Tag war sein Geschlechtswechsel unvollständig und in letzter Konsequenz nie ganz vollzogen worden. Bisher hatte er mit einem Bein in beiden Welten gestanden. Er hatte im Prinzip zwar alles getan, um die Öffentlichkeit in dem Glauben zu bestärken, daß er eine Frau war, aber er hatte sich nie als Frau gekleidet, sondern stets den eleganten Anzug eines Dragonerhauptmanns getragen. Auch seine Korrespondenz hatte er nach wie vor mit *Le Chevalier* d'Eon unterzeichnet. Die Bedeutung jenes 21. Oktober 1777 liegt nicht nur darin, daß er d'Eons Debüt in Frauenkleidung war, er bot zugleich eine Vorschau einer weitergehenden Transformation: wie er sich künftig präsentieren würde. Seinen Brief an Vergennes vom 29. August hatte er noch mit *Le Chevalier d'Eon* unterschrieben, aber als er ihm nun am 3. November schrieb, unterzeichnete er mit *La Chevalière d'Eon*.[3]

Rose Bertin hatte für diesen einzigartigen Anlaß »einen blauen Satinrock wie der der Heiligen Jungfrau Maria« vorbereitet. »Dieser Übertritt«, schrieb d'Eon später in seinen Memoiren in Anspielung auf eine beliebte militärische Analogie, sei vergleichbar mit dem Überqueren »des Rubikon« gewesen. Aber Cäsar brauchte mit Sicherheit nicht so lange, um mit seiner Armee jenen Fluß zu überqueren, wie diese Chevalière, um ihre neue Kleidung anzulegen. »Meine erste Toilette unter der Anleitung der tugendhaften Bertin und ihrer sittsamen Hofdamen [den Genet-Töchtern] nahm nicht weniger als vier Stunden und zehn Minuten in Anspruch!«[4] In dieser Zeit hatten d'Eon und Bertin Gelegenheit zu einer etwas vertraulicheren Unterhaltung:

»Ich habe bereits achtundvierzig Jahre gelebt«, erklärte d'Eon. »Somit wird mein Leben nicht mehr sehr lange währen. Ich erwarte mit Ungeduld die große Verwandlung, die uns unweigerlich verändern und uns in der Ewigkeit gleichmachen wird.«

Mademoiselle Bertin versuchte ihr Bestes, daß er sich mit seiner Entscheidung wohl fühlte. Ihnen ist natürlich auch klar, sagte sie zu ihm, daß sie nicht zulassen konnten, daß »in Paris jeden Tag eine berühmte Jungfer in einer Dragoneruniform der Öffentlichkeit Lektionen in abweichendem Verhalten erteilt.« Das konnte niemand zulassen, meinte sie. Und was jetzt geschah, sollte nicht als Verlust, sondern als Gewinn gesehen werden. Schließlich mußte aus »dem bösen Jungen doch ein gutes Mädchen werden.«[5]

Aber d'Eon konnte die Sache keineswegs so sehen. Er spürte nur den Zwang, unter dem er diesen Schritt vollzog. »Sie sprechen mit einer solchen Bestimmtheit«, sagte er zu Bertin, ohne jedes Zögern, »gerade wie aus der

Kanone geschossen. Aber wenn ich über meine vergangene und jetzige Lage nachdenke, so hätte ich nie den Mut gehabt, so, wie Sie mich gekleidet haben, in die Öffentlichkeit zu gehen. Sie haben mir mit Farbe Glanz verliehen und mich verschönt, daß ich es nicht wage, mich in dem kleinen Spiegel, den Sie mir gebracht haben, selbst zu betrachten.«

»Nach diesem Gespräch«, erzählt d'Eon uns in seinen autobiographischen Notizen, »habe ich … das Zimmer verlassen und mich in meinem Schlafzimmer eingeschlossen, wo ich bitterlich weinte.« Mademoiselle Bertin lief ihm nach und versuchte, ihn mit Taschentüchern und freundlichen Worten zu trösten. Aber, was sie auch tat, sie konnte ihn nicht beruhigen. »Ich konnte nicht aufhören zu weinen, bis alle meine Tränen versiegt waren.«

Später erzählte Mademoiselle Bertin ihm, wie d'Eon berichtet, daß sie die Königin aufgesucht hatte, um sie vom Stand der Dinge in Kenntnis zu setzen und sie zu informieren, daß »sie sich nun nach der Entfernung meiner Dragonerhaut selbst davon überzeugen kann, ob ich eine ebenso gute Jungfer bin, wie ich ein guter Hauptmann war.«[6]

An jenem Abend hatte d'Eon ein großes Galaessen durchzustehen, das Madame Falconnet, die Frau eines wohlhabenden Anwalts, zu seinen Ehren gab. Aber bis dahin hatte d'Eon seine Depression noch längst nicht überwunden. »Sie haben meinen Bruder, den Dragoner, umgebracht«, klagte er Mademoiselle Bertin sein Leid. »Ich leide unter großen Schmerzen deswegen. Meinem Körper geht es nicht anders als meinem Geist. Er kann sich auch nicht damit abfinden, in Spitze geschmückt zu sein.« So beschrieb d'Eon metaphorisch die Qualen, die er empfand, daß man ihn gezwungen hatte, seine Männlichkeit nun ganz abzulegen. Aber er wollte trotz alledem die Hoffnung nicht aufgeben, seiner Regierung auch fortan in einem öffentlichen Amt zu dienen, eine an diesem Punkt wohl absurde Vorstellung, die ihm aber nichtsdestotrotz ein Herzensanliegen war. »Mein ganzer Halt ist«, schrieb er, »daß ich den Willen des Königs erfülle, um dem Gesetz zu dienen.«[7]

D'Eon trug nun Frauenkleider, aber gefühlsmäßig kam er überhaupt nicht damit zurecht. »Trotz der vollständigen Veränderung meiner Kleidung«, schrieb er später, »fühlte mein Herz kein bißchen anders. Was die sprachlichen Regelungen in der Geschlechterfrage anging, folgte ich einfach dem Beispiel achtbarer irischer Gentlemen, die bei allem immer einfach weibliche Endungen anhängen.«[8]

Niemand erwartete, daß d'Eons Transformation »zurück« zu einer Frau glatt und mühelos verliefe. Für die Damen in Versailles war d'Eon so etwas wie der wilde Junge von Aveyron, den man unter Wölfen lebend in französischen Wäldern gefunden, in die Zivilisation zurückgebracht und dem man dann im Alter von zehn Jahren eine erste Erziehung hatte angedeihen lassen. Unter ihnen entbrannte ein Konkurrenzgerangel, wer von ihnen d'Eon nun die Kunst, eine Dame zu sein, beibringen durfte. »Gestatten Sie mir, alles Notwendige in diesem außergewöhnlichen Fall von Mademoiselle d'Eon zu tun«, bat die Gräfin von Maurepas, die Frau des Innenministers, »und ich verspreche Ihnen, in nicht einmal zwei Jahren wird Ihr böser Junge sich in ein gutes Mädchen verwandelt haben.«⁹ Was Rousseau für Emil getan hatte, würde sie für d'Eon tun.

D'Eons Erziehung sollte dann in Wirklichkeit in weitaus weniger als zwei Jahren abgeschlossen sein; Madame de Maurepas mußte sich ihren Schützling allerdings noch mit verschiedenen anderen Tutorinnen teilen. Die nächsten Monate, von Herbst 1777 bis zum Frühjahr 1778, lebte d'Eon fast ständig bei den Genets in Versailles, unternahm von dort aus regelmäßig Reisen nach Paris, blieb im wesentlichen aber in der Gesellschaft von Madame Genet, ihren drei Töchtern, Rose Bertin, der Gräfin von Maurepas und der Herzogin von Montmorency-Bouteville. Gemeinsam brachten diese Frauen ihm »die Geheimnisse, Gepflogenheiten, Gewohnheiten, Pflichten und Tugenden ihres Geschlechtes« bei und lehrten ihn, »es ihnen gleichzutun.«¹⁰

Dennoch war d'Eon anfänglich ein höchst unwilliger Schüler. Er machte keinen Hehl daraus, daß diese »Lehrzeit« nicht leicht für ihn war. Als erstes war er zunächst einmal von der Umstellung in der Ernährung, mit der er sich abzufinden hatte, alles andere als begeistert. Im Unterschied zu dem, was er bisher gewohnt war, gab es bei den Genets weniger Fleisch und mehr frische Eier zu essen, und es gab Wasser statt Wein zu trinken.¹¹ Aber das größte Problem war dennoch seine Kleidung. Er mochte Frauenkleider einfach nicht und brauchte lange, bis er sich daran gewöhnt hatte. Er beklagte sich lautstark darüber, wie schmerzhaft enge Korsetts an den Schultern, auf dem Magen und in der Leiste waren. »Ich finde Frauenkleider zu kompliziert, um sich rasch an- und auszuziehen«, schrieb er später. »Völlig unbequem, unzeitgemäß für den Winter, unpraktisch bei allen Gelegenheiten, abgesehen von denen, die einzig zur Verkörperung von Eitelkeit, Luxus und Laster geeignet sind.«¹²

Ende Oktober 1777 schrieb er dem König, er empfinde diese »Verurteilung« zwar zutiefst als Übel und würde sie anfechten, wenn er könnte, er erkenne aber nichtsdestotrotz, daß dies der Wille des Königs sei, und so habe er sich damit abgefunden. Gegenüber Amelot, dem mächtigen Minister, machte d'Eon aus seiner ambivalenten Haltung noch weniger einen Hehl: »Ich habe in meiner Wut geschworen, ich würde meine Kleidung nie wechseln und weder Kleider noch Röcke anziehen.« »Die Änderung Ihres Standes«, warnte Amelot ihn, »wurde aufgrund unwiderlegbarer Tatsachen rechtmäßig in England und Frankreich bestimmt.«¹³

Einige Wochen später hatte sich d'Eons Stimmung noch weiter verschlechtert. »Erinnern Sie mich nicht an die Fehler meiner Jugend, Madame«, schrieb er an seine engste neue Freundin, die Herzogin von Montmorency-Bouteville, »und auch nicht an die glückseligen Narreteien meiner militärischen Karriere, da die Probleme, welchen ich mich inmitten eines Krieges gegenübersah, für mich immer noch angenehmer als die Ruhe inmitten des höfischen Lebens in Friedenszeiten waren. In Wirklichkeit lebe ich hier im achtbaren Hause von

Madame Genet wie eine angesehene Kriegsgefangene.« D'Eon wollte bei anderen zwar als Frau gelten, er hatte jedoch Schwierigkeiten zu definieren, was für eine Frau er werden wollte. Das patriarchale Frankreich zwang ihn praktisch, eine engbegrenzte Geschlechterrolle anzunehmen, die gleichbedeutend mit der Aufgabe seiner militärischen und politischen Karriere war.[14]

6

Marie-Antoinette

Etwa einen Monat, nachdem d'Eon sich zum erstenmal als Frau gekleidet hatte, wurde er im Schloß von Versailles dem König und der Königin vorgestellt. »Die Chevalière d'Eon hat seine Metamorphose gemacht«, schrieb ein Journalist, der sich offensichtlich noch nicht daran gewöhnt hatte, d'Eon als Frau zu bezeichnen. »Er erschien in Versailles in Frauenkleidern und mit dem Sankt-Ludwigs-Kreuz. Die Öffentlichkeit ist von dieser kuriosen Aufmachung und den tatsächlichen und außergewöhnlichen Verdiensten dieses Menschen enorm beeindruckt. Jeder möchte einen Blick auf ihn werfen und hält ständig und überall, wo er auch nur auftauchen könnte, die Augen auf: im Theater, bei Spaziergängen usw.«[1]

Dieses Ereignis war auch für d'Eon wichtig. Er litt zwar sehr unter seiner Ambivalenz, aber die Begegnung mit dem König und der Königin ließ in ihm neuerlich die Überzeugung wachsen, daß seine Transformation vom Mann zur Frau letzten Endes doch das absolut Richtige in seinem Fall war. Da er vom König und der Königin als Frau angenommen wurde, wollte er den Schritt denn auch als Fügung seines Schicksals sehen. Marie-Antoinette war besonders fasziniert von d'Eon und zeigte ein erklärtes Interesse an seinem Fall.

»Wie findet Mademoiselle d'Eon ihre neue Uniform?« fragte sie ihn.[2]

»Madame«, antwortete d'Eon demütig, »es ist mir eine Freude, sie zu tragen, da sie mir die Aufnahme ins Regiment der Königin gewährt, welches zu allen Zeiten und an allen Orten ganz im Dienst unseres treusorgenden Königs steht.«

»Mademoiselle, wenn dieses Regiment nur aus jungen Damen bestünde«, antwortete die Königin, »wer, außer d'Eon, könnte es kommandieren?«

»Madame, das wäre sicher Marie-Antoinette von Österreich«, entgegnete d'Eon.

Der König wollte diesen neckische Dialog nicht unterbrechen, konnte aber auch nicht anders, als laut loszulachen und applaudierte ihrem Geplänkel sogar.

»Madame«, fuhr d'Eon fort, »die Verletzungen in meinem neuen Friedensdienst sind nicht weniger gefährlich als die im Krieg. Die nächtlichen Schlachten sind die blutigsten. Wenn man zu mutig ist und sein Leben opfern möchte, stirbt man.«

»Mademoiselle, wer hat Ihnen all diese Klugheit beigebracht?« erkundigte sich die Königin.

»Madame, das war meine Mutter und vor allem meine Großmutter, die zweiundzwanzig Kinder hatte.«

»Mademoiselle, Sie sind eine gute Bürgerin. Ich hoffe, Sie haben genausoviele.«

»Madame, meine Erziehung war mangelhaft. Ich habe meine Fruchtbarkeit verloren und meine Zeit mit Dingen verbracht, die ich nicht hätte tun sollen.«

»Mademoiselle, es bleibt immer noch Zeit, die eigenen Fehler wiedergutzumachen. Ich werde Ihnen eine andere Erziehung zukommen lassen, die alles Fehlende aufholen kann. Der König hat Ihnen aus seiner königlichen Schatzkammer eine gute Pension gegeben, und was mich angeht, so habe ich Mademoiselle Bertin beauftragt, sich um Ihre Garderobe zu kümmern und Ihnen solange die ersten Hofdamen zur Verfügung zu stellen, um Ihnen zu zeigen, wie Sie Ihr Kleid mit geziemender Schicklichkeit tragen, bis wir für Sie in Versailles einen Haushalt gefunden haben, wo Ihre Unterweisung zu Ihrem neuen Leben vervollkommnet werden kann.«

»Madame, Ihre Großzügigkeit geht weit über die Möglichkeiten meiner Dankbarkeit hinaus, und Mademoiselle Bertin hat mich in ihrer Großherzigkeit in einer Weise behandelt, die Ihnen zur Ehre gereicht. Es möge genügen, wenn ich sage, daß sie mich prächtig und umsichtig eingekleidet hat. Meine Kleider sind allerdings so kurzgeschnitten, daß sie mich bald nackt ausgehen lassen wird, nur um den gewöhnlichen Gepflogenheiten bei Hofe zu entsprechen.«

»Mademoiselle, in jedem Land ist es notwendig, sich an die akzeptierten Gepflogenheiten zu halten. Sie unterliegen der Autorität des Gesetzes; seien Sie eine erwachsene Frau, welche ihre Rechte in Anspruch nimmt und genießt. Nehmen Sie sie besonnen in Anspruch, aber je mehr Sie sich an Ihr Kleid gewöhnen, desto mehr werden Sie feststellen, welches Vergnügen es bedeutet, und desto mehr werden Sie in die Gesellschaft der weißen Röcke meines Regimentes integriert werden.«

»Madame, seit ich es trage, ist der Schatten der Sonne weiß wie Schnee geworden.«

»Mademoiselle, machen Sie nur so weiter, wie Sie angefangen haben, und alles wird gut für Sie werden.«

»Madame, wie kann ich dem Vertrauen, das Sie in mich setzen, gerecht werden? Ach, wenn Sie sich herablassen, einen Blick auf mich zu werfen, werde ich rasch begreifen, welchen Weg ich gehen muß, und die Last, die mich heute drückt, wird mir morgen leicht erscheinen.«

»Mademoiselle, betrachten Sie den heutigen Tag nicht als den letzten Ihres Lebens. Er ist der Beginn unseres gemeinsamen Glücks und der Höhepunkt Ihres Ruhmes.«

D'Eon war gerührt angesichts dieses unverhofften Ruhmes bei Hofe und mußte seine Freudentränen wegwischen.[3]

»Mademoiselle«, fuhr Marie-Antoinette fort, »sich dem Gesetz zu unterwerfen ist in allen Ländern eine absolute Notwendigkeit. Ihre Wandlung übertrifft unsere Hoffnungen, welche wir für Ihr Glück hatten. Jeder ist erstaunt, und Ihre Feinde sind zerstreut und mundtot gemacht. Was möchten Sie mehr? Sie werden sehen, wie alles gut für Sie werden wird.«

»Madame«, antwortete d'Eon, »heute wird mir bewußt, daß der Tod meiner Vergangenheit meiner Gegenwart und Zukunft bis in Ewigkeit Leben und Ruhm spendet. Erlauben Sie mir zu schwören, daß ich, dem Gesetz im Glauben treuergeben und huldigend, eine Kriegsgefangene in Röcken bleiben werde. Denn der Glaube ist die erste theologische Tugend; ohne ihn sind wir nur ein Trommelhall in der Luft.«

»Mademoiselle, was Sie sagen, ist die reine Wahrheit.«

7

Franklin und Voltaire

D'Eons Empfang durch den König und die Königin hatte seiner Berühmtheit und seinem neuen Image, eine der gebildetsten Frauen seiner Zeit zu sein, nochmals enormen Auftrieb gegeben. Dabei hatte Vergennes vor d'Eons Rückkehr nach Frankreich darauf spekuliert, ihn aus dem Blickpunkt der Öffentlichkeit zu entfernen. Der Außenminister hatte gehofft, in eine fünfzig-jährige Frau verwandelt, würde d'Eon sich zu seiner Mutter nach Tonnerre oder, besser noch, in ein Kloster zurückziehen. Aber Vergennes hatte nicht nur das starke Interesse der Öffentlichkeit unterschätzt, er fühlte sich auch von der Reaktion der Höflinge in Versailles völlig überrumpelt. Über Nacht war d'Eon der Liebling der Damen im engsten Umkreis der Königin geworden, und sie weigerten sich, ihn gehen zu lassen. Die Monarchie hatte der ganzen Nation selbst signalisiert, daß ihr berühmtester »Transvestit« eine Heldin und weder ein Paria der Gesellschaft noch ein Irrer war. 1777 und 1778, soviel ist sicher, gab es nur wenige Geschichten, die sich schneller als die d'Eon-Geschichte verbreiteten.

Abgesehen davon, daß man am königlichen Hofe eigens eine Initiations-feier für d'Eon veranstaltet hatte, ließ sich die Monarchie auch noch zu zwei weiteren Maßnahmen hinreißen, die Vergennes' Hoffnungen, d'Eon endlich zum Schweigen zu bringen, vollends zunichte machten. Als erstes führten der König und die Königin mit der Anerkennung seines neuen Titels »Cheva-lière« eine neue Geschlechtskategorie für den Adel ein. Bei allen anderen französischen Chevalières war davon auszugehen, daß sie ihren Titel durch Heirat erworben hatten: Sie waren nur Chevalières, weil ihre Ehemänner Chevaliers waren. Im Gegensatz dazu hatte d'Eon sich den Ehrentitel selbst verdient. Erst seit 1763, als Ludwig XV. ihn für seine Heldentaten im Sieben-jährigen Krieg mit diesem Titel auszeichnete, wurde er als Chevalier aner-kannt (bis dahin war er unter dem zwar weniger gehobenen, aber gleichwohl angesehenen Adelstitel »Sire d'Eon« bekannt gewesen). Diese Umwandlung des Titels in die weibliche Form konnte nicht anders verstanden werden, als daß die Monarchie damit der Öffentlichkeit signalisierte, daß d'Eons frühere militärische Leistungen aus ihrer Sicht von seinem Geschlechtswandel völlig unberührt blieben.

Und die gleiche Botschaft wurde über die Entscheidung der Regierung vermittelt, wonach d'Eon gestattet wurde, auch weiterhin das Sankt-Ludwigs-Kreuz zu tragen. Es war ein seltsamer Anblick, diese seltene militärische Medaille am Kleid einer Frau zu sehen, der zugleich den etwas zwielichtigen Status symbolisierte, den d'Eon nunmehr erreicht hatte.

Alles in allem mußte d'Eon sich also keine allzugroßen Gedanken darüber machen, ob und wie er die richtigen gesellschaftlichen Verbindungen in Paris finden würde. Im Gegenteil, jeder wollte diese Chevalière kennenlernen, der es augenscheinlich gelungen war, die üblichen Grenzen des Frauseins zu überwinden und als Soldat und Diplomat solchen Ruhm zu erreichen. Während seines Aufenthalts bei den Genets reiste d'Eon häufig nach Paris, um an Abendgesellschaften und Zusammenkünften in Salons teilzunehmen, zu denen er von den illustresten Persönlichkeiten der Pariser Oberschicht eingeladen wurde.[1]

Zu den bemerkenswertesten Begegnungen d'Eons in jener Zeit gehört die mit einem weiteren berühmten Neuling in der Pariser Gesellschaft, Benjamin Franklin. Franklin war in der Stadt, um für Unterstützung für den Amerikanischen Unabhängigkeitskrieg zu werben und verstand sich nebenbei darauf, aus einem ganz besonderen, allgemein sehr viel Anklang findenden Image Kapital zu schlagen: dem eines einfachen Philosophen. Mit Bifokalgläsern statt mit einem Schwert bewaffnet, ohne Perücke oder sonstige Requisiten, die bei den Herren des französischen Adels in jener Zeit üblich waren, präsentierte er sich den hohen Aristokraten im Ledermantel und Pelzhut.[2] Das heißt, daß Franklin und d'Eon zumindest eines gemeinsam hatten, nämlich, daß sich beide auf ihre Art über Kleiderkonventionen des französischen Establishments hinwegsetzten. Außerdem wurden diese beiden Diplomaten, wenn auch nur für einen kurzen historischen Augenblick, ein seltsames Paar.

Im Februar 1778 lud Franklin d'Eon zu einem Abendessen in größerer Gesellschaft in seine Pariser Residenz ein. Die Unterhaltung drehte sich natürlich um den Kampf des kolonialen Amerikas mit England, dem Erzfeind Frankreichs. Und wer hätte kompetenter dazu etwas sagen können, als ein ehemaliger Gesandter in England, der gerade nach einem dreizehnjährigen Aufenthalt von dort zurückgekehrt war? Und Franklin gefiel, was er zu hören bekam. D'Eon zog leidenschaftlich gegen England zu Feld und sprach sich ebenso leidenschaftlich für den Eintritt Frankreichs in den Krieg aus. Er sang ein Loblied auf den Mut und die Tugend der Rebellen und forderte alle auf, mit ihm zusammen auf den Erfolg Amerikas anzustoßen.[3]

Einige Tage später tauchte in Paris und London ein freches kleines Pamphlet unter dem Titel *Histoire d'un pou français* bzw. *History of a French Louse* auf, das reißenden Absatz fand und die traurige Lebensgeschichte einer Pariser Laus erzählte, deren erstes Unglück es war, in der Perücke eines Pariser Parlamentsangehörigen eine Bleibe zu finden.[4] Von dort gelangte sie in die Kleider einer Wäscherin, die zufällig eine Bluse für die Chevalière d'Eon bügelte.

Nachdem sie die Wäscherin am Busen gebissen hatte, drang die dreckige Laus, wie sie erzählte, in den Ärmel einer Bluse ein, die einer Dame gehörte, die in ganz Europa wegen der Einmaligkeit ihrer Abenteuer wohlbekannt war … Noch nie zuvor hatte sie eine Frau mit so absurden, so männlichen und für ihr Geschlecht so unpassenden Manieren gesehen, die ständig in Bewegung ist, ständig Grimassen schneidet, peinliche Gewohnheiten hat und ungeduldig bei Konversationen mit Frauen ist, erklärte die Laus.

Wie der Zufall es wollte, residierte die Laus bei d'Eon, als dieser zum Diner bei Franklin eingeladen war. Nachdem alle nach dreizehn Toasts, die man ausgebracht hatte, betrunken waren, erzählte die Laus, ging d'Eon zu Franklin hinüber und sang ihm einige selbstgedichteten Strophen vor. Dabei konnte die intelligente Laus dann sehr genau sehen, wie Franklin seinem Apollo mit einem leidenschaftlichen Kuß seine Dankbarkeit zeigte, allerdings ohne seinen Kneifer abzulegen, wie die Laus anmerkte; und dabei habe er d'Eon dann ins Ohr geflüstert, *wie wäre es mit heute Abend, meine Göttin?* Die Affäre sei jedoch nie vollzogen worden, wußte die Laus zu berichten, da d'Eon zu betrunken war.

Dieses Pamphlet verfolgte vor allem den Zweck, den als notorischen Frauenheld bekannten amerikanischen Patrioten durch die Veröffentlichung seiner diversen Romanzen zu diskreditieren, die seit seiner Ankunft in Paris ruchbar geworden waren. Die Zielscheibe war Franklin, nicht d'Eon. Das Traktat nahm d'Eons weibliches Geschlecht als gegeben, auch wenn es sich über seine ungewöhnliche Männlichkeit ausließ; vorgeworfen wurde ihm lediglich eine illegitime heterosexuelle Liebesaffäre – die in Paris aber wohl kaum eine Seltenheit war.

Franklin war nicht die einzige hochangesehene Persönlichkeit, die d'Eons Aufmerksamkeit suchte. Frankreichs größter Philosoph, Voltaire, hatte seit Jahren d'Eons Karriere mit größtem Interesse verfolgt. Voltaire hatte zwar mit d'Eons Vater korrespondiert, war d'Eon selbst aber nie begegnet. In den sechziger Jahren hatte er sich über d'Eons diplomatische Karriere in England belustigt und sie quasi als mustergültiges Beispiel für die verfehlte Außenpolitik Ludwigs XV. genommen. Aber nicht einmal Voltaire hätte sich mit seiner Phantasie ausmalen können, wie es mit d'Eon dann in den siebziger Jahren weiterging. Nachdem dem großen Weisen zum erstenmal etwas von d'Eons weiblicher Identität zu Ohren gekommen war, versuchte er sofort, alles darüber in Erfahrung zu bringen, was er nur konnte. »Jemand hat mir einen Druck des Chevalier d'Eon als Minerva zugesandt«, schrieb er im Frühjahr 1777 an einen Freund, »auf dem ein vermeintliches königliches Zertifikat zu sehen ist, das dieser Amazone eine Pension von 12.000 Livres zusichert und ihm befiehlt, nach den gleichen Bedingungen, die im Falle der Jansenisten genutzt wurden, ehrbares Stillschweigen zu bewahren. Das wird die Geschichte vor ein großes Problem stellen. Welche Akademie soll diesen Fall als authentisch beweisen? D'Eon wird eine *pucelle d'Orléans* sein, die nicht verbrannt wurde. Man wird sehen, wie weich wir geworden sind.«

Was Voltaire am meisten überraschte, war nicht d'Eon selbst, sondern die Reaktion des Königs. Nicht, daß sie ihn etwa vernichtet oder verhaftet hätten, sie belohnten ihn auch noch mit einer Pension! Mit der *pucelle d'Orléans* war natürlich Jeanne d'Arc gemeint, die allgemein nur die Jungfrau von Orléans genannt wurde. Weit davon entfernt, sich über d'Eon, wie noch vor zehn Jahren, lustig zu machen, schien Voltaire einen gewissen widerwilligen Respekt für d'Eon angesichts dessen aufzubringen, was er erreicht hatte. Auch der hier verwendete Begriff »Amazone« implizierte Respekt und die Anerkennung von d'Eons Talenten und hatte keineswegs einen lächerlichen Beigeschmack, der diesem Begriff erst ab dem neunzehnten Jahrhundert anhaften sollte.[5]

Wie so viele der französischen Oberschicht fühlte auch Voltaire sich von d'Eons Geschlechtsambiguitäten keineswegs abgestoßen, sondern trotz der Tatsache, daß d'Eons politische Mätzchen ihn rund zehn Jahre zuvor regelrecht angewidert hatten, zu ihm hingezogen.

Kurz bevor d'Eon England verlassen hatte, um nach Frankreich zurückkehren, hatte Voltaire von einem Freund in London, George Keate, nähere Informationen erhalten. »Heute diskutiert oder spricht niemand mehr von dem Chevalier d'Eon, außer unter dem Titel Mademoiselle de Beaumont.« Keate erinnerte Voltaire an d'Eons »außergewöhnliche Talente, ein sehr gebildetes, mit allen Arten der Gelehrtheit geziertes Genie, wie seine Schriften wohl bewiesen haben; ein brillanter Geist, der mit einem von Herzen kommenden Frohsinn zusammenfällt und in jedem den Wunsch weckt, ihn kennenzulernen.«

Die Tatsache, daß d'Eon eine Frau war, beharrte Keate, sollte ihn zu einem ruhmeswerten, nicht verachtenswerten Objekt machen. »Sie werden wie ich der Meinung sein, daß jede Frau in Europa d'Eon für alles, was sie zum Ruhme ihres Geschlechtes getan hat, einen Altar errichten müßte.« Denn stellvertretend für sie hatte d'Eon, wie Keate fand, »bewiesen, daß es möglich war, alle politischen Künste zu kultivieren, den militärischen Ruhm von Siegern zu erwerben und inmitten der größten Versuchungen die eigene Tugend zu bewahren.« Und genau wie Jeanne d'Arc könnte diese »Amazone« des achtzehnten Jahrhunderts, meinte Keate, eine Inspiration für alle Frauen werden.

Keate schloß seinen Brief mit der Anmerkung, d'Eon habe ihm gesagt, er möchte Voltaire sehr gerne kennenlernen, sobald er wieder in Frankreich wäre. Nachdem er dem Philosophen erklärt hatte, wie er mit d'Eon Verbindung aufnehmen konnte, drängte er ihn, d'Eon auf seinen Sitz nach Ferney einzuladen. »Ich bin überzeugt, daß die großartige Rolle, die sie so trefflich während dieser vielen Jahre gespielt hat, und die großartigen Talente, die sie während dieser Zeit demonstriert hat, in Ihnen den Wunsch wecken werden, eine Person kennenzulernen, welche die Natur und das Schicksal so herausgehoben haben, und die Sie sehen möchte.« Und als sei das noch nicht genug gewesen, setzte

D'Eon als französische Minerva, die den Amazonen zugerechnete römische Kriegsgöttin. Dieser Druck aus dem Jahre 1791 erschien in Erinnerung an eine spektakuläre Ausstellung über d'Eon in London. (Mit freundlicher Genehmigung der Bibliothèque Nationale, Paris)

Keate nochmals nach, um sein Anliegen noch weiter zu konkretisieren: »Es ist die berühmteste Jungfer in Europa, die mit einem Mann sprechen möchte, der seit fast einem Jahrhundert Europas größte Zierde ist.«[6]

Voltaire griff Keates Vorschlag auf und schrieb an d'Eon, sobald dieser in Tonnerre eingetroffen war. »Der rechtschaffene und liebenswürdige Mr. Keate schreibt einem alten und sterbenden Mann, er könnte vor seinem letzten Tag noch die Ehre haben, eine sehr berühmte Hauptmannsdame kennenzulernen. Der alte Mann sehnt sich nach diesem Vergnügen. Er entbietet der Hauptmannsdame seinen Respekt.«[7]

D'Eon besuchte Voltaire im Mai 1778, als letzterer am Vorabend seines Todes nach Paris zurückkehrte. »Mademoiselle Chevalière d'Eon kam gestern zu einem Besuch zu Monsieur de Voltaire, und die Ankunft dieser gerühmten Frau weckte nicht weniger Neugier als der alte Mann, den sie besuchte«, berichtete ein Journalist. »Alle Hausangestellten oder vielmehr der ganze Haushalt hatte sich in Reih und Glied aufgestellt, um sie auf ihrem Weg ins Haus in Augenschein zu nehmen. Sie wirkte etwas beschämt, hielt ihren Muff bis zur Nase hochgezogen vor ihr Gesicht und die Augen die ganze Zeit gesenkt. Sie blieb nicht lange.«[8]

8

D'Eons Bild in der Öffentlichkeit

Nicht jeder war ein Franklin oder Voltaire; auf jede Einladung, die d'Eon annahm, kamen viele andere, die er ablehnen mußte. Es war einfach nicht möglich, die Neugier aller in Person zu befriedigen, so daß die breite, des Lesens kundige Öffentlichkeit mit dem vorliebnehmen mußte, was über Zeitungen, Schriften und Lieder über ihn zu erfahren war.

In Frankreich gab es angesichts der gut organisierten Zensur und staatlichen Repression nur wenige Tageszeitungen mit einer überdies sehr begrenzten Autorität zur Berichterstattung. Diese Informationslücke wurde durch illegale Klatschschriften abgedeckt, die vielfach von ansonsten erfolglosen und im Exil lebenden Journalisten geschrieben, in Städten wie Amsterdam und London gedruckt und dann nach Frankreich geschmuggelt wurden. Da diese Organe von politisch einschlägig engagierten Schreibern produziert wurden, neigten sie zur Sensationsmache und waren nicht unbedingt zuverlässig. Zu den erfolgreichsten gehörte der *L'Espion anglais*, herausgegeben von Pidansat de Mairobert.

»Seit der Rückkehr nach Frankreich von Euer Gnaden, dem Chevalier d'Eon, diesem amphibischen Wesen, männlich in London, weiblich in Paris«, schrieb ein Korrespondent in einem umfangreichen Artikel unter der Überschrift »Über die Chevalière d'Eon« für den *L'Espion anglais*, »habe ich mich voll und ganz darauf konzentriert, die Lage und die Abenteuer dieser Berühmtheit zu verifizieren und meine größte Aufmerksamkeit notwendigerweise darauf gerichtet, zwischen den phantastischen Geschichten, für die sich ein Subjekt wie dieses immer anbietet, und der einfachen Wahrheit oder dem, was der Wahrheit am meisten entspricht und bereits so unglaublich ist, zu unterscheiden.«[1]

Wie ähnliche Geschichten, die in anderen Zeitschriften erschienen, ging auch dieser Artikel davon aus, daß d'Eon biologisch eine Frau war, deren Eltern sich verzweifelt einen Sohn gewünscht hatten. Und erzählt wurde so die Geschichte von dem Mädchen, das als Junge gekleidet worden war und dessen Wünsche sich schon bald mit denen des Vaters decken sollten, da es im Heranwachsendenalter dann von sich aus hoffte, die Maskerade in jedem Fall fortsetzen zu können, weil es den sehnlichen Wunsch hatte, zum Militär zu gehen und im diplomatischen Korps aufgenommen zu werden. D'Eon, so unterstellte das Blatt, hatte kein geringeres Ziel, denn als erste Frau in Europa ein Ministeramt zu bekleiden. Diese Geschichte machte Sinn, und d'Eon wurde mitnichten in irgendeiner Form verurteilt, er wurde gelobt, daß es ihm gelungen war, diesen Schwindel durchzuziehen. Was der Korrespondent allerdings nicht verstehen konnte, war, warum Ludwig XV. es dann noch gestattet hatte, daß diese Maskerade in seiner Regierung fortgesetzt wurde. Denn es war unvorstellbar, daß dieser absolute Monarch nichts von d'Eons wahrer Geschlechtszugehörigkeit gewußt haben sollte.

Mairobert hatte keinen Zweifel, daß d'Eon in Wirklichkeit eine Frau war. Ihm war jedoch klar, daß manche Leser es immer noch nicht glauben konnten. »Wäre es vorstellbar«, schrieb Mairobert, »wenn Mademoiselle d'Eon tatsächlich männlichen Geschlechts wäre, daß die Regierung, entgegen jedem guten Geschmack und Gesetz, eine derart seltsame und absurde Idee gehabt hätte, ihm vorzuschlagen, sich als Frau auszugeben, wenn sein ganzes Äußeres dagegen spräche, und ihm das nicht nur vorzuschlagen, sondern es von ihm unter Androhung der Strafe zu verlangen, daß er ansonsten seitens der Regierung offiziell in Ungnade fiele und deren Unterstützung verlöre? Wäre es vorstellbar, daß Mademoiselle d'Eon, ein Mann, so viel Feigheit gezeigt hätte, eine Rolle zu übernehmen, die ihn fortwährend in Schwierigkeiten gebracht hätte, die ihn für den Rest seines Lebens all der Vergnügungen seines wahren Geschlechtes beraubt hätte, die ihn im Inland wie im Ausland zum Subjekt von Spekulationen seiner Mitbürger gemacht hätte? Könnten wir, mit einem Wort, die Masse der Zeugen zum Schweigen bringen, die sich zu Wort meldeten – und es wäre undenkbar, daß sie es nicht täten –, wenn sie tatsächlich ein Mann wäre? Und wer wollte denn gegen seine lächerliche Transformation in den Zeugenstand treten, und wer wollte denn sein in Abrede gestelltes Geschlecht nun doch als gegeben bekanntgeben? Es muß doch zugegeben werden, daß es selbst in den Reihen der Ungläubigen niemanden gibt, der behauptet, sie als Mann gesehen zu haben oder auch nur jemanden zu kennen, der entsprechende körperliche Beweise hatte.« Durch die Unglaubwürdigkeit anderer Erklärungen (die aus rein kulturellen Gründen unglaubwürdig waren), erschien diese plausibel. Und die Tatsache, daß d'Eons Status als Frau in der Zeit, da er in Frankreich lebte, nie ernsthaft herausgefordert wurde, dürfte ein Beleg dafür sein, daß dieses Argument von den meisten Lesern akzeptiert wurde.

Diese Leser starben natürlich fast vor Neugier, weil sie unbedingt wissen wollten, wie d'Eon aussah. »Ich war nicht weniger erpicht darauf, Euer Gnaden, einen Blick auf diese erstaunliche Jungfer zu werfen: Ich hatte sie zuvor in London, in der Zeit ihrer Abenteuer kennengelernt; da es damals jedoch keinerlei Argwohn hinsichtlich ihres Geschlechtes gab, war mir ihr Gesicht vollends entfallen. Ich war nun zwischenzeitlich in verschiedenen Häusern gemeinsam mit ihr zum Essen eingeladen, und man muß zugeben, daß sie, seit sie angefangen hat, sich als Frau zu kleiden, sogar noch mehr das Gebaren eines Mannes hat. Kann man sich vorstellen, daß ein Individuum weiblichen Geschlechts sich rasiert, einen Bart hat, die Statur und Muskeln eines Herkules hat, welches ohne Hilfe in eine Postkutsche ein- und ebenso aussteigt, kurz: einen äußerst behenden Chevalier, ein Individuum, welches vier Treppenstufen auf einmal nimmt, welches, um an ein Feuer heranzurücken, mit der Hand zwischen den Schenkeln hindurch nach seinem Stuhl greift, um ihn vorzuziehen, welches sich, mit einem Wort, wie ein Mann erleichtert?* Hinzu kommt der Klang ihrer Stimme: Sie entspricht im Tonfall nicht ihren Kleidern, man ist versucht zu glauben, man habe es mit einer Maskerade zu tun. Diese Meinung scheint sie durch die lächerliche Qualität ihrer Kleidung selbst noch zu bestärken. Sie trägt alte Röcke, wie manche Witwe in der Zeit Ludwigs XV. Ihr Haar ist mit Pomade und Puder angeklatscht, gekrönt mit einer schwarzen Haube, in der Art frommer Frauen. An die schmalen und hohen Absätze der Frauen nicht gewöhnt, trägt sie weiterhin niedrige und breite Absätze; sie vergißt oft, ihre Handschuhe anzuziehen, da sie auch daran nicht gewöhnt ist, und gibt dabei den Blick auf die Arme eines Zyklopen frei. Ihre Brust ist hochgeschlossen bis zum Kinn verdeckt, so daß nicht feststellbar ist, ob es hier Mängel gibt.«[2]

Aber es gab noch einen besseren Weg zu erfahren, wie d'Eon aussah: In jedem Buchladen waren Drucke mit dem Bildnis der Chevalière zu kaufen. In einer Ära vor den modernen visuellen Medien war der Absatz von Drucken ein riesiger Industriezweig. Diese Drucke wurden oft als Beilage einer Zeitschrift oder auch separat verkauft. Jeder Buchhändler des achtzehnten Jahrhunderts offerierte nicht nur Bücher, Broschüren und Zeitschriften, sondern auch beliebte Illustrationen. Einige der größten europäischen Künstler, wie beispielsweise Hogarth, brachten ihre Werke als Drucke in Umlauf und machten viel Geld damit. Genau wie bei der Literatur war die Trennungslinie zwischen der gehobenen Kultur der Malerei und der kommerziellen Kultur der Drucke nicht immer eindeutig. Aber die Illustrationen, die für ein breites Publikum gedacht waren, waren stets auch mehr als nur einfache naturgetreue Darstellungen. In ihrer Gesamtheit wurden diese Drucke durch die dargestellte Kleidung des Subjekts, den Ausdruck, die Handlungen und den visuellen Kontext oft zu einem Artikelersatz, insbesondere wenn sie auch noch mit Bildunterschriften versehen waren.

Zu den erfolgreichsten Drucken gehörte einer, der in der September-Ausgabe 1777 auf der Titelseite des *London Magazine* zusammen mit einem langen Artikel über d'Eon erschienen war. Aber der Druck ist weitaus interessanter als der Artikel. Hier wird d'Eon als eine Person, aber mit einer vertikal, vom Kopf bis zu den Füßen, mitten über den ganzen Körper verlaufenden geschlechterspezifischen Trennungslinie dargestellt. Rechtsseitig ist er wie eine

---

* Mademoiselle d'Eon uriniert stehend und ohne sich hinzuhocken, war der Wortlaut im *L'Espion anglais*.

Dieses Bild d'Eons, zur Hälfte als adelige Frau, zur anderen
Hälfte als adeliger Mann dargestellt, erfaßt treffend die Verwirrung der Öffentlichkeit hinsichtlich seiner Geschlechtsidentität
in den 1770er Jahren. (Aus: *The London Magazine; or Gentleman's Monthly Intelligencer*, September 1777)

aristokratische Frau gekleidet, die vielleicht auf dem Weg zu einer Abendgesellschaft ist. Das Auffälligste an ihr ist ihre Rokokofrisur. Die während der
Herrschaft Ludwigs XV. üblichen Frauenfrisuren gehörten zu den exzen-
trischsten in der Geschichte überhaupt. Und die Frisur, mit der d'Eon dargestellt ist, dürfte wahrlich exzentrisch sein.[3]

Linksseitig ist er spiegelbildlich als Mann dargestellt, das heißt als Mann, der
nach der gesellschaftlichen Schicht und Mode genau dem rechtsseitigen
Frauenbild entspricht. Das Schwert und die Kniehosen weisen ihn als Adeli-
gen aus. Die Perücke ist schlicht und elegant (im Gegensatz zu früheren
Moden), genau wie seine Schuhe und Strümpfe. Der Gehrock ist, fast wie ein
Rock, leicht ausgestellt und wird von metallenen Stangen gehalten.

Dieser Druck spiegelt graphisch exakt die Unklarheiten hinsichtlich seines
Geschlechtes wider, die Ausgangspunkt der ganzen d'Eon-Geschichte waren:
War er ein Mann oder eine Frau? Die Bildunterschrift unterstreicht dieses Problem: »Mademoiselle de Beaumont, oder der Chevalier d'Eon. Bevollmäch-
tigte Ministerin. Hauptmann der Dragoner ...« Natürlich trug diese Art der
Titulierung nicht nur alles andere als zur Lösung der Geschlechtsverwirrung
bei, sondern steigerte noch die Faszination an der Person d'Eons, weil sie die
wichtige Frage unterstrich, wie eine Frau den Titel eines Chevalier erwerben
und Botschafter und Soldat werden konnte.

Eine ähnliche Aussage machten Bradels aparte Zwillingsdrucke, die etwa
zur gleichen Zeit in Pariser Läden erschienen (siehe Abbildungen nach
Seite 192). Auf der einen Abbildung ist d'Eon als Frau in einem blauen Mantel mit einem magentaroten Spitzentuch im Haar zu sehen. Auf dem zweiten
Bild ist aus derselben Person ein Mann geworden, der einen grünen Gehrock
und ein rotes Hemd trägt. Das Gedicht unter dem Bildnis des Mannes verdeutlicht, daß der Künstler sich keineswegs über d'Eon belustigen, sondern »sie«
ob ihrer erstaunlichen Reise vom Frausein zum Mannsein loben und rühmen
wollte:

Toi l'honneur de ton sexe et qui réunis
Les talens littéraires aux travaux de Bellone*
Immortelle d'Eon, puisse-tu ressentir
Autant de vrais Plaisirs que ta presence en donne

[Du, der Ruhm deines Geschlechtes und welche
die literarischen Talente mit den Werken Bellonas vereint
Unsterbliche d'Eon, mögest du selbst genauso
viele wahre Freuden erfahren, wie deine Gegenwart sie gibt]

---

* Bellona war eine römische Kriegsgöttin.

Die meisten Drucke, die in diesem Zusammenhang erschienen, zeigten d'Eon jedoch nicht in der Kleidung beider Geschlechter, sondern versuchten jeweils, einen bemerkenswerten Aspekt der Geschichte herauszugreifen. So wird d'Eon in Pruneaus Zeichnung von 1779, (s. S. 73) wie auch in vielen anderen, als kriegerische Amazone dargestellt. Mit einer entblößten Brust, die ihre Weiblichkeit offenbart, und einem wilden Kopfschmuck als Zeichen ihrer Tapferkeit und ihres Mutes, wird sie mit Pallas, der griechischen Göttin verglichen, die Athen beschützte:

> Son esprit vaut son cœur:
> C'est Pallas elle même!
> Long-temps on la craignit,
> et maintenant on l'aime

> [Ihr Geist ist so kostbar wie ihr Herz
> Sie ist Pallas in Person!
> Lange war sie gefürchtet
> und jetzt wird sie geliebt]

Ähnlich ist Bradels Porträt einzuschätzen, bei dem das Sankt-Ludwigs-Kreuz die rechte Brust bedeckt und der Künstler die Geschichte für eine patriotische Aussage über die französischen Frauen genutzt hat und d'Eon in der Tradition »der französischen Heldinnen Jeanne d'Arc [die Retterin von Beauvais im fünfzehnten Jahrhundert], Jeanne Hachette, usw. usw.« vergleicht.

D'Eon reagierte nervös auf diese massenweise Verbreitung seiner Konterfeis. Einerseits sammelte er die, die ihm gefielen, und schickte einige sogar an Freunde. Aber hier ging es andererseits auch um Publizität, die er nicht kontrollieren konnte, und abgesehen davon mochte er die Art und Weise nicht, wie manche Läden, besonders die in London, seine Geschichte ausschlachteten. »Das Verhalten mancher Herausgeber dieser öffentlichen Drucke zeigt«, schrieb er in einer autobiographischen Notiz, »daß sie begierig jede Gelegenheit ergreifen, ihr Gift mit bösartigem Vergnügen zu streuen.«4

Genau wie die Drucke ließen sich die Lieder und Gedichte, die in ganz Europa verbreitet wurden, über seine Beweglichkeit – von einem Geschlecht zum anderen zu wechseln – aus. Das nachfolgende Gedicht konzentrierte sich auf die Frage, inwieweit d'Eons Persönlichkeit trotz seiner Geschlechtsveränderung vom Mann zur Frau dieselbe geblieben war:

> Spinster & minister, knight & dame
> Monsieur & mademoiselle
> D'Eon in male and female fame
> By turns has borne the bell

Adroit to act on either plan
Smile nymph, or hero vapour
And pass with ease from word to fan
From pistol to thread-paper

Genius meanwhile, alert, tho' strange
Preserves its equal claim:
This mere *dexterity of change*
proves d'Eon is still the same.[5]

[Jungfer & Minister, Ritter & Freifrau
Monsieur & Mademoiselle
D'Eon, berühmt als Mann und Frau
Hat mit der Wende den Sieg davongetragen

Geschickt nach beider Plan zu handeln
Lächeln der Nymphe oder Antrieb des Helden
Und mühelos vom Wort zum Fächer zu wechseln
Von der Pistole zur Drohschrift

Genie indessen, welches, aufgeweckt und doch fremd
Denselben Anspruch aufrechterhält:
Diese bloße Gewandtheit in der Veränderung
Beweist, d'Eon ist noch immer der/dieselbe]

Dieses Gedicht scheint davon auszugehen, daß die Persönlichkeit das Geschlecht kontrolliert, und nicht umgekehrt. Es gibt einen »d'Eon«, der, ob männlich oder weiblich, im Kern dieselbe Person ist. Sein Geschlecht wird buchstäblich als eine Rolle gesehen, die die Persönlichkeit nutzt und sie bei Bedarf, wenn ein Wechsel notwendig ist, wieder fallenläßt. Diese Sicht dürfte d'Eon gefallen haben, jedenfalls bewahrte er eine Kopie dieses Gedichtes in seiner privaten Sammlung auf.[6] Es gab aber auch andere, die konträrer Meinung waren, wie sie etwa in dem nachfolgenden Lied zum Ausdruck kommt, das d'Eon von England nach Frankreich verfolgte.[7]

Du chevalier d'Eon
Le sexe est un mystère.
L'on croit qu'il est garçon:
Cependant l'Angleterre
L'a fait declarer fille,
Et pretend qu'il n'a pas
De trace de béquille
Du père Barnabas.

Qu'il soit fille ou garçon
C'est un grand personnage,
Dont on verra le nom
Se citer d'âge en âge;
Mais pourtant s'il est fille,
Qui de nous osera
Lui prêter la béquille
Du père Barnabas?

Quoiqu'il ait le renom
D'être une chevalière,
Aux yeux de l'Angleterre
D'une petite fille,
Ce qu'on ne feroit pas,
Sans avoir la béquille
Du père Barnabas?

[Das Geschlecht des Chevalier d'Eon
Ist ein Mysterium.
Man glaubt, er sei ein Junge:
Doch England hat erklärt,
Er sei ein Mädchen,
Und behauptet, er habe nicht
Die Spur von der Krücke
des alten Barnabas.

Ob Mädchen oder Junge,
Er ist eine wichtige Persönlichkeit,
Deren Name von Generation zu Generation
Genannt werden wird.
Aber wenn er doch ein Mädchen ist,
Wer von uns würde es wagen,
Ihm die Krücke
des alten Barnabas zu leihen?

Obwohl er im Ruf steht,
Eine Chevalière zu sein,
ist er in den Augen Englands
Ein kleines Mädchen,
Was man nicht täte,
Wenn man nicht die Krücke
des alten Barnabas hätte?]

72

D'Eon als göttliche Amazone, Zeichnung von N. Pruneau, 1779
(Brotherton Collection, University of Leeds Library)

Hier ist es eindeutig das Geschlechtsorgan, das alles bestimmt. D'Eon mag zwar eine einzigartige Persönlichkeit sein, derer man sich »von Generation zu Generation« erinnern wird, aber ohne einen Penis wird er nicht weit kommen. Das Lied unterstellt, daß d'Eon einen Penis braucht, irgendeinen Penis, um wirkliche Größe zu erreichen. Darüber hinaus enthält das Lied auch einen leicht chauvinistischen Kommentar: Die Franzosen mögen d'Eon wie eine Art Heldin behandeln, aber für die Engländer wird er immer ein »kleines Mädchen« sein.

9

D'Eon über d'Eon

»Heute habe ich angefangen, die Biographie von Madame Geoffrin zu lesen«, schrieb die wohlhabende Salonnière, Madame du Deffand, in einem Brief über eine ihrer Rivalinnen, »aber das ist alles nicht mehr als ein Haufen Schaumschlägerei für ein Soufflé ... Ich wünschte, jemand würde eine Biographie über Mademoiselle die Chevalière d'Eon und nicht diese anderen Lobhudeleien und Klatschgeschichten schreiben.«[1]

Madame du Deffand war nicht allein mit ihrer Hoffnung auf eine Biographie d'Eons. Die Öffentlichkeit wollte mehr als nur Lieder und Anekdoten über ihre liebste Chevalière haben. Hier ging es, wie man es sah, um eine der faszinierendsten Frauen aller Zeiten. Jeder wollte wissen, wie es bei d'Eon dazu kam; was waren die Ursprünge dieser Geschlechtsumwandlung? Es gab in der europäischen Geschichte zwar jede Menge Beispiele von Frauen, die sich als Männer gekleidet hatten, aber keine hatte eine solche Berühmtheit erlangt und so lange im Blickpunkt der Öffentlichkeit gestanden.

Wo immer d'Eon erschien, wurde er ausgefragt. Über seine Kindheit, seine Eltern und seine frühe diplomatische Karriere waren die unterschiedlichsten Gerüchte im Umlauf. Und jeder wollte sich diese Geschichten bestätigen lassen und weitere Einzelheiten hören. Durch manches freche oder unflätige Pamphlet wurde er allerdings auch schon mal in die Defensive gedrängt. Aber in der Regel wollten die Damen nur mehr über seine Geschichte erfahren, weil sie ihn bewunderten. Kurz: Jeder war bereit, d'Eons Transformation vom Chevalier zur Chevalière zu akzeptieren, aber man brauchte noch irgendeine schlüssige Erklärung.[2]

Somit schrieb d'Eon quasi im wahrsten Sinne des Wortes gleich von Anfang an in seinem Leben als Frau an seiner Autobiographie. Jeden Tag erzählte er Geschichten von sich, und da sein Name in den Salons der Oberschicht zu einem festen Begriff geworden war, mußten diese Geschichten auch im Detail stimmig sein, wenn sein Wandel glaubhaft sein sollte. Da alle förmlich nach mehr Informationen über sein Leben lechzten, ergab es sich mehr oder weniger von selbst, daß er anfing, in Briefen an Freundinnen wie die Herzogin von Montmorency-Bouteville Anekdoten über seine Kindheit zu entwickeln. 1779 erschien dann eine Biographie, die vorgeblich ein Freund namens de La Fortelle geschrieben hatte (mit Sicherheit aber unter Mitwirkung von d'Eon selbst entstanden war). Dieses kleine Buch, *La Vie militaire, politique, et privée de Mademoiselle d'Eon* [das im gleichen Jahr noch in deutscher Übersetzung unter dem Titel *Das militärische, politische und Privat-Leben des Fräuleins D'Eon de Beaumont, ehemaligen Ritters D'Eon* erschien], wurde viele Jahre als das Standardwerk über seine Lebensgeschichte gehandelt.[3]

Nachdem d'Eon 1785 nach England zurückgekehrt war, verbrachte er einen Großteil seiner Zeit damit, längere Entwürfe seiner Memoiren zur Veröffentlichung vorzubereiten. Darin arbeitete er die Geschichten noch weiter aus, die er früher erzählt hatte, fügte auch einige neue Anekdoten hinzu und ging auf verschiedene Fragen detaillierter ein, wobei sich bei den später ausgeschmückten Schilderungen auch nur selten Widersprüche zu früheren Zeugnissen ergaben.

D'Eons autobiographische Schriften beruhen im Kern nicht so sehr auf einer Lüge, als vielmehr auf einem Wunsch. Er wollte, daß alle glaubten, er sei immer eine Frau gewesen, weil er den Rest seiner Tage als Frau leben wollte. Klar ist dabei jedoch, daß er weder eine der gewöhnlichen aristokratischen Damen des achtzehnten Jahrhunderts war, noch sein wollte – was durch seinen Widerstand, entsprechend angemessene Kleider zu tragen, demonstriert wird. D'Eon wußte, daß das, was er tat, nichts weniger als der höchst unverfrorene Versuch einer Selbst-Gestaltung im umfassendsten Sinne war.[4] Er wollte das Beste von beiden Welten haben: Er hoffte, biologisch als Frau anerkannt zu werden, als eine Frau, die sich allerdings überzeugend wie ein Mann gekleidet und ebenso überzeugend gehandelt hatte. Was er also brauchte, war eine Erklärung – ein Mythos, der auf eine imaginäre Kindheit zurückging und erklären konnte, warum eine Dame des Adels die Erwartung hatte, ebenbürtig mit Männern in den Sphären politischer Intrige und des Krieges mitzumischen.

Die Schuld an den Ursprüngen seiner Geschlechterkonfusion schob er seinem Vater zu. Louis d'Eon de Beaumont war 1695 geboren worden und 1749 gestorben, als sein Sohn einundzwanzig war. Als Adeliger relativ niedrigen Ranges war er als Rechtsanwalt und »Schultheiß« von Tonnerre zum »Subdelegirten der Intendenz der Generalität von Paris« aufgestiegen. Intendanten waren königliche Beamte, die dafür verantwortlich waren, daß die Verfügungen des Königs in den Provinzen ausgeführt wurden. Ihre Autorität war im siebzehnten Jahrhundert enorm gewachsen, und zu d'Eons Zeiten oblag den Intendanten oft die Überwachung der Steuereintreibungen, der Landwirtschaft, der gerichtlichen Verfahren und der staatlichen Sozialfürsorge. Besonders in schwierigen Zeiten, etwa bei einer Hungersnot oder Epidemie, konnte ihre Rolle entscheidend für das Überleben der Gemeinschaft sein. Der Zuständigkeitsbereich von d'Eons Vater umfaßte dreißig Dörfer im Umkreis von Tonnerre sowie rund einhundertachtzig Pfarreien in der Region. Er war somit ein großer Fisch in einem relativ kleinen Teich.[5]

1723 heiratete Louis d'Eon eine Adelige aus einer alten und vermögenden südfranzösischen Familie, Françoise de Charenton. Aber d'Eon zufolge verschleuderte sein Vater alles, was er aus der Mitgift seiner Frau herausholen konnte, so daß er bereits Mitte der zwanziger Jahre bis über beide Ohren verschuldet war. Der Ausweg, um aus diesen Schulden wieder herauszukommen, war, wie sich herausstellte, ein Sohn. Nach dem Testament der Familie Françoise war festgelegt, daß eine große Erbschaft von rund vierhundert Louisdor der d'Eon-Familie nur dann zufallen würde, wenn Françoise einen Sohn gebar. Leider war dann jedoch das erste Kind, das ihr und Louis geboren wurde, ein Mädchen. 1727 bekamen sie dann einen Jungen, Théodore, aber ihr Glück verfloß, als das Kind innerhalb von sechs Monaten starb.[6]

Aber noch vor dem Tod von Théodore wurde Françoise erneut schwanger. Und diesmal, daran war für Louis – nach d'Eons Memoiren – nicht zu rütteln, mußte sie einfach einen weiteren Sohn gebären, und sei es, um sein gebrochenes Herz zu besänftigen. Eine Tochter würde einfach nicht akzeptabel sein. »Meine liebe Frau«, gab Louis Françoise zu verstehen, »wenn Sie mir ein weiteres Mädchen schenken, werde ich aus ihm einen Jungen machen, um meinen einzigen toten Sohn zu ersetzen und Sie zu strafen.«[7]

Die nächsten Monate habe es dann, wie d'Eon behauptet, einen »großen Streit« im Haus seiner Eltern wegen des Geschlechts des Kindes gegeben. Louis war angeblich nicht von der verrückten Idee abzubringen, sie könnten das Kind, unabhängig von seinem tatsächlichen Geschlecht, als Junge erziehen. Françoise wünschte sich einen Jungen, sie wäre aber genauso zufrieden, wenn es ein Mädchen sein würde. Ein Junge würde, wie die Dinge standen, zwar finanziell ein Segen für die Familie sein, ein Mädchen wäre für die Familie jedoch ein wichtiger moralischer und religiöser Gewinn, da es bei Mädchen, wie Françoise erklärte, weitaus wahrscheinlicher als bei Jungen war, daß sie Jungfrauen blieben, und Jungfräulichkeit war »wie ein himmlischer Schatz«. Sein Vater wollte nun, wie d'Eon in seinen autobiographischen Manuskripten mehrfach feststellte, »daß ich ein böser Junge werde, und meine Mutter wollte, daß ich ein gutes Mädchen werde.«[8]

Als er im Oktober 1728 geboren wurde, zwang Louis seine Frau, wie d'Eon in seinen Memoiren schreibt, sich seinen Wünschen zu fügen. Obwohl als Mädchen geboren, sollte das Kind von Anfang an als Junge erzogen werden, so daß die Eltern es folglich auch auf den Namen Charles-Geneviève-Louis-Auguste-André-Thimothée d'Eon de Beaumont taufen ließen (daß Mädchennamen in der Reihe der Vornamen mit aufgenommen wurden, war im achtzehnten Jahrhundert durchaus üblich). Wie er sagte, war er also als Mädchen geboren worden, habe aber nie kennengelernt, wie es war, als Mädchen zu leben, da er vom ersten Atemzug an von seiner Familie als Junge erzogen worden sei.

Das natürliche Geschlecht des Kindes zu verbergen, sei nicht leicht gewesen, wie er nach seiner fiktiven Version der Ereignisse schreibt. Der Vater habe d'Eons Schwester auf strengste Geheimhaltung eingeschworen. Und so konnte der Säugling auch nicht, wie in jener Zeit üblich, in die Obhut einer Amme gegeben und von Kindermädchen erzogen werden. Beide Eltern kümmerten sich selbst um die Erziehung des Kindes. Sie wählten in seiner Kindheit sehr sorgfältig seine Freunde aus und behielten sie genauestens im Auge und ließen nicht zu, daß er draußen mit seiner Schwester spielte.

D'Eon wurde »mit einer schwachen Konstitution geboren« und überstand, wie er schreibt, seine kränkliche Kindheit nur, indem er sich mit »dem guten Essen und dem guten Wein von Tonnerre« stärkte.[9] Die Wurzel seiner gesundheitlichen Schwierigkeiten waren möglicherweise Harnwegsprobleme. Denn »bis zum Alter von zehn Jahren« stand er »unter dem Joch unkontrollierbaren Urinflusses«, wie er schreibt. »Diese Schwäche lieferte meiner Mutter den Vorwand, mich, bis ich sechs Jahre und vierundsechzig Tage alt war, in einer *fourreau* zu halten [einer besonderen Unterkleidung für Babys]. Wenn sie [von Leuten] gefragt wurde, warum sie so lange wartete, ehe sie mich von der *fourreau* entwöhnte, antwortete sie: ›Ich bin nicht reich genug, um ihm jeden Tag neue Hosen anzuziehen … es geht ihm prächtig so.‹«[10] Aber als der Kleine sieben Jahre alt war, sprach sein Vater schließlich ein Machtwort und zwang ihn, Hosen anzuziehen.

Da d'Eons Beschäftigungsmöglichkeiten so eingeschränkt waren, verbrachte er sehr viel Zeit alleine in dem riesigen Haus, das heute im Zentrum Tonnerres von einer Bank genutzt wird. Dort lernte er in sehr jungen Jahren lesen, und Lesen wurde seine Lieblingsbeschäftigung und sollte es sein ganzes langes und abwechslungsreiches Leben lang sein. Mit zwölf hatte d'Eon einfach alles in sich aufgesogen, was er von den örtlichen Lehrern und aus Büchern lernen konnte. Louis sah sich mit einem relativ ruhelosen Jungen konfrontiert, der kurz vor der Adoleszenz stand. Statt sich mit seinen Lateinlektionen zu beschäftigen, schlich er sich davon, um bei seiner Mutter zu sein oder mit den Freundinnen seiner Schwester auf den Feldern im Umkreis der Stadt zu spielen. Françoise reagierte auf diese kleine Rebellion ihres Kindes bestenfalls ambivalent; sie begann, Louis' Pläne zu untergraben, indem sie das Kind ermunterte, mehr Zeit mit ihr zu verbringen.

Aber Louis entschied jetzt, es sei nunmehr an der Zeit, daß d'Eon von seiner Mutter und dem erstickenden Mief einer burgundischen Kleinstadt wegkäme. Louis hatte einen Bruder, André-Thimothée d'Eon de Tissey, der seit Jahren das wichtige Amt des Generalinspektors der Polizei in Paris bekleidete. D'Eon kam also nach Paris, wo er bei seinem Onkel lebte, und wurde in dem angesehenen Collège Mazarin eingeschult, wo er Geistes- und Rechtswissenschaften studierte.

Im Mazarin entdeckte d'Eon seine Liebe zum Lernen. Wenn er mit seinen Freunden in den Bois de Boulogne ging, spielten die anderen Jungen im Wald, während d'Eon sich ein bequemes Plätzchen auf einer Wiese suchte, wo er sich niederließ und stundenlang las. Er glänzte in Sprachen und gewann schulische

Auszeichnungen für Auswendiglernen – was zu den geschätztesten Fertigkeiten gehörte, die an den Schulen des achtzehnten Jahrhunderts gelehrt wurden. D'Eon konnte mehr Abschnitte aus den Evangelien und von römischen Autoren als jeder andere an der Schule auswendig rezitieren. Als er 1749 sein Juradiplom am Collège erhielt, hatte er sich also bereits einen ausgezeichneten Ruf als Gelehrter erworben.[11]

10

Die Hoffnungen eines guten Patrioten

Die Tatsache, daß d'Eon den Mythos selbst erfunden hat, er sei als Mädchen geboren und von seinen Eltern wie ein Sohn erzogen worden, offenbart sehr viel darüber, wie er sich der Welt präsentieren wollte. Indem er die Ursprünge der Geschlechterkonfusion bei der Geburt ansiedelt, schiebt er die moralische Verantwortung für jeden Verstoß gegen die natürlichen Geschlechterkonventionen von sich weg und seinem Vater zu. Niemand, der d'Eons Schilderung liest, kann ihm vorwerfen, er sei eine Frau, die als Mann leben möchte. Als Kind stand er unter der Fuchtel eines strengen Vaters, der ihm kaum eine Wahl ließ. Und sein Vater war 1749 gestorben, so daß es kein Problem und praktisch war, ihm die Schuld für seine Situation zu geben.[1]

D'Eons Geschichte war darüber hinaus auch eine spezielle Variante eines in jener Zeit durchaus bekannten Themas. Im siebzehnten und achtzehnten Jahrhundert gab es Hunderte, vielleicht Tausende von Frauen, die sich vorübergehend als Männer verkleideten. In jüngerer Zeit kamen holländische Forscher einhundertzwanzig solcher Fälle auf die Spur und im Zuge ihrer Untersuchungen zu dem Schluß, daß »die Verwandlung in einen Mann … für Frauen jahrhundertelang eine reale und allseits bekannte Möglichkeit« war, »schwierigen Situationen zu entkommen.«[2] D'Eons Erklärung dürfte im achtzehnten Jahrhundert für die Leser seiner Kindheitsgeschichte also durchaus einleuchtend und nachvollziehbar gewesen sein.

Konkreter: Das Frankreich des achtzehnten Jahrhunderts war mit ähnlichen Geschichten wohlvertraut. D'Eon selbst erzählte die Geschichte einer anderen Familie aus Burgund, den Gurgys, die ihre Tochter bis zum Alter von achtzehn Jahren als Junge erzogen hatte, bis sie dann die Identität einer Frau annahm und einen Verwandten d'Eons heiratete. Was d'Eon an diesem Fall so sehr beeindruckte, war, wie liberal die Regierung auf die Geschlechtsumwandlung von Mademoiselle Gurgy reagiert und keine wie auch immer gearteten Schritte gegen ihre Eltern unternommen hatte.[3]

D'Eons Version von seiner Kindheit dürfte für ein in der Aufklärung großgewordenes Publikum schon allein deswegen glaubhaft gewesen sein, weil sie ein anschauliches Beispiel für die zentralen Theorien der Psychologie des achtzehnten Jahrhunderts war. Gegen Ende des siebzehnten Jahrhunderts hatte der große britische Philosoph John Locke die These aufgestellt, wonach Umweltfaktoren von entscheidender Bedeutung für die Entwicklung des Charakters und Intellekts waren. Im Gegensatz zur Anhängerschaft Descartes', die sich innerhalb eines christlichen und platonischen Rahmens bewegte, argumentierte Locke, die meisten unserer Ideen und Erkenntnisse seien das Ergebnis von Sinneswahrnehmungen. Seine Thesen wurden alsbald von vielen großen Philosophen Frankreichs, einschließlich Voltaire und Helvétius, aufgegriffen und auf der Ebene der Psychologie, Erziehung, Ethik und Politik angewendet.[4]

Das herausragendste Beispiel von Lockes Einfluß auf die französische Aufklärung war vielleicht Jean-Jacques Rousseaus *Emil* (1762), die wichtigste Abhandlung über die Erziehung in jenem Jahrhundert, die die Entwicklung des Charakters und Intellekts eines Jungen von der Geburt bis zur Adoleszenz verfolgt. Rousseau verhalf Locke nicht nur zu einer allgemeinen Popularität, er nutzte Lockes Theorien auch, um das französische Establishment anzugreifen. Da der Einfluß der Umwelt alles war, argumentierte Rousseau, war es falsch, daß der Adel die Kindererziehung anderen, vor allem den Ammen überließ, die ungebildet und unkultiviert waren. Die Eltern hatten sich also in jeder Hinsicht selbst um die Erziehung des Kindes zu kümmern. Sie sollten ihr Kind durch ihr Beispiel lehren und es durch die ausschließliche Kontrolle über seine Umwelt vor allem Bösen bewahren.

D'Eon behauptete, er habe eine wahre Rousseausche Erziehung genossen, obwohl er vierunddreißig Jahre vor der Veröffentlichung von *Emil* geboren worden war. »Obwohl es in meiner Kindheit die Werke von Jean-Jacques, dem Bürger von Genf, noch nicht gab, mimte mein Vater, da er in Paris am Collège des Quatre Nations studiert hatte, den Philosophen und ließ mich von meiner Mutter nach den Lehren Jean-Jacques erziehen, mit der Ausnahme allerdings, daß es Kindern erlaubt werden sollte, auf Händen und Knien herumzukriechen.«[5]

Seine Kindheit schien, wie er fand, der beste Beweis dafür zu sein, wie richtig Rousseaus Theorien waren. Er sah sich in der Tat selbst als eine Art Emil. Womit er offenbar sagen wollte, daß jeder Vater, wenn er nur den entsprechenden Willen, die Zeit und die Geduld hatte, die Geschlechterbarriere überwinden und das Geschlecht seines Kindes wählen konnte. Wobei zumindest eines klar ist, daß d'Eon mit dieser Geschichte viele seiner eigenen Gefühle auf seinen Vater projizierte. Schließlich hatte nicht Louis d'Eon das Geschlecht seiner Tochter in den zwanziger Jahren umgeformt; es war d'Eon selbst gewesen, der sein Geschlecht kurz nach der Veröffentlichung von Rousseaus *Emil* umgemodelt hatte.

D'Eon nahm Rousseaus Umweltargumentation, um eine Bahn zu beschreiten, die der große Philosoph natürlich nie gegangen wäre. Rousseau mit seinen sehr komplexen Vorstellungen zu den Geschlechtern wäre wohl kaum damit einverstanden gewesen, daß ein Vater soviel Zeit für die Erziehung einer Tochter aufbringt und noch weniger, daß ein Mädchen als Junge erzogen würde, selbst wenn er das theoretisch für denkbar gehalten hätte. Die von ihm geschaffene Sophie im fünften Teil seines *Emil* war einzig dazu da, die Unterschiede in der Erziehung zwischen Jungen und Mädchen zu verdeutlichen. Und in diesem Punkt ging d'Eon dann vielleicht doch etwas zu weit, wenn er sich in seinen Memoiren die Freiheit nahm anzumerken, die Hofdamen Marie-Antoinettes hätten ihn wie »Mademoiselle Sophie« behandelt.[6]

Was die ganze Geschichte noch schwieriger macht ist d'Eons Behauptung, er habe in seiner Kindheit unter Harnwegsproblemen gelitten. Als rhetorischer Kunstgriff in seiner Autobiographie veranlaßt uns dieses wichtige »Faktum«, Mitgefühl mit ihm zu haben, ein Faktum, das ihn sogar noch mehr von jeder Schuld oder Verantwortung freispricht. Und auf dieser Linie sind wir denn vielleicht auch versucht, das Gesundheitsproblem in seiner Kindheit als Ursache seiner späteren Geschlechtsveränderung zu sehen. Es gab aber mit Sicherheit Tausende von Kindern, die solche Probleme hatten und bei ihren normalen Geschlechterrollen blieben. Die Geschichte über diese Harnwegserkrankung mag denn auch vielleicht nicht so sehr erklären, warum d'Eon eine Frau werden wollte, als vielmehr, warum er asexuell war und sein ganzes Leben jungfräulich blieb. Vielleicht hatte diese Erkrankung auch physische oder psychische Probleme hinterlassen, die ihm in späteren Jahren noch zu schaffen machten.

Diese Überlegungen über d'Eons Charakter basieren natürlich auf den Informationen, die er uns selbst in seinen autobiographischen Schriften gibt. Und diese Version kann ohne Verifikation auf der Grundlage unabhängiger Beweise nicht so ohne weiteres übernommen werden. Aber just solche Beweise sind leider dünn. Obwohl viele Familienunterlagen d'Eons heute in der städtischen Bibliothek von Tonnerre aufbewahrt werden, geben sie doch reichlich wenig her, was in irgendeiner Form Licht auf seine Kindheit werfen würde. Soweit für uns feststellbar ist, scheint d'Eon eine relativ typische Erziehung gehabt zu haben, wie sie im achtzehnten Jahrhundert bei adeligen Jungen, die eine Laufbahn im staatlichen Dienst einschlagen sollten, üblich war.[7]

Zu Beginn seiner Karriere schloß d'Eon Freundschaften, die ausgesprochen aufrichtig und intim waren. Diese Freundschaften wurden durch Briefe vertieft, in denen tiefgreifende Ideen und Gefühle erörtert wurden. So beklagte sich einer seiner engsten Freunde, Turquet de Mayenne, bei ihm, daß seine Familie seine Brautwahl unnachgiebig abgelehnt hatte. Ein Jahr später erhielt er einen tiefsinnigen Brief von Turquet, der jetzt den Tod seines Vaters betrauerte. »Je mehr ich über die Schicksalsschläge und Wechselfälle des Lebens nachdenke«, schrieb Turquet, »desto mehr bin ich von seiner Sinnlosigkeit überzeugt. Alles vergeht, mein lieber d'Eon, alles versinkt in Finsternis. Die Unausweichlichkeit des Endes des Daseins ist die größte Wahrheit.«[8]

Die Intimität dieser Männerfreundschaften führte gelegentlich auch zu emotionalen Problemen und Mißstimmigkeiten. So warf etwa ein verheirateter Freund, La Seuze, d'Eon einmal vor, ihn schäbig zu behandeln: »Es ist notwendig, unsere Freunde um ihrer selbst willen und nicht um unserer selbst willen zu lieben«, predigte er ihm. Und nachdem er seinen Brief förmlich mit »Ihr sehr *ergebener* und sehr *gehorsamer Diener*« unterzeichnet hatte, fügte La Seuze in einem Nachsatz hinzu: »Wenn Sie mich herzlicher behandeln, versichere ich Ihnen, daß ich die drei Worte streichen werde, die ich in der Unterschrift dieses Briefes unterstrichen habe.«[9]

D'Eons jugendliche Briefe, voller *Sturm und Drang*, den Vorboten von Goethes *Die Leiden des jungen Werthers* (1774), lassen keine psychopathologischen Züge erkennen, sie offenbaren lediglich die normale Fortsetzung enger Jugendfreundschaften in einer besonderen intellektuellen Subkultur. Die Tatsache, daß d'Eon sich nach dem Collège in der Pariser Literaturszene als junger Gelehrter so schnell einen Namen machte, zeigt, daß er, jenseits etwaiger Eigentümlichkeiten oder Besonderheiten seiner Person, gelernt hatte, wie er mit einflußreichen Personen umzugehen hatte. Über seinen Onkel André-Thimothée d'Eon de Tissey sicherte er sich einen Posten in Bertier de Sauvignys Amt, wo er die Zeit und Ressourcen bekam, sein erstes Buch über die französischen Staatsfinanzen zu schreiben.[10] Danach verschaffte Bertier ihm einen Posten als königlicher Zensor, der ihm ein sattes Gehalt sicherte, für das er nicht mehr tun mußte, als neue Bücher zu lesen. Unter dem sehr liberalen Direktor des Buchhandels, Chrétien-Guillaume de Lamoignon de Malesherbes, konnten die königlichen Zensoren einen Großteil ihrer Zeit damit verbringen, sich nach selbstgewählten Interessenfeldern über ihre Lektüre weiterzubilden, statt sich darauf zu konzentrieren, die Öffentlichkeit vor sogenannten gefährlichen Werken zu beschützen – jene häßliche Aufgabe wurde häufiger der Kirche überlassen.

In seinen Jugendwerken erscheint d'Eon als eifriger, ehrgeiziger, optimistischer Reformer, der bereit ist, hart für einen aufgeklärten Minister zu arbeiten. In seinem Aufsatz »Die Hoffnungen eines guten Patrioten« beschreibt er eine dynamische, fortschrittliche, von einem starken Monarchen geführte Regierung, die sich auf die bedrückenden sozialen und ökonomischen Probleme Frankreichs konzentriert. »Ich hoffe, daß es zu einem freien Handel im ganzen Königreich kommen wird«, schrieb er, »da Wohlstand das Volk glücklich macht, und ein glückliches Volk dem Staat und seinem Prinzen zur Ehre gereicht.«[11]

Abgesehen von seinen mit fiktiven Fragmenten durchsetzten autobiographischen Schriften wissen wir insgesamt wenig über d'Eons frühe Jahre, was auf irgend etwas Unorthodoxes an seiner Persönlichkeit oder seinem Verhalten hinweisen würde. Was d'Eon selbst in einer wesentlich späteren Lebensphase dazu an Anhaltspunkten geliefert und hinterlassen hat, führt allerdings letztlich in eine Sackgasse. Die »Ursache« von d'Eons Geschlechtsumwandlung liegt nicht bei irgend etwas, das in seiner Kindheit oder Adoleszenz geschah, sondern in seiner gescheiterten politischen Karriere. Einfach ausgedrückt: Die Hoffnungen dieses guten Patrioten wurden nicht erfüllt. D'Eons Wunsch, eine Frau zu werden, war das Ergebnis einer politischen Krise, in der er sich in den 1760er und 1770er Jahren befand, als er bereits erwachsen war. Um d'Eons Motivation zum Geschlechtswandel zu verstehen, sollten wir uns etwas weniger auf die psychodynamischen Faktoren konzentrieren, die in seiner Jugend zum Tragen kamen, als vielmehr auf die besonderen Kräfte, die seine Karriere als Staatsmann formten.

Teil II

Aufstieg und Fall eines Staatsmannes

»Die Wahrheit über die öffentliche und geheime Geschichte dieser unglückse-
ligen Jungfer ... d'Eon de Beaumont, die das Opfer eines reinen Holocaust
war, ist den behördlichen Unterlagen im Außen- und Kriegsministerium und
den besonderen Unterlagen von Ludwig XV. zu entnehmen.«

d'Eon, *Leeds Manuskript*

11

Die Diplomatie Ludwigs XV.

Als d'Eon in den 1750er Jahren in die Politik kam, bestimmten fünf Staaten die innereuropäischen Beziehungen: Frankreich, England, Preußen, Rußland und Österreich. Und diese fünf sollten auch weiterhin, zumindest bis 1918, bis zum Verfall der Habsburgermonarchie, die Politik in Europa bestimmen. Die Architektur der europäischen Diplomatie war im Grunde zwar die gleiche wie heute, aber vom Wesen her war sie nachweislich machiavellistischer. »Es muß als eine grundlegende Maxime und unanfechtbares Prinzip gesehen werden«, schrieb der außenpolitische Berater Ludwigs XV. und d'Eons wichtigster Patron, der Graf von Broglie, »daß das Ansehen oder die Hochachtung vor einem Herrscher, seiner Regierung, seinem Ruf und seiner herausragenden Stellung, und seine ultimative Autorität in der politischen Ordnung notwendigerweise auf Macht gegründet ist, und daß diese Macht unter zwei Gesichtspunkten gesehen werden kann: Truppen und Allianzen, militärische Macht und föderative Macht.«[1]

Broglies Sicht war nüchtern, aber nicht ungewöhnlich. Von den Monarchien wurde erwartet, daß sie entweder wuchsen oder zerfielen. Der Geist der Monarchie, schrieb Montesquieu, sei der Krieg und die Vergrößerung. Der eigentliche Zweck der Außenpolitik bestand somit in der territorialen Erweiterung des Herrschaftsgebietes eines Monarchen. Wie auch Friedrich der Große, ein Meister solcher Politik, am Vorabend der Übernahme der preußischen Krone feststellte: »Als Grundgesetz der Regierung des kleinsten wie des größten Staates kann man den Drang zur Vergrößerung betrachten.«[2]

Nach den Religionskriegen des sechzehnten und siebzehnten Jahrhunderts und insbesondere, nachdem Ludwig XIV. mit der Errichtung eines großen katholischen Imperiums gescheitert war, setzte sich in Europa ein säkulares Zeitalter durch, bei dem im großen und ganzen der religiöse Eifer der vorhergehenden Ära gemieden wurde. Alle Herrscher des achtzehnten Jahrhunderts waren sich darin einig, daß Europa von mehreren Großstaaten regiert werden sollte. Aber dieser Konsens bedeutete nicht, daß die Monarchen auch das Machtgleichgewicht respektierten. Sie mögen zwar nicht versucht haben, andere Großstaaten zu vernichten, aber sie zögerten absolut nicht, sich Bröckchen zu sichern, wenn das Eigeninteresse es gebot. Jedem Monarchen war bewußt, daß man nur durch die Schwächung des Nachbarn die eigene Stärke erhöhen konnte. Eines der ironischen Merkmale dieses »Zeitalters der Vernunft« ist also, daß in diesem Jahrhundert der Fanatismus und die Zerstörung früherer und späterer Jahrhunderte zwar weitestgehend vermieden wurde, daß es zugleich aber nur wenige Jahre gab, in denen sich nicht wenigstens zwei der größten Staaten im Krieg befanden. Es war ein Zeitalter, in dem der Krieg als reines Instrument der Diplomatie gesehen wurde.[3]

Das Ziel eines Diplomaten des achtzehnten Jahrhunderts wie Chevalier d'Eon war also nicht unbedingt die Friedenssicherung. Von ihm wurde erwartet, daß er im persönlichen Interesse des Königs handelte, und dabei war die Trennungslinie zwischen Diplomatie und Spionage keineswegs sehr klar.

Seit fast einem Jahrhundert war Frankreich absolut führend in diesem Spiel, es legte die Regeln fest – und brach sie nach Lust und Laune. Frankreich hatte größere Ressourcen als irgendeiner seiner Nachbarn vorzuweisen: die größte Bevölkerung, die reichste Wirtschaft und das größte militärische Aufgebot in ganz Europa, und es zählte auch territorial zu den größten Staaten Europas. In der Kombination mit diesen enormen Reichtümern wäre Frankreichs Griff nach der absoluten Vormachtstellung unter der langen Herrschaft Ludwigs XIV. (1643–1715) beinahe erfolgreich gewesen. Dieser Souverän war der Inbegriff eines erfolgreichen Königs, und sein Palast, den er sich in Versailles bauen ließ, wurde in ganz Europa das Emblem von Frankreichs Größe schlechthin. Ludwig XIV. war es zwar nicht gelungen, das protestantische Europa zu zerschmettern, er hatte Frankreichs Grenzen jedoch im Osten unter Einbeziehung von Elsaß-Lothringen erweitert und in Mitteleuropa eine Reihe von Satellitenstaaten geschaffen.

Der wichtigste Rivale Frankreichs im achtzehnten Jahrhundert war, rückblickend, England. In fast jedem größeren Krieg, angefangen von Ludwig XIV. bis zu Napoleon, standen Frankreich und England sich als Feinde gegenüber. Aber diese Sicht einer »Supermacht«-Rivalität wuchs erst langsam im Laufe des Jahrhunderts und trat erst nach Ende des Siebenjährigen Krieges 1763 klar zutage. Einen Großteil des Jahrhunderts war Frankreichs Aufmerksamkeit darauf ausgerichtet, Wege und Möglichkeiten zu einer territorialen Ausdehnung im Osten, in Deutschland und Polen, zu finden. Während der Regentschaft für Ludwig XV. (1715–1734) kooperierten die Franzosen beispielsweise mit den Briten und unterzeichneten sogar Abkommen, die zur Friedenssicherung in Europa beitrugen. Was Ludwig XV. angeht, so war er wesentlich mehr am Osten Europas interessiert und ließ sich nur widerstrebend darauf ein, schließlich auch die koloniale Rivalität mit England als zentralen Faktor der französischen Interessen zu sehen. Eine ähnliche Sicht der Dinge ist auch bei d'Eon zu erkennen, der seine Karriere schließlich in Sankt Petersburg begann und in London beendete.[4]

Das Problem einer absoluten Monarchie ist, so wird oft gesagt, daß die Genialität nicht an die eigenen Nachkommen weitergegeben werden kann.

Ludwig XV. war von vornherein dazu verurteilt, im Schatten des Glanzes seines großen Urgroßvaters, des Sonnenkönigs, zu stehen. Aber die Mittelmäßigkeit, die Ludwig XV. bescheinigt wurde, war nicht nur das Ergebnis von Vergleichen mit seinem ruhmvollen Vorgänger. Vielmehr hatte sich unter der Herrschaft des Urenkels das Blatt gegen Frankreich gewendet. Zumindest an der militärischen Front hatte Frankreich während dieser Periode sehr viel Boden verloren, und die Krise, die schließlich 1789 in der Französischen Revolution ihren Höhepunkt erreichen sollte, war unmittelbar aus der Herrschaft Ludwigs XV. (1734–1774) entstanden.

Ludwig XV. war eine komplexe Figur, deren Schüchternheit und zurückgezogene Lebensführung bewirkte, daß seine Intelligenz und sein Interesse an der Politik unterschätzt wurden. Er wich oft dem glanzvollen gesellschaftlichen Leben aus, das die Adeligen inzwischen von einem großen König erwarteten. Er zog es statt dessen vor, seine Mahlzeiten alleine oder mit einem ausgewählten Kreis von Freunden zu sich zu nehmen. Aber er war keinesfalls faul. In der Abgeschiedenheit seines Studierzimmers arbeitete er fortwährend an politischen Angelegenheiten. Begierig las er die Berichte von Botschaftern, die ihn aus ganz Europa erreichten und verbrachte die wenigen Stunden der Nacht damit, Geheiminstruktionen für seine Minister zu schreiben.

Da Ludwig XV. seine Zeit mit einem so engen Kreis von Personen verbrachte, waren die Adeligen geradezu besessen von der Frage, wer diese Personen waren. Und seltsamerweise fand Ludwig es angenehmer, seine Zeit mit Frauen als mit Männern zu verbringen. Nach 1738, nachdem die Beziehung mit seiner Königin Marie, einer gebürtigen Polin, beendet war, hatte er fast immer eine Mätresse für sein Bett. Obwohl er wahrscheinlich nicht promiskuitiver als andere Könige war, nutzten seine Kritiker sein sexuelles Verhalten jedoch alsbald als Angriffsfläche, um das ganze Regime anzugreifen, vielleicht auch aus Furcht, seine Lieblingsmätresse könnte mehr als nur eine sexuelle Rolle spielen. Madame de Pompadour wurde tatsächlich eine gewiefte politische Beraterin, die die französische Politik maßgebend mitgestaltete. Bis zu der Zeit, als der viktorianische Autor Thomas Carlyle das Regime mit »Pompadourismus«, »Laster« und »Buhlerei« gleichsetzte, war diese Sicht längst zu einem Klischee geworden.[5]

Madame de Pompadour spielte zwar eine wichtige politische Rolle, sie mußte dabei jedoch mit traditionelleren Beratern konkurrieren. Einer der illustresten unter der Herrschaft von Ludwig XV., der auch von entscheidender Bedeutung für den Chevalier d'Eon war, war Louis-François de Bourbon, der Prinz von Conti. Als erster Cousin des Königs zählte Conti zu den vermögendsten und mächtigsten Prinzen in Europa. Er besaß über tausend Gemälde, und besonders berühmt war seine Sammlung von viertausend Ringen und achthundert Schnupftabakdosen.[6] Als großer Freund der Geisteswissenschaften bewahrte er Autoren der Aufklärung vor der Hinrichtung. Berühmt war er auch wegen seines guten Aussehens. »So viel Vorzüge der Prinz hatte, konnte ich mich doch nicht an ihn gewöhnen, noch die Verlegenheit, die er mir einflößte, überwinden«, schrieb die charmante Madame de Genlis. »Er hatte schöne Züge, eine gebietende Gestalt und Wesen [sic]; Niemand konnte mit mehr Feinheit und Anmut verbindliche Dinge sagen, wie er.«[7]

Bezeichnend für diesen talentierten Mann, der den anderen Prinzen königlichen Geblüts haushoch überlegen war, war ein enormer politischer Ehrgeiz. Mit Sicherheit hätte Frankreich besser dagestanden, wenn er selbst König gewesen wäre. Aber Conti wußte nur zu gut, daß er nie der König Frankreichs sein würde, und so wußte auch Ludwig XV., daß er ein Ventil für Contis außergewöhnlichen Talente finden mußte. Ludwig mag ihn manipuliert haben, um aus eigennützigen Zwecken Kapital aus den Diensten seines Cousins zu schlagen, fest steht jedoch, daß er auch Contis Machthunger befriedigen mußte.

Während des Österreichischen Erbfolgekrieges (1740–1748) avancierte Conti dank seiner Fähigkeiten zu einem wahren Helden. In diesem typischen Krieg des Ancien Régime schlossen sich die traditionellen Verbündeten Frankreichs – Preußen, Schweden, Spanien und das Osmanische Reich – gegen Österreich zusammen, um dessen Macht möglichst weitgehend einzudämmen. Österreich seinerseits konnte die Hilfe Englands und Rußlands sowie einer Reihe kleinerer Staaten wie Piemont gewinnen. Zunächst hatte Ludwig XV. es jedem Prinzen königlichen Geblüts untersagt, an den Frontlinien zu kämpfen. Aber Conti setzte sich über diese Verfügung geradewegs hinweg und zog an die italienische Front. Wo er es schon bald zu einer Position gebracht hatte, in der er die Befehlsgewalt über ein Regiment verlangte. Ihm wurden dreißigtausend Einheiten unterstellt, um gegen die Piemonteser im Nordwesten Italiens zu kämpfen. Hier gelang es ihm, 1744 in der Schlacht von Coni einen beeindruckenden Sieg davonzutragen, der ihm zeit seines Lebens folgte. Mit siebenundzwanzig Jahren war Conti der berühmteste Adelige Frankreichs.[8]

Nach dem Krieg besuchte Conti oft den König in Versailles, wo beide sich dann zu stundenlangen vertraulichen Gesprächen in eines der königlichen Privatgemächer zurückzogen. Anfang der fünfziger Jahre erfolgten diese Besuche mit einer Regelmäßigkeit, daß die Höflinge in ihrer Eifersucht auf den Zugang, den Conti zum König hatte, daran Anstoß nahmen.

Am eifersüchtigsten von allen war Madame de Pompadour. Von Anfang an betrachtete sie Conti als Rivalen, was den Einfluß auf den König anging. Bei ihm hatte sie es schließlich mit einem Mann zu tun, der sich völlig ihrer Kontrolle entzog, dessen Bande zum König nicht nur auf einer achtbaren Reputation, sondern, was wesentlich entscheidender war, auf Blutsbande beruhte.

Die Gespräche zwischen Conti und dem König drehten sich im wesentlichen um die Außenpolitik. Der jüngste Krieg gegen Österreich hatte für Frankreich in eine frustrierende Sackgasse geführt. Österreich hatte das wertvolle Gebiet Schlesiens verloren, aber nicht an Frankreich, sondern an Preußen. Und weiter im Osten hatte sich die Unterstützung, die Rußland Österreich gegeben hatte, für Rußland reichlich mit dem nunmehr erhobenen

Anspruch auf einen hohen Machtstatus ausgezahlt. Für die Franzosen war bei diesem teuren Krieg wenig abgefallen, und Ludwig XV. konnte für die Zukunft nur auf ein Wiederaufleben der Feindseligkeiten hoffen.

Derweil war eine Gruppe polnischer Adeliger mit der Idee an Conti herangetreten, sich um den polnischen Thron zu bewerben und König in jenem kriegszerrissenen Land zu werden. Diese Idee war nicht nur lächerlich. Der polnische Thron war, wie Friedrich der Große schrieb, im Grunde ein Handelsobjekt wie jede andere Ware auf dem öffentlichen Markt.[9] Seit Jahrhunderten wurde der polnische Monarch in periodischen Abständen vom Adel, oft im Zuge erbitterter Auseinandersetzungen zwischen verfeindeten Fraktionen, gewählt. 1697 war Contis Großvater, François de Bourbon (1664–1709) zum König gewählt worden, nachdem Ludwig XIV. etliches an Bestechungsgeldern an polnische Adelige hatte fließen lassen. Aber als Contis Großvater dann in Polen eintraf, mußte er feststellen, daß August II., der Kurfürst von Sachsen, Polens westlicher Nachbar, den Thron bereits gewaltsam an sich genommen hatte. François de Bourbon war gezwungen, ohne Krone nach Frankreich zurückzukehren. Mit August II. begann eine lange Phase, in der die polnische Monarchie von Sachsen kontrolliert wurde.

Polen war im achtzehnten Jahrhundert ein territorial wichtiges, riesiges und wohlhabendes Land, das Litauen mit einschloß und insgesamt etwa die doppelte Größe des heutigen Polen aufwies. Abgesehen von Österreich und Frankreich war es das größte Land westlich von Rußland. Wenn ein Bourbone Polen regierte, wäre damit die französische Hegemonie in Europa für viele Jahrzehnte gesichert gewesen.

Contis Kandidatur mußte mit sehr viel Fingerspitzengefühl gehandhabt werden. Zum einen war klar, wenn Ludwig sich offen dahinterstellte, daß dies unabsehbare, schlicht katastrophale Folgen für Frankreich gehabt hätte: Erstens hätte diese unmittelbare Unterstützung Contis selbst die Familie des Königs, nebst der Königin und dem Dauphin, befremdet.[10] Zweitens und wichtiger noch für die französischen Interessen war jedoch, daß eine offene Unterstützung Contis Sachsen geradewegs in die Arme Österreichs und, schlimmer noch, Rußlands getrieben hätte. Eine Politik, die Conti unterstützte, wäre mit der realen Gefahr verbunden gewesen, daß Frankreich Polen nicht etwa gewonnen, sondern an seine Feinde verloren hätte. Und dieses Risiko schien das Spiel kaum wert zu sein.

Andererseits standen die Chancen, in Anbetracht der notorischen Instabilität der polnischen Politik und der Talente Contis, daß die Rechnung aufging und der Plan funktionierte, durchaus nicht schlecht. Und nicht zuletzt wäre damit auch das Problem gelöst, was man mit Conti machen sollte. Die polnische Krone war geradezu ideal für ihn: Damit hätte der König ihn endlich gut untergebracht und die Nervereien hätten ein Ende, und zugleich wäre er damit in einer Position, in der er die französischen Ambitionen im Osten Europas weiter vorantreiben könnte. Und Conti tat ein übriges, um Ludwig davon zu überzeugen, daß das für ihn, Ludwig, die denkbar beste Chance war, den Lauf der Ereignisse in Polen zu beeinflussen, die beste, die sich ihm in seiner Regentschaft bieten würde.

Nach stundenlangen geheimen Beratungen mit Conti entschied Ludwig XV. sich, beides zu machen: Er segnete Contis Bestrebungen, den polnischen Thron zu besteigen, ab und bot ihm zugleich einige entscheidende politische und finanzielle Ressourcen an, um ihn bei der Erreichung dieses Zieles zu unterstützen. Aber diese neue politische Doppelstrategie mußte, wie Ludwig mit Nachdruck beharrte, absolut geheimgehalten werden, selbst vor seinem eigenen Außenminister und erst recht vor dem Versailler Hof. Offiziell hatte es, was das französische Außenministerium anging, keine Änderung in der Politik gegeben.[11]

Somit verfolgte Frankreich etwa ab 1750 eine doppelbödige Polen-Politik: Eine offizielle Linie, wonach der Sachsenthron und die polnische Unabhängigkeit unterstützt wurden, und eine inoffizielle, die mit Entschlossenheit das Ziel verfolgte, Polen mit einem Bourbonenkönig in einen französischen Satellitenstaat zu verwandeln. Das Ressort auswärtiger Angelegenheiten und damit die Gestaltung der internationalen Beziehungen wurde in jener Zeit als eine persönliche Angelegenheit des Königs gesehen; und im achtzehnten Jahrhundert gab es in Frankreich niemanden, der seine Macht herausgefordert hätte, die Außenpolitik ganz nach eigenem Gusto zu gestalten. Das Besondere an jener Situation war lediglich, daß diese doppelbödige politische Marschroute ein und derselben, der höchsten Quelle entsprang: Ludwig XV.

Kurzfristig ermöglichte diese Strategie ihm zumindest einmal, sich alle Optionen offenzuhalten und einstweilen schwierigen Entscheidungen aus dem Weg zu gehen. Aber langfristig konnte eine Geheimpolitik, die von der Zielsetzung her ja die offizielle untergrub, dem Ansehen Frankreichs und der Macht des Königs nur schaden.

12

Der Geheimdienst des Königs

Die Entscheidung, unter der Ägide des Prinzen von Conti eine separate Außenpolitik zu betreiben, ließ ein Netzwerk von Spionen entstehen, das am Ende der Herrschaft von Ludwig XV. nahezu zwanzig Personen umfaßte, die in verschiedenen Hauptstädten ganz Europas tätig waren. Die Existenz dieses Spionagenetzes, das als das *Secret du Roi* (der Geheimdienst des Königs) bekannt war, wurde nicht nur vor den Höflingen und Chronisten, sondern auch vor fast allen Regierungsbeamten geheimgehalten. Als der Enkel Ludwigs XV., Ludwig XVI., bei der Übernahme des Thrones 1774 von der Existenz des Geheimdienstes erfuhr, befahl er sofort dessen Auflösung. Erst wesentlich später, als die Aktivisten der Französischen Revolution die umfangreiche Korrespondenz Ludwigs XV. in Geheimzimmern entdeckten, erfuhr die Öffentlichkeit von dieser seltsamen, aber sehr einflußreichen Organisation.[1]

Zu den ersten Männern, die Conti in den Geheimdienst brachte, gehörte d'Eons künftiger Patron Charles-François, der Graf von Broglie. Der König betraute Broglie 1752 mit zwei Positionen: Er ernannte ihn zum Botschafter Frankreichs in Polen und zum Spion für den Prinzen von Conti. Die erste war öffentlich und offiziell, die zweite streng geheim. In beiden diente Broglie den Interessen des Königs. Zwischen ihm und dem König waren jedoch zwei weisungsbefugte Vorgesetzte zwischengeschaltet, die unabhängig voneinander operierten: der Prinz von Conti und der Außenminister, der nichts von den Verstrickungen des Prinzen und damit auch nichts von denen Broglies wußte. Wer von beiden der Höhergestellte war, verdeutlichte ein Brief des Königs vom 12. März 1952 an Broglie: »Der Graf von Broglie wird dem Prinzen von Conti bei allem, was dieser ihm sagt, Glauben und Vertrauen schenken und darüber mit keiner lebenden Seele reden.«[2] Er ließ keinen Zweifel daran, daß Broglie in Wirklichkeit für Conti und nicht für den Außenminister arbeitete.

Als neuer Botschafter erhielt Broglie natürlich detaillierte Instruktionen vom Außenministerium für seine Mission in Warschau. Der Außenminister wies ihn an, jede Gelegenheit zu nutzen, um gegen eine Allianz zwischen Polen und Österreich oder Rußland zu opponieren. Und der beste Weg, eine derartige Allianz zu verhindern, war, wie er betonte, die Unabhängigkeit der sächsischen Dynastie zu wahren. Der Botschafter sollte sich also nach Kräften und unter allen Umständen für die Aufrechterhaltung der Dynastie einsetzen und dem Land jede Unterstützung zur Sicherung seiner Integrität zusagen.

Ein völlig anderes Paket von Instruktionen erhielt Broglie derweil von Conti, wonach er nach Kräften die frankophile Opposition in Polen unterstützen sollte, um auf diesem Wege die Sachsen-Dynastie zu untergraben. Aber wie konnte Broglie Contis Befehle ausführen, ohne sich mit dem Außenminister zu überwerfen und dessen Befehle zu ignorieren? Als erstes kamen Conti und Broglie überein, daß Broglie den Außenminister nie um irgendwelche Anweisungen bitten sollte. Und sofern Broglie eine Order erhielt, die Contis Befehle konterkarierte, sollte Broglie deren Ausführung taktisch erst einmal möglichst lange hinauszögern, indem er um weitere Erläuterungen und Erklärungen zur Order bat. Nichtsdestotrotz erkannte Broglie, daß er sich damit auf einen gefährlichen Drahtseilakt, ohne Netz und doppelten Boden, einließ. »Wie kann ich es auf mich nehmen«, fragte er Conti einmal, »mit dem sächsischen Minister in dem Ton zu reden, den ich nach Meinung Ihrer Hoheit anschlagen soll, ohne dazu die Erlaubnis des [Außen]Ministers zu haben, von dem ich genau gegenteilige Weisungen habe?«[3]

Mit der Etablierung dieses Geheimdienstes offenbarte Ludwig XV. eine Schwäche seiner Persönlichkeit, die schließlich die ganze Bourbon-Monarchie trübte. Denn der Geheimdienst spielte Teile der Regierung gegeneinander aus. Diejenigen, die für den Geheimdienst arbeiteten, begegneten dem Außenministerium letzten Endes nur noch mit Verachtung. Diese Verachtung mochte zwar zunächst nur auf dieses eine Ministerium beschränkt sein, aber was sprach schon dagegen, sie tatsächlich auf diese eine Regierungsbehörde zu beschränken? Ein Spion des Geheimdienstes hatte allen Grund, sich als jemanden zu sehen, der über der Regierung des Königs stand; er hatte allen Grund zu glauben, daß die politischen Richtlinien und Gesetze der Regierung für ihn nicht galten; und er hatte auch allen Grund, sich in dem Gefühl zu wähnen, er stehe in einer ganz besonderen Beziehung zum König. Fest steht, daß solche Attitüden auf seiten mächtiger Adeliger, die zugleich Träger von Staatsgeheimnissen waren, sich für Ludwig XV. und die französischen Interessen als extrem gefährlich erweisen konnten, dann nämlich, wenn der König jemals die Kontrolle über den Geheimdienst verlieren sollte.[4]

Schließlich gab es neben den älteren Männern wie Conti und Jean-Pierre Tercier, dem obersten Verwaltungschef im Außenministerium, auch jüngere Adelige, die hier als Spione des Geheimdienstes ihre Startlektionen ins politische Leben bekamen. Welche Haltung würden sie zu den traditionellen Institutionen der Monarchie entwickeln? Wie würden sie reagieren, wenn Ludwig XVI. den Geheimdienst auflöste? Einige wie der Graf von Vergennes schafften den Übergang recht problemlos vom Spion in Broglies Diensten in Konstantinopel und Schweden zum Außenminister unter Ludwig XVI. Aber andere wie der Chevalier d'Eon, der seine diplomatische Karriere ebenso als einer von Contis Spionen begann, kamen nicht annähernd so gut dabei weg.

13

Conti und Rußland

Auf der zentralen Bühne der europäischen Diplomatie fanden maßgebende Veränderungen statt, die auch die Pläne Contis und Ludwigs XV. berührten. Jeder
ging davon aus, daß jeden Augenblick ein neuer Krieg ausbrechen konnte, und
so gab es nichts Dringlicheres, als möglichst schnell zuverlässige Verbündete
zu finden. 1755 war England auf der Suche nach einem neuen Beschützer für
Hannover, das norddeutsche Fürstentum, das im achtzehnten Jahrhundert als
die Heimat der englischen Könige angesehen wurde. Da der jüngste Krieg Englands traditionellen Verbündeten, Österreich, angeschlagen hatte, erwogen die
Engländer nun, ihre Beziehungen mit Rußland zu verbessern, das bisher in der
europäischen Politik nur eine marginale Rolle gespielt hatte.[1]

Kein Land hatte traditionell den politischen Ambitionen Rußlands feindse-
liger gegenübergestanden als Frankreich. 1755 hatte es zwischen Frankreich
und Rußland seit über einem Jahrzehnt keine diplomatischen Beziehungen
gegeben. Aber angesichts der neuen Bestrebungen Englands hatten die Franzosen allen Grund, sich Sorgen zu machen. Denn wenn es den Briten tatsächlich gelänge, mit stattlichen Subsidien die Unterstützung Rußlands zu gewinnen, war nicht auszuschließen, daß die russische Armee einen neuen Krieg als
Vorwand nutzen könnte, um in Polen einzumarschieren. So standen mit
einemmal nicht mehr nur Contis Pläne, sondern die gesamte Außenpolitik
Frankreichs in Osteuropa auf dem Spiel. Diese Faktoren brachten die Franzosen dazu, ihre Rußland-Politik neu zu überdenken. Hinzu kam, daß Zarin Elisabeth I., die seit 1741 in Rußland herrschte, seit langem Sympathien für die
Franzosen hegte. Seit Jahren waren Gerüchte über ihr Interesse an einer Wiederaufnahme der Beziehungen mit Frankreich im Umlauf.

Einer derjenigen, die von diesem politischen Klatsch beeindruckt waren,
war der Prinz von Conti, der die neuen Möglichkeiten zwischen Frankreich
und Rußland für seine ureigensten Zwecke nutzen wollte. Elisabeth I. herrschte auch über das Herzogtum Kurland, eine der sogenannten russischen Ost-
seeprovinzen, im Nordosten Polens (zum heutigen Lettland gehörend). Sofern
bald tatsächlich ein neuer Krieg ausbrechen sollte, wie jeder erwartete, würde
Elisabeth I. einen Befehlshaber für die in Kurland stationierten Truppen benö-
tigen. Und niemand, dachte Conti, wäre für diesen Posten geeigneter als er

selbst. Nach einem erfolgreichen Krieg würden dann weitere französische Subsidien Elisabeth sicher veranlassen, ihn sodann zum Herzog von Kurland zu ernennen. Und damit wäre er in einer ausgezeichneten Ausgangsposition für die Anwartschaft auf den benachbarten polnischen Thron, der nach wie vor sein ultimatives Ziel war.

Im Frühjahr 1755 gelang es Conti, die Zustimmung Ludwigs XV. zu gewinnen, den Chevalier Alexander Douglas, einen schottischen Katholiken, der seit 1745 in Frankreich lebte, als Spion nach Rußland zu entsenden, um herauszufinden, wie weit die Briten mit ihren Plänen gediehen waren, einen Vertrag mit Rußland zu unterzeichnen, und inwieweit es am russischen Hof eine frankophile Fraktion gab.[2]

Nach den Weisungen des Königs und Contis unternahm Douglas die Reise als schottischer »Gentleman, der allein um seiner Gesundheit und des Vergnügens willen auf Reisen war«, um insgeheim aber Informationen zu sammeln … über russische Truppenstellungen, die finanzielle Situation der Regierung, »Rußlands derzeitige und zukünftige Pläne zu Polen« und insbesondere »die Haltung der Zarin zu Frankreich«. Darüber hinaus wies Conti ihn an, in Kurland einen Zwischenstopp einzulegen, um die politische Situation und Contis Aussichten auf eine Machtergreifung zu eruieren.[3] Douglas reiste im Juni in Frankreich ab und traf in den ersten Oktobertagen in St. Petersburg ein.

Aber er kam zu spät. Wie er in St. Petersburg feststellte, standen der englische Botschafter und der russische Reichskanzler Bestuschew praktisch kurz vor der Unterzeichnung eines Abkommens über russische Truppensubsidien. Was Bestuschew vorhatte, war nicht schwer zu erraten: Mit Hilfe des britischen Goldes hatte Rußland genügend Geld, um dreißigtausend Einheiten an die westlichen Grenzen zu verlegen, bereit für einen Krieg gegen Preußen und Frankreich. Mit dem ersten Aufkommen von Feindseligkeiten konnte Rußland dann in die Offensive gehen und Frankreichs traditionelle Verbündete angreifen: Schweden, die Türkei und vor allem Polen. Eine pfiffige Strategie, die ganz im Rahmen der russischen Interessen lag.

Douglas blieb nichts weiter zu tun, als nach Hause zurückzukehren. Die französischen Hoffnungen schienen zerschlagen, bis Januar 1756 zumindest, als Friedrich der Große als König von Preußen ganz Europa damit überraschte, daß er selbst eine Allianz mit England einging. Dahinter stand klar, daß die Briten zu dem Schluß gekommen waren, daß Preußen im Falle eines Krieges in einer besseren Position war, die Interessen Englands auf dem Kontinent zu schützen und Frankreich das Leben schwerzumachen. Mit diesen Entwicklungen kamen dann auch die französisch-russischen Beziehungen wieder in Gang.

Nachdem Ludwig XV. von dem anglopreußischen Vertrag erfahren hatte, schickte er Douglas wieder nach Rußland zurück. Diesmal sollte Douglas sowohl für den Geheimdienst wie auch als Chargé d'affaires für den Außenminister arbeiten. Als offizieller Vertreter der französischen Regierung bestand seine Mission darin, die russische Zarin davon zu überzeugen, wie schlimm die Briten die Russen betrogen hatten, und auf Rache in dem Sinn zu drängen, daß Rußland sich im heraufziehenden Krieg weigerte, England mit seinen Truppen zu unterstützen. Und auf gleicher Linie sollte Douglas als Spion für den Geheimdienst jede nur denkbare Möglichkeit nutzen, um für Conti das Herzogtum Kurland und den Oberbefehl über die dort stationierten russischen Truppen zu sichern. Die Krise in den anglorussischen Beziehungen beflügelte Contis Ambitionen, diese Ausgangsposition als Hintertür für den Griff nach der polnischen Krone zu nutzen.

Douglas hatte nunmehr einen weitaus umfangreicheren Job. 1755 war seine Aufgabe als Spion im Grunde darauf reduziert gewesen, Informationen zu sammeln und mit einflußreichen Aristokraten engere Bekanntschaften zu schließen. Aber jetzt, da er die französische Regierung repräsentierte, waren sehr viele wichtige Leute hinter ihm her. Er brauchte also Hilfe. Und im Juni 1756 schickte die französische Regierung ihm einen Sekretär: den Chevalier d'Eon.

In den rund zwanzig veröffentlichten Biographien über d'Eon ist kein Punkt seines Lebens kontroverser als seine erste Reise nach Rußland. Vom achtzehnten Jahrhundert an war sie eine Quelle von Legenden, die dazu beitrugen, daß d'Eon zu Lebzeiten und weit bis ins neunzehnte Jahrhundert hinein eine Berühmtheit wurde.[4] Bei dieser Reise nach Rußland muß allerdings zwischen der Mythenbildung und der Wahrheit, also den tatsächlichen Ereignissen, unterschieden werden. Vielleicht ist es am besten, mit d'Eons eigener autobiographischer Schilderung der Reise zu beginnen.

D'Eon beschrieb, wie sehr Conti darauf aus war, den Befehl über die russische Armee in Kurland und die Macht im Herzogtum Kurland zu bekommen, um über dieses Nebengleis auf den polnischen Thron zu rutschen. Das größte diesbezügliche Hindernis schien in den ersten Wochen des Jahres 1756 das gegenseitige Mißtrauen zwischen Ludwig XV. und Elisabeth I. zu sein. Um das Eis zu brechen, lancierte Conti nun über Douglas den Vorschlag, beide Monarchen sollten im Sinne der Annäherung eine persönliche Geheimkorrespondenz beginnen.[5]

D'Eons späteren Memoiren zufolge reagierte die Zarin durchaus positiv und war angetan von der Idee, dem französischen König zu schreiben. Sie hatte aber auch gewisse Bedenken und ließ, abgesehen davon, Conti wissen, daß sie Hilfe bei ihrem Französisch bräuchte, wenn eine derartige Korrespondenz fruchtbar sein sollte; sie bat ihn, eine junge Dame für sie zu finden, »weder zu jung noch zu alt, [aber] ehrlich, gut informiert, umsichtig und diskret«, um ihr Privatunterricht zu erteilen und ihr zu helfen.[6] Zu den Aufgaben dieser adeligen Dame sollte es auch gehören, die Briefe in einem diplomatischen Geheimcode zu verschlüsseln, der die Vertraulichkeit gewährleistete. Die Zarin bot eine stattliche Bezahlung für die Reise dieser junge Dame und ihren Aufenthalt in Rußland an.

In d'Eon hatte Conti nun »den einzigen Menschen« gefunden, der all diese Talente auf sich zu vereinigen schien. Da d'Eon mit dem Salon des Prinzen verbunden war, konnte man ihm vertrauen; d'Eon hatte außerordentliche Talente als Höfling und sich bereits als Autor bewiesen; und das Interessanteste war, wie d'Eon in seiner autobiographischen Schilderung erklärt, daß Conti glaubte, d'Eon sei als Mädchen geboren, aber von seinen Eltern gezwungen worden, die Identität eines Jungen anzunehmen. Sofern sich d'Eon nun einverstanden erklären würde, seine weibliche Identität wieder anzunehmen, wäre er die ideale Person für diesen Job!

Der Prinz ging also zum König, wie d'Eon schrieb, um sich seine Idee absegnen zu lassen. Dieser war von dem Plan sichtlich angetan, unter der Voraussetzung, daß Conti d'Eon dazu bewegen konnte, die Rolle einer jungen Dame zu übernehmen. »Überlassen Sie das mir«, erwiderte der Prinz. »Sie wird schon genau das machen, was ich will.«[7] Das sei kein unüberbrückbares Problem, fügte Conti hinzu, da d'Eon als Mädchen geboren und nur ein Junge geworden sei, weil seine Eltern ihn dazu gezwungen hätten. Der König erklärte sich einverstanden, aber nicht ohne gegenüber Conti nochmals zu betonen, die französischen Interessen in Rußland hingen nun davon ab, daß d'Eon seine Rolle als Tutorin Elisabeths I. gut spielte.

Am nächsten Morgen führte Contis Sekretär, Nicolas Monin, d'Eon zu einer vertraulichen Unterredung in das Schlafgemach des Prinzen. Conti lag noch ausgestreckt wie »ein großer Sultan« auf seinem Bett. Er bat d'Eon, am Bettende Platz zu nehmen. Die Unterredung, die sich nun zwischen beiden entspann, schilderte d'Eon Jahre später wie folgt:[8]

»Mein kleiner d'Eon«, begann Conti, »ich habe einige Neuigkeiten für Sie, die Sie vielleicht eine Weile etwas durcheinanderbringen, am Ende aber tröstlich sein sollten. Ich möchte, daß Sie Ihre Kleider wieder anziehen im Dienst für eine große ausländische Herrscherin, die reich und mächtig ist und um Ihre Talente weiß und ebenso, wie sehr ich Sie liebe und bewundere und wie ich um Ihr Glück und Ihre Interessen besorgt bin. Sie möchte Sie als ihre Tutorin und Privatsekretärin haben. Sie wird Sie gut behandeln und stattlich bezahlen. Damit erweisen Sie auch mir und selbst dem König einen Dienst, für den Sie reichlich entlohnt werden. Aber dazu ist es absolut erforderlich, daß Sie Frauenkleider anziehen und die Gepflogenheiten einer Jungfer annehmen. Sie können Ihrer Mutter schreiben, daß ich Sie in einer ehrbaren Mission des Königs auf eine Reise an einen europäischen Hof entsende.«

D'Eon fühlte sich wie erschlagen, und seine erste Reaktion war nur betroffenes Schweigen.[9] Nachdem er schließlich all seinen Mut zusammengenommen hatte, entgegnete er dem Prinzen:

»Euer Gnaden, ich kann nicht genug Tränen weinen, um Ihnen zu zeigen, welch grausames Opfer es für mich sein wird, einen Beschützer wie Sie zu verlassen, meine Mutter und Paris im Stich zu lassen und meine männliche Kleidung aufzugeben, an der ich so sehr hänge. Wenn ich geglaubt hätte, daß Sie vorhatten, daß ich eines Tages wieder Frauenkleider anziehen sollte, so hätte ich meine Studien nicht der Reitkunst oder dem Fechten gewidmet. Je mehr diese Herrscherin mir befiehlt zu tun, was nach Ihren Worten gut für mich sein wird, desto geringer wird meine Freiheit werden.«

»D'Eon«, erwiderte der Prinz, »hier geht es nicht um Freiheit; hier geht es um Ihr Vermögen, Ihre Nützlichkeit und die Dienste, die Sie dem König und Ihrem Land erweisen können. Diese drei Dinge werden auf immer Ihr Glück gewährleisten. Ich kann das von meiner Position aus besser als Sie beurteilen. Abgesehen davon ist es das, was der König wünscht, und was auch ich wünsche. Dies sollte genügen, um in Verschwiegenheit und stillschweigend zu gehorchen, sofern Sie nicht Ihre Tage in einem Kloster beenden möchten.«

»Euer Gnaden«, flehte d'Eon, »je mehr ich Ihrer großen Herrscherin gefalle, desto mehr wird Sie den Wunsch haben, daß ich bei ihr bleibe, und desto wahrscheinlicher wird es sein, daß ich Sie für immer verliere und auf immer eine Jungfer bleibe.«

»Wenn Sie dem König und mir solche Dienste erweisen, werden Sie mit Sicherheit nicht vergessen werden«, versprach der Prinz. »Und wenn Sie eine Jungfer bleiben, um so besser für Sie: Sie würden reich und glücklich werden. Aber wenn Sie die Kleidung eines jungen Mannes behalten, und wenn Sie in den Krieg ziehen, wie Sie es möchten, könnten Sie, wenn Sie verwundet werden oder durch tausend andere Zufälle entdeckt werden und, wenn Sie Pech haben, in einen Zustand der Verwirrung hinsichtlich Ihres Geschlechtes geraten und trotz Ihrer Wünsche gezwungen werden, Ihre Kleider wieder anzuziehen. Alles, was ich für Sie geplant habe, und alles, was ich für Sie wünsche, ist nur zu Ihrem Guten. Sie werden den Namen d'Eon fallenlassen und den von Mademoiselle Auguste annehmen, der einer Ihrer christlichen Vornamen ist.«

»Euer Gnaden«,[10] entgegnete d'Eon, »ich werde mich immer Ihren Befehlen und denen des Königs unterwerfen, da ich nichts zu verlieren und alles zu gewinnen habe.«

»Wenn Sie als Auguste Frauenkleider angezogen haben, werden Sie nicht mehr die Ängste haben, die Sie in der Kleidung eines jungen Mannes plagten; Sie werden sich wie ein Fisch im Wasser fühlen«, versicherte Conti ihm.

»Euer Gnaden, gewiß ist für eine Jungfer ein Kleid geziemender als ein Anzug und Hosen. Aber vergessen Sie nicht, daß das Benehmen einer Jungfer stets auch zurückhaltender, diskreter und bescheidener sein muß. Vergessen Sie nicht, daß sie nicht mehr als einige Worte Griechisch und Latein lernt. Was sie gelernt und studiert hat, wird also genau wie ihr Ehrgeiz durch ihre Verwandlung geopfert werden.«

»Aber Sie sollten nicht vergessen, daß Sie durch den Gefallen, den Sie beim König, dem Prinzen von Conti und der Zarin von Rußland finden, zu Vermögen und Ruhm kommen werden«, wiederholte Conti.

»Das sind starke und zwingende Wahrheiten«, räumte d'Eon ein. »Wenn der Dienst für meinen Prinzen nur natürlich ist, ist der Dienst für eine ausländische Herrscherin [unheimlich] und verdient eine doppelte Entschädigung.«

»Das ist wahr«, pflichtete Conti ihm bei. »Aber der König sichert Ihnen schon eine Entlohnung aus seinen privaten Mitteln zu ... Und die Zarin Elisabeth wird ein Zusätzliches tun.«

»Euer Gnaden, das wäre schön, aber ich bin in ständiger Furcht, daß irgendeine geheime Botschaft von Ihrem Chevalier du Nord [Douglas] oder irgendeine private Mitteilung des Vizekanzlers Graf Woronzow entdeckt werden und das zerbrechliche Gebilde meiner Existenz wie ein Wetterhahn auf dem Turm von Notre-Dame in Paris umschlagen könnte.«

Conti erinnerte d'Eon, daß ein solcher Wetterumschlag unausweichlich Teil der Ancien-Régime-Diplomatie war, die schlechterdings einfach von den Intrigen am Hofe abhing. Jeder Diplomat war ständig in der Gefahr, ausmanövriert zu werden, und somit zwangsläufig darauf angewiesen, sich ebensosehr auf sein Glück wie auf irgend etwas anderes zu verlassen. Die Diplomatie war nichts Rationales oder Philosophisches, sondern, wie der Prinz meinte, eine »launische Hure, die sich mit jedem Ministerwechsel verändert.«

»Ich werde Stillschweigen bewahren«, gelobte d'Eon. »Die göttliche Vorsehung waltet nach ihrem eigenen Willen. Ihre hohe Weisheit ist nicht von dieser Welt. Der Mann muß gehorchen, die Frau sich unterwerfen, und Jungfern sollten rechtschaffen und tugendhaft in allem sein, ohne irgend etwas zu sehen oder zu sagen.«

»Wenn Sie sich daran halten, wird für den König, für den Prinzen und für Auguste alles gut werden«, sagte ihm Conti vorher. »In Anbetracht all dessen warne ich Sie, keine Männeranzüge, Westen, Hosen, Stiefel oder Sporen zu tragen, denn Ihr Kleid wurde bereits für Sie gemacht ... Ihr Geschlecht ist eine Barriere, die Sie nie leicht überwinden werden. Sie setzt Sie großen Ängsten, unendlichen Gefahren, Inspizierungen und sehr vielen Belastungen aus, die Sie sich selbst aufbürden ... Ich glaube, wenn Sie Ihre Frauenkleidung aufgeben, geben Sie Ihr Glück auf. Es wäre weitaus mehr zu diesem Thema zu sagen, aber es möge genügen, daß Sie erkennen, daß es zu Ihrem Besten gereicht. Wenn Sie älter sind und die entsprechenden Erfahrungen gemacht haben, werden Sie Ihre Irrtümer erkennen. Ich sehe, daß Sie vor Neid darauf brennen, Männerkleidung zu tragen. Das ist etwas, worüber wir ernsthaft reden müssen. Ich werde Ihnen sagen, was der König darüber denkt.«

»Euer Gnaden, manchmal arbeiten die Umstände nicht für mich, sie spielen mir recht übel mit«, bekannte d'Eon. »Politik ist mein Schicksal, und mein Schicksal ist meine Natur. Ich bin wie ein völlig gelähmtes Wesen, das auf die Ereignisse reagiert, so wie sie kommen; nichts überrascht mich.«

Um sich auf seine neue Aufgabe vorzubereiten, wies der Prinz ihn an, in Paris, im Hause seines Sekretärs Nicolas Monin zu bleiben. Dort wies Monin ihn in das Geheimnis der Ver- und Entschlüsselung diplomatischer Codes ein, so daß die Korrespondenz zwischen dem König und der Zarin streng geheimgehalten werden konnte. Gleichzeitig erteilte eine Madame Maille, möglicherweise eine Verwandte Monins, ihm Unterricht in damenhaftem Benehmen und schicklichen Umgangsformen, um ihn auf seine Rolle als Frau vorzubereiten. Diese Lehre war offenbar recht erfolgreich. Denn Madame Maille berichtete Conti, sie könnte sich keinen besseren Schüler vorstellen.[11] Und was d'Eon anging, so lernte er seine neue Weiblichkeit offenbar schätzen. »Ich entdeckte in der Schwäche meines Geschlechtes«, schrieb er über diese Zeit, »eine neue Stärke, die in mir einen neuen natürlichen Zustand wiedererweckte und es mir ermöglichte, von der Dunkelheit zur Erleuchtung überzugehen.«[12]

Nachdem er sich mit seiner Mission abgefunden hatte, brach d'Eon im Juni 1756 mit nur zwei großen Schrankkoffern als Reisegepäck nach Rußland auf, »von denen einer Männerkleidung und der andere die Garderobe einer Frau enthielt.«[13] Aus diesen beiden Koffern lebte er dann offensichtlich nach seiner Ankunft in Rußland. In seiner männlichen Aufmachung war er der Sekretär des Chevalier Douglas, ein Angestellter des französischen Außenministers. Und wenn er seine Frauenkleidung anlegte, wurde er die Tutorin und Vertraute Elisabeths I., die der Zarin bei ihrer Korrespondenz mit Ludwig XV. half. Er führte demnach also ein Doppelleben, als Spion und Diplomat sowie als Mann und als Frau.

Mythen beiseite, fest steht, daß die Korrespondenz zwischen Ludwig XV. und Elisabeth I. die beiden Staaten einander tatsächlich näherbrachte. 1757 hatten Rußland und Frankreich ihre diplomatischen Beziehungen wiederaufgenommen und unterzeichneten 1758 ein Militärabkommen. Beide Staaten waren im Siebenjährigen Krieg Verbündete und erfreuten sich kurze Zeit einer nie dagewesenen Zusammenarbeit. Den Grundstein für diese entscheidende Annäherung hatte der Chevalier d'Eon gelegt.

D'Eons erste Reise nach Rußland war somit ein diplomatischer Erfolg. Aber wie empfand er persönlich diesen ständigen Kleiderwechsel? Niemand war in dieser Hinsicht neugieriger als sein diplomatischer Partner, der Chevalier Douglas, der, nach d'Eons Version, der einzige in Rußland war, der d'Eons Geheimnis kannte. Er fragte d'Eon eines Tages, welche Garderobe ihm lieber wäre. Das sei nun wirklich keine schwierige Frage, erklärte ihm d'Eon. »Es wäre mir lieber, ich könnte meine männliche Kleidung behalten«, sagte er zu Douglas, »weil sie alle Türen zu Vermögen, Ruhm und Mut öffnet. Kleider verschließen alle diese Türen für mich. Kleider geben mir nur den Raum, über das Elend und die Knechtschaft von Frauen zu weinen, und Sie wissen, daß ich verrückt nach Freiheit bin. Aber die Natur ist jetzt gegen mich und läßt mich die Notwendigkeit, Frauenkleider zu tragen, fühlen, damit ich in Frieden schlafen, essen und studieren kann. Ich bin in ständiger Angst, daß mein Geschlecht durch irgendeine Krankheit oder irgendeinen Zufall entdeckt werden könnte ... Die Natur ist ein guter Freund, aber ein schlechter Feind. Wenn man ihn zur Tür hinaus jagt, kommt er durchs Fenster einfach wieder hereingeweht.

Auf der einen Seite«, fuhr d'Eon fort, »ist es mein Ziel, in einer diplomatischen Laufbahn erfolgreich zu sein, so daß ich meiner Mutter und meiner Schwester helfen kann, die Schulden abzubezahlen, die mein Vater vor seinem Tod gemacht hat. Aber wie kann ich ohne Männerkleidung ein solches ehrbares Vorhaben verwirklichen? Aber auf der anderen Seite drängten mich meine Liebe zum Studieren, mein Wunsch, die Bücher zu beenden, die ich begonnen habe, und viele andere Dinge, Kleider anzuziehen, um in Frieden arbeiten, leben und schlafen zu können. Hier stoßen die zwei Leidenschaften meines Herzens aufeinander. Die eine will, daß ich nach rechts gehe, die andere, daß ich nach links gehe. Ich weiß nicht, wie ich aus diesem kretischen Labyrinth entkommen soll.«[14]

14

Der russische Mythos in neuem Licht

Es gibt natürlich keinen Zweifel, daß diese Rußlandmission der Wendepunkt in d'Eons staatsmännischer Karriere war. Aber seither lieferten die Geschichten über seine Verkleidungseskapaden am Hofe der Zarin Elisabeth, die Ende der 1770er und Anfang der 1780er Jahre erstmals in Umlauf kamen, den Stoff zu Legenden, die ihn zu einer Art Held verwandelten. Selbst heute nehmen viele Gelehrte und Biographen seine Memoiren noch als Tatsachenbericht und bestaunen, wie »d'Eon, als Frau verkleidet, die intime Freundin von Zarin Elisabeth wurde, die er dazu bewegen konnte, eine geheime Allianz mit Frankreich einzugehen.«[1]

Nichtsdestotrotz entspricht die Geschichte, wonach d'Eon als Frau verkleidet die Tutorin von Elisabeth I. war, keineswegs der Wahrheit. Er hat diese Geschichte 1775 oder kurze Zeit danach selbst erfunden.[2] Der Wahrheit kamen Wissenschaftler vor rund hundert Jahren erstmals auf die Spur, als die Archive des französischen Außenministeriums für die Öffentlichkeit geöffnet wurden. Dieses Täuschungsmanöver wäre mit Sicherheit, wenn es denn stattgefunden hätte, in der Geheimkorrespondenz zwischen Ludwig XV., Conti, deren Assistenten und d'Eon erwähnt worden. Während d'Eons Tätigkeit für den Geheimdienst des Königs in Rußland darin durchaus zur Sprache kommt, ist kein wie auch immer gearteter Vermerk über d'Eons Verkleidungskünste, seine Geschlechtsidentität oder eine persönliche Beziehung zu Elisabeth I. zu finden.

Warum sollte d'Eon nun eine derartige Geschichte erfinden? Wie wir gesehen haben, war Ludwig XVI. entschlossen, d'Eon aus dem öffentlichen Leben zu verbannen. Für den König und den Hof stand fest, daß d'Eons Karriere als Staatsmann nach seiner 1777 vollzogenen Transformation vom Mann zur Frau und seiner anschließenden Rückkehr nach Frankreich endgültig beendet war und er sich zur Ruhe zu setzen hatte. Aus Vergennes Sicht war das sogar der einzige Grund, warum man sich überhaupt auf ein formales Abkommen mit d'Eon eingelassen hatte. Das hieß, daß die Frage von d'Eons Geschlecht für die Regierung ausdrücklich an die Entscheidung geknüpft war, ob er aktiv in der Politik bleiben konnte.

Diese Gleichung versuchte d'Eon jedoch anzufechten. Bei seiner Rückkehr nach Frankreich 1777 dachte er keineswegs, daß sein neuer offizieller Status als Frau unbedingt das Ende seiner politischen Karriere bedeutete. Insofern war seine Weigerung, auf seine Dragoneruniform zu verzichten, nicht nur theatralisches Getue, sondern der symbolische Kampf um sein Recht, seine politische und selbst seine militärische Karriere fortzusetzen.[3]

D'Eons Geschichte über die russische Zarin Elisabeth muß in diesem Zusammenhang gesehen werden. In den Jahren 1777 bis 1785, in denen er sich in Frankreich aufhielt, sah er sich wiederholt zu Argumentationen gezwungen, mit denen er beweisen wollte, daß Frauen in öffentlichen Angelegenheiten einen wichtigen Beitrag leisten konnten und leisteten. Frauen konnten, so beharrte er, mehr als Hofdamen, Nonnen und »Salonnières« sein. Manche von ihnen könnten selbst Soldaten und Staatsmänner werden, wenn man ihnen nur halbwegs eine Chance gäbe. Und der Mythos über Elisabeth I. kam ihm im Sinne dieses Ziels sehr entgegen, da der französische König und sein engster Berater demnach als Exponenten dargestellt wurden, die just einer Frau ebendiese Chance gegeben hatten. Dem Mythos zufolge hatten Ludwig XV. und Conti d'Eon gebeten, nach Rußland zu gehen, wohlwissend, daß d'Eon eine Frau war. Darüber hinaus hatten sie d'Eon als Frau für besonders delikate diplomatische Aufgaben gebraucht, die ein besonderes Fingerspitzengefühl verlangten. Und in d'Eon hatte Conti vermeintlich eine Persönlichkeit gefunden, die weiblichen Charme, amazonenhaften Mut und machiavellistische Findigkeit, also all die Fähigkeiten auf sich vereinigte, die eine so bedeutende Aufgabe verlangte. Kurz: Der Mythos über d'Eon in Rußland sollte den Franzosen ein sehr eindrucksvolles Beispiel liefern, wie eine Frau, eine Zeitgenossin, als Staatsmann heroische Leistungen vollbracht hatte.

D'Eon hoffte also, den russischen Mythos gleich doppelt nutzen zu können: um seinen Patriotismus zu bekräftigen und die geschlechtsspezifische Exklusivität des diplomatischen und militärischen Offizierskorps aufzubrechen. Daß d'Eons Geschichte bereits zu seinen Lebzeiten so leicht geglaubt wurde, ist allerdings bemerkenswert. Casanova war durchaus typisch für die vielen Adeligen, die überall ihre Verbindungen hatten und überzeugt waren, daß d'Eon früher in geheimer diplomatischer Mission als Frau tätig gewesen war, und daß Ludwig XV. höchstpersönlich diesen Transvestismus gefördert hatte.[4] Wie absurd es für uns heute auch klingen mag, aber die Geschichte war für eine europäische Öffentlichkeit keineswegs abwegig, die nicht nur sah, wie die internationalen Beziehungen zunehmend von Herrscherinnen dominiert wurden, sondern auch alle möglichen seltsamen Geschichten und Gerüchte über Spione, Intrigen und doppelte Spiele, die gespielt wurden, gehört hatte. Genaugenommen ist die Tatsache, daß der Geheimdienst des Königs überhaupt existierte, in diesem Sinne nicht weniger absurd als die Geschichte, die d'Eon schließlich fabrizierte.

D'Eon mag zwar nicht Tutorin Elisabeths I. gewesen sein, fest steht jedoch, daß er in Contis Geheimdienst aufgenommen und der Sekretär des Chevalier

Douglas wurde. Und er kam tatsächlich irgendwann im Juli 1756 in St. Petersburg an.[5] Er war sofort fasziniert von der Macht und dem Charme der russischen Frauen, denen er am Hofe begegnete. Er fand sie schön, gewitzt, stark und intelligent. Diese »brillanten« Damen, schrieb d'Eon an Jean-Pierre Tercier, den obersten Verwaltungschef im Außenministerium und ebenfalls ein Spion Contis, »sind wirklich wie ein kleiner Schwarm Nymphen.«[6] Diese Hofdamen wählte Elisabeth I. selbst aus, und sie war ihnen ein inspirierendes Beispiel und ihre Führerin.

Der Hof Elisabeths I. war einer der pompösesten in Europa. Sie dürfte gut und gerne etwa fünfzehntausend Kleider besessen haben und wechselte mehrmals täglich ihre Garderobe.[7] In ihren jüngeren Jahren war sie als eine phantastisch aussehende Frau mit einer attraktiven Figur und einem ausgesprochen schönen Gesicht bekannt. Diese Attribute blieben nicht ohne Wirkung. Obwohl Elisabeth auch sehr religiöse Phasen durchlebte, war ihre Moral in der Regel doch recht lax; sie war nur selten ohne Liebhaber und hatte manchmal mehr als nur einen. Ihre Umgebung versuchte, ihr Verhalten zu imitieren, und 1750 war ihr Hof für seine Ausschweifungen bekannt.

Elisabeth wählte sich ihre Liebhaber sehr sorgfältig aus, offenbar nach ihrer äußeren Attraktivität statt nach politischen Erwägungen. Zu ihrem Favoriten erkor sie Aleksej Rasumowski, einen schönen Ukrainer bäuerlicher Herkunft, der beim Singen im höfischen Chor die Aufmerksamkeit der Zarin auf sich gezogen hatte. Nachdem er mehrere Jahre ihr Geliebter gewesen war, erhob sie ihn 1744 in den Grafenstand und ernannte ihn schließlich zum Generalfeldmarschall, wobei der letztgenannte Titel allerdings nur ein Ehrentitel war.[8]

Diese Mischung aus Sex und Politik konnte einen Franzosen vom Hofe Ludwigs XV. natürlich nicht allzusehr überraschen. An beiden Höfen war Promiskuität oft mit politischem Ehrgeiz und politischen Intrigen verbunden. Wir haben bereits gesehen, welchen Einfluß zum Beispiel die Mätresse von Ludwig XV., Madame de Pompadour, ausübte. Was am russischen Hofe anders war, war die umgekehrte Rollenverteilung: Eine Frau war die Herrscherin, die sich einen Mann als Geliebten wählte und ihm einen politischen Rang sowie Macht verlieh.

Rußland wurde im achtzehnten Jahrhundert von Monarchinnen regiert. Nach dem Tod von Peter dem Großen 1725 waren in Rußland bis zum Ende des Jahrhunderts, mit Ausnahme von vier Jahren, ausschließlich Zarinnen an der Macht. Und diese Frauen waren nicht etwa Aushängeschilder. In der in der jüngeren Neuzeit in Rußland vorherrschenden harten und ungeschlachten politischen Kultur mußten sie ebenso rücksichtslos wie charmant sein. Was nirgends deutlicher wird als bei Elisabeths Nachfolgerin, Katharina die Große (1762–1796), die ihren Mann ermordete, um auf den Thron zu kommen.

Daß d'Eon derart von den Frauen am Hofe Elisabeths fasziniert war, war also auf ihre Macht und nicht auf ihre äußerliche Attraktivität zurückzuführen. Aber sie waren sich selbst auch ihres Status sehr bewußt, den sie als Frauen und in dem Sinne als politische Figuren hatten, und entwickelten seltsame gesellschaftliche Rituale, die die weibliche Autorität verstärkten. Zwei Tage in der Woche waren »für Maskenbälle festgesetzt«, berichtete Katharina die Große in ihren Memoiren über die Regentschaft Elisabeths. Diese Bälle, die eindeutig den Höhepunkt des sehr aufwendigen gesellschaftlichen Lebens am Hofe darstellten, waren den Aristokraten vorbehalten, die persönliche Einladungen von der Zarin erhielten; die Zahl der geladenen Gäste überstieg nur selten zweihundert. Angesichts der Faszination Elisabeths I. von allem, was Französisch war, dürfte d'Eon 1756 und 1757, als er am Hof residierte, an diesen Maskenbällen teilgenommen haben. Oder zumindest dürfte er sehr viel davon gehört haben.

Und was er gehört, wenn nicht gar gesehen haben dürfte, dürfte höchst faszinierend für ihn gewesen sein. Denn Katharina die Große erzählt uns, daß es Elisabeth gefiel, »bei den Hofmaskenbällen alle Männer in Frauenkleidern und alle Frauen in Männerkleidern, ohne Gesichtsmaske, erscheinen zu lassen ... Die Männer waren in große Unterröcke von Fischbein und Frauengewänder gekleidet und wie die Damen bei Hoffesten frisiert; [und] die Frauen erschienen wie die Männer an solchen Tagen zu erscheinen pflegten.« Solche regelmäßigen Verkleidungspraktiken verstärkten die Tatsache, daß Frauen am russischen Hofe die Kontrolle hatten.[9]

Maskenbälle waren in dieser Zeit in ganz Europa in Mode, und es war keineswegs ungewöhnlich, daß Männer sich bei diesen Anlässen als Frauen und Frauen umgekehrt als Männer kleideten. Aber daß eine Monarchin ausdrücklich verfügte, daß jeder Teilnehmer sich derart zu verkleiden hatte, war dennoch beispiellos in der Geschichte. Außerdem wurde, wie Katharina die Große berichtete, den Gästen auch befohlen, ohne Maske zu erscheinen, was ebenfalls völlig anders als bei anderen Maskenbällen war, bei denen die Adeligen beiderlei Geschlechts bis zum Ende des Abends Masken trugen. Indem Elisabeth bewußt auf die Masken verzichtete, änderte sie im wesentlichen den Sinn der Maskenbälle, der darin bestand, sich bei solchen Bällen als jemand zu präsentieren, der man nicht war. Und der Spaß und das Aufregende an dem Abend war genau diese Täuschung, wenn sich die Gäste einen Spaß daraus machten, die wahre Identität der anderen zu erraten. Aber damit, daß Elisabeth alle Männer in Frauenkleidung und die Frauen umgekehrt in Männerkleidung ohne Maske erscheinen ließ, versetzte sie jeden in eine etwas ambivalente Lage. Hier konnten die adeligen Herren sich als die weibliche Ausgabe ihrer selbst verkleiden: Sie konnten sich transvestitenhaft verkleiden, aber ihre Identität war dabei nie in Frage gestellt.

Gehen wir einen Augenblick davon aus, daß d'Eon an einem dieser Bälle teilnahm. Er wäre als Frau gekleidet erschienen, aber jeder hätte gewußt, daß es d'Eon war. Bei Konversationen mit anderen wäre er nicht jemand anderes, sondern die weibliche Ausgabe des Chevalier d'Eon, mit anderen Worten, die Chevalière d'Eon gewesen. D'Eon hätte sich also nicht als jemand anderes geben müssen, andere hätten sein ursprüngliches Selbst vielmehr nur als weiblich gesehen. In dieser Situation blieben die Identität und Geschlechtlichkeit konstant, aber das Geschlecht wurde isoliert, herausgelöst und umgemodelt.

Wie weit die Trennungslinien zwischen den Geschlechtern hier verwischt wurden, wird besonders deutlich, wenn wir uns das Verhalten von Elisabeth I. selbst ansehen. Nur die Zarin »selbst erschien wirklich schön und vollkommen als Mann«, erinnerte sich Katharina die Große. »Da sie groß und etwas stark war, stand ihr die männliche Kleidung vortrefflich. Sie hatte das schönste Bein, das ich je an einem Menschen gesehen, und einen vollkommen ebenmäßigen Fuß. Sie tanzte mit vollendeter Kunst und hatte in allem, was sie tat, eine eigentümliche Anmut, gleichviel ob sie als Mann oder als Frau gekleidet war. Man hätte immer die Augen auf sie heften mögen, und man wandte sie um so unlieber ab, als man keinen Gegenstand fand, der sie ersetzte.« Für Katharina die Große schien Elisabeth so etwas wie ein kulturelles Zwitterwesen zu repräsentieren, das die besten Merkmale der Männlichkeit und Weiblichkeit auf sich vereinigte.

»Eines Tages sah ich sie auf einem der Bälle Menuett tanzen«, schrieb Katharina, die damals ein Mädchen von fünfzehn Jahren war. »Als sie fertig war, kam sie zu mir. Ich war so frei, ihr zu sagen: es sei ein sehr glücklicher Umstand für die Frauen, daß sie kein Mann sei; schon ein Bildnis von ihr in ihrer jetzigen Erscheinung würde mehr als einer den Kopf verdrehen. Sie nahm meine Bemerkung sehr wohl auf und erwiderte auf die anmutigste Weise in demselben Ton: wäre sie ein Mann, so würde sie niemand als mir den Apfel darreichen.«

Katharina erinnerte sich auch, daß diese Bälle und »Tage der Metamorphose« vielen Männern »nicht eben angenehm« waren, und auch sie wurde ihrer überdrüssig. Aber dennoch schaffte auch Katharina sie nicht völlig ab, nachdem sie 1762 Zarin geworden war. Sie hielt weiterhin viele Maskenbälle ab, aber im Unterschied zu denen unter Elisabeths Regentschaft waren sie konventionell, Veranstaltungen, bei denen Masken getragen wurden und die Teilnehmer sich im herkömmlichen Sinne verkleideten. Katharina selbst fand ein ausgesprochenes Vergnügen daran, sich als Mann zu verkleiden und ihre wahre Identität geheimzuhalten.[10]

Im Rahmen dieser Maskenbälle erscheint d'Eons russische Geschichte über seine Verkleidung als Frau in einem völlig neuen Licht. Er hatte sich nicht einfach selbst etwas zusammengedichtet, sondern dabei nur auf eine besondere Gepflogenheit zurückgegriffen, die in seiner Zeit bestens bekannt war. Seine Zeitgenossen und die Leser des neunzehnten Jahrhunderts glaubten d'Eons Geschichte zum Teil auch deswegen so bereitwillig, weil sie zu dem paßte, was sie von der Herrschaft Elisabeths gehört hatten. D'Eon bastelte die Fakten nur in einem neuen Kontext zusammen, im Kern war seine Erzählung jedoch nicht weit von der Wahrheit entfernt: D'Eon war am Hofe Elisabeths gewesen; er hatte zweifellos an diesen typischen Maskeradeabenden und an anderen Bällen teilgenommen; und er war die Relaisstation zwischen Elisabeth I. und Ludwig XV.

15

Diplomatie in Rußland

Im September 1756 begann mit dem Einmarsch Friedrichs des Großen in Sachsen der Siebenjährige Krieg. Innerhalb von Wochen fand sich ein bis dahin noch nie dagewesenes Bündnis mit Frankreich, Österreich und Rußland an der Spitze zum Gegenangriff auf Preußen und dessen Hauptverbündeten England bereit. Frankreich setzte dabei von Anfang an auf die Strategie, daß Österreich und Rußland den wesentlichen Teil der Kämpfe auf dem europäischen Kontinent übernehmen sollten, um seine eigenen Kräfte auf das Ringen um die koloniale Herrschaft mit den Briten jenseits des Atlantik konzentrieren zu können. Die Franzosen hofften auf einen schnellen, entscheidenden Sieg über die Preußen. Aber in dieser wie in jeder anderen Hinsicht sollten die Franzosen in diesem Krieg bitter enttäuscht werden.

Aber der Krieg brachte auch neuen Druck und neue Chancen für den Geheimdienst des Königs. D'Eon und Douglas waren in Rußland, um den Einfluß Frankreichs weiter zu verstärken und insbesondere, um den Oberbefehl über die in Kurland zusammengezogenen russischen Truppen für den Prinzen von Conti zu sichern. Wenn Frankreich in der Vergangenheit zu Rußland bewußt auf Distanz geblieben war, dann brauchte es jetzt um so dringlicher die Kooperation dieses Landes. Wenn Rußland sich in den Krieg gegen Preußen einbinden ließ, hatte Frankreich freie Hand, sich auf England zu konzentrieren. Die Aufgabe, die d'Eon und Douglas dabei zufiel, war klar, und um sie zu bewältigen, stützten sie sich, bis zu einem gewissen Grad zumindest, auf einen althergebrachten, aber effektiven Ansatz jeder erfolgreichen Diplomatie: die Bestechung. So offerierte Frankreich der russischen Zarin nun nicht nur Subsidien für eine militärische Beteiligung Rußlands, d'Eon verstand sich darauf, die entscheidenden Scharniere auch auf persönlichere Weise zu schmieren: Er orderte französischen Wein für einflußreiche Aristokraten wie den Vizekanzler Graf Woronzow. 1758 ließ er Woronzow eintausendneunhundert Flaschen exzellenten Burgunders aus den Weinbergen seiner Heimatstadt zukommen. Alles in allem hatte der Geheimdienst, wie es hieß, auf Betreiben d'Eons über dreitausend Livres allein für Wein während seiner Rußlandreisen zu bezahlen.[1]

Im November 1757 unterzeichnete schließlich auch Elisabeth I. das zuvor im März zwischen Frankreich, Österreich und Schweden geschlossene Abkommen gegen Preußen. D'Eon eilte sofort mit dem Vertrag nach Frankreich zurück, wobei er seiner Kutsche ein solches Reisetempo abverlangte, daß es zu einem Unfall kam, bei dem er sich einen Beinbruch zuzog. Aber davon ließ er sich offensichtlich nicht aufhalten, und daß er die Reise nach Paris trotz seiner Verletzung fortsetzte, wurde ihm hoch angerechnet. Bei seiner Ankunft in Paris konnte er auch die Nachricht überbringen, daß Elisabeth I. offenbar nicht abgeneigt war, Conti die Führung der russischen Truppen in Kurland zu überlassen.

Aber genau an dieser wichtigen Wasserscheide sah der Geheimdienst sich dann mit einem neuen Problem konfrontiert: der inzwischen angespannten Beziehung zwischen Conti und dem König. Zu Beginn des Krieges konkurrierten die drei Prinzen königlichen Geblüts heftig um den Oberbefehl über die französische Armee, die in Preußen einmarschieren sollte. Von ihnen war Conti eindeutig der qualifizierteste, nachdem er sich durch große Tapferkeit jüngst im Österreichischen Erbfolgekrieg ausgezeichnet hatte. Und angesichts der engen Beziehungen zwischen Ludwig XV. und Conti erwartete jeder, daß die Wahl auf ihn fiele. Da die Mätresse des Königs, Madame de Pompadour, jedoch seit vielen Jahren eifersüchtig auf Conti war, nutzte sie die Gelegenheit, den König dazu zu bringen, von einer Ernennung Contis abzusehen.[2]

»Wegen seiner werde ich keine großen Unannehmlichkeiten auf mich nehmen«, erklärte der König gegenüber Tercier vom Außenministerium. Und als dann ein Jahr später Elisabeth I. schließlich bereit zu sein schien, Conti zum Kommandeur ihres Heeres in Kurland zu ernennen, besiegelte Ludwig XV. die Idee kurzerhand mit einer kalten Dusche, indem er erklärte, daß ihm »die ganze Sache sehr widerstrebt.«[3]

Der Historiker John Woodbridge präsentierte jüngst noch eine andere Theorie, warum der König die Beziehungen mit Conti an diesem entscheidenden Punkt abbrach. Auf der Grundlage fundierter Forschungen weist Woodbridge nach, daß Conti, mit dem Ziel, selbst die französische Krone zu übernehmen, seit vielen Monaten ernsthaft einen Staatsstreich erwog, den verärgerte Adelige, französische Protestanten und englische Soldaten unterstützen sollten. Nachdem königliche Spione Ludwig XV. über die Pläne der Rebellen informiert hatten, war klar, daß es mit der Gunst vorbei war und er Contis politische Ambitionen nur noch konterkarieren wollte.[4]

Ende 1756 rief Ludwig XV. den Grafen von Broglie aus Warschau nach Versailles zurück. Nun wäre wohl eigentlich anzunehmen gewesen, daß Broglie hier die Nachricht erwartete, daß der Geheimdienst aufgelöst wurde. Was war der Geheimdienst schließlich ohne Conti? Er war zu seinem Nutzen ins Leben gerufen worden, und abgesehen davon machten die in Polen und Rußland vorangetriebenen politischen Anstrengungen auch nur vor dem Hintergrund der Kanalisierung von Contis Ambitionen einen Sinn. Vor dem eigenen Außenministerium geheimgehalten, bedeutete der Geheimdienst eine permanente

Gefahr. Er untergrub die Autorität der Regierung, war eine potentielle Quelle peinlicher Schwierigkeiten, sofern jemals etwas davon ruchbar würde, und war überdies ein Kanal, in dem ständig stattliche Summen aus dem königlichen Finanzsäckel versickerten.

Aber Ludwig XV. löste den Geheimdienst nicht auf. Er reorganisierte ihn nur und setzte Broglie an die Spitze. Somit war Broglie, als er 1757 auf seinen Posten nach Warschau zurückkehrte, der Chef des Geheimdienstes. Aber ohne Conti war die Organisation gegenstandslos; mehr noch, mit der insgeheim betriebenen Unterstützung eines unabhängigen Polen konnte im Endeffekt Frankreichs neugeschmiedetes Bündnis mit Österreich und Rußland untergraben werden. Darüber hinaus hatte Broglie in Erfahrung gebracht, daß der Geheimdienst in jeder nur denkbaren Hinsicht von Pompadour geblockt wurde, die sich für die Annäherung Frankreichs mit Österreich stark gemacht hatte. Wie viel sie tatsächlich über Ludwigs Spionagenetz wußte, ist bis heute nicht klar, aber sie machte deutlich, daß Contis Protegés nicht weit kommen würden.

Das Ergebnis war, daß der Geheimdienst drei Jahre lang vor sich hindümpelte und die Spione sich nur gegenseitig beharkten. Unterdessen hatte d'Eon einen Platz in der ersten Reihe, von dem aus er die alles andere als noble Seite der Monarchie Ludwigs XV. in Augenschein nehmen konnte. Diese Erfahrungen waren denn auch seine Lehrjahre in der Staatskunst. Aber was sollte er daraus lernen? Zum einen hatte d'Eon als Sekretär des Chefs der französischen Delegation eine offizielle Position inne, einen Posten, den er offensichtlich sehr erfolgreich ausfüllte. 1757 wurden die offiziellen Beziehungen zwischen Frankreich und Rußland wieder aufgenommen und Botschafter ausgetauscht. In jenem Sommer wurde der Marquis de l'Hôpital zum französischen Botschafter in St. Petersburg ernannt. Douglas kehrte nach Frankreich zurück, aber Außenminister François-Joachim de Pierre de Bernis behielt d'Eon weiter als Sekretär l'Hôpitals.

Zum anderen arbeitete d'Eon auch für den Grafen von Broglie, dessen Anweisungen als Chef des Geheimdienstes oft denen von Bernis zuwiderliefen. Aber damit nicht genug. L'Hôpital war kaum in St. Petersburg eingetroffen, da wurde er bereits mit Briefen von Broglie bombardiert, in denen dieser ihm genau erklärte, wie er mit dem russischen Hofe umzugehen hatte. Als Frankreichs Botschafter in Warschau wies Broglie l'Hôpital an, in keinem Fall irgend etwas zu unternehmen, was Polen in irgendeiner Form gefährden könnte. L'Hôpital nahm sowohl Anstoß am Ton wie auch am Inhalt von Broglies Briefen, so daß sich eine Fehde zwischen beiden entwickelte. Und d'Eon stand genau zwischen ihnen, aber er wußte seine Pfründe erfolgreich zu schützen. L'Hôpital treuergeben avancierte er zu einer ebenso bekannten wie beliebten Figur am russischen Hof. Was ihn aber nicht hinderte, gleichzeitig eine geheime Korrespondenz mit Broglie zu führen, worin er diesen in allen Einzelheiten über jeden Schritt l'Hôpitals informierte. Aus d'Eons Sicht wurde

Broglie so denn auch zunehmend sein Hauptverbündeter und wichtigster Patron.

»Broglie verhält sich mir gegenüber mehr wie ein Außenminister als ein Botschafter-Kollege«, beschwerte sich l'Hôpital bei dem tatsächlich amtierenden Außenminister Bernis. Er drängte das Außenministerium, Broglie seines Postens zu entheben. Im November 1757 erreichte l'Hôpital sogar, daß die russische Regierung eine formale Protestnote gegen Broglie herausgab.[5] Gegenüber Bernis und l'Hôpital verteidigte Broglie seine Einmischung schlicht damit, daß es ihm lediglich darum gehe, die polnische Unabhängigkeit zu schützen. Wenn Rußland doch keine konkreten Pläne zu Polen hatte, warum sollte man sich dann von seinen Warnungen angegriffen oder beleidigt fühlen? Darüber hinaus versuchte Broglie sich jedoch insgeheim auch bei Ludwig XV. abzusichern: »Kommen Sie mir zu Hilfe, und teilen Sie mir mit, was Ihrem Willen entspricht«, bat er den König. »Dieser seit fünf Jahren betriebene Geheimplan geht nicht auf mein Konzept zurück. Ich verfolge ihn, weil es Ihr Wunsch war.« Die Anweisung, die Broglie sodann von Ludwig erhielt, besagte nichts anderes, als daß einfach weiterhin an der bisherigen Linie festzuhalten war.[6]

Diese schwierige und komplizierte Situation machte Bernis zunehmend zu schaffen, der natürlich keinerlei Ahnung davon hatte, daß Broglie auf direkte Weisungen des Königs handelte. So daß Bernis schließlich am 1. Februar 1758 die Order zur Abberufung Broglies nach Versailles erließ. Erstaunlicherweise widersetzte sich Broglie dieser Order und schrieb umgehend an den König, nach seinem Verständnis könnte nur er, der König, eine derartige Order erlassen. Das brachte den König in eine schwierige Situation, in der er zwischen dem Geheimdienst und dem Außenministerium wählen mußte. Ludwig schlug sich auf Bernis' Seite, und Broglie wurde seines Postens in Warschau enthoben. Aber er behielt Broglie in Versailles, als Chef des Geheimdienstes, und wußte seine ausführlichen und aufschlußreichen diplomatischen Analysen sehr wohl zu schätzen.

Pompadours Griff nach der Außenpolitik wurde 1758 noch fester. »Sie spielte die Rolle des Premierministers«, schrieb d'Eon später, »und kontrollierte das Außenministerium« in einem Maße, daß er sie für die umstrittene neue Allianz mit Österreich verantwortlich machte, die für ihn eine »überraschende Revolution in der französischen Politik« war. Ein konkretes Zeichen ihrer Vormachtstellung war die Ernennung ihres Protegés, des Herzogs von Choiseul, zum Außenminister. »Hinter dem äußeren Schein der Frivolität steckte ein scharfsinniges Genie«, erinnerte sich d'Eon an diesen wichtigen Staatsmann, dem er allerdings alles andere als Sympathien entgegenbrachte.[7]

Choiseul wußte wahrscheinlich nichts von der Existenz des Geheimdienstes, aber er war entschlossen, den Einfluß von Contis Protegés einzudämmen.[8] Und dahingehend konnte er 1759 einen immensen Erfolg verbuchen, als Jean Pierre Tercier, das ranghöchste Mitglied des Geheimdienstes in Paris, von seinem wichtigen und exponierten Posten als oberster Verwaltungschef im Außenministerium abgelöst wurde. Der Aufhänger war, daß Tercier als Zensor für die Zulassung von Helvétius' skandalösem Buch, *Vom Geist*, verantwortlich war, ein areligiöses Traktat, das zu einem Klassiker der Aufklärung wurde. Als die Kirche mit scharfem Protest auf die Zulassung des Buches seitens der Regierung reagierte, nutzte Choiseul geschickt den Skandal als Vorwand, um Tercier seines Postens zu entheben. Aber genau wie bei Broglie sicherte der König sich auch weiterhin die Dienste Terciers und behielt ihn als Sekretär des Geheimdienstes; in dieser Rolle konnte er dann weiterhin die Aktivitäten koordinieren und Instruktionen an die Spione – wie d'Eon – schreiben, die weiterhin im Feld aktiv waren.[9]

Im Gegensatz zu Conti, Broglie und Tercier, deren Karrieren von der Pompadour-Choiseul-Fraktion sabotiert wurden, schien d'Eon sich erfolgreich in seiner Doppelrolle als Botschaftssekretär und Geheimagent zu behaupten. Auch wenn er nie die Tutorin der russischen Zarin Elisabeth war, so war ihm in jedem Fall doch persönlich zugute zu halten, die Geheimkorrespondenz zwischen ihr und Ludwig XV. befördert zu haben. Wie er Jahre später dem Grafen von Vergennes in Erinnerung rufen sollte, war nicht zu vergessen, daß er 1757 als Kurier zwischen den beiden Monarchen fungiert und mutig zu Pferde die lange Strecke zwischen St. Petersburg und Versailles zurückgelegt hatte. Geschickt hatte er dabei die Geheimkorrespondenz in einem Geheimfach einer speziell präparierten Ausgabe von Montesquieus *Vom Geist der Gesetze* befördert. D'Eon erfüllte seine Aufgaben so gut, daß Elisabeth ihm sogar einen Posten und eine Pension anbot, wenn er sich bereit erklärte, auf Dauer in Rußland zu bleiben; ein Angebot, das er jedoch höflich ablehnte. Diese Korrespondenz war so geheim, daß d'Eon später behauptete, nicht einmal Botschafter l'Hôpital habe etwas davon gewußt.[10] Innerhalb kürzester Zeit war d'Eon sowohl für den Geheimdienst als auch für das Außenministerium ein anerkannter Rußland-Experte, so daß es nur natürlich war, daß Broglie und Ludwig XV. sich sofort, als Elisabeth I. 1762 starb, zwecks einer aktuellen Analyse der politischen Situation vor Ort an d'Eon wandten.[11]

D'Eons Erfolge im Geheimdienst sind leichter nachzuvollziehen als die Gefühle, die er damit verband. Denn die behielt er für sich. Einerseits war der Geheimdienst seiner Karriere mit Sicherheit sehr dienlich. Er verschaffte ihm den Zugang zu großer Macht und zu Privilegien; er brachte ihn enger mit wichtigen französischen Politikern zusammen, wie etwa mit dem Grafen von Broglie, dem Prinzen von Conti und dem König selbst. Und er erlaubte ihm, als Diplomat an einem ausländischen Hofe eine internationale Figur aus sich zu machen. Kurz: Er war die Plattform für ein sehr erfolgreiches Debüt für einen jungen Adeligen, der in den diplomatischen Dienst trat.

Andererseits war der Geheimdienst als solcher ein entsetzlicher Mißerfolg, der d'Eon sowohl die Unfähigkeit wie den Despotismus von Ludwigs schwieriger Regentschaft vor Augen führte. Schließlich war unter dem Strich in dieser Zeit nicht ein einziges der anvisierten Ziele erreicht worden. Wenn der Geheimdienst zur Beförderung von Contis Ambitionen aus der Taufe gehoben worden war, dann war er in diesem Punkt ganz klar gescheitert: Conti blieb, nachdem er in Ungnade gefallen war, in den sechziger und siebziger Jahren nichts weiter, als Ludwig XV. mit Aufsässigkeiten und Gehorsamsverweigerungen versuchsweise zu provozieren. Wenn der Geheimdienst Polen in einen französischen Satellitenstaat hatte verwandeln sollen, so war er auch hier kläglich gescheitert: Ende 1760 war es nicht etwa Ludwig XV., sondern Rußlands neue aufgeklärte Despotin, Katharina die Große, die über das Schicksal Polens befand. Nur wenige Jahre später sollte Polen dann zwischen Rußland, Österreich und Preußen aufgeteilt werden. Kein Bourbon-König sollte jemals wieder irgendwelchen Einfluß in diesem Teil Europas haben. Was die Diplomatie von Contis Spionagegruppe an Ergebnissen vorzuweisen hatte, war also schlichtweg katastrophal.

Darüber hinaus offenbarte der Geheimdienst auch die Widersprüche der Monarchie als solche. Unter Ludwig XV., schrieb d'Eon gegen Ende seines Lebens, »wurde alles, was auswärtige Angelegenheiten betraf, in einer derart seltsamen Manier abgewickelt.«[12] Broglies Weigerung, Weisungen von Außenminister Bernis entgegenzunehmen, war im Endeffekt eine Rebellion gegen die Regierung des Königs. Es ist keine Frage, daß der Geheimdienst bei den Spionen eine zynische Haltung gegenüber der Regierung förderte, eine Haltung, die gefährlich für die Monarchie und auf der persönlicheren Ebene ebenso für Ludwig XV. war. Möglicherweise hatte so auch der Geheimdienst Conti zu der Annahme beflügelt, daß die Monarchie in einer Krise war und ein Staatsstreich gelingen könnte.[13]

Der Betrug und die Ränke, die per se die Grundlage des Geheimdienstes – und ein zentrales Element der Monarchie – waren, führten dazu, daß jeder jedem mißtraute. Es gehörte zur Routine, daß Diplomaten gebeten wurden, die üblichen Kanäle zu umgehen und direkt mit dem König oder einem seiner besonders erwählten Bevollmächtigten Verbindung zu halten. Und dennoch, trotz allem Machiavellismus, hatte der Geheimdienst wenig vorzuweisen. Alles in allem scheint der Geheimdienst des Königs die Inkarnation der politischen Probleme der Herrschaft Ludwigs XV. insgesamt gewesen zu sein. Ein zeitgenössischer französischer Journalist, der unbehelligt von Repressalien in der freien Atmosphäre Londons schreiben konnte, faßte zusammen, was viele Franzosen dachten, aber nicht sagen konnten: »Frankreich hat Schulen für alle Wissenschaften, außer für die der Verwaltung.«[14]

16

Der Dragonerhauptmann

Mit dem Siebenjährigen Krieg sah d'Eon, daß er seine Karriere nunmehr am besten befördern konnte, wenn er zur Armee ging, da die Adeligen traditionell militärischen Ruhm nutzten, um sich künftige Ämter und Pensionen zu sichern. Der König ernannte d'Eon zum Assistenten des Grafen von Broglie, seinem früheren Vorgesetzten beim Geheimdienst, der seinerseits seinem Bruder, dem Feldmarschall von Broglie, diente, der das Oberkommando über einen Teil des französischen Heeres übernommen hatte. Außerdem betraute Ludwig XV. d'Eon mit dem angesehenen Rang eines Hauptmannes bei den Dragonern, einer Eliteeinheit des Heeres.[1]

Als d'Eon im Sommer 1961 die Frontlinien erreichte, war der Krieg schon so gut wie beendet. Sich als überlegener Militärstratege und mutiger Staatsmann präsentierend, war es Friedrich dem Großen gelungen, sechs lange Jahre brutaler Schlachten ohne Gebietsverluste für Preußen zu überstehen. Nicht nur, daß es der eindrucksvollen Allianz nicht gelungen war, ihn in seine Schranken zu verweisen, Preußen ging, im Gegenteil, aus dem Krieg als eine Großmacht Europas hervor.

Die Franzosen hatten ihre Armee in Deutschland in zwei getrennte Führungsstäbe unterteilt und einen dem Oberkommando von Feldmarschall von Broglie und den anderen dem Prinzen von Soubise unterstellt. D'Eon traf gerade rechtzeitig ein, um die Schlacht von Villingshausen (15.–16. Juli 1761) noch mitzuerleben, wo Frankreich versuchte, diesen kleinen, aber strategisch wichtigen Ort in Westfalen zurückzuerobern. Die Franzosen waren den Preußen sowohl in der Truppenstärke als auch an Waffen überlegen, aber sie verpfuschten die Operation. Irgendwie – wie, ist den Militärhistorikern noch immer nicht ganz klar – kam es zu Mißverständnissen zwischen den beiden Kommandeuren. Das Ergebnis war eine entsetzliche Niederlage, die die Franzosen zum Rückzug zwang: 757 französische Soldaten starben, über 1.000 wurden verwundet, und 1.143 wurden gefangengenommen – ein Verlust von fast dreitausend Soldaten, mehr als das Doppelte, was die Preußen an Verlusten hinzunehmen hatten. In einer Ära, in der die Ehre jeweils mindestens ebenso auf dem Spiel stand wie der strategische Vorteil, war Villingshausen ein Tiefschlag für die Moral der französischen Truppen.[2]

Und sofort begannen die gegenseitigen Schuldzuweisungen. In einem langen Brief an den König gab Graf von Broglie Soubise die Schuld an der ganzen Affäre.[3] Ungeachtet dessen wußten die Broglies, daß der Herzog von Choiseul, jetzt Kriegsminister, ihnen ihre Geschichte, jenseits der Wahrheit, niemals abkaufen würde. Jemand mußte für das Debakel zur Rechenschaft gezogen werden, und dieser Jemand würde mit Sicherheit nicht der Prinz von Soubise sein. Sozusagen handverlesen von Pompadour war Soubise bei Kriegsbeginn zum Leidwesen der Broglies und d'Eons der Vorzug vor Conti gegeben worden. Ein Schuldeingeständnis von Soubise für die Niederlage von Villingshausen hätte eine Blamage für Choiseul und Pompadour bedeutet. Somit war das Schicksal der Broglies quasi von vornherein besiegelt. Die »Herren von Broglie haben einige massive militärische Fehler gemacht«, schrieb Choiseul einige Wochen später seinem Bruder, mit der Weisung, daß sie nicht länger »als unsere Freunde zu betrachten sind.«[4] Bei dieser wichtigen Frage war der König nicht geneigt, seinen Kriegsminister direkt herauszufordern. Die Broglies durften ihr Kommando für die Dauer des Feldzuges noch behalten, aber sobald der Krieg vorbei war, wurden sie unehrenhaft auf ihre Landsitze in der Normandie verbannt, wo sie zwei Jahre unter einer Art Hausarrest standen.

Erstaunlicherweise entging d'Eon dem Schicksal, das seine Gönner ereilte. Obwohl er der persönliche Assistent der Broglies war, beförderte der Krieg seine Reputation, selbst bei Choiseul. Fest steht, daß d'Eons Kriegskarriere denkbar kurz war: Er kämpfte nur in einem größeren Feldzug mit und war im November schon wieder zurück in Paris. Nichtsdestotrotz hatte er als Soldat sowohl Mut als auch Geschick bewiesen und war am Kopf und Oberschenkel verwundet worden. Das Lob, mit dem die Broglies d'Eon überschütteten – »er hat bei verschiedenen Gelegenheiten Beweise höchster Intelligenz und größter Tapferkeit erbracht« – wurde am Hofe mehr als willig aufgenommen.[5] Über diese heroischen Tage erging er sich den Rest seines Lebens.

Im Frühjahr 1762 dachte das Außenministerium ernsthaft über einen Austausch seines Botschafters in Rußland, den Baron von Breteuil, nach. Im Januar 1762 war die russische Zarin Elisabeth I. gestorben, und der neue Zar, Peter III., zog Rußland aus dem Krieg und ging alsbald ein Bündnis mit Preußen ein. Die Franzosen brauchten jemanden, der nun die politische Szene in Rußland sofort erfaßte, jemanden, der bereits über enge persönliche Kontakte am russischen Hofe verfügte. Im Juni beschloß Ludwig XV., d'Eon für diesen Posten zu ernennen, und diese Wahl fand die Zustimmung aller, die im Geheimdienst die Drähte zogen.[6] D'Eon traf alle notwendigen Vorbereitungen, um sofort aufzubrechen, und erhielt vom Außenministerium eine lange Liste diplomatischer Instruktionen. Aber wenige Tage vor d'Eons Abreise traf in Versailles die Nachricht ein, daß Peter III. ermordet worden war und Katharina, seine Frau, die Macht übernommen hatte. Aus Ludwigs Sicht war die Lage in Rußland nunmehr zu unstabil für einen Botschafteraustausch, so daß er sich gegen einen Wechsel entschied.

Das Außenministerium hatte schon bald andere Pläne für d'Eon. Im Sommer 1762 hatte Choiseul genug von dem Seekrieg gegen England. Inzwischen wurden französische Schiffe in ihren eigenen Häfen festgesetzt und die Franzosen in Kanada von den Engländern vertrieben. Derweil hatte sich die Staatsverschuldung Frankreichs im Laufe des Krieges auf inzwischen 2,3 Milliarden Livres verdoppelt.[7] Choiseul wußte, daß er Frieden für den Wiederaufbau des Militärs und eine Konsolidierung der Staatsfinanzen brauchte. Somit beauftragte er den als konziliant bekannten Herzog von Nivernais als Delegationsleiter, Friedensverhandlungen mit England aufzunehmen, und wählte d'Eon als Sekretär Nivernais'. Am 19. August 1762 gab d'Eon seine Zustimmung, sich der Verhandlungsdelegation anzuschließen und reiste am 2. September nach England ab. Als besonderen Beweis seiner Wertschätzung machte Ludwig XV. d'Eon vor seiner Abreise ein Geschenk von dreitausend Livres. Es sollte nicht das letzte Geschenk dieser Art sein.[8]

D'Eons politische Karriere ist geradezu kurios, da sich seine persönlichen Erfolge jeweils im Schlepptau kolossaler politischer Fehlschläge ergaben. Er begann seine Karriere als Agent des Geheimdienstes, der mit dem Ziel installiert worden war, Conti auf den polnischen Thron zu setzen und Polen in einen französischen Satellitenstaat zu verwandeln. Ende 1762 hätte Frankreich nicht weiter von diesem Ziel entfernt sein können. Und ein weiteres Ziel des Geheimdienstes war, Rußland im Sinne der französischen Interessen zu manipulieren. Aber auch hier wiederum sah das größere Bild, das für Frankreich dabei herauskam, trotz der Tatsache, daß d'Eon für seine Bemühungen als Diplomat in St. Petersburg hochgelobt wurde, alles andere als rosig aus. Ludwig XV. mag zwar selbst im September 1762 noch großtuerisch erklärt haben: »Das Ziel meiner Rußland-Politik ist, Rußland in den europäischen Angelegenheiten so weit wie möglich ins Abseits zu stellen«[9], aber genau das Gegenteil war der Fall, was nur als völliges Scheitern seiner Politik bezeichnet werden kann. Neben Preußen war Rußland der große Gewinner des Siebenjährigen Krieges. Es hatte an seiner Westgrenze erhebliche Gebietsgewinne und einen beachtlichen Gewinn an Einfluß zu verbuchen und, genau wie Preußen, den Status einer internationalen Großmacht erreicht.

Es kann auch nicht gesagt werden, daß d'Eon im Windschatten seiner Gönner Karriere machte. Wie notwendig die Patronage in Frankreichs Ancien Régime auch gewesen sein mag, um Karriere zu machen, so ist es dennoch keineswegs klar, ob d'Eons Gönner tatsächlich seine Karriere voranbrachten. Der Prinz von Conti hatte sich völlig ins Aus gestellt. Tercier, der den Geheimdienst vom Außenministerium her kontrolliert hatte, war dieses wichtigen und lukrativen Postens enthoben worden. Und inzwischen waren auch die Broglies aus dem Rampenlicht entfernt und unehrenhaft auf ihre Landsitze verbannt worden. Wenn es d'Eon gelang, eine so beeindruckende Karriere zu machen, dann nicht dank der Generosität seiner Freunde, sondern aufgrund der Anerkennung, die seine Talente bei anderen wie Choiseul fanden, dem d'Eon selbst allerdings mit Mißtrauen begegnete. Was ein Beleg für d'Eons Arsenal an persönlichem Charme und diplomatischem Geschick ist. Er war sympathisch; er war zuverlässig; er war äußerst geschickt als Diplomat; und, das wichtigste vielleicht, er war hochintelligent.

Mit seinen vierunddreißig Jahren hatte d'Eon alles richtig gemacht, während er einem König diente, der fast alles falsch gemacht hatte. Was nirgends offensichtlicher war als beim Krieg gegen England. Der Krieg in Übersee um die koloniale Vormachtstellung endete als absolutes Fiasko für Frankreich. Obwohl Choiseul bereits 1758 erkannte, daß Frankreich seine Kräfte im wesentlichen auf die Front im Westen konzentrieren mußte, reichten die ökonomischen und militärischen Ressourcen des Königreiches einfach nicht, um die Kolonien in Übersee gegen das an Wohlstand und Macht so enorm gewachsene England effektiv zu verteidigen. Ludwig XV. trat 1762 nicht in die Friedensverhandlungen ein, weil er wollte, sondern weil er mußte. Ironischerweise verlief d'Eons Aufstieg zur politischen Macht somit parallel zu Frankreichs Abstieg.

17

Der Friedensschluß

Bis der Herzog von Nivernais und d'Eon im September 1762 zur Verhandlung des Friedensvertrages in England eintrafen, war der Großteil der diplomatischen Arbeit bereits geleistet, und es waren nur noch relativ wenige Fragen, bei denen die beiden verfeindeten Staaten geteilter Meinung waren. Binnen Wochenfrist waren die Präliminarien des Vertrages verhandelt und wurden am 3. November 1762 von beiden Parteien unterzeichnet. Sodann wurde der Vertrag dem britischen Parlament zur Zustimmung vorgelegt. Im Oberhaus ging er spielend durch, aber im Unterhaus wurde er von einer lautstarken Anti-Bute-Partei unter der Führung von William Pitt und so gerissenen Oppositionspolitikern wie John Wilkes erbittert bekämpft. In einer dreistündigen Rede vor dem Plenum hielt Pitt dem Premierminister, John Stuart, dem Earl of Bute, eine flammende Standpauke, in der ihm faktisch der Ausverkauf der britischen Handelsinteressen vorgeworfen wurde. Pitt warnte, der Vertrag werde es Frankreich ermöglichen, seine Macht neu zu etablieren, und das Ergebnis werde ein weiterer Krieg sein. Aber die britische Regierung hatte ganz nach der Manier des achtzehnten Jahrhunderts ihre Hausaufgaben gemacht und über fünfundzwanzigtausend Pfund an die Mitglieder des Parlaments verteilt, um sich die Stimmen zu sichern; das Abstimmungsergebnis von 319 zu 65 Gegenstimmen war denn auch eindeutig. Die Niederlage witternd, verließ Pitt sogar noch vor der Abstimmung angewidert den Plenarsaal. Für Bute war die Verabschiedung des Vertrages hingegen ein gewaltiger politischer Sieg.[1]

Einige Fragen waren allerdings noch ungelöst, was die Unterzeichnung der endgültigen Vertragsfassung verhinderte, so daß Nivernais und d'Eon im Januar 1763 lange Stunden an der weitschweifigen, aber entscheidenden Formulierung bestimmter Klauseln arbeiteten. Die wichtigste betraf die Frage von Dünkirchen, die Hafenstadt auf französischer Seite, unweit vor der englischen Küste. Die Briten wollten in jedem Fall sicherstellen, daß Frankreich niemals von einem der britischen Insel so nahe vorgelagerten Hafen aus eine Invasion würde starten können. Sie verlangten, daß Frankreich den gesamten Hafen zerstörte, um so praktisch von vornherein eine Präsenz der französischen Flotte unmöglich zu machen. Nivernais protestierte, aber ohne Erfolg. Bei dieser Frage waren die Briten nicht bereit, auch nur irgendwie nachzugeben, so daß Choiseul schließlich widerstrebend Nivernais das Plazet gab, die Zerstörung des Hafens in die Endfassung des Vertrages mit aufzunehmen.[2]

D'Eon und Nivernais arbeiteten ausgesprochen gut zusammen und entwickelten eine gefällige Gönner-Günstling-Beziehung. Der Herzog von Nivernais hatte als Diplomat, Höfling und Gelehrter ein illustres Leben geführt. Gutaussehend und charmant war er an jedem europäischen Hofe und in jedem Salon ein gerngesehener Gast und ein Freund von Madame de Pompadour. Er hatte Frankreich auch in zwei sehr wichtigen Missionen gedient: Am Ende des Österreichischen Erbfolgekrieges hatte er 1748 in Rom bei seinen Verhandlungen mit dem Papst große Erfolge erzielt. Weniger erfolgreich, aber nicht minder wichtig, war Nivernais 1756 nach Berlin gereist, um die genauen Einzelheiten des neuen Bündnisses von Friedrich dem Großen mit England in Erfahrung zu bringen.[3]

D'Eon bewunderte die Leichtigkeit, mit der es Nivernais gelang, unter den englischen Aristokraten eine so gute Figur zu machen. »Offenheit und Fröhlichkeit sind die wichtigsten Merkmale dieses Ministers«, bemerkte d'Eon. »Seine natürliche Gelassenheit und sein fröhliches Temperament, sein Scharfsinn und seine Tatkraft bei wichtigen Angelegenheiten halten quälende Besorgnis von seinem Geist und Runzeln von seiner Stirn fern. Er wird kaum durch Haß oder Liebe beeinflußt, da er auf der einen Seite von seiner Frau getrennt ist und ihr keinen Schaden zufügt, und auf der anderen Seite eine Geliebte hat und ihr kaum Gutes tut. Kurz: Er ist sicherlich einer der fröhlichsten und liebenswürdigsten europäischen Minister.«[4]

Desgleichen war Nivernais von d'Eons Talenten und Tatkraft beeindruckt. »D'Eon arbeitet für gewöhnlich vom Morgen bis in die Nacht. Ich kann seinen Eifer, seine Wachsamkeit, seine Liebenswürdigkeit und seine Tätigkeit nicht genug rühmen«, schrieb er an César-Gabriel, Herzog von Praslin, den Außenminister. »Er ist sehr fleißig, sehr diskret, zeigt nie Neugier oder übertriebenen Diensteifer, gibt nie Anlaß zu Mißtrauen und verhält sich nie aufsässig.« Und an d'Eons Mutter schrieb Nivernais: »Ich liebe seine Persönlichkeit und bin beeindruckt von seinem Eifer.«[5] Und diese Bewunderung zeigte Nivernais auch offen, als er mit Bute übereinkam, daß d'Eon im Februar 1763 die Endfassung des schließlich unterzeichneten Vertrages nach Paris zurückbringen sollte. Eine solche Ehre war normalerweise jemandem vom Rang eines Botschafters vorbehalten. Daß selbst die Briten damit einverstanden waren, d'Eon diese Rolle zu übertragen, ist ein Tribut an seinen Charme und sein diplomatisches Geschick.[6]

Nivernais hatte d'Eon dabei allerdings für mehr als nur als Kurier vorgesehen. Der Botschafter genoß den Sport der Diplomatie, aber er haßte das graue, feuchte Klima in England. In seiner Korrespondenz mit Außenminister Praslin standen neben dem Lob, mit dem er d'Eon bedachte, seine Klagen über seine eigene Gesundheit und seine Gemütsverfassung, was er den Auswirkungen des Wetters zuschrieb. Er bat seine Vorgesetzten, ihn so bald wie möglich nach Hause kommen zu lassen, und schlug vor, bis zur Ernennung eines neuen offiziellen Botschafters, d'Eon als offiziellen Repräsentanten Frankreichs in London zu lassen. Daß die Regierung sich mit diesem Vorschlag einverstanden erklärte, ist ein weiteres Zeichen von d'Eons glänzender Reputation. Praslin war eindeutig sehr beeindruckt von der Arbeit, die d'Eon in London leistete.[7]

Somit ernannte die französische Regierung etwa zur gleichen Zeit, als der Vertrag unterzeichnet wurde, einen Berufsoffizier, den Grafen von Guerchy, als Nachfolger Nivernais' zum Botschafter in England. Dabei war klar, daß Guerchy sein Amt erst in einigen Monaten würde antreten können. In der Zwischenzeit akzeptierte die Regierung Nivernais' Rücktrittsgesuch und ernannte d'Eon zum »Bevollmächtigten Minister« bzw. stellvertretenden Botschafter. Es war zwar keine Dauerstellung, aber gleichwohl eine Beförderung für d'Eon, womit er einen Platz in der vordersten Reihe der europäischen Staatsmänner erhielt. D'Eons Mutter war so von Dankbarkeit erfüllt, daß sie sowohl an Nivernais wie an Praslin schrieb, um ihnen »für all das Gute und Wohlwollen« zu danken, »das Sie meinem Sohn haben zukommen lassen.«[8] Damit würde d'Eon, wenn auch nur für kurze Zeit, der offizielle Draht zwischen den zwei mächtigsten Staaten Europas sein.

Wiederum hatte d'Eon also eine Leistung erbracht, von der seine Vorgesetzten beeindruckt waren. Und wiederum steht diese Leistung in krassem Widerspruch zu den katastrophalen Folgen, die Frankreich zu tragen hatte. Mit dem Frieden von Paris wurde schließlich zwar das Ende eines langen und entsetzlichen Krieges besiegelt, er bedeutete für Frankreich aber auch eine demütigende Niederlage. Trotz der Feiern, mit denen in Paris das Ende des Krieges ostentativ zelebriert wurde, wußte jeder, der mit der französischen Außenpolitik vertraut war, daß der Vertrag schlechterdings eine Katastrophe war. In seiner Korrespondenz versuchte Außenminister Praslin, den Vertrag wenigstens so gut wie möglich zu verkaufen: »Der Frieden ist nicht gut, aber er ist notwendig, und ich denke, daß wir uns in der gegenwärtigen Situation nicht einbilden sollten, daß wir es besser hätten machen können.« Kriegsminister Choiseul war noch etwas deutlicher: »Wir wissen nur zu gut, daß dieser Frieden für Frankreich weder ruhmreich noch nützlich sein wird ... aber die Umstände erlauben es uns leider nicht, bessere Konditionen zu erhalten.« Der König pflichtete dem bei: »Der Frieden, den wir gerade unterzeichnet haben, ist weder gut noch ruhmreich, und niemand empfindet das tiefer als ich. Aber unter diesen unglücklichen Bedingungen, war etwas anderes nicht möglich ... Wenn wir den Krieg ein weiteres Jahr fortgesetzt hätten, hätten wir noch einen schlimmeren [Friedensvertrag] akzeptieren müssen.« Und Pompadour brachte das Ganze gegenüber Nivernais noch wesentlich unverblümter auf den Punkt: »Ich glaube, daß alles verloren ist.«[9]

Der Frieden von Paris sollte tatsächlich als eine der schlimmsten Niederlagen Frankreichs in der jüngeren Neuzeit gesehen werden. Frankreich hatte sich für die größte Macht in Europa, wenn nicht gar auf der Welt gehalten.

Bündnisse mochten weitere Expansionen Frankreichs zwar verhindern, aber kein anderer Staat konnte es mit den Franzosen direkt aufnehmen. Und jetzt hatten die Briten sie praktisch im Alleingang auf See geschlagen und ihr amerikanisches Imperium zerschlagen. »Damit, daß die Franzosen ganz aus Kanada heraus sind«, schrieb ein britischer Staatsmann, »hat Großbritannien das gesamte Imperium an dieser langen Küste.« Das war ein vernichtender Schlag, der den Franzosen noch viele Jahre zu schaffen machen sollte.[10]

Damit hatte ein Staat neuer Form – der reicher, freier, aber scheinbar unstabiler und durch die öffentliche Meinung in starkem Maße zu beeinflussen war – erfolgreich eine absolute Monarchie alter Form geschlagen und zurückgedrängt. So sahen mit Sicherheit zumindest weite Teile der lesenden Öffentlichkeit die Ereignisse. »Bis zum Frieden von 1713 hatte England in der europäischen Politik nur geringen Einfluß«, schrieb ein Franzose in einer Londoner Zeitung. »England ist derzeit für Europa das, was jene griechischen Republiken, gegen die die Nachfolger Kyros' vergeblich alle Kräfte aufboten, früher für Asien waren.« Das Ergebnis diesem Schreiber zufolge war, daß »England einen Weg gefunden hat, daß jene Tugenden, die einst gesät wurden, um zu keimen, Früchte tragen. Und von dem Augenblick an schien das Glück auf seiner Seite zu sein. In Frankreich haben sich die Sitten« demgegenüber »geändert, und unser Ruhm ist vergangen.« In der Ära Ludwigs XIV. hatte Frankreich eine Hälfte Europas zu Selbstvertrauen inspiriert und die andere in Angst und Schrecken versetzt.« Und jetzt, während England eine Supermacht geworden war, ging Frankreich weiter dem Verfall entgegen.

18

Der Geheimdienst in England

Die Niederlage als solche wäre eigentlich schon schlimm genug gewesen. Aber die Briten behandelten ihre französischen Kontrahenten bei den Verhandlungen nicht einmal mit dem Respekt, der einer Großmacht gebührte, sondern begegneten ihnen in einer »beleidigenden, snobistischen Weise«, wie d'Eon dem Grafen von Broglie schrieb, der selbst angesichts der Lage nur wütend und verbittert war.[1] Auf seinen völlig abgelegenen Landsitz verbannt, führte er gleichwohl eine bemerkenswerte Korrespondenz mit dem König, in der er eine Bestandsaufnahme der politischen Situation Frankreichs machte, und zwar mit einer nüchternen Klarsicht, die an einen Metternich oder Kissinger erinnert.

Da mit der Ernennung d'Eons zum Bevollmächtigten Minister einer der talentiertesten Spione des Geheimdienstes auf dem Botschaftersessel in London saß, war Broglie klar, daß sich hiermit eine goldene Chance bot. Während des Krieges war ein direkter Angriff auf England zwar nicht möglich gewesen, aber vielleicht, so sinnierte Broglie, konnte man jetzt, da Frankreich und England sich vermeintlich im Frieden befanden, erfolgreich eine Möglichkeit finden. Seine Idee war, einen Spion in England einzuschleusen, Louis-François de La Rozière, einen dreißigjährigen Offizier, der d'Eon unterstellt werden sollte. Er sollte die englischen Küsten bereisen, um mögliche Landungsplätze auszuspionieren und festzustellen, wo die Briten im einzelnen Truppen stationiert hatten. D'Eon würde die Daten La Rozières dann analysieren, sie in einem diplomatischen Geheimcode verschlüsseln und an die Geheimdienstchefs Tercier und Broglie senden. Auf diese Weise könnte man sofort mit den Vorbereitungen einer französischen Invasion in England beginnen, wobei der tatsächliche Angriff in zwei oder drei Jahren erfolgen könnte. »Was wir im kleinen in Polen gemacht haben«, schrieb Broglie zu seinen Ambitionen in Verbindung mit dem Geheimdienst, »möchte ich im großen« in England machen.[2]

Broglies gefährliche Pläne gingen sogar noch weiter. Mit seinem Mann in London konnte Ludwig XV. versuchen, Fuß bei der Opposition im Unterhaus des britischen Parlamentes zu fassen, um genau, wie die britische Regierung es selbst praktizierte, durch Bestechung von Politikern wichtige Abstimmungen zu beeinflussen. »Ich möchte die Wahlen beeinflussen und eine mächtige Partei im Parlament fest kontrollieren«, notierte Broglie, der davon träumte, »den

Spaltpilz, den es sowieso dort bereits gibt, soweit zu nähren«, daß die Regierung Gewalt und selbst eine Rebellion fürchten mußte.[3]

Natürlich durfte nichts von diesen Plänen und noch weniger etwas vom Geheimdienst zu den Ministern Choiseul oder Praslin durchsickern, da das ganze Vorhaben den Frieden untergrub, der mit England geschlossen wurde. Nicht einmal ein so rückhaltloser Machiavellist wie Choiseul hätte jemals einem Plan zu einem direkten Angriff auf England just in dem Moment zugestimmt, in dem ein Friedensvertrag von den beiden Königen unterzeichnet wurde. Das hieß, daß d'Eon, wenn Ludwig XV. Broglies Plan zustimmen sollte, wiederum in der Situation sein würde, unabhängig voneinander zwei Vorgesetzten zu dienen: Außenminister Praslin und dem Grafen von Broglie.

Am 17. März 1763 segnete Ludwig XV. Broglies Idee ab. Aus seiner Sicht war Frankreich verpflichtet, wie er später einem Mitglied des Geheimdienstes erklärte, »den Ehrgeiz und die Arroganz der britischen Nation« herauszufordern.[4] Aber bei einer so wichtigen Frage wie dieser wollte Broglie eine ausdrückliche schriftliche Order des Königs haben, falls er (oder einer seiner Spione) später von Choiseul des Hochverrats beschuldigt werden sollte. Diese Order erhielt er am 7. April: »Monsieur, Graf von Broglie«, begann der König, »es liegt in meiner Absicht, Erkundungen über die englischen Küsten und das Landesinnere des Königreiches einzuholen, um die Durchführung von Vorhaben zu erleichtern, welche bald eines Tages, wie ich hoffe, so wie die Umstände es erlauben, durchgeführt werden können. Ich stimme der Idee zu, welche Sie Sire Tercier mitgeteilt haben, augenblicklich einen fähigen und intelligenten Agenten zu bestellen, um alle notwendigen Erkundungen in Zusammenhang mit diesem Ziel einzuziehen, welches Sie ihm erklären werden. Ich füge diesem Schreiben somit die Order bei, die Sire de La Rozière für diese Arbeit bevollmächtigt. Ich befehle Ihnen, strengste Geheimhaltung zu wahren und verlasse mich auf die ganze Loyalität, welche Sie, wie ich weiß, meinem Dienst und meiner Person entgegenbringen. Ich gestatte nur, die Sires Durand, Tercier und d'Eon einzuweihen, da ihre Kooperation bei dem Vorhaben notwendig ist.«[5]

Die Geheimagenten François-Michel Durand und Tercier informierten d'Eon kurz nach dessen Ankunft in Paris über das neue Vorhaben. Bei diesem Besuch in Frankreich wurde d'Eon außerdem noch mit neuen Ehren bedacht: In einer feierlichen Zeremonie wurde ihm eine seltene Auszeichnung, das Sankt-Ludwigs-Kreuz, verliehen. Unter der Herrschaft Ludwigs XIV. eingeführt, war das Kreuz vom Sonnenkönig direkt nur solchen adeligen Offizieren verliehen worden, die sich durch eine außergewöhnliche Heldentat und Tapferkeit im Krieg hervorgetan hatten. Die Auszeichnung hatte unter der Herrschaft Ludwigs XV. nichts an Wert verloren. Es war ungewöhnlich, daß die Medaille an einen so jungen Mann ging: D'Eon hatte gerade seinen fünfunddreißigsten Geburtstag erreicht. Mit dem Kreuz wurde er auch in einen höheren Adelsstand erhoben: Fortan würde er als Chevalier d'Eon und nicht mehr nur unter dem gewöhnlicheren Titel Sire d'Eon bekannt sein.[6]

Die Medaille wurde d'Eon in Wirklichkeit natürlich nicht für seine militärischen Leistungen verliehen, obwohl er ein Offizier war und sich im Kampf (durch Verwundungen, wenn auch sonst nichts) ausgezeichnet hatte. Vielmehr wollte der König damit d'Eons diplomatische Dienste in Rußland und England belohnen. In einer Ära, die von Ehrungen und Auszeichnungen regelrecht besessen war, würde das Kreuz d'Eon viele Türen öffnen. Damit war er ein Ehrenmann geworden, den niemand mehr ignorieren konnte.

Im April kehrte d'Eon nach England zurück, um seine Aufgaben als Bevollmächtigter Minister zu übernehmen. Obwohl Nivernais seinen Posten erst Ende Mai offiziell räumen sollte, übergab er d'Eon die meisten Amtsgeschäfte doch schon jetzt und nutzte die Zeit, um mehrere Wochen in England umherzureisen.[7]

In Paris drehten sich die Diskussionen bei den Mitgliedern des Geheimdienstes derweil um die strikten Sicherheitsmaßnahmen, die d'Eon und La Rozière zu ergreifen hatten. Der König hielt es für wichtig, daß La Rozière aus Sicherheitsgründen für den Fall einer Verhaftung, die nicht auszuschließen war, niemals Papiere mit der königlichen Unterschrift bei sich trug. Er wies La Rozière an, alle Geheimpapiere bei d'Eon zu lassen. Was d'Eon anging, waren die Sicherheitsvorkehrungen angesichts seiner Doppelfunktion als Spion und Sekretär des neuen Botschafters komplizierter. Solange er als stellvertretender Botschafter amtierte, würde er beide Rollen relativ leicht spielen können. Was Broglie aber Sorgen machte, war die bevorstehende Ankunft des neuen Botschafters, Graf von Guerchy. Die Invasionspläne mußten vor ihm genauso geheimgehalten werden, als hätte man es bei ihm mit einem englischen Staatsmann zu tun. Broglie fürchtete, d'Eon könnte unweigerlich etwas tun, was ihn kompromittieren würde. Es mußte jede nur denkbare Vorsichtsmaßnahme ergriffen werden, um zu verhindern, daß der Botschafter Wind von den Plänen bekam. D'Eons Wohnung, meinte Broglie, sollte zum Beispiel so eingerichtet werden, daß, egal, womit d'Eon gerade beschäftigt war, ein Überraschungsbesuch von Guerchy kein Problem war. Er mahnte d'Eon, die Papiere für das Geheimprojekt ganz separat von den offizielleren Unterlagen des Außenministeriums aufzubewahren.[8]

Genau wie Broglie wollte auch d'Eon für eine derart delikate Mission eine schriftliche Order haben. Am 3. Juni 1763 informierte Broglie d'Eon brieflich, die Anweisungen des Königs würden sofort folgen: »Sie werden unschwer verstehen, warum die Rolle, die Sie spielen werden, *Ihre Anwesenheit in England [so] notwendig macht.*« Am gleichen Tag faßte der König in Versailles handschriftlich folgende von ihm unterschriebene Order ab:[9]

Herr von Eon empfängt meine Ordres durch den Grafen von Broglie oder Herrn Tercier, um in England zu rekognoszieren, und wird sich von allem zu dem Zwecke Gehörigen unterrichten, als hätte ich es ihm direkt bezeichnet. Es ist meine Absicht, daß er das tiefste Geheimnis über diese Angelegenheit walten lasse und niemandem auf Erden, selbst nicht meinen Ministern etwas davon sage.

Der nötigen Korrespondenz wegen wird derselbe eine eigene Chiffernschrift erhalten. Die Adressen werden ihm von dem Grafen von Broglie oder Herrn Tercier zugestellt werden, denen er, vermittelst dieser Chiffernschrift, alles mitzuteilen hat, was er von Englands Plänen, hinsichtlich Rußlands und Polens sowie des Nordens und ganz Deutschlands, erfährt. Sein Eifer und seine Anhänglichkeit sind mir bekannt.

Ungeachtet des Sankt-Ludwig-Kreuzes oder der Ernennung zum Bevollmächtigten Minister: Diese kurze Note, die seine Funktion bestätigte, war mit Abstand die wichtigste Ehrung, die d'Eon in seiner politischen Karriere je zuteil wurde. Wenn Privilegien und Macht in Frankreichs Ancien Régime das Ergebnis der persönlichen Beziehung zum König waren, dann zeigt diese Note, wie nahe d'Eon ans politische Nervenzentrum Frankreichs herangekommen war. Der König hatte ihn für ein Projekt ausgewählt, von dem nur er und vier weitere Personen im ganzen Königreich Kenntnis haben konnten. Aber der Hintergrund dieses Geheimnisses stattete d'Eon zugleich auch mit einem immensen Machtpotential aus: Wenn ein derartiges Geheimnis jemals durchsickerte, würde die Position der Minister des Königs, insbesondere die von Choiseul und Praslin, völlig untergraben werden. Und entscheidender noch: Sollte England jemals hinter diese Pläne kommen, so würden die Briten womöglich sofort eine Invasion gegen Frankreich starten, um die französische Flotte an den Küsten im Westen und Süden endgültig zu vernichten. Im Sommer 1763 hätte es wohl kaum ein Staatsgeheimnis geben können, das mehr Sprengstoff in sich barg als das, das d'Eon in seinem Safe in London aufbewahrte.

19

Das Glück wendet sich

Im Sommer 1763 hatten sich für den Chevalier d'Eon mit seinen fünfunddreißig Jahren schon viele »Hoffnungen eines guten Patrioten« erfüllt. Er hatte sich die diplomatische Karriereleiter hochgearbeitet, in Rußland und England höchst profilierte Funktionen erreicht; er hatte als Hauptmann bei den Dragonern eine Schlacht miterlebt; er hatte zwei Bücher veröffentlicht und als königlicher Zensor gedient; und er hatte Freunde in den höchsten politischen Kreisen Frankreichs gewonnen. Und jetzt, mit seiner Ernennung zum Bevollmächtigten Minister in England hatte er schließlich die Hauptbühne des diplomatischen Lebens in Europa betreten. Kurz: Er war auf dem besten Wege, eine wichtige Figur der königlichen Regierung und vielleicht sogar eines Tages Finanz- oder Außenminister zu werden.

Aber bereits nach drei Monaten waren alle diese Träume zerschlagen. Im Herbst 1763 war d'Eon in den Augen vieler in französischen Regierungskreisen bereits ein Geächteter, und er hatte tatsächlich allen Grund, um sein Leben zu fürchten. Weit davon entfernt von irgendeinem künftigen Ministerposten zu träumen, konnte er nun glücklich sein, wenn er einfach nur mit dem Leben davonkam. Seine politische Karriere war mit einem Schlag beendet. Die nächsten Jahre sollte er zwar noch in England leben, aber weniger als Diplomat, denn als Geächteter im Exil.

Es ist nicht so leicht, d'Eons Sturz zu erklären; in fast allen gängigen Biographien schleichen sich an diesem Punkt der Geschichte Verwirrungen ein. Was im Sommer 1763 tatsächlich geschah wird in gewisser Weise immer ein Mysterium bleiben. In vieler Hinsicht ist d'Eons politischer Niedergang sogar noch rätselhafter als sein Geschlechtswandel ein Jahrzehnt später. Die Gründe für den ersten Wandel liefern vielleicht einen Schlüssel für den zweiten, da d'Eons Geschlechtsumwandlung sich zumindest teilweise auf sein Scheitern in der Politik und sein anschließendes Exil zurückführen läßt.

Sein politischer Niedergang war mit Sicherheit nicht auf Faulheit zurückzuführen. Ohne Familie oder anderweitige Verantwortlichkeiten widmete er sich voll und ganz seiner Arbeit und dachte vom Sonnenaufgang bis Mitternacht kaum an etwas anderes. Abgesehen davon, daß er La Rozières Aktivitäten für den Geheimdienst zu steuern hatte, bestand d'Eons Arbeit im wesentlichen darin, die verbliebenen Einzelfragen in Zusammenhang mit dem Vertrag von Paris noch auszuhandeln. Dabei ging es vor allem um den Austausch von Kriegsgefangenen in Kanada und die Zerstörung des Hafens in Dünkirchen. Die Engländer hatten im Krieg rund achtzehntausend französische Soldaten gefangengenommen und verlangten von den Franzosen entsprechende Ausgleichszahlungen für die entstandenen Verpflegungs- und Unterbringungskosten. Aber bereits die Feststellung der genauen Zahl und Identität der Gefangenen, geschweige denn ihrer Verfassung, war ein schwieriges und langwieriges Unterfangen.[1]

Und was Dünkirchen anging, wollte Choiseul, daß d'Eon so lange wie möglich taktierte, um Zeit zu schinden. Obwohl er den Vertrag unterzeichnet hatte, wollte Choiseul jenseits von Krieg alle nur denkbaren Möglichkeiten ausschöpfen, um die Zerstörung dieses strategisch wichtigen Hafens zu vermeiden. D'Eon meisterte diese Aufgabe hervorragend. Er konnte seine britischen Gegenspieler überzeugen, daß die Zinnen in Dünkirchen zwar zerstört werden könnten, daß es aber in den ureigensten Handelsinteressen der Briten lag, die Stadt als Hafen zu retten. D'Eon brachte eine Lobby von Londoner Händlern zusammen, die ihre Politiker bestürmten und erklärten, die Zerstörung Dünkirchens würde Englands Handel mit Frankreich extrem schaden.[2]

Aber d'Eon war mehr als nur ein Unterhändler; er betrachtete sich auch als Intellektuellen und Autor, und seine überzeugenden und informativen Analysen internationaler Angelegenheiten wurden zu Hause, in Frankreich, sehr geschätzt. Ein Bericht dieser Art war zum Beispiel eine fünfundzwanzigseitige Abhandlung über den Handel zwischen England und Frankreich.[3]

Genauso wichtig war seine Fähigkeit, spezifische und konkrete Informationen über die politische Szene in England zu sammeln und diese an Choiseul und Broglie weiterzugeben. In einer Ära, in der die wichtigsten politischen Neuigkeiten und Informationen, selbst in England, in privaten Händen waren und fernab von der Presse in den höchsten gesellschaftlichen Kreisen ausgetauscht und diskutiert wurden, war es entscheidend für einen Diplomaten, die richtigen Verbindungen zu haben. Eine Tatsache, die die französische Regierung zweifellos erkannt hatte und ihre Diplomaten auch entsprechend zur Kultivierung eines Lebensstils anhielt, der dazu angetan war, Freunde unter den politisch Mächtigen zu gewinnen. Und da es sich bei solchen Freunden unterschiedslos um Adelige handelte, die vielfach unter den wohlhabendsten Mitgliedern der Gesellschaft zu finden waren, bedeutete eine solche Diplomatie, daß eine große Stange Geld für ein aufwendiges gesellschaftliches Leben aufzuwenden war. Vor diesem Hintergrund hatte Praslin d'Eon bereits mit vier Köchen, fünf Küchenhilfen, vier Hausdienern und drei Kutschern ausgestattet. Wenn die französische Regierung sich Zugang zum Parlament oder Einfluß verschaffen wollte, mußte d'Eon sich einfach gut mit den entsprechenden führenden Persönlichkeiten stehen.[4]

Und das war der Punkt, der d'Eon als ersten in Schwierigkeiten brachte. Als er seine Amtsgeschäfte als stellvertretender Botschafter aufnahm, lebte er bereits seit neun Monaten in London und führte ein flottes gesellschaftliches Leben. Innerhalb kürzester Zeit war er mehr als nur ein Erfolg auf Londons vornehmster gesellschaftlicher Bühne. Im Mai 1763 finden wir ihn bereits bei einem Besuch in Strawberry Hill, Horace Walpoles Patriziersitz, wo er mit Lord und Lady Holderness und dem Herzog und der Herzogin von Grafton speist und mit dem in England zu Gast weilenden französischen Philosophen Charles Duclos einem privaten Blaskapellenkonzert beiwohnt.[5]

D'Eons erster Cousin, der dreiundzwanzigjährige Maurice d'Eon de Mouloize, der im Juni als sein Sekretär zu ihm kam, merkte sofort, wie beliebt sein Vorgesetzter war. »Die Zahl seiner Freunde ist groß«, schrieb er Verwandten nach Hause. »Er hat Freundschaften mit allen englischen Grafen, Herzögen und Lords geschlossen, die irgendwelche Verbindungen zu ihrem Hofe haben. Seine Reputation, die er erworben hat, ist perfekt ... Der König und die Königin mögen ihn sehr. Er hat die Ehre, wöchentlich zum Hofe zu gehen, wo er nach der Sitte der Nation eine Audienz bei ihnen hat.« Zu dem Zeitpunkt, als d'Eon Georg III. am 3. Juli 1763 sein offizielles Akkreditiv überreichte, war er am königlichen Hof und in den führenden Parlamentskreisen bereits bestens bekannt.[6]

Mit seinem scharfen und schnellen Verstand war d'Eon ein großartiger Unterhalter, obwohl sein Englisch nur mangelhaft war. Außerdem verfügte er noch über eine schlagkräftige Geheimwaffe, die er seit seiner Ankunft 1762 mit großem Erfolg nutzte: Wein. D'Eon hatte eine Leidenschaft für Wein und fühlte sich – im wahrsten Sinne des Wortes – am meisten zu Hause, wenn er Wein trank, da das Beste an seiner Heimatstadt Tonnerre der herrliche weiße und rote Burgunder war, der von den dortigen Weinbergen kam. Wenn d'Eon eine gute Flasche *vin Tonnerreois* trank, war es, als koste er die Erde seiner Heimat. Tonnerre und Nachbarorte wie Auxerre und Chablis waren »drei bemerkenswerte Städte, die für ihre exzellenten Weine bekannt waren. Ohne guten Wein«, konnte er es sich nicht verkneifen, in seinen Memoiren anzufügen, »gäbe es weder gute Menschen, noch gute Dichtung, noch gute Malerei, noch eine gute Kultur.« Nur selten sollte d'Eon etwas über seine Heimatstadt sagen, ohne dabei ihre hervorragenden Weine zu erwähnen.[7]

Wo immer her hinging, wann immer er versuchte, seinen Einfluß geltend zu machen, brachte er großzügige Weingeschenke mit, aber nicht irgendeinen *vin ordinaire* aus Burgund. D'Eon importierte einen besonderen Wein aus den Weingärten nahe seines eigenen Landgutes in der Region von Tonnerrois und Chablis oder auch aus benachbarten Gegenden wie Beaune. Aber dabei ging es um mehr als nur darum, etwas Burgunder unter die Leute zu bringen. Da diese besonderen Weine als die besten und mit Sicherheit teuersten der Welt galten – und noch immer gelten –, waren diese Geschenke bei den aristokratischen Konsumenten heiß begehrt. »Die Frage des burgundischen Weines«, gestand ein britischer Diplomat d'Eon bei den Verhandlungen über den

Vertrag von Paris, »ist ein Thema, das mindestens ebenso wichtig wie dieser Frieden ist.«[8]

Wieviel Wein d'Eon 1763 genau kaufte, ist nicht klar. Wir wissen jedoch, daß es genug war, um den britischen Premierminister George Grenville zu verärgern. Es war Usus, daß die Regierungen die Dinge, die die Diplomaten für den persönlichen Gebrauch importierten, von Steuern und Zöllen befreiten. Aber d'Eon führte inzwischen so viel Wein nach London ein, daß die Grenville-Regierung drohte, die Einfuhren mit Steuern zu belegen. Erst als d'Eon einen ziemlichen Lärm um diese Sache veranstaltete, machte die Regierung widerstrebend einen Rückzieher.[9]

Während d'Eons ganzem Englandaufenthalt war der Wein in der Tat sein Markenzeichen. Bis Mitte der siebziger Jahre, als er knapp bei Kasse war, gibt es allerdings keine Unterlagen über seine Weinkäufe. Aber aus einer Rechnung vom 28. Juni 1774 geht hervor, daß d'Eon »10 barriques de vin rouge de Beaune« einkaufte. Eine »barrique« entsprach zweihundertachtzig Flaschen und kostete fünfzehn Pfund. Somit hatte D'Eon allein für diesen Auftrag über zweitausendachthundert Flaschen Wein einhundertfünfzig Pfund zu bezahlen. Eine andere Rechnung belegt eine Bestellung d'Eons über eintausendachthundert Flaschen. Weitere Rechnungen weisen darauf hin, daß er in der Zeit von 1768 bis 1774 für gut über vierhundertfünf Pfund erstklassigen Burgunder kaufte.[10] Wenn d'Eon soviel in einer Zeit ausgegeben hat, in der seine Finanzlage mehr als angespannt war, wie viel mehr muß er dann erst gekauft haben, als er seine Ausgaben der französischen Regierung noch in Rechnung stellen konnte?!

Und das war genau das Problem. Obwohl Frankreich das reichste Land Europas war, wurde seine Regierung sehr schnell zu einer der ärmsten, zumindest im Jahre 1763. Nach dem Krieg verordnete Choiseul der Regierung einen drastischen Sparhaushalt, damit er alle zusätzlich freiwerdenden Mittel in den Wiederaufbau der Flotte stecken konnte. Jenseits davon war Frankreich mit der realen Gefahr eines Staatsbankrottes konfrontiert. Diese – wenn auch vorübergehenden – Sorgen über die Staatsfinanzen machten sich auch auf außenpolitischer Ebene bemerkbar. So erklärte Broglie dem König in aller Ausführlichkeit, wie er La Rozière angewiesen hatte, knapp zu haushalten.[11]

Aber d'Eon gab nicht nur die Regierungsgelder aus, die ihm zur Verfügung standen, er versuchte darüber hinaus seine Vorgesetzten dazu zu bewegen, ihm noch mehr zukommen zu lassen. Den ganzen Sommer 1763 über erinnerte er Außenminister Praslin in seinen Briefen immer wieder taktvoll daran, daß ihm nie die Schulden zurückgezahlt worden waren, die er in seinen Diensten für den König in Rußland und während des Siebenjährigen Krieges gemacht hatte. Er war der Meinung, die Regierung müßte ihm diese Kosten unverzüglich zurückerstatten.[12]

Im Juli und August erhielt d'Eon dann die ersten Briefe von Praslin, in denen dieser seine Extravaganzen kritisierte. Zunächst antwortete d'Eon respektvoll, indem er aufzeigte, wieviel es kostete, eine Wohnung für den neuen Botschafter, den Grafen von Guerchy, herzurichten. Aber für Praslin waren diese Antworten kaum mehr als Entschuldigungen, und er bestand darauf, daß d'Eon seine Ausgaben zurückschraubte.

Am 14. August erhielt d'Eon einen Brief von seinem engen Freund Claude-Pierre de Saint-Foy, dem obersten Sekretär im Außenministerium. Darin teilte er d'Eon mit, daß er aufgrund finanzieller Zwänge nach der Ankunft Guerchys auf den Titel des Bevollmächtigten Ministers verzichten und sich mit dem des Sekretärs des Botschafters bescheiden müßte. Unklar ist, ob diese Änderung des Titels aus Sicht der Regierung eine Routineangelegenheit oder ein Weg war, um d'Eon für seine Ausgabenfreudigkeit zu bestrafen.[13]

Diese Degradierung verletzte d'Eon zutiefst, und daraus machte er auch gegenüber seinen Vorgesetzten keinen Hehl und schlug in seinen Briefen einen gereizten Ton an. Als Guerchy und Nivernais eingeschaltet wurden, um den schwelenden Streit möglichst zu schlichten, erteilte d'Eon beiden kurzerhand eine Abfuhr. »Ich bedauere, daß mein unverschämter Brief, wie Sie ihn nennen, Ihnen und dem Herzog von Praslin Unannehmlichkeiten bereitete«, schrieb er an Nivernais. Aber der weitere Wortlaut des Briefes zeigte, daß d'Eon mitnichten irgend etwas bedauerte: »Die Wahrheit, welche ich aufzeige, und die Gerechtigkeit, welche ich verlange, sind keine Gründe für zwei große und aufgeklärte Minister, sich unrecht behandelt zu fühlen. Ich habe wohlüberlegt gehandelt, wie es meine Art ist; und da ich immer darauf bedacht bin, zum Besten zu handeln, habe ich noch nie meine vergangenen Handlungen bereut, und ich erwarte auch nicht, daß ich meine künftigen Handlungen zu bereuen haben werde. Diese letztendliche Unbußfertigkeit ist bei mir seit langem vorherbestimmt.«[14]

Nivernais antwortete ihm, er sei sehr aufgebracht über den feindseligen Tonfall des Briefes. Er warnte d'Eon, es sei falsch, sich über diese Titel zu beschweren und es sei besonders unklug, in der Form beim Außenminister zu protestieren. »Beruhigen Sie sich jetzt«, bat er ihn eindringlich. »Seien Sie flexibler und vernünftiger, mein lieber Freund, seien Sie weniger aufgeregt, und sorgen Sie dafür, daß es weniger Aufregung gibt.«[15]

Aber nichts schien d'Eon wieder zur Mäßigung bewegen zu können. »Dieser Brief hat mein Herz sehr berührt«, schrieb er später, »aber er konnte meinen Geist nicht überzeugen.«[16]

Als die Geheimagenten von der wachsenden Spannung zwischen d'Eon und dem Außenministerium erfuhren, sorgten sie sich, d'Eon könnte die ganzen Pläne gefährden. Durand drängte Tercier, d'Eon zu beruhigen. »Im wesentlichen haben Sie recht«, schrieb Tercier mitfühlend, »es kann nicht von Ihnen erwartet werden, daß Sie, nachdem Sie Bevollmächtigter Minister des Königs waren, jedesmal zum Sekretär absteigen, wenn Guerchy nach England kommt, und sobald er es wieder verläßt, Sie wieder den Rang eines Ministers annehmen; so etwas hat es noch nie gegeben. Monsieur Durand und ich sind uns darin einig, daß Sie in diesem Punkt recht haben. Aber die Form Ihrer Briefe kümmert uns sehr. Ihr unerschrockener Geist, der Stolz Ihrer Gefühle und Ihre uneigennützige Philosophie verdienen zweifellos viel Lob, aber wir denken, daß Sie besonnener handeln sollten. Ich bitte Sie, auf Späße zu verzichten, wie exzellent sie auch sein mögen, jedoch nicht wohlgefällig aufgenommen werden können und einen schlimmeren Effekt als die Sache selbst haben. Es gibt jedoch auch noch einen anderen wichtigen Grund, und der ist, daß es Ihnen nicht freisteht, sich ungehindert dem hinzugeben, wozu Ihre Gefühle Sie verleiten mögen. Sie können den König nicht enttäuschen, welcher, weil er auf Sie gezählt hat, Ihnen eine äußerst wichtige Angelegenheit anvertraut hat. Wir haben eine zu hohe Meinung von Ihrem Eifer, um zu glauben, Sie würden zulassen, daß eine so große Unternehmung, deren Erfolg auch für Sie so vieles verspricht, von vornherein zum Scheitern verurteilt wäre. Wir kennen Ihre Vorliebe, die Sie für große Dinge haben, und Ihre Talente, sie erfolgreich zum Abschluß zu bringen. Achten Sie also darauf, daß Sie sich nicht in Schwierigkeiten bringen; wenn Sie es tun, ist Ihnen nicht zu helfen, aber wir können nicht glauben, daß Sie einem kleinen persönlichen Motiv Vorrang vor dem geben, welches die höchste Pflicht und auch Ihr eigener Ruf Ihnen diktiert. Der Graf von Broglie wäre untröstlich, wenn die Angelegenheit, welche er so trefflich begonnen hat, scheitern sollte. Geben Sie mir, sobald sich die erste Gelegenheit bietet, eine Nachricht, welche ihn zufriedenstellen dürfte.«[17]

Dieser Brief war ein rhetorisches Meisterstück, indem er gleichzeitig an d'Eons rationale Wertschätzung guter Argumente, sein finanzielles Eigeninteresse, seine politischen Ambitionen und seine Hoffnung auf künftige Belohnungen und Auszeichnungen appellierte. Freundlich im Ton beinhaltete er zugleich die leicht verschleierte Warnung, daß jeder bereitwillig d'Eon die Schuld gäbe, wenn der Geheimdienst auseinanderfiele – mit möglicherweise folgenschweren Konsequenzen.

Für d'Eons Freund Saint-Foy war sein ikonoklastisches Verhalten eine Frage der Philosophie: »Das ist der Augenblick, zwischen Philosophie und Politik zu wählen«, sagte er d'Eon auf den Kopf zu. »Wenn Sie sich für die Philosophie entscheiden, sage ich Ihnen, mein Freund, mit der Autorität, mit der mein Herz das Ihre vielleicht bewegen kann, daß Sie es bedauern werden, daß Sie hereinfallen werden, und daß Sie alle Freunde verlieren werden, welche sich für Sie eingesetzt haben.«[18]

Am 25. September antwortete d'Eon auf diesen Druck mit einer Flut von Briefen an Praslin, Choiseul, Nivernais, Guerchy, Broglie und andere. In seinem Brief an Saint-Foy pflichtete er ihm bei, daß es in der Tat eine Wahl zwischen Philosophie und Politik sei, und kündigte an, daß er sich definitiv für die Philosophie entscheiden werde. Und der Grund dafür war ganz einfach der: »Ich bin vertrauter als jeder andere mit all den Schwierigkeiten, all dem Jammer, all den Kopfschmerzen in der Politik; und die Entscheidung, welche ich heute treffe, ist nichts als das Ergebnis, wie diese Erfahrung mein Wissen in Handeln umgesetzt hat.«

Gegenüber Nivernais' Sekretär war sein Ausbruch sogar noch emotionaler: »Ich werde immer meinen eigenen Weg gehen, das hat das Schicksal so gefügt; die Bombe muß platzen; der Zünder ist am Ende des Dochtes. Zu schade um diejenigen, die dabei mit Dreck bespritzt oder von Stücken getroffen werden. Diejenigen, welche sich am meisten fürchten, werden einen Rückzieher machen. Der Teufel soll mich holen, wenn ich den Rückzug antrete.«[19]

An Broglie schrieb er: »Wenn ich mich weigere, mich entgegenkommender zu verhalten, so deswegen, weil sie mich entehren wollen. Bei dieser Sache geht es nicht um Geld, welches man mir schuldet, sondern um Ehre und Gerechtigkeit. Ich habe mir nie etwas Ehrenrühriges zuschulden kommen lassen, und meine Ehre kann mir niemand nehmen.«[20]

Aufgrund seines eigenen politischen Exils erfuhr d'Eons engster und wichtigster Patron, der Graf von Broglie, und der eigentliche Chef des Geheimdienstes, nicht sofort von den Vorgängen um d'Eon. Anfang Oktober verfaßte Broglie dann jedoch schließlich einen langen Brief, in dem er versuchte, d'Eon in seine Schranken zu verweisen:

»Ich glaube zusammen mit Ihren Freunden, daß Sie irren, sehr irren, sowohl, was die Natur Ihrer Ansprüche angeht, wie auch die Art, in der Sie sie vorgebracht haben; im ersteren Fall, weil es nichts gibt, worüber Sie sich hinsichtlich Ihrer Behandlung beklagen könnten. Ich gestehe, daß der Wechsel vom Minister zum Sekretär etwas außergewöhnlich und weder schicklich für Sie noch für Ihr Amt ist, während es nur vernünftig erschiene, daß Sie in London in der gleichen Funktion blieben, die Monsieur Durand bei mir in Warschau erfüllte … All das stimmt, und es war richtig, es Monsieur de Praslin vorzutragen, sich dabei allerdings strikt auf die guten Gründe zu beschränken, welche es dafür gibt, und nicht mit einer Rücktrittsdrohung aufzuwarten … Ich möchte nicht all das wiederholen, was Sie gesagt und geschrieben haben; ich kann Ihnen nur sagen, wenn Sie mir in dem gleichen Stil geschrieben hätten, ich Ihnen, obwohl ich Sie von ganzem Herzen liebe und Sie in jeder Hinsicht für fähig halte, befohlen hätte, sofort einem der Sekretäre die Amtsgeschäfte in London zu überlassen und zurückzukehren, ohne jemals wieder beschäftigt zu werden … Aus diesen Gründen, die mir unwiderlegbar erscheinen, füge ich hinzu, daß Ihnen bei dieser Gelegenheit doppelt vorgeworfen werden muß, Ihre Abberufung von einem Posten zu riskieren, auf dem Sie, wie Sie wissen, nützlich und Seiner Majestät angenehm sind. Er hat Ihnen im besonderen und streng geheim die Durchführung der wichtigsten Angelegenheit überhaupt anvertraut, und genau zu dem Zeitpunkt, da sie in Angriff genommen werden soll, gehen Sie das Risiko ein, sie zu vereiteln; es müßte Ihnen klar sein, daß das Geheimnis, welches er in dieser Angelegenheit wahren möchte, es ihm nicht erlaubt, gegen Ihre Abberufung Einwände zu erheben. Wirklich, Sie können nicht Sie selbst gewesen sein, als Sie so handelten, wie Sie es taten, denn ich weiß um die Liebe und den Respekt, die Sie dem König entgegenbringen, und daß Sie hundert Mal Ihr Leben für ihn geben würden; um wie viel mehr sollten Sie bereit sein, Ihren Widerwillen zu opfern und eine kleine Unannehmlichkeit in Kauf zu nehmen, um so mehr, da wir wissen, daß er das an Ihnen wiedergutmachen kann. Einem derart starken Motiv möchte ich nicht noch das kleine hinzufügen, welches ich auch dabei habe. Ich weiß um Ihre Verbundenheit, Ihre Freundschaft für mich. Wäre es diese Freundschaft wert, eine Aufgabe fallenzulassen, an der ich beteiligt bin und welche ich ohne Sie nicht ausführen kann, eine Arbeit, welche, während sie zum Wohle und zur Sicherheit des Staates beiträgt, auch zu meiner Befriedigung beitragen könnte?«[21]

20

Die Abberufung

Am 4. Oktober 1763 erließ Praslin schließlich die Order zur Abberufung d'Eons. D'Eon sollte dieses amtliche Schreiben Georg III. vorlegen und dann sofort nach Ankunft des neuen Botschafters, des Grafen von Guerchy, der bald von Paris abreisen sollte, England verlassen. Er sollte direkt nach Versailles kommen, wo »Sie mir Ihre Ankunft melden und, *ohne zum Hof zu kommen*, weitere Instruktionen abwarten, welche ich Ihnen zukommen lassen werde.« Was dieses knappe Schreiben bedeutete, war hinreichend klar: D'Eon wurde gefeuert, seine politische Karriere war beendet. Bestenfalls würde er nach der Façon, wie es seinem Patron, Graf von Broglie, widerfahren war, verbannt werden, aber genausogut konnte es sein, daß Praslin ihn wegen Gehorsamsverweigerung in die Bastille werfen ließ. Tercier informierte Broglie über die Abberufung d'Eons und schrieb, daß Praslin ihn »in Armut nach Hause schickt.« Was d'Eon selbst anging, so verstand er die Abberufung genau als das, was sie auch war: eine »absolute Schande.«[1]

Diese Abberufungsorder gefährdete den gesamten Invasionsplan. Folgte d'Eon der Order und verließ England, bedeutete das unweigerlich das Ende des Projektes. Aber die Entscheidung über das Schicksal des Geheimdienstes lag natürlich weder bei d'Eon noch bei Broglie, sondern: beim König. Sofort, nachdem Tercier von Praslins Order erfahren hatte, schrieb er einen taktvollen Brief an den König, in dem er ihn über den Stand der Dinge informierte und um Rat hinsichtlich der Implikationen für den Geheimdienst bat. Ludwigs Antwort war klar: D'Eons Verhalten war absolut inakzeptabel. Niemand sollte sich so unverschämt gegenüber den Ministern des Königs verhalten. Ludwig XV. unterstützte Praslins Abberufungsorder und befahl Tercier, »alle notwendigen Vorsichtsmaßnahmen zu ergreifen«, um nach d'Eons Rückkehr nach Frankreich, »die Geheimhaltung« der Pläne »zu gewährleisten.« Was den König beschäftigte, war also weniger, ob die Invasionspläne auf der Strecke blieben, als vielmehr das Risiko, daß davon etwas zu den Briten oder seinen eigenen Ministern durchsickern könnte.[2]

Der neue Botschafter, Graf von Guerchy, kam schließlich am 17. Oktober 1763 in London an. Als er mit d'Eon zusammentraf wiederholte er die in der Abberufungsorder aufgezeigten Instruktionen. Unglaublich, aber d'Eon ignorierte diese Anweisungen. Er erklärte Guerchy, da er direkt vom König zum Bevollmächtigten Minister ernannt worden sei, werde er auch nur aus dieser Quelle eine Abberufung akzeptieren.[3] Einerseits stellte ein derartiger direkter Widerstand gegenüber dem Außenminister einen Bruch jeder diplomatischen Etikette dar. Andererseits war d'Eons Verhalten vom Standpunkt des Geheimdienstes betrachtet, wonach Spione sich widersprüchlichen Loyalitäten gegenübersahen, nicht so viel anders als das von Broglie zehn Jahre zuvor in Warschau.

Wenige Tage später erhielt d'Eon einen zweiten Brief von Praslin, worin er aufgefordert wurde, London sofort zu verlassen und Guerchy auch seine diplomatischen Akten zu übergeben. Auch diesen Befehl ignorierte d'Eon wiederum. »Ich habe zu meinem größten Staunen erfahren«, schrieb Praslin am 29. Oktober, »daß Sie sich weigern, dem Befehl nachzukommen, welchen ich Ihnen am 19. dieses Monats gab, wonach Sie dem Botschafter des Königs alle Ihre Unterlagen zu übergeben haben, welche Seine Majestät, alle seine Botschafter, Minister und Chargés d'affaires betreffen … Im Namen des Königs befehle ich dies hiermit nochmals unter Androhung eines Strafverfahrens wegen Gehorsamsverweigerung.« Aber d'Eon ignorierte genauso diesen dritten Versuch des Außenministers, ihn seines Amtes zu entheben.[4]

D'Eons Weigerung, sich der Abberufungsorder des Außenministers zu fügen, hatte zur Folge, daß er für die Regierung nunmehr in eine neue Kategorie fiel. Sie machte ihn buchstäblich zum Geächteten, der des Hochverrats beschuldigt wurde. Das Unglaubliche an dieser Geschichte ist, daß sie so absolut unnütz war. Die Frage, um die es ging, kam den meisten Menschen damals – und vielleicht auch uns heute noch – eher wie eine Bagatelle oder persönliche Sache der Ehre und des Egos, aber nicht wie eine Staatsaffäre vor. Warum ließ d'Eon dann nicht davon ab, den Zorn des Außenministers noch weiter auf sich zu ziehen? Warum beharrte er auf einer Kraftprobe?

Auch in den Salons in London und Paris wurde über die Gründe spekuliert, und am häufigsten wurde auf eine vermeintliche Geisteskrankheit getippt. »Was ist aus d'Eon geworden?« fragte Lord Hertford, Englands Botschafter in Frankreich (und somit ein Kollege d'Eons), Horace Walpole. »Ich vermute, er fürchtet die Bastille mehr als die *petites maisons* [Irrenanstalten], was unter den derzeitigen Umständen die barmherzigste Art der Behandlung für ihn wäre.« Walpole pflichtete seinem Briefpartner bei und offerierte Hertford Einzelheiten über d'Eons vorgeblichen Wahnsinn.[5]

Aber das war nicht nur die Meinung der Engländer. Sie wurde auch von Guerchy und anderen geteilt. Und zunächst auch vom König. Klar war mit Sicherheit, daß d'Eons Verhalten erkennbar anders als gewohnt war. Aber La Rozière, der ihn so gut wie nur irgendwer kannte, wies den Vorwurf, er sei verrückt, weit zurück. Er gab zwar zu, daß d'Eons Verhalten vielleicht exzentrisch war, für ihn war jedoch klar, daß sein Freund geistig so klar und rational wie eh und je war.[6]

Was Lord Hertford natürlich nicht wußte, war, daß d'Eons Rolle als Spion, seine Zugehörigkeit zum Geheimdienst, seine geheimen Befehle, die Möglichkeiten einer Invasion gegen Großbritannien auszukundschaften, daß all das in ihm ein Gefühl der Unverwundbarkeit weckte. Solange diese geheimen Instruktionen in seinem Besitz waren, spekulierte d'Eon, hatte er die Garantie für seine Freiheit und Sicherheit in Händen. Angesichts derart wichtiger Weisungen schien es »unmöglich, daß Ludwig XV. seine Zustimmung zu meiner Abberufung gegeben hatte.«[7]

Aber selbst die Tatsache, daß er, einmal angenommen, eine Position erreicht hatte, in der man ihm nichts anhaben konnte, erklärt nicht, warum er sie so extrem ausreizen sollte, daß er die meisten seiner Freunde und seinen König befremdete. Um d'Eons Motive zu verstehen, müssen wir seine Pflichten und seine Beziehungen näher betrachten.

Die Doppelrolle von Bevollmächtigtem Minister und königlichem Spion wurde von den Köpfen des Geheimdienstes stets als eng zusammenhängend gesehen. Nur eine offizielle Stellung in London konnte d'Eon die Deckung und Unabhängigkeit geben, die notwendig waren, um die Aktivitäten La Rozières steuern zu können. Aber bereits vor der Ankunft des Grafen von Guerchy in London hatte Praslins Ministerium d'Eons Verschwendungssucht kritisiert und in seine Autonomie eingegriffen. D'Eon dürfte aus seiner Sicht berechtigterweise davon ausgegangen sein, daß er als Spion für den Geheimdienst, sogar noch mehr als in seiner Funktion als Bevollmächtigter Minister, einen verschwenderischen Lebensstil pflegen und an den richtigen Stellen Wein und Geld verteilen mußte, um möglichst enge Beziehungen mit den führenden Köpfen im Parlament zu pflegen. Schließlich war das, was d'Eon in London machte, kaum etwas anderes als das, was Broglie zuvor in Warschau durchgespielt hatte.

Selbst wenn d'Eons Verhalten bisweilen »verrückt« war, steht zweifelsfrei fest, daß die französische Regierung dafür auch einen Teil der Verantwortung zu übernehmen hatte, da sie ihn in eine »verrückte« Situation brachte: Die Tatsache, daß er von zwei Vorgesetzten, Praslin und Broglie, Befehle entgegenzunehmen hatte und in der einen Rolle Guerchy unterstand, während er in der anderen über ihm stand, warf zwangsläufig ungewöhnliche Schwierigkeiten auf.

Und schließlich war da auch noch das Problem von Guerchys mittelmäßiger Reputation. Die Entscheidung, Guerchy für diesen Posten zu ernennen, war nie allenthalben auf Wohlgefallen gestoßen, nicht einmal bei den französischen Ministern selbst. »Ich mache mir große Sorgen über diesen armen Mann, Guerchy«, schrieb Praslin an Nivernais, »und ich weiß wirklich nicht, ob wir ihm damit einen Gefallen getan haben, ihn zum Botschafter in London zu machen. Er ist in diesem Land nicht beliebt. Ich fürchte seine Berichte wie Feuer und Flammen. Sie wissen, wie viel schlecht geschriebene Berichte sagen, sowohl über die Arbeit als auch über den Mann; und ein Minister wird weniger danach beurteilt, wie er die Angelegenheiten abwickelt, als nach dem Bericht, den er darüber abliefert. Ich glaube, unser Freund wird seine Arbeit gut machen, aber schreiben kann er überhaupt nicht – daran gibt es nichts zu deuteln.«[8]

Als Nivernais' Sekretär las d'Eon diesen Brief des Außenministers nicht nur, er machte sich auch eine Kopie davon (die er später veröffentlichte). Mit Sicherheit war Praslins Kritik an Guerchy Nahrung für d'Eons Eigendünkel. Das Talent zum Schreiben – und Denken – war exakt das, was ihn nach seiner Meinung von anderen Diplomaten unterschied. Im Unterschied zu Guerchy hatte er bereits zwei Bücher über Wirtschaftspolitik veröffentlicht. Und er war mehr als nur ein Staatsmann – seine Schriften hatten ihn auch zu einem politischen Philosophen gemacht. Außerdem hatte er mehr diplomatische Erfahrung als Guerchy. Vor seiner Berufung nach London hatte Guerchy weder einen diplomatischen Posten innegehabt, noch jemals auf internationaler Ebene an irgendwelchen Verhandlungen teilgenommen. Er war auf der politischen Bühne ein absoluter Anfänger. Die Konsequenz war, daß d'Eon sich ihm somit weit überlegen fühlte und keine Weisungen von ihm entgegennahm.

Daß er sich Guerchy widersetzte, wurde auch durch den Umstand genährt, daß Guerchy aus seiner Sicht loyal gegenüber Praslin und Choiseul war. Tatsache ist, daß d'Eon die Geschichte, die ihm im Sommer und Herbst 1763 widerfuhr, als Teil eines großen Machtkampfes zwischen zwei Flügeln der französischen Regierung – dem Geheimdienst und dem Außenministerium – über die Kontrolle in der Außenpolitik sah. Auf der einen Seite waren Choiseul, Praslin und Untergebene wie Guerchy, die alle unter dem allgemeinen Schutz von Madame de Pompadour standen. Und auf der anderen Seite standen Broglie, Tercier, Durand und d'Eon – jene Gruppe, deren Loyalität auf Conti zurückging.[9]

Dieser manichäische Machtkampf zwischen den Gefolgsmännern von Ludwigs Mätresse und dem Geheimdienst hatte auch eine wesentliche politische Komponente. Die Vertreter des Geheimdienstes standen der »diplomatischen Revolution« von 1756, wonach Frankreich sich mit dem habsburgischen Österreich verbündete, kritisch gegenüber. Für Broglie war dieses Bündnis ein Zeichen für den endgültigen Rückzug Frankreichs aus Osteuropa. Contis und Broglies Ziel war es hingegen, daß Frankreich sich wieder auf seine traditionellere Politik besann und Polen, die Türkei und Schweden gegen die österreichischen und russischen Ambitionen unterstützte.[10]

Im Sommer 1763 war es d'Eons Gönnern jedenfalls nicht gelungen, den Boden wiederzugewinnen, den sie im Siebenjährigen Krieg verloren hatten. Conti und Broglie waren beide noch immer aus der Hauptstadt verbannt und Tercier und Durand ihrer offiziellen Posten enthoben. Somit dürfte es kaum überraschen, daß, als Praslin anfing, im Juli und August jenes Jahres die Ausgabengepflogenheiten d'Eons zu kritisieren, dieser die Attacke als Teil eines Pompadour-Conti-Machtkampfes empfand, bei dem er mutmaßlich das letzte

Opfer werden sollte. Würde ihm auch der Weg von Broglie und Conti beschieden sein? Dieses Gefühl, politisch verfolgt zu werden, das allein schon dadurch verstärkt wurde, daß er im Ausland relativ isoliert war, wurde erst recht bitter verstärkt, als er vom Bevollmächtigten Minister zum Sekretär degradiert wurde. Derartige Unverschämtheiten von der Praslin-Choiseul-Fraktion konnten nicht kampflos hingenommen werden, zumal er als persönlicher Gesandter des Königs in England war. D'Eons Rolle im Geheimdienst gab ihm die psychologische Motivation und die politische Handhabe, sich zu wehren und zurückzuschlagen.

D'Eon war also nicht verrückt, aber in Anbetracht seines eigentümlichen politischen Status hatte er allen Grund, ein wenig paranoid zu sein. Fest steht, daß zumindest sein engster Freund und erster Cousin, Maurice d'Eon de Mouloize, der in dieser Zeit sein erster Sekretär war, wußte, daß er nicht verrückt, wohl aber sehr nervös und aufgeregt war. »Diese diversen Ereignisse haben seine Gesundheit erheblich durcheinandergebracht«, schrieb d'Eon de Mouloize seinem Vater. »Die fortwährende Aufruhr nimmt Einfluß auf seinen Charakter und ändert ihn erheblich. Was ich Ihnen sage, ist wahrheitsgemäß und objektiv.«[11]

Ludwig XV. entschloß sich angesichts seiner wachsenden Sorge über das Schicksal seiner handschriftlichen Instruktionen, die in d'Eons Besitz waren, zu zwei kühnen Schritten, um sie zurückzubekommen. Der erste bestand darin, daß er Guerchy schrieb und ihn über die Existenz der Geheimpapiere unterrichtete. Da der neue Botschafter von der Existenz des Geheimdienstes natürlich keine Ahnung hatte, war der König darauf bedacht, ihm nur soviel zu sagen, wie er unbedingt wissen mußte. So informierte er Guerchy, daß d'Eon über Geheimpapiere verfüge, die für den König sehr wichtig waren. Diese Papiere sollte Guerchy unter allen Umständen und mit welchen Mitteln auch immer sofort an sich nehmen, im Safe der Botschaft einschließen und sie in keinem Fall irgend jemandem zeigen.[12]

Der zweite Schritt, den Ludwig XV. unternahm, war sogar noch waghalsiger: Er beschritt den Rechtsweg und verlangte die Auslieferung d'Eons durch die britische Regierung. »Ich warne Sie«, schrieb Ludwig am 4. November direkt an d'Eon, »daß ein Gesuch für Ihre Auslieferung, mit meinem Siegel versehen, heute an Guerchy adressiert wurde, welches von ihm den Ministern Seiner britannischen Majestät zu übergeben ist. Dieses Gesuch wird in Begleitung von Beamten der Pariser Polizei überbracht, welche bei der Vollziehung behilflich sein sollen. Wenn Sie sich selbst nicht retten können, retten Sie wenigstens Ihre Papiere.«[13]

Bisher waren nur die Vertreter des Außenministeriums und d'Eons Freunde um Broglie geradezu manisch mit dem d'Eon-Disput beschäftigt, aber er war weitestgehend eine private, vertrauliche Affäre geblieben. Mit dem offiziellen Auslieferungsgesuch sollte nun aber die britische Regierung über d'Eons seltsamen Status in Kenntnis gesetzt werden. Und sobald diese Geschichte erst in

Regierungskreisen bekannt war, würde sie zwangsläufig auch bald über die Presse an die Öffentlichkeit durchsickern.

Die britische Regierung erörterte den Fall zunächst in streng vertraulichem Rahmen auf höchster Ebene. D'Eon war eine ebenso bekannte wie beliebte Figur am Hofe, und König Georg III. zeigte ein erklärtes Interesse an der Angelegenheit. Im November 1763 entschied der britische Außenminister, Lord Halifax, nach langwierigen und intensiven Diskussionen, daß d'Eon, da er sich keines Gesetzesbruches schuldig gemacht hatte und England ein freies Land sei, willkommen sei und bleiben könne. Darüber hinaus bestand Halifax jedoch darauf, daß d'Eon als Privatperson ohne diplomatische Privilegien zu behandeln sei, wozu etwa Einladungen zu königlichen Feierlichkeiten gehörten.[14]

D'Eon war dankbar, daß die Briten ihren freiheitlichen Gesetzen treu blieben und sich weigerten, ihn auszuliefern. Er hatte jetzt zwar nichts von den britischen Behörden zu befürchten, wohl aber von den französischen, die ihn allmählich als einen Kriminellen betrachteten. Da der Auslieferung ein Riegel vorgeschoben war, fürchtete er, die Franzosen könnten jetzt andere Wege und Möglichkeiten suchen, um ihn zum Schweigen zu bringen. Sie würden mit Sicherheit versuchen, seine Papiere zu stehlen oder, schlimmer noch, ihn zu entführen oder sogar zu ermorden. Solche Ängste waren keineswegs unbegründet. In den Folgemonaten unternahmen Praslin und Choiseul tatsächlich mehrere Versuche, d'Eon entführen und verhaften zu lassen.[15] Nach Guerchys Ankunft in London wurde d'Eon also vorsichtiger mit allem und bei allem, was er tat.

Etwa in dieser Zeit erhielt d'Eon eines Morgens Besuch von Pierre-Henri Treyssac de Vergy, der sich als ein Freund Guerchys und jemanden vorstellte, der zu Hause, in Frankreich, wohlbekannt war. Wie es in jenen Tagen, besonders für einen Diplomaten, üblich war, weigerte d'Eon sich, Vergy zu empfangen, sofern er ihm keine Empfehlungsschreiben vorlegen konnte, die Vergy, wie er gestand, nicht hatte; d'Eon wurde mißtrauisch und ließ ihm von seinem Diener die Tür weisen. Als d'Eon und Vergy wenige Tage später in der französischen Botschaft aufeinandertrafen, entstand nach einem Austausch von Beleidigungen ein Streit, der mit einem Duell ausgetragen werden sollte, das auf einen Termin einige Tage später festgelegt wurde. Als d'Eon diese Geschichte bei einer Dinnerparty im Hause von Lord Halifax erzählte, intervenierte Halifax und gab nicht eher nach, bis d'Eon eine Verzichtserklärung abgab, sich mit Vergy in England zu duellieren. Nach mehreren Stunden, in denen Wachen d'Eon daran hinderten, die Dinnerparty zu verlassen, erklärte er sich schließlich bereit, eine eidesstattliche Erklärung zu unterzeichnen, wonach er versprach, das Duell mit Vergy abzusagen. Wenige Tage später sah d'Eon, wie Vergy sich in der Botschaft mit Guerchy unterhielt, was sein Mißtrauen bestätigte, daß Vergy ein von Guerchy angeheuerter Spion war, was Vergy denn auch tatsächlich später gestand.[16]

Ernster war d'Eons Behauptung, Guerchy habe versucht, ihn zu vergiften. Am 28. Oktober, so berichtet d'Eon (siehe Kapitel 21), dinierte er in der französischen Botschaft mit verschiedenen Gästen, während Guerchy im Hause von Lord Sandwich weilte, einem englischen Staatssekretär. Guerchy hatte bei der Gelegenheit dafür gesorgt, daß jemand d'Eons Wein mit einer kräftigen Dosis Opium versetzte. Aber glücklicherweise trank d'Eon nicht sehr viel an diesem Abend, so daß er zwar sehr krank wurde, der Plan aber fehlschlug.

Diese Vorfälle brachten d'Eon zu der Überzeugung, daß das Außenministerium, ohne Wissen des Königs, ein Komplott zu seiner Entführung oder Ermordung geschmiedet hatte. Er zog aus seiner Wohnung aus und bei La Rozière in der Brewer Street am Golden Square ein, wo er unter dem Treppenaufgang eigens einen eisernen Safe für seine Papiere installierte.

D'Eon betrachtete sich also keineswegs als Verräter, sondern als loyaler Diener gegenüber seinem König und seiner eigenen Vorstellung von den französischen Interessen. Er war überzeugt, daß Broglie und der König sein Handeln unterstützen würden, wenn sie nur die tatsächlichen Fakten kannten.

Und die sollten sie tatsächlich bald erfahren. La Rozière, der als Offizier d'Eons Mitspion in England war, kehrte Ende November nach Frankreich zurück, um Tercier und Broglie direkt über d'Eons Situation zu berichten. In seinem Reisegepäck führte er einen langen und wichtigen Brief d'Eons für den König und Broglie mit sich.

21

D'Eon an Ludwig XV. und Broglie

London, 18. November 1763[1]

Monsieur de La Rozière kann Ihnen von all den Tricks, Intrigen, Versprechun-
gen und Drohungen erzählen, derer der Graf von Guerchy sich bediente, um
hinter das geheime Motiv meines Verhaltens zu kommen. Er wird Ihnen auch
erklären, wie ich all seinen Fragen ausgewichen bin, und wie wenig seine Dro-
hungen und Versprechungen mich beeindrucken konnten. Ich glaube nicht,
daß man mehr tun kann, als ich tat, oder daß irgendein Botschafter schon ein-
mal mehr gedemütigt und hinters Licht geführt wurde als der Graf von Guer-
chy. Was seine Drohungen angeht, so habe ich darüber gelacht. Unter vier
Augen habe ich ihm gesagt, daß ich auf der Hut bin und ihm auflauere, und
daß ich ihn nicht auf der Straße angreifen würde, wenn er an der Spitze einer
Hilfsbrigade von Wächtern gegangen käme, wenn er aber versuchen sollte, in
mein Haus zu kommen, würde er schon sehen, wie ich ihn an meiner Tür emp-
fange. Ich habe zu Hause nicht weniger als acht türkische Säbel, vier Pistolen
und zwei türkische Gewehre, mit denen ich ihm einen rauschenden türkischen
Empfang bereiten kann. Meine Tür ist eng, und jeder kann nur einer nach dem
anderen eintreten. Ich bin in jedem Fall noch immer Bevollmächtigter Mini-
ster, da ich meine Abschiedsaudienz [bei König Georg III.] noch nicht gemacht
habe, und wenn ich wollte, könnte ich hier ein ganzes Jahr eine diplomatische
Verteidigungsstellung aufrechterhalten, ehe ich sie mache; es ist nur eine Frage,
etwas Geld für meine Unterkunft, Essen usw. zu haben. La Rozière kann
Ihnen auch erzählen, daß ich achtzehn entscheidende Verteidigungspunkte
bzw. diplomatische Bollwerke [zum Schutz meines Hauses] ausgearbeitet und
errichtet habe, welche mich halten werden, ehe man mich zwingen kann, mei-
nen Abschied zu nehmen. Nur La Rozière und mir sind meine Verteidigungs-
positionen bekannt. Beim ersten Angriff, den der Graf von Guerchy und Lord
Halifax versuchten, gegen mich zu starten, habe ich ihnen mein erstes Arsenal
gezeigt, und sie mußten sich völlig verstört zurückziehen ...
Am Freitag, den 28. Oktober, ging der Graf von Guerchy zusammen mit
Lord Sandwich zum Essen, und ich dinierte in der französischen Botschaft, wo
nur die Gräfin von Guerchy, ihre Tochter, Monsieur de Blosset [ein französi-

scher Offizier und Diplomat], der Chevalier d'Allonville [ein französischer Offizier, der später, während der Französischen Revolution nach England emigrierte] und Monsieur Monin [Contis früherer Sekretär, Nicolas Monin, den man nach London geschickt hatte, um im Streit zwischen Guerchy und d'Eon zu vermitteln] anwesend waren. Sofort nach dem Essen brachen die Gräfin und ihre Tochter auf, um einige Besuche zu machen. Ich blieb mit diesen Herren zurück, welche wie Schwätzer zu plappern anfingen. Wenig später fühlte ich mich krank und sehr schläfrig. Als ich das Haus verlassen wollte, kam ich an einer Couch vorbei, sie wollten mich nötigen, darauf Platz zu nehmen, aber ich weigerte mich. Ich floh zu Fuß nach Hause, wo ich unwillkürlich in einem Sessel am Kamin einschlief. Ich war gezwungen, früh zu Bett zu gehen, da ich mich schließlich noch schlimmer fühlte; mein Magen brannte, als ob er in Flammen stünde. Ich ging zu Bett, und obwohl ich um sechs oder sieben Uhr immer schon aufgestanden bin, schlief ich mittags immer noch, als Monsieur de La Rozière kam und mich durch lautes Pochen an meiner Tür aufweckte. Im nachhinein habe ich festgestellt, daß Monsieur von Guerchy dafür gesorgt hatte, daß Opium, wenn nicht Schlimmeres, in meinen Wein getan wurde, und damit gerechnet hatte, daß ich nach dem Essen in einen schweren Schlaf fiele, sie mich schlafend auf eine Couch legen und statt nach Hause an die Themse hinunter verfrachten würden, wo wahrscheinlich ein Boot für meine Entführung bereitstand. Fast vierzehn Tage habe ich mich extrem krank gefühlt; selbst jetzt habe ich noch entsetzliche Kopf- und Magenschmerzen und eine gereizte Galle. La Rozière kann dies bezeugen.[2]

Am nächsten Tag, nachdem ich diesen Cocktail getrunken hatte, kam Monsieur Monin, um mich zu besuchen und mit mir zu speisen. Ich erzählte ihm, wie krank ich mich fühlte. Er sagte mir, er hätte fast die gleichen Symptome gehabt, aber nicht so stark wie ich. Einige Tage später kam der Graf von Guerchy, um mich, begleitet von seinen zwei Adjutanten, zu besuchen. Sie nahmen meine kleine Unterkunft sehr genau in Augenschein, und da in einem kleinen Salon vier Stiche waren, welche den König mit Malerei, Bildhauerei, Musik und Architektur darstellten und der ganze Satz Madame de Pompadour gewidmet war, sagte der Chevalier d'Allonville: »Ah, Herr Graf, sehen Sie, Monsieur d'Eon hat Stiche, welche Madame de Pompadour gewidmet sind, an seinen Wänden!« »Warum nicht?« entgegnete ich. »Glauben Sie, ich habe Angst vor Madame de Pompadour? Sie hat mir weder je etwas Gutes noch Schlechtes getan. Ich habe keine Angst vor schönen Damen.« Später fragte mich der Botschafter, was mit mir los sei. Mit burgundischer Offenheit antwortete ich: »Seit ich im Hause Ihrer Exzellenz am 28. gespeist habe, fühle ich mich extrem krank. Offenbar achten Ihre Köche nicht darauf, die Kochtöpfe ordentlich zu reinigen. Das ist das Problem, wenn ein Haushalt im großen Stil geführt wird; man wird oft vergiftet, ohne es zu wissen.« (Das gleiche hatte ich jedem gesagt, der mich besuchte, auch meinem Arzt und meinem Bader.) »Ich habe meinen Küchenchef angewiesen, das Kochen zu überwachen«, erwiderte der Graf von

Guerchy. »Diese Herren hier fühlten sich auch indisponiert und ebenso Monsieur Monin.« Und anschließend sagte der Botschafter zu mir: »Wir gehen zur Westminister Abbey«, welche am Ufer der Themse liegt,. »Wenn Sie nicht indisponiert wären, hätte ich Sie gebeten, mit uns zu kommen.«

Der Besuch des Botschafters und seiner zwei Gehilfen so früh am Morgen, die anmaßende Art und Weise, wie diese Herren Einlaß begehrten, den Vorschlag, welchen Sie machten, und wie sie in meiner Wohnung alles so genau in Augenschein nahmen, dies alles wies auf Probleme hin, für welche ich gut gerüstet bin, da ich immer gerüstet bin. Glücklicherweise vereitelte einer meiner Freunde, welcher zufällig in meinem Schlafzimmer war, jedoch die militärischen Pläne des großen Generals Guerchy … Als er schließlich merkte, daß ihm ein Strich durch die Rechnung gemacht worden war, hielt der Botschafter sich nur noch kurze Zeit auf und verabschiedete sich …

22

Broglie an Ludwig XV.

Broglie, 9. Dezember 1763[1]

Es fällt mir schwer, Seiner Majestät die extreme Beschämung zum Ausdruck zu bringen, welche ich empfinde, da es mir zukommt, eine derart befremdliche Affäre zu schildern, eine so einmalige und bei welcher so viele Personen kompromittiert wurden ...

Ich sollte die Ehre haben, Seiner Majestät zu gestehen, daß ich in dem ganzen Fall hinsichtlich des Verhaltens, welches Sire d'Eon bot, keinerlei Spur von Geisteskrankheit gesehen habe, welche von vielen unterstellt wurde ... Ich finde, wie ich sagen muß, daß alle seine Berichte und seine ganze Amtsführung schließlich durch Eifer, einen erleuchteten Verstand und die Erfahrung gekennzeichnet sind, welche ich seit jeher bei ihm kenne; und wenn seine Ausdrucksweise bisweilen zu stark und sein Rat zu nachdrücklich formuliert oder untermauert ist, so ist das ein Beweis, wonach Seine Majestät in allen seinen Abenteuern den gleichen Charakter wie immer erkennen werden, so daß er mir nicht einer anderen Verurteilung als der wert erscheint, daß er diejenigen verstimmt, welche der Wahrheit vielleicht weniger treuergeben sind.

Ich möchte keineswegs auch nur einige der Verfahrensweisen und unkontrollierten Verhaltensweisen gegenüber seinen Vorgesetzten entschuldigen ... Aber ich bitte Seine Majestät, Mitgefühl für die Schwäche aufzubringen, welche dem Menschen zu eigen ist; man trifft nur selten Männer, welche frei von all den Schwächen sind, welche zu ihnen gehören, und ich glaube nicht, daß Seine Majestät es mißbilligt, wenn ich mir die Freiheit nehme, inständig um Nachsicht für die Fehler zu bitten, welche durch essentielle Qualitäten, wertvolle Dienste und unermüdlichen Eifer wiedergutgemacht werden.

Der Brief, welchen Sire d'Eon die Ehre hatte, Seiner Majestät zu schreiben, erklärt die Motive seines Ungehorsams gegenüber den Anweisungen von Monsieur dem Herzog von Praslin und Monsieur dem Grafen von Guerchy. Man muß zugeben, daß er in einer entsetzlichen Verlegenheit gewesen sein muß, weder eine Order von Seiner Majestät noch durch meinen Kanal, noch den von Monsieur Tercier zu erhalten; die von Seiner Majestät eigenhändig verfaßte [Note], welche Seine Majestät, wie wir glaubten, an Monsieur Guerchy sandte, um sie ihm auszuhändigen, wurde in Wirklichkeit nie gesandt.[2] Monsieur de La Rozière versicherte mir diese Tatsache. Angesichts dieses allgemeinen Schweigens war es logisch für ihn, daß er es für entscheidend und unverzichtbar hielt, in London zu bleiben. Die Wege [für uns], ihn zu erreichen, waren schwierig, und die, welche genutzt wurden, um ihn dazu zu bewegen, seine vertraulichen Briefe zurückzugeben, waren so fehlgeleitet und, seinen Berichten zufolge, voller solcher Demütigungen, daß es nur zu verständlich ist, wie die Dinge sich entwickelten. Es ist gewiß, daß er sich unter solchen Umständen nicht an die gewöhnlichen und natürlichen Verfahrensweisen halten konnte. Es war notwendig, zu ungewöhnlichen Vorwänden und Mitteln zu greifen, und ich glaube, daß mit etwas weniger Feindseligkeit gegen ihn ein Teil der Furore hätte vermieden werden können, welche diese unselige Affäre gemacht hat ...

Es dünkt mir, daß Seine Majestät nur drei Wahlmöglichkeiten haben, unter welchen sein Verbleib [in London] möglich wäre:

1) Wenn es Seiner Majestät gefiele, den Titel des Bevollmächtigten Ministers, trotz der Anwesenheit von Monsieur Graf von Guerchy beizubehalten und die Abberufung, welche von ihm [Guerchy] bereits ausgesprochen wurde, zu widerrufen.

2) Wenn Seine Majestät es als angemessener beurteilten, ihm eine geheime Erlaubnis zu senden, als gewöhnlicher französischer Bürger dort zu bleiben ... Er würde dann von allen wichtigen Ereignissen profitieren, um uns Informationen zu geben, welche vielleicht nützlicher wären als solche,welche von einem offiziellen Minister kommen könnten.

3) Wenn er sich durch die Vereitelung dieser zwei Möglichkeiten und in Verzweiflung, den Schutz und die Wertschätzung Seiner Majestät zu verlieren, in die Arme Seiner britischen Majestät würfe und die Aufdeckung des wichtigen Geheimnisses, welches ihm anvertraut wurde, als ein Mittel der Rache betrachtete.

Man kann sich gar nicht vorstellen, wie schwierig es ist, zwischen diesen Möglichkeiten zu wählen und jede Gefahr zu vermeiden. Da ich die Ehre habe, Seiner Majestät in der Laufbahn eines politischen Agenten zu dienen, erachte ich es für notwendig anzumerken, daß er das Geheimnis dort sorgfältig bewahrt hat, so sehr, daß die Nützlichkeit seines Dienstes darunter gelitten hat. Es gibt keinen Zweifel, daß es notwendig ist, den Vorhang über dieses Geheimnis zu ziehen mit dem Wunsch, daß Sire d'Eon nach allem, was passiert ist, den Titel des Bevollmächtigten Ministers in London behält. Um diese Unannehmlichkeit jedoch zu umgehen, braucht man nur eine direkte und strikte Order an Monsieur de Guerchy, und selbst wenn sie insgeheim zu Monsieur de Praslin durchsickern sollte, wie wohl realistischerweise anzunehmen wäre, würden sie sich beide dem Willen ihres Gebieters unterwerfen. Somit wäre die einzige Sache, welche zu befürchten wäre, die Minderung ihres Eifers, sie auszuführen.

Betreffs der zweiten Alternative ist die einzige Unannehmlichkeit, welche ich sehe, die der Korrespondenz, um sie durchzuführen, und die Schwierigkeit sicherzustellen, daß ein isolierter Mann vor der Mißhandlung beschützt wird, welche einem Fremden widerfahren kann. Ich bin nicht vertraut genug mit der englischen Verfassung, um in dieser Hinsicht eine klare Meinung zu haben, aber der Sire de La Rozière versichert mir, daß alle Einzelpersonen in London vor allen illegalen Unternehmungen geschützt sind, und daß er nicht verhaftet werden kann, außer durch die Kanäle der Justiz, welche keine Gewalt gegen ihn zulassen würden. Betreffs der Korrespondenz glaubt [La Rozière] auch, daß sie mit gewährleisteter Sicherheit über Calais, vielleicht über ihn, vielleicht über irgendeine andere Person geführt werden könnte, welche er leicht finden könnte ... Ich muß hier in diesem letzten Fall hinzufügen, daß es absolut notwendig ist, ihm einen ehrlichen Unterhalt zu gewährleisten, und daß er möglicherweise nicht in London bleiben könnte, wo alles so teuer ist, ohne ihn vor Bedürftigkeit zu schützen und er nicht selbst für seinen Unterhalt in der Gesellschaft sorgen muß, welche er gewohnt ist, so daß er nützlich die Dienste leisten und die Intentionen Seiner Majestät erfüllen könnte. Ich habe bei [d'Eon] immer eine Objektivität und eine ausgezeichnete Integrität festgestellt, aber wenn er sich von Seiner Majestät fallengelassen wähnt, ausgebürgert und ohne irgendwelche Mittel für seinen Unterhalt dasteht, was sollte er zu fürchten haben?

Wenn er in Anbetracht dessen, was geschehen ist, und aufgrund der Notwendigkeit, ein anständiges Leben zu führen, [die Order des Königs vom 6. Juni 1763] öffentlich machte oder sie dem britischen Ministerium zukommen ließe, wer weiß, was geschehen könnte? Wäre es nicht richtig zu fürchten, daß die Unantastbarkeit der Person Seiner Majestät kompromittiert werden könnte und daß eine Kriegserklärung seitens England unweigerlich die Folge wäre? Es ist unbestreitbar, daß der Sire d'Eon zur Verzweiflung getrieben wurde, und daß er ohne die Güte Seiner Majestät von den Franzosen nur sehr Schlimmes erwarten kann, und daß [seine geheime Order] sein einziges Mittel ist, sich einen guten Lebensunterhalt in England zu sichern. Bei aller gebotenen Vernunft bitte ich Seine Majestät inständig, den Bestrebungen von Monsieur de Guerchy und Monsieur dem Herzog von Praslin Einhalt zu gebieten unter dem Vorwand, daß es ihm gefällt, Sire de La Rozière sofort nach England zurückzuschicken, um dem Sire d'Eon [neue] Orders zu überbringen ...

23

Der Sündenbock

Das Erstaunlichste an diesem außergewöhnlichen Briefwechsel ist, daß der Graf von Broglie d'Eons Version dieser bizarren politischen Misere akzeptierte. Natürlich wollte Broglie nicht leichtgläubig erscheinen und gab dem König zu verstehen, daß er sehr wohl auch sah, wie ungeschlacht und aufsässig d'Eon war. Aber im Grunde entschuldigte er d'Eons ungebührliches Verhalten, indem er seinen Schützling genauso sah, wie d'Eon sich sah: als ein Opfer politischer Parteikämpfe. Und genau wie aus d'Eons Sicht war auch für Broglie der ganze Wirbel untrennbar mit dem Machtkampf der Pompadour-Choiseul-Fraktion um die Außenpolitik verknüpft.[1]

Für Praslin, Choiseul und Guerchy war die Sache relativ klar: Sich Praslins Abberufungsorder zu widersetzen, stellte einen Akt gröbster Gehorsamsverweigerung, wenn nicht gar des Hochverrats dar. Aber Broglie sah das anders. Er stellte d'Eon als einen intelligenten, eifrigen, hart arbeitenden Diplomaten und Spion mit bemerkenswerten Talenten dar. Von seinem Standpunkt als Leiter des Geheimdienstes konnte Broglie verstehen, warum d'Eon sich Praslins Order widersetzte und auf einer direkten handschriftlichen Order des Königs bestand. Schließlich hatte auch er sich vor Jahren, als er ebenfalls zugleich Diplomat und Spion in Polen gewesen war, den Weisungen des Außenministers widersetzt. Für Broglie bedeutete d'Eons Verhalten, das er in jüngster Zeit an den Tag legte, also keineswegs unbedingt, daß dessen Karriere damit besiegelt war.

Äußerst besorgt war Broglie natürlich über den Punkt, auf den er in seinem Brief als Alternative Nr. 3 einging. Wenn Frankreich d'Eon fallenließ, gäbe es wohl nichts, was ihn aufhalten würde, seine Unterlagen gegen eine stattliche Jahresrente an die britische Regierung zu verkaufen, von der er dann bequem für den Rest seines Lebens in London würde leben können. Die Konsequenz, wenn England den geheimen Invasionsplan in die Hände bekäme, würde jedoch unweigerlich, wie Broglie Ludwig XV. geradeheraus zu verstehen gab, ein neuer Krieg sein. Der König glaubte selbst zwar nicht, wie er in seiner Antwort später erklärte, daß die Briten angreifen würden, wenn sie hinter den Plan kämen. Klar war jedoch, daß die Ehre der Franzosen besudelt wäre und sich die Beziehungen zwischen beiden Ländern mit Sicherheit verschlechtern würden.[2]

148

Zwei der von Broglie genannten Möglichkeiten verboten sich von selbst: D'Eon einfach abzusägen würde zweifellos eine internationale Krise mit den Briten heraufbeschwören; und ebenso würde die neuerliche Zuerkennung des Titels als Bevollmächtigter Ministers die Autorität des Königs zu Hause untergraben, da sie als Absegnung seines Verhaltens verstanden würde. Folglich offerierte Broglie noch eine weitere Möglichkeit: D'Eon genug Geld zu geben, um bequem leben zu können, und ihn anzuweisen, ohne offiziellen Status solange in London zu bleiben, bis sich der Sturm gelegt hatte. Der ganze Brief kann in der Tat als eine einzige lange Beweisführung gesehen werden, um den König von der Effizienz dieser Strategie zu überzeugen.

Broglies rhetorischer Erfolg wird durch die Tatsache belegt, daß Ludwig XV. seine Empfehlung akzeptierte: Der König würde Praslin davon abhalten, d'Eon verhaften oder ermorden zu lassen; er würde insgeheim gewährleisten, daß d'Eon vor französischen Häschern sicher war; und er würde ihm einen stattlichen Geldbetrag anbieten. D'Eon würde zwar seinen offiziellen diplomatischen Titel verlieren, aber der König würde ihm zugleich insgeheim die Anweisung geben, ohne irgendeine offizielle politische Funktion als Spion in London zu bleiben. Der König akzeptierte Broglies Argument nicht, weil er d'Eons Verhalten billigte, sondern weil er zu der Überzeugung gelangte, daß d'Eon nicht geisteskrank und damit um so gefährlicher war. »Ich glaube wirklich nicht, daß er verrückt ist«, schrieb Ludwig XV. an Tercier, »nur extrem überheblich und geltungsbedürftig.« Es bedeutete jedenfalls, daß d'Eon zwar aus dem diplomatischen Korps ausscheiden, seinen wichtigeren Posten im Geheimdienst aber behalten würde.[3]

Broglie hatte den König zu schnellem Handeln gedrängt, und er handelte in der Tat schnell. Er wies sofort Broglie und Tercier an, Sire de Nort nach England zu schicken, um mit d'Eon zu verhandeln, und genehmigte zweihundert Dukaten, die de Nort für d'Eon mitnehmen und ihm übergeben sollte. Die Geheimdienstler sahen sich dann jedoch bemüßigt, sich in Vorbereitung der Mission derart in Einzelheiten zu verzetteln, daß in den nächsten Monaten allein stundenlang darüber debattiert wurde, wie de Norts Reise geheimgehalten werden konnte, nicht etwa vor den Briten, sondern vor dem französischen Außenministerium.[4]

Dabei konnte der Geheimdienst es sich mitnichten leisten, die Sache zu verschleppen. In England sickerte d'Eons Geschichte allmählich an die Presse durch und beschwor die Gefahr erheblicher Peinlichkeiten herauf. Der Hintergrund war, daß Guerchys persönlicher Spion, Vergy, Mitte November ein beißendes Pamphlet gegen d'Eon verfaßte, auf das d'Eon derart aufgebracht reagierte, daß er nun seinerseits Guerchy attackierte. Was Guerchy natürlich nicht auf sich beruhen ließ und mit einem weiteren, diesmal von dem Polemiker Ange Goudar verfaßten Pamphlet neuerlich eine Breitseite auf d'Eon abfeuern ließ.[5] Dieses Scharmützel wurde schnell ruchbar, von verschiedenen Zeitungen aufgegriffen und von der Öffentlichkeit mit großem Interesse ver-

folgt. So drohte der Disput, der innerhalb der französischen Regierung angefangen hatte, jetzt zu einer öffentlichen Schlammschlacht auszuarten.

Für Ludwig XV. konnte es an diesem Punkt nun nur noch darum gehen,
um jeden Preis zu verhindern, daß der Skandal in Frankreich öffentlich wurde. So stellte er den Geheimdienstleuten am 30. Dezember eine
Summe von sechstausend Livres zur Verfügung, um alle verbliebenen Exemplare dieser Traktate aufzukaufen.[6] Was natürlich eine vergebene Liebes-
mühe war. Die *Mémoires secrets*, eine wichtige, wenn auch im Untergrund
vertriebene französische Zeitschrift, brachten noch vor Ende des Jahres einen
Bericht über die Affäre. In dem Artikel wurde klar Partei für Guerchy
ergriffen und das Ganze als eine reine Auseinandersetzung zwischen
Guerchy und d'Eon gesehen, bei der letzterer seine Kompetenzen überschritten hatte.[7] Wohlwissend, daß d'Eon gerne schrieb, daß er Geld brauchte und
sehr auf seinen Ruf bedacht war, wurden die französischen Staatsmänner jetzt
von der Sorge umgetrieben, er könnte weitere Pamphlete gegen Guerchy
schreiben, die noch mehr Salz in die Wunde streuen würden, die inzwischen in der Tat bereits zu einer Wunde im Bauch der Monarchie geworden
war.

Mit dem Jahreswechsel von 1763 zu 1764 spitzte sich die Situation noch weiter zu. Der König hatte zwar beschlossen, auf d'Eons grundlegende politische
Forderungen einzugehen, aber d'Eon wußte nichts von dieser entscheidenden
Tatsache. Der Geheimdienst war in den Einzelheiten steckengeblieben und
ließ d'Eon im Dunkeln. Unterdessen hatten Broglie und Tercier in der Zwischenzeit auch nicht weiter mit d'Eon korrespondiert, so daß er sich im Endeffekt auch vom Geheimdienst fallengelassen fühlte. Im März war für d'Eon
schließlich der Punkt erreicht, an dem er sich nun nichts mehr vormachen
wollte: Monate waren seit Praslins Abberufungsorder verstrichen, und weder
Tercier noch Broglie, noch der König waren ihm zu Hilfe gekommen. Und das
konnte nur heißen, daß er sich selbst überlassen war, sich gegen das französische Außenministerium zur Wehr zu setzen.

Zu alledem gab es auch noch das Geldproblem. Das Außenministerium
pochte weiterhin darauf, daß d'Eon der Staatskasse wegen unsachgemäßer
Verwendung von Mitteln Tausende von Livres schuldete. Aber nicht nur, daß
d'Eon sich weigerte, irgend etwas zurückzuzahlen, er beharrte im Gegenteil
darauf, daß das Ministerium *ihm* Geld schuldete. Kompliziert wurde die Situation durch das Gerücht, daß Praslin vorhatte, sich notfalls sein Geld auf dem
Wege zu holen, daß er eine d'Eon 1759 zuerkannte Pension beschnitt. Dieses
Gerücht trug nur noch weiter zu d'Eons Entfremdung bei.[8]

Ende Februar 1764 kam es zu einer dramatischen Wende in der französischen Politik: Madame de Pompadour, die seit Jahren krank gewesen war, lag
nun auf dem Totenbett. Ludwig nutzte den Augenblick, um am Vorabend ihres
Todes ihre beiden Feinde, den Grafen und den Marschall von Broglie, öffentlich als politisch rehabilitiert zu erklären. Nachdem sein Exil somit beendet

war, kehrte der Graf nach Paris zurück, wo er sodann unmittelbar wieder die Leitung des Geheimdienstes übernahm.[9]

Nun wäre anzunehmen gewesen, daß d'Eon die Nachricht von der »Freilassung« Broglies mit Begeisterung aufgenommen hätte. Zunächst ging er tatsächlich davon aus, daß eine derartige Entwicklung zweifellos auch seine eigene Rehabilitation bedeutete. Als er dann aber immer noch nichts von Tercier oder Broglie hörte, begann er zu verzweifeln. Das war definitiv ein Zeichen, sagte er sich, daß der Geheimdienst ihn zu einer Art Sündenbock gemacht hatte.

Es ist sehr traurig, schrieb er im März an Tercier, daß er nach all den »nützlichen und wichtigen Diensten«, die er für den König erbracht hatte, so leicht »geopfert« werden konnte. Mit dem Versprechen, weder »den König noch mein Land jemals im Stich zu lassen«, gelobte er, alles in seiner Macht stehende zu tun, um sein Leben und seine Laufbahn zu schützen und alles Notwendige für seine Sicherheit zu tun. Das war schließlich nach dem quasi Hobbes'schen Existenzzustand, auf den er jetzt reduziert war, sein gutes Recht. »Ich will Ihnen nichts vormachen, Monsieur«, gestand er Tercier. Die Briten boten ihm Geld, sehr viel Geld, wenn er die Seiten wechselte und für sie arbeitete. Und gerade weil er seinen König liebte, fühlte er sich um so mehr fallengelassen und war um so geneigter, sich auf den Handel mit seinen britischen Gastgebern einzulassen.

»Die Oppositionschefs«, erklärte er weiter, »haben mir all das Geld geboten, das ich bräuchte, wenn ich ihnen meine Unterlagen gebe … Ich öffne Ihnen mein Herz, und Sie wissen nur zu gut, wie sehr diese Art von eigennützigem Handeln meinem Charakter widerstrebte. Aber, nun, wenn man mich im Stich gelassen hat, was würden Sie erwarten, was ich tun sollte? Was die Papiere des Advokaten [Ludwig XV.] und seines Vertreters [Broglie] angeht, so behüte ich sie mehr denn je. Ich habe sie alle und die von La Rozière … Aber wenn ich ganz fallengelassen werde, und wenn ich von jetzt ab bis zum 22. April, Ostern, keine vom König oder vom Grafen von Broglie unterzeichnete Zusage erhalte, daß die ganze Affäre mit Monsieur de Guerchy gelöst wurde, nun dann, Monsieur, erkläre ich offiziell und wahrheitsgetreu, daß alle Hoffnung für mich verloren ist, und daß, wenn Sie mich in die Arme des Königs von England, seines Premierministers und seiner Lords zwingen, es klar ist, daß Sie das Schicksal des nächsten Jahres bestimmen, bei dem ich mit Sicherheit der unschuldige Autor sein werde, ein Krieg, der unausweichlich sein wird. Der König von England wird durch die Umstände dazu gezwungen werden, durch den Aufschrei der Nation und der Oppositionspartei, die zunehmend stärker werden wird … Somit wird sich Ihr großes, für den König so ruhmreiches und für Frankreich so vorteilhaftes Vorhaben gegen Sie wenden.«[10]

Mit diesem Brief gab d'Eon schließlich offiziell zu, was die ganze Zeit nur in der Luft lag: Er war bereit, um seiner Freiheit und Sicherheit willen, die französische Regierung zu erpressen. Trotz seines Beharrens, daß er dem König nach wie vor treuergeben war, sagten seine Drohungen etwas anderes: Wenn er die Unterlagen des Geheimdienstes an die Engländer verkaufte, würde die Monarchie Ludwigs XV., mit oder ohne Krieg, im Zweifel auseinanderbrechen. Zumindest hätte sie damit den schlimmsten Skandal, den es unter Ludwigs Herrschaft gegeben hatte. Und das mußte um jeden Preis vermieden werden. D'Eon war von sich aus bereit, es zu vermeiden, wenigstens bis zum 22. April 1764, oder so sagte er zumindest. Aber er wollte jetzt, daß der König wußte, daß er derjenige war, der den Trumpf in der Hand hatte.

24

Die Lettres, mémoires et négociations
Die Briefe, Erinnerungen und Verhandlungen

Um jeden Zweifel auszuräumen, daß er vielleicht nur bluffte, ließ er seiner Erpressungsdrohung gleich eine Bombe folgen. Am 23. März 1764 veröffentlichte er in England die *Lettres, mémoires, et négociations [Memoiren des Chevalier von Eon. Aus dessen Familienpapieren und nach authentischen Quellen, welche in den Archiven des Ministeriums der auswärtigen Angelegenheiten niederlegt sind, zum ersten Mal bearbeitet und herausgegeben von Frédéric Gaillardet*, Braunschweig 1837], einen zweihundertseitigen Dokumentarbericht in Französisch über seine vermeintlich zu hohen Ausgaben und die darauf folgende Abberufung mit der dazugehörigen diplomatischen Geheimkorrespondenz zwischen d'Eon, Guerchy, Praslin, Choiseul, Nivernais und anderen. Das Buch löste, wie nicht anders zu erwarten, in der französischen Regierung natürlich regelrechte Schockwellen aus und gab der Affäre einen völlig anderen Charakter. Wochenlang gab es für die Diplomaten diesseits und jenseits des Kanals kaum ein anderes Gesprächsthema. Das Buch »ist in drei Teile unterteilt«, schrieb Guerchy sofort an Nivernais. »Der erste Teil ist gleichzeitig eine Art historische Erinnerung und Verleumdung gegen unseren Freund [Praslin] und mich. Hier wird auch die Frage Ihrer Rolle behandelt, mit einigen netten Sätzen, aber mit Bemerkungen anderer Art verknüpft ... Der zweite Teil ist eine Sammlung verschiedener Privatbriefe von Ihnen an Monsieur de Praslin und vieler Antworten von ihm ... Der dritte Teil umfaßt Briefe an verschiedene Personen und einige Antworten, die er erhielt. Er kündigte an, in drei Monaten einen ganz neuen Band herauszugeben. Ich bin, wie Sie sich vorstellen können, äußerst bestürzt wegen alle dem, das Gegenstand jeder Konversation in London werden wird.« Wie Nivernais darauf reagieren würde, war natürlich absehbar: »Ich bin genauso entrüstet, schockiert und empört darüber!«[1]

Das Buch schlug wie eine Sensation ein, und die Aufregung, die es auslöste, kann gar nicht übertrieben dargestellt werden. Binnen fünf Tagen nach seiner

Veröffentlichung wußte selbst König Georg III. kaum noch über etwas anderes zu reden. »Als Mr. Grenville zum König ging«, schrieb der britische Premierminister über sich selbst, »traf er ihn sehr beunruhigt an, und er zeigte äußerstes Interesse an der Veröffentlichung von Monsieur d'Eons Buch.« Es zeigte sich, daß Guerchys Vorhersage, das Ganze würde in ganz London zum Gesprächsthema werden, ganz und gar untertrieben war; es wurde das Gesprächsthema in ganz Europa, überall, wo über Politik diskutiert wurde. Am aufgebrachtesten waren natürlich die Herren des französischen Außenministeriums – »ein Meisterstück der Unverschämtheit und Perfidität«, erklärte Praslin in seiner Wut. In der zweiten Aprilwoche schrieb die französische Zeitschrift *Mémoires secrets* bereits, daß das Buch »in diesem Land eine große Sensation auslöste«, obwohl entsprechende Exemplare nur schwer aufzutreiben waren.[2]

Mit der Veröffentlichung der *Lettres* wurde d'Eon, der bisher im wesentlichen unter Intellektuellen und in diplomatischen Kreisen bekannt gewesen war, schlagartig zu einem Begriff in jedem Haushalt – zumindest in den aristokratischen Häusern. Ob er verrufen war, oder was auch auch immer, fest steht, daß es im Frühjahr 1764 nur wenige Staatsmänner gab, die so bekannt wie d'Eon waren. Wenige Monate nach seiner Veröffentlichung debattierten nicht nur die mächtigsten Männer bei Hofe oder die Bourgeoisie bei ihren Gesellschaften und die Zeitungen über d'Eons Buch, es war auch ein häusliches Gesprächsthema zwischen Müttern und Töchtern, wie folgender faszinierender Auszug aus einem Brief eines sechzehnjährigen Mädchens aus adeligem Hause an eine gleichaltrige Freundin zeigt. (Da so viele von uns heute, im zwanzigsten Jahrhundert, bezweifeln würden, daß sich ein junges Mädchen im achtzehnten Jahrhundert für Politik und das intellektuelle Leben interessieren könnte, sei es mir nachgesehen, wenn ich diesen Brief so ausführlich zitiere.)

»Nach dem Mittagessen hatte ich meinen Philosophieunterricht, habe Locke beendet und mit Spinoza angefangen. Nach der Stunde habe ich meine schriftlichen Hausaufgaben erledigt, und wir haben einen Spaziergang über den Wall gemacht, wo wir praktisch jeden Tag entlanggehen. Gestern nach der Messe, als ich unglücklich war, Dich nicht gesehen zu haben, habe ich Spanisch und Italienisch schreiben geübt, und dann gab es Mittagessen. Ich blieb bis fünf Uhr im Zimmer meiner Mutter. Als alle anfingen zu spielen, habe ich mich zurückgezogen. Ich habe an einem Stück über die Macht der Erziehung gearbeitet und bis sechs Uhr [Montesquieus] *Vom Geist der Gesetze* gelesen … Heute morgen hatte ich meinen Italienisch- und Spanischunterricht und habe dreiundzwanzig Seiten von Platon gelesen. Wir haben zu Mittag gegessen, und jetzt ist es mir das größte Vergnügen, Dir zu schreiben. Meine Mutter liest gerade die Erinnerungen von Monsieur d'Eon. Welcher Wahnsinn! Oder vielmehr, welche hochverräterische Unverschämtheit! Dieses Werk ist verboten und in Paris überhaupt nicht erhältlich; man ist gezwungen, es aus England zu bestellen. Er verspricht fünf Bände, von denen der erste erschienen ist. Darin beschränkt er sich darauf, sich über die Amtsführung von Monsieur de Guer-chy lustig zu machen, aber sie sagen, daß er in den anderen Bänden ganz klar Staatsgeheimnisse preisgeben wird.«[3]

Eines ist klar: Die Leser und Leserinnen von d'Eons schockierendem Buch waren mit überwältigender Mehrheit entrüstet über das, was er gemacht hatte, und sich darin einig, daß er sich mit dieser Veröffentlichung eines schweren Verbrechens schuldig gemacht hatte. So überschattete denn auch die Veröf-fentlichung dieses Buches die ganze Guerchy-d'Eon-Affäre. »Die Würdelo-sigkeit seines Vorgehens«, bemerkten die *Mémoires secrets*, »die Widersinnig-keit seines Verhaltens und sein Stil bei der Schilderung ist entweder ein Zeichen von Bösartigkeit oder von Wahnsinn.« Horace Walpole war der gleichen Mei-nung. Selbst d'Eons neugieriger, in Mißkredit geratener Kollege, der britische Politiker John Wilkes, der wegen ähnlichen politischen Problemen in England nach Frankreich ins Exil gegangen war, schrieb, daß Versailles das Ganze nicht so sehr aufgrund von d'Eons Argumentation, sondern aufgrund der Tatsache als Verrat empfand, daß er »die Geheimnisse seiner Verhandlungen veröffent-lichte.«[4]

Wilkes' Analyse zeigt uns, daß d'Eons Buch nicht einfach subversiv war, weil es nicht die erforderliche Genehmigung des königlichen Zensors hatte. Dazu wäre im übrigen zu sagen, daß die Zensur in den 1760er Jahren in Frank-reich bereits stark bröckelte. Allein 1764 wurde bei nur vierzig Prozent der ins-gesamt 1.548 der in französisch veröffentlichten Titel eine solche Genehmi-gung eingeholt.[5] Theoretisch könnte also die Mehrzahl der in jenem Jahr veröffentlichten Bücher als subversiv bezeichnet werden. Aber das waren sie natürlich nicht. Das besonders Skandalöse an d'Eons Buch war vielmehr, daß er damit Fakten der Geheimdiplomatie öffentlich machte. Die Veröffentli-chung derartiger Korrespondenz war ein unerhörter politischer Vorgang; damit unterwarf d'Eon König Ludwig XV. praktisch dem Urteil einer höhe-ren Autorität: der öffentlichen Meinung.

In den Annalen der europäischen Geschichte seit der Renaissance ist es äußerst selten, wenn nicht einmalig, einen Diplomaten zu finden, der aktuelle zeitgenössische Geheimkorrespondenz veröffentlichte. D'Eon hatte die Tren-nungslinie zwischen privaten sowie geheimen und öffentlichen Angelegenhei-ten in einer Weise überschritten, die eine radikale Herausforderung des Status quo des Ancien Régime in Europa darstellte. In der jüngeren Neuzeit war die Diplomatie eines Staates mit einem anderen in wesentlichen Teilen die private Angelegenheit des Souveräns. Was im Falle Frankreichs und der meisten ande-ren Länder hieß, daß sie Sache des Königs, und zwar des Königs allein war. Im achtzehnten Jahrhundert hatte praktisch noch niemand das Recht der Regie-rung herausgefordert, diese Art von Staatsgeheimnissen zu kontrollieren.

D'Eons Handeln muß jedoch im Rahmen der sich wandelnden Haltung zur öffentlichen Meinung gesehen werden, die verschiedene Fraktionen des poli-tischen Lebens in Frankreich nun zunehmend als Mittel nutzten, um die absolute Macht der Monarchie einzuschränken. So waren die französischen Parlamente und Steuerbehörden in den 1750er und 1760er Jahren dazu übergegangen, Appelle an die öffentliche Meinung zu nutzen, um die Autorität Ludwigs XV. in religiösen, steuerlichen und gerichtlichen Fragen herauszufordern. Das Pariser Parlament appellierte zum Beispiel an die Öffentlichkeit statt an den König bei seinem Kampf um die »Verweigerung der Sakramente«, einer wichtigen religiösen Frage. Ähnliche Auseinandersetzungen gab es über wirtschaftspolitische Fragen, insbesondere in Zusammenhang mit den Plänen der Regierung, die Bestimmungen zum Getreidehandel einzuschränken. Unter dem Deckmantel solcher Appelle begannen diese Gremien, ihre eigenen Proteste und Breitseiten gegen politische Maßgaben zu publizieren, um auf diesem Wege eine Öffentlichkeit außerhalb der Regierung davon zu überzeugen, daß die Politik der Monarchie falsch war. Was einige Führer in den Parlamenten dabei vor Augen hatten, war kein geringeres Ziel, als sich im Sinne einer loyalen Opposition zu etablieren, so wie es sie in England bereits gab. Diese Entwicklungen stellten in der Tat eine ernst zu nehmende Herausforderung für die königliche Autorität dar, so daß der König 1764, im gleichen Jahr, als d'Eons *Lettres* erschienen, sich veranlaßt sah, den Druck und Verkauf solcher Werke strikt zu verbieten.[6]

Über diese Entwicklungen war d'Eon mit Sicherheit informiert und im übrigen höchst angetan von der Freiheit, die er in England vorfand. Vor diesem Hintergrund stellte die Veröffentlichung der *Lettres* denn auch den Versuch dar, die Tribüne der öffentlichen Meinung auf außenpolitische Angelegenheiten zu erweitern. Und dennoch war d'Eons dürftiger Versuch von vornherein zum Scheitern verurteilt. Zum einen war klar, daß reichlich wenige Franzosen bereit waren, der öffentlichen Meinung in der Gestaltung der Außenpolitik eine formale Rolle zuzuerkennen; zum anderen hielt nicht einmal d'Eon selbst sich für den politischen Radikalen, den seine Veröffentlichung vermuten ließ. Sein Anliegen war nur, eine Geheimkorrespondenz zu veröffentlichen, um damit seinen eigenen politischen Boden zu verteidigen. Aber wie es in d'Eons Leben immer wieder der Fall war, mutierten Dinge, die durch altmodische und konservative Vorstellungen motiviert wurden (wie in diesem Fall die Ehre und der Ruf), zu einer radikalen Subversion des Status quo.

Diese Entwicklungen hinsichtlich der Autorität der öffentlichen Meinung prägten sowohl in Frankreich wie in England den Gang der Ereignisse. 1764 hatten die Engländer ihren eigenen gleichgelagerten politischen Skandal, der die Gemüter beschäftigte und durch einen britischen Politiker ausgelöst worden war, der die Macht der Presse genutzt hatte, um über die Köpfe des Königs und Parlaments hinweg an die öffentliche Meinung zu appellieren, und schließlich, um einer Verhaftung zu entgehen, ins Exil nach Paris geflohen war. Es ging dabei um den berühmten Fall von John Wilkes, und zwischen seinem Fall und der d'Eon-Affäre gab es so viele Parallelen, daß beide prominenten Fälle oft zusammengebracht wurden.

Wilkes war drei Jahre früher als d'Eon, 1725, geboren, als Sohn eines reichen und frommen Londoner Weinbrenners. 1747 hatte er eine Freundin der Familie geheiratet, die ihm zu Wohlstand und 1750 zu einer Tochter, Polly, verhalf. 1756 hatte sich das Paar dann jedoch getrennt, wobei Polly allerdings in der Obhut ihres Vaters blieb. Bemerkenswert war vielleicht, daß weder Wilkes wieder heiratete, noch seine Tochter heiratete, solange der Vater lebte; Polly wurde seine beste Freundin, die er in seiner Frau nie gefunden hatte.[7]

1757, im Siebenjährigen Krieg, wurde Wilkes von seiner Heimatstadt Aylesbury ins Unterhaus gewählt. Von Anfang an in seiner politischen Karriere war er ein Schützling William Pitts und Befürworter einer schlagkräftigen Außenpolitik, die darauf abzielte, das britische Imperium auf ganz Nordamerika auszudehnen und die französischen Interessen wo immer möglich zu zerschlagen. Als Pitt seine Mehrheit im Unterhaus verlor und gezwungen war, seinen Ministersessel zu räumen, schloß Wilkes sich ihm in der parlamentarischen Opposition an.

Im Sommer 1762, am Vorabend von d'Eons Ankunft in England, begann Wilkes mit der Herausgabe seiner eigenen Zeitschrift, *North Briton*, um damit gegen die Friedensverhandlungen zu opponieren und den neuen Premierminister, den Schotten Lord Bute, als Verräter darzustellen. Im Dezember, als die Verhandlungen mit Nivernais, d'Eon und deren Delegation abgeschlossen waren, meldete Wilkes sich mit einer geradezu beißenden Rhetorik zu Wort. »Mit größter Sorge, Bestürzung und Empörung«, schrieb Wilkes in einer bösartigen Attacke, »hat die Öffentlichkeit die *Präliminarien des Friedensvertrages* zur Kenntnis genommen. Sie sind dergestalt, daß sie mehr den alten Freundschafts- und Bündnisverträgen zwischen *Frankreich* und seinem *alten festen Verbündeten, Schottland*, als irgendwelchen ähneln, die es je zwischen jener Macht und ihrem *natürlichen Feind*, England, gegeben hat. Die *Präliminarien*, die ein Schotte dem *London Chronicle* mitgeteilt hat, sind in vieler Hinsicht wenig angemessen zu dem, was England *jetzt* mit Recht erwarten kann. Mr. Pitt scheint [im Gegensatz dazu] aus aufrichtigstem Wohlwollen und Bestreben heraus Gutes für das *Volk von England* tun zu wollen.«[8]

Im April 1763, als das Parlament nach der Unterzeichnung des Friedensvertrages durch beide Parteien wieder zusammentrat, hatte die Regierung genug von Wilkes' Zeitung und war willens, sie zu verbieten. Jede parlamentarische Sitzungsperiode wurde traditionell mit einer Rede des herrschenden Monarchen eröffnet. Seit Jahrzehnten wurde diese Rede üblicherweise vom Premierminister geschrieben, und jeder wußte das. Die diesjährige, von Lord Bute geschriebene Rede, lobte die Regierung natürlich für die Verhandlungsergebnisse des Friedens von Paris und feierte das Ende des Krieges gegen Frankreich.

Nur wenige Tage später war Wilkes' *North Briton* Nr. 45 druckfrisch auf dem Tisch und attackierte die Rede wegen ihrer Franzosenfreundlichkeit. Dabei achtete Wilkes sorgfältig darauf, zwischen König Georg und seinen

Ministern zu unterscheiden; er erklärte, der König habe zwar die Rede gehalten, aber jeder wisse, daß es Butes Worte waren, und *er* war Wilkes' Zielscheibe. Da aber Bute nichtsdestoweniger als der Vertreter des Königs handelte, bezichtigte die Regierung Wilkes des Hochverrats und der Verleumdung und erließ einen allgemeinen Haftbefehl gegen jeden, der mit der Zeitung zu tun hatte. Die Folge war, daß mitten in der Nacht vom 30. April auf den 1. Mai 1763 fast fünfzig Personen, darunter Wilkes, ins Gefängnis verfrachtet wurden.

In einer Anhörung vor Englands oberstem Richter, Lord Mansfield, versuchte Wilkes, sein Verfahren in eine Debatte über das Wesen der britischen Verfassung zu verwandeln. »In meinem Fall wird heute hier schlußendlich über die Freiheit aller Gleichgestellten und Gentlemen und, was mich noch mehr berührt, über die aller Personen der Mittel- und Unterschicht entschieden, die am dringendsten des Schutzes bedürfen.«[9] Lord Mansfield entschied, daß Wilkes' Status als Mitglied des Parlamentes seine Verhaftung wegen irgendwelcher Vorwürfe verhinderte, mit Ausnahme solcher, die eine Gefährdung der nationalen Sicherheit darstellen könnten.

Damit war Wilkes freigesprochen, berühmt und ein Held in den Reihen der Opposition. Ein Grund für die Bute-Regierung, um so entschlossener nach Rache zu suchen. Einige Monate später, im Herbst 1763, spürten dann Agenten der britischen Regierung Kopien eines pornographischen Gedichtes (*An Essay on Woman*) auf, das Wilkes verfaßt und privat zur Unterhaltung von Freunden, nicht zur Publikation und schon gar nicht, um Gewinn damit zu machen, gedruckt hatte. Dennoch reichte die Verlautbarung, daß man ein solches Gedicht im Hause von Wilkes gefunden hatte, daß Pitt von seinem alten Schüler abrückte und ihn jetzt öffentlich anprangerte.

Ernster noch war, daß das Unterhaus am ersten Tag der Herbst-Sitzungsperiode mehrheitlich der Meinung war, daß diese Ergüsse, das *Essay on Woman* und der *North Briton* Nr. 45, die Voraussetzungen für eine Anklageerhebung unter dem Vorwurf der Verleumdung und der Verbreitung von Obszönitäten erfüllten und für die Aufnahme eines neuen Verfahrens unter Mansfield votierte. Zwei Monate später, am 20. Januar 1764, wurde Wilkes aus dem Unterhaus ausgeschlossen. Diesmal befand Mansfields Gericht Wilkes für schuldig und erließ einen Haftbefehl. Wenige Tage zuvor war Wilkes nicht bei seinem Prozeß erschienen und hatte sich in Wirklichkeit aus England abgesetzt. Vom Unterhaus ausgeschlossen und für vogelfrei erklärt, ging Wilkes ins Exil nach Paris, das vier Jahre dauern sollte.

Die Wilkes-Affäre schlug also in dem Augenblick Wellen, als auch die Guerchy-d'Eon-Affäre an die Öffentlichkeit drang. In einem gewissen Sinne nahmen beide Fälle einen parallelen Verlauf, und jeder politisch Interessierte oder Involvierte fand, daß sie sehr viel gemeinsam hatten – außer Wilkes und d'Eon selbst. »D'Eons Affäre ist schändlich«, schrieb Wilkes an einen Freund. »Seine Affäre wird immer erwähnt, als gäbe es irgendeine Relation zur meinigen, obwohl es nicht die mindeste Ähnlichkeit gibt.« Genauso beharrte d'Eon darauf, als die *Gazette d'Utrecht* sich darüber mokierte, daß jetzt sowohl Versailles als auch Westminister die Befehle »ihrer Herrscher, Mr. Wilkes und des Chevalier d'Eon« entgegennähmen, daß es zwischen beiden Angelegenheiten »keine Parallele geben kann.«[10]

Aber es gab in der Tat große Ähnlichkeiten zwischen dem *North Briton* Nr. 46 und d'Eons *Lettres, mémoires, et négociations*. Genau wie d'Eon hatte Wilkes außenpolitische Fragen direkt an die Öffentlichkeit gebracht. Es wäre eine Sache gewesen, wenn der *North Briton* sich mit Fragen beschäftigt hätte, die das englische Volk unmittelbar innenpolitisch betrafen, wie die Ginsteuer oder der Getreidepreis. Aber Wilkes hatte kein geringeres Ziel, als eine umfassende öffentliche Überprüfung der Verhandlungen, die zum Frieden von Paris geführt hatten. Damit forderten beide, Wilkes und d'Eon, das im achtzehnten Jahrhundert übliche Recht der Staaten auf Geheimhaltung der außenpolitischen Amtsgeschäfte heraus und verlangten eine Rolle für die Öffentlichkeit.

Hinzu kam, daß Wilkes, genau wie d'Eon, nicht einfach ein Journalist war, dem Geheimdokumente in die Hände gefallen waren; er war ein Insider, der in der Regierung selbst eine gewichtige Rolle spielte. Als Mitglied des Unterhauses wäre ihm das Recht, die Außenpolitik der Regierung im Plenum anzugreifen, nie in Abrede gestellt worden. Was die englischen Aristokraten verwerflich fanden, war, daß Wilkes seine Angriffe über die Mauern des Parlamentes hinaus nach draußen getragen hatte. Und in d'Eons Fall hätte niemand sein Recht in Frage gestellt, auf privater Ebene gegenüber seinen Vorgesetzten zu protestieren; woran man Anstoß nahm, war sein Appell an die Öffentlichkeit durch die Publikation.

Selbst die britische Regierung erkannte die Ähnlichkeit zwischen den beiden Fällen. Als Guerchy Premierminister Grenville drängte, d'Eon zu verhaften, antwortete Grenville mit einem Verweis auf die Parallelitäten zwischen d'Eon und Wilkes. Wenn der englische König Wilkes nicht wegen dem *North Briton* Nr. 45 verhaften konnte, argumentierte Grenville, dann konnte er erst recht d'Eon nicht wegen einer Publikation verhaften, die aus Englands Sicht weitaus weniger anstößig war.[11]

Es gab jedoch Unterschiede zwischen d'Eons Fall und dem von Wilkes, insbesondere vor dem Hintergrund der politischen Kultur in den zwei Königreichen. Wenn es bei diesen Kontroversen um Fragen persönlicher Freiheiten und Pressefreiheiten gegangen wäre, steht zweifelsfrei fest, daß England Frankreich in dieser Hinsicht um etliches voraus gewesen wäre. Großbritannien war schließlich eine konstitutionelle Monarchie, in der Georg III. sich die Macht mit dem Parlament teilte. Dieses bereits liberale System versuchte Wilkes nun noch weiter für weitaus breitere Teile der Wählerschaft zu öffnen. Frankreich steckte demgegenüber noch immer im wesentlichen in seinem absolutistischen System, in dem die Krone keine loyale Opposition anerkannte und politische Auseinandersetzungen oft die Form von höfischen Intrigen annahmen.[12]

Die Unterschiede zwischen Frankreich und England lassen sich außerdem an dem Effekt verdeutlichen, den jede Affäre auf ihre jeweilige politische Kultur hatte. Der Wilkes-Fall führte zu größeren Pressefreiheiten und zur Aufhebung allgemeiner Haftbefehle und war darüber hinaus auch maßgebend dafür, daß die Frage einer parlamentarischen Reform neue Unterstützung fand. Weder d'Eons Skandal noch irgendein anderer vergleichbarer Fall vermochte dagegen derartige Reformen in Frankreich in Gang zu setzen. Nach dem Tod von Ludwig XV., 1774, entpuppte sich die Monarchie Ludwigs XVI. sogar als noch despotischer im Umgang mit der Außenpolitik und der Presse. In den 1770er und 1780er Jahren nahm Außenminister Vergennes eine noch aggressivere Haltung gegenüber Journalisten ein und schränkte die Meinungs- und Pressefreiheit stärker ein, als seine Vorgänger es unter der wohl kaum als liberal zu bezeichnenden Herrschaft Ludwigs XV. bereits getan hatten.[13]

Die Affären um d'Eon und Wilkes waren jedoch nicht nur zwei Geschichten, die zeitgleich an die europäische Öffentlichkeit kamen und folglich miteinander verglichen wurden. Es gab in Wirklichkeit noch eine konkretere Beziehung zwischen d'Eon und Wilkes: Die beiden Männer wurden gute Freunde. Es ist in der Tat keine Übertreibung zu sagen, daß d'Eon Wilkes näher als irgendeinem anderen englischen Politiker kam.

Trotz seines Exils in Paris (wo er gelegentlich mit Broglie und Tercier dinierte), war John Wilkes schließlich einer der Führer der parlamentarischen Opposition zur Bute-Regierung, die d'Eon in seinem Brief vom 23. März erwähnt hatte (»Die Oppositionschefs ... haben mir all das Geld geboten, das ich bräuchte«). Aber welches Interesse sollte diese Fraktion haben, d'Eon zu bestechen? Was brauchte sie von ihm?

Pitt zufolge war die Opposition der festen Meinung, daß Großbritannien den Franzosen und Spaniern noch mehr Gebietsgewinne hätte abringen können, wenn man den Siebenjährigen Krieg fortgesetzt hätte. Man konnte absolut nicht verstehen, wieso Bute und seine Minister 1763 einen Friedensvertrag annahmen, wenn doch der absolute Sieg in Reichweite schien. Und insbesondere war es ihnen unbegreiflich, wieso Bute den Franzosen in Neufundland Fischereirechte zugestanden hatte. Aus ihrer Sicht konnte es gar nicht anders sein, als daß die Franzosen Bute bestochen hatten, aber sie hatten keine Beweise, die ihre Vorwürfe stichhaltig gemacht hätten. Wenn irgendwer solche Beweise liefern konnte, dann mit Sicherheit d'Eon, der im Zweifel mehr über die Verhandlungen um den Frieden von Paris wußte als irgendwer sonst. Wenn d'Eon sich einer Abberufungsorder seines eigenen Außenministers widersetzte, war die britische Opposition nur zu gerne willens und bereit, ihn (und seine Geheimpapiere) in ihrem Schoß aufzunehmen.

Somit taten Wilkes und seine Freunde alles, um möglichst enge Beziehungen mit d'Eon zu pflegen. Aber noch wichtiger war, daß sie dafür sorgten, daß d'Eon in London sicher war, was keineswegs eine leichte Aufgabe angesichts der in beiden Hauptstädten zirkulierenden Gerüchte über Verschwörungen von Personen war, die ihm offensichtlich nach dem Leben trachteten. »Ich erwarte jeden Tag, von seinem Tod durch Ermordung oder Vergiftung zu erfahren«, erklärte Wilkes gegenüber einem Freund.[14]

Eine wichtige Komponente der Unterstützung, die d'Eon durch die Opposition fand, war, wie sie Menschenmengen mobilisieren konnte, um ihm zu helfen. Im Winter und Frühjahr 1764 lebte d'Eon, wie wir wissen, in der entsetzlichen Angst, aus seinem Haus am Golden Square entführt zu werden. Somit organisierte die Opposition Menschenmengen, die um sein Haus herumstreiften und, wenn er ausging, um Besorgungen zu machen oder gesellschaftlichen Verpflichtungen nachzugehen, ihn bejubelten und beschützten.[15]

Auf diese Weise wurde d'Eon, genau wie Wilkes, der Liebling der Londoner Massen, die die enge Beziehung zwischen beiden Fällen erkannten, wie ihre Hochrufe – »Auf die Gesundheit von d'Eon! Auf die Gesundheit von Wilkes!« – zeigten. Sie sahen in d'Eon ein Opfer des Mißbrauchs von Regierungsgewalt, da es gewagt hatte, Traktate zu veröffentlichen, die seiner Regierung unlieb waren. Für diese werktätigen Menschen in London stand d'Eon für Integrität und Ehrlichkeit. Wie eine französische Zeitschrift berichtete, war er in London als »Mr. Truth« bekannt.[16] Empört, daß die Franzosen es wagen könnten, ihn in einem freien Land zu entführen, waren sie entschlossen zu verhindern, daß ihre Regierung ihre Gesetze, wie in Wilkes' Fall, mißbrauchte.

»Da somit erkennbar ist, daß unsere Gesetze uns in keiner Weise berechtigen können, den Chevalier d'Eon aus dem Königreich auszuweisen«, schrieb ein »Timothy Watchful« in einer Londoner Zeitung, »muß die logische Schlußfolgerung natürlich sein, daß sie in keinster Weise Personen anderer Nationen schützen können, die versuchen, seiner gewaltsam habhaft zu werden und ihn zu verschleppen: Im Gegenteil, ein solcher Versuch wäre die ungeheuerlichste Verletzung jener Rechte und Freiheiten, welche uns den Neid wie auch die Bewunderung der Welt einbringen, und müßte den ganzen Donner unserer Empörung gegen jemanden auslösen, der es wagen sollte, ihn zu unternehmen. Unabhängig von alledem ist der Chevalier d'Eon als Offizier eine Person von erwiesener Tapferkeit, als Minister eine Person von anerkannten Fähigkeiten und als Mann eine Person von Rechtschaffenheit und Ehre: Qualitäten, die unsere Menschlichkeit wecken muß, ihn zu verteidigen, selbst wenn er durch unsere Gesetze nicht geschützt würde.«[17]

Die Beziehung zwischen d'Eon und Wilkes' Fraktion war allerdings keineswegs nur einseitig. D'Eon brauchte die Oppositionsführer ebensosehr, wie sie ihn brauchten. Zum einen war diese Nähe zu ihnen höchst zweckdienlich als Drohung gegenüber seiner Regierung, da sie signalisierte, daß er im Prinzip in den Startlöchern war, um seine Geheimnisse gegebenenfalls zu verkaufen. Aber noch wichtiger war, daß seine enge Beziehung mit Wilkes' Anhängerschaft seinen Wert als Spion für den Geheimdienst erhöhte. Ludwig XV. war äußerst interessiert an Wilkes und seiner demokratischen Bewegung. Eine Zeitlang glaubte er sogar, Wilkes könnte die britische Regierung zu Fall bringen und vielleicht sogar eine Rebellion in England entfachen. Und Ludwig wollte in jedem Fall alles unterstützen, was dazu angetan war, die Autorität von Georg III. zu untergraben. Je näher d'Eon und Wilkes sowie die Opposition sich also kamen, desto wertvoller wurde er ironischerweise für Ludwig XV. als Spion.

25

Die Verleumdungsklage

D'Eons Veröffentlichung der *Lettres* stellte eine Herausforderung, vielleicht sogar eine Rebellion gegenüber seiner eigenen Regierung dar. Einerseits konnte er davon ausgehen, daß Ludwig XV. sehr wohl wußte, was er vorzugsweise *nicht* in dem Buch veröffentlicht hatte. Denn augenscheinlich für alle, die mit d'Eons Korrespondenz vertraut waren, war, daß keine Briefe von den Angehörigen des Geheimdienstes darunter waren: keine Briefe von Broglie oder Tercier, nicht einmal welche über unverfängliche Themen. Nichts vom König und insbesondere nichts von den Plänen des Geheimdienstes zu einer Invasion in England wurde in dem Buch preisgegeben. »Ich bin unschuldig und wurde von Ihren Ministern verdammt«, schrieb d'Eon wenige Wochen nach der Veröffentlichung des Buches besorgt an den König. »Seien Sie überzeugt, Sire, daß ich als Ihr treuergebener Diener für Sie sterben werde, und daß ich Seiner Majestät jetzt besser als je zuvor bei seinem großen geheimen Vorhaben dienen kann.«[1]

Das Außenministerium versuchte alles nur mögliche, um d'Eon loszuwerden. Guerchy übte beständig Druck auf die britische Regierung aus. Er verlangte, daß Georg III. eine Order zur Verhaftung d'Eons erließ und er den französischen Behörden überstellt wurde. Und weite Teile der herrschenden Oberschicht in London, darunter auch Georg III. und die diplomatische Gemeinde, waren empört über die *Lettres* und wollten d'Eon bestraft sehen. Nichtsdestoweniger befanden Georgs eigene Minister, daß sie kaum eine Handhabe hatten, um etwas zu unternehmen. In England konnte eine Person, auch ein Ausländer, nur verhaftet werden, wie sie Guerchy erklärten, wenn für die Regierung gewiß war, daß diese Person ein Verbrechen begangen hatte; und soweit hatte die Regierung kein Gesetz gefunden, das d'Eon nachweislich gebrochen hatte. D'Eons Buch mochte empörend sein, räumten sie ein, aber es war legal, die Korrespondenz ausländischer Diplomaten zu veröffentlichen, zumal wenn derjenige, der sie veröffentlichte, Kopien der Briefe in seinem Besitz hatte.[2]

Am schwersten fiel es den Franzosen zu akzeptieren, daß der britische König nicht imstande war, einen französischen Staatsbürger an Frankreich auszuliefern. Bei einem Abendessen setzte Broglie sich stundenlang mit David

Hume, damals Sekretär des britischen Botschafters in Frankreich, darüber auseinander, warum die britische Regierung sich nicht der Lage sah, d'Eon einfach abzuschieben. In Frankreich, argumentierte Broglie, stünde es außer Frage, daß sich bei einer Frage wie dieser irgend etwas dem Willen des Königs widersetzen könnte. Der berühmte Philosoph hielt Broglie jedoch vor Augen, daß in England nicht der König, sondern das Gesetz der Souverän war, und daß jeder, der im Königreich lebte, diesem Gesetz mit allen Rechten und Pflichten unterworfen war, was zugleich bedeutete, daß niemand gegen seinen Willen ausgewiesen werden konnte, sofern es keine Beweise gab, daß er das Gesetz verletzt hatte. Broglie ging an diesem Abend staunend nach Hause, verwundert, daß eine Monarchie auf der Grundlage derart befremdlicher Vorstellungen so starke politische Institutionen entwickeln konnte.[3]

Unterdessen hatte Ludwig XV. jede Geduld mit d'Eon verloren. Er wollte d'Eon zurück in Frankreich haben, auf welchem Weg auch immer, und war bereit, dafür sogar ein Desaster zu riskieren. In seiner Wut legte er Broglies Plan, d'Eon weiterhin als Spion zu behalten, zeitweilig ad acta. Statt dessen entschloß er sich, zwei komplementäre Strategien zu verfolgen. Als erstes billigte er Praslins Plan, d'Eon zu entführen und heimlich nach Frankreich zurückbringen zu lassen. Als zweites billigte er Guerchys Plan, ein Verfahren wegen Verleumdung gegen d'Eon anzustrengen. Sollte d'Eon der Verleumdung für schuldig befunden werden, so war davon auszugehen, daß die französische Regierung damit die rechtliche Handhabe für eine Auslieferung von England hatte.[4]

Broglie fühlte sich im Zwiespalt, was er tun sollte, und als d'Eons anerkannter Patron fühlte er sich verantwortlich für die gegenwärtige Situation. Er klagte gegenüber dem König, all das wäre nicht passiert, wenn man »meinen Wünschen« gefolgt wäre, »Sire d'Eon nach dem Tod von Zarin Elisabeth nach St. Petersburg zu schicken.« Fest stand, daß Broglie, gerade erst vom König rehabilitiert, durch die Veröffentlichung der *Lettres* neuerlich um seine politische Karriere fürchten mußte, da Praslin und Choiseul ihm die Schuld an der ganzen Affäre in die Schuhe schieben konnten – diese Möglichkeit versetzte ihn in Angst und Schrecken. Er drängte darauf, d'Eon trotz allem freundlich zu behandeln. »Wir müssen ihn beruhigen und glauben lassen, daß wir ihn nicht für verantwortlich halten«, schrieb er dem König Anfang April. Aber angesichts der heftigen Reaktion des Königs in dieser Sache beugte er sich schließlich der aggressiveren Strategie seines Gebieters.[5]

Guerchy nahm sogar d'Eons Sekretär und Cousin, Maurice d'Eon de Mouloize ins Visier. Er schrieb an Mouloizes Vater und bedrängte ihn, seinen Sohn zu zwingen, daß er d'Eon verließ und nach Hause zurückkehrte. Aber dieser Druck führte nur dazu, daß die beiden d'Eons um so entschlossener wurden, in dieser Sache hart zu bleiben. »Sie wissen nicht, worum es geht«, schrieb Mouloize an seinen Vater, »und so glaube ich, es wäre unangemessen, wenn Sie ein Wort darüber mit jemand anderem als uns sprechen würden.«[6]

Nach wochenlangem Druck konnte Guerchy schließlich einen Sieg verbuchen, als die britische Regierung ankündigte, gegen d'Eon ein Verfahren wegen Verleumdung zu eröffnen. Der Prozeß wurde für Anfang Juli angesetzt. D'Eon bemühte sich, den Termin hinauszuschieben und behauptete, Guerchy habe »einige Zeugen weggeschickt, die zu seiner Verteidigung notwendig waren.«[7] D'Eon veröffentlichte eine kurze Schrift, worin er an den Obersten Richter Mansfield, William Pitt, den Earl of Temple und Lord Bute appellierte, die Verleumdungsklage aufzuheben, da es sich dabei im wesentlichen um einen politischen Prozeß handele, der eine Verletzung seiner Rechte darstelle. Er informierte sie auch über verschiedene Komplotte, ihn zu entführen, und erklärte, das englische Recht müsse seine Sicherheit gewährleisten, da »Freiheit … die Grundlage der englischen Regierung darstellt.«[8]

Aber d'Eons Bemühungen blieben wirkungslos. Das Gericht wies sein Gesuch auf Aufhebung der Anklage zurück und befand, daß er mit der Veröffentlichung von Guerchys privaten Briefen den Ruf des Botschafters geschädigt hatte. Wie nach der englischen Rechtssprechung üblich, wurde der Urteilsspruch auf die nächste Gerichtssitzung einige Monate später verschoben. Inzwischen hielt d'Eon sich versteckt; er fürchtete um sein Leben und suchte einen Ausweg aus der Falle zu finden, die Guerchy ihm gestellt hatte. Indessen waren Gerüchte im Umlauf, die Briten wären zu einem Handel mit Paris bereit und würden d'Eon, wenn sie ihn schnappten, gegen Wilkes austauschen (der noch immer in Frankreich im Exil war). Die freien Gesetze Englands arbeiteten nun nicht mehr für d'Eon.[9]

D'Eon hatte im Haus eines Freundes in London Unterschlupf gesucht und trug, wann immer er ausging, Frauenkleider – das war zumindest das, was ein Informant Broglie berichtete. Dies ist im übrigen das erste Mal, daß d'Eon mit Frauenkleidung in Verbindung gebracht und erwähnt wird, daß er Frauenkleider trug, aber wir sollten diesem Punkt keine allzu große Bedeutung beimessen. Schließlich präsentierte er sich hier niemandem, sondern versuchte im Gegenteil nur, sich vor allen zu verbergen. Daß Frauen Männerkleidung und Männer Frauenkleider anzogen, um sich zu verstecken, war in jener Zeit keineswegs unüblich. Wir brauchen nicht weiter als bis zu John Wilkes zu gehen, um das bestätigt zu finden: Als Wilkes 1763 vor den britischen Behörden nach Frankreich floh, gelang es ihm, wie es heißt, als Frau verkleidet der Londoner Polizei zu entkommen.[10]

Während dieser kurzen Zeit des Versteckens wendete sich das Blatt jedoch abermals, aufgrund einer weiteren bedeutsamen Entwicklung, die alle, die in den Fall verwickelt waren, schockierte, einschließlich d'Eon selbst. Im Oktober 1764 beichtete einer seiner erbittertsten Feinde, Pierre-Henri Treyssac de Vergy, ihm, daß er an einer Verschwörung zu seiner Ermordung beteiligt war – ein Komplott, das der Graf von Guerchy geschmiedet hatte. Aber entscheidender noch: Vergy war bereit, mit der Geschichte an die Öffentlichkeit zu gehen. Im November gab er bei zwei gerichtlichen Anhörungen unter Eid die minutiösesten Einzelheiten über das Komplott preis und veröffentlichte anschließend umgehend ein an den Herzog von Choiseul adressiertes Pamphlet, worin er die ganze Geschichte wiederholte. Selbst auf seinem Totenbett, 1774, hielt Vergy noch an dieser Version fest.[11]

In seinem Testament wies Vergy mit dem Finger auf Außenminister Praslin als ultimativem Drahtzieher bei dem Komplott gegen d'Eon. Vergy behauptete, Praslin habe ihm bei einem Treffen in Paris gesagt, d'Eon müßte aus dem Amt entfernt werden und er, Vergy, sollte dann Guerchys neuer Sekretär werden. Des weiteren bestätigte Vergy d'Eons Geschichte von dem Vergiftungsversuch. Guerchy hatte nicht nur bei einer Dinnerparty am 28. Oktober 1763 versucht, d'Eon vergiften zu lassen, sondern, als das fehlschlug, Vergy beauftragt, d'Eon zu ermorden – eine Order, der er allerdings nicht bereit war nachzukommen, wie Vergy erklärte. Vergy bestätigte auch, daß Praslin ultimativ nicht so sehr d'Eon als vielmehr die Broglies im Visier hatte. »Wir möchten die Feinde des Marschalls [von Broglie] stärken ... Und dazu ist d'Eon nützlich«, soll Praslin zu ihm gesagt haben.[12]

Damit war wieder eine Bombe in den höchsten Diplomatenkreisen Europas explodiert. »Soll ich Ihnen etwas über d'Eon erzählen? Es hieße wohl Eulen nach Athen tragen«, schrieb Horace Walpole an Lord Hertford, Englands Botschafter in Versailles. »Sie werden seine Geschichte besser kennen als ich; so in zwei Worten: Vergy, sein Gegenspieler, hat sich zu ihm bekehrt: hat für ihn geschrieben und für ihn geschworen – nein, vor Richter Wilmot eine eidesstattliche Erklärung abgegeben, daß Monsieur de Guerchy ihn anheuerte, um d'Eon zu erstechen oder zu vergiften.«[13]

Diese schockierende Wende der Ereignisse stellte für d'Eon nichts anderes als einen Staatsstreich dar, und jeder wußte das. Vergys Geständnis nahm jeder Verleumdungsklage Guerchys den Wind aus den Segeln, verhalf d'Eons alten Vorwürfen, man versuche, ihn zu ermorden, zu neuer Aktualität und zeigte, was genauso wichtig war, ohne irgend etwas über den Geheimdienst preiszugeben, daß es bei der Fehde zwischen d'Eon und Guerchy in Wirklichkeit um den Machtkampf zwischen Praslin und den Broglies ging.

»Letzten Endes, Monsieur«, schrieb d'Eon vertraulich an den Grafen von Broglie. »Die entsetzliche Verschwörung ist aufgedeckt: Ich kann jetzt zu Monsieur de Guerchy das sagen, was der Prinz von Conti dem Marschall de Luxembourg vor der Schlacht ... sagte: ›Sangaride, dieser Tag ist ein großer Tag für Sie, mein Cousin. Wenn Sie diesen überstehen können, werde ich bestätigen, wie clever Sie sind.‹ Niemand ist mehr als Sie und Monsieur der Marschall interessiert, sich mit allen Mitteln gegen die Feinde Ihres Hauses zu wehren. Jetzt kann der König nicht mehr anders, als die Wahrheit zu sehen; sie wurde heute klargemacht. Ich habe meinen Teil getan. Ich habe den Herzog von York und seine wahrhaftigen Kollegen über die Wahrheit und das Gesindel informiert, welches gegen Sie, den Marschall von Broglie und mich konspirierte. Sie werden den König, die Königin und die Prinzessin von Wales davon in Kenntnis setzen. Bereits jetzt ist Monsieur de Guerchy, der nach seiner Rückkehr [von einem kurzen Besuch in Frankreich] sehr unfreundlich empfangen wurde, trotz seiner Unverfrorenheit in ärgster Verlegenheit, und ich weiß, daß der englische König geneigt ist, Monsieur dem Marschall und mir Gerechtigkeit widerfahren zu lassen. Tun Sie Ihren Teil, Herr Graf, handeln Sie entsprechend und, was Sie auch tun, lassen Sie mich nicht im Stich. Ich werde mich bis zum letzten Blutstropfen wehren, und mit meinem Mut werde ich Ihrem Hause dienen, trotz Ihrer Person, da Sie mich im Stich gelassen haben und mir kein Geld geschickt haben, obwohl ich für Sie gekämpft habe. Lassen Sie mich nicht im Stich, Herr Graf, und treiben Sie mich nicht zur Verzweiflung. Senden Sie mir eine Summe, welche genügt, um Ihren Krieg und meinen zu unterstützen, wenn Sie unter den Füßen der Ungerechtigkeit nicht zerstampft werden möchten. Ich habe für meinen Krieg mehr als 1.200 Pfund ausgegeben, und Sie haben mir nichts geschickt: das ist verabscheuenswert. Erlauben Sie mir, Ihnen zu sagen, Herr Graf, daß ich das nie für möglich gehalten hätte.«[14]

D'Eons neugewonnene Machtposition wurde deutlich, als Broglie nicht einmal einen Monat, nachdem er diesen Brief erhalten hatte, den König bewegen konnte, für d'Eons unmittelbare Verwendung eintausendzweihundert Pfund zu bewilligen, und die Verhandlungen über eine Einigung mit d'Eon verstärkt fortgesetzt wurden, wobei d'Eons Diener Hugonnet zwischen England und Frankreich hin und her pendelte. Ende 1764 ging der König auf d'Eons Forderung ein, daß Broglie selbst den Kanal überquert, um persönlich mit ihm zu verhandeln; und Anfang Januar bat Broglie den König, Guerchy Anweisung zu geben, die Verleumdungsklage ganz zurückzuziehen.[15]

D'Eon wartete seinerseits nun mit sechs konkreten Forderungen zur Lösung des Problems auf: Erstens sollte ein offizielles Treffen mit dem britischen König und der Königin anberaumt werden, bei dem d'Eon in einer ehrbaren Weise offiziell von seinem Amt als Bevollmächtigter Minister zurücktreten könnte. Zweitens sollte einer strafrechtlichen Verfolgung des Grafen von Guerchy wegen versuchten Mordes stattgegeben werden. Drittens sollte die Verleumdungsklage gegen ihn fallengelassen werden. Viertens sollten seine Titel anerkannt und seine Sicherheit bei einer Rückkehr nach Frankreich garantiert werden. Fünftens sollte ihm eine Summe von dreißigtausend Pfund (über sechshundertfünfzigtausend französische Livres) zuerkannt werden, bei der er vermutlich von den Zinsen würde leben können. Sechstens sollte sein Gehilfe, Maurice d'Eon de Mouloize wiedereingestellt und befördert werden. Wenn diese sechs Bedingungen erfüllt wurden, versprach d'Eon, würde er alle diplomatischen Unterlagen an Broglie übergeben.[16]

26

Die Anklage

Sein politisches Schicksal hatte sich damit zwar glücklich gewendet, aber d'Eon sah sich nun einer persönlichen Tragödie ausgesetzt. Im Januar 1765 starb sein engster Freund, Cousin und loyaler Gehilfe Maurice d'Eon de Mouloize im Alter von achtundzwanzig Jahren an Pocken. Seit dem Sommer 1763, als Mouloize als d'Eons Sekretär nach London gekommen war, hatte er seine eigene Karriere weitestgehend zugunsten seines älteren Verwandten geopfert.

D'Eon war besonders erschüttert, da dieser Tod so unnötig war. »Er wollte sich nie impfen lassen«, schrieb d'Eon unter Tränen an die Gräfin von Massol. Die Schutzimpfung war in Europa im achtzehnten Jahrhundert ein neues und umstrittenes Verfahren. Dieses gerade von den Türken gelernte Prinzip erschien vielen engstirnigen Europäern, vor allem auch französischen Katholiken, absurd und barbarisch. Als Voltaire sich als Befürworter des Verfahrens hervortat, wurde die Schutzimpfung ein weiteres berühmtes Thema der Aufklärung. D'Eon wurde auch selbst während seiner Amtszeit als Bevollmächtigter Minister in diese Kontroverse hineingezogen, als die französische Regierung die Begeisterung der Engländer für die Schutzimpfung aufgriff und sich ihrerseits dafür stark machte. Je mehr d'Eon in diesem Punkt von den Engländern lernte, desto nachdrücklicher befürwortete er das Verfahren. Dennoch: D'Eons Cousin war der Beweis, daß es viele intelligente Franzosen gab, die nicht bereit waren, dem Rat von Wissenschaftlern zu folgen. Mouloize »blieb immer hartnäckig bei der irrigen Meinung, er werde nie Pocken bekommen«, schrieb d'Eon, »weil sein Großvater das Alter von neunzig Jahren erreichte, ohne daran zu erkranken. Er starb als Märtyrer solcher Vorurteile.«[1]

Sechs Wochen später wurde d'Eon aus seiner Trauer herausgerissen: Die britischen Behörden hatten Anklage gegen Guerchy wegen der Anstiftung Vergys zur »Tötung und Ermordung« d'Eons erstattet. In der Anklageschrift wurde der Botschafter als »eine Person mörderischer Gesinnung und Neigung« beschrieben, die »keine Furcht vor Gott kennt, sondern sich durch die Anstiftung des Teufels leiten und verführen läßt und die schwärzesten Bosheiten gegen ... d'Eon ersann.«[2]

Guerchy ein vermeintlicher Verschwörer in einem Mordkomplott – wieder erschütterte ein Skandal die europäische Diplomatenwelt, dank des Chevalier d'Eon. Für die Franzosen war die ganze Anklage eine einzige Beleidigung: Daß der offizielle Vertreter des französischen Königs wegen eines Mordversuchs vor Gericht gestellt werden könnte, schien eine klare Verletzung der diplomatischen Immunität zu sein. Abgesehen davon war in Frankreich, wo Anklagen der Kontrolle der Krone unterstanden, die strafrechtliche Verfolgung eines Diplomaten nur denkbar, wenn der Monarch den Vorgang zugleich als kriegerischen Akt verstanden wissen wollte. Und wieder erklärte David Hume dem argwöhnischen Broglie geduldig, daß das politische System Englands anders als das Frankreichs war. In England waren die Gesetze unabänderlich. Wenn ein Gesetz verletzt wurde, prahlte Hume, war die Regierung verpflichtet, den Verbrecher, ungeachtet seines Standes, strafrechtlich zu verfolgen. Im Gegensatz zu Frankreich, dessen Ancien Régime sich auf das Prinzip von Privilegien – also buchstäblich auf ein privates Recht – stützte, gab es in England, zumindest theoretisch, niemanden, der über dem Gesetz stand.[3]

Die öffentliche Meinung zu diesem Fall war in England erbittert gespalten. Auf der einen Seite standen Georg III. und seine Minister, denen die Anklage hochnotpeinlich und unangenehm war und sie als unnötige Beleidigung gegenüber Ludwig XV. sahen. Sie zogen den Fall sofort von der unteren Gerichtsinstanz ab und wiesen ihn dem höheren Königlichen Gericht des Obersten Richters Mansfield mit der Maßgabe zu, den Fall als *noli prosequi* abzuschmettern. Der Erste Kronanwalt befand die Beweise gegen Guerchy jedoch einfach als zu erschlagend, um diesem Ansinnen gerichtlicherseits nachkommen zu können. Schließlich hatte man nicht nur Vergys gewichtige Zeugenaussage, sondern Guerchys Diener, der angeblich das Opium in d'Eons Wein gemischt hatte, war auch aus Furcht vor einer strafrechtlichen Verfolgung aus der Stadt geflohen, was ein weiteres belastendes Indiz gegen Guerchy war.

Die parlamentarische Opposition war demgegenüber darauf bedacht, wann und wo immer möglich, jede antifranzösische Stimmung auszunutzen. Und der Prozeß war aus ihrer Sicht eine glänzende Gelegenheit, die despotischen Umtriebe des Choiseul-Regimes zu verdeutlichen, von denen nicht einmal die eigenen Staatsbürger verschont blieben. Neben diesen Pittisten fanden sich unter der werktätigen Bevölkerung Londons viele Gleichgesinnte, die d'Eon unermüdlich als ihren Liebling feierten und ihre Meinung auf der Straße demonstrierten. Bei einer Gelegenheit rotteten sie sich zusammen, griffen Guerchys Kutsche an und bewarfen sie mit Steinen, wobei er fast getötet worden wäre. Für sie war ein *noli prosequi* eine von der Regierung gestartete Kampagne zur Beschwichtigung des französischen Königs, die ultimativ die britische Freiheit zunichte machen würde. D'Eon erkannte sehr wohl die Macht dieser politischen Kräfte, was deutlich wird, wenn er in einem Brief an Broglie schreibt, er stehe »unter dem Schutz des Volkstribuns.«[4]

Das Ergebnis war, daß das Ganze in einer Sackgasse steckenblieb. Guerchys Prozeß wurde zwar nicht abgewiesen, er wurde augenscheinlich aber auch nicht vorangetrieben. Die Anklagebehörde saß einfach darauf. Und mit Vergys Anklage wurde natürlich auch die Verleumdungsklage gegen d'Eon aufs Abstellgleis geschoben. Unterdessen setzte d'Eon seine intensiven Verhandlungen mit Broglie und Ludwig XV. fort, um endlich eine Lösung für die seit nunmehr fast zwei Jahren anhängige Krise zu finden. 1763 und 1764 ging es Ludwig nicht nur darum, seine geheimen Instruktionen vom 3. Juni 1763 zurückzubekommen, er wollte auch, daß d'Eon nach Frankreich zurückkehrte, und im Zweifel auch, daß er inhaftiert wurde. Bis 1765 war es Broglie dann jedoch gelungen, Ludwig davon zu überzeugen, daß es zwar wichtig war, d'Eons Geheimpapiere wieder sicherzustellen, es aber im besten Interesse Frankreichs war, ihn in England zu behalten.

Nach 1763 war Ludwig XV., was England anging, von zwei Dingen überzeugt: Erstens, daß es nunmehr der größte Rivale Frankreichs in Europa geworden war, und daß Frankreichs Prosperität in weiten Teilen vom Niedergang Großbritanniens abhängen würde. Zweitens, daß das politische System Englands mit seiner lautstarken Opposition und aggressiven Öffentlichkeit anfällig für Instabilität und vielleicht sogar eine Revolution war. Mit dem Aufstieg und Sturz von sieben Premierministern war die Dekade der 1760er Jahre die turbulenteste in diesem Jahrhundert.[5] Bei der Einschätzung der Lage in England wurde vor allem die Unfähigkeit der Franzosen deutlich, zwischen einer Opposition zu unterscheiden, die loyal gegenüber dem Regime war, aber nahezu alles daransetzen würde, um an die Macht zu kommen, und einer Opposition, die wirklich revolutionär war. Diese Unfähigkeit, die Subtilitäten der britischen Politik zu erkennen, war denn auch ausschlaggebend dafür, daß viele intelligente Franzosen wie der Graf von Broglie in den sechziger und siebziger Jahren davon überzeugt waren, Frankreich könnte mit seiner Politik eine hausgemachte Rebellion in England beschleunigen.

Als d'Eon 1763 nach London ging, glaubten die führenden Köpfe des Geheimdienstes, er könnte dazu beitragen, eine französische Invasion zu erleichtern. Ironischerweise führten dann d'Eons Schwierigkeiten mit seiner eigenen Regierung dazu, daß er für bestimmte britische Politiker um so attraktiver wurde. Pitt und Temple wollten zum Beispiel, daß d'Eon sich einbürgern ließ und die englische Staatsbürgerschaft annahm, und waren bereit, ihn im Unterhaus zu unterstützen. D'Eon wurde von ihnen und anderen aus ihrem Lager hofiert, zum Dinner und zu Wochenendbesuchen auf ihre Landsitze eingeladen, und sie suchten auch bei wichtigen Fragen und Regierungsangelegenheiten seinen Rat.[6]

Bis zum Sommer 1765 hatte Broglie Ludwig XV. dann, wie gesagt, überzeugen können, daß d'Eons »intime Beziehungen« mit so wichtigen Staatsmännern eine einmalige Gelegenheit für den Geheimdienst darstellten. Da d'Eon des weiteren offen den Schmähungen des französischen Außenministeriums ausgesetzt war, würde er, so die Überlegung, auch weiterhin das Vertrauen und die Zuneigung des britischen Establishments genießen. Da er aber insgeheim für Broglie und den König arbeitete, hätte Frankreich damit einen intelligenten Spion direkt im Schoße des Feindes.[7]

Vor diesem Hintergrund änderte Ludwig XV. 1765 seinen Kurs. Statt d'Eon aus dem Geheimdienst zu »feuern« gestattete er Broglie, ihn als Spion in London zu behalten. Bis zum Frühjahr 1766 hatte Broglie eine geheime Vereinbarung zwischen d'Eon und Ludwig ausgearbeitet, die für beide Parteien akzeptabel war. Aus d'Eons Sicht waren die wesentlichen Punkte, die er im Dezember 1764 vorgebracht hatte, darin enthalten: Er würde auf Lebenszeit eine jährliche Pension von zwölftausend Livres zuerkannt bekommen; er würde seine Titel des Chevalier und des Dragonerhauptmanns wie auch seine militärischen Auszeichnungen behalten; und er würde von keinem französischen Gericht strafrechtlich verfolgt werden. Als Spion für den Geheimdienst würde er außerdem über Broglie weiterhin eine besondere Beziehung zum König unterhalten und in dieser Funktion vertrauliche Berichte über die Entwicklung in der britischen Politik an Broglie schreiben. Aber er würde nicht nach Frankreich zurückkehren können, zumindest nicht, solange Choiseul und Praslin noch im Amt waren. Für den König war klar, daß d'Eon damit dann auch seine Instruktionen vom 3. Juni 1763 zurückgeben würde. Und indem man d'Eon in England eine Beschäftigung gab, würde Ludwig die Sorge erspart bleiben, was er mit ihm in Frankreich machen sollte.[8]

171

27

Königliches Dekret
vom 1. April 1766

Zur Belohnung der Dienste, die Herr D'Eon mir sowohl in Rußland, als bei meinen Kriegsheeren, und bei andern Aufträgen, die ich ihm gegeben, geleistet hat, gebe ich ihm die Versicherung eines jährlichen Gehalts von zwölf tausend Livres, die ich ihm alle sechs Monate, in welchem Lande er sich auch befinde, außer in Kriegszeiten bei meinen Feinden, richtig werde auszahlen lassen, und zwar so lange, bis ich für dienlich erachte, ihm eine Stelle zu ertheilen, wovon die Besoldung noch ansehnlicher sein würde, als das jetzige Gehalt.

Zu Versailles, den 1. April 1766
(unterzeichnet) **Louis**

Ich, Eydes unterschriebener, bevollmächtigter Minister des Königs an diesem Hofe, zeuge auf meine Ehre und auf meinen Eyd, das obenstehende Versprechen würklich von des Königs, meines Herrn, eigener Hand geschrieben, und unterzeichnet ist, und daß er mir Befehl ertheilet hat, selbiges dem Herrn D'Eon, seinem ehemaligen bevollmächtigten Minister bei Sr. grosbrittannischen Majestät zu überreichen.

Zu London, den 11. Juli 1766
(unterzeichnet) **Durand**[1]

Teil III

In d'Eons Bibliothek

»Er – denn es konnte keinen Zweifel an seinem Geschlecht geben, wenn auch die Mode der Zeit einiges tat, es zu verhüllen …«

Virginia Woolf, *Orlando*

28

D'Eon an Jean-Jacques Rousseau

London
20. Februar 1766[1]

Monsieur,
erst kürzlich habe ich in meiner Isolation von Ihrer Ankunft auf dieser Insel
erfahren. Hätte ich es früher gewußt, so hätte ich Sie bereits willkommen gehei-
ßen, und wenn ich die Ehre gehabt hätte, Sie persönlich zu kennen, hätte ich
Ihnen schon vor langer Zeit geschrieben und Sie eingeladen, umgehender auf
diese Insel der Freiheit zu kommen.

Die Kenntnis, die ich aufgrund Ihrer Werke von Ihrem Charakter und Ihrer
Tugend habe, welche ich in Paris und in London gelesen habe, veranlaßt mich
zu denken, daß Sie von London etwas weniger angewidert als von Paris sein
werden, daß Sie freier und in größerem Frieden leben werden und bessere Spa-
ziergänge in Abgeschiedenheit etwas außerhalb der Hauptstadt machen kön-
nen. Sie können sich in die Provinz von Wales zurückziehen, das die Schweiz
Englands ist; ich könnte das über einige gute Freunde dort für Sie arrangieren,
und Sie könnten dorthin reisen und es sich ansehen. Wenn Sie gerne jagen und
fischen, könnten Sie dort leben, ohne von jemandem abhängig zu sein, in der
gleichen Freiheit und Arglosigkeit wie unsere Vorfahren.

Mögen diese Reflexionen alles zum Ausdruck bringen, was ich zu Ihrer Situa-
tion empfinde, Dinge, welche ich besonders bewegend finde, da sie einen Bezug
zu der meinigen haben: Unser Unglück hat fast denselben gemeinsamen
Ursprung, wie verschieden die Ursachen und Folgen auch sein mögen. Sie sagen,
daß Sie zu freiheits- und wahrheitsliebend sind. Sie bürden mir den gleichen
Vorwurf auf, und sie fügen hinzu, wir würden uns selbst sehr viel glücklicher
machen, wenn wir uns beruhigten, Sie, indem Sie weniger Gelehrte demütig-
ten, und ich, indem ich weniger mit den Ministern disputierte. Ich pflichte Ihnen
bei, daß Sie vom Standpunkt der Philosophie aus entsetzliche Demütigung erlit-
ten haben, aber ich kann das gleiche hinsichtlich meines Disputes mit den Mini-
stern sagen. Ich habe ihre Autorität anerkannt, aber das hat es mir nicht genom-
men, was, wie ich glaube, mein Recht ist, mich gegen die Barbarei eines
Botschafterneulings zu wehren, der positive Gesetze und Naturgesetze, die
Menschenrechte und den öffentlichen Charakter verletzt und nach meiner Mei-
nung alle Teile Ihres Gesellschaftsvertrages[2] gebrochen und verletzt hat.

175

Um Sie von all dem zu überzeugen, sende ich Ihnen, was ich über meine Affäre veröffentlicht habe. Ich sende es Ihnen nicht wegen der wahnsinnigen Furore, die sie in der ganzen Welt ausgelöst hat, noch damit Sie ein Urteil über die abscheulichen Ungerechtigkeiten abgeben, die ich bewiesen habe, sondern weil es natürlich ist, daß die Geplagten einander suchen. Um meine Sorgen zu erleichtern, möchte ich, daß diese Publikationen einem Mann wie Ihnen unter die Augen kommen. Es gibt nur wenige Weise und eine bestimmte aufgeklärte allgemein bekannte Persönlichkeit, die im stillen die Verbrechen gewisser gro-ßer Männer beurteilen könnte, welche glauben, sie stünden über allen Geset-zen. Ich habe Ihre Lettres écrites de la montagne [*Briefe vom Berge (1764)*] *und alle bemerkenswerten Antworten Ihrer Widersacher gelesen. Erlauben Sie mir daher, Sie zu überreden, auch meine Antworten zu lesen. Ich wäre gede-mütigt, nachdem ich nach besten Kräften meiner Fähigkeiten die Rechte der Ehre und Menschlichkeit verteidigt habe, wenn Vorurteile über mich im Geist eines so tugendhaften, so aufgeklärten Mannes blieben, den ich so sehr wie Sie liebe und achte. Ich habe keine Möglichkeit zu erfahren, wie Sie darüber urtei-len; aber hauptsächlich aus Ihren Werken habe ich gelernt, daß die Bewahrung meiner Integrität das grundlegende Gesetz der Natur ist und Vorrang vor der Pflicht gegenüber allen anderen Gesetzen hat, wenn sie im Konflikt miteinan-der sind, und daß dieses Naturgesetz unabhängig von allen menschlichen Kon-ventionen ist. Folglich kann mein Feind, welche Würden und welchen Charak-ter er auch haben mag, niemals irgendein Recht auf mein Leben erwerben; ebensowenig wie ich auf das seine oder das meines Nachbarn.*

Man könnte in vieler Hinsicht eine Parallele zwischen der Seltsamkeit Ihrer Situation und der meinigen ziehen. Sie, Republikaner und Protestant, wurden dafür, daß Sie Emil *in einer Republik veröffentlichten, ohne eine faire Anhö-rung verbannt.*³ *Ich, ein französischer Minister, wurde dafür, daß ich eine Ver-teidigung gegen einen anderen französischen Minister, der mich angriff, veröf-fentlichte, in einer Republik verurteilt, ohne angehört zu werden. Ich bin am Königlichen Gericht nicht erschienen, gewiß nicht, weil ich die englischen Gesetze verachte, welche im allgemeinen weitaus gerechter als sonst irgendwo sind. Sondern, weil ich weiß, daß sie mich aus politischer Gefälligkeit verurtei-len und nicht wirklich urteilen würden. Sie haben mir die notwendige Zeit ver-weigert, um mich und auch meine Zeugen zu verteidigen. Als ich zur nächsten Sitzungsperiode dann soweit war, versuchte jemand, mich zu entführen und mich nach Frankreich zu verfrachten, weil ich mich geweigert hatte, einer Vor-ladung zum Erscheinen vor einem Tribunal Folge zu leisten. Vorsicht zwang mich, mich zu verstecken, und während dieser Zeit verurteilten sie ohne jede Anhörung mein Buch als eine Verleumdung. Auf der einen Seite verurteilten sie meine Verteidigung, und auf der anderen setzten sie das Urteil der Ankla-gejury von England aus, die meinen Feind der Verbrechen eines Vergiftungs-und Mordanschlages gegen meine Person für überführt und schuldig befand. Außerstande, ihn [Guerchy] mit der Wahrheit zu verteidigen, versuchten sie,* die Strenge der Gesetze zu untergraben, ihre Autorität auszunutzen, indem sie ein Noli Prosequi *in der letzten Instanz forderten. Ist nicht dieses Begehren als solches der beste Beweis für ein Verbrechen? Trotz der englischen Freiheit und Billigkeit kann ich keine volle Gerechtigkeit erhalten, weil mein Vergifter und Mörder noch immer offiziell im Amt ist. Seine Verbrechen werden in der Geschichte unter den größten ungestraften Verbrechen rangieren. Ach! Mein lieber Rousseau, mein alter Kollege in der Politik, mein Meister in der Literatur, Gefährte in meinem Unglück, der Sie wie ich Beweise für die Launenhaftigkeit und Ungerechtigkeit vieler meiner Landsmänner hatten, Ihnen kann ich wahrhaftig sagen, daß ich es nie riskiert hätte, wie meine Verwandten dem König und meinem Land mit solchem Eifer und solcher Liebe zu dienen, wie ich es getan habe, wenn ich hätte glauben können, daß Verleumdung, Gift und der Dolch am Ende meine einzige Belohnung für meine Dienste und meine Verwundungen sein würden. Sagen Sie nicht mehr, daß Sie der einzige wahrhaft unglückliche Mann sind, daß die Seltsamkeit Ihres Schicksal nur für Sie gilt. Ich stimme Ihnen zu, daß es viele außergewöhnliche Unglücksfälle im Laufe Ihres Lebens gab, gestehe aber auch, daß der Stern meiner Geburt auch nicht immer glücklich war. Ich wurde jedoch mit der Glückshaube geboren [mit intaktem Amnion; ein Zeichen für viel Glück], aber ich habe das Sprichwort Lügen gestraft. Nichts von alledem muß uns jedoch soweit betrüben, daß wir einen bestimmten Punkt erreichen, unser Gewissen bedauert nichts, und wir kennen aus unserer eigenen Erfahrung die Bosheit der Menschen.*

Auch wenn es so scheinen mag, ich klage nicht über das Unglück, welches mir widerfahren ist. Die Vorsehung hat es (dank der englischen Freiheit und meiner Wachsamkeit) nur zugelassen, daß der Arglose unter das Beil seines Anklägers gerät. Der Himmel hat mir Tugend gegeben, der Ungerechte kann mich nicht verunglimpfen. Ich habe die Verleumdung zur Peinlichkeit werden lassen, ich habe den Mund des Lügners gestopft und den des Betrügers, der gegen mich losgeschlagen hat. Meine Feinde sind bereits mit Schimpf und Schande bedeckt und tragen die Scham als Mantel. In meiner Bedrängnis hat mein Herz Frieden, in meiner Armut bin ich überreich. Es gibt hier noch immer die englischen Gerechtigkeitsliebenden, die eifrigen Verfechter der Freiheit, erlauchte und großzügige Engländer, die über meine Sicherheit wachen, und ich zweifele nicht, daß viele von ihnen, gerührt durch Ihre Tugenden und Ihre seltenen Talente, Rache für Ihr Unglück und an Ihren Feinden nehmen werden.

Ich werde nun schließen, Monsieur, indem ich Ihnen versichere, mit dem guten Glauben, mit dem ich mich bemüht habe, mein ganzes Leben klarzumachen, daß ich naturgemäß immer bewegt bin, die Gültigkeit Ihrer Philosophie zu unterstützen, abgesehen von bestimmten Punkten zur Religion, bei denen es nicht statthaft ist, sie zu übernehmen, bei denen ich (nur in bestimmten außergewöhnlichen Fällen) meinen Glauben dem Verstand unterwerfe.[4] Ich verstehe nicht mehr als Sie die Mysterien, die Sie untersucht haben; ich strebe nicht danach, sie für mein Glück in dieser Welt und in der anderen zu untersuchen. Wenn man von mir 100.000 Écus verlangte, um mir zu helfen, ein Mysterium zu verstehen und zu glauben, würde ich weder glauben noch bezahlen; aber auf der einen Seite verlangt niemand etwas von mir, und auf der anderen wird mir so vieles versprochen. Es ist somit vorteilhafter, an die Worte von Jesus Christus zu glauben, der uns nicht täuschen kann, auf die Versprechungen zu vertrauen, die in den Herzen der Menschen, ob glücklich oder unglücklich, offenbar sind, dieser zarte Trost und die besänftigende Hoffnung auf eine glückliche und beständige Zukunft. Wegen alledem, was ich in der Heiligen Bibel nicht erfassen kann, deren Erhabenheit und Glaubwürdigkeit bis jetzt niemand besser als Sie dargelegt hat, schreibe ich mit dem Heiligen Augustinus: O Höchster! Ich gehöre jedoch nicht zu dem Kreis jener fanatischen Katholiken, die alles glauben, weil sie nichts verstehen. Ich verbrenne niemanden, weder auf Erden noch im Himmel. So Gott will, mein lieber Rousseau, mögen meine Taten der Reinheit meines Glaubens entsprechen und, so Gott will, möge Ihr Glaube ebenso unverfälscht und ebenso rein wie Ihre Taten sein. Die christliche Religion bräuchte einen Mann wie Sie, der die Rechtschaffenheit Ihres Sittenkodexes hat, die Objektivität Ihrer Haltung, die Stärke Ihrer Logik, die mit Erhabenheit verbundene aufgeklärte Redegewandtheit Ihres Genies. Bald werden Sie den Geist der Schwachen stärken, Sie werden die Mauern der Festungen stützen. Sie werden den Ameisenhaufen der kleinen Autoren zerstreuen und hinwegfegen, die einhundertmal ungläubiger sind als Sie, ohne auch nur das mindeste Ihrer Argumente entwickeln zu können.

Ich habe die Ehre mit all der Wertschätzung und Verbundenheit zu verbleiben, die Ihre Tugenden, Ihre Talente und Ihre Misere hervorrufen.

Monsieur,
Ihr sehr bescheidender und sehr gehorsamer Diener
Der Chevalier d'Eon

29

Rousseaus Schüler

Diese zwei sehr unterschiedlichen Dokumente – das des Königs über d'Eons Pension und d'Eons Brief an Rousseau – sind ausgesprochen hilfreich, um d'Eons seltsamen politischen Stand während des nächsten Jahrzehnts, bis zu seiner Transformation zur Frau, 1776, nachzuvollziehen. Im Frühjahr 1766, als der schlimmste Ärger aus seinen politischen Fehden verraucht war, hatte d'Eon zumindest einen Teilsieg errungen, was schon eine erstaunliche Leistung war. Es war ihm gelungen, Guerchy zu demütigen, er hatte vom König eine stattliche Jahrespension erhalten und arbeitete nach wie vor als Spion für den Geheimdienst. In den folgenden zehn Jahren sollte d'Eon tatsächlich Frankreichs beste Geheimdienstquelle über die politischen Entwicklungen in England sein. Als John Wilkes zum Beispiel aus seinem Exil in Frankreich zurückkehrte, um neuerlich fürs Parlament zu kandidieren, schickte d'Eon regelmäßig Berichte über seine Aktivitäten an Broglie.[1]

Aber d'Eons Sieg, wenn man ihn so nennen kann, hatte einen zu hohen Preis. Er hatte gegen so erschreckende Widrigkeiten ankämpfen müssen, er hatte der Gefahr so nahe ins Auge gesehen, daß sein Triumph ein schmerzlicher Sieg war. Und abgesehen davon, was hatte er denn in Wirklichkeit erreicht? Er hatte seine politische Laufbahn nicht eingeschlagen, um auf Dauer als Spion im Exil zu bleiben; er hatte sich vielmehr eine Karriere erhofft, die ihren Höhepunkt vielleicht in einem Ministerium erreichte. Jeder französische Adelige, der im politischen Leben stand, hatte die Hoffnung, irgendwann in Versailles tätig zu sein. Aber 1766 schien d'Eon weiter denn je von einer Ernennung in Versailles entfernt zu sein; in seinem eigenen Land war er in den Augen vieler immer noch ein Geächteter.

D'Eons größtes Problem blieb: Praslin und Choiseul waren nach wie vor Minister, und ihre Macht schien gesicherter denn je. Zwei Jahre zuvor, als Madame de Pompadour starb und Broglie aus der Verbannung zurückgerufen worden war, hatte d'Eon noch geglaubt, damit käme es nun auch zu drastischen personellen Veränderungen im Ministerium. Aber diese Hoffnung hatte sich schnell zerschlagen; Choiseul war inzwischen, wie d'Eon es ausdrückte, »despotischer als alle Großwesire Konstantinopels.« Und Choiseuls Cousin, Praslin, der als Außenminister direkter mit d'Eon zu tun hatte, war keinen

Deut besser: »ein schändlicher und arroganter Mensch, der Erfinder des Elends.« Diese beiden waren mehr als jeder andere dafür verantwortlich, daß d'Eon nichts anderes übrigblieb, als »in der Hoffnung auf eine bessere Zukunft dahinzuvegetieren.«[2]

Die Langlebigkeit der Praslin-Choiseul-Regierung war unendlich frustrierend für d'Eon. Er mußte bei jedem Schritt auf der Hut sein. Er konnte weder seine finanziellen Angelegenheiten in Burgund ordentlich regeln, noch konnte er auch nur auf einen Besuch nach Frankreich zurückkehren. Und noch schmerzlicher war, daß er seine Situation seiner eigenen Mutter nicht offen erklären konnte, aus Furcht, solche Briefe könnten von der Polizei abgefangen werden. »Es ist notwendig, in der Gegenwart Geduld zu bewahren«, schrieb er an eine andere Verwandte, »und das Schlimme mit dem Guten zu erdulden.« Aber früher oder später würde seine Geduld erschöpft sein.[3]

An Rousseau hatte d'Eon von einem von Tugend geleiteten Herzen geschrieben. Aber der Brief offenbarte auch, daß sein Herz mindestens ebensosehr wie von irgend etwas anderem vom Haß auf seine »Feinde« geleitet wurde. An anderer Stelle gab er »despotischen Ministern« die Schuld an allen seinen Problemen. Es war ein altes Thema, das allerdings in der Ära, die zur Revolution führte, wiederbelebt werden sollte, wenn d'Eon auf der Rechtschaffenheit des Königs beharrte und behauptete, Ludwig werde nur von »Monstern« getäuscht, die darauf aus wären, seine Autorität und Politik zu untergraben. »Ich beklage mich nicht über den König, der der beste Gebieter ist, der mich nur freundlich behandelt hat, ich beklage mich einzig über diese versklavten armseligen königlichen Handlanger am Hofe.«[4]

D'Eon mag dem König zwar nicht persönlich die Schuld für sein Unglück gegeben haben, aber er ging zunehmend dazu über, dem politischen System die Schuld zu geben, das einen derart schwachen Monarchen hervorbrachte. Früher, ja, da hatte das politische Leben d'Eon noch enorme Möglichkeiten geboten – im Frühjahr 1763 hatte es Versprechungen von Reichtum, Macht und Ruhm gegeben. Aber von seinem Standpunkt 1766 aus hatte das System ihn betrogen. Soweit er es sehen konnte, hatten seine Gönner ihn nur benutzt, um ihre eigenen Interessen voranzubringen, und als er für sie nicht mehr von Nutzen war, hatten sie ihn beiseite geschoben. In dieser Zeit hatte d'Eon einen wiederkehrenden Traum, in dem er eine menschliche Kanonenkugel war, die in einer Schlacht von seiner Seite aus zum Feind hinüber geschossen wurde.[5] Dieser Traum offenbart seine Gefühle der Hilflosigkeit, ein Spielball der Politik anderer zu sein, als Waffe im Kampf zwischen England und Frankreich benutzt zu werden.

Langsam begann d'Eon zu verstehen, daß das politische Leben als solches und nicht irgendwelche bestimmten Personen für seine desolate Situation verantwortlich waren. So setzte sich bei ihm mit der Zeit die Überzeugung durch, daß die politische Welt des Ancien Régime einem Menschen, der tugendhaft sein wollte, keine Arena bot; im Gegenteil, sie war ein verderbter öffentlicher

Raum, in dem die Wertigkeit und Ehre eines Gentleman nur zu oft mißachtet wurden, und wo Falschheit und Betrug die Norm waren.

Die Fehde mit Guerchy war für d'Eon endgültig der Beweis, daß Montesquieu recht hatte mit dem, was er über die Richtung der französischen Politik gesagt hatte: Das Land entwickelte sich zu einer Tyrannei, und zwar ungeachtet aller guten Absichten, die König Ludwig gehabt haben mochte. »Die ganze Weltgeschichte«, schrieb d'Eon in seinen *Lettres, mémoires, et négociations*, »hat uns nie ein besseres Beispiel von solchem MINISTERIELLEM DESPOTISMUS geliefert.«[6] Da Montesquieu tot war, war der größte Herausforderer des französischen Absolutismus d'Eons »Meister«, Jean-Jacques Rousseau.

Diese starken politischen Überzeugungen – Gefühle, die relativ neu für d'Eon waren, und bei denen er nicht so recht wußte, wie er sie ausdrücken sollte – kamen, wenn auch ungewollt, in seinem Brief an Rousseau zum Tragen; er hatte nicht nur das Bedürfnis, Rousseau zu seinem Richter zu machen, er identifizierte sich mit seinem Leben auch wiederholt mit dem Rousseaus und sah die Parallele zwischen ihren Schicksalen: »Unser Unglück hat fast denselben gemeinsamen Ursprung, wie verschieden die Ursachen und Folgen auch sein mögen.« In allen Papieren von d'Eon wurde ansonsten tatsächlich nirgends eine lebende Person mit solchen mimetischen Begriffen bezeichnet – »mein alter Kollege in der Politik, mein Meister in der Literatur, Gefährte in meinem Unglück.« Um d'Eons Gefühle zu sich und seiner Situation verstehen zu können, müssen wir etwas mehr über Jean-Jacques Rousseau wissen.

D'Eon bemerkte, daß, genau wie ihm despotische Minister übel mitgespielt hatten, so auch engstirnige Gelehrte und Philosophen Rousseau übel mitgespielt hatten. Die Anfänge ihrer beider Karrieren wiesen tatsächlich gewisse Ähnlichkeiten auf. Beide Männer waren in jungen Jahren in politischen und intellektuellen Kreisen wohlbekannt. Rousseau war in den Jahren 1743 und 1744 Sekretär des französischen Botschafters in Venedig gewesen. Nach dieser Erfahrung war er nach Paris zurückgekehrt, wo er sich unter den Philosophen der Aufklärung so hervortat, daß Jean Le Rond d'Alembert, zusammen mit Diderot Herausgeber der *Enzyklopädie*, den jungen Rousseau als einen der größten Geister des Jahrhunderts bezeichnete.[7]

Rousseau stand im Ruf, ein junges Genie zu sein. Diese Reputation änderte aber nichts an der Tatsache, daß er sowohl von der politischen Welt des Ancien Régime als auch der intellektuellen Welt der Aufklärung zunehmend desillusioniert wurde. Mit einer Reihe von Werken, deren Höhepunkt 1761–1762 drei Klassiker darstellten (*Der Gesellschaftsvertrag, Emil* und *Die Neue Héloise*), erreichte Rousseau als der vielleicht bedeutendste Schriftsteller seiner Tage, aber kurioserweise gleichzeitig auch als der größte Bilderstürmer Europas, gewaltigen Ruhm. Im Kern beinhalten Rousseaus Werke die Überzeugung, daß das politische und kulturelle Leben Europas so organisiert war, daß ein tugendhaftes Leben unmöglich gemacht wurde. Ein tugendhafter Mann, behauptete er, würde in London oder Paris lächerlich erscheinen.

Rousseaus Leben war ein anschauliches Beispiel für derart pessimistische Behauptungen. Während seine Bücher von der breiteren Leserschaft mit überschwenglichem Lob bedacht wurden, hatte das politische und intellektuelle Establishment oft nichts als Schmähungen für ihn übrig. Seine Heimatstadt Genf verwies ihn der Stadt, und Frankreich drohte ihm mehr als nur einmal, ihn in die Bastille zu werfen. So nahm Rousseau David Humes Einladung nach England denn auch nur aufgrund einer drohenden Verhaftung durch die französischen Behörden an.

D'Eon hatte alle wichtigen Werke Rousseaus aufmerksam gelesen, insbesondere auch die jüngst erschienenen *Briefe vom Berge*. Er identifizierte sich allerdings weniger mit den Thesen, die in diesen Büchern entwickelt wurden, als vielmehr mit Rousseaus Lebenskampf: der Fähigkeit eines tugendhaften Mannes in einer Welt des Lugs und Betrugs die Wahrheit zu schreiben. D'Eons Versprechen an die Leser im Vorwort von *Lettres, mémoires, et négociations* – »meine Politik ist schließlich die eines ehrlichen Mannes, der immer die Wahrheit sagt« stammt unmittelbar von Rousseau.[8]

Daß d'Eon sich so mit Rousseau identifizierte, verdeutlicht auch, wie weit seine politische Karriere in einer Sackgasse gelandet war. Wie konnte er als Spion in London ein tugendhaftes Leben führen? Wie sollte er auf irgendein Weiterkommen oder eine Rehabilitation hoffen? Genau wie Rousseau sah er sich absolut allein gelassen, sich selbst einen Kurs zurechtlegend, der alles andere als klar und voller unvorhersehbarer Fallen war. Rousseau war ein Flüchtling aus der Welt der Literaten, d'Eon aus der Welt der Politik. Keiner der beiden konnte im Ancien Régime sicheren Boden unter den Füßen gewinnen.

In einem Brief an seine Mutter erklärt d'Eon die Situation, indem er unmittelbar auf Rousseaus *Abhandlung über den Ursprung und die Grundlagen der Ungleichheit unter den Menschen* zurückgreift: »Was diejenigen angeht, die Ihnen erzählen, Ihr Sohn sei ›eine wilde, in den Wäldern von Burgund groß gewordene Bestie‹ – wie Monsieur de Guerchy bereits gesagt hat, antworten Sie ihnen mit mir und meinem Freund Jean-Jacques, daß die Natur alle Lebewesen, die ihrer Pflege anheimgegeben sind, mit einer Vorliebe behandelt.« Genau wie Hunde und Katzen »in den Wäldern mehr Kraft, Stärke und Mut als bei uns in den Ställen haben und die Hälfte dieser Vorzüge einbüßen, wenn sie Haustiere werden ... Ebenso geht es dem Menschen selbst: indem er sich vergesellschaftet und Sklave der Hohen und Mächtigen oder derer wird, die Größe nachäffen, wird er schwach, furchtsam, kriecherisch, und seine weibische und weichliche Lebensweise schwächt endlich zugleich seine Kraft und seinen Mut.«[9]

Sowohl d'Eon als auch Rousseau sahen sich also mit einem existentiellen Problem konfrontiert: Wie sollten sie in einer Welt leben, die sie zu Berühmtheiten gemacht, aber dennoch keinen Platz für sie hatte? Für Rousseau schien die Antwort auf diese Frage Ende der sechziger Jahre zu sein, der Lieblingsradikale des Establishments zu werden. Er nahm die Angebote reicher Aristokraten wie dem Prinzen von Conti an, auf ihren Schlössern zu leben, wo er vielfach in luxuriöser Isolation seine Werke in relativem Frieden schreiben konnte.

D'Eon versuchte zunächst, einen ähnlichen Kompromiß zu finden. In den zehn Jahren nach 1766 verbrachte er viele Stunden lesend in seinem Studierzimmer, wo er sich ostentativ mit seinem alten Fachgebiet, den Staatsfinanzen und Steuern, beschäftigte. Und 1774 wurde dann tatsächlich sein dreizehnbändiges Werk *Loisirs du Chevalier d'Eon de Beaumont sur divers sujet importants d'administration, etc. pendant son séjour en Angleterre* veröffentlicht. Aber im Unterschied zu Rousseau spiegelte das, was d'Eon in dieser Zeit schrieb, weder etwas von seiner politischen Erfahrung noch seiner persönlichen Krise wider. Es waren akademische, in einem wissenschaftlichen und distanzierten Stil geschriebene Werke, die im übrigen kaum einmal etwas kontroversere Themen berührten. Kurz: Diese Schriften offenbaren nichts von der psychologischen Intensität, die in Rousseaus Büchern oder auch in d'Eons unveröffentlichten Manuskripten zu finden ist. Trotz seiner Identifikation mit Rousseau, trotz seiner ähnlichen Gefühle, wonach er sich politisch entfremdet und verfolgt fühlte, wird der Einfluß Rousseaus auf d'Eon weniger an d'Eons publizierten Schriften, als vielmehr eher an seinem Verhalten offenbar.

30

D'Eons Bibliothek

Ohne die Verantwortlichkeiten einer Familie, die Instandhaltungsverpflichtungen, die mit einem Grundstück verbunden sind, die strengen Auflagen eines militärischen Lebens oder die Anforderungen eines politischen Amtes hatte d'Eon sehr viel Zeit, die ihm zur freien Verfügung stand. Einen Teil davon verbrachte er damit, daß er sich in Vorbereitung seiner *Loisirs* mit Staatsfinanzen und Steuern befaßte. Aber er las auch andere Dinge; ja, er scheint praktisch alles gelesen zu haben.

D'Eon versuchte, durch Lesen mit seiner Rousseauschen Entfremdung von der Politik des Ancien Régime ins reine zu kommen. Er war von Kindheit an ein unersättlicher Leser und entwickelte sich als Erwachsener zu einem geradezu zwanghaften Buchkäufer. Während dieser Zeit in London, von 1762 bis 1777, baute er eine außerordentlich umfangreiche private Bibliothek auf. In einer Zeitspanne von nur zehn Wochen kaufte er beispielsweise 1764 über zweihundert Bücher. Bis zu dem Zeitpunkt, als er 1777 schließlich nach Frankreich zurückkehrte, hatte er rund sechstausend Bücher und fünfhundert Raritäten an Manuskripten zusammengetragen.[1] In einer Zeit, als Bücher noch sehr viel teurer als heute waren, war dies eine erstaunliche Leistung für eine Einzelperson. Von seiner Pension konnte er zwar sehr gut leben, aber er gab so viel von seinem verfügbaren Einkommen für Bücher aus, daß viele seiner Briefe an offizielle Stellen in Frankreich Forderungen nach noch mehr Geld enthielten.

Als er sich infolge der Französischen Revolution mit Armut konfrontiert sah, war er gezwungen, seine Bibliothek zum Verkauf anzubieten. Der Verkauf fand dann tatsächlich zwar erst nach seinem Tod statt, aber schon damals wurde vom Auktionshaus Christie ein Katalog erstellt. Dieser Katalog, wie auch ein zweiter, der unmittelbar vor dem tatsächlichen Verkauf erstellt wurde, bietet einen guten Überblick, was d'Eon vor seiner Rückkehr nach Frankreich 1777 gelesen hatte.[2]

Was den Großteil der Buchbestände anging, so gab es wenig Überraschendes. Er hatte eine umfangreiche Sammlung von Werken über europäisches Recht und europäische Regierungen. Er besaß Dutzende von Manuskripten des französischen Militärstrategen des siebzehnten Jahrhunderts, Marschall von Vauban. In seiner Zeit in England erstand er fünfhundertsiebenundfünfzig Exemplare von Horaz' Werken, was zugleich weltweit die größte Einzelsammlung von diesem römischen Dichter darstellte.[3]

Die große Zahl von Nachschlagewerken zeigt, daß es sich hier um die Arbeitsbibliothek eines ernsthaften Gelehrten handelte. D'Eon besaß zahllose Wörterbücher und Enzyklopädien, manche allgemeiner Art, andere zu spezifischen Themen, darunter eine Erstausgabe von Diderots und d'Alemberts *Encyclopédie* [*Enzyklopädie*], das bedeutendste Buch der französischen Aufklärung. Darüber hinaus besaß er zahlreiche Grammatikbücher und fremdsprachige Wörterbücher, darunter allein mehrere für Hebräisch, sowie Hunderte religiöse Bücher und Manuskripte, darunter über fünfzig Bibeln, ein griechisches Manuskript aus dem fünfzehnten Jahrhundert und ein lateinisches Manuskript aus dem Jahr 998.

Und natürlich besaß er Ausgaben von fast allen wichtigen politischen Schriftstellern des achtzehnten Jahrhunderts, einschließlich Voltaire, Montesquieu, Helvétius, Locke, Mably, Raynal und insbesondere Rousseau. »Diese Ausgabe ist die zu allerletzt erschienene«, erklärt ein Vermerk im ersten Katalog zu der 1769 in Amsterdam erschienenen Ausgabe der *Œuvres de Rousseau*, »die schönste und die vollständigste, die direkt vom Autor überprüft wurde.«[4]

Wenn wir d'Eons Bibliothek mit anderen großen Privatbibliotheken jener Zeit vergleichen, etwa der von Montesquieu oder der des Philosophen und späteren Ministers Turgot, begegnen wir vielen gleichen oder gleichgelagerten Büchern.[5] D'Eon mag weniger an wissenschaftlichen Fragen interessiert gewesen sein als diese bekannteren Bücherfreunde, dafür scheint er sich intensiver mit dem Studium alter Sprachen beschäftigt zu haben. In weiten Teilen erscheint d'Eons Bibliothek durchaus typisch für die eines *Philosophen* des achtzehnten Jahrhunderts.

Eine Gruppe von Büchern gab es jedoch, die in den Bibliotheken von Montesquieu, Turgot oder anderer großen Privatsammler jener Zeit nicht zu finden war. Das war eine Sammlung von vierzig bis sechzig Büchern über Frauen. Das Spektrum reichte von mehrbändigen Enzyklopädien bis zu kleinen Schriften, von Werken über Andachten für fromme Katholikinnen bis zu militanten feministischen Manifesten.[6] Abgesehen von den größten öffentlichen Sammlungen, die etwa später die British Library oder die Bibliothèque Nationale wurden, ist keine andere Person bekannt, die so viele historische und zeitgenössische Bücher über Frauen zusammentrug. D'Eons Bestände waren eine einmalige Sammlung.[7]

Wie die meisten anderen Bände in d'Eons Bibliothek datierte auch die Mehrzahl seiner Bücher über Frauen aus der Zeit vor 1777, dem Jahr, als er als Frau nach Frankreich zurückkehrte. Es ist zwar durchaus möglich, daß er einige dieser Bücher bereits vor seiner Ankunft in England, 1762, erstanden hatte, es dürfte jedoch unwahrscheinlich sein, daß er mehr als nur einige Bände per Schiff mit über den Kanal brachte. Wenn wir also die Erscheinungsjahre dieser Bücher mit den Fakten aus d'Eons Leben zusammenbringen, können wir getrost davon ausgehen, daß die meisten Bände während seines Aufenthalts in London, zwischen 1762 und 1777, gekauft wurden.

Ist es einfach nur ein Zufall, daß einer der eifrigsten Sammler von Frauenbüchern dann der erste Mann in der europäischen Geschichte war, der die zweite Hälfte seines Lebens als Frau leben sollte? Zu den Fakten: D'Eon kaufte und las anzunehmenderweise diese Bücher über Frauen in derselben Dekade (1766–1776), in der die ersten Gerüchte über seine Geschlechtsidentität aufkamen und in London und Paris verbreitet wurden. 1777 war d'Eon selbst bereit, öffentlich zu bekennen, daß er eine Frau war. Ist es zu weit hergeholt zu behaupten, daß d'Eons Lektüre etwas mit der Annahme seiner neuen Geschlechtsidentität zu tun hatte? Dennoch: Ehe wir eine These akzeptieren können, wonach seine Geschlechtsumwandlung durch die intensive Lektüre in dieser Zeit der Entfremdung gefördert wurde, müssen wir zunächst untersuchen, was diese Texte zu den Geschlechterrollen in der jüngeren Neuzeit sagen.

D'Eon besaß mindestens sechs mehrbändige Enzyklopädien über »ehrenwerte Frauen«, zwei aus dem siebzehnten Jahrhundert und vier, die in den 1760er Jahren herausgegeben wurden. Die älteste und wahrscheinlich bekannteste Enzyklopädie war ein Modell für eine sich in der Folge entwickelnde völlig neue Gattung der Literatur: Pierre Le Moynes *Galerie des femmes fortes*, 1647 erschienen und 1652 als *The Gallery of Heroick Women* ins Englische übersetzt. Und um eine Galerie handelte es sich dabei tatsächlich. Die zwei illustrierten Bände enthielten kurze Artikel über berühmte Frauen aus der ganzen Geschichte. In einer langen Einleitung beklagte Le Moyne, daß Frauen in der Geschichte weitestgehend unberücksichtigt geblieben waren, was zu einer mangelnden Wertschätzung dessen führte, was sie der Gesellschaft zu bieten hatten. In der ganzen Enzyklopädie nutzte Le Moyne die Artikel didaktisch, um zu verdeutlichen, welche gewichtigen Beiträge Frauen zur Zivilisation geleistet hatten. Ihre Tugenden, schrieb er an einer Stelle, waren »ebenso nützlich für die Öffentlichkeit wie [die] der Männer.«[8]

Claude-Charles Guyonnet de Vertrons *La Nouvelle Pandore* war demgegenüber auf die Darstellung berühmter zeitgenössischer Frauen beschränkt. Genau wie Le Moyne wies Vertron darauf hin, daß Frauen der Oberschicht unter der Herrschaft von Ludwig XIV. (1643–1715) Berühmtheit erlangt hatten, und er war auch der Meinung, daß sie nicht wenig zum Ruhm und Glanz dieser Ära beigetragen hatten. Diese Meinung, daß französische Frauen in den ersten Jahren des Sonnenkönigs einen Zenit an Einfluß, Macht und Tugend erreichten, durchdringt in der Tat diese Enzyklopädien.[9]

Vertron begann wie Le Moyne mit einem Vorwort, das sich in Polemik erging. Dazu gehörte etwa ein Dialog zwischen einem Mann, der ein leidenschaftlicher Verfechter der These war, daß Frauen den Männern mindestens ebenbürtig waren, und einem anderen Mann, der von ihrer naturgemäßen

Minderwertigkeit überzeugt war. Vertrons Sympathien galten eindeutig dem Feministen. An einer Stelle lieferte Vertron sogar eine neue Interpretation der Genesis und Evangelien, die klar eine feministische Sicht erkennen ließ. Gottes Schöpfungsordnung folgte Vertron zufolge einem hierarchischen Muster: Zuerst schuf Gott die niederen Kreaturen, dann machte er mit den komplexeren höheren Lebensformen weiter. So schuf er zum Beispiel die Fische vor den Säugetieren. Das heißt, als Gott Eva schuf, argumentierte Vertron, daß »die Frau aus einem reineren Material gemacht wurde« als der Mann. Und infolge dieses Unterschiedes konnten Frauen, anders als die Männer, nicht unter die Erbsünde fallen. Bei einem anderen biblischen Beispiel stellte Vertron in Zusammenhang mit dem Leben Jesus fest, daß »Frauen gläubiger als Männer sind.« Buchstäblich durchgängig in seinem bilderstürmerischen Text setzte Vertron Frauen mit Tugend und Männer mit Bestialität gleich: »die Tugend von Frauen richtet wieder auf, was die Verderbtheit von Männern zugrunde gerichtet hat.«[10]

Die vier Enzyklopädien über »ehrenwerte Frauen«, die in den 1760er Jahren veröffentlicht wurden, imitieren in verschiedener Hinsicht ihre Vorläufer aus dem siebzehnten Jahrhundert. Jean François La Croix' *Dictionnaire historique portatif des femmes célèbres* konzentrierte sich auf »couragierte und militante Frauen«, während Joseph de La Portes *Histoire littéraire des femmes françaises* den umfangreichen Beitrag herausstellte, den Frauen seit der Renaissance zur französischen Literatur geleistet hatten.

Das anonyme, 1766 in London publizierte *Biographium Faeminem* ging mit der Entwicklung einer Art Theorie zur Ungleichheit der Geschlechter sogar noch einen Schritt weiter. In einer kühnen Einleitung behauptete der Autor oder die Autorin, die Natur determiniere keine »Ungleichheit zwischen den zwei Geschlechtern«; Frauen waren den Männern intellektuell ebenbürtig und zu jeder zivilisationswürdigen Leistung befähigt: »Die intellektuellen Stärken haben keine Abhängigkeit vom noch eine Verbindung mit dem Geschlecht der Person, die sie besitzt.«[11]

Die ehrgeizigste von den Enzyklopädien in d'Eons Sammlung war Jean Zorobabel Aublet de Maubuys sechsbändige *Les Vies des femmes illustres de la France*, die nicht zögerte, alle Formen von Frauenhaß als Voreingenommenheit und rückständig anzugreifen. Viele der in diesem Buch dargestellten großen Frauen, erklärte Aublet in dem üblichen polemischen Vorwort, hatten aufgrund ihrer Klassenzugehörigkeit und ihres Familienhintergrunds außergewöhnliche Chancen erhalten. Hätten andere Frauen Zugang zu solchen Bildungsmöglichkeiten, könnten auch sie große Dinge erreichen. Die Schuld, daß Frauen unwissend gehalten wurden, fiel ganz und gar den Männern zu. Wenn Männer Frauen als »weich, weibisch und ohne Stärke« ansehen, behauptete Aublet, dann sei das nur so, weil Frauen von Männern dazu erzogen wurden, so zu sein. Er forderte seine männliche Leserschaft auf, »legen Sie Ihre Eitelkeit, Ihren Egoismus ab, und sei es auch nur für einen Moment.« Im Vergleich zu essentielleren Ähnlichkeiten seien die körperlichen Unterschiede zwischen Männern und Frauen nicht so wichtig, schrieb er. »Das Beispiel jedes einzelnen Individuums sagt mir, daß sie, ob Frau oder Mann, eine Seele, ein Herz, einen Geist, ein Urteilsvermögen, eine Verständnisgabe, ein Gefühlsvermögen, ein Vorstellungsvermögen ... haben. Warum ein Vorurteil nähren, welches so schlecht für uns selbst ist?«[12]

Diese Enzyklopädien über berühmte Frauen gehörten zu einer Literatursparte, die sich im wesentlichen darauf konzentrierte, weibliche Tugenden herauszustellen und zur Verbesserung der Bedingungen für die Frauen der Oberschicht beizutragen. Diese Gattung, die heute als die »Querelle des Femmes« (die Auseinandersetzung der Frauen) bekannt ist, umfaßte Hunderte von Schriften, Stücken, Abhandlungen und Dialogen über das Wesen der Geschlechtsunterschiede. Die jüngere europäische Neuzeit hatte ihre eigene intensive Debatte über die feministische Theorie.[13]

Die »Querelle des Femmes« begann etwa um 1400 mit Christine de Pizans *Das Buch von der Stadt der Frauen*, das als das erste feministische Werk in der westlichen Zivilisation gilt. In den Katalogen über d'Eons Bibliothek ist zwar nicht belegt, daß er ein Exemplar dieses Buches besaß, er war aber mit Sicherheit vertraut damit. Im achtzehnten Jahrhundert enthielten alle Bände über »ehrenwerte Frauen« auch Artikel über Pizan, und *Das Buch von der Stadt der Frauen* wurde in unterschiedlichen Formaten neu aufgelegt. Auch wenn er *Das Buch von der Stadt der Frauen* nicht hatte, so besaß er aber das Manuskript eines anderen feministischen Meisterwerks der frühen Renaissance, Martin Le Francs *Le Champion des dames,* zwischen 1440 und 1442 geschrieben und 1485 erstmals gedruckt. Genau wie sein berühmterer Vorgänger »verteidigte« es Frauen mit dem Argument ihrer charakterlichen Überlegenheit. Später sollte d'Eon auf diesen Text zurückgreifen, um seine eigene Geschichte über weibliche Transvestiten im Mittelalter zu schreiben.[14]

In jüngerer Zeit haben Literaturhistoriker und -historikerinnen die Entstehung der »Querelle des Femmes« in der frühen Neuzeit nachgezeichnet. Joan Kellys Pionierleistungen bei den diesbezüglichen Forschungen wurden von anderen Wissenschaftlern und Wissenschaftlerinnen bestätigt, die die Bedeutung dieser Literatur im siebzehnten Jahrhundert beschreiben, als Texte, die den weiblichen Charakter aufwerteten, großen Einfluß gewannen. So trug zum Beispiel Jacques Du Boscs Werk *Honneste femme* (1647), das d'Eon besaß, zur Verbreitung der Vorstellung bei, daß die für gewöhnlich mit virilen Edelmännern assoziierten Attribute auch auf ihre Gefährtinnen zu übertragen waren. Ende des siebzehnten Jahrhunderts gab es bereits eine reiche Tradition einer fest in der kartesischen Philosophie verwurzelten feministischen Kritik, die am treffendsten durch François Poulain de la Barres *De l'égalité des femmes* (1673) veranschaulicht wird, einer klassischen Polemik über die Gleichberechtigung der Geschlechter.[15]

Ebenso war die kämpferische Querelle-des-Femmes-Literatur Englands in d'Eons Bibliothek zu finden. Er besaß zum Beispiel ein Exemplar von Mary Astells *Reflections Upon Marriage*. Astell, die oft als Englands erste Feministin bezeichnet wird, machte sich für eine großangelegte Reform des Geschlechts-/Geschlechtersystems in England stark. Sie erkannte, daß Frauen außerhalb der Ehe nur wenige Möglichkeiten offenstanden: Status und Wohlstand konnte eine Frau nur als Abhängige eines erfolgreichen Ehemannes erreichen. Astell kritisierte dieses Gesellschaftssystem als inhärent sexistisch. »Daß die Sitten der Welt die Frauen, allgemein gesprochen, in einen Zustand der Unterwerfung gebracht haben, wird nicht bestritten«, bemerkte sie bitter. »Aber das Recht [dazu] kann durch die Tatsache nicht mehr bewiesen werden, als die Vorherrschaft des Übels es rechtfertigen kann.«[16]

D'Eon besaß auch Judith Drakes *Essay in Defense of the Female Sex*, eine starke polemische Abhandlung, von der zu d'Eons Zeit angenommen wurde, daß Mary Astell sie geschrieben hätte. Wie Astell hoffte Drake, ihre Leser und Leserinnen zu überzeugen, daß die englischen Frauen in einem seltsamen Zustand der Unterdrückung lebten, daß sie von Männern brutal tyrannisiert wurden und daß diese Tyrannei schon so lange dauerte, daß Frauen sie inzwischen als normal akzeptiert hatten. Dieser Zustand war jedoch weder normal noch natürlich, behauptete Drake, sondern vielmehr ein historisches Phänomen. Wie viele Autorinnen der »Querelle des Femmes« machte auch Drake ein goldenes Zeitalter in vergangenen Zeiten aus, als Frauen und Männer in einer Art primitiver Gleichheit lebten. Diese Epoche war durch Männer beendet worden, die nur ihr Eigeninteresse im Sinn hatten. »Als die Welt bevölkerter wurde«, schrieb Drake, »und die lebensnotwendigen Bedürfnisse der Männer den Ansporn zu ihren Erfindungen gaben, nahm auch ihre Eifersucht zu und verschärfte sich ihre Tyrannei über uns, bis sie allmählich das Maß an Härte, ich muß sagen, Grausamkeit, erreichte, das jetzt in allen östlichen Teilen der Welt gegeben ist, wo Frauen wie unsere Negerinnen in den Plantagen im Westen als Sklavinnen geboren werden und ihr ganzes Leben als Gefangene leben.«[17]

Diese Art geschlechtsspezifischer Sklaverei, erklärte Drake, breite sich rasch nach Europa aus. So hatten die Franzosen zum Beispiel die Autorität von Frauen einst respektiert, sie dann aber im frühen Mittelalter von der Thronfolge ausgeschlossen – was aus Drakes Sicht ein schamloses Beispiel männlicher Unterdrückung war. Die Franzosen »wußten nur zu gut, daß wir nicht weniger imstande waren, ebensogut wie sie zu herrschen und zu regieren; aber sie waren argwöhnisch, wenn die Rebellenmacht zu oft in die Hände von Frauen fiele, sie ihr eigenes Geschlecht begünstigen und mit der Zeit ihre ursprüngliche Freiheit und Gleichheit mit den Männern wiederherstellen und so jener unbegründeten Autorität das Genick brechen könnten, die sie so sehr über uns ausüben.«[18]

Als positiveres Beispiel für die Fähigkeiten von Frauen verwies Drake auf Holland, den reichsten und zivilisiertesten Staat ihrer Tage, wo die Frauen sich

189

nicht nur um die häuslichen Angelegenheiten, sondern oft auch um die Finanzen kümmerten – und »die ganzen Geschäfte abwickelten, selbst die hübschesten Händlerinnen, mit ebensoviel Geschicklichkeit und Genauigkeit wie ihre oder unsere Männer es können.«[19]

Astells und Drakes Ideen wurden von einer Reihe englischer Autorinnen sowie einigen Autoren wie William Walsh und Joseph Warder aufgegriffen. In Walshs Buch *Dialogue Concerning Women* [das 1691 in London und 1761 in deutscher Übersetzung als W. Walschens *Vertheidigung des weiblichen Geschlechtes* erschien] wurden Frauenfreunde und Frauenhasser im Streitgespräch einander gegenübergestellt; hierbei gingen die Frauenfreunde ganz klar als Sieger aus der Debatte hervor, indem sie als Beispiel für die großen Dinge, die Frauen vollbringen konnten, wenn ihnen nur entsprechende Gelegenheiten und eine gute Ausbildung gegeben wurden, auf die Leistungen von Königin Elisabeth verwiesen.[20]

Warder nutzte die Metapher eines Bienenvolkes bei seinem Plädoyer für die Einbeziehung von Frauen in die Politik und verwies auf das Beispiel von Königin Anna als Beweis, daß Frauen, genau wie die Bienenkönigin, sogar noch besser als Männer regieren konnten. Ihre absolute Macht über den Rest werde nicht durch irgendeine Tyrannei oder Grausamkeit gesichert, die sie über ihre Untertanen ausübe, schrieb er, sondern durch eine angeborene natürliche Loyalität mit diesen Wesen, die weder durch Neid noch durch Zwietracht gegenüber ihrer rechtmäßigen Herrscherin gebrochen werde.

Eines Tages, erzählt Warder uns, wurde die Bienenkönigin entführt, und die männlichen Bienen waren sich selbst überlassen. Und praktisch sofort verfiel diese nur noch rein aus »Männern« bestehende Republik in »Anarchie« und spaltete sich in streitsüchtige Fraktionen.[21]

Die Forschungen jüngeren Datums über die Querelle-des-Femmes-Literatur konzentrieren sich fast ausschließlich auf die Renaissance und das siebzehnte Jahrhundert. Das achtzehnte Jahrhundert wird dabei von den Forscherinnen und Forschern praktisch völlig übersehen. Was wahrscheinlich damit zu erklären ist, daß die Beiträge bzw. die Beteiligten vielfach auch von großen Schriftstellern jener Zeit ignoriert wurden. Aber wie d'Eons Bibliothek zeigt, verschwand die Querelle des Femmes nicht nach 1700, wenn überhaupt, dann wurde sie sogar kühner. Allein die Anzahl der Titel, die in den 1760er Jahren veröffentlicht oder neugedruckt wurden, stellt so etwas wie eine Wiederbelebung der Querelle dar.[22]

Zu den stärksten Mythen, die von Autorinnen der Querelle des Femmes entwickelt wurden, gehört die »Amazone«, die kämpferische Frau, die es sowohl im Krieg wie in der Staatskunst mit jedem Mann aufnehmen konnte. Buchstäblich in allen feministischen Traktaten in d'Eons Sammlung wurden die Leistungen der Amazonen gefeiert, jenes kriegerische Frauenvolk der Antike, das Herodot zufolge aufgrund seiner glänzenden Kriegskunst und Disziplin Schlachten gegen die Griechen und Skythen gewann.[23]

Für die Feministinnen der jüngeren Neuzeit waren die Amazonen der Beweis, daß ein von Frauen regierter Staat nicht nur theoretisch möglich, sondern in der Geschichte bereits einmal Realität gewesen war. Obwohl sich die meisten Wissenschaftlerinnen und Wissenschaftler heute darin einig sind, daß es sich bei der Geschichte der Amazonen um einen Mythos handelt, sahen verschiedene Autorinnen und Autoren der Querelle des Femmes sie als historisches Faktum und eine beispielhafte Geschichte über starke Frauen – *femmes fortes*.[24]

Ein Buch in d'Eons Bibliothek, das die zeitgenössischen Frauen, die im Rampenlicht der Öffentlichkeit standen, als moderne Amazonen feierte, war Abbé Guyons 1740 veröffentlichte *Histoire des Amazones anciennes et modernes* [*Geschichte der Amazonen*, 1763]. In einem langen Vorwort erklärt Guyon, daß es ihm nicht einfach nur um ein Stück Geschichtsschreibung, sondern darum ging, die Leserinnen und Leser davon zu überzeugen, daß Frauen einen Staat mit Klugheit, Geschick und Ruhm regieren können.[25]

Guyon versuchte, die Tradition der Kriegerinnen aus der Antike mit den Erfahrungen von Königinnen und herausragenden Frauengestalten in der jüngeren Geschichte zu verbinden. Herodots Ausführungen über die Amazonen voranstellend, erteilte Guyon allen Skeptikern eine Absage, die Herodots Geschichte nur als Mythos verstanden wissen wollten und unterstellten, es hätte diesen Amazonenstaat nie gegeben. Guyon verteidigte die Amazonen als historische Realität und warf jenen Skeptikern vor, jeder Zweifel an der Wahrhaftigkeit dieser Geschichte sei nichts weiter als ein Vorurteil von seiten der Männer, die aufgrund ihrer Eigendünkel nicht akzeptieren könnten, daß es starke und kämpferische Frauen in realiter gab. Guyon wollte jedoch nicht nur beweisen, daß es diesen Amazonenstaat tatsächlich gegeben hatte, er wollte diese »Frauenherrschaft« auch feiern. Schließlich hatte selbst Platon gehofft, erklärte Guyon, mit der Gründung einer vollkommenen Republik, in der Männer und Frauen von Geburt an die gleichen Tätigkeiten teilten, die Unterschiede zwischen den Geschlechtern auf ein Minimum zu reduzieren.[26]

Gegenwärtig war das Leben aus Guyons Sicht von einer derart rigorosen patriarchalen Autorität geprägt, daß die meisten Frauen von vornherein in ihren Möglichkeiten, ihre maskulinen Neigungen zum Ausdruck zu bringen, eingeschränkt waren. Typisch für die so ausgeübte Unterdrückung waren die in Frankreich geltenden salischen Gesetze, wonach Frauen von der Thronfolge ausgeschlossen waren. Dennoch gab es einige Beispiele, wo herausragende Frauen sich über ihre regulären Grenzen hinweggesetzt hatten. Eine solche Heldin war für ihn etwa Königin Elisabeth von England, der er bescheinigte, die Nation habe unter ihrer Regentschaft, oder trotz der Regentschaft einer Frau, nichts von ihrem unter den vorhergehenden Königen erworbenen Ruhm verloren.[27]

Aus Guyons Sicht waren die Amazonen der jüngeren Neuzeit in vieler Hinsicht jedoch überhaupt nicht wie ihre Geschlechtsgenossinnen in der Antike.

Herodots Amazonen waren ein Kriegerinnenvolk, das eine permanente Bedrohung für die kultivierteren Griechen darstellte. Als Männerfeindinnen waren sie zugleich primitive Zivilisationsfeindinnen. Im Gegensatz dazu waren die Amazonen der neueren Zeit Leitfiguren und Führerinnen der Männer und nicht deren Feindinnen. Und sie versuchten auch nicht, sich in Gruppen zusammenzuschließen. Die zeitgenössischen Amazonen handelten für gewöhnlich allein; sie bewiesen einzeln ihre Tatkraft. Und sie stellten auch keine sonderliche Bedrohung für die zivilisierte Gesellschaft dar. Nach der in der jüngeren Neuzeit verfaßten Version des Amazonenmythos wurde die griechische Kriegsgöttin Pallas Athene zur archetypischen Amazone erhoben.[28]

Das repräsentativste dieser feministischen/amzonenhaften Werke aus dem achtzehnten Jahrhundert in d'Eons Sammlung war vielleicht das 1758 in England anonym erschienene Pamphlet über Frauenrechte, *Female Rights Vindicated*. Ein halbes Jahrhundert vor Mary Wollstonecraft und dem Marquis de Condorcet und ein Jahrhundert vor John Stuart Mill veröffentlicht – das heißt, also lange vor der vermeintlichen Geburt des modernen Feminismus –, verfocht dieses kleine Traktat leidenschaftlich die These, daß Männer und Frauen absolut gleich waren und diese Tatsache sich auch im politischen Leben widerspiegeln müßte. Jede geschlechtsspezifische Ungleichheit war, wie die Autorin argumentierte, das Ergebnis von Tyrannei und Unterdrückung.

»Meine erste Behauptung«, erklärte die Autorin der *Female Rights Vindicated*, »ist, daß Frauen, unter Erwägung gesunder philosophischer Prinzipien, ebenso fähig wie Männer zu allem möglichen Wissen sind, da ein guter Verstand kein Geschlecht hat ...

Meine nächste Behauptung ist, daß Frauen nicht weniger fähig als Männer sind, die Aufgaben in der Gesellschaft zu erfüllen ...

Daraus läßt sich der Schluß ziehen, wenn beide Geschlechter gleichermaßen arbeiteten und sich gleichermaßen einbrächten, sie vielleicht auch gleichermaßen stark sein würden; das war früher der Fall, in einer Republik, in der Ringkämpfe und andere Sportarten von beiden Geschlechtern ausgetragen und betrieben wurden.«[29]

LA CHEVALIERE D'EON.

Née à Tonnerre le 5. 8.bre 1728.

»La Chevalière d'Eon« von J. Condé, erstmals veröffentlicht am 1. März 1791 im *European Magazine*. Es ist ein durchaus realistisches Porträt von d'Eon mit Ende Fünfzig, als er als Frau lebte, aber dennoch das Sankt-Ludwigs-Kreuz auf der linken Brust trägt. *(Bibliothèque Nationale, Paris)*

D'Eon idealisiert als Pallas, die griechische Kriegsgöttin, die Athen beschützte, von B. Bradel. Siehe das Sankt-Ludwigs-Kreuz auf der linken Brust. *(Bibliothèque Nationale, Paris)*

Der Prinz von Conti war einer der berühmtesten und umstrittensten Helden Frankreichs während der Herrschaft Ludwigs XV. D'Eon betrachtete ihn als seinen wichtigsten Patron. *(Brotherton Collection, University of Leeds Library)*

Im Salon des Prinzen von Conti, wo sich Geist, Musik, Kultur und Mode mischten, gewann d'Eon, wie er erklärte, zu Beginn seiner Karriere Freunde und Einfluß. Porträts bedeutsamer Frauen blicken von oben auf die Gesellschaft herab. *(Brotherton Collection, University of Leeds Library)*

Die russische Zarin Elisabeth I. veranstaltete Maskenbälle, bei denen die Männer sich als Frauen und die Frauen sich als Männer zu verkleiden und auf Masken zu verzichten hatten. In den 1750er Jahren führten d'Eons diplomatische Bemühungen zu engeren Beziehungen zwischen Ludwig XV. und Elisabeth I. *(Brotherton Collection, University of Leeds Library)*

D'Eons Heimatstadt Tonnerre war wegen ihres köstlichen burgundischen Weines berühmt. *(Brotherton Collection, University of Leeds Library)*

Madame de Pompadour war die Lieblingsmätresse Ludwigs XV., und ihr Einfluß in der französischen Außenpolitik war beispiellos. D'Eon war überzeugt, daß sie etwas gegen ihn hatte. *(Brotherton Collection, University of Leeds Library)*

Der Herzog von Choiseul war in den 1760er Jahren Frankreichs wichtigster Minister. D'Eon sah in ihm einen erbitterten Feind. *(Brotherton Collection, University of Leeds Library)*

Pierre-Henri Treyssac de Vergy bestätigte in seinem Testament, daß es eine Verschwörung französischer Minister zur Ermordung d'Eons gegeben hatte. Vergy starb 1794. *(Brotherton Collection, University of Leeds Library)*

Blick auf den Golden Square in London, wo d'Eon während seiner Zeit in England meistenteils lebte. *(Brotherton Collection, University of Leeds Library)*

Ludwig XV., der zwischen 1734 und 1774 regierte, beschäftigte d'Eon als Spion und vertraute ihm ein Staatsgeheimnis an. *(Brotherton Collection, University of Leeds Library)*

Lord Mansfield, Oberster Richter Großbritanniens, schottischer Jurist und berühmt wegen seines Intellekts, hatte den Vorsitz bei Gerichtsverfahren in Sachen d'Eon. *(Brotherton Collection, University of Leeds Library)*

Der Graf von Vergennes war Außenminister unter Ludwig XVI. Er befahl d'Eon, sich als Frau zu kleiden. *(Brotherton Collection, University of Leeds Library)*

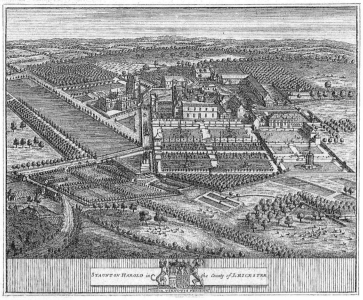

Zwischen 1771 und 1777 flüchtete d'Eon sich regelmäßig in die Abgeschiedenheit des Landsitzes seines Freundes Washington Shirley, Lord Ferrers. *(Brotherton Collection, University of Leeds Library)*

Der Chevalier d'Eon, wie er wahrscheinlich aussah, als er als Bevollmächtigter Minister Frankreichs in England war. *(Bibliothèque Nationale, Paris)*

Dieser idealisierte Stich »einer« jungen und femininen d'Eon soll nach einem Gemälde von Angelica Kaufmann entstanden sein. Er beruht auf einem Mythos, da niemand d'Eon vor seiner Rückkehr nach Frankreich 1777 jemals als Frau gekleidet sah. *(Bibliothèque Nationale, Paris)*

Le Chevalier D'Eon.

Der junge Chevalier d'Eon mit einem Dreispitzhut, der normalerweise nicht mit den Dragonern in Verbindung gebracht wird. *(Bibliothèque Nationale, Paris)*

Diese französischen Zwillingsporträts, die beide das Sankt-Ludwigs-Kreuz zeigen, stellen die Ambiguität von d'Eons Geschlechtsidentität dar. Der Öffentlichkeit gefielen scheinbar beide: »Den französischen Dragonern gewidmet«, heißt es unter dem einen, während das andere »dem Andenken französischer Heldinnen« gewidmet ist. *(Bibliothèque National, Paris)*

Ein französisches Porträt zeigt d'Eon, wie er wahrscheinlich 1777 aussah, obwohl zu bezweifeln ist, daß er jemals so weit ausgeschnittene Kleider trug. *(Bibliothèque Nationale, Paris)*

George Grenville war Englands Premierminister, als d'Eon als Bevollmächtigter Minister Frankreichs in England war. *(Brotherton Collection, University of Leeds Library)*

Ludwig XVI. löste den königlichen Geheimdienst auf, erklärte d'Eon offiziell zur Frau und zwang ihn, sich als solche zu kleiden. *(Brotherton Collection, University of Leeds Library)*

Louis XVI.
le dernier Roi de France
naquit le 23 Août 1754
monta sur le trône le 10 Mai 1774 & sur l'echafaud le 21 Janv. 1793
O, mon Roi! l'univers t'abandonna!

»The Trial of d'Eon by Women«. Dieser Anfang der 1770er Jahre in London erschienene Druck, wonach d'Eon vor einem Sondergericht von seinen Geschlechtsgenossinnen der Prozeß gemacht wird, mokiert sich über die Kontroverse über d'Eons Geschlecht. *(Brotherton Collection, University of Leeds Library)*

P. A. CARON DE BEAUMARCHAIS

Beaumarchais, der berühmte Bühnenautor, wurde von Ludwig XVI. nach England geschickt, um mit d'Eon über dessen politische Rehabilitation zu verhandeln. D'Eon fand Beaumarchais' Haltung gegenüber Frauen am Ende nur noch widerwärtig. *(Brotherton Collection, University of Leeds Library)*

John Wilkes, Mitglied des britischen Parlamentes in Westminster, London, machte sich dafür stark, die britische Politik weiter zu demokratisieren. Seine Kollegen im Unterhaus versuchten, ihn auszuschließen und zwangen ihn, nach Frankreich ins Exil zu gehen. Seine Situation wurde oft mit der d'Eons verglichen, mit dem er eng befreundet war. *(Brotherton Collection, University of Leeds Library)*

Rose Bertin war die Schneiderin von Königin Marie-Antoinette und Europas einflußreichste Modemacherin. Sie schuf d'Eons neue Garderobe. *(Brotherton Collection, University of Leeds Library)*

D'Eon bei einem Fechtturnier 1787, bei dem der Prinz von Wales zugegen war. *(Brotherton Collection, University of Leeds Library)*

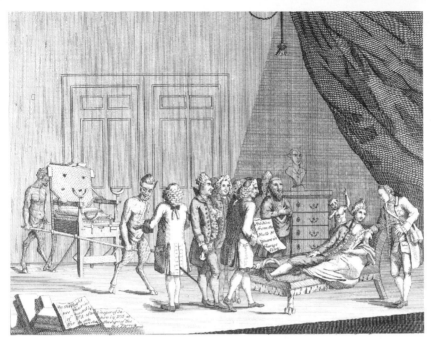

»Eine Abordnung Jonathans und der Freimaurer,« die zur Feststellung von d'Eons Geschlecht entsandt wurde, Juli 1771. *(Brotherton Collection, University of Leeds Library)*

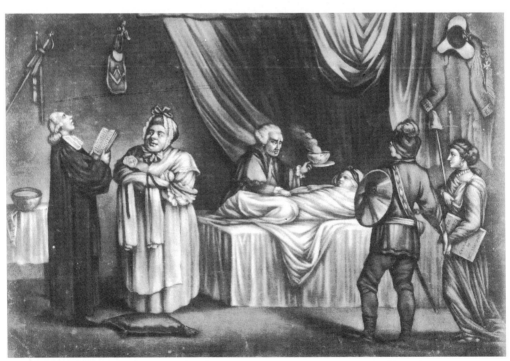

»Ein französischer Dragonerhauptmann brachte Zwillinge zur Welt«. Dieser 1771 veröffentlichte Cartoon spielt auf das seltsame Gerücht an, wonach d'Eon Zwillinge geboren haben sollte. *(Huntington Library, San Marino, Kalifornien)*

Der Herzog von Nivernais war Offizier und Botschafter in Rom und Berlin, ehe Ludwig XV. ihn mit der Leitung der Verhandlungsdelegation am Ende des Siebenjährigen Krieges für die Friedensverhandlungen mit England betraute. D'Eon erwies sich als sein wertvollster Assistent bei dieser Aufgabe. *(Brotherton Collection, University of Leeds Library)*

Der Herzog von Praslin, französischer Außenminister von 1763 bis 1771, war ein Widersacher d'Eons und ordnete dessen Abberufung aus England an. *(Brotherton Collection, University of Leeds Library)*

Postwerbesendung aus Los Angeles aus den 1950er Jahren. *(Sammlung des Autors)*

Der Graf von Guerchy, französischer Botschafter in England von 1763 bis 1767, lag im
Streit mit d'Eon und schmiedete ein Komplott, um ihn ermorden zu lassen. *(Brother-*
ton Collection, University of Leeds Library)

Charles Théveneau de Morande gehörte zu
den erfolgreichsten Autoren skandalträchti-
ger Werke in Frankreich. König Ludwig XV.
beauftragte d'Eon, mit ihm über den Verkauf
eines solchen Manuskriptes zu verhandeln.
(Brotherton Collection, University of Leeds
Library)

Diese Totenmaske wurde kurz nach d'Eons Tod 1810
angefertigt. *(Brotherton Collection, University of*
Leeds Library)

Einige der Frauenbücher in d'Eons Bibliothek

Astell, Mary, *Some Reflections Upon Marriage*, 4. Ausgabe, London 1730 (1, S. 58)*.

Aublet de Maubuy, Jean-Zorobabel, *Les Vies des femmes illustres de la France*, 6 Bde., Paris 1762–1768 (6, S. 546).

Biographium Faeminem. The Female Worthies; or Memoirs of the Most Illustrious Ladies of All Ages and Nations Who Have Been Eminently Distinguished for Their Magnanimity, Learning, Genius, Virtue, Piety, and Other Excellent Endowments, 2 Bde. in 1, London 1766 (6, S. 651).

Bosc, Jacques Du, *L'Honneste femme*, Paris 1647 (6, S. 164).

Boudier de Villemert, Pierre-Joseph, *Le Nouvel ami des femmes, ou, La Philosophie du sexe*, Amsterdam und Paris 1779 [*Der Frauenzimmer-Freund*, München 1904], (6, S. 545).

Croix, Jean-François La, *Dictionnaire historique portatif des femmes célèbres*, 3 Bde., Paris 1769 (6, S. 551).

Drake, Judith, *An Essay in Defense of the Female Sex*, 2. Ausgabe, London 1696 (6, S. 645).

Fauques, Marianne Agnès Pillement de, *The Life of the Marchioness de Pompadour*, 4. Ausgabe, 2 Bde., London, o. J. [*Die Geschichte der Marquisinn von Pompadour*, London 1759], (6, S. 666).

Female Rights Vindicated, London 1758 (1, S. 44).

Galien de Chateau-Thierry, Mme., *Apologies des dames appuyée sur l'histoire*, Paris 1737 (6, S. 550).

The Lawes Resolutions of Women's Rights or the Lawes Provision for Women, London 1632 (2, S. 42).

Lenglet du Fresnoy [auch: Dufresnoy], Nicolas, *Histoire de Jeanne d'Arc dite la Pucelle d'Orléans*, 3 Bde., Amsterdam 1775 (6, S. 555).

Moyne, Pierre Le, *La Galerie des femmes fortes*, 5. Ausgabe, 2 Bde. in 1, Paris 1665 (6, S. 557 und 585).

Porte, Joseph de La, *Histoire littéraire des femmes françaises*, 5 Bde., Paris 1769 (6, S. 102).

Portia, *The Polite Lady; or A Course of Female Education*, London 1760 (6, S. 650).

Roy, Alphonse Le, *Recherches sur les habillemens des femmes et des enfants; ou Examen de la manière dont il faut vêtir l'un et l'autre sexe*, Paris 1772 (6, S. 548).

Serviez, Jacques Roergas de, *Les Femmes des douze césars; contenant la vie et les intrigues secrètes des impératrice et femmes des premiers empereurs romains; ou l'on voit les traits les plus intéressants de l'histoire romaine*, Paris 1758 [*Leben der Gemahlinnen der ersten zwölff Römischen Kayser sonderlich aus dem Geschlecht Caesar ...*, Augspurg 1724–1726], (6, S. 547).

Thomas, Antoine-Léonard, *Essai sur le caractère des mœurs, et l'esprit des femmes dans les différents siècles*, Paris 1772 [*Der Charakter, die Sitten und der Geist der Frauen*, Marburg 1839 und 1907], (6, S. 554).

Vallière, Louise-Françoise, Duchesse de la, *Lettres de Madame la Duchesse de la Vallière, morte religieuse carmélite*, Liège und Paris 1767 [Auszüge in: *Briefe des alten Frankreich*, Leipzig 1941, S. 165ff].

Vertron, Claude-Charles Guyonnet de, *La Nouvelle Pandore, ou, Les Femmes illustres du siècle de Louis le Grand. Recueil de pièces académiques en prose et en vers, sur la préférence des sexes*, 2. Ausgabe, 2 Bde., Paris 1703 (6, S. 549).

Walsh, William, *Discours sur les femmes, adressé à Eugenie et suivi d'un Dialogue philosophique et moral sur le bonheur*, Paris 1768 [W. Walschens, *Vertheidigung des weiblichen Geschlechtes*, Frankfurt 1761], (6, S. 553).

Warder, Joseph, *The True Amazons; or, The Monarchy of Bees: Being a New Discovery and Improvement of Those Wonderful Creatures*, London 1713 [*Wehr- und wahrhaffte Amazonen, oder: die Monarchie der Bienen ... Diesem ist noch beygefüget eine curieuse Piece von den Bienen*, Hanover 1718], (6, S. 647).

---

* Zahlen in Klammern geben den Abschnitt und die jeweilige Seitenzahl im *Catalogue of the Scarce Books and Valuable Manuscripts of the Chevalière d'Eon ...* (London 1791) an.

31

Pompadour und die Jungfrau

Im Zentrum dieser im achtzehnten Jahrhundert stattfindenden Wiederbele-
bung der Debatte über die Wertstellung von Frauen im öffentlichen Leben
standen insbesondere zwei Frauen, deren Leben in Frankreich vielleicht mehr
als das jeder anderen Person unter die Lupe genommen wurde: Madame de
Pompadour und Jeanne d'Arc. In den Enzyklopädien über »ehrwürdige
Frauen«, die d'Eon besaß, wurde Jeanne d'Arc als die erste Nationalheldin
Frankreichs porträtiert, die ihrem Land in seinem mühsamen Kampf gegen
England geholfen hatte. Ähnlich versuchte auch Pompadour, Frankreich vor
den Briten zu retten, und gewann wohl mehr Einfluß in außenpolitischen
Angelegenheiten als irgendeine andere Französin nichtköniglichen Geblüts.
Und genau wie Jeanne d'Arc war Pompadour eine Frau, die diesen Stand aus
sich heraus geschafft hatte, eine »selfmade« Frau, die sich von außen kommend
ihren Einfluß auf die Krone verschaffte. Was immer sie erreichte, war einzig
ein Ergebnis ihres Charakters und ihrer Fähigkeiten. Selbst heute sind Jeanne
d'Arc und Pompadour noch die bekanntesten nichtköniglichen Frauen der
französischen Geschichte vor 1800.

Beide Frauen nutzten jedoch völlig unterschiedliche Aspekte ihres Frauseins, um an die Spitze zu kommen. Jeanne d'Arc war zuerst und zuvorderst
eine Jungfrau, die sich als Mann verkleidete, um gegen die Engländer in den
Kampf zu ziehen. Wo Jeanne ihre Geschlechtlichkeit verleugnete, machte die
Pompadour das beste aus ihrer, sie spielte sie mit Hilfe ihrer Kleidung aus und
machte sich zum gerühmtesten Sexualobjekt Frankreichs. Wo Jeanne half, den
Thron eines Königs zu legitimieren, tat Pompadour das ihre, um einen anderen zu »säkularisieren«. Wo Jeanne Karl VII. Tugend anbot, verhalf Pompadour Ludwig XV. zu einem beispiellosen Ruf der Lasterhaftigkeit und Zügellosigkeit.[1]

D'Eon besaß die damals wichtigste verfügbare Biographie von Jeanne
d'Arc, Nicolas Lenglet Dufresnoys dreibändige *Histoire de Jeanne d'Arc,* die
1753 erstmals erschien. Als Lenglet 1755 starb, veröffentlichte d'Eon in
L'Année littéraire voller Bewunderung einen Nachruf auf den Autor, worin er
voll des Lobes für dessen Abhandlung über die Heldin war. Vor Lenglet hatten sich die meisten französischen Biographien über Jeanne d'Arc hinter die

gängige Sicht gestellt, wonach ihre mystischen Visionen von einem neuen Frankreich als gegeben genommen wurden, das heißt, daß sie tatsächlich die Stimme Gottes gehört hatte und einer himmlischen Eingebung gefolgt war. Früher hatte Lenglet auch selbst diese Meinung geteilt. In diesem Werk, das veröffentlicht wurde, als er Mitte Siebzig war, gab er die Ansicht dann jedoch auf, wonach Jeanne etwas mit einem übernatürlichen Phänomen zu tun hatte und unmittelbar göttlichen Weisungen folgte. Ihre Phantasien, erklärte er, waren vielmehr das Ergebnis eines außergewöhnlich zwingenden und starken Vorstellungsvermögens. Jeannes Vision war in Wirklichkeit ihre eigene »innere Überzeugung, der Spiegel einer Meditation, die auf die Phantasie traf, sie aufwühlte und anregte.«[2]

Wie für die meisten Autoren, die sich in der jüngeren Neuzeit mit Jeanne d'Arc beschäftigten, war ihre Jungfräulichkeit auch für Lenglet ein beeindruckender Punkt. Sie marschierte, aß und kämpfte mit den Soldaten, schlief mitten unter ihnen und schaffte es dennoch, ihre Jungfräulichkeit zu bewahren. Während dieser Punkt heute manchem vielleicht als nicht einmal nennenswert erscheint, wurde er von den damaligen Kommentatoren als wundersame Leistung angesehen. Was ihr denn auch den Kosenamen *La Pucelle*, ›die Jungfrau«, einbrachte.[3] Jeannes Fähigkeit, die eigenen Begierden zu verleugnen, und daß sie es schaffte, von den Männern in ihrer Umgebung nicht als sexuelles Wesen gesehen zu werden, war in ihren Augen der Beleg für die einmalige Integrität dieser Persönlichkeit. »Sie war eine Jungfrau, und selbst mit achtzehn Jahren war sie noch nicht den üblichen Unannehmlichkeiten ihres Geschlechtes unterworfen«, schrieb d'Eon. Was ihn besonders beeindruckte, war, daß Jeanne mit ihrer überlegenen moralischen Disziplin selbst ihre Physiologie soweit beherrschte, daß sie sogar das Einsetzen der Menstruation hinauszögern konnte. Und daß Jeanne – ein Mädchen aus einfachsten Verhältnissen – diese Art von Größe erreichen konnte, bewies, »daß Frauen«, wie Pierre Le Moyne schrieb, »zu den stärksten und glanzvollsten Taten fähig sind.«[4]

Aber Jeanne war nicht nur eine Jungfrau und fromme Christin, sie war auch ein Soldat und hatte als solcher bekanntlich ihre Kameraden im Kampf gegen die Engländer angeführt und schließlich ihr eigenes Leben für diese Sache gegeben. Mehr noch als das Bild *der Jungfrau* kehrten Lenglet und viele andere Autoren und Autorinnen der Querelle des Femmes Jeannes amazonenhafte Qualitäten heraus: ihre Tatkraft, ihren Kampfgeist, ihren Mut und ihre Tapferkeit. Sie betonten, daß Jeanne sich nicht nur als Mann kleidete, weil es notwendig für die Schlacht war, sondern auch, weil sie es wollte: Als man ihr im Gefängnis Männerkleidung anbot, nahm sie sie bereitwillig an; als ihr bei anderer Gelegenheit ein Kleid angeboten wurde, lehnte sie es ab.

Sie bat Karl VII. um die Erlaubnis, bei den französischen Truppen Männerkleidung und Waffen tragen zu dürfen, schrieb Abbé Guyon in seiner *Geschichte der Amazonen*. Ähnlich bewunderte Le Moyne ihren Wandel von »einer Hirtin zur Amazone«: ›Würden Sie nicht sagen, daß sie in einem Waffenlager geboren und in einem Militärlager ausgebildet wurde? Daß sie zu uns aus dem Land der Amazonen gekommen ist?« Für Philippe-Joseph Caffiaux war Jeanne der Beweis, daß »militärische Geschicklichkeiten für Frauen weder zu schwierig noch zu hart sind. Das Herz, welches das entscheidende Organ für die Tapferkeit ist, ist bei Frauen nicht kleiner als bei Männern.« Ebenso fand die anonyme Autorin der *Female Rights Vindicated*, daß Jeanne mustergültig jene Art von militärischen Fertigkeiten veranschaulichte, die viele Frauen erwerben konnten, wenn man ihnen nur Gelegenheit dazu gab. Und auch William Walsh fragte 1691 seine feministisch gesinnten Leser und Leserinnen, ob er sie nach Frankreich führen und ihnen eine kriegerische Jungfrau (oder zumindest eine unverheiratete Frau) zeigen sollte, deren Andenken noch immer alljährlich in einer der wichtigsten Städte Frankreichs [Orléans] gefeiert würde.«[5]

Jeanne war keine geborene Amazone. Jeder wußte, daß sie als gewöhnliches Bauernmädchen in dem verschlafenen Dorf Domrémy geboren worden und alles weitere das Ergebnis ihres persönlichen Wandels war. Für die Autorinnen und Autoren der Querelle des Femmes war die Jeanne aus dem fünfzehnten Jahrhundert ein Modell für die angehenden französischen Heldinnen des achtzehnten Jahrhunderts. Als die Stadt Orléans 1761 an den Bildhauer Jean-Baptiste Pigalle herantrat, um eine Statue von Jeanne für den öffentlichen Platz der Stadt zu schaffen, wollte er sie in Kampfkleidung »als Pallas, mit einem ihr zu Füßen liegenden Leoparden« darstellen. Das war das Bild, das d'Eon und seinen Zeitgenossen von Jeanne d'Arc präsentiert wurde – zehn Jahre vorher, ehe d'Eon sich dann selbst seinem König mit einem ähnlichen Bild präsentierte.[6]

Was Madame de Pompadour anging, mußte der Chevalier d'Eon nicht einmal ein Buch lesen – über sie wußte er genug aus erster Hand. In einer Familie der Pariser Bourgeoisie großgeworden, erlangte Jeanne-Antoinette Poisson dank ihrer Intelligenz, ihres Charmes und ihrer Schönheit in hohen Gesellschaftskreisen Berühmtheit. Bei einem Maskenball begegnete sie Ludwig XV. und lebte ab 1745 in Versailles als seine Mätresse. Sie wurde jedoch wesentlich mehr als seine Geliebte und gewann auch das Vertrauen und die Freundschaft des Königs. Mitte der fünfziger Jahre zählte sie bereits zu den wichtigsten politischen Beratern des Königs und war zumindest teilweise für die diplomatische Wiederannäherung zwischen Frankreich und Österreich verantwortlich, die zum beiderseitigen Bündnis führte. Als sie 1764 starb, mag sie zwar nicht mehr die Rolle der königlichen Geliebten gespielt haben, sie war aber nach wie vor Ludwigs beste Freundin.[7]

Für diese Fakten mag d'Eon kein Buch benötigt haben, aber die wichtigste Biographie jener Zeit, Marianne-Agnès Pillement de Fauques' *The Life of the Marchioness de Pompadour [Die Geschichte der Marquisinn von Pompadour]*, die sich in seiner Bibliothek befand, gab wesentlich mehr her, als sich nur auf diese Fakten zu beschränken. Fauques ließ sich über Liebesaffären und Skan-

Jeanne d'Arc führt als Amazone gekleidet die französischen Truppen in die Schlacht. Dieses im achtzehnten Jahrhundert weitverbreitete Bild machte nachhaltigen Eindruck auf d'Eon. (Brotherton Collection, University of Leeds Library)

dale aus, um damit öffentlich das ganze Regime Ludwigs XV. anzuklagen: Die für die Beziehung mit Pompadour typische Vermischung von außerehelichen sexuellen Eskapaden und Politik war demnach keineswegs eine zeitweilige Entgleisung oder Randerscheinung, sondern offenbarte in Wirklichkeit, wie unmoralisch der französische Thron war.

Fauques' Ansatz war, Pompadour als eine ungeheuerliche Hure darzustellen, deren einziges Lebensziel es war, sich den König zu gattern. Bereits auf den ersten zehn Seiten ihrer ebenso ausführlichen wie einschlägigen Biographie erfahren wir, daß Pompadours Vater wegen einer Vergewaltigung, die er angeblich kurz nach seiner Hochzeit begangen hatte, symbolisch gehängt worden war. Er war gezwungen, aus Frankreich zu fliehen und mußte im Ausland leben, bis er schließlich Jahre später dank des Einflusses seiner Tochter begnadigt wurde und zurückkehren konnte.[8]

Oder besser: seiner sogenannten Tochter. Denn zu den Vorwürfen, die Fauques gleich zu Beginn des Buches erhebt, gehört, daß Pompadour ein uneheliches Kind war. Ihre Mutter, schrieb Fauques, die eine der schönsten Frauen in Frankreich war, blies nicht etwa Trübsal, wenn ihr Ehemann abwesend war. Sie war, wie Fauques zu berichten wußte, gleichzeitig die Mätresse zweier korrupter Steuereintreiber, so daß Pompadour nicht nur unehelich war, sondern auch keineswegs sicher wissen konnte, wer ihr Vater war. Fauques' Pompadour wurde somit in Sünde und Verbrechen geboren und aufgezogen.[9]

Der König war kein schlechter Mann, aber ein schwacher, so wie Fauques ihn darstellte. Er war Pompadours verführerischem Charme nicht gewachsen und konnte den Rufen seiner naturgemäß amourösen Veranlagung nicht widerstehen, meinte Fauques. Wie ein Strom, der von seinen Ufern eingeengt war, habe er alle Felder der Zügellosigkeit überflutet. Eifersüchtig habe Pompadour über ihre neugewonnene Macht gewacht und sich aller Rivalen um die Zuneigung des Königs zu entledigen gewußt. Und gegenüber der Königin habe sie die Dreistigkeit gehabt, sich ihr sogar in der Form aufzudrängen, daß sie bei offiziellen Anlässen in ihrer Gegenwart neben dem König Platz nahm.[10]

Aber die größte Leistung Pompadours war, wie Fauques ihr bescheinigte, daß sie sogar ein noch intimeres Verhältnis zum König entwickelte, nachdem die Tage ihres Beischlafes mit ihm gezählt waren. Sie wurde seine Kupplerin und führte ihm junge Frauen zu, die jedoch keine Bedrohung für ihre politische Autorität darstellten. Und diese Autorität wußte sie in ungewöhnlichem Maße zu nutzen. Mit Beginn des Siebenjährigen Krieges hatte sie soviel Einfluß, daß sie nach Belieben, wie Fauques schrieb, Generäle machen und vernichten, Minister absetzen und andere an ihrer Stelle einsetzen, einen kleinen Abt in den Kardinalsstand erheben, einem Schurken zum blauen Band verhelfen oder auch einen Großen Monarchen zum niedersten Charakter verkommen lassen konnte.[11]

Das bemerkenswerteste Opfer des Schindluders, das Pompadour in der politischen Arena trieb, war aus Fauques' Sicht der Prinz von Conti, der ihr am meisten von allen zu schaffen und aus seiner tiefen Verachtung für sie keinen Hehl machte. Dabei wußte er sehr genau, wie weit er gehen konnte, ohne dem König zu nahe zu treten, und fand immer wieder Gelegenheiten, ihren übermäßigen Stolz zu verletzen. Aber auch die »Marquisinn« fand ihrerseits immer wieder Mittel und Möglichkeiten, sich an ihm zu rächen, soweit das bei einem Prinzen möglich war, der, wie Fauques schrieb, von der ganzen Nation geachtet und geliebt wurde. Was Fauques veröffentlichte, war genau das, was d'Eon als nackte Wahrheit bereits kannte.[12]

Fauques' Methode, sexuelle Affären und politische Intrigen zu einer Synthese miteinander zu verbinden, wonach alle mißlichen Aspekte von Ludwigs Herrschaft im wesentlichen den Ausschweifungen anzulasten waren, brachte in der zweiten Hälfte des achtzehnten Jahrhunderts eine regelrechte literarische Industrie hervor. Französische Schriftsteller unterschiedlichster Couleur bezogen in England Stellung, um von dort aus ihren König unter Beschuß zu nehmen. Einer der prominentesten war Charles Théveneau de Morande, dessen *Gazetier cuirassé* (1771) ein geradezu vernichtendes Porträt der Dekadenz am Hofe Ludwigs XV. war. Ebenso präsentierte Pidansat de Mairoberts Biographie von der Gräfin Dubarry, Ludwigs wichtigster Geliebter nach dem Tode Pompadours, einen tyrannischen und sexbesessen Monarchen, der eher Nero als Ludwig XIV. glich. Pidansat war Herausgeber des *L'Espion anglais,* einer in London publizierten Untergrundzeitung, die ihrer Leserschaft einen höchst wirksamen Cocktail aus sexuellem und politischem Klatsch bot und sie davon überzeugte, daß der französische Hof auf Abwege geraten war. Schließlich war die Behauptung, daß Frankreichs politisches und diplomatisches Versagen irgendwie auf die höfische Lasterhaftigkeit zurückzuführen war, dann bereits ein Klischee, als Mouffle d'Angerville 1781 am Vorabend der Französischen Revolution sein *La Vie privée de Louis XV [Geschichte des Privatlebens Ludwigs XV., Königs von Franckreich,* 1781–1785] veröffentlichte.[13]

In einer Reihe faszinierender Artikel hat der Historiker Robert Darnton nachgezeichnet, wie diese Art von politischer Pornographie die Legitimität der absoluten Monarchie in den Jahren vor der Französischen Revolution untergrub. Darnton tritt der Vorstellung entgegen, die großen Ideen der Philosophen der Aufklärung hätten die Revolution in irgendeinem mechanischen Sinne verursacht, und behauptet, die Werke dieser Untergrundliteraten – dieser »Rousseauismus der Gosse« seien in Wirklichkeit wesentlich populärer als die Klassiker von Voltaire, Montesquieu oder Rousseau gewesen. Die Leser mögen im achtzehnten Jahrhundert die abstrakten Argumente dieser Philosophen geschätzt haben oder auch nicht, fest steht jedoch, daß sie von den Drucken über die Ausschweifungen und Dekadenz am Hofe Ludwigs XV. augenscheinlich beeindruckt waren. In den 1780er Jahren hatten viele Teile der französischen Gesellschaft, wie Darnton feststellt, bereits jedes Gefühl verloren, daß es sich bei der Monarchie um eine heilige oder unantastbare Institution handelte.[14]

Sowohl Jeanne d'Arc als auch Pompadour exponierten sich also in einer Weise, die für Frauen für gewöhnlich jenseits des Zulässigen lag: Jeanne, indem sie wie ein viriler Mann auftrat, und Pompadour, indem sie sich wie ein loses Weib gab. Während Jeanne d'Arc im Rahmen der kulturellen Grenzen der jüngeren Neuzeit zeigte, zu was Frauen imstande waren, wenn sie ihre Fähigkeiten nutzen durften, war Pompadour für Beobachter wie Marianne Fauques ein Paradebeispiel, wie Frauen, die in die Schranken weiblicher Verhaltensmuster verwiesen waren, sich selbst und andere in ihrer Umgebung entwürdigen. Während das öffentliche Wirken Jeanne d'Arcs Frankreich Tugend brachte, brachte das von Pompadour nichts als Ausschweifungen. Diese Dichotomie wurde im übrigen so sehr zu einem feststehenden Begriff, daß Fauques, als Voltaire es wagte, ein satirisches Gedicht über Jeanne zu schreiben, versicherte, es handele sich hierbei in Wirklichkeit um ein Gedicht über Pompadour.[15]

Wir wissen, daß d'Eon diese Biographien von Jeanne d'Arc und Pompadour kaufte und besaß und dürfen wohl sicherlich davon ausgehen, daß er sie auch gelesen hatte. Abgesehen von seinem Artikel über Lenglet hat er jedoch wenig hinterlassen, was Aufschluß über seine Reaktionen auf diese Bücher gäbe. Alles, worauf wir uns stützen können, ist, was er wesentlich später in seinen autobiographischen Notizen über diese beiden Frauen schrieb. Und obwohl sie fünfzehn bis dreißig Jahre später geschrieben wurden, geben sie den Kern der Querelle-des-Femmes-Literatur im allgemeinen und deren Schwerpunktsetzung auf Jeanne d'Arc und Pompadour im besonderen wieder.

Wir wissen bereits, wie d'Eon zu Pompadour stand. In seinen autobiographischen Schriften stellt er sie als seine erklärte Feindin hin. Zunächst einmal sieht er sie genau wie Fauques und andere Autoren als die Widersacherin seines Patrons, des Prinzen von Conti. Aber er geht noch weiter. Da er für eine Leserschaft schrieb, die überzeugt war, er sei eine Frau, erklärt d'Eon, er habe bei seiner Reise nach Rußland 1755 eine Geheimkorrespondenz mit Ludwig XV. geführt, der zu jener Zeit auch gewußt habe, daß er eine Frau war. Eines Abends habe Pompadour heimlich die Unterlagen des Königs durchsucht und einen Brief von d'Eon gefunden. Daraufhin sei Pompadour von einer derartigen Eifersucht auf diese Frau befallen worden, die in politischen Diensten stand, daß sie sich entschlossen habe, d'Eons Karriere so bald wie möglich zu ruinieren. So wie d'Eon es erzählt, kam ihre Chance dann im Sommer 1763, als d'Eon Bevollmächtigter Minister in London war. D'Eon stellte Pompadour also im Grunde als seine größte politische Rivalin dar.[16]

Ganz im Gegensatz dazu identifizierte er sich mit Jeanne d'Arc, die für ihn ein Modell dessen war, was er selbst zu werden versuchte. Genau wie sie hatte er sich als Mann gekleidet, um in die militärischen Dienste des Königs gegen England zu treten; genau wie sie hatte er sich bemüht, ein tugendhaftes Leben zu leben, und dafür Kopf und Kragen riskiert und seine Karriere geopfert; und genau wie sie stützte er sich zunehmend auf sein Christentum als Quelle, aus der er Trost und Kraft schöpfen könnte. In der University of Leeds befindet sich in einem unbeschrifteten Ordner ein handschriftlicher Entwurf d'Eons für die Titelseite seiner unveröffentlichten Autobiographie und darauf steht: *La Pucelle de Tonnerre*.[17]

In den 1760er und 1770er Jahren beschäftigte der Chevalier d'Eon sich also ernsthaft mit den in der jüngeren Neuzeit vorherrschenden Vorstellungen über Frauen und Männer bzw. über das Frausein und Mannsein, wobei er durch die wiederauflebende Querelle-des-Femmes-Literatur unterstützt wurde. Diese Bücher leiteten ihn zu dem Typus von Frau, der er werden wollte. Im Mittelpunkt der Querelle des Femmes fand d'Eon zwei Frauen, die verschiedene Arten des Frauseins repräsentierten. Pompadour war die Inkarnation von Sexualität: Sie nutzte ihren Charme und ihre Leidenschaften, um Einfluß auf die Regierung zu nehmen. Für d'Eon stand dieser Typus von Frau auch für seine eigene Vergangenheit: In seiner Mythologie hatte er das Scheitern seiner Karriere ihrer leidenschaftlichen Eifersucht zugeschrieben. Nach dieser manichäischen Sicht der Frau und des Frauseins stand Jeanne d'Arc für den anderen Typus von Frau, für eine Frau, die ihre Sexualität verbarg oder Zurückhaltung übte, so daß sie über die Begierden des Fleisches hinauswachsen konnte. Durch die Verleugnung ihrer Sexualität wurde Jeanne zur Patriotin. Im Tausch für ihre Fruchtbarkeit wurde sie zur Mutter der Nation. Und wenn d'Eon nun eine moderne Jeanne d'Arc sein würde? Das wäre zumindest ein Weg, wie seine Seele genesen und er wieder zu seinen ursprünglichen idealistischen Zielen zurückkehren könnte, jenen Zielen, die am treffendsten im Titel seines frühen Aufsatzes zusammengefaßt sind: »Die Hoffnungen eines guten Patrioten.«

32

Contra Rousseau

In den 1760er Jahren versuchte d'Eon angesichts seiner politischen Entfremdung, mit sich ins reine zu kommen, indem er insbesondere auch jene Publikationen las, die im Rahmen der Wiederbelebung der Querelle des Femmes erschienen, die im dritten Viertel des achtzehnten Jahrhunderts im westlichen Europa zu verzeichnen war. Seine Transformation zur Frau war also eine kognitive Reaktion auf eine durch seinen seltsamen politischen Status herbeigeführte spezifische gesellschaftliche Situation. Seine Identifikation mit Jean-Jacques Rousseau stellt jedoch insgesamt ein Rätsel dar. Da wir es gerade bei Rousseau mit dem vielleicht größten »Frauenrechts«-Gegner des achtzehnten Jahrhunderts zu tun haben.

In seinen wichtigsten Werken entwickelte Rousseau Vorstellungen zur Rolle der Frau, die nicht nur im krassen Gegensatz zu den Ambitionen kartesischer Feministinnen wie Mary Astell und gleichgesinnter Autoren wie Poulain de la Barre standen, sondern auch eine Ideologie der Differenzierung zwischen den Geschlechtern etablierten, die maßgebenden Einfluß auf jene gesellschaftlichen Eliten haben sollte, die während und nach der Französischen Revolution, dann im neunzehnten Jahrhundert die Macht übernahmen. Rousseau war auf der politischen Ebene zwar ein demokratischer Denker, aber wenn es um die Geschlechterfrage ging, waren seine Ideen äußerst reaktionär.[1]

Was Rousseaus Ansichten zur Geschlechterfrage ein solches Gewicht gab, war, daß er sie mit seinen politischen Ideen verknüpfte. In seinem *Brief an Monsieur d'Alembert über das Schauspiel* von 1758 machte Rousseau explizit Frauen für viele Probleme des Ancien Régime verantwortlich. Sie hatten aus seiner Sicht mit ihrer Teilhabe am gesellschaftlichen Leben den öffentlichen Diskurs ruiniert, und er verwies in diesem Zusammenhang auf die Tatsache, wie aktiv manche Frauen inzwischen im kulturellen und politischen Leben geworden waren. Dabei gab »es für die Frauen außerhalb eines zurückgezogenen und häuslichen Lebens keine guten Sitten«, wie er beharrte. »Ich sage, daß die friedliche Sorge für Familie und Haushalt ihr Teil ist, daß die Würde ihres Geschlechtes in seiner Bescheidenheit liegt.« Damit, daß sie Drahtzieher in der Politik geworden waren, hatten die Frauen sich selbst besudelt; schlimmer noch: ihre weichlichen Manieren hatten inzwischen auf die ganze Gesellschaft übergegriffen und selbst die »Kriegsmänner« der aristokratischen Elite zu Schwächlingen gemacht. »Weil sie keine Männern werden können, machen die Frauen uns zu Frauen«, beklagte Rousseau.[2]

Dabei gehörte es zum allgemeinen Gedankengut der Aufklärung, daß sich die Rolle und der Status von Frauen mit jedem Fortschritt in der Zivilisation verbesserte. Jeder wußte, daß eine Aristokratie, die zunehmend martialische Gepflogenheiten zugunsten kultivierterer Interessen wie Tischmanieren, Konversation, Musik und Literatur zurückschraubte, zivilisierter als eine kriegerische Klasse war. Im achtzehnten Jahrhundert war das ältere virilere Modell des Höflings in der Tat vom Hof gezähmt worden, und der Edelmann war weniger ein Krieger, der seine Virilität zum besten geben mußte, als ein »aufrichtiger Gentleman« (*honnête homme*), der mit seinem gesellschaftlichen Verkehr, den er mit Frauen pflegte, angab.[3]

Rousseaus Genialität war es nun überlassen, die Feminisierung der männlichen Eliten als jenen zentralen Faktor zu identifizieren, der die Korruption des politischen Lebens erklärte. 1761 und 1762 wartete Rousseau dann mit einem zwar positiveren, aber nicht weniger fragwürdigen Vorschlag zur Rolle der Frau in einer wieder »neubelebten« französischen Gesellschaft auf. In seiner klassischen Abhandlung *Emil oder Über die Erziehung* wie auch in seinem bekannten romantischen Briefroman *Julie oder die neue Heloise* beschrieb er seine nach seiner Meinung über alles erhabene Vorstellung der Beziehungen zwischen den Geschlechtern. »Die ganze Erziehung der Frauen muß daher auf die Männer Bezug nehmen«, postulierte er in *Emil*. »Ihnen gefallen und nützlich sein, ihnen liebens- und achtenswert sein, sie in der Jugend erziehen und im Alter umsorgen, sie beraten, trösten und ihnen das Leben angenehm machen und versüßen: das sind zu allen Zeit die Pflichten der Frau, das müssen sie von ihrer Kindheit an lernen.« Was die anonyme Autorin von *Female Rights Vindicated* als ein althergebrachtes Vorurteil abgestempelt hatte, transformierte Rousseau in eine avantgardistische Philosophie.[4]

Wie konnte sich d'Eon, der später behaupten sollte, ein Feminist zu sein, der die vielleicht größte Privatsammlung von Büchern der Querelle des Femmes besaß – der sich in der Tat denn selbst auch bald in eine Frau verwandeln sollte –, wie konnte er sich mit Rousseau identifizieren? Erstaunlicherweise war d'Eon gerade in dieser Hinsicht jedoch keine Ausnahme. Seit Jahr und Tag sind Wissenschaftler und Wissenschaftlerinnen immer wieder verblüfft angesichts der Tatsache, daß viele der glühendsten Bewunderer Rousseaus gerade Frauen und Feministinnen waren.[5]

Rousseau wurde in jener Zeit gerne als Polemiker gelesen, dessen Stil und Ziele insgesamt zu bewundern waren, der sich von seinen eigenen Argumenten jedoch teilweise so mitreißen ließ, daß er übers Ziel hinausschoß.[6] Diese Leser und Leserinnen fanden Rousseaus Integrität löblich wie auch seine utopische Darstellung der Geschlechterbeziehungen, ohne jedoch zu glauben, daß er jedes Wort auch so meinte, wie es dastand. In einer aristokratischen Welt, die weder die vollständige Trennung zwischen Arbeit und Heim noch zwischen der öffentlichen und der Privatsphäre kannte, mögen Vorstellungen vom Ideal weiblicher Häuslichkeit vielleicht sogar neu und subversiv erschienen und angesichts der Implikationen keineswegs so aufgefaßt worden sein wie heute.

Aber es gab auch einige Querelle-des-Femmes-Bücher, die Rousseau direkt herausforderten. Aublets Enzyklopädie verurteilte ihn, daß er »Frauen der Klasse der Haustiere zuordnen wollte.« 1779 griff ein in Belgien erschienenes Werk Rousseaus Charakterisierung der Sophie an, seiner fiktiven Protagonistin in *Emil*, und behauptete, daß Frauen, die die gleiche Ausbildung wie Männer erhielten, ebenso große Dinge erreichen konnten; als Beweis ihrer These verwiesen die Autoren sogar auf d'Eons Leben (von dem damals angenommen wurde, er sei eine Frau).[7]

Rousseaus Vorstellungen zur Geschlechterfrage sind in Wirklichkeit jedoch weniger frauenfeindlich, als vielmehr höchst ambivalent. Seine Furcht vor der Macht der Frauen im Ancien Régime entsprang der Erkenntnis, welche Autorität Frauen hatten, welchen Einfluß, und welche Ähnlichkeit sie letztlich auch mit den Männern hatten. »In allem, was nicht mit dem Geschlecht zusammenhängt, ist die Frau Mann: sie hat die gleichen Organe, die gleichen Bedürfnisse und die gleichen Fähigkeiten: die Maschine ist auf die gleiche Weise gebaut.«[8]

Es ist kein Zufall, daß diese Bemerkung, genau wieviele andere in seinen Werken, sich wie eine Passage aus der Querelle-des-Femmes-Literatur anhört. Schließlich hatte er Jahre zuvor, mutmaßlich in den vierziger Jahren, eine Abhandlung über Frauen begonnen, mit der er eindeutig Werke wie etwa Le Moynes *Galerie des femmes fortes* nachzuahmen versuchte und schrieb, »Frauen« seien »durch die Tyrannei der Männer ihrer Freiheit beraubt.« Dieser Freiheitsentzug stellte für ihn ein Unrecht dar, und er forderte die Beteiligung der Frauen im öffentlichen Leben. »Wir sehen beim anderen Geschlecht Modelle, die in allen Formen bürgerlicher Tugenden und Moralität ebenso perfekt [wie Männer] sind.« Wenn Frauen, so erklärte er weiter, in Regierungsgeschäften ebenso aktiv wie Männer gewesen wären, wären politische Imperien um so glorreicher gewesen.[9]

In ebenjenen vierziger Jahren war Rousseau jedoch zugleich auch der persönliche Sekretär von Madame Dupin, die damals selbst ein großes Buch über Frauen schrieb, in dem die Amazonentradition und Jeanne d'Arc in dem damals in der Querelle-des-Femmes-Literatur typischen polemischen Stil idealisiert wurde. »Wir sehen heute in der Welt fortwährend eine unterdrückerische Ungleichheit zwischen Männern und Frauen«, diktierte Madame Dupin ihrem Sekretär Rousseau, »die nicht in der Natur oder irgendeiner anderen Wahrheit begründet zu sein scheint. Das Ziel dieser Schrift ist es, deren Ursprung, Wesen und Folgen zu untersuchen.« Das Buch wurde zwar nie veröffentlicht, aber Hunderte von Manuskriptseiten haben bis heute überlebt, viele davon in Rousseaus Handschrift. Es läßt sich zwar nicht sagen, ob Rousseau mit den Ideen seiner Chefin einigging, aber die Existenz dieser Arbeit als solche beweist, daß Rousseau, genau wie d'Eon, intensiv mit der feministischen Auseinandersetzung in dieser Zeit befaßt war.[10]

Es gibt also guten Grund zu der Annahme, daß Rousseaus Ansichten zur Geschlechterfrage sich aus einer früheren, den Feministinnen der Querelle des Femmes durchaus nahestehenden Position heraus entwickelten. Vielleicht hat seine Geschlechterphilosophie den gleichen Weg wie seine Beziehung zu den großen Philosophen der Aufklärung genommen, denen er sich erst anschloß, nur um sie später zu bekämpfen – man denke beispielsweise an seine turbulente Geschichte mit Voltaire.

Unterstützung fand Rousseau bei vielen weniger bekannten Autoren, bei denen offenbar eine ähnliche Kehrtwende in ihrer intellektuellen Laufbahn zu verzeichnen war. Vertreten in d'Eons Bibliothek war davon etwa Pierre-Joseph Boudier de Villemert, dessen *Ami des Femmes* 1759 (und in einer zweiten Ausgabe unter dem Titel *Le Nouvel ami des femmes* 1779) veröffentlicht, ins Englische und Deutsche [*Der Frauenzimmer-Freund*] übersetzt und sogar in Amerika herausgebracht wurde. Boudier verstand sich als Autor, der in der Tradition Poulain de la Barres Partei für die Frauen ergriff. Er war voller Bewunderung für Frauen, die Großes erreichten, und in der 1779 erschienenen Ausgabe ist eine alphabetische Liste von dreihundert Französinnen ausgewiesen, die herausragende Beiträge zum öffentlichen Leben geleistet hatten (darunter auch die Chevalière d'Eon).[11]

Boudiers Feminismus hatte jedoch seine Grenzen. Die Frauen hatten zwar einen großen Schritt nach vorne getan, aber auf Kosten der Männer, wie er meinte. Die Trennung der Geschlechter, die im finsteren Mittelalter in den Kreisen der Oberschicht üblich war, hatte ihre wohlberechtigten Gründe, wie er fand. Angesichts der fortwährenden Kriege, die hier zwischen den Privatarmeen der Aristokraten ausgetragen wurden, war es nur natürlich, daß das Leben des männlichen Teils der Aristokratie denn auch weitestgehend von den Kriegern bestimmt wurde. Was ebenso natürlich zur Folge hatte, daß sich zunehmend virile Qualitäten wie Kraft und Stärke als die Attribute herausbildeten, die Männer und Frauen voneinander unterschieden. Ein Trend, der sich erst, wie Boudier erklärte, in der Renaissance änderte, als der monarchische Staat seine Autorität in der feudalen Gesellschaft durchsetzte, die Kriege weniger und die nun zunehmend aus Söldnern bestehenden Armeen vom König kontrolliert wurden. Das hieß, daß die Edelmänner zwar immer noch in Kriegen kämpften und gerne hohe militärische Posten bekleideten, die Kriegführung als solche aber nicht mehr das Leben des männlichen Teils der Aristokratie bestimmte.

Und die so entstandene Leere füllten die Edelmänner, wie Boudier bedauerte, nun damit aus, daß sie weibliche Interessen als ihre eigenen übernahmen. So daß Salons, Konversation, Mode und Spiele inzwischen zunehmend das aristokratische Leben beider Geschlechter bestimmten. Die Weichheit hat alles verweiblicht, konstatierte Boudier, so daß der von der Natur eingerichtete Gegensatz zwischen den beiden Geschlechtern nunmehr verschwunden ist.[12] Mitte des achtzehnten Jahrhunderts gab es jene zwei gegensätzlichen Geschlechter – eines männlich, eines weiblich – nicht mehr, sondern nur noch zwei weibliche Geschlechter.

Rousseauisten wie Boudier waren sich also mit den Feministinnen der Querelle des Femmes dahingehend einig, daß die europäische Gesellschaft weiblicher geworden war. Aber im Unterschied zu den Feministinnen, die diesen Trend ausgesprochen positiv und als Vervollkommnung und Fortschritt der Zivilisation sahen, war die Situation aus Sicht der Rousseauisten außer Kontrolle geraten und abartig geworden. Wie paradox es auch erscheinen mag, aber die von ihnen artikulierte Unterstützung zur Verbesserung des Status der Frauen wurde durch ihre zugleich ebenso propagierte Sorge über verschwimmende Geschlechterrollen wieder aufgehoben.[13]

In einem gewissen Sinne war das, was die Rousseauisten von den Feministinnen unterschied, nicht so sehr ihr Frauenbild, als vielmehr ihr Männerbild. Sie reagierten äußerst ambivalent auf die Frage, ob die Feminisierung der aristokratischen Männer nun etwas Gutes war oder nicht. Das Gefährlichste an den Amazonen war schließlich, selbst für Rousseau, ihr feminisierender Effekt auf Männer. Und diese Ambivalenz wurde nirgends besser zum Ausdruck gebracht als in Patrick Delanys 1737 in London veröffentlichtem religiösen Werk, *Reflections Upon Polygamy* [*Gedancken von der Vielweiberey*, 1742], das sich auch in d'Eons Bibliothek befand. Zuviel gesellschaftlicher Verkehr und Geschlechtsverkehr mit Frauen führte, wie Delany behauptete, zu einer Krankheit im medizinischen Sinne, zur »Entmannung«, wonach Männer im wahrsten Sinne des Wortes aufgrund des Schwindens ihrer Genitalien zu Frauen wurden. Was die Emotionen der Rousseauisten also in Wirklichkeit aufpeitschte, war weniger eine offene Feindseligkeit gegenüber Frauen, als vielmehr die Furcht vor der drohenden »Entmannung«.[14]

Wie d'Eon diese ideologische Schlacht mit sich aushandelte, läßt sich unmöglich sagen, da seine geschlechterspezifischen Vorstellungen relativ fließend und ohne festes Konzept waren, zumindest bis zu den achtziger Jahren, als er begann, seine Autobiographie zu schreiben. Soviel kann jedoch gesagt werden: D'Eon borgte sehr viel von beiden, den Rousseauisten und den Autorinnen und Autoren der Querelle des Femmes. Er war sich mit Rousseau darin einig, daß die Frauen in weiten Teilen schuld an der Korruption der französischen Monarchie waren – aber nicht alle Frauen. D'Eons Vorstellungen von den teuflischen Machenschaften Pompadours lesen sich wie eine Art Rousseauistischer Sermon, was geschieht, wenn ein bestimmter Typ von Frau – das heißt, eine unanständige, areligiöse und selbstherrliche Frau – Macht erlangt. Und dieser Typ von Frau schien, wie viele Beobachter glaubten, gerade auch angesichts der Tatsache, daß Katharina die Große sich den russischen Thron gesichert hatte, in Europa eine noch nie dagewesene politische Macht erworben zu haben.

Aber zugleich war sich d'Eon auch mit den Autoren und Autorinnen der Querelle des Femmes darin einig, daß diese Frauen alles andere als repräsentativ für ihr Geschlecht waren. In einer patriarchalen Welt, die politischen Ehrgeiz und sexuelle Unmoral begünstigte, waren Frauen wie Pompadour und Katharina die Große in Wirklichkeit sogar der einzige Frauentyp, der, wenn überhaupt, Erfolg haben konnte. Anders als die Rousseauisten zogen d'Eon und die Querelle-Autoren und -Autorinnen aus einigen wenigen berüchtigten Beispielen nicht den Schluß, daß alle Frauen vom öffentlichen Leben auszuschließen waren. Sie wandten sich statt dessen einem anderen Weiblichkeitsideal zu, einem Modell, das am treffendsten von Frauen früherer Zeiten, wie Jeanne d'Arc, verkörpert wurde. Idealisiert wurden Frauen, die keusch, wenn nicht gar Jungfrauen waren; die, wie die adelige Madame de Caylus (1673–1729), auf die politische Welt am Hofe zugunsten der religiösen Welt im Kloster verzichteten, die aber nichtsdestotrotz mit den frommen Traktaten, die sie für andere Frauen schrieben, und maßgebend die Erweiterung der Rolle der Klöster in der französischen Gesellschaft mit betrieben, weiterhin in der Öffentlichkeit präsent waren.[15] Diese Frauen waren keineswegs Beispiele der Rousseauistischen Häuslichkeit, sondern wurden vielmehr gerühmt wegen ihres Mutes, Kampfgeistes, Patriotismus und ihrer Entschlossenheit, das Gesicht ihrer Gesellschaft zu verändern.[16]

Quellen von d'Eons Vorstellungen zur Rolle und zum Wesen der Frau können wir somit sowohl bei den Rousseauisten wie bei deren Kontrahenten finden. Weitaus schwieriger ist es jedoch, seine Vorstellungen zur Rolle und zum Wesen des Mannes zu ergründen. Es gab im achtzehnten Jahrhundert keinen Autor, der sich systematisch mit der Feminisierung der Männer in einem ungeteilt positiven Sinne beschäftigt hätte. Die feministisch gesinnten Autoren der Querelle des Femmes blieben bestenfalls ambivalent, und die Rousseauisten beschworen gar das Gespenst einer allgemeinen Epidemie der »Entmannung« herauf. D'Eon war in dieser Hinsicht dann ebenso kühn wie originell. Wenn Taten mehr als Worte sagen, dann war seine willentliche Umwandlung in eine Frau die ultimative Huldigung der Feminisierung des Mannes. Taten sagen jedoch nicht mehr als Worte; Worte können im Gegenteil weitaus länger Bestand haben und lebendig bleiben. Damit, daß er seine autobiographischen Schriften unveröffentlicht ließ und die Fiktion aufrechterhielt, er sei eine amazonenhafte Frau, verwässerte d'Eon erheblich die Stärke seiner eigenen Ideen zum Mannsein.

Teil IV

Die Transformation

Jüngst wurde auf diesem Kontinent eine Entdeckung gemacht, die die ganze
Welt erstaunen wird. Entdeckt wurde, daß unser großer und herausragender
General Washington in Wirklichkeit weiblichen Geschlechtes ist.

Daily Advertiser (London)
25. Januar 1783
(Zeitungsausschnitt aus d'Eons Unterlagen)

33

Hintergründe und Zusammenhänge

Die Querelle-des-Femmes-Bücher in d'Eons Bibliothek gehörten nicht etwa zu irgendeiner Unterhaltungs- oder utopischen, quasi Science-fiction-Literatur, die nur einige wenige exzentrische Intellektuelle zum Freizeitvergnügen interessierten. In ganz Europa war die Frage der Geschlechterrollen ein heiß diskutiertes Thema. Genau wie wir für die Entwicklung von d'Eons Ideen einen fruchtbaren kulturellen Boden gefunden haben, ist auch das, was er dann letzten Endes vorhatte, vor einem entsprechenden gesellschaftlichen Hintergrund zu sehen.

Anfang 1763, als d'Eon in London war, um dem Friedensvertrag von Paris den letzten Schliff zu geben, stand der populärste Schauspieler Großbritanniens, David Garrick, in London in der Hauptrolle von *The Discovery* [*Die Entdeckung*] auf der Bühne, einem Stück der Bühnenautorin Frances Sheridan. D'Eon könnte wohl durchaus an einem der siebzehn Abende, an denen das Stück gespielt wurde, im Publikum gewesen sein. Er schrieb Freunden zumindest von anderen Garrick-Aufführungen am Drury-Lane Theater und schickte einem Bekannten, der seine Begeisterung für den Schauspieler teilte, sogar einen Druck von Garrick.[1]

Wäre d'Eon dort im Theater gewesen, hätte er gesehen, wie das Stück damit beginnt, daß Garrick aus den Seitenkulissen als Frau gekleidet auftaucht und folgenden Monolog spricht:[2]

> A female culprit at your box appears
> Not destitute of hope, nor free from fears.
> Her utmost crime she's ready to confess,
> A simple trespass, neither more nor less ...
> The fault is deemed high treason by the men
> those lordly tyrants, who usurp the pen;
> For women, like state criminals, they think,
> should be debarred the use of pen and ink ...
>
> Our author, who disclaims such Salique laws,
> to her own sex appeals to judge her cause:

211

she pleads Magna Carta on her side,
that British subjects by their Peers be tried …
Ladies, to you she dedicates her laws:
assert your right to censure or to praise:
Boldly your will in open court declare,
And let the men dispute it – if they dare!

[Eine Angeklagte an Ihrer Geschworenenbank erscheint,
Nicht ohne jede Hoffnung, noch frei von Furcht.
Ihr schlimmstes Verbrechen, das sie bereit ist zugestehen,
Ein einfaches Vergehen, weder mehr noch weniger …
Der Fehler wird von den Männern als Hochverrat gesehen,
jenen arroganten Tyrannen, die sich der Feder bemächtigen;
Denn Frauen sollten, glauben sie, wie Staatsverbrecher
vom Gebrauch von Feder und Tinte ausgeschlossen bleiben.

Unsere Autorin, die solche salischen Gesetze ablehnt,
appelliert an ihr eigenes Geschlecht, ihr Anliegen zu beurteilen:
Sie beruft sich auf die Magna Carta,
daß britischen Bürgern der Prozeß von ihren Peers [sprich:
Gleichgestellten] zu machen ist …
Ladies, Ihnen widmet sie ihre Gesetze:
Machen Sie Ihr Recht geltend zu tadeln oder zu loben:
Erklären Sie kühn Ihren Willen vor offenem Gericht,
Und lassen Sie die Männer darüber streiten – wenn sie es wagen!]

Garricks durchsichtiger Transvestismus wurde hier auf Kosten der Frauen
vorgeführt; soweit es die Frauen waren, über die man sich belustigte, könnte
man diese Rede als eine jener traditionellen frauenfeindlichen Satiren interpretieren, die in der englischen Literatur der jüngeren Neuzeit weitverbreitet
waren.[3]
    Aber angesichts der Tatsache, daß Garrick hier den Text einer Bühnenauto-
rin sprach, erscheint die Rede in einem anderen Licht und kann mitnichten als
eine frauenfeindliche Satire gesehen werden. Garrick mag sich nur als Frau
ausgegeben haben, aber die Autorin selbst erklärte forsch, daß sie das Stück als
Frau geschrieben hatte und wollte, daß das Publikum das wußte und sie auf
dieser Grundlage beurteilte. Diese Rede war somit sowohl Satire als auch eine
öffentliche Verteidigung der Frauen. Garrick war gleichzeitig ein karnevales-
ker Clown, der eine Frau spielte, und der berühmteste Schauspieler seiner
Tage, der unbedingt ein Stück spielen wollte, das eine Frau geschrieben hatte.
Der Prolog geht unmißverständlich auf die Tatsache ein, daß die Frage der
Geschlechterrollen und -identitäten sowohl für die Schauspieler wie für das
Publikum ein Problem darstellt.

Im Hauptteil geht das Stück zwar nicht weiter direkt auf diese Frage ein, aber im Epilog löst Sheridan dann die hier zum Ausdruck gebrachte Geschlechterkonfusion. Auf der Bühne steht eine der Hauptcharaktere, Mrs. Pritchard, die sich bei den Frauen im Publikum über die Schöpfung ihres Charakters durch Sheridan beklagt:

I told her (for it vexed me to the heart)
»Madame – excuse me – I dont like my part:
'Tis out of nature – not the least High-Life;
of quality! – and such a passive wife!
Such females might have lived before the flood
But now, indeed, it is not flesh and blood
so mild a character will seem too flat!«

»My friend« she cried – »must I new-plan the part,
and make my pen run couter to my heart?
Too oft has Ribaldry's indecent mien,
tricked out by Female Hands, disgraced the scene.
Let me to this *one* merit lay my claim,
not to debase my sex, to raise my name.«

[Ich sagte ihr (weil es mich von Herzen bedrückte)
»Madame – entschuldigen Sie – ich mag meine Rolle nicht:
So wider die Natur – nicht das Mindeste von vornehmem Leben;
von Qualität! – und so ein passives Weib!
Solche Frauen mögen vor der Sintflut gelebt haben
Aber heute, wirklich, gibt's das nicht mehr in Fleisch und Blut
ein so sanfter Charakter erscheint zu flach!«

»Meine Freundin« weinte sie – »muß ich die Rolle neu planen,
und meine Feder wider mein Herz führen?
Zu oft hat Ribaldrys ungehöriges Gebaren,
herausgeputzt durch Frauenhände, die Szene geschändet.
Lassen Sie mich zum Vorteil dieser *einen* meine Forderung erheben,
mein Geschlecht nicht herabzusetzen, um meinen Namen zu heben.«]

Damit konnte es kaum noch Zweifel hinsichtlich Sheridans Absichten geben. Anders als viele ihrer männlichen Kollegen ließ sie ihre weiblichen Charaktere nicht in irgendwelchen Affären schwelgen, um damit die amourösen Gelüste der Männer im Publikum zu wecken. Solche Verhaltensweisen mochten für populärere Stücke und für gefälligere Charaktere »gut« sein, aber sie waren »herabsetzend« für ihr Geschlecht.

Hier löste Sheridan einen Teil der im Raum stehenden Doppeldeutigkeiten zur Geschlechterfrage, indem sie klarstellte, daß ihre Mission als Bühnenauto-*rin* wichtiger als alle anderen Faktoren war. Sie wollte kein Stück schreiben, das ebensogut von einem Mann hätte geschrieben werden können – was keine Frage des Talentes war, das sie offenkundig hatte. Ihr Geschlecht offerierte ihr besondere Chancen und Verantwortlichkeiten. Sie wollte bewußt vom Stand-punkt einer Frau ihre Charaktere schaffen, Charaktere, die den Frauen Ehre machten und sie nicht herabwürdigten.

In Sheridans Stück kommt die feministische Rhetorik des achtzehnten Jahr-hunderts trotz der genrebedingten Schranken der Satire klar zum Tragen. Mit einem bemerkenswerten Selbstbewußtsein wird vorgebracht, inwieweit Schauspielerinnen und Bühnenautorinnen dem Theater etwas Besonderes zu bieten hatten. Im siebzehnten und achtzehnten Jahrhundert waren die Frauen zumindest in England tatsächlich am Theater so beteiligt, daß die traditionel-len Geschlechterrollen weiter untergraben wurden. Die Rolle des Sir Harry Wildair in George Farquhars Stück *Constant Couple* (1699) [*Das beständige Ehepaar*] wurde zum Beispiel oft von Schauspielerinnen gespielt, und ebenso wurde Shakespeares Hamlet oder sogar Romeo gelegentlich von Frauen gespielt. Ähnlich wurden 1781 in einer Inszenierung von John Gays *Beggar's Opera* (1728) [*Bettleroper*] alle Frauenrollen von Männern und alle Männer-rollen von Frauen gespielt.[4]

Mitte des achtzehnten Jahrhunderts trat dieses Verwischen der Geschlech-terkonturen dann auch in anderen Literaturbereichen überall zutage. Ein Bei-spiel war etwa Henry Fieldings populäre Kurzgeschichte »The Female Hus-band«, die als Parodie auf die wahre Geschichte einer Frau geschrieben war, die ihr Leben, mit einer Frau verheiratet, als Ehemann gelebt hatte. Mary Price, die Ehefrau, schwor vor einem Gerichtshof, sie habe nie gewußt, daß ihr Mann eine Frau war, bis »er« verhaftet wurde. Die Frage, ob »er« sie so behandelt habe, wie ein Ehemann seine Ehefrau behandeln sollte, bestätigte Mary mit Nachdruck.[5]

Typischer für die männlichen Autoren des achtzehnten Jahrhunderts war jedoch, daß sie Protagonist*innen* als Ich-Erzählerinnen nutzten. Das beste Bei-spiel für diesen »literarischen Transvestismus« ist Samuel Richardsons *Pamela, or Virtue Rewarded* (1740) [die deutsche Fassung *Pamela* erschien 1772], einer der populärsten Romane des Jahrhunderts, der insbesondere bei französischen Autoren wie Rousseau großen Anklang fand. Durch eine Reihe von Briefen, die das Zimmermädchen Pamela Andrews an ihre Eltern schreibt, erfahren wir, wie sie den Verführungskünsten ihres Herrn, Mr. B., Widerstand leistet und ihn schließlich heiratet. *Pamela* ist jedoch wesentlich mehr als eine Liebesge-schichte. Statt Pamela als Verführerin zu präsentieren, die einen Aristokraten dazu bringt, sie zu heiraten, stellt Richardson sie als Vertreterin der Tugend dar und überläßt es außerdem ihr, die Geschichte aus ihrem Munde zu erzählen; sie ist überdies die einzige im ganzen Plot, die als tugendhaft gesehen werden kann. Pamela bewahrt nicht nur ihre Jungfräulichkeit bis zur Hochzeit, mit ihrem starken moralischen Charakter bewirkt sie schließlich sogar eine Wandlung bei ihrem Herrn. Mr. B.; der dekadente Aristokrat und Playboy wird durch das gutherzige Dienstmädchen gebessert und bekehrt.[6]

In *Pamela* werden die herkömmlichen klassen- und geschlechtsspezifischen Muster in geradezu revolutionärer Weise verschoben. Virtus, also Tugend, hat wenig mit ihrer etymologischen Verwandten, der Virilität, und weitaus mehr mit moralischer Disziplin und geistiger Großzügigkeit zu tun, die in der Kombination charakteristisch für die »Jungfrau« sind. Pamela Andrews war in vieler Hinsicht eine Jeanne d'Arc des achtzehnten Jahrhunderts. Genau wie Jeanne war Pamela eine *Pucelle* – eine jungfräuliche Maid, die diejenigen beschämte, die sexuelle Absichten bei ihr verfolgten. Genau wie Jeanne behauptete Pamela ohne jede Geltungssucht ihren Willen. Sie verlor nie ihre Ziele und Interessen aus den Augen, war aber gleichwohl zutiefst um andere Menschen besorgt und bereit, um der Besserung der Moral anderer willen große Opfer zu bringen.

Nur selten demonstrierte ein Autor die moralische Überlegenheit von Frauen effektvoller als Richardson. Gleichwohl haben einige feministische Wissenschaftlerinnen unlängst behauptet, Richardsons Bemühungen hätten im Endeffekt zu mehr und nicht weniger Patriarchat geführt, da es ein Mann war, der Pamela Andrews erfand.[7] Aber nach dieser Lesart wird der Roman als viktorianisch und nicht als augusteisch eingestuft. Das späte neunzehnte Jahrhundert war zwar von einer tiefsitzenden Frauenfeindlichkeit gefärbt, aber Richardsons Einstellungen zu Frauen waren frisch und aufrichtig, und das war den Lesern und Leserinnen jener Zeit bewußt. Richardson erhielt Briefe von Frauen, die ihn in unterschiedlichsten Dingen um Rat fragten, und schrieb ihnen sehr einfühlsam zurück.[8]

Hinter Richardsons literarischem Transvestismus stand eine Kultur, die der Überzeugung war, daß die Männer- und Frauenrollen sich einander annäherten. Frauen wurden als »maskuliner« und Männer als »femininer« gesehen. Frankreich und England waren nach wie vor höchst patriarchale Gesellschaften, aber, so schien es, doch etwas weniger als zuvor. »Die Geschlechter haben jetzt, jenseits von dem der Person und Kleidung, kaum noch ein anderes offensichtliches Unterscheidungsmerkmal«, schrieb der Theologieprofessor John Brown 1757. »Ihre besonderen und charakteristischen Umgangsformen werden miteinander vermischt und gehen verloren. Das eine Geschlecht ist zur Kühnheit avanciert, während das andere der Verweichlichung verfallen ist.«[9]

Wenn man englischen Etikettebüchern glauben kann, trugen Frauen Hosen, wann immer es ihnen möglich war, zum Beispiel beim Reiten. Vor dem achtzehnten Jahrhundert war die Jagd ein ausschließlich Männern vorbehaltener Sport; auch hier gab es mehr und mehr Damen. »Wenn man heutzutage einer Reitergesellschaft begegnet«, schrieb die Autorin eines 1769 veröffentlichten Etikettebuches, das d'Eon besaß, »wird man kaum auf den ersten Blick unterscheiden können, ob sie sich aus Damen oder Herren zusammensetzt ... Man sollte sie Amazonen nennen.«[10]

Angesichts der Tatsache, daß die Kriegführung das Monopol der Männer war, ist es erstaunlich, in welchem Ausmaß Europäerinnen aller Schichten Männerkleidung anzogen und in den Krieg zogen – manchmal, um ihren Männern zu folgen, aber manchmal auch nur um des Abenteuers willen. Interessanter noch: Die gängige Literatur des achtzehnten Jahrhunderts machte diese Frauen zu Heldinnen. Hunderte von Liedern über Kriegerinnen – wahre Amazonen – erfreuten sich sowohl in Volks- wie in Adelskreisen großer Beliebtheit. Und was nicht überrascht, ist, daß viele dieser Balladen von Jeanne d'Arc als Paradebeispiel weiblicher Tapferkeit handelten.[11]

In der kulturellen Elite beherrschte ein verweiblichter Stil die männliche Mode, zumindest bis zum letzten Viertel des Jahrhunderts, als dann die neoklassischen Rousseauisten zu einem wirkungsvollen Gegenschlag ausholten. In der ersten Hälfte des Jahrhunderts glich sich die Männerkleidung mehr und mehr der der Frauen an. Der Gehrock war mit metallenen Korsettstangen stabilisiert, die mit der Zeit leicht ausgestellt wurden, so daß der Gehrock letztlich Ähnlichkeit mit dem Rock einer Frau bekam. Kommentatoren bemerkten, vielleicht nur halb im Scherz, wenn der Trend anhalte, werde ein Mann bald nicht mehr von einer Frau zu unterscheiden sein. »Ich glaube, die Herren werden sehr bald auch Petticoats tragen, da viele ihrer Röcke wie unsere Manteaus aussehen«, beobachtete Sarah Osborne 1722. »Lord Essex hat einen Rock aus silbernem Tuch und eine pinkfarbene Weste, und verschiedene [andere] hatten pinkfarbene und helle Röcke aus feinstem Paduawollstoff, die ungeheuer weibisch aussehen.«[12]

Die extravagantesten Beispiele verweichlichter Männlichkeit waren die Makkaronis, die in den 1760er und 1770er Jahren ebenso berühmt wie berüchtigt waren, also in der Zeit, als d'Eon seinen Schritt vom Mannsein zum Frausein vollzog. Die Makkaronis waren junge Männer, die ihre Bildungsreise auf dem Kontinent beendet hatten und im wesentlichen an ihrer extravaganten Kleidung und Haartracht zu erkennen waren: den barocken Schnallen auf ihren zierlichen Schuhen, aufwendigen Stickereien auf den Hosen, ausgefallenen Hüftgürteln, sehr weit ausgestellten Gehröcken, aber vor allem den enorm gelockten Perücken, wie nur Frauen sie vorher getragen hatten.[13]

Für ihre Kritiker waren die Makkaronis der klare Beweis, daß die Edelmänner Europas absolut weibisch geworden waren – daß sie bereits Frauen geworden waren, ein lebendiges Beispiel von Delanys »Entmannung«. John Brown warnte, die Bildungsreise vor der Pubertät erhöhe für einen Edelmann das Risiko der Verweichlichung. Ein solcher Kritiker mag denn auch im Zweifel die Inspiration zu dem verrückten Gedicht »Yankee Doodle« geliefert haben: Wonach englische Soldaten sich über ihre amerikanischen Pendants belustigten und ihnen unterstellten, sie versuchten, sich wie Makkaronis zu benehmen.[14]

Das prominenteste Beispiel eines Mannes, der von »Entmannung« befallen war, war offenbar König Ludwig XV. Die politische Pornographie, die von

216

Frankreichs exilierter armseliger Literatengarnitur von Londons Grub Street aus vertrieben wurde, verbreitete die Vorstellung, der König sei aufgrund seiner Promiskuität entkräftet und impotent geworden. Während sein viriler sexueller Appetit seine Männlichkeit in früheren Jahren noch bekräftigt haben mochte, hatten Pompadour und die anderen diesen im reifen Alter dann so weit gestillt, daß die Männlichkeit des Königs geschwunden war. »Seit 1760«, schrieb ein zeitgenössischer Höfling, »war dieser Monarch in den Augen Europas und des französischen Volkes einfach faul. Eine rasche Stunde, die am Morgen der Arbeit seiner Minister gewidmet wurde, und eine weitere, in Langeweile verbrachte am Abend mit seinem Rat, war die einzige königliche Arbeit, die von diesem verweichlichten Herrscher geleistet wurde. Die Jagd und nächtlichen Orgien nahmen den Rest seiner Zeit in Anspruch. Die Zügel der Regierung, die seine schwachen Hände nicht halten konnten oder wollten, schleiften zwischen seinen Minister hin und her.«[15]

Ein weiteres Beispiel für die verschwimmenden Geschlechterkonturen in europäischen Adelskreisen in den 1760er und 1770er Jahren war die Popularität von Maskenbällen, bei denen die Männer sich als Frauen und die Frauen sich umgekehrt als Männer verkleideten. Wie sehr sie in Rußland in Mode waren, wurde in Kapitel 14 angesprochen. Nach England wurden die Maskenbälle etwa um die Jahrhundertwende aus Italien eingeführt und blieben bis zur Zeit der Französischen Revolution in Mode. Es gab eigens Läden, die sich auf Kleidung für diese Bälle spezialisiert hatten. Horace Walpole hatte zum Beispiel »eine große Truhe mit Kleidern« eigens für diese Gelegenheiten. Es kann ohne jede Übertreibung gesagt werden, daß jeder europäische Edelmann, der in irgendeiner Form am gesellschaftlichen Leben teilnahm, in den 1770er Jahren wußte, wie es war, sich als Frau zu kleiden, und daß umgekehrt jede Frau aus Adelskreisen wußte, wie es war, als Mann gekleidet zu sein.

Diese Maskenbälle waren jedoch mehr als nur Gelegenheiten, modisch in Erscheinung zu treten und sich zu vergnügen. Sie waren Gelegenheiten für gesellschaftliche Experimente, bei denen die konventionellen Eliten mit neuen Geschlechterrollen spielen konnten. Und für viele war das Ergebnis befreiend: »Ich liebe die Maskerade«, schrieb eine Engländerin, »weil eine Frau diese Freiheit sonst nirgendwo genießen kann.« Ähnliche Empfindungen wurden 1777 im Londoner *Lady's Magazine* geäußert: »Ein Maskenball ist eine der unterhaltsamsten Ablenkungen, die je importiert wurden; man kann ohne jeden Vorbehalt sich alles anhören und ansehen und alles auf der Welt tun – und Freiheit, Freiheit, meine Liebe, wissen Sie, das ist die wahre Freude meines Herzens.«[16]

In diesen sechziger und siebziger Jahren steckte Europa, wenn man so will, was die »Geschlechtlichkeits-/Geschlechterordnung« anging, also in einer Krise.[17] London war mit Sicherheit ein Zentrum der Debatte über die Geschlechterrollen, aber alle waren sich darin einig, daß Frankreich zur Metropole der Geschlechterrollenverbiegung in Europa geworden war. In

Frankreich griffen die Rollen von Männern und Frauen inzwischen soweit ineinander über, daß es manchmal unmöglich war, beide Geschlechter noch voneinander zu unterscheiden. »Es schien mir immer«, schrieb die als Blaustrumpf bekannte Engländerin Elizabeth Montagu, »daß die Französinnen zuviel vom männlichen Charakter und die Männer zuviel vom weiblichen haben.«[18]

Fest steht, daß viele Aristokraten Frankreichs weiterhin die Reputation amazonenhafter Frauen kultivierten, die aktiv am öffentlichen Leben teilnahmen. Sie vergaßen die Frauen nicht, die in der Fronde, dem Aufstand des Adels gegen Ludwig XIV., gekämpft hatten. Und sie verehrten die »Salonnières«, jene Frauen im Zentrum der Aufklärung, die in ihren Salons wichtige Zusammenkünfte von Künstlern, Intellektuellen und Staatsmännern organisierten. »Es ist hauptsächlich in Frankreich, daß die Frauen von diesen Vorteilen profitieren können«, schrieb Joseph de La Porte 1769 über die aus seiner Sicht privilegierte Stellung, die die Frauen der Oberschicht in Frankreich hatten.[19]

Als die französische Schriftstellerin Marie-Anne de Roumier Robert sich 1765 ein weibliches Utopia vorstellte, beschrieb sie eine Welt, in der alle »Unterschiede zwischen den Geschlechtern« aufgehoben waren; eine Welt, die so androgyn war, daß nur ein Geschlecht erkennbar war, und in der Liebe, sexuelle Beziehungen und selbst die Ehe verboten waren.[20]

1779 behauptete William Alexander, die Französinnen, die zuviel Zeit mit Männern verbracht hatten, hätten ihre Weiblichkeit verloren und seien genau wie Männer geworden. Die französischen Frauen, so hatte er beobachtet, hatten kein Schamgefühl mehr, wenn sie in gemischter Gesellschaft in der Kutsche reisten: Wenn sie austreten mußten, baten sie den Kutscher einfach anzuhalten, gingen ein paar Schritte zur Seite, erledigten unter den Augen der Mitreisenden ihr Geschäft und kehrten dann ohne das geringste Aufheben oder die geringste Verlegenheit zu ihren Plätzen zurück.[21]

Zwanzig Jahre, nachdem er mit dem Stück *The Discovery [Die Entdeckung]* auf der Bühne gestanden hatte, brachte David Garrick ein weiteres von einer Frau geschriebenes Stück auf die Bühne, Hannah Mores *Percy: A Tragedy.* Auch hierin wurden sowohl in der Form wie im Inhalt die Rollen getauscht, und diesmal schrieb Garrick den für eine Erzähler*in* gedachten Prolog selbst. Darin machte er sich über die zunehmende Zahl von Frauen lustig, die ihre vermeintlichen Grenzen überschritten hatten – wozu auch die Chevalière d'Eon gehörte:

To rule the man, our sex dame Nature teaches;
Count the high horse we can, and make long speeches.
Nay, and with dignity, some wear the breeches
And why not wear them? – We shall have your votes,
While some of t'other sex wear petticoats.
Did not a lady knight, late Chevalier

A brave smart soldier in your eyes appear?
Hey! Presto! Pass! His sword becomes a fan,
A comely woman rising from a man.
The French their Amazonian maid invite;
She goes – alike well skilled to talk or write,
Dance, ride, negotiate, scold, coquet, or fight
If she should set her heart upon a rover
And he prove false, she'd kick her faithless lover.[22]

[Den Mann zu beherrschen lehrt uns unser Geschlecht, die Freifrau Natur;
Aufs hohe Roß setzen, können wir uns und lange Reden halten.
Nein, und mit Würde tragen einige die Kniehosen.
Und warum sie auch nicht tragen? – Wir werden Ihre Stimmen haben,
Während manche vom andern Geschlecht Petticoats tragen.
War nicht die Ritterin, der verschiedene Chevalier
Ein mutiger, tüchtiger Soldat in Ihren Augen?
Heda! Geschwind! Vorbei! Sein Schwert wird zum Fächer,
Eine schöne Frau erwächst aus einem Mann.
Die Franzosen laden ihre amazonenhafte Jungfrau ein;
Sie geht – ebenso begabt zu reden wie zu schreiben,
Zu tanzen, reiten, verhandeln, schimpfen, kokettieren oder zu kämpfen
Und wenn sie ihr Herz an einen Wanderer hängen sollte
Und er sich als falsch erweist, würde sie ihrem treulosen Geliebten
einen Tritt versetzen.]

34

Gerüchte

Irgendwann im Jahr 1770 kamen Gerüchte auf, wonach der Chevalier d'Eon, wie es hieß, in Wirklichkeit eine Frau war. In Anbetracht der Eigenart der Gerüchte ist es für einen Historiker nicht möglich, ihren eigentlichen Ursprung genau festzustellen. »Das erste Gerücht, daß der Chevalier eine Frau war«, schrieb ein früher Biograph 1777, »kursierte nur in den noblen und vornehmen Kreisen um St. James und Westminster.« Der erste schriftliche Nachweis, den wir von diesem Gerücht haben, stammt von keinem Geringeren als dem König von Frankreich selbst. »Wissen Sie«, schrieb Ludwig XV. im Oktober 1770 an einen seiner Generäle, »daß Monsieur de Châtelet der Überzeugung ist, daß d'Eon ein Mädchen ist?«[1]

Châtelet war der gerade seit einem Jahr amtierende neue Botschafter Frankreichs in England. Das Gerücht wurde mit Sicherheit nicht von ihm aufgebracht. Châtelet kannte d'Eon kaum, und bis zum Frühjahr 1769 hatte d'Eon noch nie mit ihm gesprochen.[2]

Als nächstes kann die Geschichtsschreibung das Gerücht dann auf einer etwas weiter unten liegenden gesellschaftlichen Stufe aufgreifen, in der Korrespondenz zwischen zwei aristokratischen Berühmtheiten, dem englischen Klatschmaul Horace Walpole und der französischen »Salonnière« Marquise du Deffand. Im Dezember 1770 bemerkte Deffand am Schluß eines langen Briefes, den sie von Paris an Walpole in England schrieb: »Fast hätte ich vergessen, Ihnen zu sagen, daß Monsieur d'Eon eine Frau ist.« Und als Postscriptum merkte sie noch an: »Das wird so als Tatsache weitergegeben.«[3]

Einen Monat später können wir lesen, wie Deffands Kollegin, die »Salonnière« Louise d'Epinay, das Gerücht an ihren Freund, den italienischen Philosophen Abbé Galiani weitergibt: »Wissen Sie, welcher Unsinn mir gerade erzählt wurde? In einer ganzen Reihe von Briefen aus England heißt es, daß d'Eon, der schon seit Ewigkeiten dort ist, eine Frau, wirklich eine Frau ist. Beachten Sie, sage ich Ihnen, das Gewicht der Beweise:

Erstens, seine Freunde wissen nichts, weil sie nie gesehen haben, wie er sich ankleidete. Erster Beweis.

Seine Waschfrau weiß es mit Sicherheit, weil sie es so sagt. Zweiter Beweis.

Alle Welt sagt es. Letzter unwiderlegbarer Beweis!«[4]

Diese drei Vermerke – des Königs, Deffands und d'Epinays – haben einiges gemeinsam. Alle Schreiber unterstellen, daß d'Eon den Adressaten ihrer Briefe hinreichend bekannt ist, so daß es keiner weiteren Erklärung zu seiner Person bedarf. Aufgrund seiner politischen Tätigkeiten war er in der Tat bereits eine Berühmtheit. Zweitens behandeln sie die Frage relativ beiläufig. Die Frage von d'Eons Geschlecht ist in keinem dieser Briefe die wichtigste Nachricht. Der Punkt ist zwar erzählenswert, wird aber eher als kuriose Anekdote, fast beiläufig oder scherzhaft erwähnt: »Fast hätte ich vergessen, Ihnen zu sagen ...« Drittens sind die Gerüchte bemerkenswert vage. Weder in diesen noch in anderen Berichten wird ein bestimmtes Vorkommnis oder Ereignis genannt, das ausschlaggebend dafür gewesen wäre, daß die Londoner oder Pariser nun plötzlich glaubten, d'Eon sei eine Frau. Aus irgendeinem unbekannten Grund schien er, wie auch d'Epinays Brief andeutet, von anderen nun anders wahrgenommen zu werden. Viertens läßt zwar jeder dieser Briefe eine gewisse Skepsis erkennen, was den Wahrheitsgehalt der Neuigkeit angeht, zugleich ist jeder aber auch beeindruckt, wie ernst das Gerücht von anderen genommen wird – selbst der französische Botschafter ist überzeugt, daß d'Eon eine Frau ist, wie der König zu verstehen gibt. Auffällig ist nicht zuletzt auch der nicht unwichtige rhetorische Unterschied zwischen dem männlichen Schreiber, der von d'Eon nun als von einem »Mädchen« (*fille*) spricht, während die beiden Schreiberinnen vorzugsweise das Wort »Frau« (*femme*) verwenden.

Binnen Monaten machte diese verrückte Geschichte Schlagzeilen in den Londoner Zeitungen. Der *Public Advertiser* brachte die Meldung über d'Eons weiblichen Status als Tatsachenbericht: »Die Enthüllung ihres Geschlechtes ist auf den Umstand zurückzuführen, daß sie unlängst einen Lieblingslakai entließ, dem sie das Geheimnis anvertraut hatte.« Ein Konkurrenzblatt behauptete, d'Eons weibliches Geschlecht sei in der Privatkorrespondenz zwischen d'Eon und dem Herzog von Nivernais bestätigt worden, die sich »nunmehr im Besitz unseres Premierministers befindet.« Darin hatte Nivernais d'Eon angeblich mit »meine liebe Chevalière« angeredet. »Im Westend unserer Stadt kursiert ein Bericht«, hieß es in einem Artikel der *London Evening Post*, »daß vor wenigen Wochen bei einem berühmten Chevalier (D' ...n) festgestellt wurde, daß er andern Geschlechts ist.«[5] Die Londoner Journalistengemeinde, die konkurrenzorientierteste auf der ganzen Welt, wußte, wann sie eine gute Geschichte gefunden hatte, und so erschienen monate-, ja jahrelang, in unregelmäßigen Abständen immer wieder Artikel von Gerüchten über d'Eons Geschlecht.

Der Journalismus spielte in London eine wichtige Rolle, aber wie wichtig er auch war, im Vergleich zur Geschäftswelt verblaßte er. In den 1770er Jahren war London die Finanzhauptstadt der Welt, ein vibrierendes Handelszentrum, von dem bald die erste Industrielle Revolution ausgehen sollte. Irgendwie drehte sich in London alles um Geschäfte, und Geschäfte, das waren in dieser teuersten Stadt der Welt im achtzehnten Jahrhundert Geldgeschäfte.

Und wie nicht anders zu erwarten, kaum war das Gerücht über d'Eons Geschlecht an die Öffentlichkeit gedrungen, als Londoner Geschäftsleute erste Wetten über diese höchst prekäre Frage abschlossen. Am ersten Donnerstag im März 1771 wetteten die Spieler drei zu zwei, daß d'Eon ein Mann sei, aber schon am nächsten Tag nahmen die Buchmacher nur noch gleiche Einsätze von eins zu eins entgegen. »Dieses höchst außergewöhnliche Phänomen«, kommentierte ein Journalist, »ist das Gesprächsthema aller unserer *beaux* und *belles esprits*.« Einige Tage später hatte sich die Wetterei auf den Garraways Pub »und einige andere Kaffeehäuser« in der Nachbarschaft der Börse ausgebreitet, wo die Buchmacher Wetten von zehn zu eins entgegennahmen, daß d'Eon ein Mann war. Einer Meldung zufolge wurden an nur einem Tag, am 15. März, Wetten über insgesamt achthundert Pfund »in der vorgenannten Relation *abgeschlossen*.« Einer anderen zufolge wettete ein Edelmann fünfhundert Pfund darauf, daß d'Eon eine Frau war.[6]

Größere Wetten wurden zumeist nicht mit Bargeld, sondern über Lebensversicherungspolicen abgeschlossen, die als Sicherheit hinterlegt wurden. Lebensversicherungen wurden oft von Börsenmaklern verkauft, und es war Usus, daß sie in den umliegenden Kneipen und Restaurants des Börsenviertels auch Wetten entgegennahmen. Was insgesamt an Wetten über d'Eons Geschlecht abgegeben wurde, kann zwar nicht einmal geschätzt werden, es muß jedoch beträchtlich gewesen sein, und eine Zeitung wollte im Mai 1771 wissen, daß zu diesem Zeitpunkt bereits Wetten im Gegenwert von insgesamt sechzigtausend Pfund plaziert worden waren.[7]

Viele gebildetere Londoner waren skeptisch, was diese ganze Affäre anging, und eher der Meinung, daß d'Eon und einige skrupellose Makler sich diese Geschichte nur ausgeheckt hatten, um einige reiche Financiers um ihr Kleingeld zu erleichtern. Diese Meinung war auch Gegenstand eines populären und vielbeachteten Druckes, der mit dem Untertitel »Der Chevalier d'Eon kassiert, oder die Börsenmakler reingelegt« im *Oxford Magazine* erschien und in den Buchläden in ganz London verkauft wurde. Er zeigt, wie d'Eon in ein Wettbüro geht, um sein Geld zu kassieren, und über die Financiers gelacht wird, die er reinlegen konnte. Den gleichen Vorwurf erhob der *Morning Chronicle*, der sogar einen Scheinbrief d'Eons abdruckte, worin er seine Makler anwies, zweitausend Pfund darauf zu wetten, daß er ein Mann sei. Es braucht wohl nicht eigens erwähnt zu werden, daß d'Eon wiederholt bestritt, an diesen Wetten beteiligt zu sein und anbot, das sogar unter Eid vor jedem Gericht zu erklären.[8]

Was empfand d'Eon in dieser kritischen Phase? Genau können wir es nicht sagen. Er hinterließ keinen Bericht, aus dem hervorgegangen wäre, wie diese Gerüchte begonnen hatten. Weder in seiner Korrespondenz mit dem Grafen von Broglie noch mit sonstwem gibt es im Herbst 1770 und Winter 1771 irgendeinen Hinweis auf die Dinge, die nun kommen sollten. Ein Brief, den er im März 1771 an seine Mutter schrieb, enthält zum Beispiel nur die dringende Bitte, im Wert von zweihundert Livres guten Tonnerre Wein zu schicken.[9]

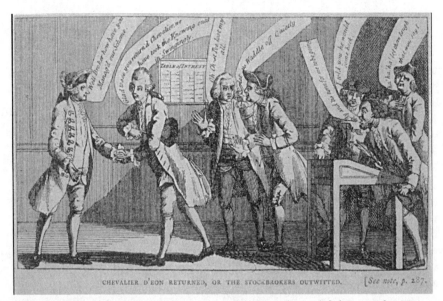

CHEVALIER D'EON RETURNED, OR THE STOCKBROKERS OUTWITTED. [See note, p. 287.

Dieser in England erschienene Cartoon spielt auf das Gerücht an, daß d'Eon an den Wetten beteiligt war, die in den 1770er Jahren auf sein Geschlecht abgeschlossen wurden. (Brotherton Collection, University of Leeds Library)

Sobald d'Eon dann jedoch Wind von diesen Wetten bekommen hatte, explodierte er vor Wut. Was ihn aufregte, war nicht so sehr, daß jemand denken könnte, er sei eine Frau, sondern daß irgendwelche Spekulanten öffentlich Wetten auf sein Geschlecht abschlossen. Da tat es auch nichts zur Sache, daß England, wie er selbst sagte, ein »Land der Spieler« war. Es war eine Sache, schrieb er an Broglie, »all diese außergewöhnlichen Berichte über die Verunsicherung hinsichtlich meines Geschlechts« aushalten zu müssen, »die aus Paris, London und selbst St. Petersburg« kamen. Aber es war eine völlig andere mitzuerleben, wie »am Hofe und in der Londoner Geschäftswelt über ein so ungehöriges Thema über beträchtliche Summen« Wetten abgeschlossen wurden.[10]

Am Samstag, den 23. März, raffte d'Eon sich schließlich auf, um in den Tavernen im Börsenviertel, vor Ort, denen die Stirn zu bieten, von denen er sich beleidigt fühlte. In seiner Dragonerhauptmannsuniform gekleidet und mit einem teuren Stock ausstaffiert fand er einen Bankier namens Bird, der offenbar als erster auf die Idee gekommen war, Wetten über sein Geschlecht abzuschließen. D'Eon forderte Bird auf der Stelle zum Duell heraus und erklärte öffentlich, mit dieser Herausforderung müßte jeder rechnen, der es wagte, Wetten über ihn abzuschließen. Offenbar nahm jedoch keiner der schockierten Geschäftsmänner, die sich hier in den Kneipen und Kaffeehäusern zum Trinken eingefunden hatten, seine Herausforderung an. Jeder begegnete ihm ausgesprochen freundlich und versuchte nur, ihn zur Vernunft zu bringen. Bird entschuldigte sich bei ihm, erinnerte d'Eon gleichzeitig aber taktvoll daran, daß es in England legal war, solche Wetten auf jemanden, außer auf den König, die Königin und deren Kinder, abzuschließen.[11]

Wenn d'Eon jedoch geglaubt hatte, damit dem Spiel ein Ende zu machen, sollte er sich bitter geirrt haben. Wenn überhaupt etwas erreicht wurde, dann allenfalls das Gegenteil. Nach seinem dramatischen Auftritt in den Spielhöllen nahmen die Wettgeschäfte eher nur noch mehr zu. Allein in Lloyd's Kaffeehaus waren mit Stand vom Mai Wetten im Gesamtwert von annähernd sechstausend Pfund zu verbuchen. Die Spekulanten schienen jetzt nur noch versessener darauf, mit Versicherungspolicen Wetten über d'Eons Geschlecht abzuschließen, und zwar trotz der Tatsache, daß zumindest einige Lloyd-Makler »diese Wettgeschäfte als die faulsten und unsinnigsten« bezeichneten, »die dort je eröffnet wurden.«[12] Und es gab keine Handhabe, wie d'Eon irgend etwas hätte daran ändern können. Seine Herausforderungen zum Duell hatten irgendwie sogar etwas Lächerliches, etwas *Don Quijote*haftes. Die Bourgeoisie Londons war nicht die Aristokratie von Paris: Die Geschäftsleute empfanden es nicht als blamabel, ein Duell abzulehnen, und erst recht nicht, solange nicht auszuschließen war, daß d'Eon am Ende nicht doch eine Frau war.

Die Presse hatte jedenfalls weiterhin ihren Spaß mit der d'Eon-Geschichte und versuchte, sich gegenseitig mit den ausgefallensten Anekdoten zu übertreffen. Eine Zeitung druckte einen Brief von »Marie d'Eon de Beaumont«, mit dem Geständnis, daß sie tatsächlich eine Frau war. Ein weiterer Bericht vom 17. April wollte wissen, daß es sich bei dem ausgesetzten, kürzlich in der Lobby des Unterhauses gefundenen Kind, um das Kind von John Wilkes und »der leibhaftigen Madame d'E-n« handelte. Wie alle Satiren war auch diese nicht völlig aus der Luft gegriffen, sondern spielte auf die bekannte Freundschaft zwischen den zwei Berühmtheiten an.[13]

Im Sog der Spekulationen über d'Eons Geschlecht kam schließlich auch die Behauptung auf, er sei in Wahrheit ein Hermaphrodit. »Viele Personen« behaupteten zwar angesichts der Tatsache, »daß das Geschlecht des Chevalier d'Eon ein so universales Gesprächsthema ist«, daß es so etwas wie einen Hermaphroditen nicht gebe, schrieb der *Gazetteer*, aber dennoch habe zumindest ein Arzt, »Dr. William Cadogan, Mitglied des College of Physicians, öffentlich erklärt, daß ihm im Laufe seiner Praxis viele Fälle von anerkanntem Hermaphroditismus begegnet seien.« Dennoch waren manche Leser ganz anderer Meinung. Einer erinnerte an die Erfahrung, die Alexander Pope und ein mit ihm befreundeter Arzt gemacht hatten, als man sie herbeigerufen hatte, um

»bei der Untersuchung einer bestimmten hochangesehenen Person« dabeizu-
sein, »deren Geschlecht wie das des Chevalier d'Eon etwas problematisch
war.« Genau wie d'Eon war diese Person von Geburt an als Mann erzogen
worden. Auf den ersten Blick hatte diese Person eindeutig weibliche Geschlechtsteile. Aber »eine eingehendere Untersuchung durch Männer der Wissenschaft« erbrachte, daß die Muskeln und Drüsen denen eines Mannes ent-
sprachen. Und die Experten waren zu dem Schluß gekommen, daß diese
Person kein Hermaphrodit, sondern nur eine Frau mit außergewöhnlich aus-
geprägten männlichen Merkmalen war.[14]

Da die Wetten nun immer weiter zunahmen, sorgte d'Eon sich allmählich
um seine persönliche Sicherheit. Schließlich konnte keiner der Wetter sein
Geld kassieren, solange nicht öffentlich jeder Zweifel über d'Eons Geschlecht
ausgeräumt war.[15] Da d'Eon sich jedoch weigerte, nackt in London herumzu-
spazieren oder sein Geschlecht in irgendeiner anderen Form öffentlich zur
Schau zu stellen, setzte sich bei ihm und seinen Freunden nun die Sorge durch,
irgendein Geschäftemacher, der seine Gewinne einstreichen wollte, könnte auf
die Idee kommen, ihn kidnappen zu lassen. Solange d'Eon sich weigerte, der
Öffentlichkeit bei der Lösung des Rätsels um sein Geschlecht zu helfen,
konnte er sich nicht mehr sicher auf Londons Straßen fühlen.

Somit überrascht es nicht, daß d'Eon ab der ersten Maiwoche verschwunden war. Niemand, weder seine Freunde noch seine eigenen Diener, wußten
irgend etwas von seinem Verbleib. Nach einigen Tagen brachten enge Freunde
von ihm, Peter Fountain und Humphrey Cotes, eine Vermißtenanzeige in die
Zeitungen. Darin berichteten sie, d'Eon sei am Dienstag, dem 7. Mai, letztma-
lig gesehen worden, als er nachmittags sein Haus verließ. Er habe einen »schar-
lachroten Mantel mit grünen Aufschlägen und seinem Sankt-Ludwigs-Kreuz«
getragen und des weiteren »einen schlichten neuen Hut, mit Silberknopf,
Schleife und Band, sein Schwert, nicht aber seinen Stock bei sich gehabt. Er
ging alleine aus und hinterließ bei seinem Diener die Anweisung, ihn um zehn
Uhr im Hause eines Freundes anzurufen, er war aber weder dort gewesen, noch
hat man seither etwas von ihm gehört.« Foutain und Cotes versprachen »jedem,
der irgendeinen Hinweis auf seinen Verbleib oder eine Gewaltanwendung
geben« konnte, eine »stattliche Belohnung.«[16] Es reagierte weder jemand auf
diese Anzeige, noch tauchte d'Eon auf oder meldete sich. Nach einem Monat
machten sich seine Freunde zunehmend Sorgen, er könnte nicht nur gekidnappt, sondern umgebracht worden sein. Vielleicht hatte jemand, der große
Summen auf ihn gewettet hatte, die »Wahrheit« über sein Geschlecht entdeckt
und beschlossen, sich seiner zu entledigen, statt die Wettschulden zu zahlen.
Oder vielleicht war es den französischen Behörden nun doch gelungen, ihn zu
entführen, wie der *St. James's Chronicle* spekulierte, der wissen wollte, daß »er
von sechs Männern ergriffen, an Bord eines Bootes auf den Fluß gebracht und
damit, wie man glaubt, nach Frankreich hinübergeschafft wurde.« D'Eons Verschwinden war jedenfalls einige Wochen lang das Stadtgespräch.[17]

Diese neuerliche Wende der Ereignisse verhalf auch jenem lächerlichen Gerücht über d'Eons vermeintliche Schwangerschaft zu neuem Leben. Prompt griff ein Reporter die Geschichte, wonach d'Eon ein Kind zur Welt gebracht hatte, wieder auf und erklärte den Lesern, sie könnten »Lady d'Eon in der privaten Entbindungsklinik in der Oxford Street finden, wo sie am Dienstag, zwei Tage nach ihrem Verschwinden, einen hübschen Jungen mit bemerkenswerten Zügen entbunden [habe] … Sie hatte eine schwere Geburt, ist noch nicht außer Gefahr und noch sehr schwach.«[18]

D'Eons Verschwinden sorgte für mancherlei Aufregung auf dem Versicherungspolicenmarkt. Viele Investoren, die auf d'Eons Geschlecht gesetzt hatten, wurden jetzt mißtrauisch. Am Montag, den 13. Mai, kamen neun junge »vornehme Herren«, die auf d'Eon gewettet hatten, in Almacks Kaffeehaus zusammen, um über sein Schicksal zu konferieren. Nachdem »sie sich ausgetauscht« hatten, war für sie klar, daß sie es hier mit »einem denkbar niederträchtigen Komplott« zu tun hatten, das einzig »geschmiedet worden war, um uns um drei- oder viertausend Pfund zu berauben.« Was wiederum neue Schlaumeier und Gauner auf den Plan rief, die den Gentlemen nun Wetten zu einem Diskontsatz von dreißig bis vierzig Prozent anboten, wohlwissend, daß die Wetter ihr Geld nicht einfordern konnten, da d'Eon schlechterdings verschwunden war.[19]

Am Donnerstag, den 20. Juni, sechs Wochen nach seinem Verschwinden, tauchte d'Eon dann wohlbehalten und »bei guter Gesundheit« mit einemmal wieder in London auf. Er behauptete, eine Reise nach Deutschland unternommen und in Hamburg mit Betroffenheit und Sorge die Meldungen über sein Verschwinden gelesen zu haben. Danach sei er sofort nach London zurückgekehrt … und er entschuldigte sich bei seinen Freunden.[20] Aber das war nicht die wahre Geschichte. In geheimen Briefen an Broglie gestand d'Eon, er habe versucht, nach Irland zu kommen, wo er einige Monate unter einem anderen Namen herumreisen wollte. Im Unterschied zu Deutschland, wo er früher schon einmal herumgereist war, war Irland ein Ort, wo er noch nie gewesen war und folglich auch nicht erkannt worden wäre. Er hatte es jedoch nicht bis nach Irland geschafft und England in Wirklichkeit nie verlassen. Als er von seinem Verschwinden in den Zeitungen las, habe er beschlossen, nach London zurückzukehren.[21]

Aber seine Rückkehr sorgte jetzt für noch mehr Rummel als sein Verschwinden. Es wurden Vorwürfe laut, gewisse Parteien hätten ihm eine stattliche Summe dafür gezahlt, daß er die Stadt verließ, um auf diese Weise hinterlistig die Wetten zu beeinflussen.[22] Er wurde nunmehr von allen Seiten mit Beschuldigungen bombardiert. Entschlossen, sich gegen diese Anwürfe zu wehren, suchte er am Morgen des 29. Juni das Londoner Rathaus auf, um vor Brass Crosby, dem Oberbürgermeister Londons, eine eidesstattliche Erklärung abzugeben. Diese Erklärung beinhaltete drei Punkte: Erstens schwor er, daß er »jemals weder direkt noch indirekt an den Versicherungsgeschäften

beteiligt war, die in Zusammenhang mit meiner Person getätigt wurden.«
Zweitens schwor er, daß er nie irgendwelche wie auch immer gearteten Beste-
chungsgelder von jemandem in Zusammenhang mit diesen Wetten angenommen und auch mit niemandem über eine derartige Bestechung gesprochen
hatte. Und schließlich schwor er, daß er weder »direkt noch indirekt irgendeine Summe oder irgendeine Zusage erhalten habe, um diese Reise zu machen:
Daß ich sie aus freien Stücken unternommen habe wie auch, um allem Argwohn und dem Verdruß zu entgehen, den diese öffentlichen Börsenspekulationen [Wetten] mir unfreiwillig eingebracht haben.« Kurioserweise schwor er
jedoch nichts, was in irgendeiner Form mit seinem Geschlechtsstatus zu tun
gehabt hätte, der schließlich die Ursache der ganzen Probleme war.[23]

Den Sommer 1771 verbrachte d'Eon weitestgehend völlig zurückgezogen
in seinem Haus. Wenn er überhaupt einmal ausging, ließ er sich von Leibwa-
chen oder Freunden begleiten. Aber die Sicherheit war nur ein Teil des Problems. Wo immer er hinging, wollten die Leute ihn sehen, wenigstens einen
kurzen Blick auf diesen Mann werfen, der vielleicht ja doch eine Frau war. Die
Zweifel an d'Eons Geschlecht sorgten für mancherlei Aufsehen. Auch in seiner Abgeschiedenheit war er vor seinen »Fans« nicht sicher, die ihn in Briefen
bedrängten, die Wahrheit über sein Geschlecht preiszugeben.[24]

35

Drouets Besuch

D'Eons Rückkehr nach London mag zwar zur Beruhigung seiner besorgten Freunde beigetragen haben, aber er merkte schon bald, daß es ein Fehler war. Die Verdrießlichkeiten, die ihn zur Flucht aus der Hauptstadt veranlaßt hatten, waren nur noch schlimmer geworden. Man folgte ihm, wo er auch hinging; sobald er erkannt wurde, war er von Menschenmengen umringt; und die Presse war weiterhin voll von entsetzlichen Gerüchten über ihn. Er wußte, er mußte einen anderen Weg finden, um aus der Stadt zu kommen.

Dieser Weg schien im Juli 1771 Washington Shirley, der fünfte Earl of Ferrers, zu sein, der d'Eon zu einem ausgedehnten Aufenthalt auf seinem Landsitz Staunton-Herald in Leicestershire, etwa vier Meilen von Derby entfernt, einlud. Shirley war ein dekorierter Marineoffizier und wegen seiner Tapferkeit im Österreichischen Erbfolgekrieg und Siebenjährigen Krieg berühmt.[1]

D'Eon nahm Ferrers' Einladung an und brach im Oktober 1771 von London nach Staunton-Herald auf, wo er bis zum Februar 1772 einschließlich blieb. D'Eon liebte das Ferrers-Gut mit seinen großen schönen Bäumen und den weitläufigen Wiesen. Was er hier jedoch am meisten schätzte, war die Einsamkeit. Er konnte stundenlang ungestört lesen und an den letzten Bänden seiner *Loisirs* arbeiten. Und er konnte dort, wie er sagte, »in einem solchen Prunk kostenlos leben« und an einem üppigen, von Ferrers gedeckten Tisch speisen. Nachdem aus Wochen Monate geworden waren, stellte d'Eon fest, daß sich aus seiner Bekanntschaft mit Ferrers eine enge Freundschaft entwickelt hatte. Zu seinen Lieblingsstunden gehörten die Abende, an denen beide sich in Erinnerungen ergingen und als Militäroffiziere ihre Kriegserlebnisse austauschten.[2]

In den nächsten sechs Jahren sollten solche Zeiten, in denen er sich immer wieder für längere Zeit aufs Land zurückzog, das Leben für ihn erträglich machen. Wann immer es ihm angesichts der Umstände zu eng wurde, wann immer er um seine Sicherheit fürchtete oder einfach Urlaub machen wollte, entschwand er nach Staunton-Herald. Zwischen 1771 und 1777 verbrachte d'Eon fast die Hälfte seiner Zeit auf dem Ferrers-Gut.

Als d'Eon dann im März 1772 nach London zurückkehrte, war man in der Stadt überzeugter denn je, daß der Chevalier eine Frau war; »daß sie *Weiblichen Geschlechts* ist, daran gibt es heute keinen Grund mehr zu zweifeln«, behauptete ein Beobachter.[3] Auch die zotigen Witze waren nicht verstummt. Eine Zeitung kündigte munter die Veröffentlichung der *Memoiren eines Hermaphroditen* an, die »dem Chevalier d'Eon gewidmet sind.« (Es braucht wohl nicht gesagt zu werden, daß ein solches Buch natürlich nie veröffentlicht wurde.)[4]

Aber es gab auch noch andere Dinge, mit denen d'Eon sich zu beschäftigen hatte. Schließlich sollte er noch immer für Ludwig XV. spionieren, und in jenen ersten Monaten des Jahres 1772 gab es für einen Spion eine Menge zu tun. D'Eon hatte von einem schottischen Komplott zur Unterbindung der Hannoverschen Thronnachfolge nach dem Tod Georgs III. gehört (das angeblich der ehemalige Premierminister Lord Bute und der Oberste Richter Lord Mansfield angezettelt haben sollten). Jetzt war es an d'Eon, Gerüchte zu verbreiten. Er schrieb sofort an den Grafen von Broglie und erklärte, was ihm zu Ohren gekommen war. Keine Frage, daß solche Nachrichten für die politischen Drahtzieher in Versailles von höchster Bedeutung waren.[5]

Broglie war in der Tat beeindruckt von den Neuigkeiten, die d'Eon für ihn hatte. Da diese Angelegenheit »von derart großer Bedeutung« war, ersuchte Broglie den König zuzustimmen, daß sein Sekretär, Jean Drouet, sofort nach London reiste, um vor Ort zu klären, was an diesen Gerüchten tatsächlich dran war. Und Drouet sollte bei der Gelegenheit auch noch dem anderen Gerücht auf den Grund gehen, das in London im Umlauf war, dem über d'Eons Geschlecht. Der König billigte Broglies Plan, und sofort wurden die Vorbereitungen für Drouets Reise getroffen.[6]

Drouet war einen Monat in London, vom 17. Mai bis zum 17. Juni 1772, und offenbar einen Gutteil der Zeit mit d'Eon zusammen, den er aus der Zeit beim Geheimdienst in Rußland kannte. Bei seiner Rückkehr nach Versailles konnte Drouet Broglie die Stichhaltigkeit beider Gerüchte bestätigen. Erstens bestätigte er d'Eons Behauptung vom Komplott gegen das Haus Hannover. Zweitens bestätigte er, daß d'Eon weiblichen Geschlechts war. »Die Verunsicherungen, die im vergangenen Jahr hinsichtlich des Geschlechts dieser außergewöhnlichen Persönlichkeit aufkamen, sind sehr wohl fundiert«, berichtete Broglie umgehend dem König. »Sire Drouet, den ich angewiesen hatte, sein Bestes zu tun, um die Gerüchte zu verifizieren, versichert mir bei seiner Rückkehr, daß er dieserhalb erfolgreich war und mir nach sorgfältigen Untersuchungen und Kontaktaufnahmen bestätigen kann, daß der sogenannte Sire d'Eon ein Mädchen und nichts anderes als ein Mädchen ist, daß er alle Attribute eines Mädchen und all jene regelmäßigen Unpäßlichkeiten hat.« Wie Drouet erklärte, hatte d'Eon ihm sein Geheimnis unter strengster Vertraulichkeit anvertraut, da, wie Broglie schrieb, »seine Rolle [politische Karriere] ganz beendet wäre, wenn es entdeckt würde.«[7]

Damit hatten Broglie und Ludwig XV. die Wahrheit über d'Eons Geschlecht herausgefunden, dachten sie zumindest. Von diesem Punkt ab war die französische Regierung überzeugt, daß d'Eon eine Frau war. Ludwig

XVI., die französischen Revolutionäre, Napoleon jeder, der bis zu d'Eons Tod 1810 an der Regierung war, nahm es als Tatsache, daß er weiblichen Geschlechts war.

Welche Beweise konnte Drouet gehabt haben, die ihn veranlaßten, d'Eons Weiblichkeit als Tatsache vor dem König von Frankreich zu »bestätigen«? Was hatte er untersucht und worauf war er gestoßen, das ihn zu dieser irrigen Wahrnehmung brachte?

Wir werden es zwar nie mit letzter Gewißheit erfahren, aber aus Drouets Zeugnis muß logischerweise und unweigerlich der Schluß gezogen werden: *D'Eon wollte, daß Drouet ihn für eine Frau hielt.* D'Eon wußte natürlich, daß Drouet nichts Eiligeres zu tun haben würde, als Broglie diese heißen Informationen zu stecken, und dieser sie unverzüglich an Ludwig XV. weitergeben würde. Wir können also mit Sicherheit davon ausgehen, daß d'Eon im Frühjahr 1772, wenn nicht gar schon früher, wollte, daß die französische Regierung ihn für eine Frau hielt.

Die Tatsache, daß d'Eon Drouet seine angebliche Weiblichkeit beichtete, bringt auch Licht in die Gerüchte, die im Herbst 1770 und Winter 1771 über sein Geschlecht im Umlauf waren. Erstens wissen wir damit, daß sie nicht aufkamen, weil d'Eon erwischt worden war, wie er sich als Frau gekleidet hatte. Es fand sich nie ein Zeuge, der zwischen 1762 und 1777 je gesehen hätte, daß d'Eon Frauenkleider trug. Jeder, der ihn für eine Frau hielt, sah ihn als »eine Jungfer, die sich in der Kleidung eines Mannes zeigte« in der Uniform eines französischen Dragonerhauptmanns, um genau zu sein.[8] »Weder sein Aussehen noch sein Verhalten verrieten irgendwelche weibischen Symptome«, bemerkte ein Londoner Journalist im März 1771. Somit hatten die Ursprünge von d'Eons Geschlechtstransformation nichts mit Transvestismus oder irgendwelchen transvestitenhaften Episoden zu tun. D'Eon sollte keine Frauenkleider tragen, bis der französische König ihn bei seiner Rückkehr nach Frankreich 1777 schließlich dazu zwang. Eine britische Zeitung behauptete sogar, d'Eon habe in England nie Frauenkleider getragen, sondern erst nachdem er 1785 wieder dorthin gezogen war.[9]

Zweitens bedeutet die Tatsache, daß d'Eon Drouet erzählte, er sei eine Frau, daß er wollte, daß andere ihn für eine Frau hielten. Weit davon entfernt, das *Opfer* von Gerüchten über sein Geschlecht zu sein, können wir also logischerweise davon ausgehen, daß d'Eon diese Gerüchte zu irgendeinem Zeitpunkt im Jahre 1770 selbst *initiierte*, indem er sein »Geheimnis« gezielt beichtete, und zwar zunächst engen Vertrauten. Diese Freunde erzählten es dann wiederum ihren Freunden und Vorgesetzten (was erklärt, warum wir als erstes in der Korrespondenz des Königs und der anglo-französischen Aristokraten auf diese Gerüchte stoßen), bis es letztlich an die Presse durchsickerte. Schließlich war d'Eon in den sechziger Jahren ein Meister darin geworden, bei Bedarf diplomatische und politische Geheimnisse durchsickern zu lassen. Natürlich sollte er nie zugeben, daß die Gerüchte durch ihn selbst aufgekommen waren. Denn funktionieren konnte ein solcher Plan nur, wenn er die Rolle des Opfers und nicht die des Propagandisten spielte.

Die Entdeckung seines »wahren« Geschlechtes lastete d'Eon einer russischen Hofdame, der Fürstin Daschkowa an, die in jener Zeit in London zu Besuch weilte. Als Nichte eines mächtigen russischen Ministers von Elisabeth I. hatte Daschkowa im Zentrum der höfischen Kreise gestanden, als d'Eon in Rußland war, und eine wichtige Rolle bei der Verschwörung gespielt, die Katharina auf den Thron brachte. D'Eon erzählte Drouet, er habe Daschkowa »sein Geschlecht anvertraut«, als er in den fünfziger Jahren in St. Petersburg war, und sie habe sein Geheimnis nun bei ihrem Besuch in London an die Öffentlichkeit verraten.[10]

Es ist jedoch zweifelhaft, daß Daschkowa d'Eon am Hofe der russischen Zarin für eine Frau gehalten haben sollte. Erstens war Daschkowa, 1743 geboren, noch ein Kind als d'Eon an Elisabeths Hof war. Im übrigen wird sie nirgends in seiner diplomatischen Korrespondenz aus Rußland erwähnt. Und Daschkowa erwähnt d'Eon auch nirgends in ihren Memoiren.[11] Es ist höchst unwahrscheinlich, daß d'Eon sich ein derart junges Mädchen als Vertraute ausgesucht haben sollte. Zweitens hat niemand eine Erklärung dafür geboten, warum Daschkowa dieses Geheimnis bei ihrem Besuch hätte preisgeben sollen. Soweit rekonstruierbar, sind d'Eon und Daschkowa sich bei ihrem Besuch in London nicht einmal begegnet. Welches Motiv sollte sie also gehabt haben, ein solches Märchen zu streuen?

Wesentlich wahrscheinlicher ist die Erklärung, daß die Gerüchte aus einer anderen Quelle kamen und Daschkowa vielleicht nur in diesem oder jenem Salon dazu befragt wurde. Was hielt sie von der Idee, d'Eon könnte in Wirklichkeit eine Frau sein? Hatte sie ihn in St. Petersburg gut gekannt? Dabei ist es natürlich sehr gut möglich, daß sie auf diese Fragen ihren Zuhörern erzählte, sie habe d'Eon einmal bei einem Ball als Frau gekleidet gesehen oder zumindest von anderen von seiner Verkleidung bei Bällen gehört, und daß er dabei in der Tat eine sehr überzeugende Frau abgegeben habe. In der androgynen Kultur, die bezeichnend für Elisabeths Hof war, war es gang und gäbe, daß Männer sich als Frauen und Frauen sich umgekehrt als Männer verkleideten; aber dieses Faktum ist kaum ein Indiz, daß d'Eon weiblich war. Überdies ist es inmitten der Gerüchteküche um d'Eon und angesichts der Tatsache, daß Daschkowas Konversationen wahrscheinlich in Französisch geführt wurden, nicht unwahrscheinlich, daß ihre Worte falsch verstanden oder aus dem Zusammenhang herausgerissen wurden.

Die wahrscheinlichste Lösung ist also, daß d'Eon irgendwann zwischen Sommer 1770 und Frühjahr 1772 den Entschluß faßte, andere glauben zu lassen, er sei eine Frau, die sich als Mann ausgab. Diese Zeit war eine Wasserscheide, sowohl für Frankreich wie für d'Eon. Bis 1770 war d'Eon längst klargeworden, daß sein Exil alles andere als vorübergehend war – daß er vielleicht den Rest seines Lebens wie ein politischer Geächteter, fern von seinem geliebten Frankreich, verbringen würde. Er arbeitete zwar immer noch für seinen König, erhielt aber keine Anerkennung mehr für seine Dienste – und Anerkennung bedeutete alles für diesen Edelmann des achtzehnten Jahrhunderts.

Es war auch noch vor dem Hintergrund finanzieller Probleme eine ungewöhnlich belastende Zeit in d'Eons Leben. 1766 hatte Ludwig XV. ihm eine jährliche Pension von zwölftausend Livres zugesagt (nicht eingerechnet seine militärischen Pensionen und seine privaten Einkünfte von seinen Ländereien in Tonnerre). Er konnte also ein üppiges Leben führen und gab gewaltige Summen für Bücher aus. 1770 war d'Eon dennoch buchstäblich pleite. Ludwig XV. widerrief seine finanziellen Verpflichtungen zwar nicht, er zahlte seine Rechnungen aber nur selten pünktlich. In d'Eons Fall sparte die Regierung Geld, indem sie seine Pensionszahlungen hinauszögerte – manchmal bis zu ein oder sogar zwei Jahren – und sie dann auch nur über einzelne Teilzahlungen zusammenstotterte. In fast jedem Brief, den d'Eon an Broglie schrieb, bettelte er die Regierung um sofortige Barzahlungen an. Verschiedentlich war der Punkt erreicht, daß seine Freunde seine Schulden für ihn begleichen mußten.[12]

In Frankreich fanden in dieser Zeit bedeutsame, aufrüttelnde politische Veränderungen statt. Im Dezember 1770, nach Jahren erbitterter Kritik von rivalisierenden Gruppen von Aristokraten und Höflingen und insbesondere von seinen Parlamenten, räumte Ludwig XV. in einer Großaktion in seinem Kabinett auf und ersetzte die wichtigsten Minister. Ins Innen- und Finanzministerium kamen Kanzler René-Nicolas de Maupeou und der Abbé Terray. Der König wollte nicht sofort entscheiden, wen er an die Stelle Praslins im Außenministerium setzte, und beauftragte den Herzog von Vrillière, einstweilen, bis zu einer endgültigen Entscheidung den Posten als amtierender Außenminister zu übernehmen. Choiseul und Praslin wurden schließlich abgesetzt.

Diese Maupeou-Regierung stand schon bald im Ruf, die schändlichste zu sein, die Frankreich im achtzehnten Jahrhundert erlebt hatte. In einer unverfrorenen Form von königlichem Absolutismus machte Maupeou sich daran, die politischen Ambitionen französischer Richter zu zerschlagen, die die Parlamente (Berufungsgerichte) genutzt hatten, um die Macht des Königs einzudämmen. Bei der ersten Gelegenheit verbannte Maupeou diese Parlamentarier, schloß faktisch ihre Gerichte und etablierte ein neues Justizsystem. Während Voltaire den Kanzler wegen seiner Reformen lobte, waren die meisten Aufklärungskritiker der Meinung, Maupeou führe Frankreich geradewegs in den Despotismus. Fest steht, daß sich die Beziehungen innerhalb der politischen Eliten zusehends verschlechterten, und schließlich einige der bekanntesten Aristokraten Frankreichs wie der Prinz von Conti mit den radikalen Ideen Rousseaus liebäugelten.[13]

Aber wie umstritten der »Coup« Maupeous auch war, d'Eon begrüßte ihn als von Gott geschickt. Schließlich war alles, womit man Praslin und Choiseul loswurde, eine gute Nachricht. Seit Jahren war d'Eon überzeugt, daß seine Probleme einzig auf Praslin zurückzuführen waren, der ihn und Broglie, sei nen Gönner, seit langem haßte. Jeder, der an seiner Stelle kam, konnte nur eine Verbesserung sein. D'Eon hatte aber noch einen weiteren Grund, optimistisch zu sein. Anfang 1771 kamen aus Versailles Gerüchte, daß das Rennen um den Außenministerposten sich inzwischen auf zwei Männer reduziert hatte: den Herzog d'Aiguillon und den Grafen von Broglie. Sollte an diesen Gerüchten etwas dran sein und die Wahl auf Broglie fallen, wäre d'Eon damit sicher seine Sorgen los und eine endgültige Entscheidung zu seiner politischen Karriere wohl nicht mehr in allzu weiter Ferne.[14]

Aber Broglie bekam den Posten nicht. Im Juni ernannte Ludwig XV. den Herzog d'Aiguillon zum Außenminister. Das hatte d'Eon zwar nicht erhofft, aber dennoch war schließlich offen, wie d'Aiguillon auf seinen Fall reagieren würde.

Ein Jahr zuvor hatte Drouet Broglie berichtet, daß d'Eon die Tatsache, daß er weiblichen Geschlechts war, geheimhalten wollte, da »seine Rolle«, wenn die Geschichte an die Öffentlichkeit kam, »ganz beendet wäre.« Aber vielleicht war es genau das, was d'Eon wollte: Seine Rolle als ehrloser französischer Spion im Exil zu beenden und mit Würde und geachtet nach Frankreich zurückzukehren.

Dieses Ziel war möglicherweise zu erreichen, wenn er sich als Frau ausgab: Wenn die Öffentlichkeit ihn nicht als Schwindler, sondern als eine Heldin sah, die sich als Mann gekleidet hatte, um sich zu patriotischen Taten für Ludwig XV. aufzuschwingen, konnte das für ihn im Zweifel die Fahrkarte nach Frankreich sein. D'Eon wußte, daß die Regierung bestrebt sein würde, ihn aus dem Geheimdienst abzuziehen, sobald die Tatsache, daß er weiblichen Geschlechts war, offiziell sein würde. Er setzte jedoch darauf, daß die Regierung ihn seines Postens noch nicht entheben würde, solange er noch in London war, wo er als Spion für die Engländer nützlich sein konnte. Wenn er abgesetzt werden sollte, würde man ihn definitiv erst nach Frankreich zurückbringen.

In Frankreich konnte Ludwig XV. ihm dann natürlich seine Pensionen streichen oder ihn sogar in die Bastille werfen lassen. Aber angesichts der Staatsgeheimnisse, in die er eingeweiht war, war das höchst unwahrscheinlich – und erst recht, wenn die Regierung und alle anderen die Tatsache feiern würden, daß er in Wirklichkeit eine Frau war. Sich als Frau auszugeben, erschien somit als ein gangbarer und nützlicher Weg, der viele seiner politischen Schwierigkeiten lösen konnte.

Und dennoch: Auch wenn dieser Ansatz, sich als Frau auszugeben, politisch logisch erscheinen mag, müssen wir zugeben, daß diese Überlegungen nicht wirklich erklären können, warum d'Eon sich für diesen Kurs entschied. Schließlich gab es im achtzehnten Jahrhundert in Europa viele, vielleicht Hunderte von Aristokraten, die, von ihren Regierungen verfemt, im politischen Exil lebten. Trotz aller besonderen Umstände war seine Situation also keineswegs ungewöhnlich. Er hätte ebensogut auch einen Plan entwerfen können, der nicht ganz so drastische Maßnahmen wie eine Geschlechtsumwandlung beinhaltete. Bis 1770 hatte es nie jemanden gegeben, der behauptete, d'Eon sei eine Frau. Für die Vorstellung, die zweite Hälfte seines Lebens als Frau zu leben, gab es keine historische Vorlage. Mit der Entscheidung, eine Frau zu werden, nicht etwa nur eine Zeitlang quasi als Transvestit, sondern für den Rest seines Lebens, erfand er mit seiner radikalen Umgestaltung etwas völlig Neues.

D'Eons Wandlung zur Frau war mehr als nur ein Mittel, glimpflich aus London und aus dem Geheimdienst des Königs davonzukommen; sie war auch ein Weg zur moralischen Erneuerung, zur Verwirklichung der tugendhaften Aspekte seiner Persönlichkeit, die in seinem Diplomatenleben mit den dazugehörigen Verschlagenheiten und im Krieg auf der Strecke geblieben waren. Gegen Ende seiner Zeit in London schrieb d'Eon an Drouet, im innersten Herzen jedes Politikers lägen nur »Aufgeblasenheit und Geltungssucht«, welche »die zwei Prinzipien jeden Handelns« darstellten.[15] D'Eons Karriere steckte in einer Sackgasse, und er sehnte sich nach einer Wiedergeburt, die ihn zu etwas Anderem und Besserem leiten sollte.

36

Macaulay, d'Epinay und die femme savante

Nachdem die Leute angefangen hatten zu glauben, d'Eon sei eine Frau, wollten sie als nächstes natürlich wissen, was für eine Frau er war. Daß man im Bemühen, ihn zuzuordnen und ein neues Bild von ihm zu zeichnen, auf ebenjene Kategorien aus der Querelle-des-Femmes-Literatur zurückgegriff, die d'Eon selbst beeinflußte, ist nicht erstaunlich. Aber da es sich bei der Querelle nicht so sehr um eine literarische Bewegung oder eine Schule, als vielmehr um eine aktuell geführte Debatte über Frauenfragen handelte, wurde d'Eon nun selbst Gegenstand dieses öffentlichen Disputs. In den 1770er Jahren avancierte er zu einem Paradebeispiel in der Kontroverse über die Fähigkeiten, die Frauen hatten, bzw. die Möglichkeiten, die Frauen der Oberschicht offenstehen sollten, um im öffentlichen Leben eine gewichtige Rolle zu spielen; vor diesem Hintergrund manipulierten die Querelle-Autorinnen sein Image für ihre eigenen Zwecke. Ein Teil seiner neuen Rolle war seine Reputation als *femme savante,* der weisen, gelehrten, intellektuellen Frau. Er war der Beweis, daß eine Frau eine »männliche« Erziehung und Ausbildung genießen und in der Folge intellektuell bedeutende Werke vollbringen und schaffen konnte.

Die Presse brachte d'Eon mit der einflußreichen zeitgenössischen britischen Historikerin Catherine Macaulay in Verbindung. Unmittelbar nach David Humes *Geschichte Englands* [1754–1762] erschienen, war ihre *History of England* das möglicherweise wichtigste mehrbändige Geschichtswerk, das im achtzehnten Jahrhundert publiziert wurde. Im Unterschied zu Humes konservativem Traktat war Macaulays Geschichte Englands aus einer radikalen politischen Position geschrieben, die auch John Wilkes bei seinen Bemühungen um politische Reformen beeinflußte. Daß die Presse Macaulay, Wilkes und d'Eon mitunter dem gleichen Zirkel zurechnete, überrascht nicht.[1]

Eine Londoner Zeitung stellte im März 1771 eine sogar noch konkretere Verbindung zwischen d'Eon und Macaulay her – mit der Verbreitung des Gerüchtes, daß nunmehr auch Wetten über *Macaulays* Geschlecht abgeschlossen würden: »Nach der Wettrunde, die letzte Woche in der Alley eröffnet wurde, um einen (ehemaligen) französischen Bevollmächtigten Minister *zu erledigen*, die jetzt voll im Gange ist, wird im Laufe dieser Woche, wie man munkelt, eine weitere Runde eröffnet werden, um Catherine Macaulay *zu erledigen*; der *männliche* Stil und die starken Fähigkeiten dieser berühmten Historikerin haben unlängst etliche Zweifel hinsichtlich des *Geschlechts* dieser mustergültigen und *republikanischen* Autorin aufkommen lassen. Eine gewisse ältere angesehene Witwe in Pall-Mall hat, wie es heißt, bereits dreihundert Guineen gegen dreitausend gesetzt, die sie bekommt, wenn erwiesen ist, daß es sich bei der in Frage stehenden Partei um ein *männliches* Genie handelt und sie sich selbst mit dem *onus probandi* überführt.«[2]

Es gab tatsächlich Parallelen zwischen Macaulays und d'Eons Karriere. Der erste Band von Macaulays *History* wurde 1763 publiziert, dem Jahr, in dem d'Eon Bevollmächtigter Minister in London wurde. In den sechziger Jahren wurden beide Namen in England zu einem Begriff. Als die Presse 1771 berichtete, d'Eon sei eine Frau und dabei, seine *Loisirs* zu veröffentlichen, kamen Gerüchte auf, Macaulay würde ihre Geschichte auch bis in die Gegenwart fortschreiben. Beides erschien als eine erstaunliche Leistung für Frauen.[3]

Daß diese Verbindung zwischen Macaulay und d'Eon hergestellt wurde, hatte auch noch eine andere Grundlage. Wie eng ihre Freundschaft war, ist zwar nicht klar, sie dürfte aber zumindest herzlich gewesen sein. 1768, unmittelbar nachdem Macaulay den dritten Band ihrer *History* veröffentlicht hatte, schickte sie d'Eon ihr eigenes, mit Anmerkungen versehenes Exemplar mit der Bitte um weitere Anmerkungen und Vorschläge, die sie bei einer zweiten Ausgabe vielleicht berücksichtigen könnte.[4]

Das Problem, um das es bei dem d'Eon-Macaulay-Vergleich ging, ließ sich auf die Frage reduzieren, ob eine Frau in der »Republik der Gelehrten« die Staatsbürgerschaft erwerben konnte, in den kulturellen Institutionen, den Akademien, Leseclubs und editorischen Projekten (für die Diderots und d'Alemberts große *Enzyklopädie* das berühmteste Beispiel war), die die Aufklärung ausmachten. D'Eon und Macaulay wurden der Öffentlichkeit als zwei Frauen präsentiert, die eine Französin, die andere Engländerin, denen es gelungen war, in den Genuß einer »männlichen« Erziehung in Geschichte und Politik zu kommen, und die bedeutende Werke über bis dato ausschließlich männliche Gebiete veröffentlicht hatten. Während die Feministinnen der Querelle des Femmes beide nutzten, um an ihnen zu demonstrieren, was jede Frau mit einer guten Bildung und Ausbildung leisten konnte, reagierten die männlichen Gelehrten, die *Philosophen* der Aufklärung eher ambivalent. Schließlich blieb, daß die Frauen es, trotz der Minderwertigkeit ihrer Ausbildung, im achtzehnten Jahrhundert schafften, einen großen Teil der lesenden Öffentlichkeit zu stellen.[5]

Wenn es eine französische Zeitgenossin gab, die wie Catherine Macaulay sein wollte, dann war das Louise d'Epinay (1726–1783), die 1774 mit ihren *Conversations d'Emilie* [*Emiliens Unterredungen mit ihrer Mutter*, 1782] Ruhm erlangt hatte, ein Werk, mit dem sie das für Frauen tun wollte, was

Rousseaus *Emil* (1762) für die Männer getan hatte.[6] In der gleichen Zeit, als sie dem Abbé Galiani von den Gerüchten über d'Eon schrieb, beklagte sie sich auch bei ihm über die gewaltigen Hindernisse, die Frauen in den Weg gestellt wurden, die intellektuelle Ambitionen hatten. Die Frauen haben absolut recht, erklärte sie wiederholt ihrem Freund, wenn sie versuchen, »so viel Wissen wie möglich zu erwerben … weil das ein sicherer Weg ist, um selbständig zu werden, frei und unabhängig zu sein.«[7]

Galiani fand d'Epinays Briefe so interessant, daß er einen kurzen »Dialogue sur les femmes« [Dialog über die Frauen] schrieb, der zwar nie veröffentlicht, aber in den Salons in Paris herumgereicht und teilweise auch vor der Französischen Akademie gelesen wurde. Bei diesem Dialog standen sich ein Chevalier und ein Marquis gegenüber. Der Chevalier behauptete, das einzige, was Frauen fehlte, sei eine vernünftige Ausbildung, während der Marquis ihm entgegenhielt, keine noch so intensive Ausbildung könnte die »naturgemäße schwache und mangelhafte« Beschaffenheit von Frauen wettmachen.[8]

Die Position des Chevaliers wurde von einem engen Freund Galianis und d'Epinays, Antoine-Léonard Thomas, aufgegriffen, der 1772 ein kleines Buch über den weiblichen Charakter veröffentlichte (das d'Eon kaufte). Thomas (den d'Eon als »alten Freund« bezeichnete) verglich die Bedingungen, unter denen Frauen lebten, mit denen der amerikanischen Indianer: Beide wurden unterdrückt und ausgebeutet und waren erobert und unterworfen worden. Er bezweifelte nicht, daß Frauen schwächer als Männer waren, und ebensowenig glaubte er, daß sie den Männern in jeder Hinsicht gleich oder ebenbürtig waren. Er war aber der festen Überzeugung, daß sich der moralische Charakter der Männer verbessern würde, wenn man dafür sorgte, daß Frauen den Männern intellektuell gleichgestellt wurden.[9]

Aber all das beeindruckte d'Epinay nicht. Sie beklagte sich, weder Galiani noch Thomas würden direkt sagen, daß »Männer und Frauen die gleiche Natur und die gleiche Konstitution haben.« Für d'Epinay hatte jeder wirkliche Feminismus bei dieser grundlegenden Feststellung zu beginnen. »Das wird dadurch bewiesen«, belehrte sie Galiani, »daß primitive Frauen genauso robust, genauso agil wie primitive Männer sind: Somit ist die Schwäche unserer Konstitution und unserer Organe mit Sicherheit auf unsere Erziehung und Ausbildung zurückzuführen und ist das Ergebnis der Bedingungen und der Situation, die uns in der Gesellschaft zugewiesen wurden. Männer und Frauen, welche die gleiche Natur haben, sind für die gleichen Fehler, die gleichen Tugenden und die gleichen Laster empfänglich. Die Tugenden, welche die Leute den Frauen im allgemeinen geben möchten, sind fast alles Tugenden gegen die Natur, hervorgebracht werden nur kleine künstliche Tugenden und einige sehr reale Laster.«[10]

Zu denen, die den Frauen falsche Tugenden zuschrieben, gehörte auch ein weiterer enger Freund d'Epinays, der *Philosoph* Denis Diderot, der völlig anders auf Thomas' Essay reagierte. Aus Diderots Sicht vereinfachte Thomas die grundlegenden Geschlechtsunterschiede zwischen Männern und Frauen zu sehr. »Er wollte, daß sein Buch keinem Geschlecht angehöre«, warf er ihm vor, und das sei ihm nur zu gut gelungen. Für Diderot hatten Frauen einen völlig anderen Organismus als Männer. Um den Charakter und die Psychologie der Frau zu verstehen, mußte man etwas über die weibliche Sexualität wissen. Von einer gewissen gesellschaftlichen Androgynie, auf die die Querelle des Femmes verwies, wollte Diderot nichts wissen. In seinem Dialog »Über die Frauen« schrieb er, daß die Frau in ihrem Innern ein Organ hat, das »bis zu den fürchterlichsten Krämpfen reizbar ist, sie beherrscht und in ihrer Phantasie Phantome jeder Art erweckt. Im hysterischen Delirium kehrt sie in die Vergangenheit zurück, schwingt sich in die Zukunft, alle Zeiten sind ihr Gegenwart. All diese ausgefallenen Ideen entspringen ihrem Geschlecht.«[11]

Genau wie Rousseau behauptete auch Diderot, für die Verbesserung der Lebensbedingungen der Frauen einzutreten. Männer sollten nicht grausam gegenüber Frauen sein, meinte er; sie sollten sie weder schlagen noch im Stich lassen. Ebensowenig sollten die bürgerlichen Gesetze den Frauen Eigentumsrechte vorenthalten. Aber trotz alledem sollten die Männer nicht ignorieren, wie die Frauen wirklich sind. »Aber vergessen Sie nicht«, forderte Diderot die Männer auf, daß die Unfähigkeit der Frauen »zu Überlegung und Grundsätzen nichts bis in eine bestimmte Tiefe des weiblichen Verstandes dringen läßt. Die Ideen von Gerechtigkeit, Tugend, Laster, Güte, Bosheit schwimmen an der Oberfläche ihrer Seele. Eigenliebe und Egoismus dagegen haben sie in ihrer ganzen natürlichen Kraft erhalten. Sie sind zwar äußerlich zivilisierter als wir, aber innerlich sind sie wahre Wilde geblieben, mindestens ganze Machiavellisten.«[12]

Angesichts einer derart frauenfeindlichen Kritik, die unter dem »Diskurs der Aufklärung« lief, ist es kein Wunder, daß d'Epinay sich isoliert und befremdet fühlte und pessimistisch war. Tatsache ist, je näher man dem Zentrum der Aufklärung kommt, desto stärker wird man mit der Betonung der Geschlechtsunterschiede konfrontiert. Die französischen *Philosophen* der Aufklärung wie Rousseau und Diderot strebten eine »natürlichere« Gesellschaft an, die auf der gesellschaftlichen Ebene den Unterschieden zwischen den Geschlechtern Rechnung trug. »Es gibt Frauen, die Männer sind, und Männer, die Frauen sind«, schrieb Diderot, wobei er vielleicht an d'Eons Geschichte dachte. »Ich gestehe, ich würde mir niemals einen weibischen Mann zum Freunde nehmen. Wenn wir mehr Verstand haben als die Frauen, so haben sie bestimmt mehr Instinkt als wir.«[13]

In seinem »Nachtrag zu ›Bougainvilles Reise‹«, einem weiteren 1772 geschriebenen Dialog, erklärte Diderot, primitive Völker verstünden, daß das Geschlecht sich aus der Geschlechtlichkeit ergibt, wohingegen die zivilisierten, von allem Natürlichen so weit entfernten Europäer glaubten, Geschlecht und Geschlechtlichkeit seien relativ unabhängig voneinander. Diderot erzählte eine Anekdote von einem Steward, der sich im achtzehnten Jahrhundert dem französischen Seefahrer Louis-Antoine de Bougainville bei seiner Fahrt nach Tahiti angeschlossen haben sollte: »Dieser Diener war eine als Mann verkleidete Frau. Obwohl sie von der Besatzung während der langen Überfahrt nicht erkannt worden war, errieten die Tahitianer doch ihr Geschlecht auf den ersten Blick. Sie stammte aus Burgund.« Ob Diderot hier vielleicht an d'Eon dachte, der in jener Zeit berühmteste Vertreter Burgunds, der sich, je nach Standpunkt, als Frau oder als Mann verkleidete? Wenn ja, so schien das für Diderot zu bedeuten, daß es nur in Europa mit seinem völlig verlorenengegangen Gefühl für natürliche Geschlechtlichkeit denkbar war, daß d'Eons Geschlecht so lange unerkannt blieb.[14]

Als nun also in London und Paris die Gerüchte über d'Eons Geschlecht in Umlauf waren, wurde die Frage auch zum rhetorischen Feilschobjekt in der intensiven Debatte über den Platz von Frauen in der Gesellschaft im allgemeinen und die Rolle intellektueller Frauen im besonderen. Wenn d'Eon eine Frau war, so war er eine weitere Catherine Macaulay, und wo es zwei gab, konnte vielleicht sogar von einem Trend gesprochen werden. Das war zumindest die Perspektive, wie Louise d'Epinay und möglicherweise viele andere die Situation sahen.

Einige Jahre später, in Mary Wollstonecrafts Klassiker der Verteidigung des Feminismus, *A Vindication of the Rights of Women* (1792) [*Verteidigung der Rechte der Frauen*, 1975] wurde d'Eon wiederum als Musterbeispiel hochgehalten, was Frauen werden konnten, wenn sie nur, wie der glückliche d'Eon, Zugang zu einer männlichen Erziehung und Ausbildung hatten. Wollstonecrafts Zeitgenossin Mary Robinson brachte den Fall polemischer auf den Punkt: Solange d'Eon als Mann gekleidet war, wurden seine politischen und militärischen Tätigkeiten mit »höchsten Ehren bedacht. Aber, o weh! Als dann festgestellt wurde, daß sie eine *Frau* war, wurden die höchsten Lobpreisungen auf zugleich lächerliche und abscheuliche Weise in Überspanntheit, absurde und maskuline Frechheit verwandelt.«[15] D'Eon war im achtzehnten Jahrhundert ein wichtiges Beispiel im Kampf der Frauen, insbesondere der intellektuellen Frauen, um ihre gesellschaftliche Stellung, wenn nicht gar Gleichberechtigung.

37

Hannah Snell und die Amazonen

Ich gestehe, ich ertrage solche männlichen Schönheiten
wie die Mademoiselle d'Eons und Hannah Snells nicht.

Peter Pindar oder Dr. Walcot, 1787
(Zeitungsauschnitt d'Eons)

D'Eon war mehr als ein Intellektueller. In der Uniform des Dragonerhauptmanns war er auch ein Offizier, ein Held des Siebenjährigen Krieges, einer, den
der König mit dem kostbaren Sankt-Ludwigs-Kreuz ausgezeichnet hatte. Als
die Europäer d'Eon schließlich als Frau akzeptierten, wurde er sehr schnell
auch in die Reihe jener bekannten Fälle von Frauen eingeordnet, die sich im
achtzehnten Jahrhundert als Männer verkleidet hatten, um in den Militärdienst
einzutreten. Die berühmteste von ihnen war Hannah Snell.

Fünf Jahre vor d'Eon geboren, führte Snell ein konventionelles Leben, wie
es in der Arbeiterschicht Englands, der sie angehörte, in jener Zeit üblich war,
bis ihr Mann sie nach ihrer ersten Schwangerschaft verließ. Als ihre Tochter
dann mit nur sieben Monaten starb, beschloß sie in ihrer Verzweiflung angesichts der doppelten Tragödie, den Nichtsnutz von einem Ehemann zu finden,
der sie so schändlich hatte sitzenlassen. Nachdem sie erfahren hatte, daß er zur
britischen Marine gegangen war, verkleidete sie sich als Mann, legte sich den
Namen ihres Schwagers, James Gray, zu, ging ebenfalls zur Marine und nahm
fast fünf Jahre am Österreichischen Erbfolgekrieg teil. Als sie schließlich aus
dem Militärdienst ausschied, verkaufte sie ihre Geschichte an einen Verleger
und reiste fortan mit ihrer Ein-Frau-Show, in der sie die Geschichte ihrer Karriere erzählte, in ganz England umher.[1]

Noch interessanter als die Geschichte selbst ist jedoch, wie das englische
Publikum sie aufnahm. Zum einen war klar, daß Snell sich eines schweren Ver-
gehens schuldig gemacht hatte; in den Augen der Öffentlichkeit hatte sie
damit, daß sie einen Soldaten gemimt hatte, sogar ein Verbrechen begangen.
Dennoch wurde sie in den Pamphleten, die über sie geschrieben wurden, und
in den zahllosen Nacherzählungen ihrer Geschichte nur von wenigen kritisiert. Für die Engländer war sie, im Gegenteil, sogar eine der größten Heldinnen ihrer Zeit. Der Zeitungsverleger Robert Walker lobte sie insbesondere

240

wegen der soldatischen Eigenschaften, die normalerweise nur bei Männern zu finden waren. Er war stolz, sie »unsere britische Heldin« zu nennen, und der Meinung, die anderen Frauen Englands täten gut daran, sie sich zum Vorbild zu nehmen. Walker verglich sie auch mit der Protagonistin in Richardsons berühmtem Roman und fand, daß Snell »die wirkliche *Pamela* und die andere nur ein Konterfei ist: diese *Pamela* ist wirklich aus Fleisch und Blut; daneben ist die andere nicht mehr als ein Schatten: Somit sollte diese unsere Heldin ... sowohl bewundert wie ermutigt werden.«[2]

Durch die Beschäftigung mit den virilen Heldentaten Hannah Snells konnten die britischen Frauen lernen, daß Tugend, Ehre und Mut kein Monopol der Männer waren. »Obwohl Mut und kriegerische Unternehmungen auf dieser Welt nicht gerade die Bereiche sind, die Frauen seit den Tagen der Amazonen zugewiesen sind«, bemerkte Walker, »ist es dennoch weit gefehlt, daß das weibliche Geschlecht ohne jedes Heldinnentum [sic] wäre. Kleopatra zog auch einst an der Spitze einer stattlichen Armee ins Feld ... und [später] Marcus Antonius, dem größten Feldherrn seiner Zeit entgegen.«[3]

Bemerkenswert ist, daß Walker Snell nicht als Transvestiten, Lügnerin oder Schwindlerin darstellte, obwohl ihre Karriere all das doch auch verlangt hatte. Für ihn war sie statt dessen eine moderne Amazone, da ihre Verkleidungskünste ja nicht dem Zweck gedient hatten, andere zu täuschen, sondern vielmehr der einzige Weg gewesen waren, wie sie ihren Mut und ihre »Liebe zum Ruhm« erfolgreich beweisen konnte.

Walker war auch beeindruckt, daß Snell unter derart gedrängten Verhältnissen, dicht an dicht mit den Soldaten lebend, ihre Keuschheit bewahren konnte. Für ihn gab es keinen Zweifel, daß sie das Opfer gewaltsamer sexueller Übergriffe geworden wäre, wenn man ihr wahres Geschlecht entdeckt hätte. Snell hatte, wie Walker behauptete, nicht nur ihre eigene Tugendhaftigkeit bewahrt, sondern darüber hinaus auch anderen Frauen geholfen, ihre Keuschheit zu bewahren. Als ein ihr vorgesetzter Offizier eines Tages damit geprahlt hatte, er werde eines der Dorfmädchen vergewaltigen, war es Snell gelungen, das Mädchen vorzuwarnen, so daß es nie zu der Vergewaltigung kam.[4]

Wenn Walker Snell hier die Rolle der Amazone gab, so tat er das vor einem in jener Zeit vertrauten kulturellen Hintergrund. Snell war nur eine von Hunderten, vielleicht Tausenden von Frauen, die ihren Männern in den Kampf folgten. In den Kriegen der jüngeren Neuzeit waren in den Frontlinien beide Geschlechter zu finden. Was die Mehrzahl der Frauen hier an der Front an Diensten leistete, reichte von Kochen und Waschen bis zur Prostitution. Es war aber auch nicht ungewöhnlich, daß Frauen eine Soldatenuniform anzogen, um näher bei ihren Männern zu sein. Was Hannah Snell gemacht hatte, mochte ungewöhnlich von der Zeitdauer her sein, aber ihr Fall war letztlich nur die Veranschaulichung eines verbreiteten Phänomens.[5]

Geschichten und Balladen über amazonenhafte Heldinnen hatten im acht-

D'Eon wurde oft mit Hannah Snell verglichen, die sich als Mann verkleidete und als Soldat im Krieg kämpfte. (Brotherton Collection, University
of Leeds Library)

zehnten Jahrhundert in England Hochkonjunktur, was zeigt, wie sehr Kriegerinnen vom gemeinen Volk in d'Eons Ära bewundert wurden. Am Ende einer
langen Ballade, nachdem die Frau aus dem Krieg nach Hause zurückgekehrt
ist, um ihren Mann zu heiraten, singt der Spielmann:

> They often think upon that day when she received a scar
> When Susan followed her true love on board a man of war.[6]

[Sie denken oft an jenen Tag, an dem sie eine Narbe bekamen
Als Susan ihrer wahren Liebe, einem Mann des Krieges, an Bord folgte.]

Diese Bewunderung von Amazonen wurde auch von einigen der bekanntesten
Schriftsteller Englands registriert und aufgegriffen, wie etwa von d'Eons
Freund Richard Brinsley Sheridan. In Sheridans populärem Stück *The Camp
[Das Lager]*, das erstmals im Oktober 1778 aufgeführt wurde, folgt ein Mädchen
aus Suffolk ihrem Liebhaber in sein Militärlager, wo sie dann so sehr vom
militärischen Leben begeistert ist, daß sie den Soldaten heiratet und dort bleibt,
um an seiner Seite zu kämpfen.[7]

Ein Essay mit der Überschrift »Female Warriors« [Kriegerinnen], der gegen
Ende des Siebenjährigen Krieges geschrieben und Oliver Goldsmith zugeschrieben wurde, griff dieses Phänomen satirisch auf. Da der Krieg mit dem
Verlust so vieler Männer zu einem Frauenüberschuß geführt hatte, sollte die
Regierung, um das Gleichgewicht zwischen den Geschlechtern wiederherzustellen, »dreißig neue Amazonenregimenter aufstellen, die von Frauen kom-
mandiert werden, so daß Frauen in Regimentern dienen, die ihrem Geschlecht
angepaßt sind.« Der Autor war überzeugt, daß die britischen Frauen gute Soldaten abgäben, da sich so viele von ihnen bereits mit virilen Aktivitäten auf den
Straßen Londons hervortäten. Um die androgyne Natur der Frauen der Arbeiterschicht noch überspitzter darzustellen, erzählte Goldsmith die Geschichte,
wonach er zufällig Zeuge eines Boxkampfes zwischen zwei Frauen auf der
Straße geworden war: »Ich dachte, die Kontrahenten wären vom anderen
Geschlecht [Männer], bis ein Zuschauer mir das Gegenteil versicherte.« Aber
über solche Satiren konnten nur Leser lachen, die darin zumindest ein Körn-
chen Wahrheit entdeckten.[8]

Als nun also die Gerüchte in Umlauf kamen, daß der Chevalier d'Eon in
Wirklichkeit eine Frau war, die sich als Mann verkleidet hatte, gab es eine klar
definierte kulturelle Kategorie, der man ihn zuordnen konnte: die der Amazone. Genau wie Hannah Snell und das »Mannweib« Catherine Macaulay
schien d'Eon eine Frau zu sein, die sich das Recht herausgenommen hatte, viril
in einer Männerwelt zu handeln und aufzutreten. Für diejenigen, die ihn als
Amazone sahen, hatte er mit seinem Verhalten keineswegs irgendwelche
sakrosankten Geschlechts- oder Geschlechternormen untergraben, sondern
diese Normen nur manipuliert, um zu bekommen, was »sie« wollte. Ein Punkt

wurde bei den Amazonen des achtzehnten Jahrhunderts nach allgemeinem Konsens jedoch vorausgesetzt: daß dieses Verhalten nur episodisch und temporär war. Anders als die Amazonen aus dem Mythos der Antike, deren kriegerische Wege nur mit dem Tod endeten, kehrten Amazonen wie Hannah Snell zu ihrem gewöhnlichen Leben als Frauen zurück, sobald ihr wahres Geschlecht entdeckt worden war. Und das war es, was nun auch von d'Eon erwartet wurde.[9]

Illustrationen aus dieser Zeit zeigen, wie d'Eon als Amazone gesehen wurde. Auf einem Druck mit dem Untertitel »The Discovery of a Female Free-Mason« [Die Enthüllung einer Freimaurerin] hat d'Eon gerade seinen Gehrock abgeworfen und gibt den Blick auf das sehr feminine Kleid einer Frau frei. Seine Physiognomie wird zwar alles andere als männlich dargestellt, aber durch die eindrucksvolle Positur sowie drei wichtige männliche Symbole wird er eindeutig als Amazone ausgewiesen: Erstens das Schwert, das traditionell nur Edelmänner tragen durften; zweitens der Spazierstock, der im achtzehnten Jahrhundert das Phallussymbol zivilisierter Männlichkeit schlechthin geworden war; und schließlich das bemerkenswerteste, das Sankt-Ludwigs-Kreuz, das auf der rechten Brust des Chevalier prangt und in jener Zeit für das Auge jeden Betrachters ein denkbar bizarrer Anblick gewesen sein muß: Frankreichs begehrteste Tapferkeitsmedaille für militärische Heldentaten am Dekolleté einer Frau zur Schau gestellt. Und nicht zuletzt wollte sich der Druck, wie der Titel verdeutlicht, auch über d'Eons Mitgliedschaft in einer Londoner Freimaurerloge belustigen (der er sich 1769 anschloß).[10]

Die Illustration (s. S. 246), die erstmals 1773 in den Buchläden in London und Paris verkauft wurde, stellt eine direktere Verbindung zwischen d'Eon und der antiken Amazonen-Tradition her. Hier wird er kampfbereit in der Aufmachung der griechischen Kriegsgöttin Pallas Athene (die hier unter ihrem römischen Namen Minerva bekannt war) in einem Militärlager gezeigt. Sein Schwert und Spazierstock, die ihn auf anderen Bildnissen als Edelmann auswiesen, wurden zwar durch den Speer und Schild der Römer ersetzt, aber das Sankt-Ludwigs-Kreuz prangt auch hier auf seiner Brust. Neben einem typischen Gewand der Antike trägt der Chevalier den Helm mit dem dreifachen Federbusch, der mit Athene assoziiert wird. Durch die besondere Hervorkehrung (und Verbrämung) seiner militärischen Karriere wurde der Dragonerhauptmann mit diesen Drucken in die Tradition der Amazonen gestellt.

»Sie war bei mehreren Belagerungen und Schlachten dabei« heißt es in der Bildunterschrift, »und wurde bei dem Gefecht von Vetrop verwundet und war im Jahr 1761 ... dann Hauptmann einer vielgerühmten Truppe der Freiwilligen der Armee. Sie setzte dem Bataillon des ... Preußen ... so opportun und mit so unerschrockener Entschlossenheit zu, daß sie das ganze Bataillon, trotz seiner Überlegenheit, zwang, sich als Kriegsgefangene zu ergeben.[11]

»The Discovery of a Female Free-Mason« »Die Enthüllung einer Frei-
maurerin«. Dieser in England erschienene Druck nimmt d'Eons Mitgliedschaft in einer Londoner Freimaurerloge auf die Schippe. (Brotherton
Collection, University of Leeds Library)

Hier wird d'Eon als kriegerische Amazone kampfbereit vor ihrem Zelt im
Militärlager stehend dargestellt – mit dem Sankt-Ludwigs-Kreuz auf der linken Brust. (Bibliothèque Nationale, Paris)

Die Europäer feierten d'Eon als zeitgenössische Athene. Der Direktor der Königlichen Kunstakademie Frankreichs sandte folgende Zeilen an seine Heldin:[12]

Pourquoi faut-il que l'on cache
La fleur des héros français
sous ce feminin panache
voile se augmenter trait
à la guerre c'est Achille
Pour un traité c'est Pallas
que maudin sein l'imbécille
qui nous prive de son bras.

[Warum sollte man sie verstecken
Die Blume der französischen Helden
unter diesem weiblichen Federbusch
der einen aufragenden Speer verhüllt
im Krieg ein Achilles
Beim Vertrag eine Pallas
Möge der Schwachsinnige verdammt sein
der uns ihres Armes beraubt.]

Natürlich war d'Eon weder eine Römerin noch eine Griechin aus der Antike. Näherliegend war im übrigen ein durchaus angemesseneres Amazonenmodell: Jeanne d'Arc. Und in einer entsprechenden Bildunterschrift behaupteten die Publizisten, daß »unsere Chevalière eine Heldin« war, die »bereits zu Lebzeiten mehr in Erscheinung trat als Jeanne … die Jungfrau von Orléans.«[13]

Die Parallelen zwischen d'Eons und Jeanne d'Arcs Geschichte waren tatsächlich so verblüffend, daß jeder, der mit d'Eons Geschichte zu tun hatte, einschließlich d'Eon selbst, den Chevalier mit der Märtyrerin aus dem Mittelalter in Verbindung brachte. In einem in jener Zeit vielbeachteten Artikel war der Herausgeber der Zeitschrift *Annales politiques*, Simon Linguet, einer der vielen, die d'Eon als »moderne Jeanne d'Arc« bezeichneten.[14] Am lebendigsten wurde sein Image als neue Jeanne d'Arc im Zweifel in Gedichten wiedergegeben, die ihm zugeschickt wurden.[15]

Toi qui de Jeanne d'Arc autres fois eus le nom
Tu venais aujourd'hui sous celui de d'Eon

[Du, die früher den Namen Jeanne d'Arc trug
Du kamst heute unter dem von d'Eon]

Der Vergleich zwischen d'Eon und Jeanne d'Arc war fest in den Köpfen der Öffentlichkeit verankert und drang am Ende sogar bis in die jungen Vereinigten Staaten. 1794 erklärte eine Absolventin der Young Ladies Academy of Philadelphia, Anne Harker, in ihrerAbschiedsrede vor den versammelten Abschlußkandidaten und kandidatinnen, daß »wir auf dem Kriegsfeld des Ruhmes eine lange Liste denkwürdiger Heldinnen haben: die Gräfin d'Eon und die Jungfrau von Orléans werden unsere Ehre mit amazonenhaftem Mut verteidigen.« 1803, als d'Eon sich gegen Ende seines Lebens selbst als »eine Krieger-Jungfer« bezeichnete, die »im letzten Jahrhundert wie Jeanne d'Arc unter der Herrschaft von Karl VII. ein Leben der Verfolgung« gelebt hatte, griff er dabei nur auf das bekannte und klischeehafte öffentliche Image zurück.[16]

Die Frage, warum die Öffentlichkeit so bereitwillig glaubte, daß d'Eon eine Frau war, war in weiten Teilen damit zu erklären, daß seine Geschichte für sie der Beweis war, daß eine Hannah Snell tatsächlich bis in höchste Gesellschaftskreise vorstoßen konnte. Hier war der alte Amazonenmythos in der modernen Welt wiederbelebt worden. Kein Wunder, daß d'Eon eine internationale, in ganz Europa bejubelte Berühmtheit wurde. Als der Kulturförderer George Keate d'Eon bewegen konnte, sein Schwert Keates Museum in London zu vermachen, schrieb er zu Ehren des Ereignisses ein Gedicht für d'Eon:[17]

La Pucelle de Tonnerre
ayant terminé la guerre
Depose son Cimeterre
chez George Keate son ami
et des muses très cheri
que Dieu soit loué et beni

[Nachdem die Jungfrau von Tonnerre
den Krieg beendet hat
Deponiert sie ihren Speer
bei ihrem Freund George Keate
und den innig geliebten Musen
die Gott loben und preisen mögen]

38

Morande

»Wir befinden uns jetzt im Jahr 1773«, schrieb d'Eon zu Beginn des Jahres an Broglie. »Es ist jetzt mehr denn je an der Zeit, daß Seine Majestät ihre wohlwollende Aufmerksamkeit darauf richten, mein Unglück damit zu beenden, daß ich öffentlich abberufen werde.« Jetzt, da Praslin durch den Herzog d'Aiguillon als Außenminister ersetzt worden war, hatte d'Eon wieder Hoffnung, bald nach Frankreich zurückkehren zu können. Aber nachdem Monat um Monat verstrich, ohne daß sich etwas tat, wurde er zunehmend frustrierter. Wiederholt drängte er Broglie, seinen Fall Ludwig XV. nochmals vorzutragen. Als das fruchtlos blieb, umging d'Eon seinen Gönner und schrieb direkt an die Minister und andere einflußreiche Aristokraten. Er gab Praslin und Choiseul die Schuld an seiner Situation, erklärte seine Loyalität gegenüber seinem König und seinen Patriotismus gegenüber seinem Land und bat dringlichst um eine rechtmäßige politische Rehabilitierung. »Seit 1763 lebe ich im Exil und werde verfolgt«, erklärte er gegenüber dem Kanzler Maupeou.[1]

Trotz der Ungewißheiten hinsichtlich seines Geschlechts, oder vielleicht auch gerade deswegen, wollten Broglie und Ludwig XV., daß d'Eon genau dort blieb, wo er war. Aus Broglies Sicht gab es für die Regierung kaum einen Grund, warum d'Eon nach Frankreich zurückkehren sollte, wo er, ob Mann oder Frau, im Zweifel nur für Wirbel und Probleme sorgen würde, und es gab gewichtige politische Gründe, ihn in London zu halten. Seit dem Ende des Siebenjähriges Krieges war Broglie genau wie Choiseul und auch Ludwig XV. zunehmend die neue Rolle Englands auf internationaler Ebene klargeworden. Das europäische Staatensystem bestand zwar nach wie vor aus fünf bis sechs Großmächten, aber Großbritannien schien eine Klasse für sich zu sein. Angesichts Frankreichs jüngster Verständigung mit Österreich gab es für Broglie kaum einen Zweifel, daß die neuen Kriege zwischen Frankreich und England ausgetragen würden. Folglich mußte Frankreich, so Broglies Überlegung, so viele Kräfte wie möglich auf die Beschaffung von Geheimdienstinformationen in England konzentrieren. Auch hatte im Geheimdienst noch niemand die Hoffnung auf einen Überraschungsangriff aufgegeben, der eines Tages von Englands westlicher Küste aus unternommen werden sollte. Zu welchem Risikofaktor oder zu welcher Belastung der Chevalier d'Eon für Frankreich auch geworden sein mochte, er war dennoch ein denkbar wertvoller Korrespondent, und es war gut, ihn in London zu haben. Während seines langen Aufenthaltes dort war er eine prominente Persönlichkeit in den obersten gesellschaftlichen und politischen Kreisen der Stadt geworden und wurde nicht nur zu den erstklassigsten Soirées in der Stadt, sondern auch zu den wichtigsten politischen Zusammenkünften geladen.[2] Und schließlich war da auch noch d'Eons ungewöhnlich enge Beziehung zu John Wilkes, der nach wie vor zu den einflußreichsten politischen Figuren des Landes gehörte.

Aber Broglie konnte es sich auch nicht leisten, über d'Eons Gesuche einfach so hinwegzugehen. Wenn d'Eon den Punkt erreichte, an dem er keine Chance mehr auf Rehabilitation sah, war es gut und gerne denkbar, daß er sich und seine Informationen an die Briten oder an irgendein anderes Land wie Polen oder Spanien verkaufte. 1773 behauptete d'Eon tatsächlich, entsprechende Angebote abgelehnt zu haben. Somit setzte Broglie darauf, ihn möglichst weiter hinzuhalten und schrieb ihm, der König wollte versuchen, irgendeine Einigung zu erreichen. Aber jedesmal, wenn d'Eon konkrete Bedingungen für eine entsprechende Vereinbarung vorlegte, wurden sie zurückgewiesen.[3]

Um d'Eon jedoch zu demonstrieren, daß er als Agent nach wie vor für sie wertvoll war und ihr volles Vertrauen genoß, wiesen Broglie und der König ihm auch neue Aufgaben zu. Besonders delikat und wichtig für den König war insbesondere die Mission, mit der er Anfang Juli 1773 betraut wurde. Der französische Schriftsteller Charles Théveneau de Morande, den d'Eon 1771 an der Tür seines Hauses abgewiesen hatte, hatte gerade eine bösartige Biographie über die Mätresse des Königs, Madame Dubarry, abgeschlossen und drohte, sie in London zu publizieren. Sechstausend Exemplare waren in der Tat bereits gedruckt (eine hohe Auflage im achtzehnten Jahrhundert) und sollten nun an die Buchläden verteilt werden. D'Eons Auftrag war einfach und unverblümt: Morande dazu zu bringen, das Buch zurückzuhalten.[4]

Madame Dubarry war noch keine Dreißig, als sie 1768, etwa vier Jahre nach dem Tod von Madame de Pompadour, die Geliebte des Königs wurde. Sie war zweifellos hübsch, kam aber aus Verhältnissen, die kaum die klassischen Voraussetzungen für den Zutritt zum Hof in Versailles erfüllten. In der Arbeiterschicht geboren, hatte sie sich in ihren Jugendjahren in Paris den Ruf eines recht lockeren Ladenmädchens erworben und war später, als sie die richtigen Kontakte unter den Aristokraten geknüpft hatte, als begehrtes Objekt, das ihnen gefällig war, herumgereicht worden. Das Regime, das seit Pompadour im Ruf stand, liederlichen Mätressen in den Schlafzimmern der Macht Tür und Tor geöffnet zu haben, wurde mit Kritik nunmehr geradezu bombardiert.[5]

Der König hatte also guten Grund, sich wegen Morandes Buch zu sorgen. 1773 war Morande als einer der berüchtigsten Autoren Frankreichs bekannt. Er war unweit von d'Eons Tonnerre geboren, und d'Eon räumte gegenüber Broglie ein, daß die Familien einander kannten, Charles aber so etwas wie ein schwarzes Schaf seiner Familie war. Als er nach Paris gezogen war, hing er die meiste Zeit in irgendwelchen Bordells herum und geriet auf die falsche Seite des Gesetzes. Die Polizei behielt ihn sehr genau im Auge und warf ihn 1768 schließlich in die Bastille. Nachdem er nach einigen Jahren wieder auf freiem Fuß war, emigrierte er zunächst nach Holland und dann nach England, wo er bis zur Revolution blieb und beißende Traktate gegen die französische Regierung schrieb.[6]

Im August 1771 veröffentlichte Morande sein erstes und berühmtestes Buch, der *Gazetier cuirassé*, eine Schmähschrift, mit der er das Ancien Régime wegen des schmählichen Charakters seiner Führer unter Beschuß nahm. Er erfand ein Genre, das quasi die Vorlage für unsere heutige Boulevardpresse war. Morande schrieb kurze, markante Artikel, in denen er die Ausschweifungen und moralischen Konzessionen unter Frankreichs mächtigsten politischen Führern beschrieb. Das Buch wurde in London anonym veröffentlicht, aber gleichwohl nach Frankreich geschmuggelt und war dort einer der Bestseller des Jahrhunderts.[7] Morande hatte bewiesen, wie gefährlich er mit seiner Feder sein konnte, und der König mußte ihn, wenn irgend möglich, stoppen.

Fest stand, daß angesichts der Popularität des *Gazetier cuirassé* diese neue Dubarry-Biographie ein Knüller sein und wie eine Bombe einschlagen würde. Auch ohne Morandes Buch hatte Dubarry einen fürchterlichen Ruf und galt als Schlampe, die der König auf der Straße aufgelesen hatte. Und da d'Aiguillon und Maupeou ihr angeblich die engen Beziehungen zum König und damit ihre Posten zu verdanken hatten, waren die Attacken gegen Dubarry ein bequemer Weg, des Königs neue Minister zu attackieren. In der Literatur über und um Ludwig XV. war die schmutzige Wäsche, die gewaschen wurde, nie weit von politischen Kommentaren entfernt.

Im Unterschied zu Pompadour, gegen die d'Eon eine starke Antipathie hatte, war die Gräfin Dubarry jemand, von dem er sagte, er habe »nie die Ehre gehabt, [sie] kennenzulernen oder zu sehen.« Und als sich die öffentliche Meinung gegen den König wandte, verteidigte d'Eon ihn. »Es genügt mir«, erklärte er Broglie, »daß der König sie liebt.« Abgesehen davon war sie »eine junge und hübsche Frau«, und wenn es das war, was der König wollte, dann sollte es so sein, fand d'Eon. Obwohl d'Eon viele Gründe hatte, Morandes Haß auf Frankreich zu teilen und selbst auch schon schriftstellerisch mit der politischen Dreckschleuder gearbeitet hatte, wollte er in diesem Fall unbedingt seine Loyalität gegenüber Ludwig XV. demonstrieren und sich von Morande distanzieren.[8]

Seit seiner Ankunft 1771 in London hatte Morande verschiedentlich die Freundschaft seines burgundischen Landsmannes gesucht, aber d'Eon wollte nichts mit ihm zu tun haben. Wenn Morande ihn aufsuchen wollte, ließ d'Eon ihn durch seinen Diener abweisen. Aber mit seinem neuen Auftrag war die Sache jetzt anders, und d'Eon verschob sogar seine geplante Abreise zu seinem üblichen Rückzug aufs Land, um sich ihrer gleich anzunehmen. Im Herbst 1773 und Winter 1774 kam es zu mehreren Treffen zwischen d'Eon und

Morande. Bei einer dieser Gelegenheiten las d'Eon das Buch bei einem Besuch in Morandes Haus, und die Lektüre nahm ihn bis nach Mitternacht in Anspruch. Was er hier las, überzeugte ihn um so mehr, daß Morande ein durch und durch verabscheuungswürdiger Charakter war.[9]

Morande versuchte, sein Verhalten zu rechtfertigen. Versetzen Sie sich in meine Lage, erklärte er d'Eon. Sie sind Junggeselle und haben keine Ahnung von den Verpflichtungen, die man gegenüber einer Familie hat. Alles, was ich tue, sagte er, tue ich für meine Frau (die todkrank ist) und meine Kinder, die ich mehr als irgend etwas anderes liebe – noch mehr als Ruhm oder Geld. Aber ich brauche Geld, und zwar sehr viel, um meine hohen Schulden abzuzahlen. Wenn ich nicht sehr viel Geld bekomme und zwar schnell bekomme, werde ich ins Gefängnis geworfen, und meine Frau und Kinder werden sich selbst überlassen sein und sehen müssen, wie sie zurechtkommen. Abgesehen davon, fügte er hinzu, »gibt es mit Sicherheit noch viele andere Männer außer mir«, die ähnliche Geschichten erzählt haben, ohne dafür verurteilt zu werden. Und bei einigen handelt es sich in der Tat um Männer hohen Ranges mit dicken Pensionen; alles, was ich will, erklärte Morande, ist, meine Schulden bezahlen zu können.[10]

Die gute Nachricht, aus d'Eons Sicht war, daß Morande bereit war, sein Traktat zu verkaufen. Morande war weder ein Ideologe noch ein ambitionierter radikaler Philosoph, sondern ein Bourgeois, der im unternehmerischen Sinne Geld machen wollte. Ob er seine sechstausend Bücher nun der Öffentlichkeit oder dem König von Frankreich verkaufte, machte für ihn keinen Unterschied. Durch diese pragmatische Sicht der Dinge, kamen die Verhandlungen mit d'Eon schnell voran; das einzige, worüber sie sich noch auseinandersetzen mußten, war der Preis.[11]

Es dauerte einige Monate, bis sie sich soweit auf eine Vereinbarung verständigt hatten.[12] In diesem Zuge beauftragte der König dann einen neuen Geheimagenten, mit dem nötigen Geld in der Tasche von Paris nach England zu fahren und das Manuskript samt den bereits gedruckten Exemplaren von Morandes Buch zu kaufen. Dieser Agent war Pierre Augustin Caron de Beaumarchais, eine der schillerndsten Figuren des Ancien Régime.

In Beaumarchais' Leben sind viele von all den Widersprüchen des Ancien Régime zu finden. Als Sohn eines Uhrmachers lernte er das Handwerk seines Vaters gut genug, um einen Hemmungsmechanismus zu erfinden, der fortan standardmäßig als Verbesserung bei der Uhrenherstellung übernommen wurde. Als Handwerker hätte er es in Paris nie weit gebracht, aber als Erfinder wurde er praktisch als junges Genie gehandelt. Er war außerdem so etwas wie ein Literat: 1774 hatte die Comédie Française bereits zwei seiner Stücke aufgeführt, und zwei weitere, *Der Barbier von Sevilla* (1775) und *Die Hochzeit des Figaro* (1781) sollten ihn bald zur Institution als Frankreichs führendem Bühnenautor machen. Mit seinem Charme bahnte er sich den Weg in die aristokratischen Salons und heiratete eine wohlhabende Adelige. Derweil hatte er sein neugefundenes Geld klug investiert und war enorm reich geworden. Aber dieser schnelle Aufstieg hatte auch seinen Preis. Er wurde oft in Gerichtsverfahren verwickelt und mußte nur zu oft feststellen, daß das Gericht gegen ihn entschied. Das Pariser Parlament verurteilte ihn wegen Beleidigung einer seiner Richter. Wäre Ludwig XV. nicht mit seinem Auftrag in London gekommen, hätte Beaumarchais sich gezwungen gesehen, aus Frankreich nach Flandern zu fliehen. Beaumarchais paßte also gut zu Morande.

D'Eon hatte gute Vorarbeit geleistet, so daß die abschließenden Verhandlungen zwischen Beaumarchais und Morande glatt über die Bühne gingen. In einem Schreiben vom 24. April 1774 erklärte die französische Regierung sich bereit, das Manuskript samt der ganzen Auflage der Dubarry-Biographie für zweiunddreißigtausend Livres plus eine Pension auf Lebenszeit von viertausend Livres im Jahr zu kaufen. Das war eine Mordsstange Geld – mit Sicherheit mehr als Morande mit dem regulären Verkauf des Buches hätte verdienen können.[13]

Während d'Eon Ludwig XV. von den Gesprächen mit Morande berichtete, nutzte er natürlich diese Gelegenheiten, um immer wieder seinen eigenen Fall vorzutragen. Wenn er Morandes Bedingungen am Anfang eines Briefes darlegte, schloß er im Zweifel mit Klagen über seine eigene finanzielle Situation. Für d'Eon waren beide Verhandlungen untrennbar miteinander verbunden.

Aber obwohl d'Eon versuchte, beide Fälle parallel voranzutreiben, wurde Morandes Fall relativ schnell gelöst, während seine Situation offenbar festgefahren war. Diese unterschiedliche Behandlung war für ihn ein Rätsel. Schließlich war Morande die Inkarnation eines Ganoven, der bereits Hetzschriften gegen den König und das Land veröffentlicht hatte und bereit und dabei war, genau das zu wiederholen. Hier war ein Mann, wie d'Eon fand, der Patriotismus und Pornographie verwechselte und sowohl die Liebe wie auch die Politik herabwürdigte. Und dennoch schien die französische Regierung ihn genau dafür zu belohnen. Unterdessen wurde der »gute Patriot« d'Eon, der Ludwig XV. loyal ergebene Geheimagent, buchstäblich von eben demselben Monarchen ignoriert. Die Morande-Affäre konnte d'Eons Feindseligkeit gegenüber dem Ancien Régime nur verschärft haben.

D'Eon wußte dabei durchaus, daß der Grund, warum sein Fall nicht vorankam, auch diesmal zum Teil wiederum mit der höfischen Politik in Versailles zu tun hatte. Im September 1773 hatte Madame Dubarry, die dafür gesorgt hatte, daß Ludwig XV. sich für d'Aiguillon statt für Broglie als Außenminister entschied, die Geheimkorrespondenz zwischen dem König und Broglie entdeckt. Die Folge war, daß d'Aiguillon Broglie ein weiteres Mal auf seinen Landsitz in Ruffec in die Verbannung schickte.[14]

D'Eon reagierte verbittert auf diese Entwicklungen und schüttete seine Gefühle dem neuerlich kaltgestellten Broglie aus. Zuvor war d'Eon immer bereit gewesen, den Ministern an allem die Schuld zu geben und nachsichtig gegenüber Ludwig XV. zu sein. Aber jetzt hatte er die politischen Machenschaften gründlich satt und dachte ernsthaft daran, einseitig alle Beziehungen und jede Korrespondenz mit den französischen Staatsvertretern abzubrechen. »Wenn dieses ungeheuerliche, als Politik bekannte Gebilde nie redlich funktioniert hat, dann, weil die französischen Minister und Botschafter die ungewöhnlichsten sind, die man in der Geschichte finden kann; Minister und Botschafter, die, zwar von hoher Geburt und Gunst, nichts kommen sehen, nichts gelernt haben und nie irgend etwas tun werden!« Mitzuerleben, wie Morande sich erfolgreich schlug, während er und Broglie auf der Strecke blieben, war einfach zuviel für d'Eon. Jetzt war seine Entfremdung gegenüber dem politischen Leben komplett.[15]

Wie sehr d'Eon Morande auch ablehnte und ihn verachtete, er fand ihn zugleich auch faszinierend. Vielleicht dachte er auch, er könnte einen Halunken wie Morande im Zweifel für seine eigenen Zwecke gebrauchen. Wie dem auch sei, jedenfalls scheint d'Eon ihm irgendwann bei den Verhandlungen über sein Buch, wahrscheinlich Ende 1773 oder in den ersten Monaten des Jahres 1774, anvertraut zu haben, daß er eine Frau war. Morande bestätigte in einem Brief, wie sehr es ihn bewegt habe, daß »Sie sich mir gegenüber geöffnet haben«, und er versprach d'Eon, nie jemandem etwas von seinem Geheimnis zu erzählen und davon insbesondere nichts in den Zeitungen oder seinen Schriften zu erwähnen.[16]

D'Eon dürfte diese Geschichte gegenüber Morande aus dem gleichen Grund enthüllt haben, aus dem er es 1770 und 1771 andern gegenüber getan hatte: Weil er wollte, daß sie an die Öffentlichkeit drang. Vorstellbar ist, daß er darauf spekulierte, daß, je mehr die britischen und französischen Bürger glaubten, er sei eine Frau, sich die französische Regierung um so mehr unter Druck fühlen würde, seine unmögliche Situation endlich zu lösen.

Aber welche Gefühle d'Eon bei den Morande-Verhandlungen auch immer gehabt haben mag, fest steht, daß sie sich mit Sicherheit mit der Nachricht geändert haben dürften, die ihn nicht einmal einen Monat später erreichte: Am 28. April erkrankte Ludwig XV., und zwei Wochen später, am 10. Mai 1774, war er tot. Bisher hatte d'Eons ganze Karriere in den Händen dieses Monarchen gelegen. Und von einem Augenblick auf den anderen war nun alles ganz anders. Plötzlich war alles ins Schwimmen geraten und unvorhersehbar. Was Ludwigs junger, unerfahrener, aber lauterer Enkel hinsichtlich d'Eon tun würde, darüber wurde nun allenthalben spekuliert, aber die Situation offerierte d'Eon zumindest neue Möglichkeiten, sein Problem zu lösen.

39

Ludwig XVI.

Es ist zweifelhaft, ob es je einen französischen König gab, dessen Tod weniger als der von Ludwig XV. betrauert wurde. Die Pariser sollen sogar gejubelt haben, als sie die Nachricht vom Ableben des alten Monarchen erfuhren. Und Historiker bestätigen heute, was die Zeitzeugen damals empfanden: Daß die Herrschaft Ludwigs XV. zu den großen Fehlschlägen der französischen Geschichte in der jüngeren Neuzeit gehörte. Auf innenpolitischer Ebene waren Maupeous Bemühungen, das französische Justizsystem zu reformieren, gescheitert, und der König hatte, was die Landesfinanzen anging, einen Scherbenhaufen hinterlassen. Aber die Fehlschläge Ludwigs XV. waren noch besser in der Außenpolitik zu sehen. Der Siebenjährige Krieg hatte Englands Überlegenheit auf dem Atlantik gezeigt, und zwischen 1763 und 1774 konnte Ludwig, trotz kühner Pläne zum Wiederaufbau der französischen Flotte, die britische Hegemonie nicht herausfordern. Und die zwischenzeitlich eingegangene Allianz mit Österreich, die durch die Heirat Marie-Antoinettes, die Tochter der österreichischen Kaiserin Maria Theresia, mit dem künftigen Ludwig XVI. symbolisiert wurde, war unpopulär. Das einzige, dem die Heirat scheinbar diente, waren, wie Kritiker behaupteten, Österreichs eigene Ziele in Osteuropa. Und damit trafen sie durchaus einen wunden Punkt: Frankreich war in Osteuropa noch nie so kaltgestellt gewesen wie 1772, als seine traditionellen Feinde (Österreich, Preußen und Rußland) darin übereinkamen, weite Teile ihres traditionellen Verbündeten, Polen, untereinander aufzuteilen. Diese Mißerfolge wurden zu Recht dem alten König angelastet.[1]

Die Kritik an dem toten König war zugleich mit hohen Hoffnungen auf den neuen verbunden. Ludwig XVI. hatte mit Sicherheit ein anderes Format als sein Großvater, dem er nie besonders nahestand oder sonderliche Zuneigung entgegenbrachte. Mit seinen nur zwanzig Jahren hatte der junge König, als er den Thron bestieg, kaum politische Erfahrung, weder im Umgang mit den bösartigen inneren Machtkämpfen, unter denen Versailles zu leiden hatte, noch in der Außenpolitik. Er mußte sein Metier in der Praxis lernen.

Nur drei Tage nach dem Tod Ludwigs XV. setzte der Graf von Broglie sich hin, um dem neuen König ein Memorandum zu schreiben. Darin gab er einen kurzen historischen Abriß über den Geheimdienst, ging auf dessen Ursprünge

255

in Zusammenhang mit dem Prinzen von Conti und insbesondere auf die unmögliche Stellung zum Außenminister ein. Broglie betonte, der Geheimdienst habe einzig existiert, weil Ludwig XV. darauf beharrte, er stünde Ludwig XVI. jetzt aber ganz nach dessen Gutdünken zur Verfügung.[2]

Zwei Wochen später bereitete Broglie ein detailliertes Memorandum über den Geheimdienst für den König vor. Es begann mit einer Erörterung des d'Eon-Falles. »Ich halte es für denkbar, daß Seine Majestät einiges an negativem Gerede über ihn gehört haben«, setzte Broglie an, »und somit werden Seine Majestät möglicherweise überrascht sein, ihn in der Reihe der mit dem Vertrauen des Königs besonders ausgezeichneten Personen zu finden.« Mit diesen für den jungen Ludwig XVI. sicherlich schockierenden Nachrichten gab Broglie galant preis, daß d'Eon seit 1756, als Conti ihn nach St. Petersburg schickte, geheimdienstlich für die Regierung tätig war. Broglie erklärte, wie d'Eon sowohl Spion als auch Bevollmächtigter Minister in England geworden war, und wie der König ihn trotz seiner Ausfälligkeiten gegenüber Guerchy und Praslin als Spion mit einem Jahressalär von zwölftausend Livres behalten hatte. »Dieses einmalige Geschöpf (da Sire d'Eon eine Frau ist) ist mehr als jedes andere eine Mischung aus guten und schlechten Qualitäten und fällt von einem Extrem ins andere.« Da Broglie klar war, daß er mehr Fragen provozierte, als er beantworte, und daß es absurd war zu versuchen, all das in einem Memorandum zu erklären, beschloß er das Ganze mit der Bitte um eine gesonderte Unterredung mit dem König, um über d'Eon zu sprechen. »Es ist notwendig, daß ich die Ehre habe, wesentlich ausführlicher auf dieses Thema mit Seiner Majestät einzugehen, wenn Sie endgültig über das Schicksal der Geheimkorrespondenz entschieden haben.«[3]

Ludwig XVI. war in der Tat sprachlos. Er informierte Broglie sofort von seiner Absicht, den Geheimdienst aufzulösen und gab ihm Anweisung, die gesamte, in seinem Besitz befindliche Geheimkorrespondenz zu verbrennen. Broglie konnte die Besiegelung des Geheimdienstes akzeptieren, er bat den König jedoch dringlich, seine Entscheidung über die Verbrennung der Papiere nochmals zu überdenken. Ohne diese Papiere wären viele französische Staatsmänner der Möglichkeit beraubt, sich notfalls gegen Beschuldigungen wehren zu können, die in den Salons, vor Gericht oder in der Presse erhoben werden könnten. Wenn sie von ehrgeizigen Ministern verhaftet würden, bliebe ihnen nichts, womit sie sich rechtfertigen und die Sachlage belegen konnten.[4]

Zum Glück – für Broglie (und künftige Historiker) – stellte sich heraus, daß einer dieser verwundbaren Staatsmänner just der neue Außenminister Ludwigs XVI., der Graf von Vergennes, war, der mehrere Jahre als Spion für den Geheimdienst in Schweden gearbeitet hatte. Broglie war einverstanden, die ganze Angelegenheit Vergennes zu übergeben, der 1775 einen langen Bericht an den König schrieb und erklärte, warum die Geheimkorrespondenz nicht verbrannt werden sollte. Augenscheinlich folgte der König seiner Empfehlung.

Der neue König beharrte jedoch darauf, daß die gesamte Tätigkeit des Geheimdienstes eingestellt werden sollte. Er hielt daran fest, daß es nur eine einzige Außenpolitik geben sollte, die vom König und seinem Außenminister zu formulieren und vom Außenministerium umzusetzen war. Ludwig gab somit die Order, die rund zwanzig Spione in den Ruhestand zu versetzen und entsprechend ihrer jeweiligen Dienste mit einer stattlichen Pension abzufinden. Von Anfang an sah der König jedoch, daß d'Eon aufgrund seines politischen Status als Geächteter in England wie auch aufgrund der Staatsgeheimnisse, die sich nach wie vor in seinem Besitz befanden, ein besonderes Problem war. Er bestand aber nichtsdestotrotz darauf, daß irgendein Abkommen mit d'Eon erreicht und seine Situation endgültig gelöst wurde.[5]

Ende des Sommers hatten Broglie und Vergennes sich auf einen Plan verständigt, der im September vom König abgesegnet wurde. Der Handel, den sie vor Augen hatten, war erstaunlich einfach: Der König war bereit, d'Eon weiterhin für den Rest seines Lebens seine jährliche Pension zu zahlen und ihm mit Geleitschutz eine sichere Rückkehr nach Frankreich zu garantieren, wo er nicht mehr als geächtet gelten, sondern dem vollen Schutz des Königs unterstellt sein würde. Im Gegenzug verlangte der König zwei Dinge: Erstens, daß alle Geheimpapiere d'Eons, einschließlich der Erklärung Ludwigs XV. vom 3. Juni 1763, sofort zurückzugeben waren; und zweitens, daß d'Eon versprach, nie etwas zu sagen oder zu unternehmen, das der Familie des Grafen von Guerchy, seinem früheren Feind, der 1767 gestorben war, schaden könnte.[6]

Das Ganze sah erstaunlich einfach aus. Ludwig XVI. warf auch alle Pläne für eine Invasion in Großbritannien über Bord. Der Kampf gegen England würde weitergehen, aber in einer anderen Form. Bald waren denn auch schon andere Spione in London, allerdings nicht, um die englischen Küsten nach möglichen Landungsplätzen auszukundschaften, sondern um die Amerikaner in ihrer Rebellion zu unterstützen und Waffen für sie zu organisieren. In diesem Rahmen erschien d'Eon wie ein relativ seltsames Relikt der alten Administration, und das neue Diplomatenteam wollte, daß er nach Hause abgezogen wurde, wo er keine Schwierigkeiten machen konnte.

Der überraschende Aspekt an diesem Plan ist, daß die Frage von d'Eons Geschlecht völlig ausgespart wurde. Es gibt jedoch keinen Zweifel, daß Broglie, Vergennes und Ludwig XVI. im September 1774 der Überzeugung waren, daß d'Eon eine Frau war. Daß sie diesen Punkt nicht einmal ansprachen, zeigt, wie dringlich sie d'Eons Rolle als Spion gelöst haben wollten. Es zeigt auch, daß das Delikt, sich als Mann auszugeben, in ihren Augen kein schweres Verbrechen war, und daß sie darauf, wenn überhaupt, eingehen würden, nachdem d'Eon pensioniert war und sich in Frankreich zur Ruhe gesetzt hatte.

D'Eon lehnte den so einfach erscheinenden Plan jedoch kurzerhand ab. Nachdem er unlängst miterlebt hatte, wie ein Schurke wie Morande einen erfahrenen König erpreßt hatte, war d'Eon sicher, aus einem neuen einen besseren Deal herausholen zu können. D'Eons Antwort beinhaltete im wesentlichen zwei Änderungen: Erstens wollte er, daß das Kapital seiner jährlichen Pension an ihn persönlich überwiesen wurde, womit die Pension praktisch in eine private Leibrente verwandelt wurde; zweitens bestand er darauf, daß die Regierung seine Schulden bezahlte, die in seiner Funktion als Diplomat und Spion im Laufe seines Dienstes seit einem Vierteljahrhundert aufgelaufen waren. Und die Rechnung, die er hierzu aufmachte, belief sich in der Gesamtsumme unter dem Strich auf satte 318.477 Livres! Er brauchte dieses Geld, wie er behauptete, um seine Gläubiger in London zu bezahlen.[7]

Außenminister Vergennes informierte den König und erklärte, d'Eons Antwort offenbare »Züge von Selbstgefälligkeit und Gier. Dies ist in der Tat ein neues Monument an Verrücktheit von einem derart einzigartigen Kopf.« Aber er warnte Ludwig XVI. auch, d'Eon seitens der Regierung völlig hängenzulassen. Schließlich waren die Papiere, die d'Eon in seinem Besitz hatte, noch immer von großem Interesse für Frankreich. So schlug der Außenminister nun vor, d'Eons Forderungen bestimmt und kategorisch abzulehnen, gleichzeitig aber Verhandlungen mit ihm aufzunehmen und ihm in der Zwischenzeit weiterhin seine jährliche Pension in vierteljährlichen Raten zu zahlen.[8]

»Ich sende Ihnen, Monsieur, die Note von d'Eon zurück«, antwortete der König. »Ich habe noch nie etwas Impertinenteres und Lächerlicheres gesehen. Wenn er keine wichtigen Papiere hätte, würden wir ihn einfach vergessen; aber, wie Sie vorgeschlagen haben, müssen wir ihm schäbige 12.000 Livres zahlen, um das Geheimnis zu bewahren, was weniger wichtig sein wird, als ihn von dort wegzubekommen.«[9]

Auch Broglie empfand d'Eons Verhalten als abstoßend und ließ es ihn wissen. Er beschimpfte ihn, daß er das großzügige Angebot des Königs ausgeschlagen hatte, ein Angebot, um das Broglie seit seinen ersten Amtstagen so hart gerungen hatte und immer wieder beim König vorstellig geworden war, um dessen Zustimmung zu bekommen. Und hier war jetzt ein neuer, junger König bereit, d'Eon uneingeschränkt seine Vergebung und eine Pension auf Lebenszeit anzubieten. Broglie warnte, d'Eon könnte nicht lange auf die Geduld von Ludwig XVI. rechnen. Anders als sein Vorgänger, würde Ludwig XVI. nicht bereit sein, eine derartige unklare Situation endlos fortbestehen zu lassen. D'Eon hatte die Wahl, entweder rehabilitiert oder auf immer von seinem Heimatland abgeschnitten zu werden. Broglie riet ihm, vorsichtig zu sein, da jeder weitere »Trotz von Ihrer Seite absolut unverzeihlich wäre.«[10]

Zum Glück – für d'Eon – war Ludwig XVI. fest entschlossen, irgendeine Einigung mit ihm zu erzielen, und schickte im April 1775 Beaumarchais wiederum nach London, diesmal, um mit d'Eon zu verhandeln. Als er ein Jahr zuvor wegen der Verhandlungen mit Morande in London gewesen war, hatte er mit d'Eon wenig zu tun. Damals, 1774, war das Pariser Parlament, wie gesagt, noch wegen krimineller Geldmachenschaften hinter Beaumarchais her gewesen. Aber nach seiner Mission für den König hatte man ihm seither zumindest vorübergehend eine Gnadenfrist oder Atempause eingeräumt, indes sich sein Ruf inzwischen allein schon durch den Erfolg seines Stückes *Der Barbier von Sevilla* völlig gewandelt hatte. Nachdem es in verschiedenen Inszenierungen viele Jahre an verschiedenen Orten außerhalb von Paris gespielt worden war, brachte die Comédie Française es im Februar 1775 schließlich auch in der Hauptstadt auf die Bühne. Jetzt galt Beaumarchais als Frankreichs neuer Molière und wurde, wo immer er hinkam, als Botschafter der Republik der Literaten begrüßt – eine Position, die von d'Eon immer geachtet, wenn nicht gar begehrt wurde.[11]

Die Verhandlungen zwischen Beaumarchais und d'Eon kamen schleppend und nur ruckweise voran und wurden oft durch den langwierigen Reiseverkehr zwischen Versailles und London unterbrochen. Hinzu kam, daß die beiden Parteien einander nicht sonderlich vertrauten. Beide wußten, daß der andere gerissen und verschlagen sein konnte. Ein Jahr zuvor, 1774, hatte Beaumarchais noch einen Minister gewarnt, daß man d'Eon nie trauen könnte. »D'Eons Geheimnis soll diejenigen in die Irre führen, die ihn in die Falle locken wollen, ihnen das Geld aus der Tasche holen und dafür sorgen, daß er in London bleiben kann«, schrieb er an diesen Minister.[12]

Die zwei Verhandler engagierten sich jeweils zwei Gehilfen, die beide aus dem Bauch des Ancien Régime kamen und mit der entsprechenden Politik bestens vertraut waren. Beaumarchais' war kein anderer als Charles Théveneau de Morande – derjenige, der 1774 Ludwig XV. erpreßt hatte, wurde nun ein Jahr später von dessen Nachfolger gedingt, um Beaumarchais in London zu helfen.[13]

An d'Eons Seite war Jean-Joseph de Vignoles, der zumindest seit 1765 gelegentlich als d'Eons Sekretär fungiert hatte. Vignoles war ein ehemaliger Priester, der sich, nachdem seine Geliebte schwanger geworden war, gezwungen sah, aus seinem Kloster in Frankreich zu fliehen. Das Paar war nach Holland gegangen und hatte dort geheiratet. Vignoles versuchte sich als Händler, mußte dann nach einigen Jahren jedoch seinen Bankrott erklären. Daraufhin war er nach London gezogen, wo er sich mehr schlecht als recht im Randbereich von Publizieren und Politik durchschlug.[14]

D'Eon war keineswegs darüber erhaben, sich der Methoden eines Morande oder Vignoles zu bedienen. Er wiederholte seine Drohung, eine zweite Ausgabe seiner (1764 erstmals veröffentlichten) *Lettres, mémoires, et négociations* [*Memoiren des Chevalier von Eon …*] herauszubringen, sofern es nicht schnell zu einer Einigung käme. Er engagierte Vignoles, um die diplomatische Korrespondenz ins Englische zu übersetzen und das Material mit den Unterlagen aus verschiedenen Gerichtsverfahren um die Auseinandersetzung mit dem Grafen von Guerchy zu ergänzen, das sich seit Mitte der sechziger Jahre angehäuft hatte. Klar war, daß die französische Regierung eine derart peinliche Veröffentlichung verhindern wollte, zumal nicht auszuschließen war, ob d'Eon nicht sogar noch gefährlicheres Material, wie etwa die Dokumente über die Invasionspläne in England, mitveröffentlichen würde.[15]

Indes kann es keinen Zweifel geben, daß Beaumarchais der festen Überzeugung war, daß d'Eon eine Frau war. Bei diesen Verhandlungen präsentierte d'Eon sich als eine »unglückliche Frau«, die ihrem Land im Krieg und in der Staatskunst große Dienste erwiesen, jetzt aber nur noch den Wunsch hatte, sich zur Ruhe zu setzen. Morande, der d'Eon sowieso bereits zweifelsfrei für eine Frau hielt, tat ein übriges, Beaumarchais in seiner Annahme zu unterstützen.[16]

Die Verhandlungen drehten sich im Kern um drei Bereiche: Geld, politische Rehabilitation und d'Eons Geschlechtsstatus. Zum ersten Punkt hatte d'Eon einen gewaltigen Dokumentenberg an Rechnungsbüchern, Briefen und Memoranden zusammengetragen, um zu belegen, daß die ihm jährlich zustehenden zwölftausend Livres von Ludwig XV. als Pension auf Lebenszeit und nicht nur als Salär für seine Dienste gedacht waren, die er als Spion erbrachte. Außerdem versuchte er, seine Forderung zu rechtfertigen, daß seine Regierung für die im Laufe der Jahre angehäuften Schulden aufzukommen hatte.[17]

Zum zweiten Punkt verlangte er, daß die Regierung ihn politisch und rechtlich mit einer öffentlichen Erklärung rehabilitierte, daß Guerchy 1763 versucht hatte, ihn zu ermorden. D'Eon wollte, daß die Regierung zugab, daß sein Handeln hernach im Rahmen einer gerechtfertigten Selbstverteidigung lag, und daß er aus der Sicht Ludwigs XVI. weder heute noch jemals zuvor ein Geächteter war.

Und zum letzten Punkt verlangte d'Eon interessanterweise schließlich, daß die Regierung ihn öffentlich als Frau anerkannte. Er wollte, daß ein königliches Dekret zu seinem Geschlechtsstatus Teil des Abkommens war. Dabei war ihm bewußt, daß der König sich gerade mit dieser Forderung sehr schwertun würde, da es demnach so aussähe, als wäre die Monarchie konspirativ als Mitwisserin in dieses Täuschungsmanöver einbezogen gewesen (das heißt, daß d'Eon, eine Frau, sich als Mann verkleidet hatte). Der König mochte nun zwar über eine derartige Grenzüberschreitung einer Aristokratin hinweggehen, er konnte sie aber nicht offiziell sanktionieren.

Aber genau das war es, was d'Eon von Ludwig XVI. verlangte. D'Eon wußte zu diesem Zeitpunkt, daß alle Hauptakteure der Regierung – von Morande und Beaumarchais bis zu Vergennes und Ludwig XVI. – überzeugt waren, daß er anatomisch eine Frau war und sich lediglich jahrelang als Mann ausgegeben hatte, um in der Politik mitzumischen. Was er jetzt tun mußte, war, ihnen zu demonstrieren, daß die Ursprünge seines angeblichen Transvestismus (von einer Frau zum Mann) nicht bei ihm, sondern bei anderen, vor allem bei seinem Vater und Ludwig XV., zu suchen waren.

Um bei diesen Verhandlungen mit Beaumarchais zu erreichen, daß der König seinen weiblichen Status anerkannte, erfand d'Eon offensichtlich zwei Geschichten, die entscheidend sind, um den Gang der Dinge und sein Leben zu verstehen. Als erstes schuf er den Mythos von seiner Geburt und Kindheit (siehe Kapitel 9): Daß er als Mädchen geboren, aber von seinem Vater, der unbedingt einen Sohn haben wollte, als Junge erzogen worden war. Und da

260

seine Mutter ihren Erbteil nur für einen Sohn bekommen sollte, hatte sie sich ihrem despotischen Ehemann gefügt.[18]

Zum zweiten ist es wahrscheinlich, daß d'Eon an diesem Punkt die Fabel über seine Einführung ins diplomatische Leben erfand, die später allenthalben Teil der um ihn gesponnenen Geschichten wurde (siehe Kapitel 13 und 14): Daß der Prinz von Conti, als er ihn Mitte der fünfziger Jahre in geheimer Mission nach Rußland schickte, sehr wohl gewußt habe, daß er in Wirklichkeit eine Frau war, und ihn angewiesen habe, bei dieser Mission in Rußland die Identität einer Frau anzunehmen. Somit kleidete d'Eon sich, wie die Sage geht, als Frau und wurde die Vertraute der russischen Zarin Elisabeth.

Der beste Beweis für die These, daß d'Eon diese entscheidenden Geschichten während seiner Verhandlungen 1775 mit Beaumarchais selbst erfand, sind zwei Briefe, die d'Eon an Jean-Pierre Tercier, ehemals oberster Verwaltungschef im Außenministerium, schrieb, der viele Jahre als Sekretär des königlichen Geheimdienstes fungiert hatte. Sie wurden im Abstand von nur zwei Tagen, am 18. und 20. Januar 1764, und beide handschriftlich von d'Eon verfaßt.

In beiden Briefen ergeht d'Eon sich in Erinnerungen an seine früheren Reisen nach Rußland. Im ersten behauptet er, Ludwig XV. »schickte mich in erster Linie insgeheim als Tutorin [lectrice] zur Zarin von Rußland«, wo er Elisabeth II. bei ihrer Geheimkorrespondenz mit dem König behilflich war. Er beharrte gegenüber Tercier darauf, Madame de Pompadour sei hinter diese Geheimkorrespondenz und d'Eons Rolle in diesem Zusammenhang gekommen und sei entsetzlich wütend darüber gewesen. Pompadour habe ihn als Contis weiblichen Schützling und in dem Sinne als eine Rivalin gesehen und sei entschlossen gewesen, seine Karriere zu beenden. Seine politischen Dilemmata gingen also ursprünglich, wie er erklärte, letzten Endes auf die Machenschaften Pompadours zurück. Der zweite Brief offenbart weniger wichtige Informationen, endet jedoch mit: »Meine einzige Angst ist, daß der Geheimdienst des Königs und mein Geschlecht entdeckt werden.« Aus einer »Anmerkung von 1775« unter dem zweiten Brief, die zwar nichts Bedeutsames beinhaltet, geht außerdem hervor, daß dieser angeblich 1764 geschriebene Brief elf Jahre später irgendwie überarbeitet oder nochmals verwendet wurde.[19]

Diese Briefe waren Teil von d'Eons Bemühungen, eine autobiographische Schilderung seiner Verkleidungspraktiken zu konstruieren, bei der zwei Dinge ausschlaggebend waren: Erstens, daß d'Eon selbst nicht die Schuld für die Grenzüberschreitung gegeben werden konnte; zweitens, daß sein »Transvestismus« in Rußland als Spion in patriotischen Diensten des Königs erfolgt war.

Indem er seinem angeblichen Transvestismus eine utilitaristische und patriotische Note gab, hoffte er, der Regierung die nötige rationale Grundlage zu geben, um ihn als Frau zu rehabilitieren. Seine erfundene Geschichte, die keineswegs ungewöhnlicher als die Wahrheit ist, hätte sein Image als Heldin, als moderne Jeanne d'Arc, verstärkt, als die Beaumarchais und viele andere Zeitzeugen ihn sowieso oft bereits sahen.

D'Eons Bemühungen waren jedoch nur teilweise erfolgreich. Vergennes gab Beaumarchais zu verstehen, daß die Regierung zwar bereit war, d'Eon als Frau anzuerkennen, aber eine gesonderte öffentliche Erklärung werde es unter keinen Umständen geben. »Die Enthüllung seines Geschlechtes kann nicht mehr geduldet werden«, meinte Vergennes, »es wäre für beide Höfe [Versailles und Westminister] lächerlich.«[20] In der Geldfrage schien Vergennes kompromißwillig. Die Regierung war zwar bereit, d'Eon weiterhin seine Pension über zwölftausend Livres zu zahlen, aber nicht, sie in eine unabhängige Leibrente umzuwandeln. Ähnlich war sie zwar bereit, einen Teil von seinen Schulden zu bezahlen, in der Gesamtsumme aber erheblich weniger, als d'Eon sich erhofft hatte.

Einen Monat später, im Juli 1775, kehrte Beaumarchais nach Versailles zurück, um sich mit Vergennes und dem König über die Präliminarien einer Vereinbarung zu verständigen. Trotz der immer wieder aufgetretenen Rückschläge und dem schleppenden Fortgang bei den Verhandlungen war d'Eon zuversichtlich, daß sein zwölfjähriges Exil nun sehr bald endgültig beendet sein würde und es vielleicht nur noch eine Frage von Monaten war, bis er nach Frankreich zurückkehren und dort als Frau leben würde. Und er begann nun, erste Vorbereitungen für seine Rückkehr zu treffen.

40

Der Brief an Poissonier

Einer der faszinierendsten Aspekte dieser Geschichte betrifft die Personen, die d'Eon nackt gesehen hatten und somit wußten, daß er männlich war. Dazu gehörten natürlich zunächst einmal die noch lebenden Familienmitglieder, seine Mutter und seine Schwester, die selbstredend sein wahres Geschlecht kannten. Daß sie bei diesem Betrugsmanöver ihres geliebten Sohnes bzw. Bruders mitmachten, kann als eine Form familiärer Loyalität interpretiert werden. Aber was war mit d'Eons Freunden? In all den späteren Jahren, in denen er als Frau lebte, kamen immer wieder Gerüchte von Jugendfreunden in Tonnerre auf, die behaupteten, er sei in Wirklichkeit ein Mann. Aber niemand schien diesen Stimmen aus der Provinz allzuviel Beachtung zu schenken. Solange niemand in Paris von Rang und Namen irgend etwas von d'Eons männlicher Anatomie wußte, war er offenbar sicher.[1]

Es gab jedoch zumindest einen prominenten Pariser, der unmittelbar Kenntnis von d'Eons Anatomie hatte: Pierre-Isaac Poissonier (1720–1798), einer der persönlichen Ärzte Ludwigs XV. Um der russischen Zarin Elisabeth bei ihren medizinischen Problemen zuhelfen, hatte Ludwig XV. ihr in den fünfziger Jahren als eine Art Geschenk Poissonier geschickt. Poissonier blieb einige Jahre in Rußland, wo er und d'Eon enge Freunde wurden. Zumindest bei einer Gelegenheit brauchte d'Eon selbst Poissoniers Hilfe, der ihn daraufhin gründlich untersuchte. Später kehrte Poissonier nach Frankreich zurück, wo er in den siebziger Jahren noch immer eine einflußreiche Figur in Versailles war. Er und d'Eon hielten ihre Freundschaft weiterhin aufrecht. 1773 stattete Poissonier d'Eon zum Beispiel einen kurzen Besuch in London ab.[2]

Am 15. Juli 1775 schrieb d'Eon einen undurchsichtigen, indirekt gehaltenen, aber nichtsdestotrotz ungewöhnlichen Brief an Poissonier. Er vermittelt ein klares Bild von d'Eons Stimmung am Vorabend seines Wagnisses, den Status einer Frau anzunehmen. Hier kommt seine Stimmung wesentlich klarer zum Ausdruck als in seinen Briefen an Broglie oder Beaumarchais. Hier schrieb er in aller Vertraulichkeit einem wirklichen Freund.[3]

Monsieur de Beaumarchais …, der heute Morgen nach Paris abreist, ist durch unseren freundlichen Außenminister, Ihren Landsmann [Vergennes], über den wahren Stand meiner physischen und politischen Existenz informiert, damit mir ein Teil dessen gezahlt wird, was der Hof mir schuldet, und für meine Rückkehr nach Frankreich, von der ich mir wünsche, daß ich sie möglichst bald sicher antreten kann. Was die Ehre angeht, liegt es, Gott sei Dank, nicht in der Macht irgendeines Menschen, mir diese zu nehmen.

Ich halte es für meine Pflicht, Sie, selbst durch Monsieur de Beaumarchais, zu informieren, daß er, was mich angeht, genauso klug wie Sie und Ihr Freund P*** war, und dies aus einer absoluten Notwendigkeit heraus oder aufgrund einer Macht von Versailles, die größer als meine ist. Sie wissen, mit welcher Uneigennützigkeit ich bei dieser Affäre wie bei allen anderen gehandelt habe, um mich von meinem Versprechen Ihnen gegenüber zu entbinden und vor Ihnen zu bezeugen, daß ich Ihren Interessen immer ebenso verbunden sein werde, wie Sie angerührt waren von mein ... [Seite zerrissen] ...

Wenn Sie unseren werten Minister, unseren Präsidenten Jeannin, sehen, sagen Sie ihm, daß ich Ihnen erzählt habe, wie sehr mein Herz von allem, was er tut und für mich tun möchte, bewegt ist. Ach, wenn seine Auslandsfinanzen doch ebenso groß wie die Tugendhaftigkeit seines Herzens oder seines Geistes wären, dann würde er mich bald in die Lage versetzen, meine Gläubiger in England zu bezahlen, und ich könnte losfliegen, um mich zu ihm zu gesellen. Ich bin überzeugt, daß er klar sieht, und mit der ganzen Kraft meiner Unschuld, daß es nur Macht war, die mir fehlte, um über die eigentlichen Kräfte zu triumphieren, die mich angriffen; daß ich mich um so mehr verteidigte, je schwächer ich war; es liegt in meiner burgundischen Natur oder in meinem »Dragonerkopf«, mich im Krieg und im Frieden bis in den Tod selbst zu beschützen. Wenn man mich oder meine Schwäche ungerecht angreift, kann ich nur den Mut aufbringen, den Gott mir gegeben hat. Ich bin ein Widder, den Guerchy in Rage gebracht hat, so daß er ihn in den Fluß des Vergessens schleudern will.

Ich bitte Sie, Vertrauen in Monsieur de Beaumarchais zu haben, dessen Gesinnung, Talente und Integrität Ihnen wie auch meinem alten Freund, dem rechtschaffenen Drouet, wohlbekannt sind, der mit seiner Frau an den Heilquellen von D'lombières ist.

Umarmen Sie zärtlich Madame Poissonier für mich; Sie werden es mir zweifellos erlauben, es selbst zu tun, wenn ich zurückkehre, ohne sich um die Konsequenzen, oder was sie Leute sagen, allzuviele Gedanken zu machen. Wenn das Ergebnis ein zweiter Sohn für Sie sein sollte, werde ich ihm die Pension vermachen, die Ludwig XV. für mich bestimmt hat, und die Ludwig XVI. für mich in seiner Gerechtigkeit erhalten hat.

Sofern Sie Ihren Sohn eines Tages für die Politik ausersehen, sorgen Sie dafür, daß Ihre Erleuchtung, Ihre Erfahrung und mein Beispiel ihm den Weg zeigen, welcher der sicherste ist, um mit den Hohen und Mächtigen so umzugehen, daß er nicht in den Abgrund ihrer Intrigen und Fraktionen fällt.

Ich empfinde all die Gefühle und Dankbarkeit und Zuneigung, die ich Ihnen für Lebzeiten gelobt habe; Ihr ergebener Diener ...

PS: Meine Gesundheit ist besser und schlechter, abhängig von dem barometrischen Klima Englands und dem politischen Klima in Versailles.

Bei den Ereignissen in Amerika wird es für die Engländer noch schlimmer kommen; mit etwas mehr mutigen Anstrengungen werden die Amerikaner frei und eine unabhängige Macht sein. Ich bin jedoch zu oberflächlich informiert, um Ihnen zu erzählen, was dort los ist, da Sie mehr darüber wissen als ich.

Das bemerkenswerteste an diesem Brief ist möglicherweise das, was darin ausgespart wird. Nirgends behauptet d'Eon, er werde als Frau nach Frankreich zurückkehren. Der einzige Bezug zu seiner Weiblichkeit ist in dem undurchsichtigen Kommentar im ersten Abschnitt zu finden, wo er von seiner »physischen und politischen Existenz« spricht. Indem er einen Zusammenhang zwischen diesen beiden Aspekten herstellt, möchte er seinem alten Freund offenbar sagen, daß seine Entfremdung vom Mannsein durch seine Entfremdung vom politischen Leben herbeigeführt wurde. Und gegen Ende des Briefes bringt er seine Hoffnung zum Ausdruck, daß Poissonier sein trauriges Leben als Beispiel nehmen möge, wenn sein Sohn jemals in die Politik gehen möchte; was wiederum das zentrale Thema des Briefes unterstreicht, wonach die bevorstehende Transformation für d'Eon der beste Weg war, aus der politischen Sackgasse zu entkommen.

D'Eon versuchte nie, jemandem weiszumachen, daß er sich selbst für eine Frau hielt; ebensowenig erwartete er von Poissonier, das zu glauben. Der Scherz mit der Schwängerung Madame Poissoniers diente, im Gegenteil, einzig dem Zweck, dem Freund zu versichern, daß er sich seiner biologischen Potenz sehr wohl bewußt war. Er schien Poissonier durch die Blume klarmachen zu wollen, daß er sich von seinem Mannsein nicht aus sexuellen, sondern auch politischen Gründen verabschiedete. D'Eon glaubte, der einzige Weg zu verhindern, daß er »in den Abgrund ihrer [politischen] Intrigen und Faktionen« fiele, wäre, sein Leben als Frau zu leben. Alles, worum er Poissonier indirekt bat, war, sich auf seinen Plan einzulassen, was der alte Doktor offensichtlich tat.

41

Die Transaktion

Die Gespräche zwischen Beaumarchais und Vergennes verliefen hinreichend glatt, so daß Ludwig XVI. im August 1775 folgendem Plan zur Lösung von d'Eons Situation zustimmen konnte: Erstens sollte d'Eon die in seinem Besitz befindliche Geheimkorrespondenz und alle diplomatischen Unterlagen Beaumarchais übergeben; zweitens sollte d'Eon absolutes Stillschweigen in bezug auf den Grafen von Guerchy und die Mitglieder seiner Familie wahren; und drittens sollte d'Eon so bald wie möglich nach Frankreich zurückkehren. Im Gegenzug ging der König auf einige der Forderungen d'Eons ein: Erstens erklärte er sich einverstanden, d'Eons Pension in eine Leibrente auf Lebenszeit über jährlich zwölftausend Livres umzuwandeln; zweitens erklärte sich der König bereit, einen Gutteil der ordnungsgemäß belegten Schulden d'Eons, aber nicht alle zu bezahlen; drittens versprach der König, daß er mit absolut garantierter Sicherheit und dem vollen Schutz des Königs unterstellt, nach Frankreich zurückkehren konnte; und schließlich und vielleicht am wichtigsten, war der König entgegen dem, was Vergennes nur wenige Wochen zuvor geschrieben hatte, nunmehr bereit, öffentlich d'Eons Status als Frau anzuerkennen, soweit d'Eon umgekehrt bereit war, unmittelbar nach seiner Rückkehr nach Frankreich Frauenkleider anzuziehen. Der König lehnte es allerdings ab, ihm zu bestätigen, daß er in Frauenkleidern irgendwelche diplomatischen Dienste für seinen Großvater, Ludwig XV., erbracht hatte.[1]

Einige Wochen später war Beaumarchais wieder in London, um d'Eon diesen Plan vorzulegen. D'Eon war klar, daß er bei den Verhandlungen ein Optimum herausgeschlagen hatte und mehr nicht zu holen war und beschloß nach einigen zwanglosen Diners im Hause von John Wilkes, das Angebot der Regierung anzunehmen.[2]

Am 4. November 1775 übergab d'Eon Beaumarchais den eisernen Safe mit den Geheimdokumenten, und die beiden Männer unterzeichneten einen Vertrag, in dem d'Eons neuer Status im einzelnen festgelegt wurde. Diese als »Transaktion« bekannte Erklärung, in der d'Eons Status durch den König und Außenminister definiert wurde, war für ihn das wichtigste Dokument seines Lebens.[3]

Einleitend wurde unmißverständlich d'Eons weiblicher Status festgestellt:

»Demoiselle Charles-Geneviève-Louise-Auguste-André-Thimothée d'Eon, volljährige Maid [*fille majeure*], bis heute unter dem Namen Chevalier d'Eon bekannt.« Artikel IV ging dann im weiteren auf seinen Geschlechterstatus ein:

»Ich [Beaumarchais] verlange im Namen Seiner Majestät, daß die Verkleidung, welche bisher die Person einer Maid [*fille*] unter dem Äußern des Chevalier d'Eon verbarg, völlig aufhöre. Und ohne Charles-Geneviève-Louise-Auguste-André-Thimothée d'Eon de Beaumont die Schuld geben zu wollen für die Verkleidung ihrer Beschaffenheit und ihres Geschlechts, für die allein ihre Eltern schuldig sind, und um auch der maßvollen, klugen und aufrechten, wenn auch kraftvollen und männlichen Art und Weise Gerechtigkeit widerfahren zu lassen, mit der sie sich in der angeeigneten Aufmachung stets verhalten hat, verlange ich unmißverständlich, daß die Unsicherheit über ihr Geschlecht, das bis heute ein unerschöpfliches Thema von unschicklichen Wetten und obszönen Witzen war, die, insbesondere in Frankreich, erneut aufleben könnten, und die ihre stolze Natur nicht dulden würden, und die zu neuen Streitereien führen würden, die vielleicht nur als Vorwand für die neuerliche Entfachung alter dienen könnten, wiederhole ich im Namen des Königs, daß ich absolut verlange, daß der Geist des Chevalier d'Eon ganz verschwindet, und daß eine öffentliche und unmißverständliche Erklärung zum wahren Geschlecht von Charles-Geneviève-Louise-Auguste-André-Thimothée d'Eon de Beaumont vor ihrer Ankunft in Frankreich und ihrem Anlegen von Frauenkleidern abgegeben wird, welche die Vorstellungen der Öffentlichkeit in dieser Angelegenheit ein und für allemal erledigt.«

Wie von d'Eon wohl nicht anders zu erwarten, unterzeichnete er die Transaktion nicht ohne einige weitere Spezifizierungen und Modifikationen. Er erklärte sich mit allen Forderungen des Königs einverstanden, erhob jedoch den Einwand, daß »es mir weitaus mehr entgegengekommen wäre, wenn es ihm beliebt hätte, mich nochmals wiederum in seiner Armee oder in seinem diplomatischen Dienst zu beschäftigen.« Was ihm als ideal vorschwebte, war, daß der König ihn als weiblichen Offizier und Diplomat anerkannt und ihn mit dem Status eines Bevollmächtigten Ministers rehabilitiert hätte.

Während er sich schweren Herzens zwar bereit erklärte, sich der Forderung zu unterwerfen, Frauenkleider anzuziehen, ergänzte er den Kontrakt doch zugleich mit einer Ausweichklausel zu seinen Gunsten: »So willige ich ein, mein Geschlecht öffentlich zu erklären, meinen Zustand außer allen Zweifel zu stellen, bis zu meinem Tode wiederum weibliche Kleidung zu tragen, falls nicht Seine Majestät, aus Nachsicht gegen meine lange Gewohnheit, Militärkleidung zu tragen, und nur nach langem Leiden, mir Männerkleider gestattet, wenn es mir unmöglich sein sollte, die Qualen der anderen zu ertragen.«

D'Eon erklärte sich verstanden, auf jede Verunglimpfung des Andenkens Guerchys zu verzichten und das entscheidende Memorandum vom 3. Juni 1763 zu übergeben. Er versprach zu versuchen, nach seiner Rückkehr nach Frankreich in ein Kloster zu gehen. Aber er fragte auch, ob es ihm nicht weiterhin gestattet werden könnte, »egal, welche Kleidung ich anlege«, das Sankt-Ludwigs-Kreuz zu tragen, da es ihm, wie er sagte, nicht verliehen worden war, weil er ein Mann war, sondern wegen der Risiken, die »ich unter dem Einsatz meines Lebens in den Schlachten und Belagerungen einging, an denen ich teilnahm.« Und schließlich sprach er noch eine wichtige Frage an: Wenn er als Frau gekleidet nach Frankreich zurückkehrte, müßte er sich seiner männlichen Kleidung entledigen und sich mit großem Kostenaufwand eine völlig neue weibliche Garderobe kaufen. Er bat darum, daß diese Kosten vom König getragen wurden.

Beaumarchais beantwortete diese Zusatzforderungen zur Transaktion damit, daß er anmerkte, nur der König habe die Autorität, über d'Eons Gesuch, weiterhin das Sankt-Ludwigs-Kreuz zu tragen, zu befinden; aber Beaumarchais tat auch seine persönliche Meinung kund und versprach, dies in der Form auch an den König weiterzugeben:

»In Anbetracht der Tatsache, daß das Sankt-Ludwigs-Kreuz seit jeher als einzigartige Auszeichnung für Tapferkeit auf dem Schlachtfeld gesehen wird, und daß mehrere Offiziere, nachdem sie damit ausgezeichnet wurden, aus der Armee ausgeschieden sind und einen zivilen Beruf ergriffen haben und es weiterhin als Beweis tragen, daß sie in einer gefährlicheren Situation als mit ihrer Zivilkleidung mutig ihre Pflicht getan haben, glaube ich nicht, daß es irgendeinen Einwand geben könnte, die gleiche Freiheit einer heroischen Maid zuzugestehen, die, als Mann von ihren Eltern erzogen, tapfer all die gefährlichen Pflichten erfüllte, die mit dem Beruf eines Soldaten verbunden sind. Wenn ihr die falsche Kleidung und der falsche Status, unter dem sie gezwungen wurde zu leben, nicht bewußt war, bis es zu spät war, ihn zu ändern, ist ihr keine Schuld dafür zu geben, daß sie es bis heute nicht getan hat.

Da es des weiteren unwahrscheinlich ist, daß das seltene Beispiel dieser außergewöhnlichen Maid von Personen ihres Geschlechtes nachgeahmt wird und somit keine Folgen haben kann, und daß Jeanne d'Arc, die den Thron von Karl VII. rettete, indem sie in Männerkleidung kämpfte, mit einer ähnlichen militärischen Auszeichnung wie dem Sankt-Ludwigs-Kreuz geehrt wurde, gibt es keinen Grund anzunehmen, daß der König, nachdem ihre [d'Eons] Pflicht erfüllt war und er sie bat, wiederum ihre weibliche Kleidung anzulegen, ihr die ehrenhafte Auszeichnung ihres Mutes entziehen sollte. Ebensowenig würde irgendein höflicher französischer Ritter diesen Schmuck für entweiht halten, weil er den Busen einer Frau schmückt, die sich auf dem Feld der Ehre eines Mannes würdig erwiesen hat.«

Beaumarchais stimmte auch d'Eons Forderung nach Bewilligung von Mitteln zum Kauf einer weiblichen Garderobe zu, allerdings »unter der Bedingung, daß sie von London keine ihrer Waffen oder männlichen Kleidungsstücke mit zurückbringt, weil der Wunsch, sie wieder anzulegen, durch deren Gegenwart permanent geprüft werden könnte. Beaumarchais genehmigte ihr nur, »eine komplette Uniform des Regimentes, in dem sie diente, nebst Helm,

Säbel, Pistole, Gewehr und Bajonett als Erinnerung an ihr vergangenes Leben zu behalten – so, wie man die geschätzten Relikte eines geliebten Objektes behält, das nicht mehr existiert.«

Diese Transaktion wurde von Beaumarchais und d'Eon zwar am 4. November 1775 unterzeichnet, sie kamen jedoch überein, den Kontrakt einen Monat, auf den 5. Oktober 1775, zurückzudatieren, d'Eons siebenundvierzigsten Geburtstag – womit die Transaktion sozusagen den Anstrich eines Geburtsscheines erhielt. Unter den ersten, die d'Eon gratulierten, war sein Sekretär Jean-Joseph de Vignoles, der sehr wohl wußte, wie viel dieser Tag ihm bedeutete. »Was uns widerfahren ist«, schrieb er d'Eon am selben Tag, »ist etwas so Außergewöhnliches, daß ich es nicht erklären kann.« Damit war die Wiedergeburt d'Eons als Frau besiegelt, und er würde als solche die nächsten fünfunddreißig Jahre seines Lebens leben.[4]

Einige Wochen später legte d'Eon schließlich gegenüber seinem alten Gönner, dem Grafen von Broglie, seine Beichte ab: »Es ist Zeit, Sie zu desillusionieren. Sie hatten als Dragonerhauptmann und Adjutanten im Krieg und in der Politik nur vom Äußeren her einen Mann. Ich bin nur eine Maid und hätte meine Rolle perfekt bis zum Tod beibehalten, wenn die Politik und Ihre Feinde mich nicht zur unglücklichsten aller Maiden gemacht hätten.« Wenn sein Geständnis, was sein Geschlecht anging, auch eine Lüge war, so sprach der Zusammenhang, den er zwischen seiner Geschlechtstransformation und seiner politischen Entfremdung herstellte, ihm doch voll aus dem Herzen: »Sie werden durch die Leichtigkeit, mit der ich mich von der Welt lösen kann, verstehen, daß ich nur Ihretwegen darin geblieben bin; und da ich nicht mehr unter Ihrem Befehl oder dem Ihres Bruders, dem Herrn Marschall, kämpfen darf, entsage ich ohne Bedauern dieser betrügerischen Welt, die mich, außer in meiner bedauerlicherweise vergeudeten Jugend, in jedem Fall nie verführt hat.«[5]

42

Beaumarchais' Wetten

Kurz nach der Unterzeichnung der Transaktion transportierte Beaumarchais d'Eons Geheimpapiere nach Paris zurück. Dabei wurde die Order vom 3. Juni 1763 mit der Anweisung an d'Eon, die Möglichkeiten einer Invasion in England auszuspionieren, mit besonderer Sorgfalt behandelt. Vor Jahren, als er in Rußland gewesen war, hatte d'Eon eine Ausgabe von Montesquieus *Vom Geist der Gesetze* genutzt, um in einem mit einem Spezialkleber verdeckten Geheimfach in der Innenseite des vorderen Buchdeckels die Geheimkorrespondenz von Ludwig XV. und der russischen Zarin Elisabeth zu befördern. Jetzt, zwanzig Jahre später, nutzte er dieselbe Technik mit demselben Buch, um die spezielle Order des Königs nach Frankreich zurückbefördern zu lassen.[1]

In Versailles angekommen, legte Beaumarchais die Transaktion Vergennes vor. Der Außenminister hatte kaum ein Problem mit den finanziellen Vereinbarungen, jedoch große Vorbehalte gegenüber den Punkten, die die Kleiderfragen betrafen. Solange Frankreich bereit war, d'Eon als Frau anzuerkennen und »ihre« Sicherheit zu garantieren, war es aus Vergennes Sicht nur logisch, wenn d'Eon sich von seiner gesamten männlichen Kleidung samt allem, was damit zusammenhing, einschließlich seiner Schwerter und Medaillen, verabschiedete. Bei dieser Verhandlung sprang Beaumarchais dann für d'Eon in Bresche und avancierte zu dessen Advokat. D'Eon sollte zwar nicht erlaubt werden, sich als Mann zu kleiden, erklärte er heftig, wohl aber sollte es ihm erlaubt werden, seine militärischen Auszeichnungen, insbesondere das Sankt-Ludwigs-Kreuz zu tragen, da er es nicht aufgrund seines Geschlechtes, sondern seiner großen Leistungen bei den Dragonern erhalten habe. Vergennes blieb jedoch hart, und so waren die Verhandlungen einstweilen für ein paar Tage wegen dieser und anderer geringfügiger Fragen ins Stocken geraten. Bis Vergennes und Beaumarchais schließlich darin übereinkamen, in einem Memorandum die ganze Angelegenheit dem König vorzutragen und ihn entscheiden zu lassen. Beaumarchais' Memorandum war folgenden Inhalts:

»Wesentliche Punkte, die ich Monsieur, den Grafen von Vergennes, bitte, vor meiner Abreise nach London am 13. Dezember 1775 dem König zur Entscheidung vorzulegen; am Rande zu beantworten:

Gibt der König Mademoiselle d'Eon die Erlaubnis, das Sankt-Ludwigs-Kreuz auf ihrer Frauenkleidung zu tragen?

Nur in den Provinzen, antwortete der König.

Genehmigt Seine Majestät die Sonderzuwendung von 2.000 Kronen, die ich dieser jungen Dame für das Anlegen ihrer Frauenkleider gegeben habe?

Ja.

Überläßt Seine Majestät ihr in diesem Fall die freie Verfügung über ihre Männerkleidung?

Sie muß sie verkaufen.

Da diese Vergünstigungen von einer bestimmten Gesinnung abhängig sind, zu der ich Mademoiselle d'Eon für alle Zeiten verhelfen möchte, wird Seine Majestät es meiner Verfügungsgewalt überlassen, diese, abhängig davon zu gewähren oder abzulehnen, wie ich sie im Interesse seines Dienstes für nützlich erachte?

Ja.«[2]

Mit dem Abschluß der Transaktion erwarteten alle Parteien, d'Eon nun in Frankreich zu sehen, sobald er seine Sachen in England abgewickelt hatte. Die Zeitungen berichteten sofort, daß eine Vereinbarung mit der französischen Regierung getroffen wurde und d'Eon England nun alsbald verlassen werde.[3] Aber genau das war nicht der Fall. Es war eine Frage von Tagen, bis d'Eon sich von Beaumarchais so hereingelegt fühlte, daß er drohte, die ganze Transaktion zu annullieren.

Der Auslöser war eine sehr kurze Meldung in den Londoner Morgenzeitungen, die eine Woche nach Unterzeichnung der Transaktion erschien: »In der Stadt ist eine neue Wettrunde über das Geschlecht des Chevalier d'Eon angelaufen; gewettet wird jetzt 7 zu 4 auf eine Frau gegen einen Mann; und ein im Wettgeschäft wohlbekannter Edelmann hat gelobt, die Frage noch vor Ablauf von vierzehn Tagen zu einer klaren Entscheidung zu bringen.«[4]

D'Eon roch Lunte: Plötzlich fiel es ihm wie Schuppen von den Augen, daß er von Morande und Beaumarchais verschaukelt worden war. In Kenntnis der Sachlage, daß die französische Regierung dabei war, eine Erklärung zu d'Eons weiblichem Geschlecht abzugeben, hatten Morande und Beaumarchais eine Chance gewittert, das große Glück zu machen und eine Menge Geld auf d'Eons Geschlecht gesetzt. Tatsächlich hatten die beiden Tausende von britischen Pfund gewettet, einen Teil davon wahrscheinlich im Namen von Pariser Financiers, wobei sich die Gesamtsumme möglicherweise auf annähernd einhunderttausend Pfund belief.[5]

D'Eon war außer sich, daß diese beiden Männer, die er in den letzten Monaten so gut kennengelernt hatte, ihn auf so entwürdigende Weise entehrten.

Nach den leidvollen Erfahrungen, denen er in den Jahren 1771 und 1772 ausgesetzt war, hatte er die Spekulationen über sein Geschlecht nur damit eindämmen können, daß er Monate außerhalb von London, auf dem Gut von Lord Ferrers verbracht hatte. Und jetzt waren diese beiden Ganoven wieder dabei, das Ganze neuerlich zum Dampfen zu bringen, und just als d'Eons Situation endlich ausgestanden schien. Hinzu kam: Wenn riesige Summen auf ihn gewettet wurden, war es gut möglich, daß die Investoren in England nicht bereit waren, ihn ohne abschließenden Beweis seines Geschlechtes außer Landes zu lassen; schlimmer noch, vielleicht würden sie sogar versuchen, ihn zu kidnappen oder ihn sogar umbringen lassen. Aus d'Eons Sicht hatten Morande und Beaumarchais mehr als nur Ehrabschneidung betrieben: Sie hatten sein Leben in Gefahr gebracht.

Umgehend veröffentlichte d'Eon einen Brief in den Londoner Zeitungen, der jegliche Spekulationen über sein Geschlecht zerschlagen sollte, ohne allerdings irgendeine konkrete Erklärung diesbezüglich abzugeben. Er forderte die Engländer auf, sofort aufzuhören, irgendwelche Wetten darüber abzuschließen, und informierte sodann die Leser, »daß es unter den Hohen und Mächtigen in Frankreich einige gibt, die ihre untrügliche Kenntnis von seinem Geschlecht mißbrauchen, um bestimmte Bankiers in London zu mobilisieren.« Mit anderen Worten: D'Eon warnte die Londoner, die unbedingt wetten wollten, daß sie beschwindelt würden. Er erklärte den Lesern auch, daß er sich »nie zu seinem Geschlecht äußern werde, bis alle Wettereien ein Ende haben.«[6] Unterdessen setzte ihm die neuerlich geschürte Spielwut über sein Geschlecht derart zu, daß er krank wurde – oder zumindest so tat –, die nächsten zwei Monate das Bett hütete und sich nur bei ein oder zwei Gelegenheiten nach draußen wagte.[7]

Als Beaumarchais Ende Dezember 1775 nach London zurückkehrte, wurde d'Eon sogar mit noch schlimmeren Nachrichten konfrontiert, die ihm bei einer Dinnerparty bei Morande übermittelt wurden. Offensichtlich hatte Beaumarchais, als er wegen der Genehmigung der Transaktion und vielleicht auch wegen der Kapitalbeschaffung für seine Wetten in Paris war, das Märchen gestreut, er und die Chevalière hätten sich ineinander verliebt und dächten ernsthaft über Heirat nach. Der musikalisch talentierte Beaumarchais komponierte Liebesballaden über die Affäre und hatte sogar die Dreistigkeit, d'Eon seine Lieblingsballade nach dem Abendessen vorzusingen. Und bald erreichte d'Eon auch schon die erste Post von französischen Freunden, die sich erkundigten, ob die Gerüchte wahr wären. Er fühlte sich durch diesen Scherz zutiefst beleidigt – er wollte nicht in ein Paris zurückkehren, das über ihn lachte; mehr als nach allem anderen sehnte er sich nach der Ehre und dem Respekt, die einer aristokratischen Amazone gebührten. D'Eon war so verärgert über diese Nachricht, daß er seine Koffer packte und sich geradewegs auf und davon zu Ferrers Landgut machte.[8]

D'Eon informierte Beaumarchais nicht über seine Abreise, und dieser geriet außer sich, als d'Eon am Ende nirgends aufzufinden war. Schließlich waren noch immer delikate Geschäfte abzuwickeln: Allem Anschein nach hatte d'Eon ihm nicht alle Geheimdokumente ausgehändigt, und der König wollte die Angelegenheit so schnell wie möglich zum Abschluß gebracht haben. In einem Brief, in einem herablassenden Ton verfaßt (Beaumarchais sprach d'Eon mit »mein Kind« an) und einmalig in der Anrede (es war der erste Brief, in dem Beaumarchais d'Eon mit »Mademoiselle« statt mit »Monsieur« anredete), verlangte Beaumarchais d'Eons Kooperation.[9]

D'Eon schoß mit einem scharfen Brief von Lord Ferrers' Landsitz zurück, worin er Beaumarchais' Verhalten als absolut »empörend« und »despotisch« bezeichnete und es mit dem schändlichen Handeln von William Pitt gegen Ende des Siebenjährigen Krieges verglich. Auf dem Spiel stand »ein wirkliches Prinzip der Ehre«, also etwas, bei dem ein neureicher Emporkömmling wie Beaumarchais offensichtlich nicht verstehen konnte, was ein Adeliger wie d'Eon damit verband. Er lehne es ab, erklärte er dem Bühnenautor, »der Gimpel von Spielern zu werden, die mein Geschlecht wie irgendeine Goldmine in Peru als Mittel betrachten, um zu Vermögen zu kommen.« Außerdem: Wenn Beaumarchais d'Eon beleidigte, beleidigte er damit auch Ludwig XV., denn was immer d'Eon in diesem Leben erreicht hatte – als »Mädchen, Mann, Frau, Soldat, Politiker, Sekretär, Minister, Autor« hatte er im Dienst des verstorbenen Königs geleistet. Daß Beaumarchais einen solchen Dienst auf die Schippe nehmen konnte, indes er selbst einem König diente, war als solches eine dreiste Widerwärtigkeit.[10]

Beaumarchais' Verhalten veranlaßte d'Eon, einige Aspekte der Transaktion nochmals zu überdenken. Mit den finanziellen und politischen Klauseln hatte er eigentlich keine Probleme. Aber jetzt war er nicht mehr so ohne weiteres bereit einzusehen, daß seine Rehabilitation unbedingt an einen Rückzug aus dem öffentlichen Leben geknüpft sein sollte, wie es für Vergennes und den König offenkundig mit der Anerkennung seines weiblichen Geschlechts der Fall war. D'Eon wollte, daß jeder ihn für eine Frau hielt, aber er wollte nicht gezwungen werden, Frauenkleider zu tragen, und ebensowenig wollte er seine diplomatische Arbeit niederlegen oder sich von den Dragonern verabschieden. Er erklärte Beaumarchais, was er in Wirklichkeit wollte, wäre, wieder als Bevollmächtigter Minister und Dragonerhauptmann eingesetzt zu werden, samt Zuerkennung der Privilegien, die beiden normalerweise zugestanden wurden. Außerdem sei es nicht sicher für ihn, in Frankreich in Frauenkleidern herumzureisen – schließlich hätte er keine Möglichkeit, sich gegen Beleidigungen und Witze zu wehren, die im Zweifel über ihn gemacht würden. Unter keinen Umständen werde »ich meine [Dragoner]Uniform aufgeben«, informierte er Beaumarchais.[11]

Der Verzicht auf seine Uniform, argumentierte er, käme einem Eingeständnis gleich, etwas falsch gemacht zu haben. Die Transaktion sprach ihn von jeder Schuld frei und sollte nun auch nicht genutzt werden, um ihn in irgendeiner Hinsicht zu bestrafen. Bezeichnend für »eine Maid« wie ihn, die sich im militärischen und politischen Leben verdient gemacht hatte, erklärte er Beaumarchais, war, daß sie ein ungewöhnliches Maß an »Tugend« und »Keuschheit« hatte. Ihm zu gestatten, seine Uniform zu behalten, wäre eine Anerkennung dieses »außergewöhnlichen« Charakters; ihn zum Verzicht darauf zu zwingen, wäre eine Verleumdung ebenjenes Charakters.

Beaumarchais' impulsives Verhalten trieb d'Eon dazu, seine Zukunftsvorstellungen weitaus radikaler zu formulieren, wonach für ihn jetzt klar war, daß er als Frau seine politische und militärische Karriere fortsetzen wollte. Autorinnen der Querelle des Femmes mögen von einer solchen heroischen Amazone zwar geträumt haben, eine Frau als Dragoneroffizier wäre aber mit Sicherheit etwas Einmaliges im Frankreich des achtzehnten Jahrhunderts gewesen. Wenn d'Eon seine Transformation zur Frau bisweilen als Fluchtweg aus dem politischen Leben gesehen haben mochte, schien er seinen Geschlechtswandel jetzt als Mittel zu sehen, das ihm die notwendige moralische Erneuerung zur vollständigen Erneuerung seiner Karriere gab.

Aber was seine Motivation im einzelnen auch gewesen sein mag, fest steht, daß die Verhandlungen mit Beaumarchais nun so weit eskaliert waren, daß es nicht mehr um die Frage ging, welches Geschlecht d'Eon annahm, sondern nur noch darum, was für eine Frau er sein würde. Vergennes, Beaumarchais und Ludwig XVI. erwarteten, daß er sich passiv verhielte, vorzugsweise in ein Kloster, zurückzog, wo er die Tugenden der »Bescheidenheit, Rechtschaffenheit und Keuschheit« lernen konnte. D'Eon hoffte hingegen inzwischen, daß sein Leben als Frau ebenso aktiv sein würde wie das, das er als Mann geführt hatte. Als wollten sie diesen Wandel, der sich zu Beginn des Jahres 1776 vollzogen hatte, bestätigen, fingen Vergennes, Beaumarchais und andere in der Korrespondenz, die sie miteinander führten, an, d'Eon einfach als »die Amazone« zu bezeichnen.[12]

43

Beaumarchais:
»An Mlle Genev. L. Deon
de Beaumont«

London, 18. Januar 1776[1]

Sie haben erlebt, Mademoiselle, wie mich Ihr Unglück in England bewegte, ich mitfühlend Ihre Geheimnisse anhörte, Mitgefühl für Ihre Tränen hatte, meine bescheidene Intervention in Ihrem Namen in Frankreich versprach und Ihnen gegenüber in aller Aufrichtigkeit mein Wort hielt, bevor ich überhaupt wußte, daß ich eine Mission vom König erhielte, die etwas mit Ihnen zu tun haben würde. Die Effektivität meiner Dienste und meine Großzügigkeit seither haben Ihnen gezeigt, daß Sie mir nicht vergeblich Ihr Vertrauen schenkten ...

Ich gebe Ihnen eine Woche, um sich beruhigen ... und Ihren Fehler zu bereuen; aber sobald diese Zeit verstrichen ist, und es ist für mich schmerzlich, das zu sagen, werde ich mich gezwungen sehen abzureisen und jedwede Beziehungen mit Ihnen abzubrechen. Meine einzige Sorge wird sein, mit der entsetzlichen Überzeugung nach Frankreich zurückzugehen, daß Ihre Feinde Sie besser als Ihre Freunde kannten. Ach! Wie traurig für mich, wenn ich keinen anderen Erfolg für mich verbuchen kann, als den, eine extravagante Maid in der Verkleidung eines arglistigen Mannes demaskiert zu haben, den Ihre Feinde immer in Ihnen gesehen haben ...

Sie tun jetzt so, als glaubten Sie, daß die Kritik die Enthüllung Ihres Geschlechtes betraf! Hätte ich Ihnen gegenüber wiederholt (unter Verwendung der Formulierung in Ihrem Brief), daß Sie Ihrem in der Transaktion gegebenen Ehrenwort untreu geworden sind, wenn es eine Frage Ihres Geschlechtes gewesen wäre, wenn doch einer der Artikel der Transaktion exakt darauf abzielte, eine Verkleidung zu beenden, die so skandalös geworden ist, wegen der Publizität, die ihr zuteil wurde, und all den Torheiten, die darüber geschrieben wurden, und dem, was sie anderen und vielleicht auch Ihnen zufügte.

Mir ist aufgefallen, daß Ihre Erklärung in den Zeitungen, deren Ziel es Ihnen zufolge war, die Wetten auf Ihr Geschlecht zu unterbinden, so seltsam in

ihrem Wortlaut war, daß sie einzig dazu geschrieben schien, derartige Spekula-
tionen weiter anzuregen und somit im Gegensatz zu dem großtuerischen Des-
interesse steht, das Sie zur Schau tragen ...

Wenn ich diesen elenden Brief nach Frankreich schickte, würde ich nur Ihre
Freunde beunruhigen; alle Ihre Gegner wären damit rechtmäßig entlastet. Sie
ist so, würden sie sagen, wie wir es immer behauptet haben; jetzt sind es nicht
mehr ihre sogenannten Feinde, gegen die sie ihre verrückte und verabscheu-
enswerte List richtet, sondern ihr einziger Freund, der, den sie ihren Unterstüt-
zer, ihren Befreier und ihren Vater genannt hat; so ist sie.

Wenn ich gezwungen wäre, Sie auch bei ihnen anzuklagen, wer würde es
dann noch wagen, Sie zu bemitleiden und zu entschuldigen? Sie würden auf
immer Ihre Ehre verlieren und mit Schande bedeckt sein, und für Sie wäre alles
vorbei.

Bereuen Sie, ich bitte Sie, bereuen Sie. Wenn Sie diesen wohlgemeinten und
abschließenden Rat ignorieren, und ich bedaure, Ihnen dies sagen zu müssen,
werde ich ... wie unangenehm es mir auch sein wird, zu Füßen Seiner Majestät
eingestehen, daß ich entsetzlich blind war, als ich mich für die Vernunft, Ehre
und Loyalität der Demoiselle d'Eon verbürgte ...

Das ist der Kurs, welchen Sie mich gegen Sie einzuschlagen zwingen, wenn
Sie sich nicht unverzüglich besinnen. Und was Ihre Person angeht, möge die
Verachtung, die stillschweigende Ächtung und Frankreichs kurzes Gedächtnis,
was Sie betrifft, Ihre einzige Strafe sein; und vor allem möge Ihre rechtschaf-
fene und unglückliche Familie nicht wegen Ihres persönlichen Unrechts zu lei-
den haben! Das ist der innigste Wunsch in meinem Herzen.

Ich flehe Sie an, Mademoiselle, denken Sie sehr ernsthaft über all das nach,
und Sie dürfen überzeugt sein, daß es mit schmerzlichster Sorge wäre, wenn ich
mich genötigt sähe, meinen Rechtstitel von Ihrem Verteidiger zu Ihrem un-
nachgiebigsten Ankläger ändern zu müssen ...

44

D'Eon an Beaumarchais

Staunton-Herald, 30. Januar 1776[1]

Ich werde weder auf die Vorwürfe noch die unangemessenen Beschimpfungen eingehen, mit denen Sie mich in Ihrer lebhaften und männlichen Wut überhäufen. Ich betrachte all das als die erste Konsequenz des gestörten Gemüts des cleversten und liebenswürdigsten Affen, dem ich je in meinem Leben begegnet bin, der auf immer derselbe ist,[2] und der seine Fassung nur verliert, wenn er zurückschrecken und seine Niederlage eingestehen muß …

Ich gebe Ihnen die Erlaubnis, Ihre Drohung wahrzumachen; hinzugehen und sich zu Füßen aller Könige und Minister auf Erden zu werfen, um mich, wie Sie sagen, als eine »extravagante Maid« und gleichzeitig die durchtriebenste Maid in Europa darzustellen. Sie können ihnen somit mit all der Beredsamkeit, Dynamik und äffischen Mätzchen, derer Sie fähig sind, alles Schlechte über mich sagen, was Sie möchten. Sag weiß, sag schwarz, ich bin und werde immer derselbe sein, wie es im Refrain IhresLieblingsliedes heißt; und obwohl ich allen Barbieren von Sevilla wohl eine Nasenlänge voraus sein dürfte, werde ich mit der Schlichtheit und Wahrheitsliebe, die einer Maid aus vornehmem Hause angemessen sind, antworten …

Ihr Vorwurf hinsichtlich der unvollständigen Übergabe der Papiere ist unbegründet, Monsieur, das als erstes, weil weder Sie noch irgendeiner der vergangenen, gegenwärtigen und zukünftigen Minister, noch Euer Gnaden, der Prinz von Conti, noch selbst Monsieur, der Graf von Broglie, wissen können, was im geheimen 1755 und 1756 zwischen dem verschiedenen König, der Zarin Elisabeth und dem Kanzler von Rußland, Graf Woronzow, alles ausgetauscht wurde. Monsieur Tercier, der Chevalier Douglas und ich waren die einzigen, die an dieser wichtigen Geheimverhandlung beteiligt waren, von der selbst Monsieur Rouillé, der Außenminister, nichts wußte. Es war erst 1757, daß der Graf von Broglie eingeweiht und in diesen Geheimdienst einbezogen wurde, und daß er mich im Auftrag des Königs hineinbrachte und mir seine übrige Geheimkorrespondenz zur Kenntnis brachte.

Letzten Endes, wenn doch alle Minister und Funktionäre in Versailles gegen mich waren, wie wollten sie abschätzen können, ob ich alle oder nur einen Teil

277

der Unterlagen meiner Geheimkorrespondenz von Rußland, Deutschland, Frankreich und England übergeben habe? Wie wollten sie abschätzen können, was sie absolut nicht wissen konnten, wenn ich es ihnen nicht gesagt hätte oder sie ihnen nicht gegeben hätte?

Dies ist ein Vorgang, der völlig von meinem guten Willen und meinem freien Willen abhängt. Ich werde meine Entscheidung abhängig davon treffen, ob sie die Artikel der Transaktion ausführen, und abhängig von dem Guten oder Schlechten, das mir getan wird, gemäß der Gerechtigkeit, die mir widerfährt. Gibt es eine einzige Macht auf dieser Erde, die in mein befestigtes Lager auf meiner Insel einbrechen kann, die ebenso mir wie jedem Engländer gehört? Da ich Steuern zahle und den Gesetzen dieses Landes gehorche und keine verletze, sollte ich auch die Rechte eines freien Bürgers in England genießen ...

Da ich erlebte, wie jene, die ich für meine treuesten Gönner hielt, mich betrügen, da ich erlebte, wie der rechtschaffenste meiner Beschützer, Ludwig XV., er, der mich zu einer Mission nach England entsandte, gut von mir in der Öffentlichkeit sprach, nur um mich insgeheim nur schwach zu unterstützen; da ich miterlebte, wie dieser erlauchte Beschützer beim ersten Anzeichen eines Sturmes zitterte und mich die ganze Last des Aufruhrs alleine tragen ließ; da ich miterlebte, wie besessen er von betrügerischen Machenschaften und Lügen seiner Höflinge war; da ich miterlebte, wie der unvermeidliche Tod ihn in diesem erbärmlichen Zustand begrub und mich den Launen meines traurigen Schicksals überließ, sagte ich zu mir: Arme d'Eon, verzweifle nicht. Hinfort wirst du dein Heil nur in der Kraft deines Mutes, der Gerechtigkeit und deiner Unschuld finden. Ich dachte also, der tapferste meiner Emissäre wäre ich selbst, mein bester Freund wäre mein Geld, und mein treuester Beschützer meine eigene Vorsicht, indes ich auf den Tag warte, an dem ich der Gerechtigkeit des jungen Königs meine Unschuld und die Betrügereien meiner früheren Ankläger darlegen kann ...

Warum haben Sie sich bei Ihrer letzten Reise nach London eine Geschlechtskrankheit zugezogen, die wahrscheinlich an jeden in Paris weitergegeben wurde, während Sie, um sich sicher auf meine Kosten zu amüsieren oder mich lächerlich erscheinen zu lassen, in den Kreisen Ihrer eleganten Damen bekanntgeben, daß Sie vorhaben, mich zu heiraten, nachdem ich mehrere Monate in der Abbaye des Dames de Saint-Antoine verbracht habe?

Ich gebe zu, Monsieur, daß eine Frau manchmal in unangenehme Situationen gebracht wird, in der die Notwendigkeit sie zwingt ... aber sie nimmt es hin, weil sie den grundlegenden Zweck versteht. Je geschickter und einfühlsamer der Mann ist, der ihr einen Gefallen tun möchte, desto größer ist die Gefahr für sie. Aber diese Überlegungen erinnern mich an beträchtliche Qualen! Dies sagt mir nur, daß ich durch blindes Vertrauen in Sie und Ihre Versprechungen in Ihnen einen Meister meines Geschlechtes gefunden habe; daß ich Ihnen aus Dankbarkeit mein Porträt gab und Sie mir aus Wertschätzung das Ihre versprachen. Es gab nie irgendwelche anderen Verbindlichkeiten zwischen uns,

Alles, was Sie darüber hinaus nach dem, was mir aus Paris gesandt wurde, befördert haben, kann von mir nur als eine Form des Spottes Ihrerseits verstanden werden. Wenn Sie dieses Zeichen des Andenkens und der Dankbarkeit ernster genommen haben, ist Ihr *Verhalten ebenso bemitleidenswert wie Ihre Krankheit. Dies ist wahrlich verachtenswert und eine Treulosigkeit, die eine Frau aus Paris, so zahm sie auch erscheinen mag, gemäß dem gegebenen Sittenkodex für verheiratete Männer nicht verzeihen könnte, und noch weniger eine Maid, deren Tugendhaftigkeit so streng wie die meine ist, und deren Geist von so hoher Gesinnung ist, wenn ihre Gutgläubigkeit und ihr Feingefühl verletzt werden.*

Warum habe ich in jenem Augenblick nicht daran gedacht, daß Männer in diesem Leben nur gut dazu sind, Mädchen und Frauen zu betrügen? Ach, es gibt Ungerechtigkeiten, die so verletzend und schändlich sind, wenn sie von denjenigen kommen, denen wir am aufrichtigsten verbunden sind, daß selbst die besonnenste Person zwangsläufig die Kontrolle verliert. Brauchen wir Erfahrung, um die Kontrolle zu erkennen, welche das bloße Erscheinen von Tugendhaftigkeit notwendigerweise über das Herz hat? Ich wollte nur Ihren Verdienst anerkennen und meiner Bewunderung Ihrer Talente und Großzügigkeit Ausdruck verleihen. Es gibt keinen Zweifel, daß ich Sie liebte! Aber ich war so naiv hinsichtlich dieser Situation. Ich war sehr weit davon entfernt zu glauben, Liebe könnte inmitten von Problemen und Kummer geboren werden. Nie könnte eine tugendhafte Seele sich der Liebe öffnen, wenn diese Liebe nicht mit Tugendhaftigkeit verbunden wäre, und sei es nur, um sie zu berühren.

Monsieur, Sie müssen aufhören, meine Situation auszunutzen und, um von meinem Unglück zu profitieren, mich so lächerlich wie Sie erscheinen lassen wollen: Sie, den ich so geschätzt habe, den ich für den Tugendhaftesten der Männer hielt; Sie, der mich überzeugt hatte, daß Sie ein gewisses Verständnis für meine außergewöhnliche Position hatten. Sie sind es, der Schande über mich bringt und unter meinen Füßen einen Abgrund gräbt, der um so gefährlicher für mich ist, als Sie seine Tiefen vor meinen Augen verbergen. Wieso haben Sie mich als das unglückliche Opfer des Deliriums Ihres Verstandes und Ihres Sittenkodexes gewählt? Oh, ich verdiente zweifellos mehr als die Verachtung, die Sie für mich empfinden, da ich es zuließ, daß Sie die Schwäche meines Zustandes erfahren, die ich selbst vor mir selbst hätte verborgen halten sollen. Und ich werde hinreichend bestraft dafür! Aber war es Ihre Verantwortlichkeit, mich zu bestrafen? Obwohl es weder in Ihrem Sinne noch in meinem sein mag, daß die Öffentlichkeit über uns urteilt, wenn Sie meinen Ruf hätten wahren wollen, wären Sie vorsichtiger mit dieser Öffentlichkeit gewesen, die von sich aus nicht wissen kann, was die Wahrheit ist, und die nur nach den Äußerlichkeiten urteilen kann. Sie mißtrauen bereits meiner Tugend, weil ich eine Jungfer und ein Dragonerhauptmann bin. Aber welches ist der Beruf, welcher von Frauen ausgeübt wird, der nicht der Gehässigkeit der Öffentlichkeit ausgesetzt ist?

Die Travestie, hinter der ich mehr als fünfundvierzig Jahre gelebt habe, ohne sie Männern preisgegeben zu haben, ist der entschiedenste Beweis für meine Umsicht ...

Wie kann ich, gekleidet als Jungfer, dem König dienen? Gekleidet als Mann kann ich ihm im Gegensatz dazu im Krieg und im Frieden dienen, so wie ich zweiundzwanzig Jahre immer den Mut und das Glück hatte, es zu tun. Sofern der König und seine Minister allerdings dennoch auf der Umsetzung unserer Vereinbarung beharren, werde ich mich in Gehorsam daran halten; aber ich lege Ihnen nahe, Ihrerseits auch den vierten Artikel umzusetzen und sicherzustellen, daß die in meinem letzten Brief vom 7. enthaltenen gerechtfertigten Forderungen erfüllt werden. Dann werde ich getreulich die Unterlagen zurückgeben. Geben Sie mir meine Aussteuer, bezahlen Sie meine Ausstattung und die Kosten des Darlehens, dann wird die Harmonie zwischen uns wiederhergestellt sein. Dann werde ich, wie krank ich auch sein mag, nach London zurückkehren, um Sie zu umarmen ...

45

D'Eon verklagt Morande

Diese Briefe verschärften nur noch die Verbitterung zwischen Beaumarchais und d'Eon, bis Beaumarchais schließlich so verärgert über seinen Widersacher war, daß er die Verantwortung für die Verhandlungen seinem Assistenten, Charles Morande, übertrug. Unterdessen nutzte Beaumarchais den Großteil seiner Zeit in London, die geheimdienstliche französische Unterstützung der Amerikanischen Revolution weiter zu befördern.[1]

Am 11. April 1776 dinierte Morande zusammen mit drei weiteren Freunden d'Eons in d'Eons Londoner Wohnung. Morande gab zu, daß er und Beaumarchais im letzten November tatsächlich ihr Wissen um die geheime Transaktion ausgenutzt und gewaltige Summen auf d'Eons Geschlecht verwettet hatten; aber weder er noch Beaumarchais konnten verstehen, warum d'Eon darüber so aufgebracht war. Sie hatten, im Gegenteil, gehofft, er würde seine Position in dieser Sache überdenken, da so enorme Summen herausgeschlagen werden konnten, daß für jeden genügend Geld dagewesen wäre. Schließlich bot Morande d'Eon Tausende von britischen Pfund aus den Wetten in bar an, wenn er seine oppositionelle Haltung fallenließe.[2]

Wütend über diese letzte Beleidigung seines Charakters, aber bewaffnet mit politischem Zündstoff, brach d'Eon jegliche Verhandlungen mit Morande und Beaumarchais ab und schrieb direkt an Vergennes. Mit akribischer Genauigkeit schilderte er Beaumarchais' schmutzige Geschäfte in London, wobei insbesondere seine Beziehung mit Morande beleuchtet wurde. Wie konnte Vergennes von d'Eon erwarten, in gutem Glauben mit Halunken zu verhandeln, die hinter seinem Rücken Wetten auf sein Geschlecht abschlossen? Und d'Eon beschwerte sich auch über die respektlose Art, mit der Beaumarchais sich Frauen gegenüber verhielt. D'Eon damit zu beleidigen, daß er ihn wie ein Kind behandelte, war keine einmalige Entgleisung – sondern für d'Eon Teil eines Musters. Die einzigen Frauen, mit denen Beaumarchais zurechtzukommen schien, waren, wie d'Eon Vergennes informierte, die »verschiedene[n] Gruppen von Mädchen ... welche sie auf eine unanständige Art bey ihren herrlichen Bacchusfesten tanzen lassen.« Vergennes hätte nie zulassen sollen, daß jemand wie Beaumarchais, mit seiner verschwommenen Sicht von Frauen, mit einem »Fräulein« wie d'Eon verhandelte, »deren Sitten und

Betragen stets, zu aller Zeit und an allen Orten, über allen Verdacht erhaben gewesen sind.«[3]

Vergennes verteidigte Beaumarchais und riet d'Eon, sich keine Sorgen zu machen: Solange d'Eon weiterhin mit Beaumarchais kooperierte, werde bald alles gelöst sein.[4] Aber diesmal empfand d'Eon zuviel Abscheu gegenüber Beaumarchais und konnte sich auch nicht überwinden, mit Morande zu sprechen. Anfang August erreichte die Situation einen Siedepunkt, als Morande drohte, einen langen Artikel über d'Eons Geschichte zu veröffentlichen.[5] D'Eon war so erbost darüber, daß er sofort zu Morandes Haus stürmte und ihn zum Duell herausforderte. Was Morande unter dem Vorwand ablehnte, er könnte sich unmöglich mit einer Frau duellieren. »Herr von Morande«, schrieb eine Zeitung, »antwortete sehr höflich, es sei für ihn unmöglich, d'Eon irgendwo, außer im Bett zu begegnen.«[6] Wenige Tage später forderte d'Eons Schwager, Thomas O'Gorman, Morande dann im Namen d'Eons heraus. Da ich ein Mann bin, erklärte O'Gorman Morande, »hoffe ich, daß Sie gegen mein Geschlecht nichts einzuwenden haben und sich auch nicht darauf berufen möchten, daß ich weder Ehemann noch Vater sei, da ich als Ehemann und Vater die Ehre meiner Familie rächen möchte.« Aber Morande weigerte sich dennoch und suchte Zuflucht bei den Gerichten. Da Duelle offiziell illegal waren besorgte er sich eine gerichtliche Verfügung vom Königlichen Gericht, dem Lord Mansfield als Oberster Richter vorstand, wonach es jedem untersagt war, sich mit d'Eon zu duellieren.[7]

Jetzt schlug d'Eon mit den gleichen Waffen zurück. Wenn Morande die englischen Gerichte bemühte, um sich zu wehren, würde er es auch tun. Sofort strengte er eine Klage wegen Verleumdung gegen Morande bei Lord Mansfield an. In Anbetracht von Morandes Ruf als professionellem Verleumder schien die Klage aussichtsreich. Aber das Verfahren lief dennoch nicht gut für d'Eon. Als Beweise vorgelegt wurden, daß d'Eon öffentlich verächtlich Bemerkungen über Morande gemacht hatte, wies Mansfield die Klage unter der Maßgabe ab, daß beide Parteien, gelinde gesagt, einander verleumdet hatten.[8]

Wieviel Geld Morande und Beaumarchais auf d'Eon verwetteten, ist nicht klar – es ist nicht einmal bekannt, ob sie ihre Wetten überhaupt jemals abkassierten. Ihre Spekulation auf dem Glücksspielmarkt schien jedoch die öffentliche Meinung über d'Eons Geschlecht gewandelt zu haben. Als die Transaktionsgeschichte vom November 1775 in London bekannt wurde, zogen die meisten daraus den Schluß, daß d'Eon in der Tat eine Frau war. Die Erklärung Ludwigs XVI., wonach d'Eon eine sichere Rückkehr nach Frankreich garantiert wurde, wurde etwa um den Februar 1776 herum in London und Paris veröffentlicht. Nicht jeder war hingegen überzeugt, daß d'Eon eine Frau war, aber die Skeptiker schienen nunmehr in der Minderheit zu sein. Die Frage, die die Londoner beschäftigte, war allerdings nicht, ob d'Eon eine Frau war, sondern wann er es schließlich zugeben und nach Frankreich zurückkehren würde.

Entscheidend für die Bildung der öffentlichen Meinung war natürlich, wie die Geschichte in der Presse behandelt wurde. Die *Morning Post* berichtete, daß »Monsieur d'Eon de Beaumont, von dem so viel geredet wird und der gegenwärtig das Thema aller Gespräche ist, tatsächlich mit einer Pension von 12.000 Livres und einer unwiderruflichen Sicherheitsgarantie zu seiner Rückkehr nach Frankreich Gnade beim König gefunden hat. Die Zweifel hinsichtlich des Geschlechtes von Monsieur d'Eon, welche die letzten Jahre beherrschten, scheinen zerstreut, da nunmehr absolut entschieden ist, daß sie eine Frau ist, und beabsichtigt, sehr bald die Kleidung ihres Geschlechtes anzulegen.«[9]

Im Februar 1776 brachte der *Public Ledger* eine Story mit dem Titel »Die Enthüllung des Geschlechtes«, worin die Herausgeber sich selbstbewußt für den Wahrheitsgehalt des Artikels verbürgten: »Gleichwohl der voranstehende Artikel in einer Zeitung erscheint, kann die Öffentlichkeit sich der Authentizität der Zusammenhänge sicher sein. D'Eon wird aufgefordert, die Einzelheiten zu dementieren, wenn sie es kann; Graf von Guines [der französische Botschafter in England] steht es frei, sie zu widerlegen – wenn er es wagt.«[10]

Der Artikel beginnt mit der Nachricht, daß eine umfangreiche Korrespondenz zwischen d'Eon und Ludwig XV. in den Unterlagen des verstorbenen Königs entdeckt wurde. Die zutage geförderten Briefe stammten durchaus aus jüngster Zeit, aus den sechziger und siebziger Jahren, als d'Eon mutmaßlich aus Frankreich verbannt war. Ludwig XV. hatte ein doppeltes Spiel mit denen, die um ihn waren, gespielt, einschließlich mit seinen Ministern, erklärte der Artikel. »Allem Anschein nach hatte Seine Majestät den Wunsch, den Chevalier festnehmen zu lassen. Oft soll er seine Minister wegen ihres schleppenden Vorankommens in dieser Sache gemaßregelt haben … Aber sobald der König Kenntnis von etwas hatte, gab er die Einzelheiten an d'Eon weiter, mit der Maßgabe, sich mit gebotener Vorsicht genau vor den Fallen in acht zu nehmen, die seine Minister ihm stellten, um ihm auf die Schliche zu kommen.« Der einzige Grund, daß Ludwig sich auf ein solches Doppelspiel einließ, war, wie es weiter hieß, daß er wußte, daß d'Eon eine Frau war und selbst auch die Ursprünge von d'Eons Transvestismus kannte: »Pekuniäre Motive veranlaßten ihre Eltern, sie als Junge zu erziehen, um eine Erbmasse in der Familie zu erhalten, die ansonsten, in Ermangelung eines männlichen Erbens, einem anderen Zweig zugefallen wäre.«

Als dann die Mittelsmänner Ludwigs XVI. d'Eon mit dieser Korrespondenz konfrontierten, erklärte der Artikel weiter, habe d'Eon gestanden, tatsächlich eine Frau zu sein, und das habe unmittelbar zu den Vereinbarungen geführt, an deren Ende die Unterzeichnung der Transaktion stand, deren wichtigste Punkte die Zeitung abdruckte. Und schließlich, hieß es am Ende, werde d'Eon sich bald in ein Kloster in Frankreich zurückziehen, »bis sie sich an das Habit einer Frau gewöhnt hat.«

Dieser Artikel (und möglicherweise andere) wurden aller Wahrscheinlichkeit nach von Morande oder Beaumarchais an die Presse gegeben, da er zwar einen faszinierenden Cocktail von Wahrheiten und Unwahrheiten bietet, zugleich aber auch das wiedergibt, was für die französische Regierung im Frühjahr 1776 die Wahrheit war. Sie hatte gerade erfahren, welche Rolle d'Eon als Geheimagent für Ludwig XV. gespielt hatte; sie war der festen Überzeugung, daß d'Eon eine Frau war, die von ihren Eltern als Mann erzogen worden war; und schließlich hoffte sie auch, gleichwohl dies nicht explizit in der Transaktion festgehalten war, daß d'Eon sich nach seiner Rückkehr nach Frankreich einige Monate in ein Kloster zurückziehen würde. Und so, wie weder Morande noch Beaumarchais von dem Ausmaß der Aktivitäten des königlichen Geheimdienstes und erst recht von den Plänen für eine Invasion in England keine Ahnung hatten, wurden diese dunklen Geheimnisse zu jener Zeit auch noch nicht publik. Nur d'Eons Rolle ab 1766 als Sonderkorrespondent Broglies und Ludwigs XV. wurde ans Licht gebracht.

Aber unabhängig von der Quelle, diese Version von d'Eons Lebensgeschichte – »pekuniäre Motive veranlaßten ihre Eltern, sie als Jungen zu erziehen« wurde jetzt für die europäische Öffentlichkeit die Grundlage zum Verständnis der ganzen geschlechtsspezifischen Konfusion. »Sie wurde als Mädchen geboren«, erklärte ein Anwalt 1779 vor einem französischen Gerichtshof. »Sie wurde getauft und als Mädchen versorgt, aber als Junge erzogen.«[11] Etwa in dieser Zeit verbreitete sich auch die Geschichte in ganz Europa, wonach der Prinz von Conti und Ludwig XV. d'Eon, wohlwissend, daß er eine Frau war, in den fünfziger Jahren nach Rußland geschickt hatten, um als Frau gekleidet der russischen Zarin Elisabeth als Gehilfin zu Diensten zu sein. D'Eons erfolgreiche Bemühungen, Geschichten zu erfinden, die ihm einen patriotischen Deckmantel gaben, erwiesen sich als wichtiger Faktor bei seiner Rehabilitation in der Öffentlichkeit.[12]

Aber dieses neue Image war für d'Eon auch ein zweischneidiges Schwert. Es gab nicht wenige Engländer, die sich jetzt verschaukelt fühlten. Bis 1776 war d'Eon so etwas wie ein Held für die Londoner geworden, ein Verfolgter der despotischen Franzosen, dem Exil gewährt wurde und der sicher und wohlbehalten im freien England leben konnte. Darüber hinaus hatte seine bekannte Freundschaft mit John Wilkes ihm die Zuneigung von Wilkes' Anhängern eingebracht, und nicht wenige davon hatten auf ihn aufgepaßt, sein Haus beschützt und seinen Kritikern übel zugesetzt. Selbst als die Gerüchte über sein Geschlecht in Umlauf kamen, hatten die Londoner zu ihm gehalten. Aber die Geschichten über seine Geheimkorrespondenz mit Ludwig XV. änderten alles. Offenbar war d'Eon weder ein Mann noch ein Exilierter, sondern eine Frau, die für Ludwig XV. spionierte. Und einige Londoner reagierten auf diese Nachricht wie beleidigte Gastgeber.

Diese neue Wahrnehmung von d'Eon wurde zum erstenmal im Sommer 1776 offensichtlich, als die Morande-Klagen anhängig waren. Morande zum Duell herauszufordern, war der denkbar aggressivste gesellschaftliche Schritt, den er unternehmen konnte, und er war Männern vorbehalten. Da d'Eon sich jedoch im Vorfeld geweigert hatte, sein Geschlecht in irgendeiner Form klarzustellen, und jetzt als Frau galt (wie Morandes Absage zu seinen Duellambitionen verdeutlicht), wurde seine virile Herausforderung als schamlose amazonenhafte Unverfrorenheit interpretiert. Die Massen, die ihn in den Jahren zuvor beschützt hatten, wendeten sich jetzt gegen ihn und warfen Steine durch die Fenster seiner Wohnung.[13]

Für viele war d'Eon jetzt nichts anderes mehr als ein Halunke und Schwindler, nicht anders als Morande und andere Exilfranzosen, die London als Basis nutzten, die britische Freiheit auszunutzten, um beide Länder zu diffamieren. D'Eon war sogar noch schlimmer als Morande, exakt weil er eine Frau war. Nachdem sie sich von seiner weiblichen Identität überzeugt hatten, starteten die Londoner Zeitungen jetzt in einer denkbar frauenfeindlichen Sprache ihre Attacken gegen ihn. »Die kleinen durchtriebenen, hinterhältigen Kniffe, die bezeichnend für Ihr Geschlecht sind, werden Sie nicht retten!« warnte der Herausgeber des *Public Ledger*. Nachdem d'Eons Anwalt ihn vor Gericht als einen der wahrlich großen französischen Edelmänner des Jahrhunderts dargestellt hatte, warnte die *Morning Post*, der Advokat »wird sehr enttäuscht sein, wenn die Farce vorbei ist und er feststellt, daß seine *Schutzbefohlene! diese Prinzessin! diese große Frau*, die (wie er sagt und glaubt) größer als Sully, Colbert oder Bolingbroke ist, sich als ein armseliges Etwas von Mann, als eine hirnverbrannte burgundische *bourgeoise* erweist.«[14]

Die bösartigste frauenfeindliche Kampagne startete jedoch die weniger bekannte *Westminster Gazette,* die zugab, daß die Berichterstattung über d'Eon die Verkaufszahlen enorm in die Höhe schnellen ließ. »Was hat es mit dem *ritterlichen Chevalier* auf sich?« fragte sie rhetorisch Anfang September 1776. »Als Mann wurde sie hoch in den Himmel gehoben. Da sie eine Frau ist, sind wir, auch wenn es schade ist, jedoch genötigt, sie zu verachten.« D'Eon hatte das Blatt verärgert, da er selbst als Frau mit seinem Benehmen weiterhin ständig für »helle Aufruhr« sorgte, sich mit seiner Militäruniform kleidete und Widersacher zu Duellen herausforderte, wenn er die Konsequenzen seiner Weiblichkeit hätte anerkennen und sich ihnen fügen sollen. Was »ihr Geschlecht an Qualitäten« auszeichnet, erklärte die *Gazette,* ›sind Zurückhaltung, Bescheidenheit, Fügsamkeit usw.‹, sämtlich soweit unbekannt bei dem impulsiven Chevalier.[15]

Der wachsende Konsens hinsichtlich d'Eons Status als Frau bedeutete auch, daß die Geldmacher, die riesige Summen auf d'Eons Weiblichkeit gewettet hatten, jetzt Geld sehen wollten. Indessen waren diejenigen, die darauf gewettet hatten, daß er ein Mann war, auch wenn sie nunmehr vom Gegenteil überzeugt sein mochten, nicht bereit zu zahlen, solange ihnen keine unwiderlegbaren Beweise präsentiert wurden. Folglich verstärkte sich die Suche nach Beweisen. Immer wieder wurde d'Eon Geld angeboten, bei einer Gelegenheit ganze dreißigtausend Pfund, wenn er sich bereit erklärte, sich im Beisein eines Arztes zu entkleiden, der als unabhängiger Schiedsrichter dienen sollte. Angebote, die d'Eon ebenso beharrlich immer wieder ablehnte und möglichst viel Zeit bei seinem Freund Lord Ferrers auf dem Land verbrachte.[16]

Einige Wetter ließen, wie folgende Zeitungsmeldung verdeutlicht, nichts unversucht, um an zwingende Beweise heranzukommen:

Der Herausgeber dieser Zeitung ist autorisiert, der Öffentlichkeit zu versichern, daß ein prominenter Bankier zehntausend Pfund bereithält, die mit dem Zweck deponiert wurden, daß er folgenden Vorschlag machen kann:

Dieser Gentleman erklärt d'Eon (alias der Chevalier d'Eon) zur Frau, *im eindeutigsten Sinne des Wortes; diese Erklärung unterstützt er mit einer Wette gegen jeden Geldbetrag von ein- bis fünftausend Guinees, oder er schlägt vor, jedem, der fünftausend Guinees in den Händen seines Bankiers hinterlegt, zehntausend Pfund zu zahlen, wenn d'Eon entweder beweist, daß sie ein* Mann, *ein* Hermaphrodit *oder irgendein anderes Lebewesen als eine* Frau *ist.*[17]

46

Lord Mansfields Gericht

Im Sommer 1777 schwanden die Hoffnungen rasch, an unwiderlegbare Beweise für d'Eons Geschlecht heranzukommen, da der Chevalier, wie die Presse berichtete, dabei war, England in Richtung Frankreich zu verlassen. Und damit wurden einige Spieler, die seit 1771 enorme Summen investiert hatten, reichlich nervös und fingen an, untereinander die Zahlung der Wetten auf dem Gerichtswege einzuklagen. Der berühmteste Fall hiervon wurde vom Obersten Richter Mansfield am Königlichen Gericht am 2. Juli 1777 selbst verhandelt – am Vorabend von d'Eons Abreise.

Daß ein so hohes Gericht den Fall überhaupt behandelte, ist ein Indiz, welches Gewicht die Wetten über d'Eon bekommen hatten. Mansfield war der vielleicht herausragendste Richter Großbritanniens und seit 1756 Oberster Richter. Viele betrachteten ihn als den größten Kopf Englands seiner Tage.[1] Er war mit d'Eons Fall besonders vertraut. Als Richter hatte er die Streitfälle zwischen d'Eon und Guerchy in den sechziger Jahren verhandelt und schließlich auch bei d'Eons jüngster Verleumdungsklage gegen Morande den Vorsitz geführt. Mansfield hatte im Laufe der Jahre eine starke Abneigung gegen d'Eon entwickelt, die er allerdings bis nach d'Eons Rückkehr nach Frankreich für sich behielt.[2]

Für dieses Verfahren sicherte Mansfield sich eine »Sondergeschworenenbank«, das heißt, eine Geschworenenbank aus Kaufleuten und Gentlemen, und sorgte außerdem dafür, daß das Verfahren nicht in der offenen und unordentlichen Westminster Hall, sondern in der gediegeneren Guildhall, im Bankenviertel, stattfand, wo jede Anhörung in einem abgeschlossenen Raum abgehalten wurde.

Das Verfahren hatte ein Chirurg, Mr. Hayes, angestrengt, der 1771 von einem Versicherungsmakler, Mr. Jacques, eine Lebensversicherung über einhundert Pfund auf d'Eon gekauft hatte. In der Police war festgelegt, daß Mr. Jacques dem Chirurgen siebenhundert Pfund zu zahlen hatte, wenn sich herausstellen sollte, daß d'Eon eine Frau war. Jetzt wollte Hayes sein Geld sehen. Obwohl d'Eon vor Gericht selbst nicht dabei war, war das Ganze dennoch ein dramatisches Spektakel. Auf den Zuschauergalerien drängten sich so viele Menschen, um die Geschichte mit eigenen Augen mitzuerleben, daß, wie d'Eon meinte, »die halbe Welt« dort zu sein schien.[3]

Mr. Hayes' Anwalt eröffnete das Verfahren mit dem Versprechen, »unsere Zeugen aufzurufen, um zu beweisen, daß *er* eine *Frau* ist.« Der erste Zeuge war ein Kollege Hayes', ein Chirurg und Geburtshelfer namens La Goux. »Ich bin seit vier oder fünf Jahren mit dem Chevalier bekannt; ich weiß, daß es [sic] eine Frau ist«, erklärte er. Auf Nachfrage von Lord Mansfield erläuterte La Goux, d'Eon habe vor einigen Jahren, als er erkrankt war, seine Hilfe gesucht, wegen einer Sache, die offenkundig eine Frauenkrankheit gewesen sei. D'Eon hatte La Goux angeblich gebeichtet, daß er eine Frau war, und bei der Untersuchung hatte der Chirurg denn auch »festgestellt«, daß »*es* eine Frau war.« Aber d'Eon habe ihn angewiesen, niemandem gegenüber ein Wort über sein Geschlecht zu verlieren. Obwohl viele La Goux früher schon Geld angeboten hatten, wenn er aussagen würde, hatte er das doch immer abgelehnt. Und heute war er nur erschienen, erklärte er Mansfield, weil man ihn vorgeladen hatte.[4]

Hayes' nächster Zeuge war kein anderer als Charles Morande. Vom Anwalt des Beklagten ins Kreuzverhör genommen, erklärte Morande an Eides Statt, daß d'Eon ihm am 3. Juli 1774 einen intimen Beweis geliefert habe: »Sie zeigte mir eines Tages ihre Frauenkleider, ihre Ohrringe und ihre Brüste. Einige Zeit später wurde ich eines Morgens (ich bin selbst ein verheirateter Mann) in ihr Schlafgemach geführt; sie war im Bett und machte mir mit großer Freizügigkeit das Angebot, meine Neugier dahingehend zu stillen, worüber wir häufig gescherzt hatten, weil sie oft gesagt hatte, ich sei ein Patenonkel. Ich schob meine Hand in das Bett und war voll und ganz überzeugt, daß sie eine Frau war.«

Erstaunlicherweise hinterfragte die Verteidigung Morandes meineidige Zeugenaussage nicht weiter, ebensowenig die der anderen Zeugen. Die Verteidigung bestritt in der Tat nicht einmal, daß d'Eon eine Frau war und stützte sich bei dem Fall im wesentlichen nur auf zwei Argumente: Erstens hing die Sache des Klägers davon ab, daß hier vor Gericht unanständige Zeugenaussagen abgelegt wurden, was entwürdigend für die gesamte Institution der Justiz wäre. Die Gerichte wären kein Ort, über die intimen Körperteile einer Frau zu diskutieren; folglich waren die Zeugenaussagen von Morande und den zwei herbeizitierten Ärzten auf der Grundlage unzulässiger Obszönitäten zurückzuweisen. Zweitens war die Wette aus Sicht der Verteidigung als betrügerisch anzusehen, da Mr. Hayes eindeutig über Informationen verfügte, die ihm über Mr. Jacques zugänglich waren.

Da beide Argumente d'Eons Geschlecht nicht in Frage stellten, sondern lediglich die Frage der Zulässigkeit der Klage vor Gericht, war das die Grundlage, auf der Lord Mansfield eine Lösung zu finden hatte. Er ging mit der Verteidigung einig, daß die gräßlichen Zeugenaussagen von Morande und anderen unter der Würde des Gerichtes waren. Er sagte dem Gericht, daß er die ganze Geschichte der Wetterei über das Geschlecht einer Person empörend fand und wünschte, er fände einen Weg, beide Parteien verlieren zu lassen. Aber der war nicht zu finden. Nach englischem Recht, erklärte er, war die Geschichte zwischen Mr. Hayes und Mr. Jacques absolut legal, und ihre Streitsache mußte verhandelt werden, wie unehrenhaft sie auch war. Bei der fraglichen Versicherungspolice handelte es sich nach englischem Recht in der Tat um einen legalen Vertrag. Auch für den zweiten Einwand des Verteidigers konnte Mansfield sich nicht erwärmen. Da der Chevalier d'Eon sich geweigert hatte, mit irgendeiner Partei zu kooperieren, erklärte Mansfield, war Hayes nicht im Besitz von Insiderinformationen, die aus der Wette ein Betrugsdelikt gemacht hätten. Folglich sollten die Geschworenen, so Mansfield, die beiden Einwände ignorieren.[5]

Angesichts des Gewichtes der vorgelegten Beweise »fällten die Geschworenen, ohne sich aus dem Gerichtssaal zurückzuziehen, nach einer etwa zweiminütigen Beratung ein Urteil zugunsten des Klägers auf Zahlung von siebenhundert Pfund.« Die Entscheidung der Geschworenen wurde als eine Art rechtliche Erklärung zu d'Eons Weiblichkeit gewertet. Das unmittelbare Ergebnis war, daß viele Spieler, die darauf gewettet hatten, daß d'Eon ein Mann war, es jetzt vorzogen, die gegnerische Partei auszuzahlen, statt in ein kostspieliges Zivilverfahren gezogen zu werden. Tausende von Pfund wechselten den Besitzer, und diejenigen, die sich noch immer weigerten zu zahlen, wurden vor Gericht gebracht.[6]

D'Eon war bei keinem dieser Verfahren dabei und konnte sie wohl nur mit großem Zwiespalt verfolgt haben. Einerseits waren diese Verfahren der Höhepunkt seiner inzwischen sechsjährigen Anstrengungen, sich der englischen und weitergehenden europäischen Öffentlichkeit als Frau darzustellen. Insofern hätte die Tatsache, daß England ihn jetzt rechtlich als Frau sah, für ihn tröstlich sein können. Statt dessen betrachtete er das Verfahren jedoch als eine Form der Tragödie: »Ich ging in meiner Depression und Isolation zu Bett und bat den Himmel um Befreiung von meiner Angst und Verwirrung.«[7]

Was d'Eon so aus der Fassung brachte, war natürlich die Art und Weise, wie hier öffentlich ohne sein Einverständnis über seinen Körper diskutiert werden konnte. Das Verfahren schien zu bestätigen, daß es rechtens war, den Körper eines Edelmannes wie eine allgemeine Ware zu behandeln. Überdies war d'Eon zutiefst verletzt, daß Mansfield es zugelassen hatte, daß Ganoven wie Morande das Gericht mit so offensichtlichen Lügen und Verleumdungen beschmutzten. D'Eon wollte zwar als Frau bekannt sein, aber nicht, daß Personen, die ihn kaum kannten, so schamlos in aller Öffentlichkeit über seinen Körper diskutierten. Das war auch der Grund, warum er, wie er den Zeitungen sagte, sich nach wie vor weigerte, sein wahres Geschlecht zu offenbaren, und alle Spieler warnte, ihre Wettschulden zu zahlen. In einem Brief an eine Zeitung erinnerte er die Leser an seine Drohung, daß er sich, wenn die Wetten nicht aufhörten, nach Frankreich absetzen werde. Und jetzt, da er es angekündigt hatte, blieb ihm angesichts des Ausgangs des Verfahrens keine Wahl, als tatsächlich sofort nach Frankreich zurückzukehren.[8]

Und d'Eon hielt sein Wort. Sechs Wochen nach dem Urteil war er auf einem Schiff nach Frankreich. Aber in Wirklichkeit war die Zeitgleichheit zwischen Mansfields Urteil und d'Eons Abreise aus England ein reiner Zufall. Es waren Vergennes und Ludwig XVI., nicht Mansfield oder die Engländer, die d'Eon in England gehalten hatten. Obwohl er seit November 1775 nach Maßgabe der Transaktion gerne nach Frankreich zurückkehren konnte, hatte er noch weitere achtzehn Monate damit verbracht, sich in Wortklaubereien über diverse Punkte der Transaktion, um deren Grenzen auszutarieren, mit Beaumarchais, Vergennes und selbst Ludwig XVI. persönlich herumgeschlagen. Insbesondere wollte er sichergestellt wissen, daß alle seine Schulden bezahlt wurden, ehe er England verließ. Wie er Vergennes erklärte, hatte er eine Bibliothek von mehr als sechstausend Bänden zusammengetragen, eine Sammlung, die so groß war, daß sie in England bleiben mußte. Nun hatte er Sorge, wenn er unbezahlte Schulden zurückließ, daß die Gläubiger seine geliebte Bibliothek verpfänden und selbst einen Teil davon veräußern könnten. Im Sommer 1777 waren jedoch so viele seiner Schulden bezahlt, daß er sich schließlich in der Lage sah, seine große Reise anzutreten. Dennoch glaubte er, das Datum seiner Abreise absolut geheimhalten zu müssen, um nicht Gefahr zu laufen, doch noch gekidnappt zu werden. Offenbar kannten nur Ferrers und noch ein weiterer Freund das Datum. So verließ d'Eon London schließlich am 14. August 1777, im wahrsten Sinne des Wortes unbemerkt. Erst einige Tage später wurde seine Abreise in den Zeitungen öffentlich gemacht.[9]

In den sechs Jahren, seit die ersten Gerüchte über sein Geschlecht aufgetaucht waren, hatte d'Eon Bemerkenswertes erreicht. Er war von seinen scheinbar unüberwindlichen Schuldenproblemen befreit; seine politische Rehabilitation durch Ludwig XVI. war für die Öffentlichkeit um so überzeugender, nachdem sich herausgestellt hatte, daß er seine Jahre in London schließlich doch nicht im Exil, sondern in geheimen Diensten Ludwigs XV. verbracht hatte; und schließlich war es ihm, ohne sich je als Frau zu kleiden, gelungen, alle und jeden, einschließlich seine engsten Freunde, zu überzeugen, daß er anatomisch eine Frau, aber als Mann erzogen worden war.

Selbst nachdem d'Eon nach Frankreich abgereist war, hatte Lord Mansfield sich auch noch weiterhin mit Zivilklagen aufgrund von Wetten über d'Eons Geschlecht zu befassen. Der Richter empfand diese Wettgeschichten allerdings zunehmend als ein Ärgernis und suchte nach einer rechtlichen Handhabe, sie samt und sonders abzuweisen. Im Dezember 1777 hatte Mansfield den Fall Joshua Mendes Da Costa gegen Jenkin Jones zu verhandeln, der buchstäblich in jeder Hinsicht identisch mit dem Fall Hayes gegen Jacques war, sogar bis dahin, daß viele derselben Zeugen aufgerufen wurden, einschließlich Morande mit seiner entscheidenden Zeugenaussage. Mansfield verhielt sich bei der Verhandlung dieses Falles nicht anders als vorher, und wie ihre Vorgänger befanden auch diese Geschworenen zugunsten des Klägers. Aber nachdem die Geschworenen ihr Urteil gesprochen hatten, ließ Mansfield in seiner Schluß-

290

erklärung durchblicken, daß er es begrüßen würde, wenn die Verteidigung eine Vertagung des Urteils beantragen würde. Damit würde dem Obersten Richter die Möglichkeit gegeben, nicht eingehender der Frage nach d'Eons Geschlecht, aber der nachzugehen, ob derartige Versicherungswetten nach britischem Gesetz tatsächlich zulässig waren.

Keine Frage, daß die Verteidigung diesen Schritt unternahm, und einen Monat später trafen die Anwälte dann wieder in Mansfields Gericht zusammen, um über die Legalität der Wetten zu debattieren. Nach pflichtgemäßer Anhörung der beiden Parteien entschied Mansfield dann zugunsten des Beklagten, womit er sein vorhergehendes Urteil selbst kippte und damit im Endeffekt die Vollstreckbarkeit aller Wetten über d'Eon zugleich aufhob. Mansfield stellte klar, daß sein Urteil nichts mit d'Eons Geschlecht zu tun hatte – mindestens drei Geschworenenbänke hatten entschieden, daß d'Eon eine Frau war –, und ebensowenig griff er damit in das Recht der Engländer ein, Wetten abzuschließen, die vor Gericht als vollstreckbare Verträge anerkannt wurden. Für ungültig erklärte Mansfields Entscheidung vielmehr jene Wetten, die zwischen zwei unparteiischen Personen über das Geschlecht einer weiteren Person abgeschlossen wurden, und zwar im wesentlichen aus zwei Gründen: Erstens, weil solche Wetten ohne zwingenden Grund die Zulassung unschicklicher Beweise erforderte; und zweitens, weil solche Wetten unweigerlich die Sicherheit und den Ruf der unschuldigen dritten Partei verletzten.[10]

Somit wurde die Frage von d'Eons Geschlecht nicht nur ein Lieblingsthema in der britischen Presse und der Konversation der Londoner Abendgesellschaften, sondern führte letztlich dazu, daß der herausragendste juristische Kopf Englands neue Rechtsprinzipien definierte. Fortan sollten die Engländer davor bewahrt bleiben, rechtlich verwertbare Verträge miteinander über jemandens Geschlecht einzugehen, wofür d'Eon jahrelang gut gewesen war. D'Eon hatte nun in der Tat zwei Siege errungen: Er hatte sein Bild in der Öffentlichkeit gewandelt, die ihn jetzt statt als Mann als Frau sah, und er hatte verhindert, daß irgendwer in England Kapital aus seinem Geschlecht schlagen konnte.

Teil V

D'Eons christlicher Feminismus

»Kleider sind nichts weiter als ein Symbol für etwas, das tief darunter verborgen liegt. Es war eine Veränderung in Orlando selbst, die ihr die Wahl eines Frauenkleides und eines Frauengeschlechts diktierte. Und vielleicht drückte sie damit nur mit größerer Offenheit als üblich – in der Tat war die Offenheit die Seele ihrer Natur – etwas aus, das den meisten Menschen widerfährt, ohne derart deutlich ausgedrückt zu werden. Denn hier stehen wir wieder vor einem Dilemma. So unterschiedlich die Geschlechter auch sind, so überkreuzen sie sich doch. In jedem menschlichen Wesen gibt es ein Schwanken von einem Geschlecht zum anderen, und oft sind es nur die Kleider, die das männliche oder weibliche Aussehen aufrechterhalten, während darunter das Geschlecht das genaue Gegenteil dessen ist, als was es oben erscheint. Mit den Verwicklungen und Verwirrungen, die sich daraus ergeben, hat jeder seine Erfahrungen gemacht; hier aber verlassen wir die allgemeine Frage und verzeichnen nur die seltsame Wirkung, die das alles im besonderen Fall Orlandes hatte.«

Virginia Woolf, Orlando

47

Überlegungen zum Kloster

D'Eon kehrte als eine der berühmtesten und bemerkenswertesten Frauen des Jahrhunderts nach Frankreich zurück. Egal, wo er hinging, überall wollten alle – vom gewöhnlichen Diener bis zum König und der Königin – einen Blick auf ihn werfen. In den Zeitungen erschienen regelmäßig Geschichten über ihn, und von seinen Anhängern und Anhängerinnen erhielt er weiterhin Bewundererpost. Pierre-Joseph Boudier de Villemert führte d'Eon ebenso in seinem 1779 erschienenen Buch über Europas berühmteste Frauen auf wie eine Autorin in einer frühen feministischen Schrift.[1] Wenig später, 1780, fertigte eine von Frankreichs wenigen bekannten Bildhauerinnen, Marie-Anne Collot, die Schwiegertochter des großen Falconnet, eine Büste d'Eons an, die in der Presse vielbeachtet wurde und über die Blin de Sainmore folgendes Gedicht schrieb:[2]

> Ce marbre, où de d'Eon le bust est retracé,
> A deux femmes assure une gloire immortelle
> Et par elles vaincu, l'autre sexe est forcé
> D'envier à la fois l'artiste et le modèle

> [Dieser Marmor, aus dem d'Eons Büste gemacht,
> sichert zwei Frauen unsterblichen Ruhm
> Und besiegt von ihnen, ist das andere Geschlecht gezwungen
> beide zugleich, die Künstlerin und das Modell zu beneiden]

In den nächsten drei Jahrzehnten, in denen d'Eon als Frau lebte, stellte niemand öffentlich seine Identität in Frage: Jeder akzeptierte ihn als Chevalière – trotz der Tatsache, daß d'Eon, wenn jemand ihm zum erstenmal begegnete, ein unverfroren männliches Verhalten an den Tag legte. »Ich paßte mich meiner Lage an«, erinnerte d'Eon sich später, »ohne mein Auftreten oder meine Rede zu ändern, wie andere es sich wohl gewünscht hätten.«[3] Obwohl er Frauenkleider angelegt und die Identität einer Frau angenommen hatte, legte er gegenüber anderen Damen weiterhin ein ausgesprochen ritterliches Verhalten an den Tag und kam wie immer den kleinen Höflichkeitsbezeugungen eines Mannes nach, wie etwa Kaffee nachzugießen, wenn er feststellte, daß die Tasse einer Dame leer war. Als ein Gentleman bei einer Gelegenheit bemerkte, daß d'Eon als Mann sehr schöne Beine gezeigt habe, soll er seine Unterröcke gelüftet und erklärt haben: »Wenn Sie neugierig sind, voilà!« Genauso genoß er es, bei diesen Abendgesellschaften seine Fechtkünste unter Beweis zu stellen. Dieses außergewöhnliche Verhalten veranlaßte zumindest eine Zeitschrift zu der Bemerkung, d'Eon »erscheine nach wie vor mehr wie ein Mann als eine Frau.«[4]

Während die Franzosen von seinem Verhalten fasziniert waren, fanden viele Engländer es anstößig und empörend, wie auch James Boswell, der sich bei einer Abendgesellschaft 1786 mit d'Eon unterhielt. »Ich war schockiert, daß ich sie für ein metamorphosiertes Monster hielt. Sie erschien mir wie ein Mann in Frauenkleidern.« Horace Walpole »fand sie laut, aufdringlich und vulgär – in Wahrheit glaube ich, daß sie einen kleinen *Drachen* verspeist hatte. Es war ein warmer Abend, sie trug weder einen Muff noch Handschuhe, und ihre Hände und Arme scheinen bei dem Geschlechtswechsel nicht beteiligt gewesen zu sein, sondern sind tauglicher, einen Stuhl als einen Fächer zu tragen.«[5]

Das Erstaunliche an den Reaktionen Boswells und Walpoles ist, daß sie ihren Instinkten nicht folgten und erklärten, d'Eon sei tatsächlich ein als Frau gekleideter Mann. Statt dessen sahen sie, trotz ihrer Wahrnehmung, in ihm einfach eine Amazone, eine ausgesprochen maskuline Frau. Sie unterstellten das Weibliche bei dem, was sie *nicht* sehen konnten; was sie sehen konnten, nahmen sie als männlich wahr. Für sie war d'Eon anatomisch eine Frau, aber gesellschaftlich ein Mann: Und das war es genau, was jene konservativen Engländer so entsetzlich fanden.

Die europäische Öffentlichkeit zu überzeugen, daß er eine Frau war, die sich als Mann ausgegeben hatte, war nun nicht mehr das zentrale Problem in d'Eons Leben; nunmehr war er mit der indes schwierigeren Herausforderung konfrontiert, als Frau eine, wenn man so will, öffentliche Karriere fortzusetzen. Trotz Vergennes Anweisungen hatte d'Eon nicht die Absicht, sich aus der Politik zurückzuziehen. Er betrachtete seine Geschlechtsumwandlung inzwischen als Weg, seine festgefahrene politische Karriere wieder neu in Gang zu setzen. Er wollte, wie auch immer, weiterhin diplomatische Posten übernehmen, als Offizier dienen und Bücher schreiben, die dafür sorgten, daß sein Name in der Öffentlichkeit blieb – und zwar jetzt als eine selbstbewußte Frau. Seine Auseinandersetzung mit der Regierung über das Recht, weiterhin seine Dragoneruniform zu tragen, war nur der Startschuß in seinem Kampf, als Frau in die würdigen Reihen der Staatsmänner des Ancien Régime aufgenommen zu werden. Richtig ist zwar, daß einige Frauen wie Madame de Pompadour und die »Salonnières«, die an der Seite der Philosophen der Aufklärung nicht wegzudenken waren, eine enorme politische Macht ausgeübt haben mochten, aber sie machten ihren Einfluß über inoffizielle Kanäle geltend. Politische und militärische Posten waren das Monopol der Männer. Und genau diese Bastion geschlechtlicher Ausschließlichkeit versuchte d'Eon nach seiner Rückkehr nach Frankreich zu zerschlagen. Er wollte die traditionellsten politischen und militärischen Posten für Frauen öffnen – und in den Jahren nach 1777 lernte er seinen Kampf nicht mehr nur als persönlichen, sondern zunehmend als eine Sache zusehen, die er im Namen aller Frauen ausfocht.

Das Unglück für d'Eon war, daß sein Kreuzzug für die Erweiterung der Möglichkeiten, die Frauen der Oberschicht im öffentlichen Leben offenstanden, dem vorherrschenden kulturellen Trend scharf zuwiderlief. Der bestand darin, daß die öffentlichen Rollen von Frauen in der Tendenz schon wieder eingeschränkt statt erweitert wurden. D'Eon brachte diese neue Haltung gegenüber Frauen nun nicht etwa mit Rousseau in Verbindung, sondern auf der persönlicheren Ebene mit Beaumarchais. Nachdem beide, d'Eon und Beaumarchais, zurück in Paris waren, hatte letzterer seine abwegigen Märchen über d'Eons Heiratsambitionen mit ihm fleißig weitergesponnen. Diese Geschichten drohten d'Eon zur allgemeinen Zielscheibe des Spotts in Paris zu machen. Er lief Gefahr, daß die Leute ihn nicht mehr als eine patriotische Heldin, sondern nur noch als eine sexuell frustrierte alte Jungfer sehen würden, die sich unbedingt einen Ehemann angeln und aus dem politischen Leben zurückziehen wollte. Und Beaumarchais' Geschichten zeitigten bereits einen Effekt: In vielen Salons begannen die Frauen, sich als d'Eon zu verkleiden und entsprechend gewagte Geschichten zu erzählen und mit den männlichen Gästen zu flirten.[6]

D'Eon beklagte sich bei Vergennes bitter über die Verleumdung und suchte sich in Pamphleten, die im Frühjahr 1778 erschienen, gegen Beaumarchais zu verteidigen. Beaumarchais' Geschichten waren nicht nur völlig aus der Luft gegriffen, erklärte d'Eon, ihre obszönen Inhalte offenbarten auch einen wahrhaft verderbten Charakter. Er wiederholte seine früheren Vorwürfe, daß Beaumarchais als Mittler Ludwigs XVI. seine Position ausgenutzt und Wetten auf d'Eons Geschlecht abgeschlossen hatte, um mit seinen Insiderinformationen eine Menge Geld zu machen. Dabei habe Beaumarchais doch bereits ein so großes Vermögen, daß er eher, wie d'Eon meinte, als »Bon Marché« (gutes Geschäft) betitelt werden sollte.[7]

Damit, daß Beaumarchais ihn verleumdete, argumentierte d'Eon, verleumdete er in Wirklichkeit alle Frauen. In einem gesonderten »Appell an alle meine Zeitgenossinnen‹, geschrieben am Fest Mariä Lichtmeß, »prangerte« d'Eon Beaumarchais »im Namen aller Frauen meiner Epoche an.« Damit, daß er eine Wette auf das Geschlecht einer Frau abgeschlossen und somit versucht hatte, mit d'Eons Körper Geld zu machen, hatte er sich, wie d'Eon ihm vorwarf, wie ein Zuhälter verhalten. Was Beaumarchais gemacht hatte, war nichts anderes als eine Ausbeutung seines Körpers und stellte für d'Eon einen Akt übelster Frauenfeindlichkeit dar.[8]

D'Eons Haß auf Beaumarchais wurde zu einer Besessenheit. Für d'Eon war er der Emporkömmling, der Parvenu, der sich seinen Weg in die Aristokratie nur erschlichen hatte, um sie von innen zu zerstören. In den kommenden Jahren sollte d'Eon langsam, aber beständig immer mehr Material für eine geplante vierbändige Biographie über Beaumarchais sammeln. Seine eigenen Verhandlungen mit Beaumarchais sollten sorgfältig in allen Einzelheiten im dritten Band dargelegt werden. Am Ende verlor er jedoch das Interesse an dem Projekt, und es wurde nie abgeschlossen.[9]

Aber als ihn im Februar 1778 die Nachricht von Lord Mansfields Entscheidung erreichte, mit der alle Wetten auf sein Geschlecht als gesetzwidrig erklärt wurden, wurde d'Eon erst einmal von einem überschwenglichen Siegesgefühl erfaßt. In einem Brief an den Richter vergab er den Briten, daß sie ihn mit verschiedenen Klagen gequält hatten und verglich sich mit Jeanne d'Arc, der dreihundert Jahre zuvor das englische Rechtssystem ebenso zum Verhängnis geworden war. Und dennoch »ist das ganze Leben der Chevalière d'Eon«, genau wie das ihre, schrieb er, »voller Taten des Mutes, der Weisheit, Tapferkeit und Loyalität.«[10]

In einem kurzen Artikel mit der Überschrift »Zweiter Brief an die Frauen‹ erklärte d'Eon, Mansfields Urteil sei nicht nur ein persönlicher Sieg für ihn, sondern ein Sieg für alle Frauen. Denn wenn es rechtens wäre, daß Männer Wetten über die Körper von Frauen, ohne deren Einverständnis, abschließen könnten, wäre keine Frau vor einer solchen Schande geschützt. Aber mit dieser Verfügung war dem Einhalt geboten, so konnten Männer die Frauen nicht mehr einfach verleumden und damit ungeschoren davonkommen. »Ihre Ehre hat gesiegt«, erklärte d'Eon den Leserinnen.[11]

Aber es gab noch einen völlig anderen Grund, warum der Februar 1778 ein Wendepunkt in d'Eons Anpassungsprozeß an sein Frausein war: Frankreich hatte sich dem Amerikanischen Unabhängigkeitskrieg gegen die Briten angeschlossen. Und damit konnte d'Eons Abschied vom Militär kein Diskussionspunkt mehr sein. Trotz seines angenommenen Geschlechtes war d'Eon zuvorderst und zuerst ein Soldat und Patriot; wenn sein Land im Krieg war, war klar, wo er hingehörte. Und das galt nie mehr als jetzt: Hier war der Krieg, den er ersehnt hatte, um die Niederlage von 1763 zu rächen. Dieser neue Krieg war die Chance für Frankreich, seine nationale Ehre wiederherzustellen.

D'Eon schrieb Gesuche an Regierungsvertreter, worin er um Aufhebung der Verfügung bat, wonach er Frauenkleider zu tragen hatte. Er verabscheute diese Frauenkleidung, wie er erklärte, und bat dringlich darum, seine Militäruniform wieder anziehen zu dürfen. Sobald er die Erlaubnis hatte, sich wieder als Dragonerhauptmann zu zeigen, könnte er als nächstes den Antrag auf einen Sondereinsatz in Amerika stellen.[12]

Die Regierung wollte von solchen Dingen natürlich nichts hören. Weit von jeder Absicht entfernt, ihn in den Krieg ziehen zu lassen, wollte man ihn vielmehr nur aus Paris weg und aus dem Rampenlicht der Öffentlichkeit entfernt haben. Die Regierung ließ nichts unversucht, d'Eon mit Druck dazu zu bewegen, in ein Kloster zu gehen und Nonne zu werden. Die Frauen am Hofe wie etwa Madame de Maurepas, Frau des Innenministers, erklärten d'Eon, daß es für eine unverheiratete Frau einfach keinen Weg gab, politischen Einfluß zu haben. Sie rieten ihm, entweder zu heiraten und über ihren Ehemann Einfluß auszuüben, oder in ein Kloster einzutreten.[13]

Die Idee zu heiraten stand natürlich völlig außer Frage. Aber über den Vorschlag, Nonne zu werden, dachte er ernsthaft nach. Was konnte eine fünfzigjährige alte Jungfer schließlich machen? Wohlmeinende Freunde d'Eons hielten den Gedanken, ins Kloster zu gehen, in der Tat für eine ausgezeichnete Idee.[14]

Die Vorstellungen, die wir von den französischen Klöstern im achtzehnten Jahrhundert haben, gehen weitestgehend auf die *Philosophen* der Aufklärung zurück, für die sie eine Zielscheibe der Kritik waren. In Denis Diderots kurzem Roman *Die Nonne* werden sie zum Beispiel als Minidiktaturen dargestellt, in denen Scheinheiligkeit und Betrug in lesbischer Liebe münden. Von der Welt abgeschnitten, isoliert von der aufgeklärten Atmosphäre der Großstadt, gingen die Nonnen im Meer des Aberglaubens und der sexuellen Verderbtheit unter. Voller verdorbener Mädchen, die eigentlich nicht dort sein wollten, erschienen Diderots Klöster wie große Kerker, in denen Verstand und Tugend unwillkommen, wenn nicht gar unbekannt waren.[15]

Dieses Bild des klösterlichen Lebens wurde wohl aus polemischen Zwecken gezeichnet; mit der Realität hatte es wenig zu tun. Die französischen Klöster im achtzehnten Jahrhundert waren mitnichten Kerker der Ignoranz und isoliert von der realen Welt. Sie waren in Wirklichkeit Zentren intensiven Lernens und Lehrens und aufrichtiger Frömmigkeit, die jungen Frauen wichtige intellektuelle Möglichkeiten boten.

Es war eher die Regel als die Ausnahme, daß die Klöster die Pensionatsschulen für die Oberschicht waren. Die meisten Mädchen aus der Bourgeoisie und Aristokratie und selbst viele aus den unteren Schichten, die Stipendien erhielten, gingen in ihrer Adoleszenz ein oder zwei Jahre in eine Klosterpensionatsschule. Dort lernten sie lesen und schreiben, und auch wenn ihre Erziehung und Ausbildung nicht so gründlich und streng wie bei Jungen war, sollte man sie nicht schmälern. Mit den jungen Frauen, die in den Klöstern kamen und gingen, waren die Klöster weder isolierte noch provinzielle Einrichtungen. Genau wie gute Hochschulen heute, die außerhalb von Großstädten angesiedelt sind, unterhielten die Klöster auch damals große Stiftungen und enge Beziehungen mit den führenden Familien des Landes.[16]

In den besten Klöstern konnten die Nonnen lesen, schreiben und Gespräche in einer Gemeinschaft führen, in der es sich mit der Üppigkeit im Refektorium und einer ausgezeichneten Bibliothek gut leben ließ. Gut ausgestattete Klöster waren in Frankreich im achtzehnten Jahrhundert vielleicht sogar die einzigen Orte, an denen Frauen relativ unabhängig von den Männern an den intellektuellen und religiösen Diskursen teilnehmen konnten. Von und für Frauen betrieben, hatten die Klöster Frauen Führungspositionen und ein Maß an Verantwortung zu bieten, die in weltlichen Bereichen undenkbar waren. Kurz: Die Klöster zogen nicht nur Frauen an, die bereits überzeugte Christinnen waren, sondern Frauen unterschiedlichsten religiösen Eifers, die in der Gemeinschaft mit anderen Frauen ihren Interessen nachgehen wollten.

Es ist also nicht erstaunlich, daß eine solche Gemeinschaft auch d'Eon attraktiv erschien. Auch in protestantischen Ländern wurden die Klöster inzwischen von aristokratischen Frauen als Refugien idealisiert, wo starke feministische Eigenschaften ungehemmt blühen und gedeihen konnten. In der Literatur der Querelle des Femmes wurden diese Altjungferngemeinschaften mitunter als positive Alternative zur Ehe dargestellt.[17] Und für d'Eon, der sich aufgrund der Bewunderung des tugendhaften Charakters der Frau zum Leben als Frau hingezogen fühlte, repräsentierten die Klöster natürlich eine glaubwürdige, unverfälschte Gemeinschaft, die, zumindest was die besten anging, dazu angetan war, die Tugend zu institutionalisieren. »Unter Männern werde ich erniedrigt und verdorben«, bekannte d'Eon in seinen autobiographischen Notizen. »Unter Frauen werde ich erbaut und erhöht.«[18]

Mindestens zwei der besten Klöster Frankreichs luden d'Eon zu einem ausgedehnten Besuch in der Hoffnung ein, er werde sich für ein Leben dort entscheiden. Im September 1778 besuchte er als erstes die Abbaye Royale des Dames in Fontevarault, im Tal der Loire. Berühmt als eine der ältesten Institutionen in Frankreich wurde das Kloster ursprünglich Ende des elften Jahrhunderts als eine gemischtgeschlechtliche Abtei gegründet. Ihr Gründer, der Prediger Robert d'Arbrissel, unternahm seinerzeit einen ungewöhnlichen Schritt, als er einer Frau als Äbtissin sowohl die Leitung des Nonnen- als auch des Mönchsklosters übertrug. Im Mittelalter und in der jüngeren Neuzeit schickten viele königliche Familien ihre Töchter in dieses Kloster, das im achtzehnten Jahrhundert in ganz Frankreich einen ausgesprochen exzellenten Ruf hatte.[19]

Etwa in der gleichen Zeit besuchte d'Eon dann auch das noch beeindruckendere Kloster Saint-Cyr, unmittelbar außerhalb Versailles' gelegen. Wesentlich später als Fontevarault, von Ludwig XIV. gegründet, wurde Saint-Cyr insbesondere von den Bourbonen-Königen und deren Verwandten bevorzugt. Ein Mädchen mußte in der Regel einen Adel vierten Grades vorzuweisen haben, um zugelassen zu werden. Aristokratentöchter, die keine Nonnen werden wollten, konnten im Alter zwischen sieben und zwanzig im Kloster leben. Das Nonnenkloster war insbesondere wegen seines weitläufigen Geländes bekannt. Wenn d'Eon in irgendeinem Kloster glücklich würde, dann wohl in diesem. Und die Nonnen wollten auch d'Eon haben. Nach seinem ersten Besuch schrieb eine Nonne ihm, er hätte die Bewunderung aller Schwestern gewonnen; sie hoffte, er würde bald wiederkommen und könnte so lange bleiben, wie er mochte.[20]

D'Eon gab sich vor den Nonnen nicht etwa als eine andere Frau, als er sonst war, sondern demonstrierte auch vor ihnen seine virile amazonenhafte Vorstellung von Weiblichkeit. Nach einem glücklich verlaufenden Besuch schickte er ihnen eine Kopie eines populären Drucks, der seit 1773 an den Londoner Zeitungsständen verkauft wurde und d'Eon als Göttin Pallas (S. 246) vor ihrem Zelt zeigt, bereit, ihre Truppen in den Kampf zu führen. Die Nonnen zeigten sich dankbar für sein Geschenk und revanchierten sich, indem sie ihm folgendes Gedicht schickten, das sie eigens für ihn gemacht hatten:[21]

De l'antique Pallas, d'Eon a tous les traits
Elle en a la sagesse et le masle courage
Je me trompe: d'Eon, par d'héroïques Faits
Cent fois plus que Pallas merite notre homage.
Qu'etoit ce que Pallas? un Estre fabuleux
Un brillant avorton du cerveau des Poëtes.
La Brave d'Eon vit, et cent mille gazettes
Vantent par l'univers ses exploits glorieux

[D'Eon hat alle Züge der antiken Pallas
Sie hat ihre Weisheit und ihren virilen Mut
Ich irre: D'Eon verdient durch ihre heroischen Taten
Hundertmal mehr als Pallas unsere Hommage.
Wer war Pallas? ein Fabelwesen
Eine brillante armselige Kopfgeburt der Dichter.
Die bravouröse d'Eon lebt, und einhunderttausend Gazetten
Rühmen im ganzen Universum ihre glorreichen Großtaten]

D'Eon genoß seine Besuche in beiden Klöstern und spielte ernsthaft mit dem Gedanken, in eines der beiden oder auch ein anderes einzutreten. An einem Punkt erstellte er sogar eine Liste von einem Dutzend Klöster, die er als angemessen ernsthaft in Erwägung ziehen wollte.[22] Er sah das klösterliche Leben als einen »Tempel der Reinheit, in dem Gott seine Gesetze in die Herzen [der Nonnen] sät.«[23] Besonders fühlte er sich von der Frömmigkeit angezogen, die er in diesen Gemeinschaften fand; die Tugendhaftigkeit der Schwestern enttäuschte ihn nicht, und er war überzeugt, von ihrem moralischen Mut noch sehr viel lernen zu müssen.

Aber aus alledem wurde am Ende doch nichts. Eine Nonne, glaubte er, mußte Bescheidenheit und Demut zeigen, um allein für Gott leben zu können. Sie mußte »der Lehre des Heiligen Augustinus« folgen, wonach religiöse Männer und Frauen ihren eigenen Willen zu ignorieren und nur nach »der Gnade Gottes« zu leben hatten. D'Eon mußte sich jedoch eingestehen, daß er sein eigenes Ego nicht unterdrücken wollte oder konnte. Trotz aller eingestandenen Ambivalenz und Verwirrungen wußte er, daß sein Geschlechtswandel seine weltlichen Ambitionen nicht erstickt hatte.[24]

Anders ausgedrückt: Trotz seiner tiefen und aufrichtigen Bewunderung für die Tugendhaftigkeit und Integrität der Nonnen, denen er begegnete, empfand er das Klosterleben als langweilig. In einem Kloster zu leben bedeutete, sich in eine Gemeinschaft zurückzuziehen, in der nichts passierte, wo jeder Tag gleich war, wo d'Eon nichts mehr werden konnte, weil er hier aufgehört hätte zu leben. Kurz: Der Eintritt in ein Nonnenkloster bedeutete, in seinen Worten, »in dieser Welt zu sterben, um für Gott zu leben.« Und dazu war er nicht bereit. Abgesehen davon, sinnierte er, wenn ein egozentrischer Staatsmann wie er in ein Kloster ging, konnte er ungewollt die Rechtschaffenheit der anderen Frauen korrumpieren, und das wäre eine besonders große Sünde. Selbst Jesus hatte einmal gesagt, wie d'Eon sich erinnerte, daß derjenige, der andere vom Weg des Heiles abbringt, selbst den Tod verdient.[25]

»Der Geist meiner angeborenen Tapferkeit, der in meiner Tracht im Kloster zurückgehalten und unterdrückt wird«, erklärte d'Eon in seinen Memoiren, »hat sehr viel Ähnlichkeit mit dem Wein aus meiner Heimat Tonnerre. Wenn man ihn in ein neues, schlecht ausgewaschenes, gescheuertes und verschlossenes Faß füllt, hat sich die Masse des Weines in nur wenigen Monaten verflüchtigt; es bleibt nichts als der Totenkopf des Weines, das heißt, ein letzter Rest.« Gleichzeitig argumentierte er auch, daß er noch Zeit brauchte, um seinen moralischen Charakter in der Welt draußen zu prüfen und einfach noch nicht für das rein kontemplative Leben einer Nonne bereit war – aber hoffte, es eines Tages zu sein.[26]

Ende 1778 war d'Eon soweit mit sich ins reine gekommen, daß klar war, daß er nicht ins Kloster gehen konnte, sondern … auf Biegen oder Brechen nach Amerika kommen mußte, um zusammen mit Frankreich für die Unabhängigkeit der Kolonien zu kämpfen. Er startete eine Briefkampagne und schrieb nicht nur mehreren Ministern des Königs, sondern auch deren Ehefrauen und »den edlen Hofdamen«. Er erklärte, seit über einem Jahr habe er sich nunmehr bemüht, ein domestiziertes Leben zu leben, jenseits des Blickfeldes der Öffentlichkeit, aber er kam damit nicht zurecht. »Dieses ruhige, seßhafte Leben hat meine Muskulatur und meinen Geist völlig ruiniert. Fünfzig Jahre war ich immer zu einem aktiven Leben bereit«, aber »diese Ruhe jetzt bringt mich um.« Bitte, bat d'Eon, überzeugen Sie den König, mir die Erlaubnis zu geben, »meinen Militärdienst für die Dauer dieses Krieges fortzusetzen.«[27]

Als d'Eon keine Antwort erhielt, ging er noch einen Schritt weiter und sandte vierzig Kopien eines an Innenminister Maurepas adressierten Briefes an die Prinzen von Geblüt und andere hochgestellte Persönlichkeiten. Er schrieb auch direkt an einen Admiral in Brest, den Grafen d'Orvilliers, und bat um die Erlaubnis, auf einem seiner Schiffe den Atlantik überqueren zu dürfen. D'Orvilliers antwortete, nur Maurepas könne ein derartiges Gesuch genehmigen, aber was ihn persönlich angehe, werde er sich glücklich schätzen, d'Eon nach Amerika mitzunehmen. Was d'Eon veranlaßte, sich nunmehr an verschiedene Marschälle Frankreichs mit der dringlichen Bitte zu wenden, »Monsieur, den Grafen von Maurepas« zu ersuchen, »mir zu erlauben, wieder in den Krieg zu ziehen.«[28]

D'Eon wußte, daß sein Verhalten dem König und seinen Ministern dreist erscheinen mußte. Aber er argumentierte, daß das, worum er bat, doch wirklich nicht so abwegig war. Er erinnerte an die Frauen der alten Gallier, die regulär ihre Ehemänner in den Kampf begleitet hatten. Und sie hatten einen wichtigen Beitrag geleistet, indem sie den Mut und den Kampfgeist der Soldaten förderten. Als amazonenhafte Kriegerin würde auch d'Eon mit seinem beispielhaften Verhalten die Tapferkeit der Truppen fördern.

Vergennes und Ludwig XVI. waren außer sich wegen d'Eons Verhalten und darin einig, daß ihm ein und für allemal Einhalt geboten werden mußte. Am 2. März 1779 gab der König d'Eon drei Tage Zeit, sich nach Tonnerre zurückzuziehen, wo er bis auf weitere Anweisungen zu bleiben hatte. Des weiteren bestand der König darauf, daß die Regelung, wonach er Frauenkleider zu tragen hatte, ausnahmslos und für alle Zeiten bestand, und untersagte ihm, seine Dragoneruniform anzuziehen. D'Eon beschwerte sich, dieser königliche Erlaß sei nicht fair und widerspreche der Transaktion von 1775; unter Druck gesetzt, fügte er sich schließlich jedoch dem königlichen Willen.[29]

Aber d'Eon bewegte sich nicht schnell genug für König Ludwig. Einen Monat später lebte er noch immer in Versailles und klagte über eine Krankheit, die einzig das Ergebnis seines lethargischen Lebens sei. Aber diesmal war Ludwig nicht bereit, irgendeine Aufsässigkeit d'Eons zu tolerieren. Mitten in der Nacht stürmte die Polizei das Haus des Herzogs und der Herzogin von Montmorency-Bouteville, bei denen d'Eon wohnte, und transportierte d'Eon, trotz seines heftigen Widerstandes, einige hundert Kilometer weit Richtung Südosten in den Kerker unterhalb des Châteaux von Dijon. Ihm wurde gesagt, er werde wegen seiner »blinden Passion, unbedingt in seinem elenden Beruf in den Krieg zurückkehren zu wollen«, ins Gefängnis geworfen. Dennoch weigerte sich d'Eon zu glauben, der König würde ihn tatsächlich wegen seiner einfachen Bitte um einen militärischen Posten in den Kerker werfen lassen, und gab den Machenschaften Beaumarchais' die Schuld an seinem Unglück.[30]

Später verglich d'Eon seine Inhaftierung mit der Zeit, als Jeanne d'Arc in Chinon gefangengehalten wurde, weil sie eine Militäruniform getragen hatte. Wo, fragte d'Eon, steht im Strafgesetzbuch geschrieben, daß es illegal für eine Frau ist, eine militärische Uniform anzuziehen, um ihr Land gegen Feinde zu verteidigen? »Ich bin ein Hauptmann a.D. der Dragoner; ich habe ein Recht, die Uniform zu tragen, die ich mir … dadurch verdiente, daß ich dreimal mein Blut auf dem Schlachtfeld vergoß.«[31]

D'Eon bat seine Freundinnen, die Herzogin von Montmorency-Bouteville und die Gräfin von Maurepas, ihn aus dem Gefängnis herauszuholen. Dazu waren sie jedoch nur bereit, wenn er sich einverstanden erklärte, seine militärischen Ambitionen endgültig aufzugeben. »War es nicht verrückt zu glauben«, fragte ihn Montmorency-Bouteville, »nachdem Sie vor dem ganzen Hof offiziell als Jungfer anerkannt wurden, alle wären damit einverstanden, daß Sie in den Krieg ziehen?« Widerwillig erklärte er sich bereit, wenn er freigelassen würde, sofort nach Tonnerre zu reisen, wo er sich auf seinem Landsitz zur

Ruhe setzen wollte. Nachdem er neunzehn Tage im Gefängnis gesessen hatte, sorgten seine Freundinnen für seine Freilassung, und im Mai war er wieder bei seiner Mutter in Tonnerre.[32]

48

Neuerlich wiedergeboren

Die nächsten sechs Jahre, von 1779 bis 1785, verbrachte d'Eon meistenteils bei seiner Mutter im elterlichen Haus in Tonnerre. Manchmal konnte er bei Freunden in anderen Teilen Frankreichs Urlaub machen, aber zumindest in den ersten Jahren brauchte er dafür jeweils eine Sondergenehmigung, um Tonnerre verlassen zu dürfen. Im April 1780 genehmigte sein Freund Bertier de Sauvigny, der Intendant von Paris, zum Beispiel seinen Antrag zu einem Besuch in der Hauptstadt, aber begrenzt auf nur zwei Wochen und mit der Auflage, für die Dauer des Besuches nur Frauenkleider zu tragen. Sobald er in Paris war, stellte die Regierung eigens einen Spion ab, der ihm auf Schritt und Tritt folgte und über alles, was er tat, seinen Bericht abgab.[1] Also trotz aller Versuche, ins öffentliche Leben zurückzukommen, und wie er sich dabei auch wand, die Regierung schob seiner Karriere erfolgreich einen Riegel vor und zwang ihn zu einem unliebsamen Ruhestand.

Eine Konsequenz davon war, daß d'Eons Tage schließlich beschaulich und langweilig wurden. Über seine Weingärten nachzudenken und Bäume auf seinem Landgut zu pflanzen, waren seine Hauptbeschäftigungen. Abgesehen von einigen relativ kurzen Episoden war nach 1779 von dem Melodrama seiner früheren Karriere nichts mehr spüren. Was allerdings nicht heißt, daß er nicht weiterhin ein aktives gesellschaftliches Leben führte, insbesondere nachdem er 1785 nach England zurückgezogen war.[2] Er war bei Gesellschaften und Abendessen gefragt und häufig Gegenstand von beiläufigen Klatschereien und Plaudereien. Aber solche Redereien drehten sich jetzt um seine Vergangenheit. Obwohl d'Eon noch weitere dreißig Jahre leben sollte, sollte er nie mehr in einem Krieg kämpfen, nie mehr ein politisches Amt innehaben oder irgendwelche Bücher publizieren. Seine öffentliche Karriere war buchstäblich beendet.

Aber wie ereignislos d'Eons Leben nach außen auch gewesen sein mag, in seinem Herzen vollzog sich ein Wandel, der sein ganzes Denken, insbesondere was Frauen und die Geschlechterfrage anging, beeinflussen sollte. Einfach ausgedrückt: D'Eon wurde ein Christ. Sein Glaube an Christus, seine Hingabe zu den Evangelien und insbesondere zum Heiligen Paulus färbten alles, was er tat und dachte. »Die Lehre des Evangeliums ist absolut göttlich«, schrieb er an die

Herzogin von Montmorency-Bouteville bereits im Mai 1778. »Die Apostel sind nur dessen Treuhänder und Sprecher. Gott allein ist seine Quelle sowie Jesus Christus, der Arzt und große Meister. Es ist weder eine Erfindung des menschlichen Geistes noch die Frucht philosophischen Studierens, sondern durch Jesus Christus ein Geschenk Gottes.«[3]

In einem gewissen Sinne war d'Eon natürlich schon immer ein Christ. Einige Tage nach seiner Geburt hatten seine Eltern ihn ordnungsgemäß katholisch taufen lassen, und er wankte nie in seiner Identität als französischer Katholik. Als junger Mann scheint er zumindest gelegentlich zur Beichte gegangen zu sein.[4] Und durch seine Schulbildung war er mit der Bibel und den gängigen christlichen Kommentaren durchaus vertraut. Er beherrschte Griechisch, Latein und selbst Hebräisch gut genug, um die Heiligen Schriften in den Urtexten zu lesen. In seinem ganzen Leben, das er als Mann führte, war seine religiöse Identität immer wichtig für ihn, auch wenn sie keine treibende Kraft in seiner Laufbahn im eigentlichen Sinne war. In seinem aufschlußreichen Brief von 1766 an Rousseau (siehe Kapitel 28) gestand er zum Beispiel, daß das Christentum der einzige wesentliche Bereich war, der die beiden Denker trennte: »… daß ich naturgemäß immer bewegt bin, die Gültigkeit Ihrer Philosophie zu unterstützen, abgesehen von bestimmten Punkten zur Religion, bei denen es nicht statthaft ist, sie zu übernehmen.« Er war nicht einverstanden mit Rousseau, daß alle Glaubensfragen dem Verstand zu unterwerfen waren, und behauptete selbstbewußt eine orthodoxere Position: »Es ist somit vorteilhafter, an die Worte von Jesus Christus zu glauben, der uns nicht täuschen kann.«

Gleichwohl war d'Eons Interesse an diesem Punkt mit Sicherheit eklektischer Natur, denn vor 1777 sind eigentlich nirgends Hinweise auf irgendwelche engagierten katholischen Überzeugungen zu finden. Der Brief an Rousseau gibt viel zu wenig her, um die Frage der Religion auch nur aufzugreifen. In d'Eons umfangreicher Korrespondenz, ehe er als Frau nach Frankreich zurückkehrte, wird nur selten erwähnt, daß er einmal zur Messe, zur Kommunion oder zur Beichte ging und irgendwelche Unterredungen mit Priestern hatte. Er schien, im Gegenteil, ausgesprochen gern die Werke von Autoren zu lesen, die sogar noch unreligiöser als Rousseau waren. Zu den Büchern, die er selbst erstand, gehörten zum Beispiel die Werke von *Philosophen* der Aufklärung wie Hume, Montesquieu und Voltaire wie auch entsprechende alte Klassiker, etwa von Horaz. Ein Epigramm Voltaires schmückte sogar die Titelseite von d'Eons berühmtestem, 1764 veröffentlichtem Werk, *Lettres, mémoires, et négociations.* Außerdem diskutierte er mit seinen Freunden gerne über radikale antireligiöse Ideen und las ausgesprochen gerne die Werke von Atheisten. So erstand er 1770 zum Beispiel über einen Freund Diderots ein Exemplar von Baron Paul-Henri-Dietrich d'Holbachs *Système de la nature* [*System der Natur*], ein Werk, das wegen seines Atheismus und seiner Gottlosigkeit berüchtigt war.[5]

Nach seiner Rückkehr nach Frankreich änderten sich seine Lesegewohnheiten jedoch. Die vielen Notizen über Bücher, die in einem Tagebuch aus jener Zeit, als er in Tonnerre war, enthalten sind, lassen kaum Zweifel, daß d'Eons Lektüre sich überwiegend auf Werke konzentrierte, die Fragen christlicher Frömmigkeit behandelten. Mit freundlichen Worten bedachte er beispielsweise Dechoyaumonts *Réflexions morales sur l'ancien et le nouveau Testament* und ein Etikettebuch mit dem Titel *Manières morale d'un philosophe Chrétien*.[6]

Auch wenn es sich nicht endgültig beweisen läßt, so ist doch aufgrund der Aufzeichnungen über das, was er las, und dessen, was er schrieb, davon auszugehen, daß seine starke Religiosität sich erst entwickelte, nachdem er eine Frau geworden war. Seine spirituelle Transformation war das Ergebnis und nicht die Ursache seiner Geschlechtstransformation. Er erfuhr somit also in Folge gleich zwei Wiedergeburten: Zuerst als Frau und dann als Christ(in).

Irgendwann zwischen 1777 und 1779, kurz nach seiner Rückkehr nach Frankreich und vielleicht durch den Einfluß der Damen, die in Versailles um ihn waren, entdeckte er, daß es nicht einfach genügte, als Frau zu leben: Er mußte auch eine christliche Frau sein. Schließlich war sein Modell Jeanne d'Arc nicht einfach eine militante Amazone; sie war auch eine fromme Christin. So setzte sich bei ihm zunehmend die Überzeugung durch, daß eine vollständige moralische Erneuerung für ihn nur möglich war, wenn er ein ganzer Christ wurde. Wenn diese Einstellung zunächst auch nur Teil eines recht künstlichen Ummodelungsprozesses war, so wurde daraus doch bald eine starke persönliche Überzeugung. In diesem Sinne waren seine Besuche in den Klöstern also nicht vergeblich gewesen. Auch wenn er sich letzten Endes entschied, selbst nicht einzutreten, so hatte mit Sicherheit doch das, was er in Saint-Cyr und Fontevarault erfahren hatte, das Gefühl in ihm geweckt, daß es notwendig war, ein Christ zu werden.

In seinen Memoiren hält d'Eon einen Gutteil seines Wandels verschiedenen Gesprächen zugute, die er offensichtlich mit dem Dekan des französischen Katholizismus, Christophe de Beaumont, dem Erzbischof von Paris und einem entfernten Verwandten d'Eons, hatte. 1777 war der Erzbischof bereits ein alter und gebrechlicher Mann, nahe dem Ende seines Lebens. Er hatte zahllose religiöse Kontroversen in Frankreich mitgemacht und war, wie d'Eon, zunächst verbannt und dann von Ludwig XV. rehabilitiert worden. Die beiden Männer diskutierten über die zentralen theologischen Dogmen des Christentums, was für einen Denker wie d'Eon sicherlich ein abgedroschenes Thema war. Zu diesem Zeitpunkt schienen diese Dogmen für ihn jedoch von einem neuen faszinierenden Interesse zu sein. Was immer Beaumont sagte, machte einen enormen Eindruck auf ihn. »Ludwig XV. war mein Beschützer; Ludwig XVI. ist mein Befreier; und Christophe de Beaumont ist der große Pastor meiner Seele«, schrieb er.[7]

Der beste Beweis für die These, daß d'Eons religiöse Wiedergeburt sich

Ende der siebziger Jahre vollzog, ist jedoch das Tagebuch, das heute in den Archives Nationales aufbewahrt wird. Es zeigt, daß d'Eon mit ungewöhnlicher Hingabe die führende jansenistische Zeitung, die *Nouvelles ecclésiastiques*, las und sich immer wieder Notizen aus den vielen Buchbesprechungen von frommen und theologischen jansenistischen Traktaten machte.[8]

Der Jansenismus war die bedeutsamste häretische Bewegung, die seit der Reformationszeit Einfluß auf den französischen Katholizismus hatte. Im siebzehnten Jahrhundert von einem Priester, Cornelius Jansen, begründet, war die Bewegung in ihrem eher fundamentalistischen Ansatz zur Sünden- und Gnadenlehre den lutherischen und calvinistischen Glaubensgemeinschaften nicht unähnlich. Im Gegensatz zu den etablierteren Lehren der Kirche glaubten die Jansenisten, daß die sündige Natur des Menschen weder durch Rituale noch durch Taten zu bezwingen war.

Anfang des achtzehnten Jahrhunderts wurden die Jansenisten sowohl von der Katholischen Kirche als auch vom französischen Staat als Häretiker verfolgt, da der Jansenismus als Gefahr für die bestehende Ordnung und Stabilität gesehen wurde. Sie wurden in den Untergrund gezwungen, und die Herausgabe der *Nouvelles ecclésiastiques* war praktisch illegal. Von Versailles ausgeschlossen, entwickelten die Jansenisten sich vielfach zu Kritikern des französischen Absolutismus, nahmen Einfluß auf die oft oppositionellen Parlamente und entwickelten radikale Meinungen, die zu den Ideen beitrugen, die während der Französischen Revolution populär wurden.[9]

Ende der siebziger Jahre, just als d'Eon nach Frankreich zurückkehrte, war in Paris wie auch andernorts eine deutliche Wiederbelebung christlicher Aktivitäten zu verzeichnen. Diese Bewegung war zwar im eigentlichen Sinne nicht jansenistisch, zeigte aber dennoch deutlich sehr viele fundamentalistische Züge, die manche Jansenisten im Zweifel bewegten, ihre Differenzen mit Christophe de Beaumont beizulegen. Gleichzeitig mag d'Eon natürlich auch von der Religiosität in Tonnerre beeinflußt worden sein, das im ganzen letzten Drittel des Jahrhunderts eine ausgesprochene Brutstätte jansenistischer Aktivitäten war.[10]

Die Auseinandersetzung mit diesen jansenistischen Ideen veranlaßte d'Eon, den Wert der Ideen der Aufklärung zu hinterfragen. Was dazu führte, daß er die großen Philosophen wie Voltaire nunmehr weniger als Opposition des Ancien Régime, sondern mehr als Spiegel dessen Dekadenz sah. »Die modernen *Philosophen* haben Gott von der Erde ausgeschlossen, den König von seinem Thron und die Gerechtigkeit von ihrem Platz.« Die Philosophen mochten aus seiner Sicht mit lauteren Absichten begonnen haben, aber sie hatten sich in die Politik des Ancien Régime hineinziehen und absorbieren lassen. »Wie hätten sie auch der Korruption eines Zeitalters widerstehen können, das jede Tugend verschlang und zunichte machte?« fragte er sich.[11]

Somit wurde also d'Eons Geschlechtswandel binnen eines Jahres nach seiner Rückkehr nach Frankreich durch einen religiösen Wandel ergänzt. Er hatte sich nicht nur vom Mann zur Frau, sondern, was für ihn genauso wichtig war, von einem lauwarmen Katholiken zu einem leidenschaftlichen fundamentalistischen Christen gewandelt. Seine »neue Geburt«[12] war teils das Ergebnis intellektueller Auseinandersetzungen (durch Gespräche und Lesen) und teils das Ergebnis von Erfahrungen. Unter seinen autobiographischen Materialien, die an der University of Leeds aufbewahrt werden, ist ein kurzer undatierter Aufsatz, der 1777 oder 1778 entstanden zu sein scheint und seinen neuen Glauben darlegt. Unter dem Titel »Wichtiges Dokument zu meinem gegenwärtigen Stand« und der Einleitung mit einem Epigramm aus einem Brief des Apostels Paulus an die Römer (»Selig sind die, deren Frevel vergeben und deren Sünden bedeckt sind«) unternimmt er darin den Versuch, sich selbst klarzumachen, warum er als Christ neugeboren werden mußte.[13] Die erste Seite verdeutlicht bereits die Ernsthaftigkeit und Intensität der Besinnung:

Angesichts der Anforderungen der schwierigen Umstände, unter denen ich lebe, ist es meine drängendste Pflicht, mich so zu verhalten, wie ich es in den Augen Gottes, des Königs, des Gesetzes und der Gläubigen tue.

In meiner gegenwärtigen Situation erhalte ich täglich praktischen Unterricht in allen Pflichten einer christlichen Jungfer. Die Gnade des Herrn wird mit der Zeit, mit Geduld und dem Gehorsam gegenüber den Geboten Gottes für alles andere sorgen. Man ist immer zufrieden mit Gott, und man lobt Ihn in allen Dingen, wenn man nur darauf achtet, seinen Willen zu tun.

Genau wie seine Transformation zur Frau war auch seine neuentdeckte Christlichkeit das Ergebnis seiner tiefen Entfremdung vom politischen Leben. In einem anderen Manuskriptentwurf beschreibt d'Eon seinen religiösen Wandel auch als Ergebnis einer Krise wegen der Patronage, die er erlebt hatte. In seinem Erwachsenenleben, schrieb er, hatte er vier große Gönner gehabt: Ludwig XV., Ludwig XVI., den Prinzen von Conti und den Grafen von Broglie. Jeder hatte ihn auf seine Art enttäuscht. Wenn Männer wie diese seiner Loyalität nicht würdig waren, wer dann? So gesehen ist die Antwort ziemlich klar: Gott allein ist unserer Ergebenheit würdig. Er ist der einzige legitime Patron, und wir müssen alle danach streben, würdige Schützlinge zu sein. »Nur Gott sieht direkt in mein Herz; nur Er kann mir Gerechtigkeit widerfahren lassen.«[14]

D'Eons religiöse Wandlung war für ihn ein Weg, mit den neuen psychologischen Anforderungen fertig zu werden, die an ihn als Dame der Aristokratie am Abend des Ancien Régime gestellt wurden. Zum Teil war sein neuer Glaube auch ein Weg, mit der ungemeinen Wut fertig zu werden, die er gegenüber all jenen Staatsmännern empfand, die ihn weiterhin von jeder politischen Macht und jedem politischem Einfluß ausschlossen. Statt die Politik des Ancien Régime nur unter rein weltlichen Aspekten als ein Aufeinanderprallen rivalisierender Fraktionen zu sehen, nutzte d'Eon seine neuentdeckte Christlichkeit, um eine weitaus harschere Kritik zu formulieren: »Die Schlechtheit der Hohen und Mächtigen ist wesentlich gefährlicher als die der Armen. Diese Art von Verderbtheit ist die schlimmste und ansteckendste ... Sie ist für die Seele, was die Pest für den Körper ist.«[15]

Und dennoch war sein neuer Glaube nicht einfach nur eine Ideologie für den Ruhestand. Er wurde eine Quelle der Inspiration und führte zu einer immensen Produktion von Manuskripten, die, wenn auch nie veröffentlicht, gleichwohl der Beweis eines phantasiereichen und brillanten Geistes sind. »Der Ruhm unserer Chevalière wird in den Augen der Nachwelt mit der Reinheit ihrer Moral und den weisen Schriften aus ihrer Feder verbunden sein«, schrieb d'Eon über sich selbst.[16] Seine religiösen Schriften aus den letzten Jahrzehnten seines Lebens sind in der Tat profunder als alles, was er früher im Laufe seiner politischen Karriere veröffentlichte.

49

Rückkehr nach England

D'Eon hatte nie in Tonnerre leben wollen. In seinem Erwachsenenleben waren die Hauptstädte Europas – Paris, London und sogar St. Petersburg – ihm zur Heimat geworden. Er war für das Leben in der Großstadt geschaffen, mit seiner Betriebsamkeit, seinen sozialen Kontakten, Gesellschaften und dem üblichen politischen Klatsch. D'Eon mochte eine Frau und ein Christ geworden sein, aber vieles von seiner Persönlichkeit war noch genauso wie vorher. Nach ein oder zwei Jahren, in denen er sich in Tonnerre um die Weinberge der Familie gekümmert hatte, wurde er ruhelos in dem verschlafenen burgundischen Städtchen und ließ nichts unversucht, um es verlassen zu können. Das einzig Wertvolle an Tonnerre war aus d'Eons Sicht sein Wein, und der konnte auch anderswo genossen werden.

Nachdem seine Bemühungen, nach Paris zu ziehen, von der Regierung blockiert wurden, ersuchte er Vergennes um die Erlaubnis, nach London zurückzukehren. Seine Gründe, erklärte er zunächst, seien rein finanzieller Natur: 1778 war Lord Ferrers gestorben und hatte sein Gut einem jüngeren Bruder hinterlassen. D'Eon hatte Ferrers seinerzeit eine große Summe Geld dagelassen, um d'Eons laufende Kosten in England, wie Miete und Unterhaltung seiner Londoner Wohnung zu bezahlen, in der seine Bibliothek untergebracht war. Der neue Lord Ferrers war nun offensichtlich der Meinung, sein älterer Bruder sei zu freundlich zu d'Eon gewesen, betrachtete d'Eons Geld als sein eigenes und weigerte sich, d'Eons Rechnungen zu begleichen.[1]

Vergennes verweigerte d'Eon die Ausreisegenehmigung nach England mit der legitimen Maßgabe, daß beide Länder sich im Krieg miteinander befanden. D'Eon mußte mit seiner Rückkehr also warten, bis der Amerikanische Unabhängigkeitskrieg 1783 beendet war. Aber selbst dann tat sich die Regierung noch sehr schwer, ihn außer Landes gehen zu lassen. Erst nachdem d'Eon Minister davon überzeugt hatte, daß seine Finanzprobleme in England allmählich kritisch wurden und Gläubiger seine Bibliothek und Unterlagen verkaufen wollten, um an ihr Geld zu kommen, erhielt er die Erlaubnis zur Ausreise. Im September 1785 verließ d'Eon dann Tonnerre und Frankreich Richtung England, wo er den Rest seines Lebens bleiben sollte.[2]

Der Grund, nach England zu gehen, war natürlich nicht nur, um seine finanziellen Angelegenheiten zu regeln. Seine Entscheidung steht auch für eine erklärte Bevorzugung eines bestimmten politischen Systems gegenüber einem anderen. Er war in Frankreich ein politisches Opfer der letzten absoluten Monarchie des Landes geworden und hatte in seiner Heimatstadt unter einer Art Hausarrest gelebt. In England würde er frei in der Hauptstadt leben und reisen können, wohin er wollte. D'Eon projizierte seine Situation auf die Verfassungen beider Länder. England war ein noch »freieres Land als Holland und es wert, von einem Mann des Denkens und Liebhaber der Freiheit besucht zu werden ... einer Freiheit, die auf einem *Gesellschaftsvertrag* zwischen dem König und seinen Bürgern oder vielmehr den Bürgern und dem König aufgebaut war ... Fast so wie mein Freund Jean-Jacques [Rousseau] es sich wünschte, vorausgesetzt, der König und die Bürger hätten keine Fehler, was allerdings auf beiden Seiten unmöglich ist.« Ganz im Tenor der Überzeugung, die von vielen französischen Intellektuellen artikuliert wurde, seit Voltaire fünfzig Jahre zuvor seine *Briefe aus England* veröffentlicht hatte, war England auch für d'Eon das freieste und reichste Land der Welt. Und aus d'Eons Sicht war England genau deshalb reich, weil es frei war. »Die Engländer betrachten die Politik als eine Handelsfunktion und richten ihre Außenpolitik entsprechend aus, während unsere französischen Führer, die von Handel überhaupt nichts verstehen, Politik als eine große und ernste Angelegenheit betrachten.« England mochte kein perfekter Staat sein, aber es war ein Staat, der zumindest so gut war, wie das achtzehnte Jahrhundert einen hervorbringen konnte – zumindest bis zur Französischen Revolution.[3]

Als die Revolution 1789 begann, glaubte d'Eon, wie so viele europäische Beobachter, daß Frankreich sich nun auch innenpolitisch wandeln und dem freiheitlicheren System Englands annähern würde. Folglich war zunächst niemand optimistischer als d'Eon, daß die Revolution das Potential hätte, das politische Leben in Frankreich grundlegend zu verändern. Obwohl er ein Aristokrat mit einem althergebrachten Werteverständnis war, hatte seine eigene politische Karriere ihm doch gezeigt, wie korrupt und despotisch Frankreichs absolute Monarchie war. Er wußte aus erster Hand, daß das System grundlegend reformiert werden mußte. Und er wußte, daß England ein besseres, moderneres politisches System geschaffen hatte, das – trotz der amerikanischen Rebellion – seine Überlegenheit gegenüber dem Frankreichs gezeigt hatte. Wenn Frankreich seine Ehre wiedergewinnen und Europa ins neunzehnte Jahrhundert führen sollte, waren nach d'Eons Auffassung wesentliche Veränderungen notwendig. Und 1789 versprach die Revolution genau das: Nicht die Monarchie zu stürzen, sondern sie zu erneuern und zu läutern. Den Architekten der Erklärung der Menschen- und Bürgerrechte, Abbé Sieyès, bezeichnete d'Eon als den »göttlichen französischen Platon.«[4]

D'Eon verkehrte mit Londonern und Franzosen, die aktiv die Revolution unterstützten und in deren verfassunggebenden Vorstellungen eine Reinkarnation dessen sahen, was die Briten hundert Jahre zuvor in ihrer Glorreichen

Revolution erreicht hatten. Am ersten Jahrestag der Erstürmung der Bastille übergab d'Eon dem britischen Staatsmann Lord Stanhope einen Stein von dem berüchtigten Gefängnis, ein kostbares Geschenk, das Freiheit symbolisierte. Vor sechshundert Feiernden verlas Stanhope eine Erklärung d'Eons, in der Frankreichs »glorreiche Revolution« gepriesen wurde, die mit der Anerkennung »ihrer unveräußerlichen Bürgerrechte ... vierundzwanzig Millionen Menschen« befreite.[5]

Etwas später war d'Eon bei einer Abendgesellschaft zu Gast, die von Londoner Radikalen zu seinen und Thomas Paines Ehren, jenes legendären Revolutionärs, gegeben wurde. Nachdem man schon einiges getrunken hatte, hob der Linguist und politische Aktivist John Horne Tooke, einer der Berühmtesten aus diesem radikalen Kreis, dazu an, gemeinsam einen Toast auf Paine und d'Eon auszubringen: »Ich befinde mich jetzt in der ungewöhnlichsten Situation, in der sich je ein Mensch befand. Zu meiner Linken sitzt ein Gentleman, der, in obskuren Verhältnissen aufgewachsen, sich als der größte politische Autor der Welt bewiesen, mehr Aufruhr darin veranstaltet und mehr Aufmerksamkeit erregt und mehr Ruhm erlangt hat, als je ein Mann zuvor. Zu meiner Rechten sitzt eine Lady, die an verschiedenen Höfen in politischen Stellungen tätig war; die in der Armee einen hohen Rang hatte, in der Reitkunst sehr geschickt war, die mehrere Duelle austrug und im Florettfechten ihresgleichen suchte, die ganz Europa fünfzig Jahre lang mit dem Charakter und der Kleidung eines Gentleman kannte.«[6]

Genau wie Paine, der im Namen der Französischen Revolution schrieb und sogar in deren Nationalversammlung diente, wollte d'Eon an der Wiedergeburt seines geliebten Landes beteiligt sein. Aber was konnte die alte Chevalière, inzwischen über Sechzig, denkbarerweise tun?[7]

Seine Chance, sich an der Revolution zu beteiligen, sah d'Eon für sich unmittelbar gekommen, nachdem Frankreich im April 1792 Österreich den Krieg erklärt hatte. Nicht anders als seit jeher, seit den fünfziger Jahren, sah d'Eon sich auch jetzt noch, trotz seiner fortgeschrittenen Jahre, in erster Linie und zuvorderst als Offizier, und wenn sein Land im Krieg war, wollte er ihm helfen. Er schrieb einen Brief an die Nationalversammlung, bat um die Erlaubnis zur Wiederaufnahme in die Armee, um seine neuerliche Berufung als Infantrieoffizier und um die Überstellung eines Regimentes von Amazonen, von Frauen, die Frankreich in glorreiche Schlachten führen würden. Am 12. Juni 1792 wurde seine Petition im Rahmen einer offiziellen Sitzung in der Nationalversammlung verlesen:

»Ich bin erfolgreich vom Dasein eines Mädchens zu dem eines Jungen übergegangen, vom Dasein eines Mannes zu dem einer Frau. Ich habe alle sonderbaren Wechselfälle des menschlichen Lebens erfahren. Bald werde ich, wie ich hoffe, mit Waffen in der Hand auf den Flügeln der Freiheit und des Sieges fliegen, um für die Nation, das Gesetz und den König zu kämpfen und zu sterben.«

Das Verlesen des Briefes wurde mehrfach durch Applaus und Gelächter unterbrochen. Er wurde an den Militärausschuß verwiesen und sollte rühmlich erwähnt ordnungsgemäß ins Protokoll aufgenommen werden.[8]

Im Namen des Militärausschusses der Nationalversammlung begrüßte Anacharsis Cloots, selbst berühmt wegen seiner radikalen politischen Ansichten, d'Eons Angebot und drängte ihn, baldigst in sein Land zurückzukehren, wo der alte Soldat als neue »Jeanne d'Arc« für Frankreich kämpfen sollte, um »uns zu helfen, die Welt vom Höllenfeuer der Tyrannen zu befreien.« Cloots lud d'Eon ein, vor der Nationalversammlung zu erscheinen, wo »Ihre Gegenwart allgemeine Begeisterung auslösen wird und Sie die Zustimmung für Ihr Gesuch per Akklamation erhalten werden.« Dann, so stellte Cloots sich vor, werde d'Eon eine »Phalanx von Amazonen« aufstellen, »die alle Unterdrücker der Menschlichkeit niederschlagen wird. Kommen Sie, und der Sieg wird der unsere sein!«[9]

Zumindest noch ein weiteres Mitglied des Militärausschusses, Lazare Carnot, der bald als der »Organisator des Sieges« bekannt werden sollte, ermutigte d'Eon ebenso, ins militärische Leben zurückzukehren: »Vielleicht sind Sie dazu bestimmt, Ihr Land als eine weitere Jeanne d'Arc zu retten.« Der revolutionäre Carnot, dem vor allem die sozialen Unterschiede ständig präsent waren, ließ sich sogar zu einem ironischen Vergleich zwischen den zwei Amazonen hinreißen: »Jeanne d'Arc wurde als einfache Hirtin geboren und zum Rang eines Chevalier erhoben, während Sie, Chevalière, durch die Verfassung in den Rang einer Hirtin versetzt wurden und Ihr Unglück Sie im Zweifel hat bedauern lassen, daß Sie nicht als solche geboren wurden.«[10]

Heute heben Forscher und Forscherinnen immer wieder hervor, wie man in der Französischen Revolution versuchte, Frauen von der Teilhabe am neuen politischen Leben des Landes auszuschließen. Für die Jakobiner war ein erneuertes Frankreich ein männliches Frankreich. Die Historikerin Dorinda Outram hat die Französische Revolution als einen »Wettbewerb zwischen Männern und Frauen« beschrieben, bei dem in der Regel versucht wurde, »die politische Partizipation der Männern zu validieren und die der Frauen als sträflich zu deklarieren.«[11] Die Frauen haben in der Revolution sicher an Boden verloren, aber Outrams Fazit erscheint dennoch übertrieben. Insbesondere in den ersten Jahren der Revolution erschienen die Möglichkeiten, die sich Frauen im öffentlichen Leben boten, hoffnungsvoll. In dieser Hinsicht sind die Reaktionen Carnots und Cloots' nichts Außergewöhnliches. Im Frühjahr und Sommer 1792 griffen die Frauen in ganz Frankreich zu den Waffen, und viele baten, wie d'Eon, darum, sich der Armee anschließen zu dürfen. Die Aktivistin Pauline Léon brachte zum Beispiel eine von dreihundert Frauen unterschriebene Petition ein, in der für Frauen das Recht eingefordert wurde, ebenfalls Waffen zu tragen. Professor Susan P. Connor dokumentierte über fünfzig Fälle von Frauen, die sich zwischen 1792 und 1794 offiziell für die französische Armee rekrutieren ließen. Es gelang vielen Frauen, auf welchem Wege auch immer, an die Front zu kommen.[12]

Selbst nachdem England im Januar 1793 Frankreich den Krieg erklärt hatte, war die Regierung allem Anschein nach noch so an d'Eons Rückkehr interessiert, daß man einen britischen Paß für ihn fälschte, um ihm die Ausreise zu erleichtern.[13] Was d'Eon dann jedoch von der Rückkehr abhielt, war also nicht etwa die Politik, sondern Geld: Er konnte es sich einfach nicht leisten. Seit Beginn der Revolution 1789 war seine jährliche Pension faktisch ausgesetzt. Da ihm seine Pension für seine Dienste gegenüber dem Staat zuerkannt worden war (im Unterschied zu Pensionen, die Adeligen aufgrund von Ehrenämtern zuerkannt wurden), hätte er theoretisch noch bis August 1792, als die Monarchie dann schließlich abgeschafft wurde, Anspruch darauf gehabt. Aber schon lange vorher hatte d'Eon kein Geld mehr vom König erhalten. Schließlich hatte die Revolution als eine Finanzkrise begonnen. Die Regierung war bankrott und nicht mehr in der Lage, ihre Gläubiger, darunter d'Eon, zu bezahlen.[14]

D'Eon, der nie auch nur einen Cent gespart hatte, war auf diese Katastrophe nicht vorbereitet. Bis 1791 war er so arm geworden, daß eine französische Freundin, die ihn besuchte und eine Nacht bei ihm übernachtete, ihm diese Übernachtung bezahlte.[15] Und seine Gläubiger wurden in dieser Phase so ungeduldig, daß er gezwungen war, seine riesige Bibliothek zum Verkauf anzubieten. Seine Sammlung war so groß und wertvoll, daß das Auktionshaus Christie einen Katalog herausgab, der »zum Verkauf in verschiedenen Londoner Buchläden zum Preis von 1 Schilling« gedacht und mit einem zwanzigseitigen Vorwort über d'Eons Leben versehen war. Eine Meldung über den Verkauf und den Inhalt des Kataloges erschien in den meisten Londoner Zeitungen und sogar im Pariser *Moniteur*.[16]

Aber selbst der Verkauf seiner Bücher brachte nicht genug, um seine Schulden zu decken. Von Zeit zu Zeit verdiente er sich etwas, indem er an Fechtturnieren teilnahm. Schon vor der Revolution hatte er gelegentlich, sowohl um Geld zu verdienen, als auch, um seine Publizität als heldenhafte Amazone zu erhöhen, öffentlich seine Fechtkünste unter Beweis gestellt. Diese Turniere erfreuten sich offenbar eines großen Interesses, und d'Eon stand im Ruf, die weltbeste Fechterin zu sein. Er nahm unter anderem auch an einem berühmten Turnier teil, bei dem der Prinz von Wales unter den Zuschauern war.[17]

Mitte der neunziger Jahre war d'Eon, der inzwischen auf die Siebzig zuging, dann jedoch zu alt, um sich noch weiterhin bei diesen Turnieren zu vergnügen. Dennoch trieben ihn seine Geldnöte gelegentlich doch immer wieder einmal ins Rampenlicht. 1796 wurde er bei einem Turnier ins Southhampton dann jedoch so schwer verletzt, daß er sich endgültig vom Fechten verabschieden mußte.[18] Obwohl er noch vierzehn Jahre leben sollte, erholte er sich von dieser Verletzung nie mehr ganz. Kurz nach seinem letzten Turnier zog er mit Mrs. Cole zusammen, deren Mann, ein britischer Admiral, vor Jahren gestorben war. D'Eon mußte inzwischen zunehmend aus gesundheitlichen Gründen Einladungen zum Dinner ablehnen, abgesehen davon, daß er jetzt so arm war, daß er sich keine anständige Garderobe mehr leisten konnte.

Trotz alledem war d'Eon vielleicht froh, 1793 letztlich doch nicht nach Frankreich zurückgegangen zu sein. Nachdem Ludwig XVI. hingerichtet worden war, kam es zu einer deutlichen Radikalisierung der Revolution. In der schärfsten Phase, im Jahr der Schreckensherrschaft (1793–1794), wurden blaublütige Offiziere wie d'Eon routinemäßig aus der Armee gestoßen und oft auf die Guillotine geschickt. Jemand wie d'Eon, mit seinem Hang, sich in Szene zu setzen, wäre dabei wohl kaum übersehen worden und ungeschoren davongekommen.

Aufgrund dieser Entwicklungen, die d'Eon von England aus genau verfolgte, änderte sich natürlich auch seine Einstellung zur Revolution. Wenn er ursprünglich hohen Respekt vor Sieyès und Lafayette hatte, hatte er für die sogenannten demokratischen Führer jetzt nichts mehr als Verachtung übrig und bezeichnete sie als »rasend gewordene, unmoralische Tyrannen wie die Marats, die Robespierres, die Dantons und die anderen irdischen Monster.« Aus seiner Sicht hatten sie Frankreich keinen Ruhm, sondern nur schlimmste sinnlose Gewalt und sinnloses Morden gebracht. Wie bei so vielen seiner Tage setzte sich auch bei d'Eon ein apokalyptisches Bild von der Revolution durch:

»Wenn wir aus religiöser wie auch aus moralischer Sicht die Dinge betrachten, die in meinem teuren Heimatland und der restlichen Welt stattfinden, ist klar, daß wir es nicht nur mit einer reinen politischen Revolution zu tun haben, sondern der Vollendung des vorherbestimmten Endes der Welt, das praktisch der völligen Vernichtung gleichkommt und alle Strafen des Zorns des Allmächtigen spüren läßt. Wir müssen die Weisheit unserer großen modernen *Philosophen* als reinen Irrsinn betrachten, die nur Bewohnern von Irrenhäusern würdig ist.«[19]

Angesichts seiner schlechten Gesundheit, seines Alters und seiner sich verschlimmernden Armut verbrachte d'Eon das letzte Jahrzehnt seines Lebens praktisch in seiner Wohnung und verließ an kalten Tagen nicht einmal mehr oder nur selten sein Bett. »Ich bin heute zweiundsiebzig Jahre alt«, schrieb er 1800. »Ich bin krank, mit Verletzungen, die ich im Krieg und im Frieden erlitt, leide an Erschöpfung aufgrund meiner Arbeit und anderer Drangsale und unter dem Klima dieser Insel, das weder gut für meinen Körper noch für meine Seele ist. Seit viereinhalb Jahren habe ich mein Bett nicht mehr verlassen. Einen Tag auf den anderen denke ich, ich werde an Schwäche und Trübsal sterben.«

Aber d'Eon starb nicht. Er lebte noch zehn weitere Jahre. Und obwohl es leidvolle Jahre waren, waren sie zugleich ausnehmend produktiv. Er hatte weder Geld noch so etwas wie ein gesellschaftliches Leben, aber er war geistig voll auf der Höhe, und so verbrachte er seine Tage weitestgehend mit Schreiben und brachte seine Gedanken über sein langes Leben zu Papier. Seit Jahren hatte er an seinen Memoiren gearbeitet, aber in seinem letzten Lebensjahr-

Ein Ankündigungsplakat für eine Fechtveranstaltung mit d'Eon. (Brotherton Collection, University of Leeds Library) zehnt nahmen sie nun konkretere Formen an. Bereits 1778 hatte er angefangen, für seine Freundin und Vertraute, die Herzogin von Montmorency-Bouteville, Essays über sein früheres Leben zu schreiben. Belegt ist, daß d'Eon 1786 daran dachte, Charles Morande zu engagieren, um seine Memoiren zu einem publikationsfähigen Manuskript zu redigieren.[20] Möglicherweise wurde diese Herausgabe hinfällig aufgrund der Veröffentlichung der Geheimkorrespondenz von Ludwig XV. 1793, aus der hervorging, daß d'Eon weniger ein Opfer der Kabalen des Ancien Régime, als vielmehr ein Agent des königlichen Geheimdienstes war.[21]

1799 schien d'Eon dann so weit zu sein, daß er eine andere Version seiner Memoiren veröffentlichen konnte und wollte.[22] 1805 unterzeichnete er schließlich einen Vertrag für die Veröffentlichung einer Biographie, die unter dem Titel *La Pucelle de Tonnerre: Les vicissitudes du chevalier et de la chevalière d'Eon* in einer zehnbändigen Ausgabe bei Richardson Brothers in London, Neffen des berühmten Publizisten und Schriftstellers Samuel Richardson, herauskommen sollte. D'Eon erhielt einen Vorschuß von fünfhundert Pfund, mit dem er gerade oberhalb der Armutsgrenze leben konnte. Außerdem wurde ein Übersetzer und Redakteur, Thomas Plummer, engagiert, der die englische Fassung anfertigen und d'Eon behilflich sein sollte. Anders als alles vorhergehende, was er geschrieben hatte, sollte dies eine offizielle Autobiographie mit Reflektionen über sein eigenes Leben und klar nach dem Beispiel von Augustinus' und Rousseaus Autobiographien konzipiert sein.[23]

Trotz Vertrag wurde die Autobiographie nie veröffentlicht. Sowohl Plummer als auch die Richardsons wollten den Stoff drucken, wurden durch d'Eons Zögern jedoch geblockt. Obwohl vor seinem Tod nur ein kleiner Teil seiner autobiographischen Schriften in einer geschliffenen Fassung vorlag, hätte dies gut und gerne für einen wichtigen Band gereicht. Als Christ mag d'Eon sich vielleicht gesorgt haben, daß die Veröffentlichung von Reflektionen über sein Leben zu egoistisch und unschicklich für den Typ von Frau war, der er sein wollte. Er hatte Rousseaus *Bekenntnisse* kritisiert, weil sie in der Tendenz den Autor auf Kosten Gottes glorifizierten. Das einzig würdige Vorbild für einen Autobiographen war Augustinus, der seine *Bekenntnisse* in Form eines Gebetes geschrieben hatte. D'Eon wußte, daß er kein Augustinus war, »ein Christ, der das größte Genie seines Jahrhunderts und der Kirche war.«[24]

Ein wahrscheinlicherer Grund, der ihn von der Veröffentlichung seiner Autobiographie abhielt, war jedoch, daß ihm klar war, daß das, was er in seinen Manuskripten vorlegte, so nicht richtig war. Was er geschrieben hatte, gab zwar die wahre Geschichte seines Herzens wieder, er stellte sich darin jedoch anatomisch als Frau dar, die die erste Hälfte ihres Lebens als Mann gelebt hatte, wobei ihm natürlich nur zu klar war, daß genau das Gegenteil der Fall war. D'Eon schrieb als Christ, als jansenistischer Schüler Augustinus'. Lügen sich selbst gegenüber würde und mußte es geben. Aber ein bewußter Betrug genau im Kern, auf dem das Buch im eigentlichen Sinne aufbaute, konnte mit d'Eons frommen Ansichten nicht vereinbar sein.

Folglich hatte d'Eon, als er 1810 starb, nicht ein einziges Wort von diesen autobiographischen Schriften veröffentlicht. Über hundert Jahre blieben sie in Privathand und wurden von den Forschern und Biographen völlig ignoriert. Und selbst nachdem sie in den 1930er Jahren an die University of Leeds Library verkauft wurden, blieben sie weitestgehend vergessen. Indes offenbaren diese Manuskripte ein Bewußtsein über Frauen- und Geschlechterfragen, das in seiner Originalität und Einsicht bemerkenswert ist.

50

Theologie und die Geschlechterfrage

Bei seinem Tod hinterließ d'Eon mehr als zweitausend Seiten an Manuskripten. Bei dem meisten davon handelte es sich um Entwürfe seiner unvollendeten Autobiographie. Darunter waren aber auch buchdicke Manuskripte wie etwa eine Geschichte von religiösen Frauengestalten, die sich als Männer gekleidet hatten; wobei auch diese Abhandlungen deutliche autobiographische Züge trugen.[1] In diesen sehr umfangreichen Schriften ist es oft schwierig, zwischen Korrespondenz, Essay, Fiktion und Autobiographie zu unterscheiden, da d'Eon diese Gattungen mit Vorliebe fließend ineinander übergehen ließ. Bei manchen handelt es sich um geschliffene, fertige Fassungen, bei anderen hingegen einfach um lose Blattsammlungen mit Notizen.

Es ist schwierig, derart mannigfaltige Schriften aus unterschiedlichen Bereichen und zu unterschiedlichen Zeitpunkten und in unterschiedlichen Stimmungen geschrieben und vielleicht auch für unterschiedliche Zwecke erstellt, auf einen allgemeinen Nenner zu bringen. Nichtsdestotrotz lassen diese Texte durchgängig verblüffende Muster erkennen. Sprachlich wird in den meisten Manuskripten grob der Stil des Heiligen Augustinus aus seiner Autobiographie, *Bekenntnisse*, imitiert. Viele sind in Form eines Gebetes oder einer Epistel abgefaßt, wie man sie in den Evangelien findet, mit biblischen Zitaten und Bezugnahmen oder Anspielungen auf biblische Geschichten. Keine Frage ist, daß d'Eon sich mit Augustinus identifizierte. Gegen Ende des Römischen Reiches geboren, entwickelte Augustinus sich zu einem weltlichen Intellektuellen, der vergeblich nach der Wahrheit suchte, bis er relativ spät in seinem Leben das Christentum entdeckte. Mit Hilfe seiner Mutter Monika und Ambrosius, dem Bischof von Mailand, wurde er sodann, um es mit d'Eons Worten zu sagen, »einer der größten Köpfe der Kirche.«[2] Für d'Eon war die Geschichte Augustinus' die klassische Geschichte einer spirituellen Reise von der Sünde zur Tugend.

Genau wie Augustinus in einer Zeit lebte, in der er den Untergang seiner Zivilisation miterlebte, erlebte d'Eon den Zusammenbruch des Ancien Régime. Und genau wie Augustinus sich als Universitätsstudent und Intellektueller einen Namen gemacht hatte, hatte auch d'Eon sein Leben als Gelehrter begonnen, ehe er ins politische Leben gegangen war. Wo Augustinus seine

Bekehrung dem Einfluß von Ambrosius und Monika zuschrieb, schob d'Eon Christophe de Beaumont, dem Erzbischof von Paris, eine ähnliche Rolle wie die Ambrosius' zu und identifizierte seine Mutter mit Monika. »Folgen Sie mir«, soll seine Mutter, wie d'Eon schreibt, gesagt haben. »Ich habe genau wie die Heilige Monika bei ihrem Sohn Augustinus vor, Sie zur christlichen Religion zu bekehren.«[3]

Augustinus war mehr für d'Eon als eine literarische Stütze. Er las das Neue Testament aus einer grundlegend augustinischen bzw. jansenistischen Sicht nach dem im achtzehnten Jahrhundert in Frankreich vorherrschenden Religionsverständnis. Das hieß, daß der Mensch zuerst und zuvorderst schlecht und sündig war. Es hieß auch, daß alle Männer und Frauen seit dem Sündenfall mit der Erbsünde behaftet waren; dem konnte als grundlegender Tatsache niemand entgehen, zumindest nicht ohne Gottes Hilfe. Ein Christ konnte nach dieser Sicht die Sünde nicht abschütteln, egal, wie rechtschaffen er auf Erden war; der Ausgangspunkt für einen Christ war, daß er seine Schlechtigkeit als unabwendbare Tatsache anerkannte und auf Gottes Erlösung von dieser Sündhaftigkeit zu hoffen. In dem Sinne »ist das hiesige Leben nur eine Veranschaulichung« des kommenden, erklärte d'Eon. »Die Bewohner der Stadt Gottes stellen eine Elite freiwilliger Soldaten dar, einer Armee für Jesus Christus, in der sie verdientermaßen die Auserwählten genannt werden.«[4]

Ein Christ mußte die Schwachheit seines Willens anerkennen, um seine absolute Abhängigkeit von Gott für seine Erlösung ermessen zu können, glaubte d'Eon; von sich aus hatte der Mensch keine Handhabe, um sein Verhalten frei von Sünde zu halten. Aber dennoch gab es manchmal Menschen, die sich nicht sündig verhielten, räumte d'Eon ein; manchmal wurden auch gute Taten vollbracht. Gute Taten waren jedoch nie das Ergebnis des Willens einer Person, so interpretierte er Augustinus, sondern immer ein Zeichen der Gnade – von Gottes liebevoller Freundlichkeit, die in der Welt in Taten zum Tragen kam.

»Alles, was ich weiß, weiß ich nur durch die Gnade Gottes«, schrieb d'Eon. »Ich bin, was ich bin, und nur Seine Gnade läßt mich nicht in die Irre gehn. Was mich zu dem gemacht hat, was ich bin, hat ein Recht von mir all das zu verlangen, was ich für Ihn sein kann. Ich habe weitaus mehr als gewöhnliche Männer und außergewöhnliche Frauen erreicht: Nicht, daß ich irgend etwas davon selbst erreicht hätte, sondern nur die Gnade Gottes in mir.«[5]

Da alles Gute, das geschieht, also das Ergebnis von Gnade ist, ist es die Pflicht jedes Christen alles in seiner Macht stehende zu tun, um die Gnade Gottes zu erhalten. Alles, wofür der Mensch in diesem Leben da war, bestand aus d'Eons Sicht darin, sich darauf vorzubereiten, daß ihm die Gnade Gottes zuteil wurde, und sie erkennen zu können, wenn sie kam. Was mitnichten eine leichte Aufgabe war, wie er fand, da der Wille den Geist ständig zu überlisten versuchte, ihn fälschlicherweise als die wahre Gnade Gottes zu begreifen; aber auf diejenigen, die einen so reinen moralischen und religiösen Zustand errei-

chen konnten, wartete die Belohnung des ewigen Lebens unter »den Auserwählten Gottes«.[6]

D'Eon folgte den Lehren von Augustinus, aber noch mehr war er ein Schüler des Heiligen Paulus, den er weitaus mehr als jede andere Quelle zitierte.
»Ich habe mich streng an die Lehren des Evangeliums und die Weisungen des
Heiligen Paulus und Heiligen Augustinus gehalten.«[7] Vieles aus seinen Manuskripten kann als weiterführender Kommentar zu den Briefen von Paulus verstanden werden; viele religiöse Schriften d'Eons sind in der Tat als »Episteln«
bezeichnet und in Form langer Briefe an Freunde und Verwandte abgefaßt.
Wie Augustinus identifizierte d'Eon sich mit dem Leben und Denken von
Paulus, der ebenfalls spät in seinem Leben zum Christentum bekehrt wurde.
Besonders beeindruckt war d'Eon von dem ersten Brief Paulus' an die Korinther, in dem der Apostel seine Bekehrung erklärte:

*Als letztem von allen erschien er auch mir, dem Unerwarteten, der »Mißge-
burt«. Denn ich bin der geringste von den Aposteln; ich bin nicht wert, Apostel
genannt zu werden, weil ich die Kirche Gottes verfolgt habe. Doch durch Gottes Gnade bin ich, was ich bin, und sein gnädiges Handeln an mir ist nicht ohne
Wirkung geblieben. Mehr als sie alle habe ich mich abgemüht – nicht ich, sondern die Gnade Gottes zusammen mit mir.*[8]

Nachdem er diesen Abschnitt zitiert hatte, schrieb d'Eon in ganz ähnlicher
Weise über sein Leben:

*In den Augen der Menschen bin ich wie ein abgetriebener Fötus. Aber durch
die Gnade Gottes bin ich, was ich bin, und die Gnade, die mir zuteil wurde,
war nicht vergeblich. Gott gibt jedem einen Körper, so wie es Ihm richtig
erscheint. Er ist von Verderbtheit umschlungen; er wird unverderblich wiedergeboren werden. Er ist von Schwachheit umschlungen; er wird in Stärke wiedergeboren werden. Er ist von Entsetzen umschlungen; er wird in Glorie wiedergeboren werden.*[9]

Es gab zwar niemanden, der frei genug von Sünde war, um nach seinem Tod
Gottes Gnade zu verdienen, aber durch seine Gnade ließ Gott einigen wenigen Seelen seine Liebe zuteil werden, indem er sie, wie d'Eon glaubte, vor dem
Fegefeuer und der Verdammnis errettete. Diese Seelen bezeichnete d'Eon als
»die Gemeinschaft der Auserwählten«. Ganz im Tenor der jansenistischen
Einflüsse, von denen er umgeben war, war sein Glaube an die Auserwählung
eindeutig und klar: »Die Auserwählung ist eine ewig gültige Verfügung Gottes, der seine Gunstbezeigungen für alle Ewigkeit vorherbestimmt hat.«[10]

Die Hoffnung jedes Christen konnte somit nur sein, Zugang zu dieser
Gemeinschaft zu gewinnen. Die einzigen Kriterien, die Gott als Maßstab bei
seiner Entscheidung zugrundelegte, waren der Glaube und der moralische

Charakter einer Person. Und »bei dieser letzten Entscheidung werden alle Unterschiede in der Beschaffenheit einer Person verschwinden.«[11] Ob diese Person als Mann oder als Frau lebte, hatte keine Bedeutung mehr. »Der geschlechtliche Unterschied ist für die Errettung der Seele unwichtig. So steht es geschrieben: ›Gott sieht nicht auf das Ansehen der Person‹«[12] D'Eon belegte diese Behauptung mit mehreren Verweisen auf die Bibel.[13]

In einer »Epistel«, die er an die Herzogin von Montmorency-Bouteville im paulinischen Stil schrieb, wiederholte d'Eon neuerlich, daß »Gott nicht auf das äußere Ansehen von Personen sieht«, was er diesmal aber noch nachdrücklicher mit der Frage belegt: »*Sind wir nicht alle durch den Glauben Kinder Gottes in Christus Jesus?*«, in Anlehnung an Galater 3,26, und den Satz durch Unterstreichen selbst hervorhebt.[14] An anderer Stelle geht er wiederum auf diese für ihn so wichtige Frage ein: »Im Königreich Gottes gibt es keine Geschlechtlichkeit. Dort werden die Männer sich keine Ehefrauen nehmen und die Frauen keine Ehemänner. Wir werden einander dienen wie die Engel.«[15] Am Schluß eines Vorwortes für eine Fassung seiner Memoiren im Jahr 1806 fügte er folgende bedeutsame Zeile aus Galater 3,28 an: »Es gibt nicht mehr Juden und Griechen, nicht Sklaven und Freie, nicht Mann und Frau; denn ihr alle seid ›einer‹ in Christus Jesus.«[16]

Unter heutigen Religionswissenschaftlern und -wissenschaftlerinnen sind die Zeilen aus Galater 3,26–28 nach wie vor ein Thema heftiger Kontroversen, zumal Paulus in anderen Briefen scheinbar völlig andere Meinungen über Frauen äußerte. Nach Auffassung einiger Wissenschaftler gibt Paulus hier lediglich eine Taufformel wieder, während andere der Meinung sind, der Apostel artikuliere hier seine eigenen egalitären Überzeugungen. Obwohl es uns hier nicht darum gehen kann, über die Gültigkeit der von d'Eon zitierten Paulus-Stellen zu befinden, ist es doch bemerkenswert, daß seine Analyse bereits auf vieles hinweist, was in jüngerer Zeit von feministischen Theologinnen an Behauptungen aufgestellt wurde.[17]

D'Eon nahm diesen Abschnitt offenbar wörtlich und leitete daraus seine bemerkenswerte These vom paulinischen Egalitarismus ab. Aus seiner Einsicht, daß geschlechtliche Unterschiede im Urteil Gottes nur eine geringe Rolle spielten, zog d'Eon, was die Frage der Geschlechter auf Erden anging, folgendes Fazit:

Laßt uns also das Leben von Kindern Gottes leben, und laßt uns aufhören, uns diesen Namen widerrechtlich anzueignen. Gott macht klar, wann immer es ihm gefällt, daß er der Gebieter des Herzens ist. Er allein kann uns ändern; er allein muß für unsere Änderung gepriesen werden, dafür, daß er uns die aus der Geburt und der Gewohnheit erwachsenden Vorurteile überwinden läßt. Seit der [Erb]Sünde ist die Natur ein Diener, der nur kindliche Körper und Sünder geschlechtlich hervorbringt. Die Natur hat ihre strengen Regeln; aber Gott wählt den Zeitpunkt für seine Gnadenwerke. Die christliche Freiheit besteht darin, allem abzuschwören, was nichts mit seinem wahren Willen zu tun hat.[18]

Galater 3,26–28 lieferte d'Eon eine einmalig günstige Grundlage, um die Beziehung zwischen Geschlecht, Natur und Gott zu betrachten. Für ihn war die Natur offenbar der Gegensatz zu Gott. Der Herr stand außerhalb der Natur, die zumindest seit dem Sündenfall ein unbarmherziger Katalysator der Sünde war. Korrigiert wurde diese Fehlbarkeit der Natur allein durch Gottes Gnade. Und das Geschlecht war für d'Eon ein Teil der Natur. Nun mochten geschlechtliche Unterschiede in dieser unserer natürlichen Welt zwar eine Rolle spielen, für Gott hatten sie jedoch keine Bedeutung. Und genau wie Gottes Gnade uns von der Fehlerhaftigkeit der Natur entbinden konnte, so konnte und würde sie uns auch von der natürlichen, vom Geschlecht auferlegten Fehlbarkeit befreien. Die himmlische Stadt kannte aus seiner Sicht keine Unterschiede zwischen den Geschlechtern.[19]

Aber dem Geschlecht wurde eine sogar noch geringere Rolle beigemessen, als man demnach zunächst meinen könnte, da die Frage der »Natur« noch weiter relativiert wird. Wenn d'Eon uns sagt, daß die Natur seit dem Sündenfall im Geschlecht Sünder hervorbringt, kommt er dem Punkt sehr nahe, Geschlecht als etwas rein Historisches und somit Transitäres zu interpretieren; das heißt, er sagt fast, vor dem Sündenfall habe es keine geschlechtliche Zeugung, also keine geschlechtliche Unterscheidung gegeben. In rabbinischen Kommentaren über die Genesis erklärt Rabbi Jeremiah ben Leazar zum Beispiel, Adam sei ursprünglich als Hermaphrodit, ohne spezifisches Geschlecht, geschaffen worden, und erst mit der Schaffung Evas und dem Sündenfall sei die Menschheit geschlechtlich hervorgebracht worden. Diese Vorstellung, die unter den Juden im Mittelalter weitverbreitet war, scheint auch d'Eon im Prinzip vor Augen gehabt zu haben.[20]

D'Eon war mit diesen jüdischen Quellen durchaus vertraut. In seiner Bibliothek gab es nicht nur hebräischsprachige Alte Testamente, sondern auch verschiedene rabbinische Kommentare und Texte. Dem Erzbischof von Paris gestand er, er habe genug Hebräisch gelernt, »um mit den Juden verdammt zu werden.«[21] Daß sie verdammt würden, davon war er fest überzeugt. Durchgängig in d'Eons Manuskripten findet sich ein leidenschaftlicher Anti-Judaismus. Nach seinem Studium jüdischer religiöser Texte war er der festen Überzeugung, daß die Juden als Volk am wenigsten dafür gerüstet waren, die Gnade Gottes zu erfahren; folglich würden sie auch das letzte Volk sein, das gerettet wurde. Die Botschaft Christi war zwar universal und niemand von der Erlösung ausgenommen, aber die Juden kamen der Hoffnungslosigkeit am nächsten, wie er fand.

Das zentrale Problem mit dem Judentum war für ihn, daß es den menschlichen Körper zelebrierte. Am deutlichsten wird dieser Punkt in d'Eons Ausführungen über die Beschneidung, die er aus zwei prinzipiellen Gründen strikt ablehnte: Erstens wurde hiermit die Kennzeichnung des menschlichen Fleisches zelebriert, eine Operation am menschlichen Körper in ein religiöses Ritual verwandelt, als Zeichen des Bündnisses mit Gott. Damit verleugneten die Juden die sündhafte Natur des Fleisches und maßen dem Körper statt der Seele insgesamt viel zuviel Bedeutung bei. Zweitens, indem allein das männliche Fleisch gekennzeichnet (das heißt, das männliche Fleisch als männlich deutlich gemacht und hervorgehoben) wurde, nahmen die Juden eine religiöse bedeutsame Unterscheidung zwischen den Geschlechtern vor, wobei d'Eon genau das Gegenteil wollte.[22]

D'Eon bezog sich dabei auf Paulus' Brief an die Römer 2,28–29: »Jude ist nicht, wer es nach außen hin ist, und Beschneidung ist nicht, was sichtbar am Fleisch geschieht, sondern Jude ist, wer es im Verborgenen ist, und Beschneidung ist, was am Herzen durch den Geist, nicht durch den Buchstaben geschieht. Der Ruhm eines solchen Juden kommt nicht von Menschen, sondern von Gott.«[23]

Für einen »wahren Juden« oder Christen konnte nach d'Eons Überzeugung am menschlichen Körper nichts wichtig sein, da Gott nicht auf das Äußere einer Person sah. Gott achtete nur darauf, wie es innen aussah; das heißt, daß er nur auf den Glauben eines Menschen sah. Auch hier zitierte d'Eon wiederum einen paulinischen Brief an die Römer: »Ist denn Gott nur der Gott der Juden, nicht auch der Heiden? Ja, auch der Heiden, da doch gilt: Gott ist ›der Eine‹. Er wird aufgrund des Glaubens sowohl die Beschnittenen wie die Unbeschnittenen gerecht machen.«[24]

Die Juden waren einst mit Gott gegangen, aber damit, daß sie ihre eigenen fleischlichen Sünden ignorierten, hatten sie ihre Chance vertan, Gottes auserwähltes Volk zu bleiben. »Gepriesen sei Jesus Christus«, schrieb d'Eon in einem anderen Manuskript, »der uns von der Knechtschaft des jüdischen Gesetzes entbunden hat, so daß wir all unsere Sorge und Aufmerksamkeit auf die Reinigung unserer Herzen richten können und darauf, unser Herz Gott zu weihen.«[25]

Was d'Eon am Judentum letztlich so massiv störte, war, daß es sich weigerte, eine grundlegende Unterscheidung zwischen dem Körper und der Seele anzuerkennen. Und dieser Dualismus war die Grundlage von d'Eons Theologie. In der jüngeren Neuzeit wurde die alte metaphysische Unterscheidung zwischen Geist und Materie strenger und differenzierter gesehen, insbesondere nachdem Descartes' Schriften Eingang ins europäische Denken gefunden hatten. Für Descartes waren Geist und Seele eine vom Körper unabhängige Substanz, woraus sich ableitete, daß Tiere nach dem Verständnis der Kartesianer seelenlose organische Wesen waren. Descartes' Gedankengut hatte auch Bedeutung für die feministischen Autoren und Autorinnen der Querelle des Femmes. In Anbetracht des Dualismus von Geist und Körper behaupteten feministische Wortführer der jüngeren Neuzeit wie Poulain de la Barre, daß »der Geist kein Geschlecht hat«, und Männer und Frauen infolgedessen als intellektuell eben bürtig zu betrachten waren, so daß folglich auch alle kulturellen Institutionen, von den Schulen und Collèges bis zu den Akademien und Theatern, den Frauen offenstehen mußten.[26]

D'Eon, der mehrere Bücher von Anhängern Poulain de la Barres besaß, war mit dieser Art von kartesischem Feminismus natürlich bestens vertraut. Er gab ihm seinerseits einen betont religiösen Anstrich, indem er die Vorstellung, daß »der Geist kein Geschlecht hat«, auf das christliche Problem der Erlösung übertrug. Da die Seele kein Geschlecht hatte, da Gott seinerseits kein Geschlecht kannte, sollten Christen, die sich auf das nächste Leben vorbereiteten, diese androgyne Perspektive, wie er glaubte, auch in dem Leben, das sie führten, respektieren.

Insgesamt kam d'Eon der manichäischen Idee gefährlich nahe, wonach der Körper inhärent schlecht ist und nicht von einem alles liebenden und gnädigen Gott geschaffen sein konnte. Aber dennoch blieb er bei diesem Punkt klar im Rahmen des orthodoxen-katholischen Denkens und rückte letztlich nie von der Vorstellung ab, daß Gott den Körper genau wie die Seele geschaffen hatte.

Was folglich die Frage aufwarf: Wenn Gott den Körper geschaffen hatte, warum hatte er verschiedene Geschlechter geschaffen? Welchen Zweck konnte er damit, daß er Männer und Frauen geschaffen hatte, verfolgt haben, wenn nicht den, daß damit eine gewichtige Unterscheidung getroffen werden sollte? Und genau mit diesem Punkt setzte d'Eon sich auseinander:

Aber aus meiner Sicht glaube ich, daß die Absicht des Herrn und Schöpfers bei der Schaffung dieser Vielfalt und dieser Verschiedenheit von Männern und Frauen auf dieser Erde darin bestand, sie in den Augen Gottes und seines Gesetzes alle gleich zu machen, damit sie ihn alle zusammen verherrlichen, und damit sie als Brüder und Schwestern leben, alle als Mitglieder einer Familie, mit Gott als dem Oberhaupt dieser Familie, und uns auf unsere Belohnung im Himmel vorbereiten, die nie endendes Glück bringen wird.[27]

Gott schuf eine vielfältige Welt, aber seine Absicht war immer, daß Männer und Frauen wie Gleiche leben sollten, ohne Rücksicht auf geschlechtliche Unterschiede, und sich auf die Zeit vorbereiten sollten, in der ihre Körper für sie sowieso keine Rolle mehr spielen sollten. Dies ist zumindest eine bemerkenswerte Sicht, die die Bedeutung der Geschlechterunterschiede insgesamt untergräbt.

Aber damit war die Frage für d'Eon nicht erledigt, er ging noch einen Schritt weiter. Es war zwar »die Absicht des Herrn«, daß Männer und Frauen auf Erden wie im Himmel wie Gleiche lebten, aber die Männer lebten nicht so, wie es Gottes Absicht war. Sie nutzten ihre körperliche Stärke, um Frauen zu beherrschen und auszubeuten und patriarchale Institutionen zu entwickeln, die Frauen systematisch von angesehenen und Autoritätspositionen ausschlossen.

»Männer, die durch ihre Stärke und Tapferkeit wie Löwen und Tiger erscheinen«, erklärte d'Eon, »haben die Autorität, alle politischen Positionen, alle Ehren, alle weltlichen Reichtümer an sich gerissen und Frauen nur den Schmerz des Kindergebärens überlassen.«[28]

Männer waren also nicht nur sexistisch, sie benutzten Frauen auch, um selbst in weltlichen Dingen zu schwelgen. Politische Macht, militärische Autorität, materieller Wohlstand, Ehren dieser oder jener Art – darum und um nichts anderes drehte sich die Männlichkeit. »Die Liebe zu Aufgeblasenheit« war der eigentliche Kern von d'Eons Kritik an der männlichen Natur.[29] Für einen Christen war der Sexismus des Mannes nur eine Manifestation seiner Abkehr von Gott, wonach er sich statt dessen fleischlichen Gelüsten hingab. Mit anderen Worten: Die Überlegenheit männlicher Stärke erwies sich, wie d'Eon glaubte, insofern für Männer als eine große moralische Fallgrube, als daß eine Kultur der Virilität Männer ermutigte, irdische, aus dem Fleisch gewonnene Vergnügungen über alles zu schätzen. Während Gott wollte, daß Männer und Frauen sich gleichermaßen seinem Dienst hingaben, war es bei Männern wahrscheinlicher, daß sie sich von Gott abwendeten und ihren eigenen Gelüsten nachgingen. Auf einem kleinen Notizzettel, den d'Eon hinterließ, hielt er unter der Überschrift *l'homme* seine Gedanken über diese vielschichtige und originelle Idee fest: »Gott schuf [Frau und Mann], den einen, um Gutes zu tun, den anderen, um Schlechtes zu tun. Solange der Mann ein Mann ist, ist die Erde sein; solange die Frau eine Frau ist, ist die Tugend ihre. Es gibt keinen Mann ohne Sünde; da *jeder Mann ein Lügner ist, sagt die Schrift*. Gott allein ist von Natur aus vollkommen. Die Gnade allein macht die Tugend vollkommen.«[30]

Diese Aussage kann nicht als eine abgeschlossene philosophische These ausgelegt werden; sie wurde nur als kurze persönliche Notiz festgehalten und stellt vielleicht nicht mehr als die Idee eines Augenblicks dar. Dennoch bleibt, wenn sie mit anderen Teilen der Manuskripte zusammengenommen wird, daß sie klar d'Eons Überzeugung zeigt, daß Männer weniger tugendhaft und somit den Frauen moralisch unterlegen waren. Männer waren weniger für Gottes Gnade gerüstet.[31]

In einem gewichtigen Sinne war d'Eon überzeugt, daß Männer in weiten Teilen wie Juden waren. Das zentrale Problem in Zusammenhang mit der Seelenrettung der Juden war für ihn, daß sie daran festhielten, daß Fleisch zu zelebrieren, und sich weigerten anzuerkennen, daß der Körper von Sünde befleckt war. Und d'Eon entdeckte bei Männern exakt die gleiche moralische Position: Politik, Krieg, Staatskunst, Ehren und die martialischen Bräuche wie Beschneidung, die eine Abkehr von Gott und eine Hinwendung zur Verherrlichung der physischen Merkmale des eigenen Körpers darstellten.

Im Gegensatz dazu befreite die physische Schwäche von Frauen diese von der irdischen Macht und ermöglichte es ihnen, mehr Energie für die verheißene Seelenrettung aufzuwenden. D'Eon glaubte definitiv nicht, Frauen wären frei von Sünde. Er fand jedoch, daß sie weitaus eher bereit waren, ihre moralischen Schwächen ehrlich und aufrichtig einzugestehen und den Pflichten einer Christin nachzukommen. Die Beziehung zwischen Frauen und Männern hatte aus d'Eons Sicht sehr viel Ähnlichkeit mit der Beziehung zwischen Christen und Juden: Beide waren Kinder Gottes, beide gleichermaßen von ihm geliebt, aber die einen ignorierten Gott, wendeten sich von seinem liebenden Sohn ab, gingen irdischen Vergnügungen nach und zelebrierten den Körper; solange Männer sich so viril verhielten, würden sie sich nie auf die Erlösung durch Christus vorbereiten können. Vielleicht war es das, was d'Eon meinte, als er einem Priester gestand, »meine eigene Theologie besteht in dem Glauben, daß Männer durch die Gnade Gottes gerettet werden, und daß Frauen durch das Erbarmen Unseres Herrn gerettet werden; da Er in Seinem sterblichen Leben selbst von Schwäche umgeben war, Er wie wir geprüft wurde, mit allen möglichen Versuchungen, Er aber ohne Sünde war ... wurde Er von einem gerechten Mitleid mit Frauen bewegt, die aus Unwissenheit und Irrtum sündigen.«[32]

Auf den ersten Blick macht diese verblüffende Bemerkung keinen Sinn, da ein Christ wie d'Eon glauben sollte, daß die Erlösung nur durch Christus kommen konnte, wie er an anderer Stelle auch selbst erklärte. Da er jungfräulich war und sein Leben auf Erden als Opfer von Autorität erfuhr, mißhandelt von [patriarchaler] Macht, glaubte d'Eon, Jesus müßte für die Lebensbedingungen und Erfahrungen von Frauen besonders sensibilisiert sein. Männer waren demgegenüber, genau wie Juden, obwohl sie dringend der Erlösung bedurften, einer engen Beziehung mit Christus nicht würdig und mußten folglich damit vorliebnehmen, die schwierigere und distanziertere Beziehung mit Gott zu pflegen, theoretisierte d'Eon.

Phantasievoll vermischte d'Eon die heilige Geschichte mit seiner eigenen Biographie. Genau wie die Geschichte der Welt vom Alten Testament der Juden zum Neuen Testament der Christen überging, war auch d'Eons Leben von einem großen Wandel, dem von einem »bösen Jungen zu einem guten Mädchen« gekennzeichnet.[33] Als Junge war er dazu erzogen worden, zur Armee zu gehen, deren Werte er mit denen des Alten Testamentes assoziierte – ein Volk, das ein verheißenes Land eroberte; ein zorniger und eifersüchtiger Gott, der seinem Volk manchmal fern war. Aber als Frau, nicht zuletzt, nachdem er durch seine Besuche das Leben im Kloster gesehen hatte, lernte d'Eon eine neue Form von Religiosität kennen. Demnach wurde Gott nicht mehr mit den martialischen Bräuchen, sondern über Christus mit Liebe assoziiert. »Ich marschierte in der Furcht vor Gott«, schrieb d'Eon über sein früheres militärisches Leben. »Jetzt, da ich mein Kleid trage, marschiere ich in der Liebe Unseres Herrn, und so habe ich nichts mehr zu fürchten.«[34]

»Ich habe mich oft gefragt«, schrieb d'Eon an die Herzogin von Montmorency-Bouteville, »ob Frauen sich ihrer immensen Vorteile ... und Überlegenheit bewußt sind.«[35] Ursprünglich den Männern gleich geschaffen und ihnen auch im nächsten Leben gleich, erwiesen sich Frauen, so d'Eon, als ihnen

328

moralisch in dem Sinne überlegen, daß sie Christus näher und besser gerüstet waren, seine Gnade zu erhalten. Kurz: Frauen waren ihm zufolge bessere Christen als Männer. »Der Charakter eines christlichen Mädchens ist das Kreuz.«[36] Diese erhöhte Position haben Frauen ironischerweise ihrer körperlichen Schwäche zu verdanken. »Trotz ihrer Schwäche sind Frauen in ihrem Glauben stärker als Männer, und Gott liebt jede einzelne mehr als alle Männer zusammen.«[37]

Außerdem konnten Frauen, wie er fand, besser emotionale Bindungen entwickeln, und sie stritten und kämpften im Gegensatz zu den Männern nicht miteinander. »Ich hatte weder Dispute noch Streitigkeiten, noch Duelle mit Frauen«, bemerkte er. Anders als Männer, die immer auf sich bedacht waren und in ihren Beziehungen scheinbar nie über ihr eigenes Ego hinausgehen konnten, war der Umgang der Frauen untereinander für ihn durch Solidarität geprägt; Frauen gingen wirkliche Freundschaften untereinander ein, wie etwa seine Freundschaft mit der Herzogin Montmorency-Bouteville zeigte. »Ihr Zustand ist eine Wechselseitigkeit paralleler Dinge, die letzten Endes nur in der Form verschieden sind«, schrieb er. Frauen erkennen, mit anderen Worten, den Wert der Gegenseitigkeit, Freundschaft und wechselseitiger Abhängigkeit, während Männer die Last eines einzelgängerischen und einsamen Daseins tragen; das heißt, während Männer sich mit der Politik beschäftigten und Kriege austrugen, taten fromme Frauen in der Welt mit ihren Taten der Nächstenliebe wirklich etwas Gutes.[38]

Genau wie Christen den Juden moralisch überlegen waren und Frauen den Männern ebenso moralisch überlegen waren, gab es aus d'Eons Sicht auch eine moralische Hierarchie unter den Frauen, was ihr Nacheifern von Jesus anging. Christus am nächsten waren für ihn die Frauen, die ihre Jungfräulichkeit wahrten, was für ihn mehr als jede andere Tugend einem gottesfürchtigen Leben entsprach. »Je mehr ich darüber nachdenke«, sinnierte er, »desto mehr glaube ich, daß die Jungfräulichkeit das größte Geschenk der Tugendhaftigkeit von Gott ist. Denn Jungfrauen sind Blumen, welche den Boden der Kirche schmücken, und die köstlichen Früchte, welche den Garten des Himmels verschönern. Sie sind der glanzvollste Teil der Armee von Jesus Christus und der Kompanie Marias, der Mutter der Reinheit selbst. O Heilige Jungfräulichkeit! Nur das Paradies verdient, deine Heimat zu sein.« Die Jungfräulichkeit war eine so große, so hehre und so vollkommene Auszeichnung, daß »der Sohn Gottes nur von einer Jungfrau geboren werden durfte, eine vollkommene Jungfrau als seinen Vorläufer und eine Aposteljungfrau als seinen ältesten Schüler erwählte und die Jungfräulichkeit mit seinem eigenen Leben weihte, indem er immer eine Jungfrau blieb.«[39]

Jungfräulichkeit, der denkbar vollkommenste Zustand des Menschen, wurde zwar normalerweise mit Frauen assoziiert, konnte aber auch, wie Jesus mit seinem eigenen Beispiel zeigte, von einem Mann erreicht werden. Jungfräulichkeit bedeutete, dem Fleisch vollkommen zu entsagen, was also genau das

Gegenteil der Beschneidung war. Statt, wie es dem jüdischen Gesetz entsprach, den Körperteil durch Beschneidung hervorzuheben, der am Ende die Jungfräulichkeit zunichte machte, sollte der Körper nach d'Eons Idealvorstellungen in keiner Hinsicht hervorgehoben werden und vollkommen unberührt bleiben. Die Jungfräulichkeit war der erste Schritt zur Überwindung des Körpers, zur Befreiung der Seele von den Zwängen körperlicher Bedürfnisse und Gelüste. Die Jungfräulichkeit war also ein Weg, wie Menschen bereits vor ihrem Tod über das Geschlecht hinauswachsen konnten.

Kein Zweifel, daß d'Eon mit diesen Vorstellungen den Katharern sehr nahekam, einer mittelalterlichen Sekte, die besonders in Südfrankreich, Italien und Spanien stark verbreitet war.[40] Die Katharer propagierten eine völlige Weltenthaltung, einen extremen Dualismus zwischen Körper und Seele, wonach selbst der Tod insofern gut war, als daß er die Seele vom sündigen Körper befreite. Die Katharer beteten für den Tag, an dem sie – und alle Menschen – aufhören würden, sich fortzupflanzen, so daß alle Seelen vom Körper befreit und in den Himmel zurückkehren konnten. Obwohl d'Eon nie so weit ging, machte er doch eindeutig verächtliche Bemerkungen über die Ehe. Auf eine Frage einer englischen Freundin, Lady Robinson, antwortete er, seine Mutter habe ihm wiederholt gesagt, daß »die Ehe eine Erfindung des Satans ist, um die Rasse der Schurken auf Erden zu erhalten.«[41]

D'Eons Geschlechtertheologie war nicht als neue theologische Lehre gedacht, sie bringt aber Licht in sein eigenes Leben und beleuchtet die Gründe, warum er die Geschlechterbarriere überschritt.[42] Diese Ideen waren, mit anderen Worten, eine Theologie, die als Autobiographie diente. Er wollte seinen Lesern und Leserinnen erklären, warum eine Frau, die als Mann erzogen wurde und als Mann lebte, den Wunsch hatte, ihr Leben wieder zu ändern und wieder als Frau zu leben. D'Eon bemühte sich, der Nachwelt zu erklären, warum ein Mann den Wunsch haben konnte, als Frau zu leben. Kein Zweifel, daß diese Schriften zu einem Gutteil auch eine Selbsttherapie waren: Der Versuch, sich selbst sein eigenes Leben zu erklären.

Der Schlüssel zwischen d'Eons Leben und seinen theologischen Ideen lag in seiner eigenen Jungfräulichkeit. Wiederholt erinnert er seine Leser in seinen Memoiren daran, daß er immer jungfräulich blieb. »Ich bin noch immer so, wie die Natur mich, ohne mich um Rat zu fragen, machte, und durch die Gnade Gottes bin ich noch immer, was ich bin, und dank meiner war es nicht umsonst. Ich wurde nicht durch bestimmte Taten als Jungfrau befunden, sondern durch die Umstände, die ich der Gnade Gottes zu verdanken habe, der mich unter den Dragonern beschützte.«[43]

D'Eon betonte seine Jungfräulichkeit mit solcher Nachdrücklichkeit und auch Stolz, daß es zwar keinen Beweis dafür gibt, aber sehr wahrscheinlich ist, daß er tatsächlich jungfräulich war. Wenn dem so war, dann kann seine Autobiographie, wenn nicht gar sein Leben als solches, in einem gewissen Sinne als ein Weg erklärt werden, seine frühere stillschweigende sexuelle Enthaltsamkeit selbst zu bewältigen. Vielleicht war sie eine Folge der in Kapitel 9 angesprochenen Harnwegserkrankung.

Aber was auch immer der Grund für seine Jungfräulichkeit gewesen sein mag, es kann keinen Zweifel geben, daß er seine Geschlechtstransformation als eine religiöse Erfahrung sah. Eine Frau zu werden, war für ihn ein Weg, Jesus näherzukommen, ein Weg, seinem virilen Verhalten zu entsagen oder es zumindest zu kontrollieren und sich auf das Leben nach dem Tod vorzubereiten. »Meine Transformation ist ein Wunder, welches nicht auf dem Willen von Menschen, sondern auf dem Willen Gottes beruht.«[44]

Wiederholt bezeichnete d'Eon seinen Wandel als »eine Umkehr von einem schlechten Jungen zu einem guten Mädchen.« Er war sich des Umstandes bewußt, daß er als junger Mann außergewöhnliche Talente und sehr viel Glück gehabt hatte. Aber wohin hatten diese ihn geführt? »Die Hoffnungen eines guten Patrioten« waren unnütz gewesen. Als Christin konnte d'Eon sich jedoch nach einem Vorbild ummodeln, das reiner und rechtschaffener erschien: »Das Evangelium ist die Erniedrigung von Gelehrten und die Erhöhung und der Trost von Frauen, die an Jesus Christus glauben.«[45]

51

Ein christlicher Feminist

Hatte d'Eon recht mit der Annahme, sein christlicher Ansatz könnte zur Verbesserung der Chancengleichheit von Frauen beitragen? Oder war sein eigenes Frauenbild, das die weibliche Schwäche zu zelebrieren schien, selbst patri-
archisch und potentiell frauenfeindlich? Die Frage, ob das augustinische
Christentum inhärent frauenfeindlich ist, ist heute eine der umstrittensten Fragen, mit denen sich die feministischen Theologinnen beschäftigen. Professor
Rosemary Radford Ruether, die sich in ihren Forschungen intensiv mit der
Preisung der Jungfräulichkeit in der Geschichte des Christentums beschäftigte, stellte fest, daß verschiedene frühe kirchliche Denker wie Gregor von
Nyssa Galater 3,28 im wesentlichen genau wie d'Eon interpretierten, mit
einem Gottesbild, das einen geschlechtslosen und androgynen Gott als christliches Ideal implizierte. Gleichzeitig assoziierten diese klösterlichen Denker,
wie Ruether anmerkt, ebenso Schwäche, Passivität und intellektuelle Minderwertigkeit mit Frauen. Wie sehr diese frühen religiösen Denker also auch
geglaubt haben mochten, Frauen durch ihre Preisung der Jungfräulichkeit zu
ehren, ihre Ideologien waren in Wirklichkeit »frauenfeindlich«, wie Ruether
feststellt. Frauenfeindlichkeit und die Preisung der Jungfrauen waren nur die
»zwei zusammengehörigen Seiten einer dualistischen Psychologie.«[1]

Andere feministische Wissenschaftlerinnen sind demgegenüber völlig anderer Auffassung als Ruether und präsentieren eine Analyse früher christlicher
Einstellungen zur Geschlechterfrage, die nahe an die d'Eons herankommt. Sie
zeigen, wie frühe Kirchenväter wie Gregor von Nazianz, Basilius von Caesarea
und Gregor von Nyssa die geschlechtslose Natur Gottes, Christi und der
menschlichen Seele betonten. Die frühen christlichen Denker betrachteten die
Männlichkeit Jesu, wie Verna E. F. Harrison erklärt, als irrelevant und verstanden geschlechtliche Unterschiede als eine rein biologische Tatsache, die im
engsten Sinne lediglich der Fortpflanzung diente; die himmlische Welt war
geschlechtslos. Genau wie d'Eon priesen frühe Christen die männliche und
weibliche Jungfräulichkeit als einen Weg, die durch das Geschlecht geschaffene
Fehlbarkeit zu überwinden: »Die Männlichkeit der jungfräulichen Frau«
schreibt Jo Ann McNamara, »war die Transzendenz der sexuellen Natur als
solche.« Viele feministischen DenkerInnen sind heute der Auffassung, daß die

traditionelle Betonung der Jungfräulichkeit und der Askese durch den Katholizismus den Frauen einst durchaus eine Alternative zu den virulenteren Zwängen des Patriarchats bot.[2]

D'Eon war die Tatsache nur zu bewußt, daß die Frauen im siebzehnten und achtzehnten Jahrhundert im französischen Katholizismus eine sehr vitale Rolle spielten. Religiöse Frauen schrieben populäre Bücher über Frömmigkeit, betrieben Hospitäler und Schulen, leiteten Klöster und organisierten in großem Rahmen wohltätige Werke. Das galt insbesondere für die Jansenistinnen, die dafür eintraten, daß Mädchen keine weniger strenge Schulbildung als Jungen erhalten sollten. Und diese religiösen Frauen lebten auch nicht isoliert. Viele lebten in den Großstädten und unterhielten enge Verbindungen zu den Damen am Hofe und in den Salons. Fest steht, daß die religiösen Gemeinschaften im Frankreich der jüngeren Neuzeit Frauen eine seltene Chance zu einer kulturellen Freiheit und Unabhängigkeit von den Männern boten.[3]

Aber wichtiger noch ist, daß d'Eons theologische Vorstellungen zu Frauen in Verbindung mit seiner ausgesprochen positiven Einstellung zur Geschichte der Amazonen gesehen werden müssen. Nach seinem Verständnis gab es zwischen christlichen Jungfrauen und Amazonen im Prinzip keinen Unterschied; sie gehörten für ihn zu einem allumfassenden Ideal: »Die Vollkommenheit einer *femme forte* besteht in der guten Nutzung des Verstandes und der Religion.«[4] Und dieses Ideal wurde auch hier wiederum durch Jeanne d'Arc verkörpert. Sie brachte die fromme Jungfrau, deren christliche Tugendhaftigkeit in der Gesellschaft rauher Männer ernsthaft geprüft wurde, und die Amazone, die *femme forte*, zusammen, die eine Soldatenuniform anzog und Frankreich für ihren König verteidigte.

Genau wie d'Eon hoffte, daß seine eigene »Umkehr von einem bösen Jungen zu einem guten Mädchen« nicht das Ende seiner politischen Karriere bedeutete, sondern lediglich ein Weg war, sie zu erneuern und sich zu rehabilitieren, so hoffte er auch, daß es in der Zukunft Europas mehr Jeanne d'Arcs geben würde, die politische und militärische Führungsrollen übernähmen.

Mit seinen religiösen Gedanken vermischt, enthalten seine Schriften auch Beobachtungen über Frauen aus anderen Kulturen, die er zweifellos Reiseberichten entnommen hatte. Diese Frauen schienen mehr Autorität als die Europäerinnen zu haben. So notierte er zum Beispiel anerkennend, daß die Eingeborenen in Florida die Mädchen und Jungen zusammen erzogen und unterrichteten und sie »beim Wettrennen, bei der Jagd … im See, im Krieg« die gleichen Prüfungen ablegen ließen. Mit dem Ergebnis, daß die »Frauen dort ausnehmend agil« waren. Ebensosehr beeindruckt war er von den Huronen-Frauen im französischen Kanada, die eine solche politische Macht hatten, daß sie an allen Beratungen voll beteiligt waren. Aus Gouthier Schoutens Reisebericht über Ostindien aus dem siebzehnten Jahrhundert erfuhr d'Eon, daß der Kaiser von Mataram von einem Regiment von sechstausend Soldatinnen beschützt wurde. All diese Beispiele waren für d'Eon der konkrete Beweis, daß seine Ideen zum politischen Verhalten von Frauen, zu denen er zweifellos durch die Literatur der Querelle des Femmes inspiriert wurde, keineswegs utopisch waren.[5]

D'Eon identifizierte sich vor dem Hintergrund seines Lebens sehr mit Jean-Jacques Rousseau, wobei d'Eons Politik zur Frage der Geschlechter allerdings genau im entgegengesetzten Extrem zu der seines berühmteren Zeitgenossen stand. Wo Rousseau das augustinische Christentum kritisierte, weil es zur Verweichlichung und Feinheit der Männer führte, begrüßte d'Eon es genau aus den gleichen Gründen; wo Rousseau von maskulinen Frauen angewidert war, versuchte d'Eon, eine zu werden.[6]

D'Eons Vision war also eine feministische, weil er die Bedingungen der Europäerinnen verbessern und zumindest den Frauen Möglichkeiten eröffnen wollte, die in der glücklichen Lage waren, der Oberschicht anzugehören. D'Eon war kein Demokrat, aber er propagierte gleichwohl eine besondere Art der Emanzipation für Frauen. In seinen Träumen nahmen die Frauen der Oberschicht die höchsten Positionen in der Kirche, in der Regierung und im Militär ein. D'Eon war in dieser Hinsicht auch kein Heuchler oder »Salonphilosoph«. Indem er Christ*in* geworden und mehrfach versucht hatte, wieder auf der öffentlichen Bühne Fuß zu fassen, hatte er selbst versucht, seine Ideen in die Tat umzusetzen. Weit mehr noch als Condorcet, der berühmte Verfechter von Frauenrechten in der Französischen Revolution, verdient es d'Eon, als der vielleicht erklärteste Feminist der jüngeren Neuzeit betrachtet zu werden.

Aber wenn wir d'Eon wegen dieser kreativen Vorstellungen bewundern, müssen wir dieses Lob gleichzeitig auch einschränken und uns in Erinnerung rufen, daß er seinen Feminismus nirgends in einer systematisierten und ausgefeilten Form präsentiert. Wann immer er seine religiösen Überzeugungen und Ideen zur Frauenfrage artikulierte, tat er es, um sein eigenes Verhalten zu erklären. Aber dieses Verhalten ging letztlich auch über sein eigenes Verständnis hinaus. Als System läßt seine feministische Theologie allein schon durch den großen Spannungsbogen zu wünschen übrig, wie etwa durch die Spannung zwischen der kämpferischen Amazone (*femme forte*) und der frommen Jungfrau oder auch zwischen der Frau, die am öffentlichen Leben partizipiert, um die Welt zu verändern, und der Frau, die ins Kloster eintritt, um sie hinter sich zu lassen. Und keine noch so große Idealisierung Jeanne d'Arcs konnte über diese intellektuellen Mängel hinwegtäuschen. Daß d'Eon seine Autobiographie nie veröffentlichte, ist als solches ein Beweis, daß er mit dem, was er geschrieben hatte, nicht zufrieden war. Das Bemerkenswerteste an d'Eons autobiographischen Manuskripten ist letzten Endes also nicht seine feministische Theologie, sondern vielmehr, wie er sie immer wieder umgeschrieben hat, um eine schlüssige und bündige Erklärung für sich selbst zu finden, warum er etwas gemacht hatte, was keine andere politische Figur in der europäischen Geschichte vor (und auch nach) ihm gemacht hatte.

Anmerkungen / Quellen

Abkürzungen zu den Anmerkungen

ULBC
: Unterlagen von d'Eon, Brotherton Collection, University of Leeds Library: 14 Kästen mit autobiographischem Material. Das Material der ersten sieben Kästen ist in Schnellheftern sortiert; der Rest ist wesentlich ungeordneter. Soweit nicht anders vermerkt, geben die jeweiligen Nummern die Nummer der Akten und die entsprechende Seitenzahl an bzw. bei den Kästen 7–14 die jeweiligen Nummern der Kästen und die entsprechende Seitenzahl.

ULBCEI
: Besondere illustrierte Ausgabe von Ernest Alfred Vizetelly, *The True Story of the Chevalier d'Eon,* gesammelt und geordnet von A. M. Broadley und Godefroy Mayer, 7 Aktenbände, 1904, Brotherton Collection, University of Leeds Library.

AAE
: Archives de Ministère des Affaires Etrangères, Paris, Correspondance Politique, Angleterre.

AN
: Papier de d'Eon, Archives Nationales, Paris, 277AP/1, in sechs Akten geordnet, Korrespondenz und Notizbücher.

BMT
: Papiers d d'Eon, Bibliothèque municipale de Tonnerre: 2.184 Unterlagen, geordnet in 19 Heftern; darunter Familiendokumente, Korrespondenz und Manuskripte veröffentlichter Werke.

BL
: British Library, zusätzliche Manuskripte
11339 – Briefe und Geschäftsbücher von d'Eon
11340 – Englische Zeitungsberichte von d'EON
11341 – Unterlagen und Dokumente d'Eons
30877 – Korrespondenz von John Wilkes

KS
: Broglie, Duc de, Albert, *The King's Secret: Being the Correspondence of Louis XV with His Diplomatic Agents from 1752 to 1774,* 2 Bde., London, o. J.; *Le Secret du roi ... Correspondance secrète de Louis XV. avec ses agents diplomatiques 1752–1774,* 2 Bde. Paris 1878.

CSI
: *Correspondance secrète inédite de Louis XV., sur la politique étrangère,* Hg. Edgar Boutaric, 2 Bde., Paris 1866.

CS
: *Correspondance secrète du comte de Broglie avec Louis XV., 1756–1774,* Hg. Didier Ozanam und Michel Antoine, 2 Bde., Paris 1959 und 1961.

Vorwort

1   Der Bericht basiert auf: Thomas Plummer, *A Short Sketch of Some Remarkable Occurances During the Residence of the Late Chevalier d'Eon in England,* London 1810. Gegen Ende seines Lebens engagierte d'Eon Plummer, um seine bis dahin noch unveröffentlichten Memoiren redaktionell zu bearbeiten und ins Englische zu übersetzen (siehe ULBC 30, Notiz ohne Seitenzahl vom 11. Mai 1805). Aufschluß über d'Eons Lebensweise in seinen letzten Lebensjahren geben einige unter ULBCEI aufbewahrten Lebensmittelrechnungen. Aus dem »Livre journal, ULBC, Box 10« geht auf S. 1 hervor, daß d'Eon und Mrs. Cole sich ab 1796 gemeinsam eine Wohnung teilten; demgegenüber trifft dies nach ULBC 38, S. 52, jedoch scheinbar erst ab Dezember 1798 zu.

2   »Livre journal«.

3   Nachruf aus einer namentlich nicht genannten Zeitung vom 23. Mai 1810, in: »Collection of Portraits, Views, and Newspaper Clippings (Partly Mounted) on the Chevalier D'Eon«, Houghton Library, Harvard University, *fFc7 E0563 ZZX.

Einleitung

1   Geneviève Reynes, *L'Abbé de Choissy ou l'ingénu libertin*, Paris 1983; Oscar Paul Gilbert, *Men in Women's Guise. Some Historical Instances of Female Impersonation*, London 1926; F. Thompson, *Men Who Dress As Women and Women Who Dress As Men*, New York 1993; Peter Ackroyd, *Dressing Up – Transvestism and Drag: The History of an Obsession*, New York 1979. Bis in jüngste Zeit glaubten Historiker, der amerikanische Gouverneur Edward Hyde, Vicomte Cornburg, sei einer der berühmteren Repräsentanten dieser Gruppe gewesen; Patricia U. Bonomi erbringt jedoch den Nachweis, daß dem nicht so war – siehe: »Lord Cornburg Redressed: The Governor and the Problem of Portrait«, *William and Mary Quarterly*, 3. Reihe, 51, Januar 1994, S. 106ff.

2   Drei entsprechende Beispiele liefern etwa: Rudolf M. Dekker und Lotte C. van de Pol, *Frauen in Männerkleidern – Weibliche Transvestiten und ihre Geschichte*, Berlin 1990; John Anson, »The Female Transvestite in Early Monasticism«, *Viator* 5, 1974, S. 1ff; sowie Vern Bullough und James Brundage, Hg., *Sexual Practices of the Medieval Church*, Buffalo, N.Y., 1982, S. 43.

3   Giacomo Casanova, *Aus meinem Leben*, 12 Bde., Frankfurt, Berlin 1985, Bd. III, S. 207, Bd. IX, S. 217f, Bd. X, S. 20, 355.

4   Zum Hintergrund siehe: Arnold I. Davidson, »Sex and the Emergence of Sexuality«, *Critical Inquiry* 14, 1987, S. 16ff; David M. Halperin, »Is There a History of Sexuality?«, *History and Theory* 28, 1989, S. 257ff; und insbesondere die verschiedenen späteren Werke von Michel Foucault – neben seinem Werk *Sexualität und Wahrheit*, Bd. 1, *Der Wille zum Wissen*, Frankfurt 1983, siehe insbesondere seine Einleitung zu dem zusammen mit Herculine Barbin herausgegebenen Buch *Über Hermaphrodismus*, Frankfurt 1995.

5   Alphonse Le Roy, *Recherches sur les habillemens des femmes et des enfans; ou Examen de la manière dont il faut vêtir l'un et l'autre sexe*, Paris 1772, S. 233. (D'Eon besaß eine »schöne Ausgabe« dieses Buches; siehe Kapitel 33.)

6   Zusätzlich zu den vorgenannten Werken siehe: Jeffrey Weeks, *Sexuality and Its Discontents: Meanings, Myths, and Modern Sexualities*, London 1985, sowie *Against Nature: Essays on History, Sexuality, and Identity*, London 1991; David A. Coward, »Attitudes Toward Homosexuality in Eighteenth-Century France«, *Journal of European Studies*, 10, 1980, S. 231ff. Randolph Trumbach zufolge ist im achtzehnten Jahrhundert in England erstmals explizit von einer homosexuellen Identität die Rede. Siehe sein Beitrag »Sodomitical Subcultures, Sodomitical Roles and the Gender Revolutions of the Eighteenth Century: The Recent Historiography«, in: Robert Purks Maccubbin, Hg., *'Tis Nature's Fault: Unauthorized Sexuality During the Enlightenment*, Cambridge 1987, S. 109ff, sowie »The Birth of the Queen: Sodomy and the Emergence of Gender Equality in Modern Culture, 1660-1750«, in: Martin Bauml Duberman u.a., *Hidden from History: Reclaiming the Gay and Lesbian Past*, New York 1989, S. 129ff.

7   Joan Kelly, »Early Feminist Theory and the Querelle des Femmes, 1400–1789«, in: *Women, History, and Theory*, Chicago 1984, S. 65; Pierre-Jean-Georges Cabanis, *Über die Verbindung des Physischen und Moralischen in dem Menschen*, Halle, Leipzig 1804, S. 11, 307, 536f.

8   Cynthia Eagle Russet, *Sexual Science: The Victorian Construction of Womanhood*, Cambridge, Mass., 1989.

9   Einen ersten Überblick über die politischen Chancen, die Frauen der Oberschicht in der jüngeren Neuzeit offenstanden, liefert Natalie Zemon Davis, »Women in Politics«, in: Natalie Zemon Davis und Arlette Farge, Hg., *Geschichte der Frauen*, Frankfurt 1994. Wie diese Chancen nach 1789 eingeschränkt wurden, zeigt Barbara Corrado Pope, »Revolution and Retreat: Upper-Class French Women After 1789«, in Carl R. Berkin und Clara M. Lovett, Hg., *Women, War, and Revolution*, New York 1980, S. 215ff.

10   Joan B. Landes, *Women and the Public Sphere in the Age of the French Revolution*, Ithaca, N.Y., 1988; Dena Goodman, *The Republic of Letters: A Cultural History of the French*

Enlightenment, Ithaca, N.Y., 1994; Jeannette Geffriaud Rosso, *Etudes sur la féminité aux XVIIᵉ et XVIIIᵉ siècles*, Pisa 1984. Montesquieu war der Auffassung, daß Frauen in den europäischen Monarchien mehr persönliche Freiheiten als unter irgendeiner anderen Regierungs oder Herrschaftsform hatten; siehe *Der Geist der Gesetze*, Sämtliche Werke, 12 Bde., Leipzig 1854, Bd. 46, 19. Buch.

11 Joan B. Landes, *Women and the Public Sphere in the Age of the French Revolution*, S. 66ff; Joel Schwartz, *The Sexual Politics of Jean Jacques Rousseau*, Chicago 1975; sowie Penny A. Weiss, *Gendered Community: Rousseau, Sex, and Politics*, New York 1993.

12 Barbara Corrado Pope, »The Influence of Rousseau's Ideology of Domesticity«, in: Marilyn J. Boxer und Jean H. Quataert, Hg., *Connecting Spheres: Women in the Western World, 1500 to the Present*, New York 1987, S. 136ff; sowie Ruth Graham, »Rousseau's Sexism Revolutionized«, in: Paul Fritz und Richard Morton, *Women in the Eighteenth Century and Other Essays*, Toronto 1976, S. 127ff. Ein faszinierendes Beispiel einer Leserin, die mit Rousseaus Frauenbild absolut nicht einverstanden war, liefert Mary Trouille, »The Failings of Rousseau's Ideals of Domesticity and Sensibility«, *Eighteenth-Century Studies* 24, 191, S. 451ff.

13 Joan B. Landes, *Women and the Public Sphere in the Age of the French Revolution*, S. 169ff; Madelyn Gutwirth, *The Twilight of the Goddesses: Women and Representation in the French Revolutionary Era*, New Brunswick, N.J., 1992; Christine Fauré, *Democracy Without Women: Feminism and the Rise of Liberal Individualism in France*, (amerikanische Ausgabe) Bloomington, Ind., 1991; Geneviève Fraisse, *Muse de la raison: La démocratie exclusive et la différence des sexes*, Aix-en-Provence 1989; amerikanische Ausgabe: *Reason's Muse: Sexual Difference and the Birth of Democracy*, Chicago 1994; sowie Erica Rand, »Depoliticizing Women: Female Agency, the French Revolution, and the Art of Boucher and David«, *Genders* 7, 1990, S. 47ff.

14 Lynn Hunt, *The Family Romance of the French Revolution*, Berkeley, Kalif., 1992.

15 Madame Bernier, *Discours qui a remporté le prix à la société des sciences et des arts du Département du Lot, séante à Montauban le 30 Prairial an XI sur cette question: quel est pour les femmes le genre d'éducation le plus propre à faire le bonheur des hommes en société*, 2. Ausgabe, Paris, An XII, 1804, S. 3, 4, 15. Aber auch die Haltungen gegenüber Männern wurden restriktiver. Aufschlußreich in diesem Zusammenhang ist, was der britische Agronom Arthur Young 1797 auf einer Reise nach Frankreich notierte: »Für was ist ein Mann noch gut, nachdem er seine Seidenhosen und -socken an, seinen Hut unter dem Arm und seinen Kopf ordentlich gepudert hat? Kann er in einer sumpfigen Wiese botanisieren? Kann er Felsen hinaufklettern, um nach Mineralien zu suchen? Kann er mit dem Bauern und dem Pflüger zusammen auf dem Feld arbeiten? Prächtig kann er natürlich mit den Damen Konversation treiben ... eine glänzende Beschäftigung; aber es ist eine Beschäftigung, die man nie mehr genießen kann als nach einem Tag, den man mit mühseliger Arbeit und reger Betriebsamkeit verbracht hat«; aus: Leonore Davidoff und Catherine Hall, *Family Fortunes: Men and Women of the English Middle Class, 17801850*, Chicago 1987.

16 Montesquieu, *Der Geist der Gesetze*, Bd. 46, 19. Buch, S. 111ff; Paul Bowles, »John Millar, the Four Stages Theory, and Women's Position in Society«, *History of Political Economy* 16, 1984, S. 619ff; Adam Smith, *Theorie der ethischen Gefühle*, Hamburg 1984; sowie Chris Nyland, »Adam Smith, Stage Theory, and the Status of Women«, *History of Political Economy* 25, 1993, S. 617ff.

17 Colman zitiert in: Kristina Straub, »The Guilty Pleasures of Female Theatrical Cross-Dressing and the Autobiography of Charlotte Charke«, in: Julia Epstein und Kristina Straub, Hg., *Body Guards: The Cultural Politics of Gender Ambiguity*, New York 1991, S. 153; Montesquieu, *Der Geist der Gesetze*, Bd. 46, 19. Buch, S. 120f. Zu Montesquieus ambivalenter Haltung zu weiblicher Macht, siehe Jeannette Geffriaud Rosso, *Montesquieu et la féminité*, Pisa 1977. Eine theoretischere Diskussion liefert Daniel Gordon, »Philosophy, Sociology, and Gender in the Enlightenment Conception of Public Opinion« und Sarah Mazas Antwort in *French Historical Studies* 17, 1992, S. 889ff und S. 935ff; sowie Lawrence Klein, »Gender, Conversation, and the Public Sphere in Early Eighteenth Century England«, in: Judith Still und Michael Worton, Hg., *Textualities and Sexualities*, New York 1993, S. 100ff.

337

18 Das natürlich ungeachtet dessen, was d'Eon sagte, als er in »Epître de Geneviève« 1545 (ULCB Box 7) schrieb: »Ich kam entweder zu früh oder zu spät für diese Welt.«
19 Havelock Ellis, *Sexualpsychologische Studien,* Leipzig 1922.
20 Anne Bolin, *In Search of Eve: Transsexual Rites of Passage,* South Hadley, Mass., 1988; Vern L. Bullough; »Transsexualism in History«, *Archives of Sexual Behavior* 4, 1975, S. 561ff. Thesen zur Transsexualität werden zum Beispiel herausgefordert von Janice G. Raymond, *The Transsexual Empire: The Making of the She-Male,* Boston 1979; und Judith Shapiro, »Transsexualism: Reflections on the Persistence of Gender and the Mutability of Sex«, in: Julia Epstein und Kristina Straub, Hg., *Body Guards,* S. 248ff. Als Beispiel einer Kritik eines Transsexuellen an dieser (und meiner) Argumentation siehe Sandy Stone, »The *Empire* Strikes Back; A Posttranssexual Manifesto«, ebenfalls in Julia Epstein und Kristina Straub, Hg., *Body Guards,* S. 248ff. Zum nachdrücklichen Einfluß von Ellis' Ideen für die spätere Sexologie, siehe Janice Irvine, *Disorders of Desire: Sex and Gender in Modern American Sexology,* Philadelphia 1990; eine scharfe Kritik an Ellis liefert Margaret Jackson, »›Facts of Life‹ or the Eroticization of Women's Heterosexuality«, in: Pat Caplan, Hg., *The Cultural Construction of Sexuality,* London 1987.
21 Jan Morris, *Conundrum: Bericht von meiner Geschlechtsumwandlung,* München 1974, S. 174.
22 Bemerkenswert sind zum Beispiel die Kommentare von John Money und Patricia Tucker zu d'Eon: »Er konnte sich einfach nicht dazu durchringen, sich unwiderruflich entweder von seiner männlichen oder seiner weiblichen Persönlichkeit loszusagen. Seine Geschichte zeigt, daß seine männliche Persönlichkeit, die bis ins mittlere Alter dominierte, allmählich den Weg für seine weibliche Persönlichkeit freimachte, aber keine konnte die andere ganz ausschalten … ein Wechsel wie bei Dr. Jekyll und Miss Hyde, von denen jeder seinen eigenen Namen und seine eigene Persönlichkeit hat.« In: *Sexual Signatures: On Being a Man or a Woman,* Boston 1975. Eine theoretischere Erörterung seiner gewichtigen Ansichten liefert Money in »Gender: History, Theory and Usage of the Term in Sexology and Its Relationship to Nature/Nurture«, *Journal of Sex and Marital Therapy* 11, 1985, S. 71ff. D'Eon-Biographien, die von diesem Standpunkt aus geschrieben wurden, sind insbesondere: André Frank und Jean Chaumely, *D'Eon: Chevalier et Chevalière: Sa confession inédite,* Paris 1953; und Eugène Boysède, *Considérations sur la bisexualité, les infirmités sexuelles, les changements de sexe et le Chevalier-Chevalière d'Eon,* Paris 1959.
23 Die American Psychiatric Association (*DSMIII,* Washington, D.C., 1980) definiert Transvestismus als »die wiederkehrende und dauerhafte Tatsache, daß ein heterosexueller Mann sich als Frau kleidet, was zumindest in der Anfangsphase der Krankheit dem Zweck sexueller Erregung dient.«
24 Betty W. Steiner, Hg., *Gender Dysphoria: Development, Research, Management,* New York 1985.
25 Vergleicht man d'Eons Ansichten zur Geschlechterfrage mit denen heutiger Theoretiker und Theoretikerinnen, so ähneln sie vielleicht noch am ehesten Carolyn Heilbruns Meinung zur Androgynie, die etwa feststellt: »Ich glaube, daß unser künftiges Heil in einer Bewegung liegt, die weg von der geschlechtlichen Polarisierung und dem Gefängnis der Geschlechter und hin zu einer Welt führt, in der die individuellen Rollen und die Formen des persönlichen Verhaltens frei gewählt werden können.« In: *Toward a Recognition of Androgyny,* New York 1973, S. cx.

Kapitel 1

Virginia Woolf, *Orlando,* Frankfurt 1992, S. 99.
1 D'Eon an Lautern, 14. August 1777, BL 11339, S.225. Das Wetter wurde auf der Titelseite des *Gentleman's Magazine,* Juli 1778, beschrieben.
2 *Annales politiques, civiles, et littéraires du dix-huitième siècle* 1, Nr. 7, 1777, S. 383.
3 *Annual Register,* London 1781, »Characters«, S. 29.
4 Diese Ereignisse werden detaillierter in Teil IV beschrieben.
5 ULBC 7, S. 56.
6 ULBC 4, S. 1521.

7   Paul Hoffmann, *La femme dans la pensée des Lumières*, Paris 1977; siehe auch Denise Riley, *»Am I That Name?«: Feminism and the Category of »Women« in History*, Minneapolis 1988.

Kapitel 2

1   Briefe von »WRT« an Vergennes, AAE Supplement 17, S. 3842.
2   »Histoire des femmes-hommes ...«, 16, ULBC Box 8. Zu Madame Louise siehe Michel Antoine, *Louis XV*, Paris 1989, S. 889ff. D'Eon beschrieb Madame Louise wie folgt: »Wenn ich einst ein Teufel von einem Dragonerhauptmann war, dann ist Madame Louise von Frankreich das Vorbild an Reinheit und Heiligkeit schlechthin.« ULBC Box 7, 1653.
3   Die Schilderung des nachfolgenden Verlaufs basiert auf: ULBC 1, Kap. 3, S. 513. Siehe auch 28, S. 233. Eine etwas andere Version liefert Paul Fromageot, »La Chevalière d'Eon à Versailles«, *Carnet historique et littéraire*, 1901, S. 259ff.
4   Horace Walpole, *Correspondence*, hg. von W. S. Lewis, 48 Bde., New Haven, Conn., 1932–1983, Bd. 6, S. 474.
5   Baron Friedrich Melchior von Grimm, *Correspondance littéraire*, 12, Oktober 1777, S. 6. Siehe auch A. J. B. A. d'Origny, *Annales du Théâtre italien depuis son origine jusqu'à ce jour*, 3 Bde., Paris 1788, Bd. 2, S. 115.
6   Siehe insbesondere Guy Chaussinand-Nogaret, *La Noblesse au XVIIIe siècle*; englische Ausgabe: *The Nobility of Eighteenth-Century France*, Cambridge 1985.
7   Simon Schama, *Der zaudernde Citoyen. Rückschritt und Fortschritt in der Französischen Revolution*, München 1989, S. 191ff.
8   Zu Vergennes, siehe Orville T. Murphy, *Charles Gravier, Comte de Vergennes: French Diplomacy in the Age of Revolution 1719–1787*, Albany, N.Y., 1982.
9   ULBC 19, S. 10.
10 ULBC 1, Kap. 3, S. 15; Kopie der königlichen Order vom 27. August 1777 in: AAE Supplement 17, S. 45.
11 »Extraits pour la vie de Mlle D'Eon en 1777 et 1778. Son retour en France«, ULBC 2, S. 111; und ULBC 46, S. 1659.
12 ULBC 1, Kap. 3, S. 16.
13 Ebenda, S. 16f.

Kapitel 3

1   M. de Lescure, Hg., *Correspondance secrète sur Louis XVI, Marie-Antoinette, la cour et la ville de 1777 à 1792*, 2 Bde., Paris 1866, Bd. 1, S. 94f.
2   »Préface générale de l'éditeur de Paris, qui en 1798 ...«, ULBC, Box 7, S. 59.
3   D'Eon an Vergennes, 29. August 1777, Kopie AAE Supplement 17, S. 49f.
4   ULBC 1, Kap. 4.
5   Die Art, wie d'Eon seine Mutter charakterisiert, erinnert an die orthodoxen Heldinnen während der Herrschaft Ludwigs XIV., die wegen ihrer Frömmigkeit bekannt waren und deren Memoiren zu d'Eons Zeiten eine beliebte Lektüre waren. d'Eon besaß zum Beispiel eine Ausgabe der *Lettres de la Madame la Duchesse de la Vallière, morte religieuse carmélite ...*, Liège und Paris 1767.
6   ULBC 21, S. 808 (Original in Englisch).
7   Eine ähnliche Parade als Spiegel dieser fließenden sozialen Struktur beschreibt Robert Darnton, »Ein Bourgeois bringt seine Welt in Ordnung: Die Stadt als Text«, *Das große Katzenmassaker – Streifzüge durch die französische Kultur vor der Revolution*, München 1989, S. 135ff.
8   Dieser Abschnitt basiert auf ULBC 1, Kap. 5.
9   ULBC 21, S. 809.
10 ULBC 1, Kap. 4, S. 4ff.
11 Bertier an d'Eon, 12. Oktober 1777, Kopie AAE Supplement 17, S. 51.

Kapitel 4

1   Sharon Kettering, *Patrons, Brokers and Clients in Seventeenth Century France,* Oxford, Eng., 1986; Kristen B. Neuschel, *Word of Honor: Interpreting Nobel Culture in Sixteenth-Century France,* Ithaca, N.Y., 1989.
2   Zitiert in: Gordon S. Wood, *The Radicalism of the American Revolution,* New York 1993, S. 175f.
3   ULBC 1, Kap. 6, S. 3.
4   Ebenda.
5   ULBC 1, Kap. 4, S. 7 (Auszug in d'Eons Handschrift).
6   ULBC 40, S. 12.
7   ULBC 1, Kap. 1; 5, S. 17.
8   Der Besuch wird beschrieben in: ULBC 1, Kap. 6, S. 5f.
9   D'Eon an Maurepas, 19. Oktober 1777, Kopie ULBC 1, Kap. 6, S. 6.

Kapitel 5

1   Pierre de Nouvion und Emile Liez, *Un ministre des modes sous Louis XVI: Mademoiselle Bertin, Marchande des modes de la Reine, 1747–1813,* Paris 1891, S. 43ff; siehe auch einzelne Rechnungen in ULBCEL.
2   Emile Langlade, *La Marchande de Modes de Marie-Antoinette,* Paris 1911; amerikanische Ausgabe: *Rose Bertin, The Creator of Fashion at the Court of Marie Antoinette,* New York 1913.
3   AAE Supplement 17, S. 4955.
4   ULBC 1, Kap. 7, S. 1ff.
5   Dieser Abschnitt basiert auf ULBC 1, Kap 8, S. 112.
6   ULBC 1, Kap. 9, S. 1.
7   ULBC 1, Kap. 7, S. 7.
8   ULBC 6, S. 23.
9   Zitiert von d'Eon in: ULBC 2, S. 113.
10 ULBC 7, S. 61; und 6, S. 202, wo d'Eon sagt: »Es war im Hause von Mesdames und Mademoiselles Genet, wo ich die einer Frau bei Hofe geziemenden Anstandsformen respektieren lernte«, was er dann aber selbst in ULBC 1, Kap. 1, wieder revidiert. Siehe auch »Rough Notes II«, ULBC Box 8, S. 618624.
11 »Rough Notes II«, ULBC Box 8, S. 833.
12 ULBC, 18, S. 263f; 42, S. 1222.
13 »Rough Notes II«, ULBC Box 8, S. 850853.
14 D'Eon an Madame Montmorency-Bouteville, 18. November 1777, (Kopie) ULBC 46, S. 1656–1660.

Kapitel 6

1   Mathieu-François Pidansat de Mairobert, *L'Espion anglais,* 8 Bde., London 1784, S. 23, sagt, daß das Treffen am 23. November stattfand; der Brief 48 in: *Correspondance secrète sur Louis XVI, Marie-Antoinette, la cour et la ville de 1777 à 1792,* hg. von M. de Lescure, 2 Bde., Paris 1866, Bd 1., S. 115, weist jedoch darauf hin, daß es vor dem 17. November stattfand.
2   Dieses Gespräch wurde von d'Eon aufgezeichnet, ULBC 26, S. 5257.
3   Daß es für die Aristokraten des achtzehnten Jahrhunderts durchaus üblich war zu weinen, belegt Anne Vincent-Buffault, *A History of Tears: Sensibility and Sentimentality in France,* (amerikanische Ausgabe) New York 1991, S. 15ff.

Kapitel 7

1 Siehe als Beispiel d'Eons Brief an den bekannten Rechtsanwalt Falconnet in der Folger Shakespeare Library, Washington, D.C.
2 David Schoenbrun, *Triumph in Paris: The Exploits of Benjamin Franklin*, New York 1976, S. 96. Siehe auch Anne-Claude Lopez, *Mon Cher Papa: Franklin and the Ladies of Paris*, New Haven, Conn., 1966.
3 D'Eon zu Franklin, 24. Januar 1778, in: *The Papers of Benjamin Franklin, Vol. 25, October 1, 1777, through February 28, 1778*, hg. von William B. Willcox, New Haven, Conn., 1986, S. 515. Zu d'Eons Interesse an der amerikanischen Revolution, siehe auch: AN 1, S. 3.
4 Delauney, *Histoire d'un pou français, ou l'espion d'une nouvelle espèce, tant en France, qu'en Angleterre ...*, 4. Ausgabe, o. O. u. J.; englische Übersetzung: *History of a French Louse; or The Spy of a New Species in France and England ...*, o. O. u.J.; *Geschichte einer Laus, oder der Kundschafter von einer neuen Gattung in Frankreich und England, darin eine Beschreibung der merkwürdigsten Personen dieser Reiche und der Schlüssel zu den Hauptbegebenheiten ...*, München 1909.
5 Voltaire an d'Argental, 5. März 1777, in: *The Complete Works of Voltaire*, hg. von Theodore Besterman, 135 Bde., Oxford 19701977, Bd. 128, S. 199; zu Amazonen, siehe Abbey Wettan Kleinbaum, *The War Against the Amazons*, New York 1983.
6 George Keate an Voltaire, 15. August 1777, *Complete Works*, Bd. 128, S. 339ff.
7 Voltaire an d'Eon, 16. September 1777, *Complete Works*, Bd. 129, S. 24.
8 Louis Petit de Bachaumont, zitiert in: Edna Nixon, *Royal Spy: The Strange Case of the Chevalier d'Eon*, New York 1965, S. 205; siehe auch ULBC 1, Kap. 3, S. 7, und Kap. 7, S. 1.

Kapitel 8

1 »Sur La Chevalière d'Eon«, *L'Espion anglais*, 4. Januar 1778, Reprint in: *L'Espion anglais*, 8 Bde., London 1783, S. 26.
2 Ebenda, S. 23f.
3 Penny Storm, *Functions of Dress: Tool of Culture and the Individual*, Englewood Clifs, N.J., 1987, S. 44.
4 ULBC 2, S. 13 (Original in Englisch abgefaßt).
5 *British Martial: Or an Anthology of English Epigrams*, London 1806, S. 90.
6 ULBC, unnumerierte Akte mit dem Titel »Important d'Eon Papers«.
7 »Chanson sur le Chevalier D'Eon«, *L'Espion anglais*, 8 Bde., London 1783, S. 28ff. Hier werden nur drei der insgesamt sieben Strophen zitiert.

Kapitel 9

1 Madame du Deffand an die Herzogin von Choiseul, 3. Dezember 1777, in: *Correspondance complète de Mme du Deffand avec la Duchesse de Choiseul ...*, hg. von M. le Mis. de Saint-Aulaire, 3 Bde., Paris 1877, Bd. 3, S. 311.
2 Beispiele solcher Bitten sind etwa: die Herzogin Montmorency-Bouteville an d'Eon, April 1779, (Kopie) in ULBC 45, S. 486ff, und d'Eons Antwort an Lady Robinson in ULBC 36, S. 23ff.
3 De la Fortelle, *La vie militaire, politique, et privée de Mademoiselle d'Eon*, Paris 1779. Des weiteren existieren mindestens folgende Ausgaben: *Das militärische, politische und Privat-Leben des Fräuleins D'Eon de Beaumont, ehemaligen Ritters D'Eon*, Frankfurt und Leipzig 1779, sowie eine verkürzte italienische Ausgabe: *La vita militare, politica, e privata della Signora d'Eon ...scoperto femmina l'anno 1770*, die im selben Jahr in Venedig publiziert wurde. Und die Library of Congress hat eines der sehr seltenen Exemplare einer 1787 erschienenen russischen Übersetzung.
4 Zur Bedeutung der »Selbst-Gestaltung« bei Aristokraten in der jüngeren Neuzeit, siehe Stephen Jay Greenblatt, *Renaissance Self-Fashioning: From More to Shakespeare*, Chicago 1980;

konkreter auf die Geschlechtsfrage geht Stephen Jay Greenblatt ein: *Verhandlungen mit Shakespeare. Innenansichten der englischen Renaissance,* Berlin 1990.

5   D'Eons Schilderung von seinem Vater und seiner Kindheit befindet sich in ULBC 1, Kap. 1, S. 110, 2, S. 211, 2124. Siehe auch de la Fortelle, *Das militärische, politische und Privat-Leben des Fräuleins D'Eon de Beaumont ehemaligen Ritters D'Eon,* Frankfurt und Leipzig 1779, S. 65f.

6   Marguerite (1724–1788) blieb ihrer Mutter und d'Eon ihr ganzes Leben engverbunden, obwohl sie, wie d'Eon erklärt (ULBC 2, S. 16ff) eine Aversion gegen seine Leistungen und insbesondere gegen seine militärische Karriere hatte. 1757 heiratete sie den irischen Adeligen Thomas O'Gorman. Aus der Ehe gingen zwei Söhne hervor. D'Eon vermerkt (ULBC 2, S. 6), daß sein Bruder am 4. Februar 1727 als Théodore-André-Thimothée-Louis-César d'Eon de Beaumont getauft wurde. Er starb am 6. August.

7   ULBC 2, S. 6.

8   ULBC 2, S. 8; ULBC 1, S. 1.

9   ULBC 1, S. 2.

10   ULBC 2, S. 22. *Fourreau* wird in Französisch-Wörterbüchern als »enganliegendes Kleid oder Unterkleid« übersetzt, was in diesem Zusammenhang jedoch nicht unbedingt einen Sinn ergibt und unzureichend erklärt, um was es sich hierbei konkret handelt. Antoine Furetières Wörterbuch aus dem siebzehnten Jahrhundert, *Le dictionnaire universel,* Paris 1690, definiert *fourreau* als »ce qui sert à couvrir, à envelopper, à conserver quelque chose … en fait d'habits, des *fourreaux* de manches, des *fourreaux* d'enfants, pour empêcher qu'ils ne gastent leurs habits.« Die Geschichte über die Harnwegsprobleme ist nur in dieser Fassung zu finden und wird in der überarbeiteten Fassung, die unter ULBC 1 archiviert ist, ausgespart.

11   ULBC 4, S. 2f.

Kapitel 10

1   Den ersten direkten Hinweis zu d'Eons Behauptung, er sei als Mädchen geboren und von seinen Eltern als Junge erzogen worden, lieferte ein Anwalt, der in einem Gerichtsverfahren im August 1779 diese Erklärung im Namen d'Eons abgab. Siehe dazu die *Gazette des tribunaux* 8, Nr. 38, 1779, S. 180ff.

2   Rudolf Dekker und Lotte van de Pol, *Frauen in Männerkleidern,* S. 11f.

3   ULBC 20, S. 4.

4   Ross Hutchinson, *Locke in France, 1688–1734,* Oxford 1991.

5   ULBC 1, Kap. 1, S. 2.

6   ULBC 48, S. 117. Siehe auch Joel Schwartz, *The Sexual Politics of Jean-Jacques Rousseau,* Chicago 1975.

7   D'Eons Taufschein, der ihn als »Sohn der adeligen Louis d'Eon de Beaumont« ausweist, ist voll abgedruckt in: Pierre Pinsseau, *L'Etrange Destinée du chevalier d'Eon, 1728–1810,* zweite Ausgabe, Paris 1945, S. 18 Anmerkung; eine Ablichtung davon befindet sich in: Michel de Decker, *Madame le chevalier d'Eon,* Paris 1987, S. 94f.

8   Briefe von Turquet de Mayenne an d'Eon, 23. September 1955 und 17. Januar 1756, BMT C4 und C5.

9   BMT E3.

10   *Essai historique sur les différentes situations de la France par rapport aux finances sous le regne de Louis XIV et la régence du duc d'Orléans,* Amsterdam 1753. »Es gibt einen jungen Mann namens Déon«, schrieb Elie Fréron, Herausgeber der einflußreichen Zeitschrift *L'Année littéraire,* einem Freund 1753, »der an einem Buch über Finanzen schreibt. Ballard druckt es. Dieser junge Mann ist durchaus beeindruckend. Er ist schmächtig und etwa vierundzwanzig oder fünfundzwanzig Jahre alt.« Zitiert in: *Le dossier Fréron: Correspondances et documents,* hg. von Jean Balcou, Paris 1975.

11   »Les Espérances d'un bon patriote«, *L'Année littéraire* 6, 1759, S. 5567; das Zitat ist S. 57 entnommen. D'Eons Ideen entsprechen in Prinzip dem von Keith Michael Baker identifizierten »administrativen« Modell zur Reformierung Frankreichs. Siehe »French Political Thought at the Accession of Louis XVI«, *Journal of Modern History* 50, 1978, 3. 302.

Kapitel 11

1 Broglie, »Mémoires sur la politique étrangère«, 1773, in: CSI 1, S. 455.
2 Montesquieu, *Der Geist der Gesetze, Sämtliche Werke,* 12 Bde., Leipzig 1854, Bd. 13, 5. Buch, sowie Bd. 46, 11. Buch; Friedrich der Große, *Der große König – Ausgewählte Werke, Briefe, Gespräche und Gedichte Friedrichs des Großen,* Berlin o. J., S. 17.
3 M. S. Anderson, »Eighteenth-Century Theories of the Balance of Power«, in: *Studies in Diplomatic History,* New York 1970, S. 183ff; Jeremy Black, »The Theory of the Balance of Power in the First Half of the Eighteenth Century: A Note on the Sources«, *Review of International Studies* 9, 1983, S. 55ff.
4 Jeremy Black, *The Collapse of the Anglo-French Alliance 1727–1731,* New York 1987; sowie *Natural and Necessary Enemies: Anglo-French Relations in the Eighteenth Century,* London 1986.
5 Thomas Carlyle, *Die französische Revolution,* 3 Bde., Leipzig 1897, S. 15, 31, 24.
6 *Les Fastes de Louis XV,* Villefranche 1782, Teil 1, S. 98.
7 Stéphanie Felicité de Genlis, *Denkwürdigkeiten der Gräfinn von Genlis. Über das achtzehnte Jahrhundert und die französische Revolution,* 8 Bde., Stuttgart 1825, Bd. 1, S. 191, 193.
8 G. Capon und R. Yve-plessis, *Vie privée de la Prince de Conty, Louis-François de Bourbon (1717–1776),* Paris 1907.
9 Friedrich der Große zitiert in: Norman Davies, *God's Playground: A History of Poland,* 2 Bde., Oxford 1981, Bd. 1, S. 347.
10 1725 hatte Ludwig der XV. Marie Leszczynski, die Tochter eines weiteren Anwärters auf den polnischen Thron, geheiratet. Und 1732 war Frankreich gegen Rußland und Sachsen in den Krieg gezogen, um den polnischen Thron für ihren Vater, Stanislaw Leszczynski, zu retten. Das Ergebnis war eine Niederlage, bei der Stanislaw Leszczynski abdanken und mit dem ihm als Entschädigung angebotenen Herzogtum von Lothringen vorliebnehmen mußte. Frankreich gab sehr schnell jeden Anspruch, Leszczynski auf den Thron zu bringen, auf und ging dazu über, den Gang der Entwicklungen in Polen nunmehr über die Sachsendynastie – statt gegen sie – zu beeinflussen. 1747 heiratete die Tochter des Sachsenkönigs den Dauphin. Siehe H. M. Scott, »France and the Polish Throne«, *Slavonic and East European Revue* 53, 1975, S. 370ff.
11 Diese bekannten Fakten werden in KS und in Gilles Perrault, *Le Secret du Roi. Tome I. La passion polonaise,* Paris 1992, behandelt.

Kapitel 12

1 *Politique de tous les cabinets de l'Europe, pendant les règnes de Louis XV et de Louis XVI; contenant des pièces authentiques sur la correspondance secrète de comte de Broglie …,* 3 Bde., Paris 1793.
2 Zitiert in KS 1, S. 29f aus CSI 1, S. 195.
3 Zitiert in KS 1, S. 59.
4 Zu einem ähnlichen Fazit zum Geheimdienst gelangt Rohan Butler, der sich auf anderes Material stützt, in »Paradiplomacy«, in: *Studies in Diplomatic History and Historiography,* hg. von A. O. Sarkissian, London 1961, S. 12ff.

Kapitel 13

1 H. M. Scott, »Russia as a European Great Power«, in: *Russia in the Age of Enlightenment,* hg. von Rogert Bartlett, New York 1990, S. 7ff; Michel Antoine und Didier Ozanam, »Le Secret du roi et la Russie jusqu'à la mort de le czarine Elisabeth en 1762«, *Annuaire-Bulletin de la Société de l'histoire de France,* 19541955, S. 69ff.
2 D'Eon beschreibt Douglas in ULBC 5, S. 3f.
3 CSI 1, S. 203207.
4 Für ein Beispiel, siehe »Memoirs of the Life of Mademoiselle La Chevalière d'Eon«, *European Magazine and London Review* 19, März 1791, S. 163–166, einen Artikel, den d'Eon

ausgeschnitten und aufbewahrt hatte, in ULBC Box 12, großes ledergebundenes Notizbuch, 49.

5 Die nachfolgende Schilderung ist entnommen: »Mémoires historiques et secrètes contenant le récit abrégé de mes trois voyages à la cour de russie«, ULBC 5, S. 119 und 1169–1171. Andere Versionen sind zu finden in ULBC 1, Kap. 1, S. 13 und 20, S. 18ff.

6 ULBC 5, S. 8.

7 ULBC 5, S. 10.

8 Diese Schilderung basiert auf ULBC 5, S. 119.

9 Siehe ULBC 6, S. 39 für eine etwas andere Version.

10 Hier wechsele ich zu ULBC 5, S. 1169ff.

11 ULBC 6, S. 50.

12 ULBC 6, S. 47.

13 ULBC 6, S. 56f.

14 ULBC 6, S. 66ff.

Kapitel 14

1 Marsha Keith Schuchard, »Blake's ›Mr. Femality‹: Freemasonry, Espionage, and the Double-Sexed«, in: Studies in *Eighteenth-Century Culture*, Bd. 22, hg. von Patricia B. Craddock und Carla H. Hay, East Lansing, Mich., 1992, S. 55. Andere Biographen, die seine Geschichte glaubten, sind zum Beispiel: Michel de Decker, *Madame le Chevalier d'Eon*, Paris 1987, S. 43ff; Edna Nixon, Royal Spy: *The Strange Case of the Chevalier D'Eon*, New York 1965, S. 39ff; und Pierre Pinsseau, *L'Etrange Destinée du chevalier d'Eon 1728–1810*, 2. Ausgabe, Paris 1945, S. 25ff.

2 In Kapitel 44 wird dieser Punkt ausführlicher behandelt. In früheren, wahrscheinlich in den 1760er Jahren notierten, aber nie veröffentlichten Erinnerungen an die Rußlandreise erwähnt d'Eon nirgends etwas davon, daß er sich als Frau verkleidete, noch etwas von der Geschichte, wonach er die Tutorin der Zarin wurde. Siehe AAE Supplement 16 und 17 sowie BMT 02.

3 Siehe Kapitel 47 zu d'Eons Bemühungen, sich den französischen Truppen im Amerikanischen Unabhängigkeitskrieg anschließen zu dürfen.

4 Giacomo Casanova, *Aus meinem Leben*, Bd. III., S. 207, Bd. IX., S. 217f, Bd. X., S. 20, 355; sowie die Erinnerung, die »von Mademoiselle d'Eon selbst« kam, in: Abbé Georgel, *Mémoires pour servir à l'Histoire des événements de la fin du dixhuitième siècle …*, 6 Bde., 2. Ausgabe, Paris 1820, Bd. 1, S. 290.

5 Tercier an d'Eon, 2. Juli 1756, in BMT D2.

6 D'Eon an Tercier, 24. Juli–13. August 1756, Bibliothèque Nationale, NAF 23975, S. 66ff.

7 R. Nisbet Bain, *The Daughter of Peter the Great*, New York [1899] 1970, S. 139.

8 J. T. Alexander, »Favoritism and Female Rule in Russia, 1725–1796«, in *Russia in the Age of Enlightenment …*, hg. von Roger Bartlett und Janet Hartley, New York 1990, S. 106ff.

9 Katharina die Große, *Die deutsche Zarin: Denkwürdigkeiten der Kaiserin Katharina II. von Rußland – Lebensdokumente*, Ebenhausen b. München 1916, S. 121f.

10 Ebenda, S. 122.

Kapitel 15

1 Michel de Decker, *Madame le chevalier d'Eon*, S. 67f.

2 Michel Antoine, *Louis XV*, S. 684f.

3 John Woodbridge, *Revolt in Prerevolutionary France: The Prince de Conti's Conspiracy Against Louis XV, 1755–1757*, Baltimore 1995. Siehe auch Ludwig XV. an Tercier, 21. September 1757, zitiert in: L. Jay Oliva, *Misalliance: A Study of French Policy in Russia during the Seven Years' War*, New York 1964, S. 52f; sowie CSI 1, S. 212f, 224.

4 John Woodbridge, *Revolt*.

5 L'Hôpital an Bernis, 18. November 1757, zitiert in: L. Jay Oliva, *Misalliance*, S. 99, 101.

6 Broglie an Ludwig XV., 2. Dezember 1757, in CS 1, S. 43f; zitiert in: L. Jay Oliva, *Misalliance*, S. 102.

7 ULBC 6, S. 30, 196.
8 Ludwig XV. an Broglie, 3. März 1758, in CSI 1, S. 237: »Genau wie Sie glaube ich nicht, daß der Herzog von Choiseul in irgendeiner Hinsicht Kenntnis vom Geheimdienst hat.«
9 Didier Ozanam, »La Disgrâce d'un premier commis: Tercier et l'affaire *de l'esprit* (1758--1759)«, *Bibliothèque de l'Ecole des Chartres*, 113, 1955, S. 140ff.
10 D'Eon an Vergennes, 28. Mai 1776, BMT R23 (Kopie) in CSI 1, S. 232f. Die *Gazette d'Utrecht* berichtete am 27. Mai 1757, S. 3, daß Elisabeth I. d'Eon ein Geschenk von fünfhundert Dukaten gemacht hatte.
11 Broglie an Ludwig XV., 1. Februar 1762, in CSI 1, S. 138.
12 »Epître de Mademoiselle d'Eon … 1 juin 1805«, 50, ULBC Box 8.
13 John Woodbridge, *Revolt*.
14 *The Chinese Spy*, 2, S. 20.

Kapitel 16

1 Pierre Pinsseau, *L'Etrange destinée du chevalier d'Eon*, S. 44ff. Als eine von Ludwig XIV. eingeführte Eliteeinheit hatten die Dragoner die Aufgabe, mit besonderer Präzision und Schnelligkeit Stellungen anzugreifen oder zu verteidigen, wobei sie normalerweise die Vorhut der Infanterie bildeten. Sie mußten beweglicher, schneller und intelligenter als die eigenen Streitkräfte hinter ihnen bzw. der Feind sein. Siehe Lucien Mouillard, *Les régiments sous Louis XV …*, Paris 1882, S. 81ff.
2 Richard Waddington, *La Guerre de Sept Ans*, 5 Bde., Paris 1899–1915, Bd. 5, S. 120ff.
3 Broglie an Ludwig XV., 18. September 1761, in CSI 1, S. 128–132.
4 Waddington, *La Guerre*, Bd., 5, S. 147.
5 Zitiert in Pinsseau, *L'Etrange destinée*, S. 50.
6 Ludwig XV. an Tercier, 19. Juni 1762, in CSI 1, S. 275.
7 James C. Riley, *The Seven Years' War and the Old Regime in France: The Economic and Financial Toll*, Princeton, N.J., 1986.
8 CS 1, S. 141 Anmerkung; und Ludwig XV. an Tercier, 31. August 1762, in CSI 1, S. 278.
9 Ludwig XV. an Breteuil, 10. September 1762, in CSI 1, S. 283.

Kapitel 17

1 Zenab Esmat Rashed, *The Peace of Paris, 1763*, Liverpool 1951, S. 189.
2 Ebenda, S. 194.
3 Emile Blampignon, *Le duc de Nivernais …*, Paris 1888; Lucien Perry, *La fin du XVIIIe siècle: Le duc de Nivernais*, 2. Ausgabe, Paris 1891.
4 Eon, Charles de Beaumont Chevalier d', *Lettres, mémoires et négociations*, Bd. 1, S. 101. Die deutsche Ausgabe *Memoiren des Chevalier von Eon*, Braunschweig 1837, konnte in deutschen Bibliotheksbeständen nicht nachgewiesen werden, so daß der Text nach der englischen Fassung zitiert bzw. nochmals übersetzt wurde.
5 Nivernais an den Herzog von Choiseul, 2. Oktober 1762, zitiert in: d'Eon, *Lettres, mémoires et négociations*, Bd. 1, S. 2. Die deutsche Ausgabe *Memoiren des Chevalier von Eon*, Braunschweig 1837, konnte in deutschen Bibliotheksbeständen nicht nachgewiesen werden, so daß der Text nach der englischen Fassung zitiert bzw. nochmals übersetzt wurde.; Nivernais an Madame d'Eon, 31. März 1783, (Kopie) in ULBC Box 7, S. 1385.
6 *London Chronicle*, 24.–26. Februar 1763, S. 193.
7 Nivernais an Praslin, 7. März 1763, in AAE 450, S. 39ff und 235. Zu d'Eons Ernennung, siehe auch Nivernais an Praslin, 11. April 1763, und d'Eon an Praslin, 24. April 1763, beides in AAE 450, S. 235 und 308; sowie BMT G167.
8 Madame d'Eon an Nivernais, 24. März 1763, (Kopie) in ULBC Box 7, S. 1379.
9 Choiseul zitiert in: Rashed *Peace of Paris*, S. 186. Ludwig XV. an Tercier, 26. Februar 1763, in CSI 1, S. 288f. Pompadour an Nivernais, 22. Oktober 1762, in: Blampignon, *Nivernais*, S. 133.
10 Lord Shelborne zitiert in: Rashed, *Peace of Paris*, S. 204. Viele in der französischen Regierung

waren der Meinung, daß Frankreichs neues Bündnis mit Österreich zumindest teilweise schuld an der Niederlage war. »Europa gewöhnte sich daran, Frankreich im Rahmen der internationalen Beziehungen als eine zweitrangige Macht zu sehen«, schrieb der Graf von Broglie 1773. »Kurz: als einen Staat, der seine Befehle von Österreich erhielt.« Siehe seine »Mémoires sur la politique étrangère«, in CSI 1, S. 450.

11 »Letter from a French Gentlemen on the Late Peace«, *London Chronicle,* 10.–13. September 1763, S. 252.

Kapitel 18

1 Broglie an den Diplomaten François-Michel Durand, 19. Februar 1763, AAE, Mémoires et Documents, 538, S. 186. Broglie an d'Eon, 8. Februar 1763, in AAE Supplement 16, S. 19.

2 Broglie an Durand, 19. Feb. 1763, zitiert in AAE, Mémoires et Documents, Angleterre, 59.

3 Ebenda.

4 Ludwig XV. an Durand, 26. Juni 1763, CSI 1, S. 295f.

5 Ludwig XV. an Broglie, 7. April 1763, CSI 1, S. 291. Siehe auch Ludwig XV. an La Rozière, 7. April 1763, CS 1, S. 152f Anmerkung. Durand war einer der engsten Kollegen d'Eons im Geheimdienst und hatte, seit 1748 im diplomatischen Dienst, an verschiedenen Höfen Botschaftern gedient, unter anderem von 1755 bis 1760 in Polen, wo er in den Geheimdienst gebracht wurde und für Broglie arbeitete. 1762 gehörte er auch zu denjenigen, die in Nivernais' Verhandlungsdelegation berufen wurden. Nach seiner Rückkehr nach Frankreich war er bis 1772 für das Außenministerium tätig, wobei er in den sechziger Jahren noch zweimal als Bevollmächtigter Minister nach England entsandt wurde.

6 Praslin an Nivernais, 26. März 1763, und Nivernais an Praslin, 31. März 1763, AAE 450, S. 140 und 171. Trotz der rangmäßigen Beförderung wurde er in den nächsten Jahren in der Korrespondenz zwischen dem König und den Mitgliedern des Geheimdienstes noch »Sire d'Eon« genannt.

7 D'Eon an Praslin, 21. und 28. April 1763, AAE 450, S. 280 und 318; *Gazette d'Utrecht,* 31. Mai 1763.

8 Broglie an d'Eon, 17. Mai 1763, in: Jacques de Broglie, *Le Vainqueur de Bergen et le Secret du Roi,* Paris 1957, S. 201f. Siehe auch Broglie an d'Eon, 19. März 1763, Auszug in AAE, Mémoires et Documents, Angleterre, 59ff.

9 Broglie an d'Eon, 3. Juni 1763, AAE Supplement 16, S. 58; Ludwig XV. an d'Eon, 3. Juni 1763, CSI 1, S. 293f, zitiert nach: F. Gaillardet, *Memoiren des Chevalier d'Eon – Chevalier und Chevalière d'Eon – der Diplomat in Frauenkleidern,* Heidenheim 1972, S. 57; etwas andere Versionen sind zu finden in AAE Supplement 16, S. 60 und Mémoires et Documents, 538, S. 195.

Kapitel 19

1 Zur Frage der Gefangenen, siehe Pierre Coquelle, »Le comte de Guerchy, ambassadeur de France à Londres (1763–1767)«, *Revue des études historiques* 74, 1908, S. 437f.

2 AAE Supplement 16, S. 64; Roger Soltau, »Le Chevalier d'Eon et les relations diplomatiques de la France et de l'Angleterre au lendemain du traité de Paris (1763)«, in: *Mélanges d'histoires offerts à Charles Bémont,* Paris 1913, S. 658ff.

3 AAE 451, S. 3447. Auch die modernen Historiker der Diplomatie waren von d'Eons Analyse der britischen Politik beeindruckt; siehe Soltau, »Le Chevalier d'Eon«, S. 660ff.

4 Pierre Coquelle, »Le Chevalier d'Eon, ministre à London«, *Bulletin historique et philosophique,* 1908, S. 217; »Mémoire pour servir d'instruction au Sieur comte de Guerchy …3 Octobre 1763«, in: *Recueil des instructions aux ambassadeurs et ministres de France, XXV2. Angleterre. Tome 3 (1698–1791),* hg von Paul Vaucher, Paris 1965, S. 416.

5 Horace Walpole, *Correspondence,* Bd. 10, S. 70.

6 D'Eon de Mouloize an seinen Vater, 24. Juni 1763, AN 6, S. 17.

7 ULBC 2, S. 12. Selbst zu Lebzeiten d'Eons wurde sein Name bereits mit Tonnerre-Weinen verknüpft. »Tonnerre ist eine alte Stadt in Frankreich, im Department Yonne in der Provinz

Burgund gelegen«, heißt es in einem Geographielexikon von 1795 (Richard Brookes, *The General Gazetteer; or Compendiums Geographical Dictionary ...,* 9. Ausgabe, London 1795,von d'Eon ausgeschnitten und aufbewahrt in ULBC 20, S. 3). »Sie ist der Geburtsort der berühmten Mademoiselle d'Eon ... Tonnerre ist für seine guten Weine bekannt.«

8 Thomas Walpole an d'Eon, 3. November 1762, in BMT F14.

9 D'Eon an Grenville, 19. September 1763, in: *The Grenville Papers,* hg. von William James Smith, 4 Bde., London 18521853, Bd. 2, S. 124f; Grenville an d'Eon, 20. September 1763, in BMT G216. D'Eons Nachfolger, der Graf von Guerchy (ebenfalls aus Burgund), bekam mit Grenville die gleichen Schwierigkeiten wegen Wein. Siehe Coquelle, »Le comte de Guerchy«, S. 434f.

10 BL 11339, S. 4851; siehe auch BMT F14.

11 Broglie an Ludwig XV., 24. Juli 1763, CS 1, S. 168f.

12 In dieser Zeit war es in französischen Diplomatenkreisen oft üblich, das Geld aus eigener Tasche vorzustrecken und sich die Kosten rückerstatten zu lassen. Diese Rückerstattung erfolgte dann oft in Form einer vom König zugesicherten Pension oder jährlich zu zahlenden Rente, die die eigentliche Höhe der Schulden vielfach weit überstieg. Für die Diplomaten war der diplomatische Dienst zugleich also auch eine Art Risikoinvestition oder Glücksspiel. D'Eon nahm zum Beispiel im Juni 1763 ein persönliches Darlehen bei einem Financier, Buraglo, zur Finanzierung seines kostspieligen Lebenswandels auf. Siehe BMT G153.

13 Saint-Foy an d'Eon, 14. August 1763, Auszug in: d'Eon, *Lettres, mémoires et négociations,* Bd. 1, S. 16f. Die deutsche Ausgabe *Memoiren des Chevalier von Eon,* Braunschweig 1837, konnte in deutschen Bibliotheksbeständen nicht nachgewiesen werden, so daß der Text nach der englischen Fassung zitiert bzw. nochmals übersetzt wurde.Eine Schätzung jüngeren Datums über d'Eons Ausgaben liefert Coquelle, »Le Chevalier d'Eon«, S. 217ff.

14 Zitiert in KS 2, S. 111.

15 Nivernais an d'Eon, 17. September 1763, in: d'Eon, *Lettres, mémoires et négociations,* Bd. 1, S. 27. Die deutsche Ausgabe *Memoiren des Chevalier von Eon,* Braunschweig 1837, konnte in deutschen Bibliotheksbeständen nicht nachgewiesen werden, so daß der Text nach der englischen Fassung zitiert bzw. nochmals übersetzt wurde.

16 Ebenda.

17 Tercier an d'Eon, 5. September 1763, Kopie in AAE Supplement 16, S. 82ff; in Anlehnung an KS 2, S. 114f, übersetzt. Siehe auch Tercier an d'Eon, 6. Oktober 1763, Kopie in AAE Supplement 16, S. 92ff, wo die gleichen Punkte wiederholt werden.

18 Saint-Foy an d'Eon, 18. September 1763, in: d'Eon, *Lettres, mémoires et négociations,* Bd. 1, S. 61f. Die deutsche Ausgabe *Memoiren des Chevalier von Eon,* Braunschweig 1837, konnte in deutschen Bibliotheksbeständen nicht nachgewiesen werden, so daß der Text nach der englischen Fassung zitiert bzw. nochmals übersetzt wurde.

19 D'Eon an Saint-Foy und d'Eon an Moreau, beide am 25. September 1763, in: d'Eon, *Lettres, mémoires et négociations,* Bd. 1, S. 62–73. Die deutsche Ausgabe *Memoiren des Chevalier von Eon,* Braunschweig 1837, konnte in deutschen Bibliotheksbeständen nicht nachgewiesen werden, so daß der Text nach der englischen Fassung zitiert bzw. nochmals übersetzt wurde.

20 D'Eon an Broglie, 25. September 1763, Auszug in AAE Supplement 16, S. 88ff. Aber nicht alle Briefe waren so unverschämt im Ton. Zwischen dem 2. August und 11. Oktober schrieb d'Eon zum Beispiel mindestens fünfundzwanzig Briefe an Praslin, von denen die meisten wertneutral gehaltene dienstliche Routinebriefe und in Inhalt und Ton unverfänglich waren. Siehe AAE 451, an verschiedenen Stellen.

21 Broglie an d'Eon, 7. Oktober 1763, KS 2, S.115ff. Ich habe die Übersetzung leicht abgeändert. Die französische Fassung ist enthalten in: [Albert] Le duc de Broglie, *Le secret du roi ...,* 2 Bde., Paris 1878, Bd. 2, S. 132f.

Kapitel 20

1   Praslin an d'Eon, 4. Oktober 1763, in: d'Eon *Lettres, mémoires et négociations,* Bd. 1, S. 101. Die deutsche Ausgabe *Memoiren des Chevalier von Eon,* Braunschweig 1837, konnte in deutschen Bibliotheksbeständen nicht nachgewiesen werden, so daß der Text nach der englischen Fassung zitiert bzw. nochmals übersetzt wurde.Wortlaut der Abberufungsorder und der Bemerkungen Terciers nach: KS 2, S. 124.

2   Tercier an Ludwig XV., 7. Oktober 1763, zitiert in AAE, Mémoires et Documents, Angleterre, 59; Ludwig XV. an Tercier, 11. und 12. Oktober 1763, CSI 1, S. 299.

3   D'Eon an Guerchy, 27. September 1763, AAE 451, S. 279.

4   Praslin an d'Eon, 19. und 29. Oktober 1763, AAE 451, S. 425, 532.

5   Hertford an Walpole, 25. November 1763, in: Horace Walpole, *Correspondence,* Bd. 38., S. 242ff.

6   Siehe Broglie an Durand, 8. Dezember 1763, Auszug in AAE, Mémoires et Documents, FD Angleterre: »Er [La Rozière] versichert mir, d'Eon sei nicht im mindesten verrückter als er.«

7   »Declaration de M. d'Eon«, 11. Juli 1775, ULBC 9, S. 9.

8   Zitiert in KS 2, S. 100.

9   D'Eon an Broglie, 19. Oktober 1763, Kopie in: »Pièces pour servir à la mémoire de la Chevalière d'Eon«, S. 1686, ULBC Box 7. Zu Pompadour als »die Quelle meiner Probleme«, siehe auch d'Eons Erinnerungen an die Guerchy-Affäre vom 14. Juli 1775 in AAE 511, S. 115–120.

10 Dies war ein Punkt, warum Broglie gefeiert wurde, als seine Geheimkorrespondenz aus der Zeit der Französischen Revolution schließlich entdeckt wurde. Siehe Einleitung zum ersten Band von *Politique de tous les cabinets de l'Europe, pendant les règnes de Louis XV et de Louis XVI ...,* 3 Bde., Paris 1793.

11 D'Eon de Mouloize an seinen Vater, 28. November 1763, AN 6, S. 23.

12 Ludwig XV. an Tercier und Ludwig XV. an Guerchy, 4. Oktober 1763, CSI 1, S. 302f.

13 Ludwig XV. an d'Eon, 4. November 1763, CSI 1, S. 303f.

14 Earl of Halifax an den Zweiten Kronanwalt, 21. November 1763, in: *Calendar of Home Office Papers of the Reign of George III, 1760–1765,* hg. von Joseph Redington, London 1878; *London Gazette,* 3.6. Dezember 1763.

15 Siehe zum Beispiel CS 1, S. 238 Anmerkung

16 D'Eon, *A Letter Sent to His Excellency Claude-Louis-François Regnier, Count de Guerchy,* London 1763.

Kapitel 21

1   AAE Supplement 12, S. 118–131, nachgedruckt in: Fréderic Gaillardet, *Mémoires sur la Chevalière d'Eon,* Paris 1866, S. 138ff. Die deutsche Ausgabe *Memoiren des Chevalier von Eon. Aus dessen Familienpapieren ...,* konnte in deutschen Bibliotheksbeständen nicht nachgewiesen werden, so daß der Text nach der englischen Fassung zitiert bzw. nochmals übersetzt wurde. Eine teilweise handschriftliche Kopie von d'Eon existiert in AAE Supplement 16, S. 96–99.

2   In seinen Memoiren fügt d'Eon hinzu, er habe Blut erbrochen und ihm sei von einem Arzt Medizin verabreicht worden. ULBC Box 7, S. 16–18.

Kapitel 22

1   AAE, Mémoires et Documents, France, 539, S. 153–158; nachgedruckt in CS 1, S. 186–196.

2   Das muß der Brief von Ludwig XV. an d'Eon vom 4. November 1763 sein, worin er ihm befahl, Praslins Abberufungsorder Folge zu leisten. Der Brief war einem an Guerchy adressierten Schreiben beigefügt. Beide Briefe sind nachgedruckt in CSI 1, S. 303f.

Kapitel 23

1 In seinem Brief erwähnt Broglie im übrigen noch andere Punkte, um seine Sympathie für d'Eon zu zeigen. Genau wie für d'Eon war Guerchy auch aus Broglies Sicht im wesentlichen eine Schachfigur Praslins und einzig dazu da, um d'Eon zu schikanieren. Und genau wie d'Eon war Broglie empört, daß Guerchy auf Männer wie Vergy zurückgriff. Besonders aufgebracht war Broglie über das Verhalten von Nicolas Monin, der offensichtlich die Seiten gewechselt hatte. Bis Herbst 1763 gehörte Monin zum Conti-Kreis (er war Contis persönlicher Sekretär von 1754 bis 1756). Nachdem die Broglies in der Verbannung lebten und Conti seit langem von der Bildfläche verschwunden war, wußte Monin, woher der Wind wehte, und wechselte flugs die Seiten. Das Erstaunliche war nicht, daß er wegen dieses Loyalitätsbruches Broglies Zorn auf sich zog – das war zu erwarten –, sondern daß Broglie so offen mit dem König darüber sprach, was er von Monin hielt. Monin wußte schließlich nichts von den Instruktionen vom 3. Juni 1763; er versuchte nur, d'Eon dahin zu treiben, sämtliche Unterlagen aus seiner kurzen Amtszeit als Bevollmächtigter Minister zurückzugeben.
2 Ludwig XV. an Tercier, 30. Dezember 1763, CSI 1, S. 310f.
3 Ebenda.
4 CS 1, S. 198–299.
5 [Pierre-Henri Treyssac de Vergy], *Lettre à M. de la Mxxx, Ecuyer …*, London 1763; d'Eon, *Note remise à son excellence Monsieur le comte de Guerchy*, London 1763; [Ange Goudar], *Contre-Note ou Lettre à M. le marquis de L …*, Paris [sic: London], 1763.
6 Ludwig XV. an Tercier, 30. Dezember 1763, CSI 1, S. 310f.
7 *Mémoires secrets* 1, 21. Dezember 1763, S. 313.
8 Horace Walpole an d'Eon, 25. Februar 1764, BMT F22.
9 Broglie an Ludwig XV., 29. Februar 1764, CS 1, S. 211.
10 D'Eon an Tercier, 23. März 1764, AAE Supplement 13, S. 156f.

Kapitel 24

1 Guerchy an Nivernais, 23. März 1764; Nivernais anGuerchy, 31. März 1764, beide in: Emile Blampignon, *Le Duc de Nivernais …*, Paris 1888, S. 221ff. Siehe auch Guerchy an Praslin, 30. März 1764, AAE 450, S. 160ff. Anders als seinen kleinen *A Letter Sent to … Guerchy*, den er etwas übereilt im November veröffentlichte, wurden die *Lettres* in einer ansehnlichen Folioausgabe herausgebracht. Eine Quittung vom 13. März 1764 in ULBCEI 7 belegt, daß d'Eon dreihundertzehn Pfund für den Druck und die Verteilung von tausend Exemplaren an John Dixwell zahlte.
2 Tagebucheintrag für den 28. März 1764, in: *The Grenville Papers …*, hg. von William James Smith, 4 Bde., London 18521853, Bd. 2, S. 501; Praslin an Guerchy, 7. April 1764, AAE 450, S. 181; *Mémoires secrets* 5, 9. und 14. April 1764, S. 42ff.
3 Brief vom 23. Juli 1764, *Lettres de Geneviève de Malboissière à Adélaide Méliand (1761–1766)*, hg. von Albert Marie P. de Luppé, Paris 1925, S. 126ff.
4 *Mémoires secrets* 1, 14. April 1764, S. 45; Walpole, *Correspondence*, Bd. 38, S. 356; Wilkes an Churchill, 10. April 1764, in: *The Correspondence of John Wilkes and Charles Churchill*, hg. von Edward H. Weatherly, New York 1954, S. 82.
5 Roger Chartier, »Book Markets and Reading in France at the End of the Old Regime«, in: *Publishing and Readership in Revolutionary France and America*, hg. von Carol Armbruster, Westport, Conn., 1993, S. 125.
6 Keith Michael Baker, »Politics and Public Opinion Under the Old Regime: Some Reflections«, in: *Press and Politics in Pre-Revolutionary France*, hg. von Jack R. Censer und Jeremy D. Popkin, Berkeley, Kalif., 1987, S. 210f.
7 Das beste Buch über Wilkes ist nach wie vor: George Rudé, *Wilkes and Liberty: A Social Study of 1763 to 1774*, Oxford 1962.
8 *North Briton* Nr. 28, Dezember 1762, und Nr. 31, Januar 1763, zitiert in: George Nobbe, *The North Briton: A Study in Political Propaganda*, 1939, Reprint New York 1966, S. 118, 148.

9   Zitiert in: Raymond Postgate, *That Devil Wilkes,* New York 1929, S. 59.
10   Wilkes an Humphrey Cotes, 5. Dezember 1764, in: *The Correspondance of the Late John Wilkes ...,* hg. von John Almon, 5 Bde., London 1805, Bd. 2, S. 93f; zu d'Eons Kommentar, siehe seine Randbemerkungen auf seiner ausgeschnittenen Kopie der *Gazette d'Utrecht,* 7. Dezember 1764, in ULBC. Auch schon vor der Veröffentlichung seines Buches hatten seine Kollegen ihn mit Wilkes verglichen; siehe Saint-Foy an d'Eon, 14. August 1763, und d'Eon an Saint-Foy, 19. August 1763, beide in: *Lettres, mémoires, et négociations,* Bd. 1, S. 16f. Die deutsche Ausgabe *Memoiren des Chevalier von Eon,* Braunschweig 1837, konnte in deutschen Bibliotheksbeständen nicht nachgewiesen werden, so daß der Text nach der englischen Fassung zitiert bzw. nochmals übersetzt wurde.
11   Guerchy an Praslin, 6. April 1764, AAE 450, S. 202.
12   John Brewer, *Party Ideology and Popular Politics at the Accession of George III,* Cambridge 1976, S.163ff; Baker, »Politics and Public Opinion«, in: *Press and Politics in Pre-Revolutionary France,* hg. von Jack R. Censer und Jeremy D. Popkin, S. 214ff.
13   Jack R. Censer, *The French Press in the Age of the Enlightenment,* London 1994, S. 176ff.
14   Wilkes an Humphrey Cotes, 5. Dezember 1764, in: *The Correspondance of the Late John Wilkes ...,* hg. von John Almon, Bd. 2, S. 93f.
15   Siehe d'Eon an Broglie, 8. Juni 1764, Kopie in AAE Supplement 16, S. 155–166; Broglie an Ludwig XV., 25. Juni 1764, CS 2, S. 249.
16   D'Eon an Broglie, 8. Juni 1764, Kopie in AAE Supplement 16, S. 165f: »Die Menschen lieben mich und trinken öffentlich auf meine und Wilkes' Gesundheit.« *Mémoires secrets* 2, 7. Juli 1764, S. 71f.
17   *London Chronicle,* 14.–17. Juli 1764, S. 52.

Kapitel 25

1   D'Eon an Broglie und Ludwig XV., 20. April 1764, Kopie AAE Supplement 13, S. 168.
2   Guerchy an Praslin, 30. März und 6. April 1764, AAE 450, S. 160ff, 202; *The Grenville Papers ...,* hg. von William James Smith, Bd. 2., S. 501, 280ff; Bd. 3, S. 10, 48; Horace Walpole an Lord Hertford, 27. März 1764, in: Walpole, *Correspondence,* hg. von W. S. Lewis, Bd., 38, S. 356f.
3   Broglie an Ludwig XV., 27. Juni 1764, CS 2, S. 251. Ein Jahr später verabreichte Frankreich Hume eine Kostprobe seiner eigenen Medizin in Zusammenhang mit dem Fall William Chepmels, eines zehnjährigen englischen Jungen, der in die Normandie nach Caen gekommen war, um hier ein Jahr zur Schule zu gehen. Als Williams Eltern erfuhren, daß der Junge zum Katholizismus konvertiert war, in einem Kloster lebte und nie mehr nach Hause zurückkehren sollte, wandten sie sich hilfesuchend an Hume. Dieser schrieb postwendend an Außenminister Praslin mit der Bitte um Intervention. Schließlich könne kein Kind von zehn Jahren rational eine derart schwierige Entscheidung treffen, argumentierte Hume, so daß eine derartige Konversion, die ohne Wissen oder Zustimmung der Eltern erfolgt sei, auch gegen seinen Willen überdacht werden müßte. Jedes zivilisierte Land müsse ungeachtet seiner religiösen Überzeugung die universale Vorstellung anerkennen, daß Kinder ihren Eltern gehörten und nicht ohne deren Zustimmung handeln könnten. In seinem Antwortschreiben wies Praslin ihn dann jedoch darauf hin, daß ein Kind ab dem Mindestalter von sieben Jahren nach französischen Recht aufgrund eigener Entscheidung konvertieren und seine Eltern verlassen konnte. Man habe es also hier, erklärte Praslin, mit einer ähnlichen Situation wie der des Chevalier d'Eon in England zu tun: Da der Junge keine französischen Gesetze gebrochen hatte, hatte man in Frankreich auch keine Handhabe, ihn auszuliefern. Siehe *New Letters of David Hume,* hg. von Raymond Klibansky und Ernest C. Mossner, New York 1983, S. 128 und 224f.
4   Ludwig XV. an Tercier, 10. April und 1. Mai 1764, CSI 1, S. 320, 322; und CS 2, S. 238 Anmerkung.
5   Broglie an Ludwig XV., 30. April und 3. Juni 1764, CS 1, S. 225, 242f.
6   Guerchy an d'Eon de Mouloize, 8. Mai 1764, und d'Eon de Mouloize an seine Eltern, 24. September 1764, AN 6, S. 24, 27.

7   Charles Jenkinson an J. S. Mackenzie, 4. Juli 1764, in: *The Jenkinson Papers 1760–1766*, hg. von Ninetta S. Jucker, London 1949, S. 310.
8   D'Eon, *Nouvelles lettres du Chevalier d'Eon ...*, London 1764. Siehe auch den Zeitungsausschnitt, der einem Exemplar dieser Schrift beigefügt ist – in der Houghton Library, Harvard University.
9   Jenkinson an Grenville, 5. Juli 1764, in: *The Grenville Papers*, hg. von William J. Smith, Bd. 2, S. 382f; *Mémoires secrets* 5, 17. Juli 1764, S. 75; *Gentleman's Magazine* 34, November 1764, S. 544.
10   Broglie an Ludwig XV., 21. Januar 1765, CS 1, S. 306. Zu Wilkes' Verkleidung als Frau, siehe den *London Chronicle*, 11.–13. August 1763, S. 146: »in Frauenkleidern verkleidet schaffte [Wilkes] seine Flucht; die Zartheit seiner Figur, die Sanftheit seines Benehmens und vor allem die unaussprechliche Schönheit seines Gesichtes können auch die schärfsten Beobachter täuschen.«
11   [Pierre-Henri Treyssac de Vergy], »Seconde lettre à Monseigneur de duc de Choiseul«, in: *Suite des pièces relative aux lettres, mémoires et négociations particulières du Chevalier d'Eon*, London 1764, S.1961. Im Dezember 1763 wurde Vergy ins Schuldnergefängnis geworfen, wo er die nächsten neun Monate saß. Möglicherweise veranlaßte ihn seine Wut über Guerchys Weigerung, seine Schulden zu bezahlen, d'Eon seine Hilfe anzubieten.
12   Ebenda, S. 37.
13   Walpole an Hertford, 25. November 1764, in: Walpole, *Correspondence*, Bd. 38, S. 467.
14   D'Eon an Broglie, 2. November 1764, Kopien AAE Supplement 12, S. 186 und 16, S. 173; auch in CSI 1, S. 332. Eine ähnliche Kopie eines Briefes an den Marschall von Broglie befindet sich in AAE Supplement 13, S. 187.
15   Ludwig XV. an Tercier, 1. Dezember 1764, CSI 1, S. 333; Broglie an Ludwig XV., 12. Januar 1765, CS 1, S. 288, siehe auch S. 372. Nort und andere pendelten den ganzen Herbst 1764 zwischen d'Eon und der Geheimdienstzentrale in Paris hin und her. Siehe zum Beispiel: *London Chronicle*, 4.–6. Oktober 1764, S. 334; CS 1, S. 272–288; und d'Eon an Broglie und Tercier, 8. Dezember 1764, Kopie AAE Supplement 16, S. 185.
16   CS 1, S. 286 Anmerkung.

Kapitel 26

1   D'Eon an Gräfin von Massol, 14. Januar 1765, AN 6, S. 31 und 31 bis. Siehe auch d'Eon an Tercier, 16. Januar 1765, AAE Supplement 16, S. 190; d'Eon an Lautern, seinen Weinhändler und Vermieter, 2. Februar 1765, BL 11339, S. 172. Zum Hintergrund, siehe Jean-Claude David, »La querelle de l'inoculation en 1763: trois lettres inédites de Suard et du Chevalier d'Eon«, *Dix-huitième siècle* 17, 1985, S. 271ff.
2   Zitiert in: Pierre Pinsseau, *L'Etrange destinée du chevalier d'Eon*, S. 119f.
3   Broglie an Ludwig XV., 22. März 1765, CS 1, S. 336. Was Hume hier präsentierte, war natürlich eine höchst idealisierte, wenn auch klassische Sicht des britischen Rechts. Dazu, wie es tatsächlich in dieser Zeit gehandhabt wurde, siehe J. M. Beattie, *Crime and the Courts in England 1660–1800*, Princeton, N. J., 1986.
4   D'Eon an Broglie, 20. März 1765, Kopie AAE Supplement 16, S. 258–265. Siehe auch Grenville an den Herzog von Bedford, 3. März 1765, in: *Additional Grenville Papers 17631765*, hg. von John R. G. Tomlinson, Manchester 1962, S. 248; J. Buchan Telfer, *The Strange Career of the Chevalier D'Eon de Beaumont*, London 1885, S. 181f.
5   John Brewer, *Party Ideology and Popular Politics at the Accession of George III*, Cambridge 1976, S. 240.
6   D'Eon an Broglie, 14. Dezember 1765, Kopie AAE Supplement 16, S. 220.
7   Broglie an Ludwig XV., 29. Juni 1765, CS 1, S. 368.
8   Inzwischen hatte Guerchy jede Effektivität als Botschafter verloren. Nach einem längeren Urlaub in Frankreich trat er schließlich von seinem Posten zurück und wurde vorübergehend durch François-Michel Durand ersetzt, einen Mann, den d'Eon nicht nur kannte und mochte, sondern der selbst auch ein Veteran des Geheimdienstes war. Durand führte die Verhandlungen mit d'Eon zu Ende. Somit ging d'Eon als klarer Sieger aus der Fehde mit Guerchy

hervor. Was Vergy anging, so versuchte er 1767 Guerchy noch kurz vor dessen Tod mit zweiundvierzig Jahren mit der Drohung auf Veröffentlichung eines ketzerischen Pamphlets mit dem Titel »La Guerchiade« zu erpressen und dem Ex-Botschafter ganz nach der üblichen Manier des achtzehnten Jahrhunderts das Manuskript zu verkaufen, um eine Veröffentlichung zu verhindern. Offenbar war sein Erpressungsversuch erfolgreich, da Vergy, der bis 1774 lebte, die Hetzschrift nie veröffentlichte. Siehe Vergy an Guerchy, 12. und 19. August 1767, und »La Guerchiade«, AAE 474, S. 286–291 und 325f.

Kapitel 27

1   Dieses Kapitel basiert auf AAE Supplement 16, S. 234; ULBC 4, S. 36a; CSI 1, S. 349f. Erstmals veröffentlicht wahrscheinlich in: *Pièces rélatives aux démêlés entre Mademoiselle d'Eon ... et le Sieur Caron dit de Beaumarchais*, o. O., 1778, S. 22, und im darauffolgenden Jahr nachgedruckt in: De la Fortelle, *Das militärische, politische, und PrivatLeben des Fräuleins D'Eon de Beaumont, ehemaligen Ritters D'Eon*, Frankfurt und Leipzig 1779, S. 36.

Kapitel 28

Virginia Woolf, *Orlando,* Frankfurt 1992, S. 9.

1   *Correspondance complète de Jean-Jacques Rousseau*, hg. von R. A. Leigh, 46 Bde., Oxford 1965–1987, Bd. 28, S. 313ff; Original in BMT.
2   Rousseaus Meisterwerk politischer Theorie, *Der Gesellschaftsvertrag*, war vier Jahre zuvor, 1762, veröffentlicht worden.
3   Obwohl *Emil* zuerst 1762 in Amsterdam veröffentlicht wurde, zensierte Rousseaus Heimatstadt Genf das Buch und verbannte den Autor bald nach der Veröffentlichung.
4   Im Vierten Buch von *Emil* nutzte Rousseau das »Glaubensbekenntnis des savoyischen Vikars«, um die in der Religion geläufigen Wunder- und Offenbarungsvorstellungen anzugreifen. Vor allem aus diesem Grund wurde *Emil* von der katholischen Kirche ver-dammt.

Kapitel 29

1   Siehe AAE 484.
2   AAE Supplement 17, S. 23; ULBC 18, S. 264 und Box 8, Rough Notes II, S. 679 und 681.
3   D'Eon an Madame d'Eon de Mouloize, 6. Februar 1766, AN 6, S. 41.
4   D'Eon an Madame d'Eon de Mouloize, 12. Juni 1765, AN 6, S. 33.
5   ULBC 6, S. 194.
6   D'Eon, *Lettres, mémoires, et négociations;* Bd. 1, S. 131. Die deutsche Ausgabe *Memoiren des Chevalier von Eon*, Braunschweig 1837, konnte in deutschen Bibliotheksbeständen nicht nachgewiesen werden, so daß der Text nach der englischen Fassung zitiert bzw. nochmals übersetzt wurde.
7   Jean Le Rond d'Alembert, *Einleitung zur »Enzyklopädie«*, Frankfurt 1989. Siehe auch Samuel S. B. Taylor, »Rousseau's Contemporary Reputation in France«, *Studies on Voltaire and the Eighteenth Century* 27, 1963, S. 1545ff.
8   Jean Starobinski, *Rousseau: Eine Welt von Widerständen*, München 1988, insb. Kap. 2 und 7; d'Eon, *Lettres, mémoires, et négociations;* Vorwort. Die deutsche Ausgabe *Memoiren des Chevalier von Eon*, Braunschweig 1837, konnte in deutschen Bibliotheksbeständen nicht nachgewiesen werden, so daß der Text nach der englischen Fassung zitiert bzw. nochmals übersetzt wurde.
9   D'Eon an Madame d'Eon, 30. Dezember 1763, in: d'Eon, *Lettres, mémoires, et négociations;* S. 125. Die deutsche Ausgabe *Memoiren des Chevalier von Eon*, Braunschweig 1837, konnte in deutschen Bibliotheksbeständen nicht nachgewiesen werden, so daß der Text nach der englischen Fassung zitiert bzw. nochmals übersetzt wurde.Jean-Jacques Rousseau, *Schriften zur Kulturkritik – Über den Ursprung der Ungleichheit unter den Menschen*, Hamburg 1971, S. 101, 103. »So ist tatsächlich die wahre Ursache aller dieser Unterschiede beschaffen«, schreibt Rousseau. »Der Wilde lebt in sich selbst, der Mensch in der Gesellschaft hingegen ist immer

außer sich und vermag nur in der Meinung der anderen zu leben. Die Empfindung seines eigenen Daseins entnimmt er sozusagen allein ihrem Urteil.« In: *Abhandlung über den Ursprung und die Grundlagen der Ungleichheit unter den Menschen*, in: *Sozialphilosophische und Politische Schriften*, München 1981, S. 123.

Kapitel 30

1 Rechnung vom 20. Dezember 1764 von J. Dixwell, ULBCEI 7; d'Eon an Vergennes, 18. Juli 1777, AAE Supplement 17, S. 31f.

2 *Catalogue of the Scarce Books and Valuable Manuscripts of the Chevalière d'Eon ...*, London 1791; *A Catalogue of the Historical, Biblical, and Other Curious Mss. and Library of Printed Books of the Chev. d'Eon ...*, London 1813.

3 Zur Horaz-Sammlung, siehe *Boswell: The Applause of the Jury, 17821785*, hg. von Irma S. Lustig und Frederick A. Pottle, New York 1981, S. 214 Anmerkung. In ULBC 46, S. 1661, nimmt er bezug auf »meinen Freund Horaz«. D'Eon kaufte die Sammlung von Dr. James Douglass, einem Geburtshelfer von Königin Caroline, der insbesondere Berühmtheit in Zusammenhang mit dem Fall einer Frau erlangt hatte, die behauptete, Kaninchen geboren zu haben. Siehe Lisa Cody, »'The Doctor's in Labour; or a New Whim-Wham From Guildford'«, *Gender and History* 4, 1992, S. 175ff.

4 *Catalogue*, 1791, 6, S. 141.

5 Siehe zum Beispiel *Catalogue des livres de la bibliothèque de Turgot d'après le catalogue manuscrit conservé dans la Bibliothèque Nationale*, hg. von T. Tsuda, Paris und Tokio, 1974; und *Catalogue de la bibliothèque de Montesquieu*, hg. von Louis Desgraves, Genf 1954.

6 Zur Bibliothek gehörte auch eine umfangreiche Sammlung von Stichen von Frauen. Siehe Pierre Coquelle, »Le Chevalier d'Eon, ministre à London«, *Bulletin historique et philosophique,* 1909, S. 217.

7 Vergleiche mit Dominique Varry, »Grandes collections et bibliothèques des élites«, in: *Histoire des bibliothèques françaises: Les bibliothèques sous l'Ancien Régime 1530–1789*, hg. von Claude Jolly, Paris 1988.

8 Pierre Le Moyne, *Gallery of Heroick Women*, 2 Bde., London 1652, Bd. 2, S. 25.

9 Claude Charles Guyonnet de Vertron, *La Nouvelle pandore, ou Les Femmes illustres du siècle de Louis le Grand*, 2. Ausgabe, Paris 1703. Zu diesem Thema, siehe Faith E. Beasley, *Revising Memory: Women's Fiction and Memoirs in Seventeenth-Century France*, New Brunswick, N.J., 1990; sowie Joan DeJean, »Amazons and Literary Women: Female Culture During the Reign of the Sun King«, in: *Sun King: The Ascendancy of French Culture During the Reign of Louis XIV.*, hg. von David Lee Rubin, Washington, D.C., 1992, S. 115ff.

10 Vertron, *La Nouvelle pandore*, S. 4ff.

11 *Biographium Faeminem. The Female Worthies; or Memoirs of the Most Illustrious Ladies of All Ages and Nations Who Have Been Eminently Distinguished for Their Magnanimity, Learning, Genius, Virtue, Piety, and Other Excellent Endowments*, 2 Bde. in 1, London 1766, S. III, VII; Jean-François La Croix, *Dictionnaire historique portatif des femmes célèbres*, 3 Bde., Paris 1769.

12 Jean-Zorobabel Aublet de Maubuy, *Les vies des femmes illustres de la France*, 6 Bde., Paris 1762–1768, Bd. 1, S. VII.

13 Joan Kelly, »Early Feminist Theory and the Querelle des Femmes, 1480–1789«, *Signs* 8, 1982, S. 4ff, in: Kellys, *Women, History, and Theory*, S. 65ff.

14 »Les Pieuses Métamorphoses ...«, ULBC Box 7, S. 47f. Zu Le Franc, siehe Constance Jordan, *Renaissance Feminism: Literary Texts and Political Models*, Ithaca, N.Y., 1990, S. 92; Christine de Pizan, *Das Buch von der Stadt der Frauen* [ca. 1400], Berlin 1987.

15 Joan Kelly, »Early Feminist Theory and the Querelle des Femmes«, in: *Women, History, and Theory;* Jacques Du Bosc, *L'Honneste femme*, Paris 1647; François Poulain de la Barre, *The Equality of the Sexes,* [1673] Manchester 1990; Carolyn Lougee, *La Paradis des femmes: Women, Salons, and Social Stratification in Seventeenth-Century France,* Princeton, N.J., 1980; Ian Maclean, *Women Triumphant: Feminism in French Literature 1610–1652*, Oxford

1977; Ecria Harth, *Cartesian Women: Versions and Subversions of Rational Discourse in the Old Regime*, Ithaca, N.Y., 1992; und Joan DeJean, *Tender Geographies: Women and the Origins of the Novel in France*, New York 1991.

16 Mary Astell, *Some Reflections Upon Marriage*, 4. Ausgabe, London 1730, Reprint: New York 1970, S. 99. Siehe auch Ruth Perry, *The Celebrated Mary Astell: An Early English Feminist*, Chicago 1982. Für einen breiteren Rahmen, siehe Hilda Smith, *Reason's Disciples: Seventeenth-Century English Feminists*, Urbana, Ill., 1982; und Jerome Nadelhaft, »The Englishwomen's Sexual Civil War: Feminist Attitudes Towards Men, Women, and Marriage 1650–1740«, *Journal of the History of Ideas* 45, 1982, S. 555ff.

17 Judith Drake, *An Essay in Defense of the Female Sex*, 2. Ausgabe, London 1696, S. 21f.

18 Ebenda, S. 22f.

19 Ebenda, S. 16.

20 William Walsh, *A Dialogue Concerning Women, Being a Defense of the Sex, Written to Eugenia*, London 1691; [W. Walschens] *Vertheidigung des weiblichen Geschlechtes*, Frankfurt 1761. D'Eon besaß die 1768 erschienene französische Übersetzung: *Discours sur les femmes, adressé à Eugénie*.

21 Joseph Warder, *The True Amazons: or, The Monarchy of Bees: Being a New Discovery and Improvement of Those Wonderful Creatures ...*, 4. Ausgabe, London 1720; *Wehr- und wahrhaffte Amazonen, oder: die Monarchie der Bienen ... Diesem ist noch beygefüget eine curieuse Piece von den Bienen*, Hanover (sic) 1718. Siehe auch Jeffrey Merrick, »Royal Bees: The Gender Politics of the Beehive in Early Modern Europe«, *Studies in Eighteeneth-Century Culture* 18, 1988, S. 7ff.

22 Ein Forscher, der sich mit dem achtzehnten Jahrhundert beschäftigt, ist Marc Angenot, *Les Champions des femmes: examens du discours sur la supériorité des femmes 1400–1800*, Quebec 1977.

23 Herodot, *Neun Bücher der Geschichte*, Essen 1984, S. 321ff.

24 Abbey Wettan Kleinbaum, *The War Against the Amazons*.

25 Claude-Marie Abbé Guyon, *Histoire des amazones anciennes et modernes*, 2 Bde., Paris 1740; *Geschichte der Amazonen*, Berlin 1763, Bd. 1.

26 Ebenda, Bd. 1.

27 Ebenda, Bd. 1.

28 DeJean, *Tender Geographies*, S. 42.

29 *Female Rights Vindicated*, London 1758, S. 59, 74, 90ff.

Kapitel 31

1 Die beste Biographie von Jeanne d'Arc ist: Marina Warner, *Joan of Arc: The Image of Female Heroism*, New York 1981; zu Pompadour, siehe Pierre de Nolhac, *Madame de Pompadour et la politique*, Paris 1928. Siehe auch Jeffrey Merrick, »Sexual Politics and Public Orders in the *Mémoires secrets* und *Correspondance secrète*«, *Journal of the History of Sexuality* 1, 1990, S. 68ff; sowie vom gleichen Autor *The Desacralization of the French Monarchy in the Eighteenth Century*, Baton Rouge, La., 1990; und Thomas E. Kaiser, »Madame de Pompadour and the Theaters of Power«, *French Historical Studies*, (zur Zeit der Abfassung dieses Manuskriptes) baldige Veröffentlichung geplant.

2 Nicolas Lenglet Dufresnoy, *Histoire de Jeanne d'Arc dite la Pucelle d'Orléans*, 3 Bde., Amsterdam 1775, Bd. 1, S. IX. Zu Jeanne d'Arcs Reputation in dieser Zeit, siehe Jeroom Vercruysse, »Jeanne d'Arc au siècle des Lumières«, *Studies on Voltaire and the Eighteenth Century* 90, 1972, S. 1659ff.

3 Die Übersetzung von *Pucelle* mit »Jungfrau« impliziert neben dem Aspekt der Jungfräulichkeit oft, daß es sich dabei um eine sehr junge, noch nicht voll entwickelte Frau etwa im Alter ihrer ersten Menstruation handelt.

4 D'Eon, »Notice sur l'Abbé Lenglet-Dufresnoy«, *L'Année littéraire*, 1, 1754, S. 219; Pierre Le Moyne, *Gallery of Heroick Women*, 2 Bde., London 1652, Bd. 2, S. 129; siehe auch Jean-Zorobabel Aublet de Maubuy, *Les Vies des femmes illustres de la France*, 6 Bde., Paris 1762–1768, Bd. 1, S. 2f.

5   Claude-Marie Abbé Guyon, *Histoire des Amazones anciennes et modernes*, 2 Bde., Paris 1740; *Geschichte der Amazonen*, Berlin 1763; Le Moyne, *Gallery of Heroick Women*, Bd. 2, S. 112ff. Philippe-Joseph Caffiaux, *Défenses du beau sexe, ou Mémoires historiques, philosophiques, et critiques, pour servir d'apologie aux femmes*, 4 Bde., Amsterdam 1753, Bd. 1, S. 176, 184, 226ff; *Female Rights Vindicated*, London 1758, Vorwort; William Walsh [Walschens], *Vertheidigung des weiblichen Geschlechtes*, Frankfurt 1761. In einem Gedicht von Malesherbes, das zwischen dem ersten und dem zweiten Teil von Dufresnoys Buch (siehe Fußnote 2) eingefügt ist, wird Jeanne d'Arc eine »schöne Amazone« genannt.

6   Jacques Soyer, »Projet par Pigalle d'un monument à élever à Orléans en l'honneur de Jeanne d'Arc (1761)«, *Bulletin de la société archéologique et historique de l'Orléanais* 15, 1908–1910, S. 51ff.

7   Michel Antoine, *Louis XV*, insbesondere S. 493ff.

8   Marianne-Agnès Pillement de Fauques, *Die Geschichte der Marquisinn von Pompadour*, London 1759.

9   Ebenda. (Dieser Vorwurf wird im wesentlichen von Antoine in *Louis XV*, S. 493, neuerlich aufgegriffen und bestätigt.)

10 Ebenda.

11 Ebenda.

12 Ebenda. Am trefflichsten wird Fauques' einschlägiges Pompadour-Bild möglicherweise in einem der ebenso beliebtesten wie frauenfeindlichsten Romane jenes Jahrhunderts, in Pierre Choderlos de Laclos' *Les Liaisons dangereuses*, 1782 [*Gefährliche Liebschaften*, Zürich 1989], widergespiegelt. Bemerkenswert ist, wie das von dem französischen Wissenschaftler Aram Vartanian gezeichnete Bild von Laclos' diabolischer Protagonistin, Madame de Merteuil, exakt Fauques' Bild von Pompadour ähnelt: »Sie personifiziert die Möglichkeit einer Gleichheit oder auch Konfusion der Geschlechter; das heißt, sie ist die Inkarnation des sowohl auf perverse Weise faszinierenden wie auch höchst unangenehmen Gedankens, die Unterscheidung zwischen den Geschlechtern könnte letzten Endes nicht real oder notwendig sein, daß es möglich wäre, gleichzeitig ein Mann und eine Frau zu sein, oder daß sie – da die vorgestellte Überschreitung der Geschlechtergrenzen hier vom männlichen Standpunkt des Autors gesehen wird –, die Gefahr darstellt, eine Frau könnte zusätzlich zu der ihr bereits zugestandenen Rolle auch noch die des Mannes an sich reißen.« Siehe: »The Marquise de Merteuil: A Case of Mistaken Identity«, *L'Esprit créateur* 3, 1963, S. 176.

13 Charles Théveneau de Morande, *Le Gazetier cuirassé; ou Anecdotes scandaleuses de la cour de France*, London 1771; Mathieu-François Pidansat de Mairobert, *Anecdotes sur M.* [sic] *la comtesse du Barri*, London 1775; vom gleichen Autor: *L'Espion anglais; ou Correspondance secrète entre Milord All'ege et Milord All'er;* Moufflé d'Angerville, *La Vie privée de Louis XV; ou Principaux événements, particularités, et anecdotes de son règne*, London 1781 [*Geschichte des Privatlebens Ludwigs XV., Königs von Franckreich, oder genaue aus geheimen Nachrichten geschöpfte Erzählung aller merkwürdigen, während seiner Regierung und an seinem Hofe vorgefallenen Begebenheiten*, Berlin 1781–1785]; zitiert von d'Eon in AN 5, S. 1.

14 Robert Darnton, *Literaten im Untergrund*, München 1985, S. 39; und jüngeren Datums: *Edition et sédition. L'Univers de la littérature clandestine au XVIIIe siècle*, Paris 1991. Siehe auch Merrick, *Desacralization of the French Monarchy;* Jeremy Popkin, »The Prerevolutionary Origins of Political Journalism«, in: *The French Revolution and the Creation of Modern Political Culture. Vol I. The Political Culture of the Old Regime*, hg. von Keith Michael Baker, Oxford 1987, S. 203ff. Ähnliche Angriffe gegen die Moral von Marie-Antoinette gehen auf frühere Verleumdungskampagnen während der Herrschaft Ludwigs XV. zurück. Siehe Lynn Hunt, *The Family Romance of the French Revolution*, S. 17ff, 89ff.

15 Marianne-Agnès Pillement de Fauques, *Die Geschichte der Marquisinn von Pompadour;* Voltaire, *La Pucelle*, Paris 1755; *Die Jungfrau*, Hanau 1994.

16 AAE 511, S. 115ff, ULBC 19, S. 42.

17 Der ganze Titel sollte lauten: *La Pucelle de Tonnerre ou Les Vicissitudes du chevalier et chevalière d'Eon.* Für weitere Hinweise über d'Eon als La Pucelle de Tonnerre, siehe ULBC 19, S. 23, 22, S. 90 und Box 8, Rough Notes II, 1026.

Kapitel 32

1 Siehe Joan Landes, *Women and the Public Sphere in the Age of the French Revolution*, S. 66ff.
2 Jean-Jacques Rousseau, *Schriften*, in 2 Bänden, hg. v. H Ritter. Bd. 1, Frankfurt, Berlin 1981, S. 417f, 425, 436ff.
3 Domna C. Stanton, *The Aristocrat as Art: A Study of the Honnête Homme and the Dandy in Seventeenth- and Nineteenth-Century French Literature*, New York 1980.
4 Jean-Jacques Rousseau, *Emil oder Über die Erziehung*, Paderborn 1971, S. 394.
5 Ruth Graham, »Rousseau's Sexism Revolutionised«, in: *Women in the Eighteenth Century*, hg. von Paul Fritz und Richard Morton, Toronto 1976, S. 127ff.
6 Samuel S. B. Taylor, »Rousseau's Contemporary Reputation in France«, *Studies on Voltaire and the Eighteenth Century*, 27, 1963, S. 1545ff.
7 Jean-Zorobabel Aublet de Maubuy, *Les Vies des femmes illustres de la France*, Bd. 1, S. VIII; Riballier und Mlle Cosson, *De l'éducation morale et physique des femmes, avec une notice alphabétique de celles qui se sont distinguées dans les différentes carrières*, Brüssel 1779, S. 25ff, 219ff.
8 Jean-Jacques Rousseau, *Emil oder Über die Erziehung*, S. 385. Eine ähnliche Schrift Rousseaus veranlaßte Penny A. Weiss zu der Schlußfolgerung, Rousseau habe Androgynie abgelehnt, weil er der Überzeugung gewesen sei, sie untergrabe die Gemeinschaft, und nicht, weil er geglaubt habe, das weibliche Geschlecht sei aufgrund natürlicher oder biologischer Unterschiede minderwertig oder grundlegend anders. Siehe ihr Buch *Gendered Community: Rousseau, Sex and Politics*, S. 121.
9 Jean-Jacques Rousseau, unveröffentlichter Beitrag, vom Herausgeber mit dem Titel »Sur les femmes [1743]« versehen; *Œuvres de Rousseau*, hg. von Bernard Gagnebin und Marcel Raymond, 4 Bde., Paris 1964, Bd. 2., S. 1254f.
10 »Oberservations du préjugé sur la différence des sexes ...«, in der Rousseau/Dupin Collection, Harry Ransom Humanities Research Center, University of Texas in Austin. (Zu danken habe ich Linda Ashton, Assistenzkuratorin am HRHRC, für ihre Hilfe bei der Sichtung dieser Unterlagen.) Zu weiteren Hintergründen zu diesen Manuskripten, siehe Anicet Sénéchal, »Jean-Jacques Rousseau, Secrétaire de Madame Dupin, d'après des documents inédits avec un inventaire des papiers Dupin dispersés en 1957 et 1958«, *Annales de la Société de Jean-Jacques Rousseau* 36, 1963–1965, S. 178ff.
11 Pierre-Joseph Boudier de Villemert, *Le Nouvel ami des femmes; ou, La philosophie du sexe*, Paris 1779; *Der Frauenzimmer-Freund*, München, Berlin 1759.
12 Ebenda.
13 David Williams, »The Fate of French Feminism: Boudier de Villemert's *Ami des femmes*«, *Eighteenth-Century Studies* 14, 19801981, S. 44.
14 Patrick Delany, *Reflections Upon Polygamy, and the Encouragement Given to That Practice in the Scriptures of the Old Testament*, London 1737; *Gedancken von der Vielweiberey*, Danzig 1742, Amsterdam 1907.
15 D'Eon besaß eine Ausgabe von 1770 von *Les souvenirs de Madame de Caylus*.
16 Historikern und Historikerinnen wird heute schließlich die Bedeutung dieser religiösen Frauen bewußt. Siehe F. Ellen Weaver, »Women and Religion in Early Modern France: A Bibliographic Essay on the State of the Question«, *Catholic Historical Review* 67, 1981, S. 50ff.

Kapitel 33

1 BMT 159 und J1. Eine Rechnung in ULBCEI 7 belegt, daß d'Eon am 2. Juli 1763 einen Druck von Garrick kaufte.
2 Die hier und nachfolgend zitierten Zeilen wurden zunächst im *London Chronicle* vom 3.–5. Februar 1763 veröffentlicht und sodann als Frances Sheridans Werke neu gedruckt in: *The Plays of Frances Sheridan*, Wilmington, Del., 1984, S. 41ff. Die deutsche Übersetzung *Die Entdeckung*, Leipzig 1771, konnte in deutschen Bibliotheksbeständen nicht nachgewiesen werden, so daß die Vorlage der englischen Fassung übernommen wurde. Das Stück wurde im Februar 1763 und von Garrick nochmals 1776, 1779 und 1780 aufgeführt.

3 Felicity Nussbaum, *The Brink of All We Hate: English Satires on Women*, Lexington, Ky., 1984.

4 Dianne Dugaw, *Warrior Women and Popular Balladry, 1650–1850*, Cambridge 1989, S. 177. Siehe auch Kristina Straub, *Sexual Subjects: Eighteenth-Century Players and Sexual Ideology*, Princeton, N. J., 1992.Zu Gays Oper, siehe Peter Ackroyd, *Dressing Up: Transvestism and Drag: The History of an Obsession*, S. 98.

5 Henry Fielding, *The Female Husband and Other Writings*, hg. von Claude E. Jones, Liverpool 1960, S. 29ff.

6 Madeleine Kahn, *Narrative Transvestism: Rhetoric and Gender in the Eighteenth-Century Novel*, Ithaca, N.Y., 1991; Tassie Gwilliam, *Samuel Richardson's Fictions of Gender*, Stanford, Kalif., 1993, S. 15ff; Nancy K. Miller, »'I's' in Drag: The Sex of Recollection«, *Eighteenth Century* 22, 1981, S. 47ff; James Carson, »Narrative Cross Dressing and the Critique of Authorship in the Novels of Richardson«, in: *Writing the Female Voice; Essays on Epistolary Literature*, hg. von Elizabeth C. Goldsmith, Boston 1989, S. 95ff. Samuel Richardson, *Pamela or Virtue Rewarded*, o. O., 1740; dt.: *Pamela*, o. O., 1772.

7 Siehe Kahn und Gwilliam – unter Fußnote 6.

8 Sylvia Harcstark Myers, *The Bluestocking Circle: Women, Friendship, and the Life of the Mind in Eighteenth-Century England*, Oxford 1990, S. 140; Tom Keymer, *Richardson's Clarissa and the Eighteenth-Century Reader*, Cambridge 1992.

9 John Brown, *An Estimate of the Manners and Principles of the Times*, London 1757, S. 51.

10 Portia, *The Polite Lady; or A Course of Female Education*, 2. Ausgabe, London 1769, S. 102f. Solche Etikettebücher wurden natürlich für die Männer und Frauen der Oberschicht geschrieben. Und wie sah es bei der werktätigen Bevölkerung aus? Selbst hier war, wie Anna Kirsten Clarks Untersuchung, »Womanhood and Manhood in the Transition from a Plebeian to Working-Class Culture« (Dissertation, Rutgers University, 1987) verdeutlicht, die Vermischung der Geschlechter auf der untersten Stufe der sozialen Leiter ebenso evident wie auf der obersten. Die Geschlechtertrennung, die dann bezeichnend für die viktorianische Kultur war, gab es, wie Clark aufzeigt, in der Form im achtzehnten Jahrhundert noch nicht. Es gab keine Trennung zwischen den Arbeits- und Vergnügungsbereichen von Männern und Frauen. Auch die Männer der Arbeiterschicht waren vor 1790, wie Clark behauptet, wesentlich femininer; erst nach dieser Zeit wurde der Aspekt der Virilität wiederentdeckt und hervorgehoben

11 Dianne Dugaw, *Warrior Women;* zum wechselweisen Überschreiten der Geschlechterbarriere, siehe Kathleen Vivienne Crawford, »The Transvestite Heroine in Seventeenth-Century Popular Literature« (Dissertation, Harvard University, 1984), S. 193f.

12 Zitiert in: Anne Buck, *Dress in Eighteenth-Century England*, New York 1979, S. 20.

13 Im Juli 1773 war folgende Definition im *Lady's Magazine* zu lesen: »Ein Makkaroni ist etwas [sic], das eine gewisse Ähnlichkeit mit einem Mann hat, da es wie ein Mann aussieht. Der Unterschied zwischen beiden ist im einzelnen folgender: Ein Mann kümmert sich um das Ernsthafte im Leben; der Makkaroni um das Triviale. Der Mann ist ernsthaft, der letztere damit beschäftigt, seinen Körper zu schmücken; er ist zum Beispiel bemüht, ungezwungen zu erscheinen, er trägt seinen Kopf hoch, sein Haar gepudert und gelockt und geht niemals aus, bis er die jeweils zu den Regeln der neuesten Mode gehörige Contenance gefunden hat. Er geht langsamen Schrittes, hat zierliche Beine und einen sehr zierlichen Fuß. Er bewegt sich mit viel Getue, um Aufsehen zu erregen. Er hat außerdem eine sehr schöne, mit kostbaren Steinen besetzte Uhr, eine Schnupftabakdose von edelstem Geschmack und weitere prächtige Spielereien … Er tut so, als sei er verliebt, und seufzt, wie es Mode ist. Er hat einen seltsamen eigenen Jargon; seine Ausdrücke sind prägnant, und so prägnant, daß sie selten irgendeine Bedeutung haben.« Zitiert in: Aileen Ribeiro, *The Dress Worn at Masquerades in England 1730–1790, and Its Realation to Fancy Dress in Portraiture*, New York 1984, S. 331.

14 John Brown, *Estimate*, S. 34. Siehe auch *The Pretty Gentleman*, London 1747; und John Barrell, »The Dangerous Goddess: Masculinity, Prestige, and the Aesthetic in Early Eighteenth-Century Britain«, *Cultural Critique* 12, Frühjahr 1989, S. 101ff; Ellen Moers, *The Dandy: Brummell to Beerbohm*, London 1960, S. 11f. Daß die Makkaronis sich zu Dandys ent-

wickelten, geht aus einem 1818 erschienenen Artikel hervor, der von »einer neuen Rasse von Männern« sprach, »die Korsettstangen tragen ... Ihr Geschlecht ist noch nicht so ganz sicher, aber da ihr Hauptehrgeiz darin zu bestehen scheint, so schön wie Frauen auszusehen, wäre es wohl lieblos, sie als Männer zu bezeichnen.« Zitiert in: Anna Kirsten Clark, »Womanhood ...«, S. 182.

15 Abbé Georgel, *Mémoires pour servir à l'histoire des événements de la fin du dixhuitième siècle ...*, Bd., 1, S. 170f.

16 Beide Zitate in: Terry Castle, »The Culture of Travesty: Sexuality and Masquerade in Eighteenth-Century England«, in: *Sexual Underworlds of the Englightenment*, hg. von G. S. Rousseau und Roy Porter, Manchester 1987, S. 169. Siehe auch Terry Castle, *Masquerade and Civilization: The Carnalvalesque in Eighteenth-Century English Culture and Fiction*, Stanford, Kalif., 1986. Castle behauptet, zu Unrecht wie ich glaube, Maskeraden hätten die konventionellen patriarchalen Geschlechtervorstellungen nur bekräftigt.

17 Zu diesem wichtigen Begriff, siehe Gayle Rubin, »The Traffic in Women: Notes on the ›Political Economy‹ of Sex«, in: *Towards an Anthropology of Women*, hg. von Rayna R. Reiter, New York 1975, S. 157ff.

18 *Elizabeth Montagu: The Queen of the Bluestockings, Her Correspondence from 1720–1761*, 2 Bde., hg. von Emily J. Climenson, New York 1906, Bd., 2, S. 280f.

19 Joseph de La Porte, *Histoire littéraire des femmes françaises*, 5 Bde., Paris 1769, Bd. 1, S. vif. Siehe auch Faith E. Beasley, *Revising Memory: Women's Fiction and Memoirs in Seventeenth-Century France*, New Brunswick, N.J., 1990; Joan DeJean, *Tender Geographies: Women and the Origins of the Novel in France;* Dena Goodman, »Enlightenment Salons: The Convergence of Female and Philosophic Ambitions«, *Eighteenth.Century Studies* 22, Frühjahr 1989, S. 329ff.

20 Marie-Anne de Roumier Robert, *Voyages de Milord Céton ...*, Paris 1765. Zu Robert, siehe Erica Harth, *Cartesian Women: Versions and Subversions of Rational Discourse in the Old Regime*, S. 150ff.

21 William Alexander, *The History of Women from the Earliest Antiquity to the Present Time*, 2 Bde., London 1779; *Geschichte der Frauen*, Leipzig 1780, Neuausgabe Zürich 1981–1982. Einige Jahre später war Mary Wollstonecraft voll des Lobes, wie weit die Männer und Frauen der französischen Oberschicht auf relativ gleicher Ebene miteinander verkehrten. Siehe *A Vindication of the Rights of Women*, 1792; *Verteidigung der Rechte der Frauen*, Neuausgabe, Zürich 1975.

22 Hannah More, *Percy: A Tragedy*, London 1784, Prolog; siehe auch Thomas Davies, *Memoires of the Life of David Garrick*, 2 Bde., London 1780, Bd. 2, S. 333f.

Kapitel 34

1 »Memoirs of Mademoiselle d'Eon de Beaumont ...«, *London Magazine*, September 1777, S. 445. Ludwig XV. an General Monet, 28. Oktober 1770, CSI 1, S. 411f.

2 CS 2, S. 187 Anmerkung.

3 Horace Walpole, *Correspondence*, Bd. 4, S. 493f.

4 D'Epinay an Galiani, 13. Januar 1771, in: *La Signora d'Epinay e l'abae Galiani: Lettere inedite (1769–1772)*, hg. von Fausto Nicolini, Bari 1929, S. 136f.

5 *Public Advertiser*, 12. März 1771; *Gazetteer and New Daily Advertiser*, 11. März 1771; *London Evening Post*, 9.–12. März 1771.

6 *Gazetteer and New Daily Advertiser*, 11., 13. und 16. März 1771.

7 *London Evening Post*, 11.–14. Mai 1771. Ein Beispiel, wie eine Versicherungspolice in diesem Zusammenhang genutzt wurde (vom 24. April 1771), ist: ULBC Box 12, S. 356f (Kopie in d'Eons Handschrift). Auf den Zusammenhang zwischen Börsenspekulationen und Wetten geht H. V. Bowen in »The Pests of Human Society: Stockbrokers, Jobbers, and Speculators in Mid-Eighteenth Century England«, *History* 78, 1993, S. 38ff, ein.

8 *Oxford Magazine; or University Museum*, August 1771; *Morning Chronicle, und London Advertiser*, 28. März 1771. Ein Beispiel für d'Eons Weigerungen ist: d'Eon and Broglie, 7. Mai 1771, AAE 498, S. 27f.

9   D'Eon an Madame d'Eon, 1. März 1771, ULBCEI 4, zwischen S. 232 und 233.

10   D'Eon an Broglie, 25. März 1771, AAE 498, S. 1821.

11   *London Evening Post,* 23. bis 26. März 1771, S. 3;*Gazetteer and New Daily Advertiser,* 26. März 1771; *Morning Chronicle, and London Advertiser,* 28. März 1771.

12   *Lloyd's Evening Post and British Chronicle,* 8.–10. Mai 1771.

13   *London Packet or New Evening Post,* 24.–27. Mai 1771; *Public Advertiser,* 17. April 1771. Belege über d'Eons Beziehung zu Wilkes während dieser Zeit sind zu finden in: AAE 484, S. 123–132.

14   *Gazetteer and New Daily Advertiser,* 28. und 30. Mai 1771. Der Glaube, daß es Hermaphroditen gab, war bis zu d'Eons Ära weitestgehend verschwunden. Es gab zwar noch vereinzelte entsprechende Stimmen, die meisten gebildeten Personen und insbesondere Vertreter der medizinischen Gemeinde warnten jedoch vor einem solchen Glauben. Siehe insbesondere J. A. Paris und J. S. M. Fonblanque, *Medical Jurisprudence,* 2 Bde., London 1823, Bd. 1, S. 228f, wo sich ein Arzt, der bei der Obduktion von d'Eons Leichnam mit dabei war, zu den rechtlichen Folgen äußert, die hier bei einer Klassifizierung als Hermaphrodit zu bedenken wären. Näheres zur Diskussion über Hermaphroditen, siehe Lynne Friedli, »'Passing Women': A Study of Gender Boundaries in the Eighteenth Century«, in: *Sexual Underworlds of the Enlightenment,* hg. von G. S. Rousseau und Roy Porter, S. 234ff.

15   Auf einer Police vom 24. April 1791 heißt es zum Beispiel, daß das Geld nur auszuzahlen ist, »im Falle, daß sich hernach herausstellen sollte, daß der Chevalier d'Eon eine Frau ist.« Siehe ULBC Box 12, S. 357.

16   *London Evening Post,* 9.11. Mai 1771, S. 4. Zu Cotes und d'Eon, siehe BL 11339, S. 11.

17   *St. James's Chronicle or British Evening-Post,* 18.21. Mai 1771; *London Evening Post,* 14.16. Mai und 4.–6. Juni 1771, S. 4; *Gazetteer and New Daily Advertiser,* 13. Mai 1771; *Public Advertiser,* 15. Mai 1771; *Lloyd's Evening Post and British Chronicle,* 20.–24. Mai 1771; *Newcastle Journal,* 25. Mai 1771.

18   *London Packet or New Evening Post,* 20.–22. Mai 1771.

19   ULBC Box 10 (erster Band von Zeitungsausschnitten), S. 335.

20   *London Evening Post,* 20.–21. Juni 1771, S. 3; *Gazetteer and New Daily Advertiser,* 25. Juni 1771; *Gazette d'Utrecht* 53, 25. Juni 1771.

21   D'Eon an Broglie, 7. Mai und 5. Juli 1771, AAE 498, S. 27ff. Broglie schrieb an d'Eons Mutter, sie sollte die Berichte über d'Eons Verschwinden ignorieren. Siehe Broglie an Madame d'Eon, 25. Juni 1771, (Kopie) ULBC Box 9 (Hodgekin-Akte).

22   *Gazetteer and New Daily Advertiser,* 5. Juli 1771.

23   *Public Advertiser,* 1. Juli 1771. Siehe auch *Gazette d'Utrecht,* 9. Juli 1771; *Morning Chronicle, and London Advertiser,* 1. Juli 1771; *Gazetteer and New Daily Advertiser,* 2. Juli 1771.

24   Für ein Beispiel, siehe BMT Y1.

Kapitel 35

1   Siehe den Artikel über Ferrers in: John Charnock, *Biographia Navalis or Memoirs of Officers of the Navy of Great Britain,* 6 Bde., London 1794–1798.

2   »Réponses aux questions du substitut et de l'avocat général«, 16. Juni 1772, AAE 498, S. 266–277.

3   *Public Ledger,* 16. Juni 1772. In der selben Ausgabe wird auch von einem tätlichen Angriff auf d'Eon berichtet: »Vor wenigen Tagen gab es einen weiteren Überfall auf den Chevalier d'Eon, um hinter das Geschlecht dieser *Er-Sie*-Sache zu kommen. Ein Abenteurer in der Alley, der eine große Summe in den unlängst eröffneten Wetten gesetzt hat, versuchte den Chevalier, als er ihm in einer engen Gasse, die von Spring Gardens zu Forest's Coffee House führt, an beiden Armen zu packen und diesem Helden mit seiner Hand an den Busen zu packen; der Chevalier konnte sich mit großer Flinkheit befreien ... und zog ein Schwert.«

4   *London Evening Post,* 5.–7. März 1772.

5   D'Eon an Broglie, 2. Dezember 1771 und 13. März 1772, AAE 498, S. 148ff und 191f. D'Eon muß sich hier auf die Kontroverse um den Royal Marriage Act beziehen, ein von Lord Mans-

field vorgelegtes Gesetz. Siehe John Brooke, *King George III,* Frogmore, England, 1974, S. 438.

6   Broglie an Ludwig XV., 9. April 1772, CS 2, S. 338f.
7   Broglie an Ludwig XV., 28. Juni, 8. Juli und 12. Juli 1772, CS 2, S. 356–360.
8   *Mémoires secrets* 5, September 1771, S. 322.
9   *London Packet,* 22.–25. März 1771; *General Advertiser,* 31. Mai 1786. Siehe auch »Epître de Geneviève«, 1473, ULBC Box 7.
10   Broglie an Ludwig XV., 12. Juli 1772, CS 2, S. 360.
11   Ekaterina Romanovna Daskova, *Erinnerungen: Katharina die Große und ihre Zeit – Fürstin Daschkowa,* München 1970.
12   ULBCEI 5, zwischen S. 272 und 273; BMT J152; AAE 498, an verschiedenen Stellen.
13   Einen lesbaren Überblick über die Maupeou-Jahre liefert Durand Echeverria, *The Maupeou Revolution: A Study in the History of Libertarianism. France, 1770–1774,* Baton Rouge, La., 1985.
14   CS 1, S. XCXCI.
15   D'Eon an Drouet, 25. April 1777, Kopie in ULBC 3, S. 254.

Kapitel 36

1   Siehe zum Beispiel *Public Advertiser,* 6. Juni 1771. Zu Macaulay, siehe Bridget Hill, *The Republican Virago: The Life and Times of Catherine Macaulay, Historian,* Oxford 1992. Zu Humes Reaktion auf Catherine Macaulays *History of England* (1763), siehe *The New Letters of David Hume,* hg. von Raymond Klibansky und Ernest C. Mossner, New York 1983, S. 80ff.
2   *Gazetteer and New Daily Advertiser,* 26. März 1771.
3   *Public Advertiser,* 6. April 1771.
4   Macaulay an d'Eon, 10. März 1768, in BMT H131. Später verteidigte Macaulay das Recht der Frauen, nicht nur Geschichte zu schreiben, sondern auch Geschichte zu machen. »Wenn wir die außergewöhnliche Energie loben, die im weiblichen Geist zutage tritt«, schrieb sie in ihren *Letters on Education* (London 1790, S. 204), »bezeichnen wir ihn als maskulin; es ist somit der [Geist], wie [der Dichter Alexander] Pope es elegant ausdrückte, *einer perfekten Frau, aber eines weicheren Mannes.* Und wenn wir in Betracht ziehen, daß es nur eine Regel von moralischer Vortrefflichkeit für Wesen geben kann, die aus dem gleichen Stoff gemacht, auf die gleiche Art und Weise beschaffen und ähnlichen Naturgesetzen unterworfen sind, müssen wir entweder Mr. Pope beipflichten oder die These umkehren und sagen, daß *ein perfekter Mann eine aus einem gröberen Guß geformte Frau ist.*«
5   Von der 756 bekannten Abonnenten der wichtigen Zeitung *Mercure de France* waren 1756 zum Beispiel mindestens 117 Frauen. Siehe Jack R. Censer, *The French Press in the Age of Enlightenment,* London 1994, S. 186. Eine Analyse intellektueller Frauen in der Aufklärung liefert Dena Goodman, *The Republic of Letters: A Cultural History of the French Enlightenment,* Ithaca, N. Y., 1994.
6   Louise d'Epinay, *Les conversations d'Emilie,* 2 Bde., Paris 1774; *Emiliens Unterredungen mit ihrer Mutter,* Leipzig 1782. Zu d'Epinay, siehe Elisabeth Badinter, *Emilie. Emilie. Weiblicher Lebensentwurf im 18. Jahrhundert,* München 1984.
7   D'Epinay an Galiani, 4. Januar 1771, zitiert in: Francis Steegmuller, *A Woman, A Man, and Two Kingdoms: The Story of Madame d'Epinay and the Abbé Galiani,* New York 1991, S. 153f.
8   Galiani, »Dialogue sur les femmes«, in: *Correspondance,* hg. von Lucien Perey und Gaston Maugras, 2 Bde., Paris 1890, Bd. 2, S. 50ff.
9   Antoine-Léonard Thomas, *Essai sur le caractère, les mœurs, et l'esprit des femmes dans les différents siècles,* Paris 1772; *Der Charakter, die Sitten und der Geist der Frauen,* Marburg 1839, 1907. D'Eon bezeichnete Thomas als seinen »alten Freund«, siehe ULBC Box 7, S. 1615.
10   D'Epinay an Galiani, 14. März 1772, in: *Qu'est-ce qu'une femme?,* hg. von Elisabeth Badinter, Paris 1989, S. 193.
11   Denis Diderot, »Über die Frauen«, in: *Erzählungen und Gespräche,* Bremen 1984, S. 206ff.

12 Ebenda, S. 217f.

13 Ebenda, S. 218.

14 Denis Diderot, *Nachtrag zu »Bougainvilles Reise«*, Frankfurt 1965, S. 26.

15 Mary Wollstonecraft, *A Vindication of the Rights of Women*, 1792; *Verteidigung der Rechte der Frauen*, Zürich 1975, Anmerkung am Ende des vierten Kapitels.Und Mary Robinson, *A Letter to the Women of England on the Injustice of Mental Subordination*, London 1799, S.71 Anmerkung.

Kapitel 37

1 Hannah Snell, *The Female Soldier; Or, The Surprising Life and Adventures of Hannah Snell*, London 1750. Siehe auch die wichtige Einleitung von Dianne Dugaw in einer 1989 von der Augustan Reprint Society der UCLA William Andrews Clark Library herausgegebenen Faksimileausgabe.

2 Ebenda, S. 41.

3 Ebenda, S. 2.

4 Ebenda, S. 7f.

5 Rudolf Dekker und Lotte van de Pol, *Frauen in Männerkleidern. Weibliche Transvestiten und ihre Geschichte*, S. 11. Siehe auch Barton Hacker, »Women and Military Institutions in Early Modern Europe: A Reconnaissance«, *Signs* 6, 1981, S. 643ff; und John A. Lynn, »The Strange Case of the Maiden Soldier of Picardy«, *MHQ: The Quarterly Journal of Military History* 2, 1990, S. 54ff.

6 Zitiert in: Dianne Dugaw, *Warrior Women and Popular Balladry, 1650–1850*, S. 140. Weniger hilfreich als Dugaws glänzende Untersuchung, aber wichtig für die späteren Jahrzehnte ist: Julie Wheelwright, *Amazons and Military Maids: Women Who Dressed As Men in the Pursuit of Life, Liberty, and Happiness*, London 1989.

7 Richard Brinsley Sheridan, *Das Lager*, in: *Sheridans dramatische Werke*, 8 Bde., Gotha 1832. Sheridan (Sohn der Bühnenautorin Frances Sheridan), John Wilkes und d'Eon speisten oft zusammen; siehe Henry Angelo, *Reminiscences*, 2 Bde., London 1904, Bd., 1, S. 41.

8 »Female Warriors«, in: *The Miscellaneous Works of Oliver Goldsmith*, London 1893, S. 309ff. Heutige Forscher bezweifeln seine Urheberschaft. Eine ähnliche Transvestismus-Satire, die sich allerdings nicht um Krieg, sondern um das Familienleben dreht, liefert Henry Fielding, *The Female Husband and Other Writings*.

9 Zu den Ursprüngen der Amazonen, siehe William Blake Tyrrell, *Amazons: A Study in Athenian Mythmaking*, Baltimore 1984.

10 W. J. Chetwode Crawley, »The Chevalier d'Eon«: J. W. of Lodge No. 376, Grand Lodge of England«, *Ars Quatuor Coronatorum*16, 1908, S. 231ff.

11 AAE Supplement 16, S. 404, enthält eine Notiz, die zusammen mit einigen Versionen des Druckes ausgegeben wurde. Eine allgemeine Untersuchung, wie Minerva oft dargestellt wurde, liefert Francis H. Dowley, »French Portraits of Ladies as Minerva«, *Gazette des beaux arts* 45, Mai – Juni 1955, S. 262ff. Diese Amazonen-Tradition ging auf das siebzehnte Jahrhundert zurück, als aristokratische Frauen, die mit der Fronde zu tun hatten, besonders wegen ihrer Virilität gefeiert wurden. Siehe Faith E. Beasley, *Revising Memory: Women's Fiction and Memoirs in Seventeenth-Century France*, insbesondere S. 74, 127f.

12 ULBC Box 12, großes ledergebundenes Buch, S. 32

13 AAE Supplement 16, S. 404.

14 Simon Linguet, »Gagure sur le sexe du Chevalier d'Eon«, *Annales politiques, civiles, et littéraires du dix-huitième siècle*, 1, Nr. 7, 1777, S. 383ff.

15 ULBC Box 12, großes ledergebundenes Buch, S. 204; siehe auch S. 32 und 181 für zwei weitere Beispiele: »Jeanne d'Arc eut besoin d'un siècle encore gotique/ pour s'acquérir un nom;/ Mais ce siècle philosophique/ rend un double hommage à d'Eon« [Jeanne d'Arc brauchte ein Jahrhundert, das noch gotisch war/ um sich einen Namen zu machen/ Aber dieses philosophische Jahrhundert/ entbietet eine doppelte Hommage à d'Eon]; und: »Jeanne cette fiere Pucelle/ Jadis affronta le Trepaix/ D'Eon tout aussi brave qu'elle/ fut vierge et ne se vanta pas«

[Jeanne, diese stolze Jungfrau/ bot ehedem dem Tod die Stirn/ D'Eon, ebenso mutig wie sie/ blieb auch eine Jungfrau und rühmte sich deswegen nicht].

16 Ann Harkers Rede ist wiedergegeben in: James Armstrong Neal, *An Essay on the Education and Genius of the Female Sex,* Philadelphia 1795, S. 15ff; Zitat stammt von S. 17; d'Eon an Henri Grégoire, 25. Januar 1803, Kopie ULBC 39, S. 1078.

17 ULBC Box 12, großes ledergebundenes Buch, S. 142.

Kapitel 38

1 D'Eon an Broglie, 3. Januar 1773, AAE 501, S. 4. Siehe auch d'Eon an d'Aiguillon, 17. Juli 1771, AAE 497, S. 93; d'Eon an Vrillière, 2. Oktober 1773, in der Huntington Library, Manuskript 20608; d'Eon an Maupeou, 1. Oktober 1773, AAE 503, S. 12f.

2 Für ein Beispiel, siehe *The Diary of Sylas Neville, 1767–1788,* hg. von Basil Cozens-Hardy, London 1950, S. 32f.

3 Siehe zum Beispiel Broglie an d'Eon, 26. August 1773, Auszug AAE 504, S. 207f; und d'Eon an Broglie, 22. September 1773, AAE 502, S. 386.

4 D'Eon an Broglie, 13. und 15. Juli 1773, AAE 502, S. 177ff und 181ff; auch in CSI 2, S. 356ff. Der Titel von Morandes Buch sollte lauten: *Mémoires secrets d'une femme publique ou recherches sur les aventures de Mme la comtesse du B**** depuis son berceau jusqu'au lit d'honneur.*

5 Joan Haslip, *Madame Dubarry: Die märchenhafte Karriere der Jeanne Bécu, Mätresse am Hofe Ludwig XV.,* Köln 1994.

6 Paul Robiquet, *Théveneau de Morande,* Paris 1882, ist die Standardbiographie; sie sollte jedoch mit Robert Darntons schillernder Beschreibung in *Literaten im Untergrund: Lesen, Schreiben und Publizieren im vorrevolutionären Frankreich,* S. 31, 35ff ergänzt werden.

7 Robert Darnton, *Edition et sédition: l'univers de la littérature clandestine au XVIIIe siècle,* Paris 1991, S. 169.

8 D'Eon an Broglie, 12. Dezember 1773, AAE 503, S. 256.

9 D'Eon an Broglie, 29. September 1773, AAE 502, S. 416; Morande an d'Eon (Kopien mit Bemerkungen von d'Eon), 4. und 8. Januar 1774, AAE 504, S. 20–31.

10 Morande an d'Eon, 21. Dezember 1773, AAE 503, S. 308ff.

11 Zum Fortschritt der Verhandlungen, siehe Morande an Lord Ferrers, 17. November 1773, Auszug AAE 503, S. 170; Broglie an Ludwig XV., 18. November 1773, CS 2, S. 464ff.

12 D'Eon and Broglie, 18. April 1774, Auszug AAE 505, S. 168.

13 »Acte de vente entre Morande et Mr. Van Neck«, 24. April 1773, AAE 504, S. 197–200. Siehe auch d'Eon an Broglie, 18. April 1774, Auszug AAE 505, S. 168. Zu Beaumarchais' Mission in England 1774, siehe insbesondere Gunnar und Mavis Von Proschwitz, *Beaumarchais et le Courrier de l'Europe,* 2 Bde., Oxford 1990, Bd. 1, S. 7f und 221f. Kurioserweise wurde die Geschichte von Morandes Manuskript in einem ketzerischen Pamphlet über Dubarry beschrieben, das in jener Zeit von einem anderen, in London im Exil lebenden Franzosen ver-öffentlicht *wurde.* Siehe M. F. Pidansat de Mairobert, *Anecdotes sur … la comtesse du Barri,* London 1775; *Anekdoten von der Gräfin von Barri,* Frankfurt 1776.

14 Joan Haslip, *Madame Dubarry*; Broglie an Ludwig XV., 22. Oktober 1773, CS 2, S. 454ff.

15 D'Eon an Broglie, 1. April 1774, AAE 505, S. 110.

16 Morande an d'Eon, ohne Datum, AN 1, S. 109.

Kapitel 39

1 Jeffrey Merrick, »Politics in the Pulpit: Ecclesiastical Discourse on the Death of Louis XV«, *History of European Ideas,* 7, 1986, S. 149ff.

2 Broglie an Ludwig XVI., 13. Mai 1774, CSI 2, S. 387–392.

3 Broglie an Ludwig XVI., 30. Mai 1774, CSI 1, S. 393f.

4 CS 1, S. cviicix.

5 Broglie an d'Eon, 7. Juli 1774, AAE 506, S. 30, »De Par le Roy sa Majesté«, 29. August 1774, AAE Supplement 16, S. 390–395; »Liste des pensions accordées par Louis XVI aux agents de

la correspondance secrète«, 10. September 1774; und Broglie an d'Eon, 10. September 1774, CSI 2, S. 437–442.

6 Broglie an d'Eon, 1. September 1774, im Musée de la Poste, Paris (mein Dank an Professor Dena Goodman für die Beschaffung einer Kopie dieses Briefes); und 10. September 1774, CSI 2, S. 437f.

7 *Correspondance littéraire secrète* 27, 1. Juli 1775; Pierre Pinseau, *L'Etrange Destinée du Chevalier d'Eon*, S. 163ff.

8 Vergennes an Louis XVI., 26. Januar 1775, CSI 2, S. 444.

9 Ludwig XVI. an Vergennes, 26. Januar 1775, CSI 2, S. 445. Angemerkt sei, daß die Tatsache, daß der König ein männliches Personalpronomen verwendete, kein Hinweis darauf ist, daß er glaubte, d'Eon sei ein Mann. Im Sprachgebrauch des Ancien Régime bezog sich das Personalpronomen gemeinhin auf den Titel und nicht so sehr auf das Geschlecht der jeweiligen Person. Das heißt in diesem Fall, daß es sich auf den »Chevalier d'Eon« oder den »Sire d'Eon«, beides männliche Titel, bezog.

10 Broglie an d'Eon, 18. Januar 1775, CSI 2, S. 442f.

11 Zu Beaumarchais' Reputation, siehe Sarah Maza, *Private Lives and Public Affairs: The Causes Célèbres of Prerevolutionary France*, Berkeley, Kalif., 1994, S. 131ff.

12 Beaumarchais an Sartine, 17. November 1774, zitiert in; Paul Philippe Gudin de la Brenellerie, *Histoire de Beaumarchais*, hg. von Maurice Tourneux, Paris 1888, S. 170.

13 Zu solchen Phänomenen, siehe Robert Darnton, *Literaten im Untergrund*, S. 45ff.

14 CS 2, S. 40.

15 Siehe den von Vignoles am 3. April 1775 unterzeichneten Vertrag in AN 2 (keine Aktennummer). Vignoles sollte zweihundertzehn Pfund für seine Übersetzungs- und redaktionelle Arbeit bekommen.

16 Beaumarchais an Ludwig XVI., 27. April 1775, zitiert in: Paul Philippe Gudin de la Brennellerie, *Histoire de Beaumarchais*, S. 166ff. Gudin war Beaumarchais' persönlicher Sekretär, der ihn auf seiner Reise nach England begleitete und selbst ebenso überzeugt von d'Eons weiblichem Geschlecht war. Siehe auch die drei undatierten Briefe von Morande an d'Eon in AN 1, S. 184f.

17 AAE 511, S. 113–120; BMT R5 (Dokumente zur Rechtfertigung von d'Eons finanziellen Forderungen vom 14. Juli 1775).

18 Siehe die »Transaktion« (nachfolgend geschildert) in BMT R7: »die Verstellung seiner Beschaffenheit und seines Geschlechtes, für die seine Eltern alleine schuldig waren.«

19 D'Eon an Tercier, 18. und 20. Januar 1764, AAE Supplement 16, S. 119–136. Siehe auch der Herzog von Broglie, *The King's Secret*, 2 Bde., London, o. J., Bd. 2, S. 115 Anmerkung, wo Broglie belegt, daß d'Eon ähnliche Briefe fingierte. Die Geschichte über Pompadours Eifersucht wird in ULBC 4, S. 33f wiederholt; »Der Sire genoß das engste Vertrauen des Königs, seines Herrn. Sie [Pompadour] entdeckte des weiteren, daß der Chevalier d'Eon ein als Mann verkleidetes Mädchen und der Schützling des Prinzen von Conti ist, den sie ebenso sehr fürchtete wie verabscheute.« Siehe auch die Erläuterungen in: Octave Homberg und Fernand Jousselin, *Un aventurier au xviiie siècle, Le Chevalier d'Eon, 1728–1810*, Paris 1904, S. 61.

20 Vergennes an Beaumarchais, 21. Juni 1775, in: Gunnar und Mavis Von Proschwitz, *Beaumarchais et le Courrier de l'Europe*, Bd. 1, S. 227ff.

Kapitel 40

1 In AAE, Mémoires et documents, 538, S. 302ff, dem Künstler bzw. Rechtsanwalt Falconnet zufolge behauptete Monsieur Lesecq, ein ehemaliger Pfarrer aus Tonnerre, d'Eon sei männlich.

2 D'Eon erklärt seine Beziehung zu Poissonier in einem Brief an Broglie, 3. August 1773, AAE 504, S. 254. Sie auch ULBC Box 8, 109; und Albert Vandal, *Louis XV et Elisabeth de Russie*, Paris 1882, S. 331.

3 AN 4, S. 235ff. Hierbei handelt es sich in Wirklichkeit um einen von d'Eon handschriftlich verfaßten Entwurf des Briefes. Er wurde 1960 den Archives Nationales übergeben.

Kapitel 41

1 »Permission ... de rentrer dans le Royaume de France avec sauf-conduit ...«, AAE Supplement 16, S. 395ff; »Copie de l'ordre et commission du Roi, au Sr. Caron de Beaumarchais, de retirer des papiers de correspondance secrète ...«, AAE Supplement 16, S. 443 und BMT R7. Beide Dokumente sind von Vergennes und Ludwig XVI. gegengezeichnet. Beide sind auf den 25. August 1775 datiert, wurden an diesem Tag aber wahrscheinlich nur mündlich vereinbart, einige Wochen später geschrieben und zurückdatiert. Siehe Pierre Pinsseau, *L'Etrange Destinée du Chevalier d'Eon 17281810*, S. 177ff. Es gibt auch noch ein drittes Dokument, das oft zusammen mit diesen beiden zitiert wird: eine ebenfalls mit Datum 25. August 1775 vermeintlich vom König unterschriebene und von Vergennes gegengezeichnete Erklärung, in der d'Eon befohlen wurde, sich als Frau zu kleiden. Da von diesem Dokument jedoch nur eine Kopie – und zwar in d'Eons Handschrift – existiert (AAE Supplement 16, S. 398f), ist davon auszugehen daß es sich hierbei wahrscheinlich um eine Fälschung oder zumindest um ein von d'Eon abgeändertes Dokument handelt. Unmittelbar nach dem Befehl, daß er Frauenkleider zu tragen hat, steht zum Beispiel der Satz, »so wie er es zuvor im Dienst des verstorbenen Königs getan hat.« Einen klugen Beitrag hierzu liefert Pierre Pinsseau, *L'Etrange Destinée du Chevalier d'Eon*, S. 178f.

2 *Correspondance littéraire secrète* 43, 21. Oktober 1775; Beaumarchais an d'Eon, 5. September 1775, ULBC 31, S. 139.

3 Ich halte mich hier an die nicht von d'Eon handschriftlich verfaßte Kopie der Transaktion in AAE Supplement 16, S. 436–442; siehe zusätzliche Kopie in BMT R7; nachgedruckt in: Pierre Pinsseau, *L'Etrange Destinée du Chevalier d'Eon*, S. 184ff. Weitere Dokumente, die in diesem Zusammenhang zusätzlich Licht in die Transaktion bringen, befinden sich darüber hinaus in AAE Supplement 16, S. 444; BMT R8; ULBC 31, S. 138, 144.

4 Vignoles an d'Eon, 4. November 1775, AN 2, S. 40. In ULBC 29, S. 2 spricht d'Eon von »meinen zwei Geburten«.

5 D'Eon an Broglie, 5. Dezember 1775, Kopie BMT R10.

Kapitel 42

1 »Campagnes du sieur Caron de Beaumarchais en Angleterre«, BMT R22.

2 Zitiert in: Louis Léonard de Loménie, *Beaumarchais et son temps*, Paris 1856; engl. Ausgabe: *Beaumarchais and His Times*, 4 Bde., London 1856, Bd. 2, S. 208. Siehe auch Paul Philippe Gudin de la Brenellerie, *Histoire de Beaumarchais*, S. 181.

3 *Correspondance littéraire* 11, November 1775, S. 162; *Morning Post and Daily Advertiser*, 10. November 1775.

4 *Morning Post and Daily Advertiser*, 11. November 1775.

5 Die Gesamtsumme ist einem Brief von d'Harvelay an Vergennes entnommen, 14. November 1775, AAE Supplement 16, S. 446.

6 *Morning Post and Daily Advertiser*, 13. (in Französisch) und 14. (in Englisch) November 1775.

7 D'Eon an Beaumarchais, 7. Januar 1776, Auszug AAE 514, S. 24–33; auch in Fréderic Gaillardet, *Mémoires sur la chevalière d'Eon,*, S.. 403–410. Die deutsche Ausgabe *Memoiren des Chevalier d'Eon. Aus dessen Familienpapieren ...* konnte in deutschen Bibliotheksbeständen nicht nachgewiesen werden, so daß der Text nach der englischen Fassung zitiert bzw. nochmals übersetzt wurde.

8 *Correspondance littéraire* 11, November 1775, S.162: »Seit mehreren Tagen wird darüber geklatscht, daß der Chevalier d'Eon in dieses Land zurückkehren wird; es heißt, daß Monsieur de Beaumarchais ihn heiraten wird. Diese Nachricht ist zu verrückt, um nicht als Tatsache zu erscheinen.« Siehe auch Madame de Courcelles an d'Eon, 1. Januar 1776, BMT Autog. 166; d'Eon an Vergennes, 27. Mai 1776, BMT R20.

9 Beaumarchais an d'Eon, 9. Januar 1776, ULBC 31, S. 139–142; eine Kopie befindet sich in BMT R13.

10 D'Eon an Beaumarchais, 7. Januar 1776, Auszug AAE 514, S. 24–33; nachgedruckt in Fréderic Gaillardet, *Mémoires sur la chevalière d'Eon,*, S.. 403–410 Die deutsche Ausgabe *Memoi-*

ren des Chevalier d'Eon. Aus dessen Familienpapieren ... konnte in deutschen Bibliotheks-beständen nicht nachgewiesen werden, so daß der Text nach der englischen Fassung zitiert bzw. nochmals übersetzt wurde.

11 Ebenda.
12 Siehe zum Beispiel Vergennes an Beaumarchais, 10. Februar 1776, in: Louis Léonard de Loménie, *Beaumarchais and His Times*, Bd. 2, S. 203; Morande an Beaumarchais, 2. Juni 1776, in: Gunnar Von Proschwitz und Mavis Von Proschwitz, *Beaumarchais et le Courrier de l'Europe*, Bd. 1, S. 289.

Kapitel 43

1 ULBC 31, S. 146–153; eine Kopie befindet sich in BMT R16bis.

Kapitel 44

1 BMT R17bis (Kopie). D'Eons Fußnoten zeigen, daß diese Kopie zur Veröffentlichung bestimmt war und wahrscheinlich in *Pièces rélatives aux démêlés entre Mademoiselle d'Eon ... et le Sieur Caron dit de Beaumarchais*, o. O., 1778, aufgenommen werden sollte. Sie taucht jedoch weder in diesem Band noch in irgendeiner anderen Publikation jener Zeit auf.
2 Aus Beaumarchais' Gedicht »Robin«, in: *Œuvres complètes de Beaumarchais*, hg. von Marc Saint-Mark Girardin, Paris 1865, S. 733.

Kapitel 45

1 Beaumarchais an Vergennes, 3. Mai 1776, in: Gunnar Von Proschwitz und Mavis Von Proschwitz, *Beaumarchais et le Courrier de l'Europe*, Bd. 1, S. 276ff.
2 »Déclaration qui prouve que les Sieurs de Morande et Beaumarchais ...« unterzeichnet von James Dupré, Jean-Joseph de Vignoles, de la Chêvre und d'Eon, London, 8. Mai 1776, BMT R18bis.
3 »Campagnes du Sieur Caron de Beaumarchais en Angleterre, pendant les années 1774–1775–1776 ...«, 27. Mai 1776, veröffentlicht in: de la Fortelle, *Das militärische, politi-sche und Privat-Leben des Fräuleins D'Eon*, S. 98, 101; D'Eon an Vergennes, 28. Mai 1776, in BMT R23. Siehe auch Ferrers an Vergennes, 24. Mai 1776, in BMT R19; Thomas O'Gorman (d'Eons Schwager, der gerade in London angekommen war und hier einige Monate für d'Eon arbeitete) an Vergennes, 20. Mai 1776, AAE Supplement 17, S. 6; Morande an Beaumarchais, 2. Juni 1776, in: Gunnar Von Proschwitz und Mavis Von Proschwitz, *Beaumarchais et le Courrier de l'Europe*, Bd. 1, S. 289ff; und Morande an d'Eon, 4. Juni 1776, AN 1, S. 258.
4 Vergennes an Ferrers, 15. Juli 1776, BMT R24.
5 Das Manuskript ging verloren. Zu d'Eons Reaktion, siehe AAE Supplement 17, S. 712.
6 *Westminster Gazette*, 6.–10. August 1776.
7 O'Gorman an Morande, 12. August 1776, Kopie AAE Supplement 17, S. 14.
8 Das Verfahren kann im *Public Advertiser* verfolgt werden; siehe Ausgaben vom 22., 27., 28., 30. und 31. August, 2., 3., 5., 6., 9., 11., 16. September und 28. November 1776.
9 *Morning Post and Daily Advertiser*, 9. Dezember 1776.
10 *Public Ledger*, 23. Februar 1776. Zu seiner Bedeutung, siehe auch Vignoles an d'Eon, 24. Februar 1776, AN 2, S. 38f.
11 *Gazette des tribunaux* 8, 1779, S. 180.
12 Quellen zur Verbreitung des Mythos über Rußland sind: *L'Espion anglais*, 8, 1778, S. 6; Gia-como Casanova, *Aus meinem Leben*, 12 Bde., Frankfurt 1985; Abbé Georgel, *Mémoires pour servir à l'histoire des événements de la fin du dixhuitième siècle ...*, Bd. 1, S. 289f; Marquis de Bombelles, *Journal, Volume I: 1780–1783*, hg. von Jean Grassion und Frans Durif, Genf 1977, S. 135ff; Louis Dutens, *Lebensbeschreibung oder Memoiren eines Gereisten, der aus-ruht*, Leipzig 1808; Emmanuel Duc de Croy, *Journal inédit du Duc de Croy 17181784*, hg. von Vte Grouchy und Paul Cottin, 4 Bde., Paris 1907, Bd. 4, S. 58ff; Henriette Campan, *Erin-nerungen an Marie Antoinette, Königin von Frankreich*, Stuttgart 1924.

13 *Public Advertiser,* 31. August 1776.
14 *Public Ledger,* 27. August 1776; *Morning Post,* 27. August 1776. Sully und Colbert waren französische Staatsmänner des siebzehnten Jahrhunderts; Bolingbroke war ein britischer Minister Anfang des achtzehnten Jahrhunderts.
15 *Westminster Gazette,* 31. August – 7. September 1776.
16 Siehe zum Beispiel *Morning Chronicle,* 15. Juli 1777. Der Betrag von dreißigtausend Pfund stammt vom *Scots Magazine* 39, August 1777, S. 453.
17 *Westminster Gazette,* 7.10. September 1776.

Kapitel 46

1 Siehe zum Beispiel James Boswell, *Das Leben Samuel Johnsons und Das Tagebuch einer Reise nach den Hebriden, [1785]* München 1985.
2 Zu Mansfield siehe die Einleitung von: James Oldham, *The Mansfield Manuscripts and the Growth of English Law in the Eighteenth Century,* 2 Bde., Chapel Hill, N.C., 1992; Edmund Heward, *Lord Mansfield,* Chicester und London 1979; ULBC 1, Kap. 4, 7.
3 ULBC 45, S. 460.
4 Zitate aus dem Gerichtsverfahren stammen aus: *Gazetteer and New Daily Advertiser,* 2. Juli 1777, und *Morning Chronicle,* 2. Juli 1777. Siehe auch *Scots Magazine* 39, August 1777, S. 451–456.
5 Zum zweiten Einwand erzählte Mansfield folgende Geschichte, die als Analogie dienen sollte: »Ich erinnere mich an eine Streitsache zwischen zwei Personen, bei der es um die Maße einer Statue der Venus von Medici ging. Eine der Parteien schlug eine Wette vor. Die andere antwortete: ›Ich setze nicht dagegen; es wäre unfair, da ich die Statue gemessen habe.‹ Worauf die erste erwiderte: ›Warum? Glauben Sie, ich wäre so verrückt, eine Wette vorzuschlagen, wenn ich sie nicht auch gemessen hätte!‹« *Scots Magazine* 39, August 1777, S. 453.
6 James Oldham, *The Mansfield Manuscripts,* Bd. 1, S. 534ff.
7 ULBC 45, S. 462; siehe S. 484f für eine etwas andere Version.
8 Siehe d'Eons Brief vom 10. August 1777 im *St. James Chronicle or British Evening Post,* 14.–16. August 1777. In seinen Memoiren offenbart d'Eon seine Gefühle in diesen Wochen, indem er aus seinem Briefwechsel mit Familienmitgliedern zitiert. Siehe Madame d'Eon (seine Mutter) an d'Eon, 18. Juli 1777, und d'Eons Antwort, ULBC 30, S. 1757ff und 19, S. 6; Madame O'Gorman (d'Eons Schwester) an d'Eon, 28. Juli 1777, ULBC 30, S. 1737.
9 D'Eon an Vergennes, 1. und 18. Juli 1777, AAE Supplement 17, S. 29–32; d'Eon an Ludwig XVI., 28.Mai 1777, Kopie ULBC 3, S. 268285 und AAE Supplement 17, S. 23–28.
10 Henry Cowper, *Reports of Cases Adjudged in the Court of King's Bench ...,* 2 Bde., London 1800, Bd., 2, S. 736ff. Eine etwas andere Version findet sich in einem von d'Eon ausgeschnittenen Zeitungsartikel in ULBC Box 12, großes ledergebundenes Buch, S. 202.

Kapitel 47

Virginia Woolf, *Orlando,* S. 134.
1 Pierre-Joseph Boudier de Villemert, *Der Frauenzimmer-Freund*; Riballier und Mlle Cosson, *De l'éducation morale et physique des femmes ...,* S. 217ff.
2 *Journal de Paris,* 24. Oktober 1780. Collots Skulptur von d'Eon ist verschwunden. Siehe Louis Réau, »Une femme-sculpteur française aus XVIIIe, Marie-Anne Collot (1748–1821)«, *Bulletin de l'histoire de l'art français,* 1924, S. 227. D'Eon wurde selbst in Büchern erwähnt, die absolut nichts mit ihm zu tun hatten. In der 1781 erschienenen französischen Ausgabe eines schwedischen Buches über Irland konnte der Übersetzer es sich zum Beispiel nicht verkneifen, in den Anmerkungen – und zwar ziemlich unpassend – folgendes kurzes Gedicht über d'Eon einzufügen: »Belles, que vos amours embellissent l'histoire/Le beau sex en d'Eon s'embellit par la gloire« [Ihr Schönen, die eure Liebschaften die Geschichte verschönen/Das schöne Geschlecht d'Eons wird verschönt durch den Ruhm], Unno von Troil, *Lettres sur l'islande,* Paris 1781, S. 239 Anmerkung [*Briefe, welche eine im Jahre 1772 nach Island angestellte Reise betreffen,* Upsala 1779].

3 »Epître de Généviève«, 1547, ULBC Box 7.

4 *L'Espion anglais* 8, 1778, S. 23f; Anekdoten aus: *Scots Magazine* 9. Juni 1778, S. 286f. Zu seinen Fechtdemonstrationen, siehe Maire Thérèse Lamballe, *Secret Memoirs of Princess Lamballe*, [1826], hg. von Catherine Hyde, Akron, Ohio, 1901, S. 111.

5 Tagebucheintrag vom 5. März 1786, in: *Boswell: The English Experiment, 17851789*, hg. von Irma S. Lustig und Frederick A. Pottle, London 1986. Walpole an Lady Ossory, 27. Januar 1786, in: Horace Walpole, *Correspondence*, Bd., 33, S. 510.

6 *Réponse de Mademoiselle d'Eon à Monsieur de Beaumarchais*, Rom 1778; d'Eon an Vergennes, 20. Januar 1778, AAE Supplement 17, S. 7183, nachgedruckt in: de la Fortelle, *Das militärische, politische und Privat-Leben des Fräuleins D'Eon …*, S. 120ff. Siehe auch *Mémoires secrètes*, 16. und 25. Februar 1778; und *L'Espion anglais* 9, 1778, S. 1ff.

7 D'Eon an Vergennes, 10. Januar 1778, AAE Supplement 17, S. 76.

8 »Appel à mes contemporaines«, 2. Februar 1778. Zwei Manuskriptkopien in d'Eons Handschrift existieren in BMT R 30 und AAE Supplement 17, S. 97f; veröffentlicht in: *Réponse de Mademoiselle d'Eon à Monsieur de Beaumarchais*, S. 1114, und in: *Pièces rélatives aux démêlés entre Mademoiselle d'Eon … et le Sieur Caron dit le Beaumarchais*, o. O., 1778, S. 39ff. Eine Bewertung jüngeren Datum von Beaumarchais' Haltung gegenüber Frauen liefert Jack Undank, »Beaumarchais: A Woman's Place …«, in: *Eighteenth-Century Women and the Arts*, hg. von Frederick M. Keener und Susan Lorsch, New York 1988, S. 37ff. Weitere Belege, daß d'Eon aufrichtig betroffen über die Ausbeutung der Frauen durch Männer in dieser Zeit war, liefert: »Lettre écrite de Caen, aux auteurs de ce journal, par Mme d***, sur une question intéressante pour le beau sexe«, *Journal encyclopédique ou universel* 5, 1780, S. 144ff, der von d'Eon ausgeschnitten und aufbewahrt wurde, in ULBC Box 12.

9 D'Eons Notizen siehe in BLC 11341, S. 212–217.

10 D'Eon an Mansfield, 8. Februar 1778, BL 11341, S. 127–130.

11 »Seconde lettre aux femmes«, 10. Februar 1778, veröffentlicht in: *Réponse de Mademoiselle d'Eon à Monsieur de Beaumarchais* und *Pièces rélatives aux démêlés entre Mademoiselle d'Eon … et le Sieur Caron dit le Beaumarchais*, S. 47ff. Zwei Manuskriptkopien in d'Eons Handschrift befinden sich in BMT R37 und AAE Supplement 17, S. 110f.

12 D'Eon an Antoine de Sartine, 27. Juni 1778, BMT R34; und verschiedene Petitionen d'Eons, AAE Supplement 17, S. 117–131.

13 ULBC 37, S. 1210.

14 Siehe zum Beispiel William Seward an Lady Ferrers, zitiert in ULBC 19, S. 19.

15 Denis Diderot, *Die Nonne*, [1796] Berlin 1994.

16 Martine Sartine, *L'Education des filles au temps des Lumières*, Paris 1987; Geneviève Reynes, *Couvents de Femmes: La vie des religieuses contemplatives dans la France des XVIIe et XVIIIe siècles*, Paris 1987; Albert Marie P. de Luppé, *Les jeunes filles à la fin du XVIIIe siècle*, Paris 1925.

17 Bridget Hill, »A Refuge from Men: The Idea of a Protestant Nunnery«, *Past and Present*, 117, 1987, S. 107ff. Siehe auch ULBC 46, S. 1644–1647, wo d'Eon englische Vorschläge für die Reetablierung von Klöstern um 1800 abgeschrieben hat.

18 ULBC 43, S. 1147.

19 D'Eon beschreibt das Kloster in einem Brief an seine Mutter, 17. September 1778, zitiert in ULBC 6, S. 15.

20 »Epitre de d'Eon de Beaumont pour servir d'introduction à son ouvrage adressé aux douze tribes …«, ULBC 1406. Siehe auch die Korrespondenz zwischen d'Eon und Schwester Marie-Agnès-Marguerite de Dufort in der Bibliothèque municipale de Versailles, Manuskriptheft 7. (Ich bin Professor Carolyn Lougee sehr dankbar, mir die Informationen über diese Korrespondenz gegeben zu haben.)

21 D'Eon an Durfort, 12. September 1778, und Durfort an d'Eon, 20. Oktober 1778, ebenda.

22 Blatt ohne Seitenzahl mit dem Titel »couvent à choisir«, AN 5, S. 1.

23 D'Eon an die Gräfin von Maurepas, 16. September 1778, zitiert in ULBC 2, S. 121.

24 D'Eon an Madame d'Eon, 17. September 1778, Kopie ULBC 6, S. 1521. Dieser Brief wurde vermutlich aus der Abbaye Royal in Fontevrault geschrieben. Siehe auch den Brief, der ver-

mutlich am gleichen Tag an Erzbischof Christophe de Beaumont geschrieben wurde, in ULBC 2, S. 58–62.

25 D'Eon zitiert Markus 2,41, Matthäus 18,6 und Lukas 17,2 in ebenda.

26 ULBC 30, S. 1689; 6, S. 16; 19, S. 18. In den Leeds-Memoiren erwähnt d'Eon wiederholt den Besuch in einem dritten Kloster, »Filles de Sainte-Marie«. Dabei handelt es sich wahrscheinlich um das Kloster Filles de la Visitation Sainte-Marie in Bourbilly, Burgund, unweit von Tonnerre. Siehe Paul und Marie-Louise Biver, *Abbayes, monastères, couvents de femmes à Paris des origines à la fin du XVIIIe siècle*, Paris 1975, S. 148ff.

27 D'Eon an Vergennes, 16. Januar 1779, d'Eon an Maurepas, 8. Februar 1779, und d'Eon an den Prinz von Montbarey, Februar 1779, AAE Supplement 17, S. 140f, 146f und 156f; und »d'Eon aux Plusieurs Grandes Dames de la Cour«, *Correspondance littéraire*, 12, S. 215.

28 D'Eon an Maurepas, 8. Februar 1779, Kopie in der Bibliothèque municipale de Dijon; Admiral d'Orvilliers an d'Eon, 3. März 1779, zitiert in ULBC 19, S. 22, und d'Eons Bemerkungen in einem Zeitungsartikel, eingeklebt in ULBCEI 5, Titelblatt.

29 AAE Supplement 17, S. 160168; ULBC 19, S. 22.

30 Montmorency-Bouteville an d'Eon, 2. April 1779, zitiert in ULBC 46, S. 1664f; d'Eon an Vergennes, 13. April 1779, AAE Supplement 17, S. 179; Robinet an d'Eon, 20. April 1779, zitiert in ULBC 19, S. 22; d'Eon erwähnt, daß er Widerstand geleistet hat, in ULBC 22, S. 63; er beschuldigt Beaumarchais in ULBC Box 8, Rough Notes II, S. 631.

31 ULBC 40, S. 1847.

32 Montmorency-Bouteville an d'Eon, 2. April 1779, zitiert in ULBC 46, S. 1664–1669 und 45, S. 486; d'Eon an die Gräfin von Maurepas, 1. Juni 1779, zitiert in ULBC 11, S. 4; siehe auch ULBC 2, S. 36.

Kapitel 48

1 Bertier an Amelot, 7. April 1780, Bertier an d'Eon, 11. April 1780, und »Extrait du journal de la conduite qu'à tenue à Paris …«, allesamt in AAE Supplement 17, S. 227–239.

2 Siehe zum Beispiel sein Tagebuch bzw. seinen Kalender von Juni – Oktober 1787, aufbewahrt in AN 7.

3 »Extrait de l'Epître de la Chevalière d'Eon à Madame la Duchesse de Montmorency-Bouteville à Versailles Mai 1778«, 11, ULBC Box 8.

4 D'Eon an Tanley, 10. Juli 1775, in BMT C29.

5 Mlle Jodin an d'Eon, 3. Juli 1770, in: Denis Diderot, *Correspondance*, hg. von Georges Roth und Jean Varloot, 16. Bde., Paris 1955–1970, Bd. 10, S. 83f. Eine Rechnung in ULBCEI 7 zeigt, daß d'Eon am 2. Juli 1763 zwanzig Bände von Voltaire kaufte.

6 AN 5, S. 1.

7 ULBC Box 8, Rough Notes II, S. 10–13 und 124, S. 30–33. »Versailles ist mein Nazareth«, schreibt d'Eon in ULBC 45, S. 1668.

8 AN 5. Zur Bedeutung der Zeitung, siehe Bernard Plongeron, »Une image de l'Eglise après les *Nouvelles ecclésiastiques*«, *Revue d'Histoire de l'Eglise de France* 16, 1967, S. 241ff.

9 Dale Van Kley, *The Jansenists and the Expulsion of the Jesuits from France, 17571765*, New Haven, Conn., 1975; Van Kley, *The Damiens Affair and the Unraveling of the Old Regime, 1750–1770*, Princeton, N. J., 1984.

10 Zur Wiederbelebung christlicher Aktivitäten in Paris, siehe François Bluche, *Frankreich zur Zeit Ludwigs XVI. Leben und Kultur am Vorabend der Revolution*, Stuttgart 1989, S. 161ff; M. F. Pidansat de Mairobert, *L'Espion anglais*, 10 Bde., London 1785, Bd. 3, S. 101ff; zu Tonnerre, siehe Suzanne Desan, *Reclaiming the Sacred: Lay Religion and Popular Politics in Revolutionary France*, Ithaca, N.Y., 1990, S. 39.

11 ULBC 18, S. 14; »Grande Requête«, ULBC Box 8, S. 1690. Ein weiterer Grund, d'Eon als Jansenisten einzuschätten, ist seine relativ protestantische Haltung zur kirchlichen Ehe; siehe ULBC 124, S. 34.

12 ULBC Box 8, S. 36.

13 ULBC Box 8, S. 3441. In Römer 4,78 heißt es: »Selig sind, die deren Frevel vergeben und deren Sünden bedeckt sind. Selig ist der Mensch, dem der Herr die Sünde nicht anrechnet.« Alle

nachfolgenden Bibelstellen sind zitiert nach: *Die Bibel*, Einheitsübersetzung, Freiburg 1980.

14 »Epître de Généviève«, ULBC Box 7, S. 1458.

15 ULBC Box 8, S. 10.

16 ULBC 19, S. 52.

Kapitel 49

1 »Affaires de Mlle d'Eon … Ferrers« und »Mémoire adressée à M. Le Comte de Montmorin …«, ULBC Box 8. »Epître de Généviève«, ULBC Box 7, S. 1544f. Hier sagt d'Eon, daß er 1763, als er in seine Wohnung in London am Golden Square einzog, einen Mietvertrag über vierzig Jahre abschloß. Von 1777 bis zu seiner Rückkehr 1785 hatte er die Wohnung untervermietet.

2 Zu diesen Jahren, siehe die entsprechende Korrespondenz in AAE Supplement, 17, S. 260–324.

3 Houghton Library, Harvard University, *fFC7. EO563. ZZX (Sammlung von d'Eons Unterlagen); ULBC Box 12, rautenförmiges Notizbuch, S. 23. In einer »Note sur l'Angleterre«, ULBC Box 8, Rough Notes II, S. 863, klagte d'Eon jedoch, daß es trotz des löblichen freien politischen Systems in England viel zu viele Anwälte gab, die unter dem kleinsten Vorwand miteinander prozessierten.

4 Zu d'Eons anfänglichen Reaktionen zur Revolution, siehe ULBC 45, S. 466; die Bemerkung über Sieyès ist zu finden in 47, S. 1041.

5 D'Eon an Stanhope, 14. Juli 1790. Eine Kopie dieses Briefes ist in William Sewards Exemplar von d'Eons *Lettres, mémoires, et négociations* in der British Library eingeklebt.

6 Zitiert in: Thomas Rickman, *Life of Thomas Paine*, London 1819, S. 102f; die Einladung zu diesem Dinner befindet sich in ULBCEI 5, S. 322f.

7 Als d'Eon an die Regierung schrieb mit der Bitte, ihm die Möglichkeit zu geben, dem neuen Regime den Treueschwur zu leisten, erklärte ein etwas perplexer Minister ihm, darüber, ob Frauen zugelassen würden, Treueschwüre abzulegen, könne kein Minister, sondern nur die Legislative befinden. Siehe »Copie du serment civique de Mlle d'Eon«; 5. Januar 791, und Montmarin an d'Eon, 20. Januar 1791, AAE Supplement 17, S. 255.

8 *Moniteur*, 13. Juni 1792; die englische Übersetzung des Zitates wurde dem *Gentlemen's Magazine,* Juli 1792, S. 658, entnommen.

9 Cloots an d'Eon, 12. Mai und 14. Juli 1792, AAE Supplement 17, S. 356ff.

10 Carnot an d'Eon, 18. Juli 1792, AAE Supplement 17, S. 357.

11 Dorinda Outram, *The Body and the French Revolution: Sex, Class, and Political Culture*, New Haven, Conn., 1989, S. 156.

12 Susan P. Conner, »Les Femmes Militaires: Women in the French Army, 17921815«, *The Proceedings of the Consortium on Revolutionary Europe 1750–1850*, 12, 1982, S. 290ff; Darlene G. Levy und Harriet B. Applewhite, »Women, Radicalization, and the Fall of the French Monarchy«, in: *Women in the Age of Democratic Revolution*, Ann Arbor, Mich., 1990, S. 81ff; F. Gerbaux, »Les Femmes soldats pendant la Révolution«, *La Révolution française* 47, 1904, S. 47ff.

13 AAE Supplement 17, S. 362.

14 Ebenda, S. 346.

15 »Livre de dépense«, ULBC Box 9.

16 *Moniteur*, 29. April 1791; *Catalogue des livres rares et manuscrits précieux du cabinet de la Chevalière d'Eon …*, London 1791; *European Magazine and London Review*, März 1791, S. 162ff.

17 Zeitungsausschnitte über diese Turniere befindensich in ULBCEI 5, S. 322f.

18 ULBC 7, S. 1; BL 29994, S. 48.

19 ULBC 7, S. 13.

20 Morande an d'Eon, 15. und 17. August und 3. Dezember 1786, AN 1, S 297–300.

21 *Politique de tous les cabinets de l'Europe, pendant les règnes de Louis XV et de Louis XVI, contenant des pièces authentiques sur la correspondance secrète du comte de Broglie … Manuscrits trouvées dans le cabinet de Louis XVI*, 3 Bde., Paris 1793. Siehe ULBC Box 7, S.

1664–1668, wo belegt wird, daß d'Eon seinen Kommentar zu diesen Bänden vorbereitet hatte.
22 Siehe die Druckvorlagen für Subskriptionserklärungen für diese Memoiren vom 20. April 1799 in ULBC 52.
23 Thomas Plummer an d'Eon, 14. Dezember 1806, ULBC Box 7, S. 197–204; 20, S. 4.
24 ULBC 18, S. 217 und die Akte mit dem Titel »Grande Requête«, S. 1688–1695.

Kapitel 50

1 »Les Pieuses métamorphoses ou Histoire des femmes qui ont déguisé leur sexe pour se consacrer Dieu et professer la vie monastique et qui ont été reconnue Saintes par l'Eglise Grecque et Latine, par Mademoiselle La Chevalière d'Eon«, ULBC Box 7.
2 ULBC 48, S. 203. Zu Augustinus, siehe Peter Brown, *Augustinus von Hippo – Eine Biographie,* Frankfurt 1982.
3 ULBC 43, S. 1191. Gelegentlich identifizierte d'Eon das augustinische Motiv auch mit Milton: »Elle regarde sa vie passée parmi les Dragons comme *le Paradis perdu de Milton,* et elle considere sa vie passée parmi les filles de Ste. Marie comme *le Paradis rétrouvé de Milton«* [»Sie betrachtet ihr vergangenes Leben unter den Dragonern als *das verlorene Paradies Miltons,* und sie betrachtet ihr vergangenes Leben unter den Töchtern der Heiligen Maria als *das wiedergefundene Paradies Miltons«*], ULBC 19, S. 19.
4 ULBC 124, S. 56, 119.
5 »Epître de Mademoiselle d'Eon pour servir à la conclusion de l'abregé historique de sa vie militaire et diplomatique, London, 1 Juin 1805«, ULBC Box 8, S. 80.
6 ULBC 37, S. 1283.
7 ULBC 51, S. 601.
8 1 Korinther 15,810, zitiert von d'Eon in ULBC Box 7, S. 1639, und 43, S. 1176, wo diese Zeilen als Epigramm auf der Titelseite eines Essays verwendet wurden.
11 »Epître de Mademoiselle d'Eon«, 54.
12 ULBC 19, S. 14.
13 D'Eon zitiert folgende Abschnitte: Deuteronomium 10,17: »[Er ist der große Gott ...] Er läßt kein Ansehen gelten.« Apostelgeschichte 10,34: »... daß Gott nicht auf die Person sieht.« Römer 2,11: »... denn Gott richtet ohne Ansehen der Person.« Epheser 6,9: »Bei ihm gibt es kein Ansehen der Person.« Galater 2,6: »Aber auch denen, die Ansehen genießen – was sie früher waren, kümmert mich nicht, Gott schaut nicht auf die Person.« Kolosser 3,25: »[Wer Unrecht tut, wird dafür seine Strafe erhalten,] ohne Ansehen der Person.« 1 Petrus 1,17: »... der jeden ohne Ansehen der Person nach seinem Tun beurteilt.«
14 »Extrait de l'Epître de la Chev. d'Eon à Madame la Duchesse de Montmorency-Bouteville à Versailles mai 1778«, ULBC Box 8, S. 8. In Galater 3,26 heißt es: »Ihr seid alle durch den Glauben Söhne Gottes in Christus Jesus.« D'Eon änderte »Söhne« in »Kinder« und »ihr« in »wir«.
15 ULBC 25, S. 10.
16 ULBC 24, S. 1144 und 39, S. 1080.
17 Robin Scroggs, »Paul and the Eschatological Woman«, *Journal of The American Academy of Religion* 40, 1972, S. 283ff; William O. Walker, Jr., »The ›Theology of Woman's Place‹ and the ›Paulinist‹ Tradition«, *Semeia: An Experimental Journal for Biblical Criticism* 28, 1983, S. 101ff; Walker, Jr., »1 Corinthians 11:216 and Paul's Views Regarding Women«, *Journal of Biblical Literature* 94, März 1975, S. 94ff; Denis Ronald Macdonald, *There Is No Male and Female,* Philadelphia 1987.
18 »Extrait de l'Epître de la Chev. d'Eon«, 8.
19 Ob bewußt oder unbewußt, d'Eons Ideen ähneln den gnostischen Interpretationen von Paulus aus dem zweiten Jahrhundert. Bei den Marcioniten war zum Beispiel jede Sexualität verboten und wurde eine extreme Form geschlechtlicher Gleichheit praktiziert, und die Nassener predigten die Kastration, um die Zwänge der Sexualität zu überwinden. Siehe Elaine Pagels, »Paul and Women: A Response to Recent Discussion«, *Journal of the American Academy of Religion* 42, 1974, S. 541.
20 Denis Ronald Macdonald, *There Is No Male and Female,* S. 38 Anmerkung; David Biale, *Eros and the Jews: From Biblical Israel to Contemporary America,* New York 1992, S. 41; und

Howard Eilberg-Schwartz, *God's Phallus and Other Problems for Men and Monotheism*, Boston 1994, S. 202ff.

21 ULBC 124, S. 30ff.

22 Meine Interpretation von d'Eons Ausführungen über Paulus und die Beschneidung wird bestätigt durch Daniel Boyarin, »This We Know to Be the Carnal Israel': Circumcision and the Erotic Life of God and Israel«, *Critical Inquiry* 18, 1992, S. 474ff; Boyarin, *Carnal Israel: Reading Sex in Talmudic-Culture*, Berkeley, Kalif., 1993; und Elliot R. Wolfson, »Circumcision, Vision of God, and Textual Interpretation: From Midrashic Trope to Mystical Symbol«, *History of Religions* 27, 1987, S. 189ff; und *People of the Body: Jews and Judaism from an Embodied Perspective*, hg. von Howard Eilberg-Schwartz, Albany, N.Y., 1992. Leider erschien Daniel Boyarins wichtiges Buch, *A Radical Jew: Paul and Politics of Identity*, Berkeley, Kalif., 1994, zu spät, um es hier zu nutzen.

23 Erörtert von d'Eon in ULBC 39, S. 1081.

24 Römer 3,29–30, erörtert von d'Eon in ebenda.

25 »Chapitre«, unnumeriert [vierte Seite], ULBC Box 8.

26 Erica Harth, *Cartesian Women: Versions and Subversions of Rational Discourse in the Old Regime*, insbesondere Kapitel 1; Londa Schiebinger, *Schöne Geister – Frauen in den Anfängen der modernen Wissenschaft*, Stuttgart 1993. Interessant ist, daß, wie Erica Harth bemerkt, Wissenschafter die Idee, wonach »der Geist kein Geschlecht hat«, bis zu Augustinus zurückverfolgt haben.

27 ULBC 20, S. 120f oder 22, S. 120, zitiert aus einem Brief, den d'Eon vermutlich im Dezember 1778 an seine Mutter schrieb.

28 »Epître de Mademoiselle d'Eon«, 5557. Eine andere Version taucht in ULBC 48, S. 412 auf: »Wenn ich den Zustand des Mannseins, den ich verließ, beklagen muß, muß ich die Art von Frau, die ich geworden bin, betrauern, da Männer alles für sich genommen und den Frauen nichts gelassen haben, außer dem Schmerz des Kindergebärens.«

29 ULBC 52, S. 1199.

30 ULBC 48, S. 408.

31 Vielleicht fand d'Eon diese Idee in der Literatur der Querelle des Femmes. Siehe zum Beispiel Claude-Charles Guyonnet de Vertron, *La Nouvelle Pandore, ou, Les femmes illustres du siècle de Louis le Grand*, Bd. 1, S. 4ff: »die Tugend der Frauen richtet das wieder auf, was die Untugend der Männer zerstört hat.«

32 ULBC 37, S. 1061.

33 »Extrait de l'Epître«, 26 und 38.

34 »Epître«, 880f, ULBC Box 8.

35 ULBC 46, S. 1665.

36 ULBC 48, S. 454; 124, S. 57.

37 ULBC 37, S. 1648; 19, S. 14: »Der Schwächste wird zum Stärksten, wenn er durch die Gnade bestärkt und beseelt wird.«

38 »Epître de Généviève«, ULBC Box 7, S. 1552–1556; »Epître de Mademoiselle d'Eon«, 75. Eine verblüffende moderne Parallele liefert: Carol Gilligan, *Die andere Stimme – Lebenskonflikte und Moral der Frau*, München 1988.

39 ULBC 43, S. 1125f. »Jungfrauen sind die Engel der Erde, genau wie Engel die Jungfrauen des Himmels sind«, Box 8, S. 823. »Die Frömmigkeit der Heiligen Jungfrau, sagt der Heilige Bernhard, ist ein Zeichen der Auserwählung. Die beste Anbetung, die man praktizieren kann und die von den Heiligen am meisten empfohlen wird, ist, ihren herausragenden Tugenden nachzueifern, insbesondere ihrer Liebe zur Reinheit, ihrer Demut, und ihrer heldenhaften Geduld in dem großen Leid, das ihnen widerfuhr«, 1606.

40 Eine lesbare Fallstudie liefert: Emmanuel LeRoy Ladurie, *Montaillou: Ein Dorf vor dem Inquisitor 1294–1324*, Frankfurt 1980.

41 ULBC 36, S. 24. Siehe »Chapitre«, achte unnumerierte Seite, und 36, S. 58, wo seine Einstellungen im allgemeinen denen der Feministinnen des späten siebzehnten Jahrhunderts zu ähneln scheinen, wie etwa Mary Astell, deren *Some Reflections Upon Marriage* in d'Eons Bibliothek zu finden war. In einem anderen Buch, *A Serious Proposal* (London 1694) spricht Astell sich für die Einrichtung von »religiösen Stätten des Rückzugs« aus, in die verheiratete

Frauen der Oberschicht sich zeitweilig sollten zurückziehen können, um unter sich zu sein. Siehe Ruth Perry, *The Celebrated Mary Astell: An Early English Feminist,* Kap. 5.

42 Im Sinne seiner Theologie ignoriert d'Eon die negativeren Einstellungen von Paulus und Augustinus zu Frauen. Zu Augustinus, siehe Kari Elisabeth Borresen, *Subordination and Equivalence: The Nature and Rôle of Woman in Augustine and Thomas Aquinas,* engl. Ausgabe, Washington, D.C., 1981, Teil 1; zu Paulus, siehe William O. Walker, Jr., »The ›Theology of Woman' Place‹ ...«.

43 ULBC 36, S. 24.

44 ULBC 48, S. 400.

45 »Epître«, 861.

Kapitel 51

1 Rosemary Radford Ruether, »Misogynism and Virginal Feminism in the Fathers of the Church«, in: *Religion and Sexism: Images of Woman in the Jewish and Christian Traditions,* hg. von Rosemary Radford Ruether, New York 1974, S. 150, 165. Wenn Ruether sich von der Ideologie ab und der Geschichte zuwendet, mäßigt sie ihre Position; siehe ihr »Mothers of the Church: Ascetic Women in the Late Patristic Age«, in: *Women of Spirit: Female Leaders in the Jewish and Christian Traditions,* hg. von Rosemary Radford Ruether und Eleanor McLaughlin, New York 1979, S. 72ff.

2 Verna E. F. Harrison, »Male and Female in Cappodocian Theology«, *Journal of Theological Studies* 41, 1990, S. 441ff; Jo Ann McNamara, »Sexual Equality and Cult of Virginity in Early Christian Thought«, *Feminist Studies* 3, 1976, S. 145ff. Siehe auch Elizabeth Castelli, »Virginity and Its Meaning for Women's Sexuality in Early Christianity«, *Journal of Feminist Studies in Religion* 2, 1986, S. 61ff; Elizabeth Clark, »Ascetic Renunciation and Feminine Advancement: A Paradox of Late Ancient Christianity«, in ihrem Buch *Ascetic Piety and Women's Faith: Essays in Late Ancient Christianity,* New York 1986, S. 175ff; und Peter Brown über den Begriff der Jungfräulichkeit in der frühen Kirche, in: *Geschichte der christlichen Spiritualität,* Bd. 2, *Hochmittelalter und Reformation,* hg. von Bernard McGinn und John Meyendorff, Würzburg 1995.

3 F. Ellen Weaver, »Cloister and Salon in Seventeenth-Century Paris: Introduction to a Study in Women's History«, in: *Beyond Adrocentrism: New Essays on Women and Religion,* hg. von Rita M. Gross, Missoula, Mont., 1977, S. 159ff; Weaver, »Erudition, Spirituality, and Women: The Jansenist Contribution«, in *Women in Reformation and Counter-Reformation Europe,* hg. von Sherrin Marshall, Bloomington, Ind., 1989, S. 189ff. Eine allgemeinere Einführung in die weibliche Spiritualität in der Ära der jüngeren Neuzeit liefert Elisja Schulte van Kessel, »Virgins and Mothers Between Heaven and Earth«, in: *A History of Women in the West, III. Renaissance and Enlightenment Paradoxes,* Cambridge, Mass., 1993, S. 132ff.

5 ULBC 40, S. 1852 (Florida); Box 7, S. 1667 (Huronen), und S. 1467 (Mataram), wo d'Eon Gauthier Schouten, *Ost-Indische Reyse,* Amsterdam 1676, zitiert.

6 Jean-Jacques Rousseau, *Briefe vom Berge* [1764], und *Vom Gesellschaftsvertrag* oder *Grundsätze des Staatsrechts,* in *Sozialphilosophische und Politische Schriften,* München 1981.

Bibliographie der Publikationen von und über D'Eon

Publikationen von D'Eon in der Reihenfolge ihrer Erscheinung:

Essai historique sur les différentes situations de la France par rapport aux finances sous le règne de Louis XIV et la régence du duc d'Orléans, Amsterdam 1753.

»Eloge du comte d'Ons-en-Bray, Président de l'Académie des Sciences«, *L'Année littéraire*, 1953.

»Notice sur l'abbé Lenglet-Dufresnoy«, *L'Année littéraire*, 1755.

Mémoires pour servir à l'histoire générale des finances, 2 Bde., London 1758; zweite Ausgabe, Amsterdam 1760; dritte Ausgabe London 1764 unter dem Titel *Considérations historiques et politiques sur les impôts des Egyptiens, des Babyloniens, des Perses, des Grecs, des Romains, et sur les différentes situations de la France ...*

»Les Espérances d'un bon patriote«, *L'Année littéraire*, 1959, S. 55–67; separat 1760 als Broschüre publiziert.

Note remise à son excellence Claude-Louis-François Regnier, comte de Guerchy ..., London 1763. Englische Übersetzung (*A Letter Sent to His Excellency, Claude ...*), gleichzeitig publiziert.

Lettres, mémoires, et négociations particulières ..., drei Teile in einem Band, London 1764; *Memoiren des Chevalier von Eon. Aus dessen Familienpapieren und nach authentischen Quellen, welche in den Archiven des Ministeriums der auswärtigen Angelegenheiten niedergelegt sind*, zum ersten Mal bearb. u. hrsg. von Frédéric Gaillardet, Braunschweig 1837.

Nouvelles lettres du chevalier d'Eon ..., London 1764. (Kurzbriefe, die im Juni 1764 an Mansfield, Bute, Temple und Pitt geschrieben wurden.)

Dernière lettre du chevalier d'Eon de Beaumont à M. le comte de Guerchy, en date du 5 août 1767 ..., London 1767.

Les Loisirs du chevalier d'Eon de Beaumont ..., 13 Bde., Amsterdam 1774; Reprint in 7 Bdn. 1775.

Pièces rélatives aux démêlés entre Mademoiselle d'Eon de Beaumont ... et le Sieur Caron, dit de Beaumarchais ..., Paris 1778.

Très humble réponse à ... Beaumarchais, London 1778.

Réponse de Mademoiselle d'Eon à Monsieur de Beaumarchais, Rom 1778.

Epitre aux Anglais dans leurs tristes circonstances présentes, London 1788. »Mémoire en faveur des Protestants de France, rédigé par M. Dutens en 1775 et addressé par la chevalière d'Eon au Baron de Breteuil. 1787«, *Bulletin de la Société de l'Histoire du Protestantisme Français*, 9, 1860, S. 253–258.

Publikationen über D'Eon, die zu seinen Lebzeiten veröffentlicht wurden

A Catalogue of the Historical, Biblical and Other Curious Mss. and Library of Printed Books of the Chev. D'Eon, London 1813.

Catalogue of the Scarce Books and Manuscripts of the Library of the Chevalière D'Eon ..., London 1791; französische Übersetzung: *Catalogue des livres rare et manuscrits précieux du cabinet de la chevalière d'Eon ...*, gleichzeitig veröffentlicht.

Delauney, Franc., *History of a French Louse or The Spy of a New Species ...*, London, o.J.; französische Ausgabe: *Histoire d'un pou français, ou l'espion d'une nouvelle espèce ...*, Paris, o.J.; deutsch: *Geschichte einer Laus, oder der Kundschafter von einer neuen Gattung in Frankreich und England, darin eine Beschreibung der merkwürdigsten Personen dieser Reiche und der Schlüssel zu den Hauptbegebenheiten ...,* München 1909.

Examen des Lettres, mémoires, et négociations particulières, du chevalier d'Eon, London 1764.

[Goudar, Ange], *Contre-note ou Lettre à M. le marquis L ...,* London 1763.

La Fortelle, *La Vie militaire, politique, et privée de mademoiselle d'Eon,* Paris 1779; zweite erweiterte Ausgabe 1779; übersetzt ins Italienische 1779 und Russische 1787; deutsch: *Das militärische, politische und Privat-Leben des Fräuleins D'Eon de Beaumont, ehemal. Ritters D'Eon,* Frankfurt, Leipzig 1779.

Lovejoy, Lutretia [Pseudonym], *An Elegy on the Lamented Death of the Electrical Eel ... at the Expense of the Countess of H, and the Chevalier-Madame d'Eon,* London 1777.

Matrimonial Overtures, From an Enamour'd Lady to Lord G ..., London 1778.

Musgrave, James, *Dr. Musgrave's Reply to a Letter Published in the Newspaper by the Chevalier d'Eon,* London 1769.

Pièces authentiques pour servir au procès criminel intente au tribunal du roi d'Angleterre par ... d'Eon ... contre ... Guerchy, London 1765.

[Plummer, Thomas], *A Short Sketch of Some Remarkable Occurrences During the Residence of the Late Chevalier D'Eon in England,* London 1810.

[Vergy, Pierre-Henri Treyssac de], *Suite des pièces rélatives aux lettres, mémoires, et négociations particulières ...,* London 1764; Reprint 1765.

- *Lettre à Monseigneur le duc de Choiseul,* Liège 1764.
- *Lettre à M. de la M***, écuyer, et de la Société Royale d'agriculture ... en réponse à une lettre à Monsieur le duc de Nivernais,* London 1763.

Sachbücher und Artikel über D'Eon

D'Avout, Le Vicomte A., *Courte étude sur le chevalier d'Eon,* Dijon 1906.

Boysède, Eugène, *Considérations sur la bisexualité, les infirmités sexuelles, les changements de sexe et le chevalier-chevalière d'Eon,* Paris 1959.

Cabanis, Docteur, »Quel était le sexe du chevalier d'Eon?« in: *Les énigmes de l'histoire,* Paris 1930, S. 151–200.

Cadéac, M., *Le Chevalier d'Eon et son problème psychosexuel,* Paris 1966.

Charmain, Armand, *La Vie étrange de la chevalière d'Eon,* Paris 1929.

Coqvelle, M. P., »Le Chevalier d'Eon ministre à London«; *Bulletin historique et philologique,* 1908, S. 217–246.

Coryn, Marjorie, *The Chevalier d'Eon 1728–1810,* London 1932.

Cox, Cynthia, *The Enigma of the Age: The Strange Story of the Chevalier d'Eon,* London 1966.

Crawley, W. J. Chetwode, »The Chevalier d'Eon: J. W. of Lodge No. 376, Grand Lodge of England«, *Ars Quator Coronatorum,* 16, 1908, S. 231–251.

Dascotte-Mailliet, *L'Etrange demoiselle de Beaumont,* Paris 1917.

David, Jean Claude, »La Querelle de l'inoculation en 1763; Trois lettres inédites de Suard et du chevalier d'Eon«; *Dix-huitième,* 17, 1985, S. 271–284.

Decker, Michel de, »Le Chevalier d'Eon apprivoise l'ours russe«, *Historia,* 511, 1989, S. 1220.

- *Madame le chevalier d'Eon,* Paris 1987.

Frank, André, *D'Eon: chevalier et chevalière,* Paris1953.

Fromageot, Paul, »La Chevalière d'Eon à Versailles en 1777«, *Carnet historique et littéraire,* 1901, S. 254272.

Gaillardet, Fréderic, *Mémoires du Chevalier d'Eon ...,* 2 Bde., Paris 1836 (weitere Ausgaben: Brüssel 1837, Paris 1967).

- *The Memoirs of Chevalier D'Eon* [Ausgabe von 1836], übersetzt von Antonio White, London 1970; Taschenbuchausgabe, London 1972.
- *Memoiren des Chevalier von Eon. Aus dessen Familienpapieren und nach authentischen Quellen ...,* 2 Bde., Braunschweig 1837.
- *Chevalier und Chevalière d'Eon, der Diplomat in Frauenkleidern – Chevalier d'Eon,* Heidenheim 1972.

374

Giardini, Cesare, *Lo Strano caso del cavaliere d'Eon,* Mailand 1935; zweite Ausgabe Verona 1949.

Gilbert, Oscar Paul, *Men in Women's Guise: Some Historical Instances of Female Impersonations,* London 1926, über d'Eon S. 105–227.

Großbritannien, Royal Commission on Historical Manuscripts, *The Manuscripts of J. Eliot Hodgkin, Esq., S. S. A. of Richmond, Surrey,* London 1897.

Homberg, Octave, *La Carrière militaire du chevalier d'Eon,* Paris 1900.

Homberg, Octave, und Fernand Jousselin, *Un aventurier au XVIIIe siècle, le chevalier d'Eon, 1728–1810,* Paris 1904.

– *D'Eon de Beaumont: His Life and Times,* übersetzt von Alfred Richelieu, London 1911.

Jacquillat-Despréaux, »Notice sur la vie du chevalier d'Eon, extraite de ses papiers«, *L'Annuaire statistique de l'Yonne,* 1839.

Larcher, Albert, *Le Chevalier d'Eon, le mal connu,* Tonnerre 1985.

Le Maistre, »Le Chevalier d'Eon«, *Bulletin de la Société des Sciences Historiques et Naturelles de l'Yonne,* 8, 1854, S. 171–195.

Letainturer–Fradin, *La Chevalière D'Eon,* Paris 1901.

Mazé, Jules, »Le Chevalier d'Eon«, *Visages d'autrefois,* Paris 1951, S. 156–206.

Moiset, Charles, »Le Chevalier d'Eon de Beaumont«, *Bulletin de la Société des Sciences Historiques et Naturelles de l'Yonne,* 1892, S. 198.

Moura, Jean, und Paul Louvet, *Le Mystère du chevalière d'Eon,* Paris 1929.

Nixon, Edna, *Royal Spy: The Strange Case of the Chevalier D'Eon,* New York 1965.

Pinsseau, Pierre, *L'Etrange Destinée du chevalier d'Eon 1728–1810,* zweite Ausgabe, Paris 1945.

Pryts, W., *Hombre o mujer? (un caso historico de hermafrodismo),* Barcelona 1932.

Schuchard, Marsha Keith, »Blake's Mr. Femality: Freemasonry, Espionage, and the Double-Sexed«, *Studies in Eighteenth-Century Culture,* 22, 1992, S. 51–71.

Soltau, Roger, »Le Chevalier d'Eon et les relations diplomatiques de la France et de l'Angleterre au lendemain du traité de Paris (1763)«, *Mélanges d'histoires offerts à Charles Bémont«,* Paris 1913.

Telfer, Captain J. Buchan, *Chevalier D'Eon de Beaumont: A Treatise,* London 1896.

– *The Strange Career of the Chevalier D'Eon de Beaumont,* London 1885.

Thompson, C. J. S., *Ladies or Gentlemen?,* New York 1993.

Vizetelly, Ernest Alfred, *The True Story of the Chevalier d'Eon,* London 1895.

Wallace, Irving, »Was Beaumont a Man or a Woman«, *Facts,* 1945, S. 77–81.

Literarische Werke über D'Eon

Bayard und Dumanoir, *Le Chevalier D'Eon, Comédie en trois Actes, mêlée de chant,* Paris 1837.

Beamish, Noel de Vic, *For the Honour of a Queen,* London 1967.

Brousson, Jean-Jacques, *La Chevalière d'Eon ou Le Dragon en dentelles,* Paris 1934.

Depeuty, Charles Désiré, *La Chevalière d'Eon, comédie,* Paris 1837.

D'Eon, Leonard, *The Cavalier,* New York 1987.

Mélinand, Gabrielle, *D'Eon l'indomptable; roman historique,* Paris 1961.

Moreau, Charles-François-Jean-Baptise, *La Chevalière d'Eon, ou Les Parieurs anglais, comédie en un acte …,* Paris 1812.

Moreau de Balasy, François, *J'Etais le chevalier d'Eon,* Paris 1972.

Pikoul, Valentin, *Le Chevalier d'Eon et la Guerre de Sept Ans,* Paris 1983.

Royer, Jean -Michel, *Le Double je: mémoires du chevalier d'Eon,* Paris 1986.

York, Alison, *The Scented Sword,* 1980.

Danksagung

Historiker sind so abhängig von Archivaren und Bibliothekaren, daß ihnen unser erster Dank gebührt. Dieses Buch hätte ohne die so umfassende Zusammenarbeit von Christopher Sheppard, Bibliothekar der University of Leeds Library, nie geschrieben werden können. Mehr als zuvorkommend haben mir auch die Archivare der Bibliothèque municipale de Tonneree und der Archives du Ministère des Affaires Etrangères geholfen.

Ebenso hat mich zu Hause, wo die Trinity University Maddux Library der Juwel des Campus ist, die gesamte Belegschaft der Bücherei sowohl enorm bei der Beschaffung seltener Werke von anderen Bibliotheken als auch mit sehr zweckdienlichen weiteren Forschungshinweisen unterstützt. Ich weiß ihre Hilfe sehr zu schätzen. Desgleichen fühle ich mich mit wundervollen Kollegen an der Historischen Fakultät gesegnet, die für eine sehr anregende Arbeitsatmosphäre gesorgt und mich bewegt haben, über die traditionellen Formen der Geschichtsschreibung hinauszugehen. Danken möchte ich besondere Linda Salvucci, Char Miller und meinem europäischen Kollegen John Martin, die die verschiedenen Arbeitsentwürfe gelesen haben und scheinbar nie müde wurden, mit mir über d'Eon zu reden. Des weiteren schulde ich Bill Walker, dem Dekan der Philosophischen Fakultät der Trinity University, meinen Dank für die Unterstützung, die er mir in Zusammenhang mit den Briefen des Heiligen Paulus und dem frühchristlichen Gedankengut gegeben hat.

Viele Wissenschaftler haben mir mit den wahren Goldstücken, die sie mir aus ihren eigenen Forschungen zukommen ließen, enorm geholfen. Zu danken habe ich Susan Boettcher, Jack Censer, Suzanne Desan, Dena Goodman, Carroll Joynes, Tom Kaiser, Carolyn Chappell Lougee, Claude-Anne Lopez, Laura Mason, Karen Offen, Mary Sheriff, Don Spinelli, Dale Van Kley und John Woodbridge für die Arbeit, die sie für mich geleistet haben, wie auch für die Bereitwilligkeit, mit der sie mir oft unveröffentlichtes Material zur Verfügung stellten.

Von dem im ersten Teil des Buches enthaltenen Material wurde vieles bereits in *Body Guards: The Cultural Politics of Gender Ambiguity* von Julia Epstein und Kristina Straub (New York 1991) veröffentlicht; Epstein und Straub haben mir sehr bei der Sondierung von Fragen zur Geschichte der Geschlechter geholfen. Die im zweiten Teil enthaltenen Kapitel entstanden ursprünglich im Rahmen eines am Bunting Institute, Radcliffe College, veranstalteten NEH Sommerseminars zum Thema »Gender and Narrative in Early Modern France«. Den Teilnehmern und Teilnehmerinnen dieses hervorragenden Seminars und insbesondere der Direktorin, Professor Erica Harth, habe ich es zu verdanken, daß mein bis dahin starrer Blick für die Theorie der Geschlechter und die Literaturkritik geöffnet wurde.

Die Französisch-Professoren Nina Ekstein und Roland Champagne opferten viele Stunden, um mir bei der Übersetzung schwieriger Passagen aus Originalquellen zu helfen. Die von ihnen geleistete Arbeit ging weit über das hinaus, was man im Rahmen einer Freundschaft erwarten kann; da ich ihnen jedoch nicht alle von mir übersetzten Passagen gezeigt habe, liegt die Verantwortung für etwaige Fehler, die sich eingeschlichen haben, in jedem Fall bei mir. Jeffrey Merrick und Hedy Rutman haben das ganze Manuskript gelesen und mir viele hilfreiche Vorschläge gemacht.

Judi Lipsett und Marcy Kates haben weitaus mehr Zeit für die Arbeit am Manuskript geopfert, als beide im Grunde erübrigen konnten. Beide – die eine eine leibliche Schwester, die andere fast so etwas wie eine Wahl Schwester – haben in wesentlichen Teilen zu diesem Buch beigetragen. Judis Leistung werde ich nie wiedergutmachen können, aber Marcy kann vielleicht das Recht für sich in Anspruch nehmen, zumindest an dieser Stelle als jemand erwähnt zu werden, der gleichermaßen daran beteiligt war.

San Antonio, Texas
15. Februar 1995

Stichwortverzeichnis

384